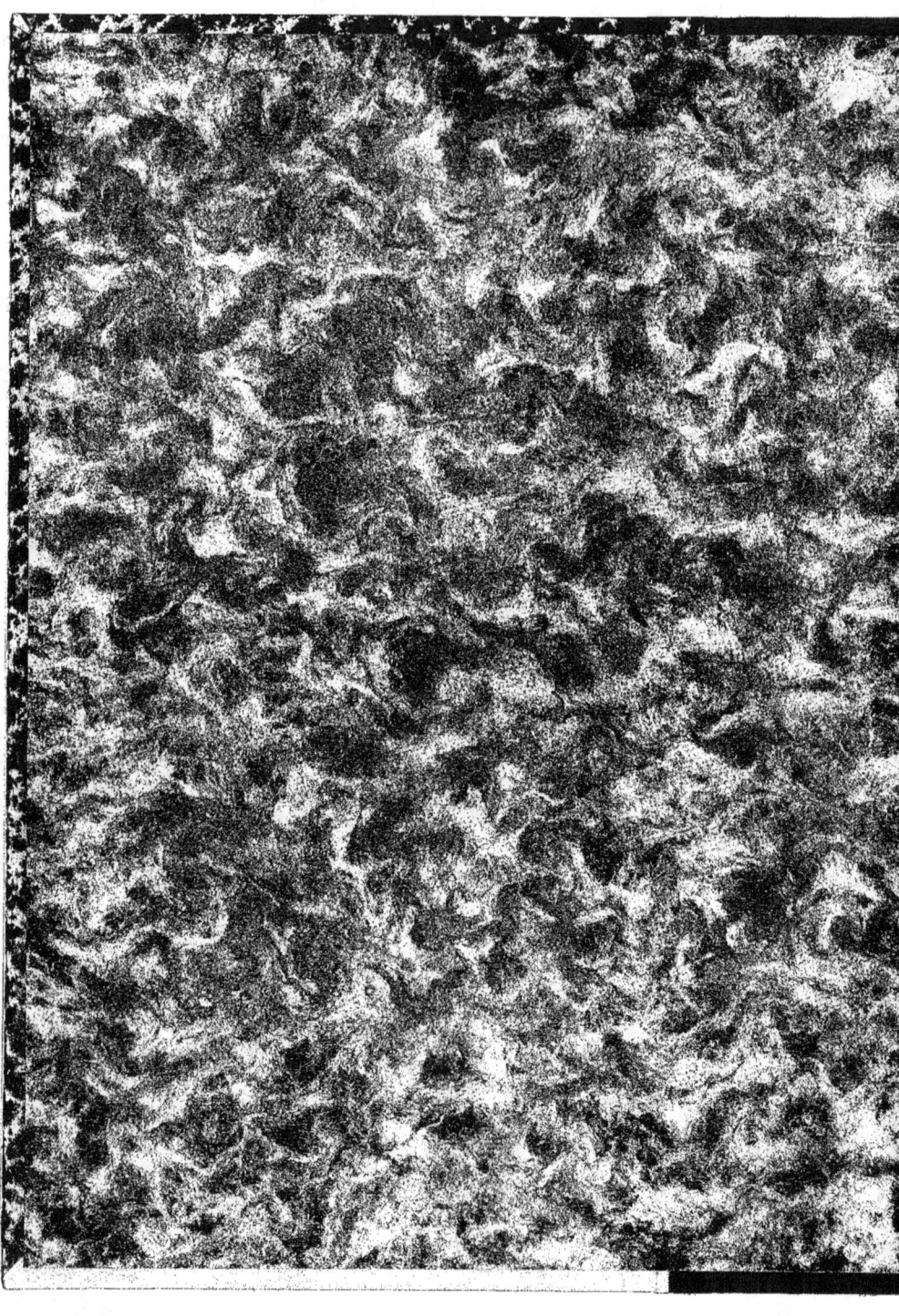

ARCHIVES
DE LA
VILLE DE MONTPELLIER

INVENTAIRES ET DOCUMENTS
PUBLIÉS
Par Jos. BERTHELÉ
ARCHIVISTE DU DÉPARTEMENT DE L'HÉRAULT, CHARGÉ DE LA HAUTE DIRECTION DES ARCHIVES MUNICIPALES DE MONTPELLIER

TOME TROISIÈME — Fascicules III, IV et V

LE CARTULAIRE MONTPELLIÉRAIN
DES ROIS D'ARAGON ET DES ROIS DE MAJORQUE
SEIGNEURS DE MONTPELLIER, D'AUMELAS, etc.

Suivi d'*ÉCLAIRCISSEMENTS TOPOGRAPHIQUES*
et de *DOCUMENTS COMPLÉMENTAIRES* concernant la ville
et les environs de Montpellier

MONTPELLIER
Imprimerie SERRE et ROUMÉGOUS, Rue Vieille-Intendance
1904

DOCUMENTS

LE CARTULAIRE MONTPELLIÉRAIN
DES ROIS D'ARAGON ET DES ROIS DE MAJORQUE

SEIGNEURS DE MONTPELLIER, D'AUMELAS, ETC.

NOTICE PRÉLIMINAIRE

I. Caractère général du recueil de chartes formant la seconde partie du *Mémorial des Nobles*. — Le *Cartulaire montpelliérain des Rois d'Aragon et des Rois de Majorque* est la continuation, jusqu'au début du XIV° siècle, du *Cartulaire des Guilhems*.

II. Documents contenus dans cette seconde partie du *Mémorial des Nobles*. — Le Roi d'Aragon, seigneur de Montpellier, etc., vassal de l'Évêque de Maguelone, comte de Mauguio. — Propriétés et droits du dit roi à Montpellier et aux environs, spécialement dans l'Aumeladès. — Vassaux et emphytéotes du seigneur de Montpellier. — Localités diverses auxquelles se rapportent les documents formant ce cartulaire. — Nature de ces documents. — Actes reçus par le seigneur de Montpellier ou par son représentant : — inféodation de 1218, cession d'un alleu pour être rendu en fief, reconnaissances féodales, hommages et serments de fidélité. — Actes émanés du seigneur de Montpellier ou de son représentant : — inféodations et baux en acapt, lauzimes, etc. — Actes passés entre particuliers.

III. Dates extrêmes de la rédaction du *Cartulaire montpelliérain des Rois d'Aragon et des Rois de Majorque*. — Deux chartes (1205 et 1230) ajoutées au *Cartulaire des Guilhems*. — Intercalation dans le registre d'une charte originale de Jacques I°' d'Aragon (1259). — Charte de 1263 commençant le *Cartulaire des Rois d'Aragon*. — Onze chartes antérieures à 1263, transcrites dans ce cartulaire à diverses époques. — Ce cartulaire a été formé entre 1263 et 1302.

IV. Mode de rédaction de ce cartulaire. — Copies impersonnelles. — Expéditions officielles, transcrites au registre par le notaire, lors de la réception des actes. — Vidimus ou transcriptions officielles d'actes antérieurs, authentiquées par plusieurs notaires.

V. Méthode adoptée pour la publication. — Répartition des documents dans un ordre géographique. — Table de concordance entre le manuscrit et l'édition.

I

Le Cartulaire seigneurial de Montpellier, conservé aux Archives municipales de cette ville sous la cote AA. 1 et connu sous les noms de *Liber instrumentorum* ou de *Mémorial des Nobles*, se compose de deux parties très distinctes et d'étendue très inégale, l'une antérieure, l'autre postérieure au mariage de Marie de Montpellier avec Pierre d'Aragon, — mariage qui fit, comme l'on sait, passer la seigneurie de Montpellier des mains des Guilhems aux mains des Rois d'Aragon et ensuite des Rois de Majorque [1].

La première partie — de beaucoup la plus importante — a été publiée, de 1884 à 1886, par l'éminent et regretté historien de Montpellier Alexandre Germain, qui l'a très justement intitulée *Cartulaire des Guillems* [2].

La seconde partie — bien moins considérable, puisqu'elle ne contient que 43 documents — n'a été que très peu utilisée jusqu'ici.

Il nous a paru — et la Commission des Archives municipales de Montpellier a estimé avec nous [3] — qu'il y aurait avantage pour l'érudition locale à continuer l'œuvre de Germain par la publication de cette seconde partie du *Mémorial des Nobles*. Le manuscrit sera ainsi édité d'une façon complète, et la série de matériaux pour l'histoire seigneuriale civile de Montpellier et de ses environs, qui s'arrêtait, avec le Cartulaire des Guilhems, au début du XIII siècle, se trouvera prolongée jusqu'au début du XIV.

Nous avons attribué à la seconde partie du *Mémorial des Nobles* le titre de *Cartulaire montpelliérain des Rois d'Aragon et des Rois de Majorque*. — Ce titre se justifie par les trois raisons suivantes.

D'abord, le vocable de *cartulaire*, — que nous nous refuserions à employer, s'il s'agissait d'un *corpus* de documents compilé par nous, — est absolument justifié dans l'espèce, puisque nous avons affaire à un recueil de chartes, transcrites anciennement sur un registre spécial, comme pièces justificatives d'un ensemble de droits et de possessions.

---

[1] Cf. Germain, *Histoire de la Commune de Montpellier*, tome I", pp. 33-34 ; – Berthelé, *Archives de la ville de Montpellier, inventaires et documents*, tome III, pp. 79 et 80, art. 610 et 612 ; — etc.

[2] *Liber instrumentorum memorialium. Cartulaire des Guillems de Montpellier*, publié d'après le manuscrit original, par la Société archéologique de Montpellier. — Montpellier, impr. Jean Martel aîné, 1884-1886, un vol. petit in-4° de VIII-LXX-850 pp. et deux planches lith. hors texte.

Le titre de *Liber instrumentorum memorialium*, que l'autorité de Germain a consacré, n'est pas absolument exact. L'en-tête du manuscrit porte, très nettement calligraphié à l'encre rouge : « *incipit prephatio in libro instrumentorum* MEMORIALI » ; un peu plus loin, au cours de la préface, on lit : « *hoc itaque opus instrumentorum* MEMORIALE... ». Dans ces deux textes, et ce sont les seuls qui nous fournissent le titre du volume, l'adjectif se rapporte à *liber* et non à *instrumentorum*. Le titre véritable de notre cartulaire seigneurial est donc *Liber instrumentorum memorialis*. Des titres analogues ont été employés ailleurs. (Cf. Du Cange, *Glossarium*, édit. Favre, t. V, p. 337, v° MEMORIALIS LIBER).

Le LIVRE-MÉMORIAL DES CHARTES seigneuriales de Montpellier n'a été « appelé *Mémorial des Nobles*, aux XVI et XVII siècles, que par une sorte d'opposition avec une longue série de volumes d'Annales, dits *Mémoriaux consulaires*, que possèdent [les Archives municipales de Montpellier].... De même que ces derniers relatent, année par année, tout ce qui intéresse la commune et les charges municipales, de même le *Mémorial des Nobles*, pour tout le temps où la ville eut des seigneurs, relate et reproduit tous les actes qui concernent les droits et les rapports de féodalité et de propriété de ces derniers.... A ce point de vue, la dénomination actuelle est donc assez exacte. Elle ne l'est plus en ceci que, tandis que les véritables *mémoriaux* sont des récits de faits au jour le jour, dans ce style embarrassé et prolixe des greffes que l'on connaît, le *Mémorial des Nobles*, au contraire, reproduit purement et simplement des chartes et des pièces originales, sans même y ajouter de commentaires. Si cette dénomination n'était pas consacrée, il est évident, par ce que je viens de dire, qu'il faudrait lui substituer celle de *Cartulaire des Guillems*, tout comme à la Bibliothèque Nationale on a substitué à la dénomination vulgaire de *Petit Thalamus* celle de *Cartulaire de Montpellier*. Mais il n'y a pas à insister sur ces changements, attendu que ces deux manuscrits sont connus et cités partout sous leur nom vulgaire. » (A. Montel, *Revue des Langues romanes*, t. IV, pp. 481-482).

[3] Séance du 11 novembre 1902.

En second lieu, le caractère *montpelliérain* de ce recueil n'est pas contestable. Partout c'est le seigneur de Montpellier qui est intéressé. Partout ce sont des notaires montpelliérains qui reçoivent et qui transcrivent les actes.

Enfin, tout, dans ces 43 chartes, se rattache aux *Rois d'Aragon* et aux *Rois de Majorque*, en tant que seigneurs et propriétaires locaux. Aucune pièce n'a été insérée dans ce cartulaire pour affirmer d'autres droits que ceux du seigneur de Montpellier, seigneur en même temps d'Aumelas et suzerain de Castries, de Pignan, de Montferrier, etc. Sans doute, on y voit apparaître à certain jour les consuls de Montpellier, mais ces consuls agissent au nom du roi d'Aragon. La communauté des habitants de Popian figure également comme acquéreur de biens divers, mais ces biens sont chargés de devoirs envers le Roi de Majorque. De même, quelques actes entre particuliers ont été intercalés çà et là, parce qu'ils se rapportent à des terres relevant alors ou ayant relevé plus tard de la directe des héritiers de nos Guilhems.

II

Ces héritiers et successeurs de nos Guilhems, les chartes du Cartulaire nous les montrent — d'une part, vassaux de l'évêque de Maguelone, comte de Mauguio, — d'autre part, propriétaires d'alleux et en même temps suzerains de divers feudataires et bailleurs de divers acapts. La vassalité de Jacques Ier d'Aragon vis-à-vis de l'évêque de Maguelone en tant que comte de Mauguio — vassalité assez peu étroite d'ailleurs — ne fait l'objet que d'une seule pièce : l'inféodation de 1218 (art. 578). Cette inféodation (que l'on pourrait presque appeler une aliénation complète) fait passer entre les mains du Roi d'Aragon, moyennant une somme de 20.000 sous, etc., divers droits sur la monnaie de Mauguio, sur les châteaux de Pignan, Saussan, Frontignan, Castries, Castelnau, Centrayrargues, etc.

Les 42 autres pièces sont justificatives des propriétés et des droits du Roi d'Aragon ou du Roi de Majorque, à Montpellier et aux environs, — spécialement dans l'Aumeladès et dans les terroirs le confrontant.

Les pièces se rapportant à la ville même de Montpellier ne sont qu'au nombre de deux. L'une a pour objet la Triperie, autrement dite la Catalogne (décembre 1250) (art. 600) ; — l'autre, une maison contiguë à la Synagogue et destinée à servir d'établissement charitable à la communauté juive (art. 584). — Les terres à proximité de la ville ne figurent également que dans deux actes. Il s'agit, dans l'un, d'un jardin provenant des Aimoins (art. 181) ; dans l'autre, d'une vigne, sise au quartier de l'Aiguelongue (art. 579).

Plus encore que dans le *Cartulaire des Guilhems*, c'est le chef-lieu du principal fief qui se trouve le plus brièvement représenté. Et cela pour une raison bien simple. Durant les XIe et XIIe siècles, les Guilhems avaient mis en valeur la double concession féodale des anciens comtes de Mauguio et des évêques de Maguelone. Ils avaient, tant à Montpellier même qu'à Villeneuve et à Villefranche, construit « la maison de rapport » et baillé en acapt terres et logements. Le *pouillé* suffisait à la bonne perception des cens à eux dus par les tenanciers [1].

En dehors de Montpellier et de son terroir, les localités, etc., qui ont, dans notre Cartulaire, une page plus ou moins importante de leur histoire féodale, sont les suivantes : — dans la vallée du Lez : *Montferrier* (art. 599, 586 et 592) et *Lattes* (art. 609) ; — dans la vallée du Salaison : *Jacou* (art. 570, 572 et 573) ; — dans les vallées de la Cadoule et du Bérange : le château et la seigneurie de *Castries* (art. 601) ; — dans la vallée de la Mosson : *Montarnaud* (art. 585), *Juvignac* et *Celleneuve* (art. 593, 594, 595 et 577) ; — entre la Mosson et le Rieucoulon : *Saint-Jean-de-Védas, le Terral* et *Béjargues* (art. 574, 575 et 597) ; — sur la rive droite du Lassédérou, affluent de la Mosson : *Saint-Martin-du-Vignogoul* (art. 576) ; — dans la plaine entre le Lassédérou et le Coulazou : le château et la seigneurie de *Pignan* (art. 580, 581, 582 et 583) ; — dans les garrigues entre la plaine de Pignan et la vallée du Coulazou : le bois de *la Blaquière* (art. 596), plus voisin de Murviel que de Pignan ; — sur les bords de l'Avène : *Montbazin* (art. 589 et 606) ; — en arrière des vallées de la Mosson, du Coulazou et de l'Avène, entre les vallées du Dardailhon et de la Rouvièges, affluents de l'Hérault : le château et le causse d'*Aumelas* (art. 590) ; — dans la partie nord-ouest de l'Aumeladès, les communaux de *Popian* (art. 602 et 603) ; — sur le flanc méridional du causse d'Aumelas, dans la vallée du Dardailhon : le mas de *Valoussière* (art. 568) et le hameau de *Cabrials* (art. 604 et 605) ; — entre l'Hérault et la partie occidentale de l'Aumeladès : le château de *Popian* (art. 571-598 et 591), *Saint-Bauzille-de-la-Silve* (art. 571-598), le *Puech Bourdel* près *Plaissan* (ibid.). — les anciennes paroisses de *Saint-Saturnin-de-Camprignan* (aujourd'hui *Lomède*), de *Saint-Jean-de-Sainte-Eulalie* (aujourd'hui *les Trois-Fontaines*) et de *Notre-Dame-de-Rouvièges*, toutes trois dans le terroir du *Pouget* (art. 569) ; — enfin sur l'Hérault lui-même, à l'extrémité de la commune de Gignac, entre les villages de Saint-André-de-Sangonis et de Popian : les moulins de *Carabottes* (art. 607), auxquels se rattache une légende, dont il nous faudra bien faire justice quelque jour.

Ces différents villages, châteaux, mas, etc., faisant partie ou relevant, soit en totalité, soit à l'état fragmentaire, du domaine du Roi d'Aragon et ensuite du Roi de Majorque, provenaient presque tous de la dot de Marie de Montpellier et de la succession de Guilhem VIII, et à ce titre ils avaient eu leur dossier dans les archives des Guilhems. Le recueil de chartes, que nous éditons aujourd'hui, se trouve donc bien former le complément naturel d'un certain nombre

---

[1] Les *pouillés* des Guilhems ont été intercalés dans le *Liber instrumentorum memorialis* par le notaire chargé de la compilation de ce cartulaire. Ils forment plusieurs séries distinctes : — première série, voir *Lib. instr.*, édition Germain, pp. 410 à 424, art. 247 à 260 ; cf. l'inventaire de Joffre, édition Berthelé, dans les *Archiv. Montpellier*, tome III, pp. 36-37, art. 246 à 259 ; — deuxième série, Germain, pp. 425 à 437, art. 263 à 274 ; cf. Joffre, pp. 37-38, art. 262 à 273 ; — troisième série, Germain, pp. 440 à 490 et 491-492, art. 276 à 302 et 304 ; cf. Joffre, pp. 38 à 43, art. 275 à 302 et 305.

Cf. le pouillé de la seigneurie de Castries, — Germain, pp. 575 à 578, art. 399 ; cf. Joffre, pp. 52-53, art. 398.

de chapitres de la partie du *Mémorial des Nobles*, antérieure à 1204, qui a été publiée par Germain[1].

Considérés en eux-mêmes, au point de vue de leur nature juridique et diplomatique et de leur mode de rédaction, les actes composant le cartulaire se rattachent à trois genres très distincts : — 1° les actes reçus par le seigneur de Montpellier ou par son représentant (lieutenant ou procureur), — 2° les actes émanés du dit seigneur ou de son représentant, — 3° les actes passés entre particuliers, mais intéressant à un titre quelconque le seigneur dominant.

A l'époque où notre cartulaire a été rédigé, le domaine allodial et féodal du seigneur de Montpellier, d'Aumelas, etc., était constitué d'une façon à peu près complète. Guilhem VIII avait laissé à ses successeurs un ensemble de possessions et de droits bien établi ; les devoirs correspondant à ces possessions et à ces droits n'étaient pas moins bien précisés. Les titres sur lesquels s'appuyait la fortune édifiée par les Guilhems forment la première partie du *Mémorial des Nobles*; la seconde partie ne nous offre que les additions faites durant le cours du XIII° siècle et ces additions sont peu nombreuses.

La principale est l'inféodation faite au Roi d'Aragon par l'évêque de Maguelone le 22 juin 1218 (art. 578), inféodation qui augmenta certainement d'une façon considérable l'indépendance et la puissance du feudataire. Le Roi d'Aragon profitait, — comme devait en profiter d'autre part la ville de Montpellier, par l'acquisition du bois de Valène, etc.,[2] — de la situation financière embarrassée, à laquelle la concession du comté de Mauguio avait réduit l'évêque de Maguelone : *hanc siquidem donationem, concessionnem et cessionem.... in feudum factam pro magna necessitate dicti comitatus et episcopatus et propter debita nos valde urgentia,...... in quibus debitis pro comitatu Melgorii tenebamur astricti.....*

Les anciens cartulaires de notre région contiennent un certain nombre d'actes qui nous montrent des propriétaires locaux cédant, à des conditions variées, leurs *alleux* à un seigneur pour les recevoir ensuite de lui en *fiefs*[3]. Le *Cartulaire des Rois d'Aragon* ne nous offre qu'un seul acte de ce genre : la cession faite le 22 août 1265 à Jacques 1er, par le drapier montpelliérain Jacques Hélie, de diverses terres situées dans la paroisse de Juvignac (art. 577).

Les actes les plus fréquents dans notre recueil sont les reconnaissances faites au Roi d'Aragon ou au Roi de Majorque par ses différents vassaux. On n'en compte pas moins d'une vingtaine, savoir : — le 21 février 1259, pour divers fiefs à Montpellier, à Lattes et à Aumelas (art. 608) ; — le 9 mars 1259, pour Montferrier (art. 599) ; — le 4 mai 1263, pour Jacou (art. 570) ;

---

[1] Voir notamment, dans le *Liber instrumentorum* (édition Germain), — et aussi dans l'inventaire du *Mémorial des Nobles*, rédigé par Joffre (édit. Berthelé, *Arch. Montpellier*, tome III), — les chapitres consacrés à *Montferrier* (Joffre, art. 317 à 337), — *Lattes* (art. 305, etc.), — *Castries* (art. 349 à 374, 379 à 399 et 563 à 565), — *Montarnaud* (art. 449 à 463), — *Pignan* (art. 401 à 420), — *La Blaquière* (art. 448), — *Montbazin* (art. 431 à 434), — *Aumelas* (art. 541 à 561 bis), — *Popian* (art. 505 à 522), — *Plaissan* (art. 503-504) — et *Le Pouget* (art. 479 à 502, 503, 523 et 524).

[2] Cf. notamment l'inventaire du *Grand Talamus* par Joffre, édit. Berthelé, *Arch. Montp.*, t. III, p. 82, art. 626.

[3] Voir notamment le *Cartulaire des Guillems*, édition Germain, pp. 502-503, art. 313; — cf. l'inventaire de Joffre, édit. Berthelé, p. 44, art. 314.

— le 13 décembre 1266, pour le bois de la Blaquière, près Murviel-lès-Montpellier (art. 596) ; — le 13 février 1267, pour Popian, Saint-Bauzille-de-la-Silve et le Puech Bourdel (art. 571 et 598) ; — le 15 mai 1267, pour Jacou (art. 572 et 573) ; — le 17 juin 1267, pour Pignan (art. 580, 581, 582 et 583) ; — le 23 août 1267, pour Saint-Martin-du-Vignogoul (art. 576) ; — le 9 septembre 1267, pour Juvignac (art. 577) ; — le 11 mars 1270, pour divers droits dans les dîmeries du Terral, de Béjargues, de Saint-Jean-de-Védas et de Juvignac (art. 597) ; — le 19 février 1277, pour Montarnaud (art. 585) et pour Montferrier (art. 586) ; — le 21 et le 22 février 1277, pour divers fiefs (art. 587 et 588) ; — le 14 mars 1277, pour Montbazin (art. 589) ; — le 17 mars 1277, pour le château et le causse d'Aumelas (art. 590) et pour le château de Popian (art. 591) ; — le 15 juin 1277, pour Montferrier (art. 592) — et le 4 mai 1301. pour Montbazin (art. 606).

Il y a lieu de distinguer parmi ces reconnaissances : — 1° celles qui contiennent à la fois la reconnaissance féodale proprement dite, l'hommage et le serment de fidélité : ce sont les plus nombreuses (cf. celles en date des 4 mai 1263, 13 février 1267 ; 19, 21 et 22 février, 14 et 17 mars et 15 juin 1277, et 4 mars 1301) ; — 2° celles qui contiennent seulement la reconnaissance féodale et le serment de fidélité (cf. 21 février et 9 mars 1259 ; 15 mai, 17 juin et 23 août 1267).

Trois reconnaissances sont d'un caractère particulier : — dans l'une, la reconnaissance féodale est accompagnée de «l'hommage de fidélité», *homagium fidelitatis* (13 décembre 1266) ; — dans une autre, le vassal se borne à l'hommage et au serment de fidélité (4 mai 1263) ; — dans une autre, la reconnaissance féodale n'est accompagnée ni de l'hommage ni du serment de fidélité (9 septembre 1267)[1].

A côté de ces reconnaissances proprement et expressément féodales, c'est-à-dire rendues par des vassaux à leur suzerain pour des fiefs qu'ils tiennent de lui, — il convient de citer les reconnaissances d'une autre espèce, émanées d'hommes, que rien dans l'acte n'indique avoir été attachés au Roi d'Aragon par le lien d'une tenure. C'est dans ces conditions — extra-féodales, semble-t-il, — que, le 15 mai 1267, divers habitants de Jacou (art. 572 et 573), et le 26 juin de la même année, divers habitants de Saint-Jean-de-Védas (art. 574) reconnaissent les droits de juridiction et les autres droits seigneuriaux possédés par le Roi d'Aragon dans les dits lieux de Jacou et de Saint-Jean-de-Védas, et lui font le serment de fidélité. — Le 3 septembre 1267, un habitant de Saint-Jean-de-Védas se borne à une simple reconnaissance des droits seigneuriaux du roi, sans ajouter le serment de fidélité (art. 575).

---

[1] M. Meynial, professeur d'histoire du droit à l'Université de Montpellier, nous signale dans le Cartulaire de l'abbaye de Gellone une charte de l'an 1122, relative à un débat entre l'abbé et Guilhem Assaillit de Brissac, *carta difinicionis super controversiis que fuerunt inter Guilelmum abbatem secundum Gellonensis cenobii et Assaillit de castro Breizach*. Guilhem Assaillit reconnaissait devoir l'*hominium*, mais non pas le serment de fidélité que l'abbé voulait aussi exiger de lui, *hominium quidem profitebatur, sed sacramentum fidelitatis negabat. Quapropter predictus abbas Guilelmus produxit tres idoneos testes quod Pontius Agonensis, frater ipsius Guilelmi Assaillit, confessus est in placito sacramentum fidelitatis debere fieri a domino Breixac abbati Gellonensi, pro feudo quem ab ipso tenebat, et eciam idem ipse Pontius parotus fuit illud sacramentum fidelitatis facere propria manu : unde Guilelmus Assaillit, adquiescens veritati, juravit propria manu fidelitatem supradicto abbati Guilelmo, prout melius ipse abbas ab eo requisivit.* (Alaus, Cassan et Meynial, *Cartulaire de Gellone*, p. 297). — Le document ne nous renseigne pas sur la différence que l'on établissait ainsi entre la foi et l'hommage.

Cette seconde espèce de reconnaissances, de même que les variétés que nous avons relevées dans les reconnaissances proprement et expressément féodales, correspondent-elles à des différences dans le mode de tenure ? Nous offrent-elles quelque chose comme la *déclaration* du tenancier roturier à côté de l'*aveu* du tenancier noble ? — Ou bien devons-nous y voir le Roi d'Aragon imposant sa juridiction même à ceux qui ne sont pas ses «hommes» à un titre quelconque ? — Ou bien encore, n'avons-nous là que de simples variantes de style, qui seraient le fait exclusif du notaire rédacteur de l'acte ?

La teneur de ces reconnaissances collectives, où paraissent intervenir tous les chefs de famille de Jacou et de Saint-Jean-de-Védas, semble bien indiquer qu'il s'agit du Roi d'Aragon en tant que *souverain*, exerçant ses droits de souveraineté, et non en tant que *suzerain féodal*, bailleur de fiefs ou d'acapts : — *tota villa de Jocono, cujus predicti omnes sunt habitatores, cum omnibus suis pertinentiis et territorio et pertinentiis ejusdem, est dicti domini regis et in ejus dominio et jurisdictione meri et mixti imperii et plenissime jurisdictionis, in qua idem dominus rex habet justitias magnas et parvas et medias et questas* (art. 572) ; — *tota hec villa Sancti Johannis de Vedacio, cujus predicti omnes sunt habitatores, cum suis pertinentiis et territorio et pertinentiis ejusdem, est dicti domini regis et in suo dominio et jurisdictione, et habet ibi et habere debet merum et mixtum imperium et plenissimam jurisdictionem, in qua etiam villa Sancti Johannis de Vedacio dictus dominus rex habet et habere debet justitias magnas et parvas et medias et questas, et hoc dixerunt et asseruerunt proprio sacramento* (art. 574).

Ce serait une question à élucider que la nature des *questas* ici mentionnées : *impositions* établies par le seigneur de Montpellier, en raison de sa souveraineté ?? ou bien *redevances* établies par lui en qualité de *propriétaire*, ayant plus ou moins aliéné ses terres ??[1] En tout cas, il est certain que le droit de juridiction est de nature essentiellement seigneuriale, de même que le droit de requérir le service militaire. Ces deux droits sont visés en termes formels dans la reconnaissance nettement féodale, rendue quatre ans auparavant par trois de ces habitants de Jacou : *scientes et recognoscentes quod.... habetis et habere debetis, in omnibus hominibus dicte ville Joquonis et in nobis, sanguinem, host et cavalgadam, prout moris est in terra ista* (art. 570). D'autre part, les habitants de Saint-Jean-de-Védas promettent au Roi d'Aragon une fidélité toute féodale : *in omnibus eis... esse fideles et obedientes, in quibus vassallus vel homo debet esse fidelis domino suo* (art. 574).

Les inféodations faites par le seigneur de Montpellier et autres lieux, ne sont représentées que par une seule pièce : la restitution, en février 1259, à la fille de Pierre Aldebert, du fief que tenait son père et qui lui avait été confisqué injustement, le dit fief consistant en droits assis sur diverses terres circonvoisines du Pouget (art. 569).

[1] D'après le mémoire de M. l'abbé Galabert sur la condition des serfs questaux dans le pays de Tarn-et-Garonne, du dixième au douzième siècle, — mémoire lu au Congrès des Sociétés savantes le 14 avril 1903, — «les serfs questaux... devaient donner gratuitement et plusieurs fois par an, sans que le nombre » des *questes* fût fixé, des objets de première consom- » mation, tels que volaille, légume, jardinage, œufs, » fromage » (*Journal officiel*, 19 avril 1903, p. 2411). — Ces redevances en nature n'ont aucunement le caractère d'*impôts* payés au représentant du pouvoir public. Il n'y a là qu'un *propriétaire* prélevant sur les individus, mi-domestiques, mi-fermiers, auxquels il a remis sa terre, des matières d'alimentation, équivalant à une location ou à partie d'une location en argent.

Les baux en acapt ou en emphitéose sont un peu plus nombreux. Nous en rencontrons cinq : — le plus ancien, remontant au mois de janvier 1205, pour un jardin aux portes de Montpellier (art. 181) ; — le second en date, du mois de juin 1230, pour le mas de Valoussière dans l'Aumeladès (art. 568) ; — le troisième, du 15 décembre 1250, pour la maison de la Triperie (dite la Catalogne), à Montpellier (art. 600) ; — le quatrième, du mois de février 1268, pour une vigne à l'Aiguelongue (art. 579), — et le cinquième, du 8 juillet 1277, pour une maison à Montpellier, près la Synagogue (art. 584). — Ce dernier doit être cité exactement comme un bail à nouvel acapt, puisque la maison en question était tombée en commise, *incidit nobis in comissum*.

Les actes de lauzime sont au nombre de six. Le roi lui-même ou son délégué y ratifie des transactions d'importance très inégale, savoir : — le 28 juin 1242, la vente faite par Jean de Carvilla à son frère, de quelques terres près Juvignac ; — le 4 mai 1263, la concession d'un droit d'usage dans certaines garrigues de Jacou ; — le 17 juillet 1280, la vente du château et de la seigneurie de Castries ; — le 17 octobre 1286, la vente par les moines de Saint-Guilhem-le-Désert à l'Évêque de Lodève, de ce qu'ils possédaient dans les moulins de Carabottes ; — enfin, le 9 novembre 1293, la vente faite en 1249 par Guilhem Pierre de Saint-Pons à la communauté de Popian. — Ce dernier lauzime offre cette particularité intéressante que le Roi de Majorque y réforme l'acte similaire, fait en son nom, en 1249, par le bayle du château d'Aumelas : *quam venditionem dicte universitati Bermundus de Omellacio quondam, tunc bajulus castri de Homellacio pro illustri domino Jacobo quondam, rege Aragonum, patre nostro, de facto laudavit, cum de jure non potuerit, in prejudicium et diminutionem juris directi dominii, consilii et laudimii nostri, que habemus et habere debemus in predicto honore.*

Quatre lettres, sur le caractère diplomatique desquelles nous aurons occasion de revenir ultérieurement, — deux de Jacques 1er d'Aragon et deux de Jacques 1er de Majorque, — complètent la série des actes, émanés au XIIIe siècle des seigneurs de Montpellier, qui aient été transcrits au *Mémorial des Nobles*. — Le 27 avril 1250, Jacques d'Aragon confirme la délimitation faite entre Aumelas et Valmagne ; — le 9 avril 1269, il charge un bourgeois de Montpellier Hugues Fabre de terminer l'affaire de Jean de Sauret. — Le 4 juillet 1280, Jacques 1er de Majorque, alors à Perpignan, d'une part, adresse à son vassal Guigue de Roche l'autorisation de vendre la seigneurie de Castries, — d'autre part, mande à son lieutenant de ratifier cette vente.

Parmi les actes passés entre particuliers, les plus importants sont ceux dont nous avons énuméré les lauzimes.

III

Le recueil de chartes, auquel nous attribuons le titre de *Cartulaire montpelliérain des Rois d'Aragon et des Rois de Majorque*, ne paraît avoir été réellement commencé qu'une soixantaine d'années environ après la compilation et la transcription, faites tout d'une pièce ou à peu près, du

Cartulaire des Guilhems, — compilation et transcription qui se placent, sous Guilhem VIII, à l'extrême commencement du XIIIᵉ siècle[1].

Durant le premier demi-siècle qui suivit la mort de Guilhem VIII et le mariage de Marie de Montpellier avec Pierre d'Aragon — à des dates qu'il paraît impossible de préciser, — le *Cartulaire des Guilhems* fut additionné, dans deux endroits du manuscrit restés en blanc, de la copie de deux baux en acapt ou en emphytéose, ayant pour objet, le premier, un jardin aux portes de Montpellier, le second, le mas de Valoussière dans l'Aumeladès, et passés le premier en janvier 1205 (n. st.), le second en juin 1230 (fol. 77 rᵒ et 191 vᵒ, art. 181 et 568). — D'autre part, à une époque également indéterminée, une charte originale de Jacques Iᵉʳ d'Aragon, en date du 19 février 1259 (n. st.), a été intercalée dans le registre (fol. 191 répété, art. 569), entre le dernier feuillet du *Cartulaire des Guilhems* et « les feuillets demeurés libres, [que l'on a utilisés] » pour y transcrire des actes de diverse nature, relatifs à la seigneurie des rois d'Aragon et de » Majorque »[2].

Ces trois pièces de 1205, 1230 et 1259 (copies ou charte originale)[3] sont très distinctes de la série de chartes qui remplit la fin du manuscrit. Ces quarante chartes, qui occupent sans interruption les fol. 193 vᵒ à 215 rᵒ et auxquelles le feudiste Joffre a attribué en 1676[4] les nᵒˢ 570 à 609, constituent à proprement parler le second cartulaire contenu dans le *Mémorial des Nobles*[5].

Le premier document qui se présente au lecteur (fol. 193 vᵒ, art. 570) est une reconnaissance féodale concernant Jacou, datée du 4 mai 1263[6]. Ce texte, qui semble bien avoir été transcrit le premier, n'est pas toutefois le plus ancien du recueil. On trouve en effet plus loin divers actes remontant aux années 1186, 1218, 1226, 1241, 1242, 1249, 1250, 1252 et 1259. Mais il y a tout lieu de croire que ces actes (au nombre de onze) ont été insérés au cartulaire comme éclaircissements, pour des affaires qui ont été traitées ou pour des questions qui se sont posées, seulement dans le troisième ou le quatrième quart du XIIIᵉ siècle, ou même tout à fait au début du XIVᵉ[7].

Nous pouvons préciser la date de l'insertion au cartulaire, — sinon de toutes ces pièces antérieures, — au moins de la majeure partie d'entre elles, — exactement, de *neuf* pièces sur *onze*.

La donation, faite en avril 1186 à l'église de Lattes par le Prévôt de Maguelone, avec l'approbation de Guilhem VIII, de la moitié de la dîme du Moulin Bas du dit lieu de Lattes, apparaît sous la forme d'une transcription officielle, faite par notaire le 14 février 1302 (n. st.) et, selon toute vraisemblance, insérée au cartulaire, — dont elle forme la dernière pièce, — seulement après le 10 mai de la même année 1302 (art. 609).

---

[1] Sur la compilation du *Cartulaire des Guilhems*, « sous Guilhem VIII et au profit de Guilhem VIII », voir Germain, *Liber Instrumentorum*, notice préliminaire, [p. 3]; introduction historique, pp. XXI-XXII, note 2, et table chronologique générale, pp. 849-850.

[2] Germain, *Lib. Instr.*, notice prélim., [p. 4].

[3] Cf. l'inventaire du *Mémorial des Nobles* par Joffre, édition Berthelé, *Archiv. Montpellier*, tome III, pp. 30 et 71, art. 181, 568 et 569.

[4] Cf. Berthelé, *Archiv. Montpellier*, tome I, pp. LXXX et CXXIV, et tome III, p. 5.

[5] Voir, pour ce second cartulaire, l'inventaire de Joffre, édition Berthelé, *Archiv. Montpellier*, tome III, pp. 71 à 78, art. 570 à 609.

[6] C'est par erreur que Joffre a daté cette pièce de « 1264 » (ms., fol. 193 vᵒ).

[7] Le ms., nous l'avons déjà dit, manque visiblement d'unité et de suite.

Cette date du 10 mai 1302 est celle de la pièce qui, dans l'ordre matériel de transcription du manuscrit, occupe l'avant-dernière place et qui, dans l'ordre chronologique, clôture réellement le cartulaire. Mais cette pièce n'est qu'un vidimus. L'acte vidimé est une reconnaissance féodale, concernant Montpellier, Lattes et Aumelas, en date du 21 février 1259 (n. st.)[1] (art. 608).

Voilà pour la plus ancienne et pour la plus récente des onze pièces antérieures à 1263.

L'inféodation, faite par l'évêque de Maguelone au Roi d'Aragon, le 22 juin 1218, de droits sur la monnaie de Mauguio, etc., a été transcrite officiellement les 22 et 23 septembre 1272 (art. 578).

Les trois pièces concernant Juvignac et se rapportant aux années 1226, 1241 (n. st.)[2] et 1242 (art. 593, 594 et 595) forment — avec la charte de 1266, concernant le bois de la Blaquière, près Murviel-lès-Montpellier (art. 596) — une série, qui fait suite, dans le manuscrit [3], aux huit pièces du notaire Pierre Davin (art. 585 à 592) : cette particularité nous amène à en descendre la date de transcription jusqu'après le 15 juin 1277.

La vente faite, le 8 avril 1249, à la communauté des habitants de Popian, par Guilhem Pierre de Saint-Pons (art. 602), a été transcrite officiellement le 26 janvier 1294 (n. st.), — soit le même jour et par les mêmes notaires, que le lauzime de la dite vente, par le Roi de Majorque, en date du 9 novembre 1293 (art. 603).

En raison de l'identité d'écriture, il convient de placer à cette même date de 1294 ou environ — en tout cas, entre 1294 et 1301 — la copie des deux pièces, l'une de 1249-1258, l'autre de 1250, concernant le fief de Cabrials (art. 604 et 605), qui font suite, dans le cartulaire, à celles concernant les biens communaux de Popian.

Il nous paraît impossible, pour le moment au moins, de préciser à quelle époque ont été insérés au cartulaire le bail en acapt de la Triperie de Montpellier, du 15 décembre 1250 (art. 600), et la reconnaissance féodale de Montferrier, du 9 mars 1259 (n. st.)[4] (art. 599), — mais il n'en reste pas moins certain que toutes les autres pièces du cartulaire, antérieures par leur date propre au mois de mai 1263, n'y ont été insérées que postérieurement :

une, en septembre 1272 ;
trois, après le 15 juin 1277 ;
une, en 1294 ;
deux, en 1294 ou entre 1294 et 1301 ;
et deux, en 1302.

La date de transcription de ces deux dernières nous précise l'époque où le cartulaire a cessé d'être continué. Nous pouvons donc considérer ce recueil de chartes comme ayant été formé dans la seconde moitié du XIII° siècle et à l'extrême début du XIV° siècle, — et pour préciser autant qu'il est possible de le faire, entre 1263 et 1302.

---

[1] Joffre : « 1258 » [v. st.].

[2] Joffre : « 1240 » v. st.].

[3] Voir le fol. 204 r°.

[4] Joffre : « 1258 » [v. st.].

IV

La seconde partie du *Mémorial des Nobles* n'est pas un cartulaire compilé ex-professo et créé tout d'une pièce, ou peu s'en faut, comme le *Cartulaire des Guilhems* ou le *Cartulaire de l'Évêché de Maguelone*. — Ce n'est pas davantage un cartulaire, constitué au début d'après un plan méthodique et qui, par suite des additions ultérieures, a perdu son caractère primitif, comme le *Grand Talamus*. — C'est simplement un recueil formé selon les besoins du moment, un registre sur lequel on a transcrit de temps en temps des actes variés, qu'il pouvait être utile d'avoir sous la main autrement que sous la forme de chartes isolées et volantes.

Au point de vue de leur mode de transcription, les pièces qui composent ce recueil — la charte originale intercalée dans la reliure (art. 569) étant mise à part — peuvent se répartir en trois catégories :

1° Des copies impersonnelles, non signées et non datées, analogues à celles que l'on rencontre d'une façon générale dans les cartulaires ;

2° Des expéditions officielles, signées et datées, exécutées par le notaire lui-même lors de la réception de l'acte et écrites par le dit notaire sur le registre de son royal client, indépendamment des expéditions sur feuille volante de parchemin, qui pouvaient être fournies d'autre part ;

3° Des transcriptions authentiquées, ou même des vidimus en règle, d'actes plus ou moins antérieurs, — les dites transcriptions signées et datées par le notaire lui-même et contresignées par les autres notaires présents au collationnement de l'acte.

A la catégorie des copies impersonnelles, plus ou moins postérieures à la réception de l'acte, appartiennent — en outre du bail en acapt du mas de Valoussière en 1230 (art. 568) — le bail en acapt, consenti en juillet 1277 à la communauté des Juifs de Montpellier, d'une maison confrontant la Synagogue (art. 584), — les trois chartes de 1226, 1241 et 1242, concernant diverses terres sises à proximité de Juvignac et de Celleneuve (art. 593, 594 et 595), — la reconnaissance féodale de 1266 pour le bois de la Blaquière (art. 596), — ainsi que les lettres de Jacques Ier de Majorque, la sentence de Hugues Fabre, etc. (1269 et 1270, n. st.)[1], au sujet des tenures de Jean de Sauret (art. 597).

Il convient de classer dans la même famille la reconnaissance féodale de Popian, etc., de février 1267 (n. st.) (art. 598), — acte reçu par le notaire Michel de Malbosc, mais qui n'est ni écrit de sa main, ni authentiqué de son seing, — et les deux pièces de 1249-1252 et 1250, relatives à Cabrials (art. 604 et 605). — Ces deux dernières nous paraissent pouvoir être attribuées, de par

---

[1] C'est par erreur que Joffre a daté ces pièces de « 1262 ».

les caractères particuliers de leur graphie, au notaire Jean de Puech Arnaud. Elles sont, en ce qui concerne les seings des notaires rédacteurs, de véritables fac-similés.

Cette habitude de dessiner les seings qui authentiquaient les actes originaux se constate en d'autres endroits du cartulaire (art. 578 et 608). Et nous nous sommes un instant demandé si les trois pièces, émanées des notaires Pierre Guarin, Pierre Delpont et Pierre Jourdan (art. 570, 599 et 600) et que le manuscrit nous présente munis de seings, ne devaient pas ou tout au moins ne pouvaient pas être considérées comme de simples copies, dont le seing avait été reproduit par le scribe anonyme chargé de les insérer au cartulaire.

Nous ne serions pas étonné que le bail en acapt de la Triperie de Montpellier, reçu en décembre 1250 par le notaire Pierre Jourdan et figurant dans notre cartulaire avec un seing qui paraît avoir pour premier élément la lettre A (fol. 207 v°, art. 600), soit une copie faite, à une date postérieure, par un autre notaire dont le nom nous échappe, et qui l'aurait authentiquée, sans autre formule, en y annexant son seing personnel.

Mais nous ne croyons pas qu'il y ait, au total, de raisons suffisantes pour refuser aux deux actes reçus par Pierre Guarin et par Pierre Delpont ce caractère d'expédition officielle, qu'il y a lieu d'attribuer, avec toute la certitude désirable, aux actes émanés des notaires Michel de Malbosc, Pierre Davin, Jean de Favars et Bertrand de Rial.

Douze pièces, dont les dates se placent entre le 13 février 1267 (n. st.) et le 13 février 1268 (n. st.), sont entièrement écrites de la main de Michel de Malbosc et authentiquées de son seing (fol. 194 r° à 198 v° et 200 r° à 202 r°, art. 571 à 577 et 579 à 583)[1]. La grosse écriture de ce notaire est caractéristique[2] et l'on retrouve invariablement dans ces douze pièces deux particularités dont la réapparition constante correspond bien à l'unité de main : *Micahel* au lieu de *Michael* et *sexsagesimo* au lieu de *sexagesimo*[3].

Le notaire Pierre Davin a transcrit *in extenso* et authentiqué de son seing huit pièces concernant Montarnaud, Montferrier, Montbazin, Aumelas, Popian, etc., — dont les dates vont du 19 février au 15 juin 1277 (fol. 203 r° à 204 r°, art. 585 à 592).

En 1280, Jean de Favars transcrit et authentique de son seing l'acte de vente du château et de la seigneurie de Castries (fol. 208 r° à 212 r°, art. 601).

En 1301, Bertrand de Rial expédie de la même façon sur le registre du roi de Majorque une reconnaissance féodale pour le château de Montbazin (fol. 214 r°, art. 606).

Nous retrouverons ce Bertrand de Rial dans un instant à propos des pièces insérées au cartulaire en forme de vidimus ou de transcription officielle par devant plusieurs notaires.

---

[1] Ces douze pièces forment deux séries entre lesquelles se place le vidimus de l'inféodation de 1218, vidimus exécuté en septembre 1272 par le notaire Jean de Malbosc et authentiqué par ses collègues Jean de Favars et Michel de Malbosc.

[2] Voir *Archives Montpellier*, tome III, planches hors texte n°ˢ V et VI.

[3] L'acte reçu par Michel de Malbosc et inséré au cartulaire (art. 598), mais non transcrit par ledit notaire et non suivi de son seing, donne *sexagesimo* et *Micahelis*.

Ces transcriptions officielles, authentiquées non seulement par le notaire qui les a copiées de sa main, mais encore par les autres notaires ayant pris part au collationnement de l'acte, sont moins nombreuses, dans notre cartulaire, que les expéditions sur registre faites au moment de la réception de l'acte et que les copies impersonnelles. — Nous n'en trouvons que six exemples : un de l'année 1272, deux de l'année 1294 et trois des années 1301 et 1302.

En septembre 1272, le notaire Jean de Malbosc transcrit — à la requête de Pierre Cap de Proshome, chargé d'affaires du Roi d'Aragon — l'inféodation faite au dit roi en 1218 par l'Évêque de Maguelone.

Cette transcription est contresignée et authentiquée par Jean de Favars et Michel de Malbosc, chacun d'eux constatant par une formule autographe qu'il a pris part au collationnement : — *huic presentis transcripti publici perscrutinio, caute et provide facto, ego Johannes de Favariis, notarius publicus Montispessulani, una cum predictis aliis notariis testis vocatus et rogatus interfui et subscripsi et signum meum apposui; — perscrutinio hujus publici instrumenti, ego Micahel de Malobuxo, publicus Montispessulani notarius, una cum predictis notariis testis vocatus et rogatus interfui et ad majorem horum omnium firmitatem habendam, meum signum apposui* (art. 578).

Le 26 janvier 1294 (n. st.), Jean de Puech Arnaud transcrit et signe — et son collègue Ferrier de Lamène collationne avec lui et contresigne — la vente faite en 1249 à la communauté des habitants de Popian et le lauzime de la dite vente par le Roi de Majorque en 1293 (art. 602 et 603).

Le 4 juillet 1301, Bertrand de Rial, *publicus Montispessulani et curie palatii notarius*, transcrit (pour ainsi dire en fac-similé), par ordre de Brémond de Montferrier, lieutenant du Roi de Majorque, la ratification faite par ce prince en octobre 1286 de la vente qui avait fait passer aux mains de l'Évêque de Lodève tout ce que l'abbaye de Saint-Guilhem-le-Désert possédait dans les moulins de Carabottes. Cette transcription est contresignée par deux autres notaires de Montpellier, Guilhem Delpont et Estève Mounier (art. 607).

Le 10 mai 1302, le même Bertrand de Rial, également par ordre du lieutenant Brémond de Montferrier, procède, dans toutes les formes requises, — de concert avec le susdit Guilhem Delpont et un autre notaire montpelliérain Bernard de Comayran, — à la vidimation d'une reconnaissance féodale d'Armand de Vailhauquès, remontant à 1259. — Ce *vidimus*, de même que le *transcriptum* précédent, est muni au registre des seings respectifs des deux collègues de Bertrand de Rial, et chacun de ces seings est précédé d'une formule autographe, attestant la part prise par le signataire au *perscrutinium* qui a été fait du *presens exemplum* avec la charte originale (art. 608).

La pièce qui termine le cartulaire et qui se présente comme une transcription authentique, — exécutée, le 14 février 1302 (n. st.), également par le notaire Bertrand de Rial, également par ordre du lieutenant Brémond de Montferrier, — d'une charte de l'année 1186 concernant la dîme à percevoir au Moulin Bas de Lattes, — est incomplète de toutes les formules susceptibles de nous fixer sur le véritable caractère de ce *transcriptum fideliter sumptum*. La copie est restée inachevée dans le manuscrit, quoique tout le verso de la feuille de parchemin fût encore disponible. — Il est cependant facile de constater que ce *transcriptum* est d'une date *antérieure* au vidimus qui le précède. Cette particularité porterait à croire que primitivement il avait été seulement exécuté en minute et grossoyé en feuille volante et que l'on n'avait point estimé utile tout d'abord de le faire figurer au cartulaire. Ensuite, on jugea bon de l'y insérer, mais l'on ne prit pas la peine de le récrire *in extenso* (art. 609).

V

Il nous reste à ajouter quelques mots sur la méthode que nous avons adoptée pour la présente publication.

Un éditeur de documents anciens ne doit pas être — c'est du moins notre manière de voir — un simple reproducteur de textes, un simple photographe-imprimeur. Il doit évidemment rechercher avant tout l'exactitude absolue du photographe, mais il doit aussi (ce nous semble) s'efforcer, de toutes les façons possibles, de faciliter le travail aux lecteurs d'ordre varié pour lesquels il imprime.

C'est pourquoi nous avons à la fois donné du texte de cette seconde partie du *Mémorial* une transcription littéralement fidèle, — et transformé complètement, ou à peu près, l'ordre dans lequel le manuscrit nous présentait les documents. Les pièces insérées au cartulaire ont été généralement copiées sans aucun plan méthodique ; tout au plus a-t-on, dans certains cas, fait précéder les pièces les plus récentes d'une expédition des pièces antérieures concernant les mêmes fiefs ou les mêmes droits. Nous avons systématiquement substitué à cette disposition matérielle, née des circonstances, un classement *géographique*, — chaque localité comprenant une subdivision par ordre *chronologique*.

Il nous a paru également que nous ne devions pas nous borner à faire précéder chaque pièce d'une cote en indiquant sommairement le contenu. Nous avons estimé que, dans un assez grand nombre de cas, des éclaircissements de détail étaient nécessaires. De là, à côté des menues observations d'ordre paléographique, des annotations plus ou moins étendues d'ordre bibliographique, historique ou topographique. Les annotations topographiques ont été établies avec un soin particulier, presque toujours après vérification sur le terrain.

Le classement géographique général que nous avons adopté, créant une différence presque constante entre le manuscrit et notre édition, nous joignons à ces quelques pages d'introduction une *table de concordance*. — On trouvera, à la suite des chartes elles-mêmes, une *table chronologique générale* et une *table analytique* de noms des personnes, de lieux et de matières.

Montpellier, le 19 mars 1903.

TABLE DE CONCORDANCE DU MANUSCRIT ET DE L'ÉDITION

Manuscrit		Édition		Localités
181	=	4	—	Montpellier.
568	=	86	—	Valoussière (Aumelas).
569	=	37	—	Le Pouget.
570	=	12	—	Jacou.
571	=	32	—	Popian.
572	=	13	—	Jacou.
573	=	14	—	Jacou.
574	=	38	—	Saint-Jean-de-Védas.
575	=	39	—	Saint-Jean-de-Védas.
576	=	31	—	Saint-Martin-du-Vignogoul.
577	=	18	—	Juvignac.
578	=	1	—	Montpellier, etc.
579	=	5	—	l'Aiguelongue (Montpellier).
580	=	26	—	Pignan.
581	=	27	—	Pignan.
582	=	28	—	Pignan.
583	=	29	—	Pignan.
584	=	3	—	Montpellier.
585	=	20	—	Montarnaud.
586	=	24	—	Montferrier.
587	=	42	—	Fiefs divers.
588	=	43	—	Fiefs divers.

Manuscrit		Édition		Localités
589	=	21	—	Montbazin.
590	=	9	—	Aumelas.
591	=	34	—	Popian.
592	=	25	—	Montferrier.
593	=	15	—	Juvignac.
594	=	16	—	Juvignac.
595	=	17	—	Juvignac.
596	=	30	—	Sainte-Cécile-de-Trois-Loups.
597	=	40	—	Saint-Jean-de-Védas, etc.
598	=	33	—	Popian.
599	=	23	—	Montferrier.
600	=	2	—	Montpellier.
601	=	11	—	Castries, etc.
602	=	35	—	Popian.
603	=	36	—	Popian.
604	=	7	—	Cabrials (Aumelas).
605	=	8	—	Cabrials (Aumelas).
606	=	22	—	Montbazin.
607	=	10	—	Moulin de Carabottes.
608	=	41	—	Fiefs divers.
609	=	19	—	Lattes.

MONTPELLIER

I

Le Roi d'Aragon vassal de l'Évêque de Maguelone, comte de Mauguio

1218, le 22 juin, Montpellier. — Bernard de Mèze, évêque de Maguelone, comte de Mauguio et de Montferrand, inféode — moyennant 20 000 sous melgoriens, etc., — à Jacques Ier, roi d'Aragon, seigneur de Montpellier, représenté par les consuls de la dite ville de Montpellier, — 1° quatre deniers sur les dix par livre, auxquels il a droit, en raison de son dit comté, sur la fabrication de la monnaie melgorienne ; — 2° l'hommage que le seigneur de Montpellier était tenu de faire au comte de Mauguio pour les trois deniers qu'il percevait de vieille date sur la dite monnaie melgorienne ; — 3° la suzeraineté et tous droits appartenant au comte de Mauguio sur les châteaux de Pignan et de Saussan et leurs appartenances ; — 4° tout ce à quoi le seigneur de Montpellier pouvait être tenu envers le comte de Mauguio, pour les châteaux de Frontignan et de Castries, pour Castelnau et Centrayrargues, ainsi que pour les chemins publics, les rivières et les patus¹.

1272, les 22 et 23 septembre, [Montpellier]. — Transcription et collationnement de la précédente charte, à la requête de Pierre Cap de Proshome, jurisconsulte, chargé d'affaires du Roi d'Aragon.

AA. 1, fol. 199, art. 578.

In nomine Domini Nostri Jhesu Christi.

Anno incarnationis ejusdem millesimo ducentesimo octavodecimo, decimo kalendas julii.

Clarum et indubitatum sit tam presentibus quam futuris quod ego B[ernardus], Dei gratia

---

¹ Le début et deux autres courts passages de cette pièce ont été publiés par A. Germain, dans les *Documents inédits concernant les monnaies seigneuriales de Melgueil et de Montpellier*, qui forment les pièces justificatives de son *Mémoire sur les anciennes monnaies seigneuriales de Melgueil et de Montpellier*, — sous le titre suivant : « Inféodation de quatre deniers par livre sur la fabrication de la monnaie melgorienne, consentie par l'évêque de Maguelone Bernard de Mèze, en faveur des consuls de Montpellier, agissant au nom du seigneur de cette ville », — *Mém. Soc. archéol. Montp.*, in-4°, t. III (1850-1854), pp. 233-234.

Arnaud de Verdale mentionne ainsi cette inféodation : « Anno MCCXVIII°, x° cal. junii, concessit ad feudum honoratum domino Jacobo, regi Aragonum, domino Montispessulani, IIII^{or} denarios super moneta melgoriensi, in qualibet libra dicte monete. Dedit etiam eidem totum jus quod habebat in castris de Piniano et de Salsano, et dominium ac hominium et alia que dominus Montispessulani episcopo facere tenebatur pro castris de Frontiniano, de Castris, de Castronovo et de Sestayranicis, seu pro stratis publicis et riperiis ac patuis, pro quibus omnibus dominus Montispessulani debet dare domino episcopo et ejus successoribus, annis singulis, si ab eis requiratur, pro servitio unum marabotinum auri, et valentiam de hominibus dictorum castrorum; addito quod, si dicta castra separentur a dominatione ville Montispessulani, episcopus possit omnia predicta feuda recipere pro commisso ; pro qua infeudatione habuit episcopus xx^m solidos melgorienses. Instrumentum est in archivo, inter instrumenta monete Melgorii ». Germain déclare « avoir vainement cherché cet acte dans les archives épiscopales ». (Germain, *Arnavd de Verdale*, dans les *Mém. Soc. archéol. Montp.*, in-4°, t. VII, p. 566). — Cf. Gariel, *Series Præsul. Magal.*, édit. de 1652, pp. 229-230 ; édit. de 1685, 1re partie, pp. 320-321. — Cf. également d'Aigrefeuille, *Hist. Montp.*, édit. in-fol., t. II, p. 441, et édit. La Pijardière, in-4°, t. III, pp. 667-668.

Magalonensis[1] episcopus, dominus et comes Melgorii[2] atque Montisferrandi necnon et totius comitatus, per nos et per omnes successores nostros, bona fide et sine dolo, cum hac presenti carta publica, donamus, cedimus et concedimus in perpetuum ad feudum honoratum et censatum domino Montispessulani Jacobo, Dei gratia illustri regi Aragonum comitique Barchinone, filio quondam domine Marie, regine, domine Montispessulani, inclite recordationis, et successoribus ejus in dominatione ville et terre Montispessulani, — et vobis consulibus ejusdem ville Montispessulani, scilicet Jacobo Lumbardo, Johanni Bocados, Ermengavo[3] de Azillano, Garrello, Guillelmo Rossello, Bernardo de Ribalta, Raymundo de Circio, Raymundo Provinciali, Poncio Guiraldo, Willelmo Borrello, Petro Verre et Willelmo de Planterio[4], recipientibus pro jam dicto domino Montispessulani J[acobo], rege Aragonum, comite Barchinone[5], ejusque negocium gerentibus, et ad ipsius domini vestri utilitatem hec stipulantibus, — videlicet quatuor denarios de illis decem denariis quos, ratione dicti comitatus, habemus et percipere debemus in unaquaque libra monete Melgorii, que fabricatur seu ullis temporibus fabricabitur ibidem.

Insuper jam dicto domino Montispessulani J[acobo], regi per Dei gratiam Aragonum et comiti Barchinone, et vobis prefatis consulibus pro ipso recipientibus, in dictum feudum concedimus et donamus ac cedimus totum illud hominium, quod dominus Montispessulani, pro tribus denariis, quos longe retro temporibus in supradicta moneta Melgorii percipiebat, comiti Melgorii vel Montisferrandi facere tenebatur, et quod ipsa moneta Melgorii in sua semper stabilitate permaneat.

Preterea eidem supradicto domino Montispessulani J[acobo], regi Aragonum et comiti Barchinone, et vobis memoratis consulibus, stipulantibus et recipientibus pro eo ejusque negocium gerentibus, in dictum feudum concedimus, donamus atque cedimus in perpetuum totam dominationem et totum jus, quam et quod comes Melgorii habet vel nos, ratione dicti comitatus, habemus vel habere debemus, in castro de Piniano et in castro de Salsano et in eorum pertinenciis vel pro ipsis, in dominis vel fevalibus vel aliquibus hominibus seu mulieribus ipsorum castrorum et eorumdem pertinencium ; — et quicquid dominus Montispessulani, sive hominum sive aliud quidlibet, facere tenebatur comiti Melgorii vel Montisferrandi, pro castro de Frontiniano, vel pro castro de Castriis, vel pro Castro Novo, vel pro Centrairanicis[6], seu pro stratis publicis et riperiis[7] et patuis ; — et generaliter omne omnino hominium, quod, pro jam dictis et aliis quibuslibet feudis seu rebus, dominus Montispessulani comiti Melgorii[8] vel Montisferrandi facere tenebatur, vel teneri posset vel deberet ratione dicti comitatus.

---

[1] Ms. et Germain : *Magualonensis.*

[2] Ms. et Germain : *Melguorii.*

[3] Ms.: *Ermenguavo.* — Germain : *Ermenguano.*

[4] Cf. la Liste chronologique des Consuls et des Officiers de la Baylie de Montpellier, durant la période communale, publiée par Germain, *Hist. Commune Montp.*, t. I, p. 380.

[5] A la suite de *Barchinone*, Germain donne les mots : *et vobis prefatis consulibus pro ipso recipientibus,* qui figurent bien dans le ms., mais qui ont été exponctués.

[6] La transcription de ce dernier nom de lieu dans le passage de la chronique d'Arnaud de Verdale, que nous avons cité plus haut (p. 346), offre plusieurs variantes : — Gariel donne la forme *Senteyranicis;* — d'Aigrefeuill'e écrit *Senteiranicis* et traduit *Centrairargues;* — Germain donne *Sestayranicis* et traduit *Saturargues.*

Gariel et d'Aigrefeuille sont beaucoup plus dans le vrai que Germain. *Centrayrargues* ne doit pas être confondu avec *Sestayrargues*, pas plus qu'avec *Saturargues* ou avec *Sauleyrargues.*

[7] Ms.: *ripperiis.*

[8] Ms.: *Melguorii.*

Pro quibus omnibus generaliter et specialiter in feudum perpetuo jure concessis, donatis et cessis memorato domino Montispessulani Jacobo, Dei gratia illustri regi Aragonum et comiti Barchinone, et vobis dictis consulibus, ejus negocium gerentibus et ad ejus utilitatem recipientibus et stipulantibus, — ipse dominus Montispessulani et successores ejus domini Montispessulani dabunt nobis et successoribus nostris, si ab eis requiratur, pro servicio unum morabetinum aureum et nichil aliud, excepto quod nobis facient valenciam de hominibus et castris de Piniano et de Salsano et de Frontiniano, cum nobis necesse fuerit. Quod si facere ipse dominus Montispessulani nollet, poterimus nos et successores nostri poterunt cum ipsis castris, scilicet de Piniano, de Salsano et de Frontiniano, facere guerram. Nullum vero aliud servicium aliquis dominorum Montispessulani mihi vel successoribus meis, pro jam dictis in feudum concessis, facere teneatur.

Ceterum volumus et retinemus nobis et nostris successoribus quod omnia et singula, in feudum data superius et concessa, in dominatione ville Montispessulani semper permaneant et ab ejus dominatione nunquam valeant separari. Quod quidem si fieri temptaretur et aliquid vel aliqua de supradictis in feudum concessis a dominatione ville Montispessulani separarentur, nos vel successores nostri totum feudum supradictum pro commisso recuperaremus.

Hanc siquidem donationem, concessionem et cessionem omnium et singulorum predictorum in feudum, — factam pro magna necessitate dicti comitatus et episcopatus et propter debita nos valde urgencia ob dictum episcopatum, cui divina miseratione presumus, in quibus debitis pro comitatu Melgorii tenebamur astricti, — confirmamus perpetua stabilitate, habito consilio et tractatu cum probis et sapientibus viris tam clericis quam laicis ; — scientes pro certo et recognoscentes quod de predictis in feudum concessis, exceptis quatuor denariis de moneta, nulli aut pauci redditus proveniebant, nec aliquid de dicto comitatu tam utiliter in feudum dare vel concedere poteramus.

Pro qua datione et concessione, scimus et in veritate recognoscimus[1] nos habuisse a vobis dictis consulibus, pro dicto domino vestro J[acobo], Dei gratia rege Aragonum, comite Barchinone et domino Montispessulani, scilicet viginti milia solidorum melgoriensium, que tota, pro vobis et mandato vestro, solverunt nobis Guillelmus de Azillano[2] et Petrus et Gaucelmus fratres, de peccunia, quam dare debuerunt vobis pro vendicione, quam eis fecistis, de castro de Latis et ejus proventibus ad quatuor annos. — Que etiam viginti milia solidorum persolvimus utiliter et necessario veris creditoribus, quibus, pro dicto comitatu, quem G[uillelmus][3], predecessor noster bone memorie, propter magnam necessitatem[4] episcopatus emit, tenebamur veraciter obligati. — Super quibus vigintis milibus solidorum renunciamus, ex certa sciencia, exceptioni non solute et non numerate peccunie, per nos et per omnes nostros successores.

Pro dicto autem feudo firmo semper manendo, et pro evictione ipsius universali vel particulari in plenum restituenda, dictum comitatum Melgorii et omnia jura tantum ad ipsum comitatum pertinencia firmiter obligamus et teneri volumus supradicto domino Montispessulani, J[acobo], regi Aragonum et comiti Barchinone, et omnibus ejus successoribus, dominis Montispessulani, et vobis prefatis consulibus, pro ipso recipientibus.

[1] Ms.: *recognosimus*.
[2] Ms.: *Aziillano*.
[3] Guillaume III d'Autignac.
[4] Ms.: *necescitatem*.

Item, vobis jam dictis consulibus stipulantibus [1] et recipientibus pro sepe dicto rege domino vestro ejusque negocium gerentibus, et per vos ipsi regi, firmiter, per nos et per omnes successores nostros, promittimus et convenimus universa predicta et singula illibata semper ac firma absque omni fraude tenere et plenissime observare, nec ullo modo vel jure contra venire. — Renunciantes prorsus, per nos et per successores nostros, omni auxilio [2] et beneficio cujuslibet juris canonici et legalis, scripti et non scripti, specialis et generalis, quo implorando restitutionem vel alio modo posset prescriptorum alicui nunc vel in posterum obviari.

Ad majorem vero firmitatem, ne res gesta ullis egeat amminiculis, set robore totius sollempnitatis et testimonio pleniore valletur, hoc publicum instrumentum bulle nostre plombee patrocinio precipimus insigniri.

Acta et laudata sollempniter sunt hec omnia, in capella staris domini episcopi apud Montempessulanum, in presentia testium vocatorum ad hoc et rogatorum, videlicet Johannis de Monte Lauro, archidiaconi, et Jacobi Lombardi juvenis, Johannis de Latis, Raymundi Beceda, causidicorum; Raymundi de Morezen, Johannis Rotlandi, Deodati de Fans, Johannis Luciani, Willelmi de Azillano, Johannis Vaca, Bernardi Fulcranni, Firmini Burgensis, Petri de Azillano, Raymundi Gerardi, archipresbyteri, Petri Bellonis, Firmini, prioris de Montarbezon, Raymundi de Dundris, canonicorum Magalonensium; Petri de Cavannaco, Ugonis de Monte Rotundo, Viviani de Blancaria, Blanchi de Sancto Tiberio, Bernardi de Via, Gaucelmi de Azillano, Willelmi de Cavannaco, Bernardi de Azillano — et Bernardi de Porta, publici Montispessulani notarii, qui rogatus hec scripsit. *(Seing du notaire Bernard de la Porte).*

Post hec, anno Dominice incarnacionis millesimo ducentesimo septuagesimo secundo, scilicet decimo kalendas octobris, — in presentia et testimonio Petri Roderii, vicebajuli curie Montispessulani, et Jacobi Fornerii, advocati, — dominus Stephanus Civate juvenis, curie Montispessulani bajulus, dedit mihi Johanni de Malobuxo, publico Montispessulani notario, in mandatis ut cartam supra contentam transcriberem, — ad requisitionem domini Petri Capud Probi Hominis, jurisperiti, illustrissimi domini Jacobi, Dei gratia regis Aragonum et domini Montispessulani, negocia in hac parte gerentis, et pro ipso domino, — de quodam originali instrumento, non viciato, non cancellato nec suspecto in aliqua sui parte, scripto per manum Bernardi de Porta, quondam publici Montispessulani notarii.

Quo precepto, ut dictum est, mihi dato, presentem cartam sumpsi de dicto originali instrumento, nil addendo vel detrahendo de hiis que continebantur in eo, set sequendo in omnibus et per omnia formam et tenorem ipsius instrumenti.

Postmodum, anno quo supra proximo dicto, scilicet nono kalendas octobris, — ego dictus Johannes de Malobuxo, publicus Montispessulani notarius, presentem cartam perscrutatus fui cum originali instrumento, — ipsum Michaele de Malobuxo et Johanne de Favars, notariis publicis Montispessulani, inspicientibus, meque suprascriptam cartam legente; — et ad majorem firmitatem habendam, hic subscripsi et signum meum apposui. *(Seing fleurdelisé du notaire Jean de Malbosc).*

---

[1] Le ms. répète *stipulantibus*.   [2] Ms.: *aucxilio*.

Huic presentis transcripti publici perscrutinio, caute et provide facto, ego Johannes de Favariis, notarius publicus Montispessulani, una cum predictis aliis notariis, testis vocatus et rogatus, interfui et subscripsi et signum meum apposui. *(Seing du notaire Jean de Favars).*

Perscrutinio hujus publici instrumenti, ego Micahel [1] de Malobuxo, publicus Montispessulani notarius, una cum predictis notariis, testis vocatus et rogatus, interfui, et ad majorem horum omnium firmitatem habendam, meum signum apposui. *(Seing du notaire Michel de Malbosc).*

II

La Triperie du Roi d'Aragon

1250, le 15 décembre, Montpellier. — Bail en acapt, par Guilhem de Pavo, chevalier, lieutenant de Jacques Ier, roi d'Aragon et seigneur de Montpellier, — à Bernard de Meyrueis, cabassier, et à Grimaud le Mazelier, — d'une maison sise à Montpellier, appelée *la Catalogne* et servant de Triperie, — moyennant 1° une entrée de 15 livres melgoriennes, 2° un usage annuel de 10 livres de la même monnaie, tant que la Triperie sera installée dans la dite maison, — le dit usage devant être réduit à 2 sous melgoriens, si la Triperie vient à être transportée ailleurs [2].

AA. 1, fol. 207 v°, art. 600.

---

[1] Le notaire Michel de Malbosc écrit régulièrement *Micahel, -is,* au lieu de *Michael, -is.*

[2] Cette pièce a été publiée *in extenso* par Mlle Louise Guiraud, dans l'appendice de ses *Recherches topographiques sur Montpellier au moyen âge,* — sous le titre: « Vente de maison dite la *Catalogne* ou *Triperie* », — *Mémoires de la Société archéologique de Montpellier,* 2e série (in-8°), tome I*er*, pp. 327-328 ; cf. pp. 185 à 188.

Germain, qui l'avait utilisée, dès 1851, dans son esquisse de la *Topographie générale de la commune de Montpellier,* s'était borné à une courte analyse et à une citation de quelques lignes *(Hist. Commune Montp.,* tome III, pp. 368-369).

Il s'agit ici de la Triperie la plus anciennement connue, de celle que l'on pourrait appeler *la Triperie du Roi d'Aragon* ou *la Triperie de 1250.*

Nous aurons ultérieurement l'occasion de revenir sur la seconde Triperie connue, celle que l'on pourrait appeler *la Triperie du Roi de Majorque* ou *la Triperie de 1297.*

« Nous avons, dans nos archives [hospitalières de Montpellier], un bail de l'année 1217 — [lisez : 1297] — se rapportant à cette maison de la Triperie, qui portait alors le nom de Catalogne. L'acte était passé par le seigneur de Montpellier, au profit d'un sieur Bringuier Sarralery, sous la redevance de quatorze livres melgoriennes. Le nom de Triperie n'apparaît, pour la première fois, que dans une reconnaissance,

en latin et sur parchemin, du 28 mai 1386. En 1640, le 5 mai, il y eut une ordonnance de Messieurs les commissaires députés pour la vente et la revente du domaine du roi, portant décharge des quatorze livres melgoires, sur la maison de la Triperie, et réduisant la censive à un denier. *(Archives de l'Hôpital-Général,* liasses de B 535 à 542).... Nos archives de l'hôpital sont si copieusement fournies de documents curieux et suivis concernant la triperie et la boucherie, dans notre ville, qu'on pourrait aisément, dans une monographie longue et documentée, écrire l'histoire un peu tourmentée de cette sorte de corporation locale. — En 1654, Jean Bernard, généreux et riche intendant de l'hôpital de la Charité, légua aux pauvres, par testament en bonne forme, une maison et surtout une partie de la Triperie.... Il ordonne qu'on bâtisse une chapelle à la Triperie même, sous le vocable aimé de son patron saint Bernard..... » (P. Béral, *Histoire de l'hôpital de la Charité de Montpellier (1646-1682), berceau de l'Hôpital-Général,* pp. 192-193). — Le testateur s'exprime ainsi : « Je... donne et lègue à l'hospital de la Charité de Montpellier..... ma... *maison et moitié de tripperie...* » (ibid., p. 195). — Sur le débat, auquel la « chappellenie à l'honneur de saint Bernard » donna lieu de 1658 à 1663, voir P. Béral, ibid., pp. 242 à 249.

« En 1672, le 14 mars, les recteurs de notre hôpital durent faire au roi une reconnaissance de la moitié de leur maison de la Triperie « soubs la censive annuelle

Domus vocata Cathalonyna[1], *in qua venduntur capita et intestina mutonum cocta*, — nunc la Tripperie[2].

In nomine Domini nostri Jhesu[3] Christi.

Anno ejusdem incarnationis millesimo ducentesimo quinquagesimo[4], octavodecimo kalendas[5] januarii[6].

Ego Guillelmus de Pavo[7], miles, tenens locum et gerens vices serenissimi domini Jacobi, Dei gratia regis Aragonum, in Montepessulano et tota ejus dominatione, auctoritate cum[8] potestate michi[9] data et concessa ab eodem domino rege, ob evidentem utilitatem domini regis predicti, bona fide, omni dolo et fraude carente, omnibus etiam et singulis remotis, rejectis et exclusis quibus presens contractus in totum vel in partem posset[10] rescindi[11], retractari vel etiam annullari[12],

»d'un denier payable à chaque feste de Saint-Michel » : — « les intendants et recteurs de la Charité de Mont-»pellier ont confessé, reconnu tenir et vouloir tenir »ainsy que leurs prédécesseurs ont tenu du roy, »nostre sire, soubz sa directe seigneurie, droit de lods, »investiture, etc., la maison de la Triperie, appelée »Catalougue ou Grenade, au sixain à Saint-Paul, »soubz la censive annuelle et perpétuelle de un denier »paiable et portable, chaque jour en la feste de Saint-»Michel, aux trésoriers et fermiers du domaine de Sa »Majesté....» (*Archives de l'Hôpital-Général*, liasse B 541, n° 32). (Béral, op. cit., pp. 197-198).

[1] Ms.: *Cathalonyna*, plutôt que *Cathalongna*. — Guiraud : *Cathalonya*.

[2] Cote d'une date postérieure.

[3] Ms.: *Jhesu*. — Guiraud : *Jesu*.

[4] Ms. : *quiquagesimo*. — Guiraud : *quinquagesimo*.

[5] Ms. : *kalendas*. — Guiraud : *calendas*.

[6] Ms. : « millesimo ducentesimo qui[n]quagesimo, octavodecimo kalendas januarii ». — Guiraud : « millesimo ducentesimo quinquagesimo octavo, decimo calendas januarii » (p. 327).

Joffre : « **1250** » (*Mémorial des Nobles*, ms., fol. 207 v°). — Joffre : « en **1250** et le 18 des calandes de janvier » (*Sommaire du Mémorial des Nobles*, édit. Berthelé, *Archives de la ville de Montpellier*, tome III, p. 75, art. 600). — Germain : « en **1250** » (*Hist. Commune Montp.*, t. III, p. 368). — Duval-Jouve : « en **1250** » (*les Noms des Rues de Montpellier*, 1877, p. 325, reproduit par A. Fabre, *Hist. de Montpellier*, 1897, pp. 302-303. — Guiraud : « 23 décembre **1258** » (op. cit , pp. 185 et 327).

Mlle Guiraud n'a pas indiqué les raisons qui l'ont portée à ne pas accepter la date donnée par le ms. et adoptée par Joffre et par Germain.

Dans le ms., le bail en acapt de la Catalogne fait suite à une pièce (art. 599) rubriquée « 1258 », mais cette pièce de 1258 (v. st.) fait suite elle-même à d'autres rubriquées : « 1266 », « 1262 », etc. — La place occupée par le document dans le ms. ne peut donc pas être un argument en faveur de l'année 1258.

« Jacme avait l'habitude de partager son temps entre ses divers états. Lorsqu'il quittait pour quelque temps son comté ou l'un de ses royaumes, il y nommait un lieutenant ou *procurateur* général, chargé de le remplacer pendant son absence, mais qui n'avait pas la plénitude de l'autorité souveraine. Montpellier, moins souvent visité par le roi, ne restait jamais dépourvu de lieutenant ; seulement le pouvoir de cet officier était suspendu dès que le roi arrivait dans la seigneurie ». (Ch. de Tourtoulon, *Jacme Ier le Conquérant*, tome II, p. 406). — Or, dans la seconde quinzaine de décembre 1258, Jacques Ier était à Montpellier (cf. *Hist. gén. de Languedoc*, édit. in-4°, t. VI, p. 861).

[7] Ms. : *Pavo* ou *Pano*. — Guiraud : *Pavo*.

« Guillaume de Pavo » (D'Aigrefeuille, *Hist. Montpellier*, édit. in-fol., t. 1, pp. 575 et 576 ; édit. in-4°, t. II, pp. 376 et 377). — « Guillem de Pavo » (De Tourtoulon, *Jacme Ier*, t. II, pp. 407 et 659). — « Guillaume de Pavo » (Lecoy de la Marche, *les Relations politiques de la France avec le royaume de Majorque*, t. I, pp. 174 et 178).

De Tourtoulon mentionne comme lieutenants «pour Montpellier : — Guillem de Pavo, en 1251..... ; — Guillem de Roquefeuil, en 1257, 1258 et 1263..... ; — Raymond Gaucelin, seigneur de Lunel, en 1261.....; — Bertran de Bellpuig, remplacé en 1276 par Arnald Ferrand.....» (op. cit., t. 1, p. 407) ; — cf. D'Aigrefeuille, loc. cit..

[8] Le ms. donne plutôt *cum* que *et*.— Guiraud : *et*.

[9] Ms.: *michi*. — Guiraud : *mihi*.

[10] Ms.: *posset*. — Guiraud : *potest*.

[11] Ms.: *recindi*. — Guiraud : *rescendi*.

[12] Ms : *anullari*. — Guiraud : *annullari*.

— cum hac carta publica, do, trado, cedo, concedo et in perpetuum[1], accapiti nomine sive [in] emphiteosim[2], derelinquo vobis Bernardo de Mairosio, cabasserio[3], et Guillelmo, ejus uxori, pro medietate indivisa, et tibi Grimaudo, macellario[4], pro alia medietate indivisa, et vestris, — ad

[1] Ms.: *inperpetuum*. — Guiraud : *in perpetuum*.

[2] Ms. et Guiraud : *sive emphiteosim*.

[3] Germain a mentionné à plusieurs reprises les *cabassiers* de Montpellier, mais sans expliquer la nature de leur profession. Les documents qui les citent, les placent à la suite des bouchers (autrement dit des mazeliers) et des poissonniers. (Voir *Hist. Commune Montpellier*, t. III, p. 175, et *Hist. Commerce Montp.*, t. I, p. 36 et t. II, p. 314).

Les archives de l'Hôpital général de Montpellier possèdent un contrat passé, le 1ᵉʳ avril 1346, par « Raymundus de Cruce, massellarius Montispessulani », avec « Guillelmo Castelli, cabasserio Montispessulani », pour la vente de « omnia capita, pedes et ventres mutonum et ovium et ventres edulorum et agnorum, quos occidam seu occidi faciam in Montepessulano meo nomine, videlicet a festo Pasche Domini proximo usque ad carnisprivium proximum sequentem ». La traduction française, jointe au XVIIᵉ siècle au parchemin original, interprète *massellarius* par « boucher », et *cabasserius* par « trippier ». (Liasse B 535, pièces cotées « n° 3 »).

Le sens du mot *cabasserius*, qui ne figure pas dans Du Cange, est discuté d'une façon plus ou moins scientifique et d'après une étymologie plutôt contestable, dans le *Mémoire devant Monseigneur Le Nain, conseiller d'État, intendant en la province de Languedoc, commissaire délégué par arrêt du Conseil du 4 juin 1748 ; pour les administrateurs de l'Hôpital général et Maison de Charité de Montpellier, et autres propriétaires du droit de Triperie ; contre Jacques Mazema, Guiraud Frontin*....... (Montpellier, impr. Augustin-François Rochard, 1749, in-fol. de 43 pp., signé : Moureau, procureur).

« Les parties adverses ont cru trouver dans l'acte de 1297 que ce sont les Bouchers, qui doivent nécessairement faire la vente des issues dans la Maison de la Triperie ; *Cabaserii et Cabaseriæ vendant ibi carnes prædictas et non alibi*. Mais cette interprétation est erronée et contraire aux notions les plus communes. Les Bouchers s'appelloient *Marcellarii* ; on en trouve la preuve dans l'acte même, où il est dit que l'inféodation est faite à Beringuier Sarrallery, Boucher, *tibi Beringerio Sarrallery, Macellario Montispessulani*. On en trouve la preuve encore dans tous les actes, dont on a parlé dans la déduction du fait, où, toutes les fois qu'il est question de la qualité donnée à Sarrallery dans l'acte de 1297, on dit qu'il étoit Boucher de Montpellier.

» Quand ensuite, dans le même acte, on veut parler de ceux qui vendent les chairs cuites dans la Maison de la Triperie, leur donne-t-on la même qualification ? — On ne les nomme pas *Macellarii*, c'est-à-dire Bouchers, mais on les nomme *Cabaserii* ou *Bullerii*.

» Il importe peu aux exposants de déterminer la véritable signification de ces deux mots. Il peut se faire que *Cabaserii* vient du mot latin *Cacabus*, qui signifie un vase où l'on cuit les viandes, *Lex. Calvini*, sous le mot *Cacabus*. Il peut se faire que, comme l'avancent les parties adverses dans leur Mémoire page 17, *Bullerii* vient du mot latin *Bulla*, qui signifie Bouillon ou petite Bouteille qui vient sur la surface des liqueurs extrêmement échauffées. Que ces recherches soient exactes ou qu'elles ne le soient pas, il est certain que les mots *Cabasserii* et *Bullerii* ne signifient pas Bouchers, puisque jamais on ne leur a donné cette signification et qu'elle est au contraire incontestablement attachée au mot *Macellarius*. Il est donc certain que ce ne sont point les Bouchers que le Roy de Majorque a prétendu assujettir à la nécessité de venir vendre les chairs cuites dans la maison de Sarrallery. — Et comment l'aurait-il prétendu ? jamais les Bouchers se sont-ils mêlés de la fonction de faire cuire et de préparer les issues ? cette fonction est réservée aux Cabassiers et Bulliers ; les Bouchers ne se mêlent d'autre chose que d'égorger les bêtes, les dépecer et les vendre » (pp. 27-28). (Archiv. départ. Hérault, C. 550).

Le mot *Cabasserius* nous parait dériver de *caput*, de même que *canabasserius* dérive de *canabis*. Nous sommes porté à croire que les *cabasserii* et les *cabasseriæ* s'occupaient plus spécialement de la vente des têtes de bœufs, de moutons, etc.

Les *bullerii* et les *bulleriæ*, — dont le vocable corporatif est resté dans les noms propres *Bouillier* et *La Bouillerie*, auraient formé une autre catégorie de tripiers et de tripières, — qui avaient peut-être aussi, comme cela se pratique encore dans certaines villes, la spécialité de vendre, en outre des « gras-doubles », etc., du « bouillon » et du « bouilli », — qui, en tout cas, devaient surtout s'occuper, alors comme aujourd'hui, d'échauder les tripes, de faire bouillir les pieds de mouton, etc.

[4] Il serait possible qu'il fallût lire ici, non pas *Grimaudo, macellario*, mais *Grimaudo Macellario*, — le mot *macellarius* étant passé à l'état de nom propre. Il conviendrait alors de traduire : *Grimaud Boucher* ou *Le Boucher*, au lieu de *Grimaud, boucher*, — ou, pour ne pas s'écarter des formes locales, *Grimaud Mazelier* ou *Le Mazelier* ou *Lemazelier*, au lieu de *Grimaud, mazelier*.

Sans doute, si notre *macellario* représentait un nom de famille héréditaire et non pas une indication de

edificandum[1] ibi domum seu domos cum solariis[2], prout vobis placuerit, et ad omnes voluntates vestras et vestrorum in vita et in morte plenarie faciendas, ad dandum, vendendum, impignorandum[3], vel quo[4] alio modo vos vel vestri volueritis alienandum, — exceptis tamen sanctis, clericis et militibus, — cum consilio semper domini Jacobi, Dei gratia regis Aragonum predicti, vel ejus locum tenentis in villa predicta Montispessulani[5],

Videlicet quandam[6] domum dicti domini regis, que vocatur Cataluenniha[7], infra quam cabasserii[8] et bullerie[9] istius ville vendunt carnes coctas[10], scilicet[11] capita et intestina multonum[12], bovum[13] et vacarum[14], agnorum et hircorum[15], et alia intestina, cum ejusdem domus tecto solo[16] et cum tabulariis infra eandem[17] domum et infra accapitum Thome Arnaldi edificatis[18], introitibus[19] et exitibus et suis omnibus aliis pertinenciis et adjacenciis, et que ei aliquo modo pertinere possunt vel debent, et quicquid infra subscriptas confrontationes continetur[20];

Que confrontatur ex una parte cum accapito Thome Arnaldi, et ex alia parte cum honore Petri de Fontaynis, et ex alia parte cum domo Petri de Bornaco[21], piperarii, carreria in medio, et ex alia parte cum domibus quondam Bernardi Arenfrii[22], carreria in medio ;

---

profession ou un surnom, il devrait normalement figurer ici au génitif : *Grimaudo Macellarii*. — Mais les documents du XIII° siècle nous offrent tant d'exceptions à cette règle.....
L. Guiraud a transcrit : *Grimaudo macellario* (p. 327) et traduit : *Grimaud, boucher* (p. 186).

[1] Ms. et Guiraud : *hedificandum*. — Germain : *edificandum*.

[2] « Montpellier dut aussi au lieutenant de Jayme Ier la construction ou la reconstruction de sa Triperie. Cet officier afferma, en 1250, à cet effet, ou bailla en emphytéose, pour parler le langage officiel, certaine maison appartenant au roi seigneur, à condition qu'on y ferait de nouveaux bâtiments propres à la vente des têtes et intestins d'animaux, et que cette vente y aurait lieu sans interruption » (Germain).
« En 1250, Jayme Ier fit construire un vaste emplacement destiné à recevoir les marchands de « testes, pieds et tripes apareillées des bœufs, des vaches et des autres bestes »....» (Duval-Jouve).

[3] Ms.: *inpignorandum*. — Guiraud : *impignorandum*.

[4] Ms.: *quo*. — Guiraud : *quo[cumque]*. — Les exemples similaires permettent d'adopter indifféremment *quo* ou *quocumque* ou *quolibet*. Il semblerait, au moins d'après certaines séries de documents, que la forme *quolibet* ait été la plus employée.

[5] Ms.: *Montipessulani*. — Guiraud : *Montispessulani*.

[6] Ms.: *quandam*. — Germain et Guiraud : *quamdam*. — La graphie *quandam* a son intérêt, en raison de la prononciation à laquelle elle correspond.

[7] Ms.: *Cataluc(n)niha*. — Germain : *Catalvemmha*. —

Guiraud: *Cataluẽñiha*, avec le ñ tildé. — Dans le ms., la barre d'abréviation porte plutôt sur les voyelles de la troisième syllabe (ue) que sur le n commençant la quatrième syllabe (ni).

[8] Ms.: *cabasserii*, plutôt que *cabaserii*. — Germain : *cabasserii*. — Guiraud : *cabaserii*.

[9] Ms.: *bullerie*. — Germain et Guiraud : *buclerie*. — La graphie *bullerie* que donne ici le ms., correspond, de même que la graphie *buclerie*, que le ms. donne plus bas, à la prononciation mouillée, qui s'est conservée dans le nom propre *Bouillier*.

[10] Ms. et Guiraud : *coctas*. — Germain : *sectas*.

[11] *Scilicet* manque dans Guiraud.

[12] Ms.: *multonum*. — Germain : *multonum*. — Guiraud : *mutonum*.

[13] Ms.: *bovum*. — Germain: *boum*. — Guiraud : *bovium*.

[14] Ms. et Guiraud : *vacarum*. . Germain : *vaccarum*.

[15] Ms.: *ircorum*. — Guiraud : *[h]ircorum*.

[16] Germain : *tecto solo*. — Guiraud : *tecto, solo*.

[17] Ms.: *eandem*. — Germain et Guiraud : *eamdem*. — Même observation que plus haut, à propos de *quandam* (cf. note 6).

[18] Ms.: *hedificatis*. — Guiraud : *edifficatis*.

[19] Ms.: *introhitibus*. — Guiraud : *introitibus*.

[20] Ms.: *contin(en)tur*, plutôt que *contin(e)tur*. — Guiraud : *continentur*.

[21] Ms.: *Bornaco*. — Guiraud : *Barnaco*.

[22] Ms.: *Arenfrii*. — Guiraud : *Arluprii*.

Quam siquidem domum dono vobis in accapitum, tali conditione et pacto quod cabasserii[1] et buclerie[2] istius ville vendant semper ibi et vendere teneantur carnes predictas[3].

Propter hanc autem donacionem, cessionem, concessionem, translationem, pleno jure et in perpetuum valituram, dedistis[4] michi[5], accapiti nomine, quindecim libras melgoriensium[6], de quibus penes vos nil remansit in debito vel ad solvendum. — In quibus, expressim et ex certa scientia, renuntio exceptioni non numerate pecunie seu accapiti non numerati.

Quod accapitum dico et in veritate assero esse legitimum atque justum, ideo quia[7] tantum non potui ab aliquibus aliis invenire, licet hoc essem sollicite et curiose inquisitus cum corrateriis et aliis personis variis et diversis, dictam domum, cum omnibus suis pertinenciis, per plurimos[8] dies exponendo venalem.

Pro qua domo, dabitis vos et vestri, singulis annis, quamdiu[9] cabasserii[10] et Montispessulani[11] buclerie vendent carnes predictas infra domum predictam, pro usatico seu nomine usatici, decem libras melgoriensium[12], medietatem in festo Natalis Domini, et aliam medietatem in festo Sancti Johannis Baptiste[13]. — Tamen, si cabasserii et buclerie istius ville mutarent[14] macellum in alio loco,

---

[1] Ms.: *cabasserii*, plutôt que *cabaserii*. — Germain : *cabasserii*. — Guiraud : *cabaserii*.

[2] Voir ci-dessus p. 353, note 9.

[3] Le 20 octobre 1556 : « donnation entre vifs, faicte par Pierre Dumas, [marchant de la ville de Montpellier], en faveur de Charles Cotet, [aliàs Collet ou Coullet, pourcatier de la dite ville de Montpellier], des fruicts de la maison appellée Grenado cive Triperie » : — « une maison vulguèrement appellée la Granade, cyve la Triperie, avec deux grandz conques de pierres enchassées en la dicte maison, en l'une desquelles cuissent les entrailles, cyve les tripes, et en l'autre, les testes de mouton » (Archiv. Hôpital général Montpellier, liasse B. 535, pièces cotées nº xv).

Le 22 mars 1673 : « rellaction de l'estat de la maison et moittié de Triperie, appartenant aux Pauvres de la Charité de Montpellier » : — « la maison de la Triperie, [dans la rue] allant de la rue de St Guilhem à la Sounerie, appellée comunément de la Triperie, scituée dans l'enclos de la présente ville, au sizain St Paul, isle de Carbonier, confronte du midi la dicte rue, du levant le Boujadis, du couchant la maison de la Petite Triperie » ; — « un fourneau,... avec un chanderon cuivre, tenant dix sceaux d'eau, servant à faire cuire les pieds du mouton » ; — piles diverses ; — puits ; — « autre fourneau, fait de neuf, servant à cuire les tripes, avec son chauderon cuivre, de mesme grandeur que le précédent.... » ; — « sortis de la dite maison, sommes allés au Boujadis de la dite Triperie, qui est long de la dite rue » ; — « et dans le dit Boujadis, y a autre membre appellé la Grossière.... » (Archiv. Hôpital général, liasse B. 535, pièce cotée « nº 4 »).

[4] Ms.: *dedistis*. — Guiraud : *dedisti*.

[5] Ms.: *michi*. — Guiraud : *mihi*.

[6] Guiraud : *melgorienses*.

[7] Ms.: *ideo quia*. — Guiraud : *ideoque*.

[8] Ms.: *plurimos*. — Guiraud : *plures*.

[9] Ms.: *quamdiu*. — Guiraud : *quandiu*.

[10] Ms.: *cabasserii*. — Guiraud : *cabaserii*.

[11] Ms.: *Montipessulani*. — Guiraud : *Montispessulani*.

[12] Guiraud : *melgorienses*.

La redevance de 10 livres, fixée par le bail en acapt de 1250 pour la Catalogne primitive, ne doit pas être confondue avec la redevance de 14 livres, fixée par le bail à nouvel acapt de 1297 pour la Grenade ou Catalogne neuve. C'est cette dernière redevance qui a été mentionnée par Gariel (*Idée générale de la ville de Montpellier*, seconde partie : *de Montpellier en particulier*, pp. 94-95; cf. L. Guiraud, *Mém. Soc. archéol. Montp.*, in-8º, t. I, p. 188).

[13] Ms.: *Babtiste*. — Guiraud : *Batiste*.

[14] Le 6 septembre 1297 : « Contract de bail et inphéodation de la maison de la Cathaloune ou Granade, avec les facultés », aliàs « Bail à nouvel achapt de la maison appellée de Catalogne, sive Grenade,.... par le seigneur de Montpellier à Bringuier Sarraleri, sous la redevance de 14 livres melgoriens », aliàs « Nouvel achait et emphitéose du lieu appellé Catalongne pour vendre les chairs, fait par Mathieu Boery, procureur du Roy de Malhorque » : — « mutando et mutare volendo locum vocatum hactenus Cataloniam, ad vendendum carnes infrascriptas, ad locum inferius confrontatum et designatum ..... », — « videlicet quamdam tenentiam domorum dicti domini regis [Majoricarum], scitam in Vaccaria Mejana Montispessulani, in qua tenentia domorum est domus constructa, facta, mutata seu edifficata Catalonia, alio nomine vocata Granada, infra quam cabasserii et bulleriæ istius villæ Montispessulani vendunt carnes coctas, scilicet capita, pedes, ventres et intestina

voluntate dicti domini regis vel mea seu successorum meorum[1], causa vendendi carnes predictas ibi, dabitis dicto domino regi, annis singulis, pro usatico seu usatici nomine pro domo predicta, duos solidos melgoriensium[2] tantum.

Quam domum, cum omnibus suis pertinenciis, faciam vos et vestros et quos volueritis, dicti accapiti nomine, semper habere et tenere ac quiete et pacifice possidere, et ab omni contradicente[3] et inquietante jure semper deffendam.

Pro quibus omnibus et singulis et pro evictione, si ibi in totum vel in partem[4] fieret, obligo vobis et vestris omnia bona et jura dicti domini regis presencia et futura.

Que omnia, — renunciando, pro eodem domino rege et ejus nomine, omni juri et racioni quibus contra predicta vel aliquod predictorum venire valerem[5], — attendere[6], servare, custodire et nunquam[7] contravenire promitto[8] ullo modo.

Sciendum tamen est quod Dominicus Vitalis, notarius, debet accipere totum locarium[9] dicte domus et tabularum[10] hinc ad festum Natalis Domini.

Testes sunt Johannes de Roeria[11], sabaterius, Johannes Ferraguti[12] et Petrus Jordani, publicus Montispessulani[13] notarius, qui, rogatus a partibus, hec[14] scripsit. (*Seing de notaire*).

III

Maison près la Synagogue

1277, le 8 juillet, Montpellier. — Bail à nouvel acapt, — par Jacques Ier, roi de Majorque, seigneur de Montpellier, — à la communauté des Juifs, habitant sa Part de Montpellier, — d'une maison sise au dit Montpellier près la Synagogue, — moyennant une entrée de 100 livres melgoriennes et un usage ou cens annuel de 5 sous de la même monnaie ; — la dite maison, précédemment vendue aux Juifs de Montpellier par feu Hugues Robert et Alamande, sa femme, et depuis tombée en commise[15].

AA. 1, fol. 209 v°, art. 584.

mutonum, boum et vaccarum, agnorum et ircorum et alia intestina animalium..... » (Archiv. Hôpital général de Montpellier, liasse B. 535).

[1] Ms.: *meorum*. — Guiraud : *nostrorum*.
[2] Guiraud: *melgorienses*.
[3] Ms.: *contradicente*. — Guiraud : *contradictione*.
[4] Ms.: *partem*. — Guiraud : *parte*.
[5] Ms.: *valerem*. — Guiraud : *valere*.
[6] Le ms. porte nettement *actendere*.
[7] Guiraud : *numquam*.
[8] Ms.: *promito*. — Guiraud : *promitto*.
[9] Ms.: *locarium totum*, paraissant avoir été corrigé en *totum locarium*. — Guiraud : *locarium totum*.
[10] Ms.: *tabularium*. — Guiraud : *tabularum*.
[11] Ms.: *Roeria*. — Guiraud : *Roveria*.
[12] Guiraud : *Ferraguci*.
[13] Ms.: *Montipessulani*. — Guiraud : *Montispessulani*.
[14] Ms.: *hec*. — Guiraud : *hoc*.
[15] Cette pièce a été publiée *in extenso* par M. le rabbin Salomon Kahn (de Nîmes), dans ses *Documents inédits sur les Juifs de Montpellier au moyen âge*, — *Revue des Études juives*, tome XIX, fascicule n° 38, octobre-décembre 1889, pp. 273-274 ; — cf. pp. 263 à 265. Elle a été mentionnée par Germain, *Hist. Commune Montpellier*, tome III, p. 255, — et par L. Guiraud, *Recherch. topogr. Montpellier*, dans *Mém. Soc. archéol. Montp.*, in-8°, tome I, pp. 208 à 210 (d'après le « Liber instrum. memor., partie non publiée » ; Mlle Guiraud paraît avoir ignoré la publication de M. Kahn).

Domus data in accapitum Judeis[1]....

Noverint universi quod nos Jacobus, Dei gratia rex Majoricarum, comes Rossilionis et Ceritanie et dominus Montispessulani, — viso et diligenter attento quodam[2] instrumento venditionis, facto per Ilugonem Rotberti quondam et Alamandam, ejus uxorem quondam, Bonisacho Grosso[3], Jacob de Lotheva[4], Jacob filio Boni Macip Provincialis[5], Bonastrugo de Piniano[6], Abram de Alesto[7] et quibusdam aliis judeis quondam Montispessulani, contentis in dicto instrumento dicte venditionis, facto per quondam Silvestrum, notarium publicum Montispessulani, de quadam domo, sita in Montepessulano juxta sinagogam[8] Judeorum, — que confrontatur ab una parte cum dicta sinagoga, et ab alia parte cum furno Guillelmi Lamberti, et ab alia parte cum domo Duranti Civate[9], que fuit Simonis Ricardi[10] et cum via publica ; — que domus tenetur sub dominio[11] nostro et teneri consuevit sub dominio domini Montispessulani, sub annuo usatico trium obolorum ;

[1] Joffre et, à sa suite, M. le rabbin Kahn (p. 273) ont intitulé cette pièce : « *Lodz de la vente* d'une maison..... ». — Mlle Guiraud l'a signalée comme « la *rémission de lods* accordée par Jacques de Majorque aux Juifs de Montpellier, pour une maison acquise par eux..... » (p. 208). — La rubrique *domus data in accapitum* et la teneur de l'acte étaient pourtant suffisamment claires.
M. Kahn a été plus exact dans l'analyse explicative qu'il a placée en tête des documents (p. 263).

[2] Ms.: *quoddam*, corrigé par exponctuation en *quodam*. - Kahn : *quoddam*.

[3] Kahn : — *Bonisacho Grosso* (p. 273) ; — *Bonisach, le gros* (p. 263).

[4] Kahn : — *Jacob de Locherva* (p. 273) ; — *Jacob, de Locherva* (?) (p. 263).

[5] Kahn : - *Jacob filio Bonimacip, provinciali* (p. 273) ; - *Jacob, fils de Bommancip, Provençal* (p. 263).
Ce BON MACIP PROVENÇAL, père de JACOB, paraît être bien distinct du BON MASCIP DE NARBONNE, que l'on trouve à Montpellier en février et mars 1294 (n. st.) et en 1301 ou 1302 (cf. S. Kahn, *Documents inédits sur les Juifs de Montpellier au moyen âge*, dans la *Revue des Études juives*, tome XXII, n° 44, avril-juin 1891, pp. 265, 266 et 273 ; tome XXIII, n° 46, octobre-décembre 1891, pp. 265 et 266, et tome XXVIII, n° 55, janvier-mars 1894, p. 118). — Le Bon Mascip de Narbonne en question était l'époux d'Astrugue : « Astruga,...... uxor Bonmascip de Narbona » (Kahn, n° 44, p. 273 et 266, et n° 46, pp. 265 et 266). C'est par erreur que M. Kahn a appelé cette dernière « Blanche Bonmancip, de Narbonne » (n° 44, p. 265) : Blanche était la mère d'Astrugue (cf. n° 44, p. 273, et n° 46, p. 265).

[6] Kahn : *Bonastruc, de Pignan* (p. 263).

[7] Ms.: *Abram*. — Kahn : *Abraon* (p. 273).
M. le rabbin Kahn a traduit *Abram de Alesto* par *Abram, d'Alet* (p. 263). Il convient de corriger : *Abram d'Alais*. — En effet, le nom latin d'*Alais* (Gard) était *Alestum* ; le nom latin d'*Alet* (Aude) était au contraire *Electum*. — Il y a eu aussi des juifs à Alet (cf. l'*Hist. gén. Languedoc*, édit. Privat, tome VIII, col. 426-427).

[8] Sur les parties de la vieille synagogue, qui existent encore dans le sous-sol de la maison n° 1 de la rue de la Barralerie, - voir d'Aigrefeuille, *Hist. Montpellier*, édit. in-fol., tome I, pp. 557-558 ; édit. in-4°, tome II, p. 349 ; — S. Kahn, *Docum. inéd.*, dans la *Revue des Études juives*, tome XIX, 1889, pp. 263 et 264 ; – Dr Léon Coste, *les Transformations de Montpellier depuis la fin du XVIIe siècle jusqu'à nos jours*, dans le *Bulletin* de la *Société languedocienne de Géographie*, tome XVI, année 1893, premier trimestre, pp. 56-57 ; tirage à part, pp. 117-119 ; L. Guiraud, *Recherches topographiques sur Montpellier au moyen âge*, dans les *Mémoir. Soc. archéol.* Montp., in-8°, tome I, p. 208 ; — Grasset-Morel, *Montpellier, ses sixains, ses îles et ses rues*, dans le *Bull.* de la *Soc. lang. Géographie*, tome XXIV, année 1901, p. 311.
Cf. le document intitulé : *Concordia super nova Synagoga inter dominum episcopum Magalonensem et Judeos Montispessulani* (mai 1387), publié par I. Bédarride, dans son étude sur *les Juifs en France, en Italie et en Espagne* (Paris, 1859, in-8°), pp. 528 à 532, — et par L. Guiraud, dans ses *Recherches topogr. Montp.*, loc. cit., pp. 329 à 331.

[9] Kahn : *Civace*. — Guiraud : « la maison de Durand Civate » (pp. 208 et 209) ; — « dénomination de Plan d'Encivade, donnée à une place voisine » (p. 209).
La forme romane *Civada* était déjà courante en 1277 et même antérieurement (cf. notamment Germain, *Hist. Commune Montp.*, t. I, pp. 391-392).

[10] «En l'an de M. CC. LVIII... mori En Symon Ricart, [cossol]....» (Germain, *Hist. Commune Montp.*, t. I, p. 388).

[11] Kahn : *domino*.

Considerato etiam quod dicta domus incidit nobis in comissum, et eam, ut comissam, nobis propriam tenemus, quia sine concensu domini Montispessulani vel bajuli sue curie laudata non fuerit vendicio memorata, prout apparet[1] per tenorem dicti instrumenti, et aliis etiam de causis, immo laudimium defraudatum fuerit in nostri dominacionis prejudicium;

Idcirco, per nos et successores nostros, volentes[2] facere gratiam specialem universitati Judeorum habitantium in parte nostra Montispessulani, donamus et concedimus in acapitum[3] sive in emphiteosim perpetuam vobis Jacob de Lunello[4] et Tauros de Bellicadro[5] et Ferrario Bonafos[6] et Bondie de Bellicadro[7] et prefato de Lotheva[8], et Habram de Biterris[9], judeis presentibus et hoc acapitum[10] recipientibus pro universitate omnium Judeorum habitantium in parte nostra Montispessulani, et omnibus et singulis judeis predictis tantum, — domum superius confrontatam totam, cum omnibus juribus et pertinentiis suis.

Quam quidem domum vobis dictis judeis, in parte nostra habitantibus, ad acapitum[11] concedimus, ut dictum est, ad omnes voluntates ipsius universitatis plenarie faciendas, et specialiter ad statuendam eam in causa sive facto elemosine, si voluerit universitas antedicta; — item ad habendum, tenendum, possidendum, dandum, vendendum, permutandum, pignori[12] obligandum, seu quolibet alio alienationis titulo alienandum, cuicumque et quibuscumque dicta universitas Judeorum voluerit personis, exceptis sanctis, clericis, militibus et locis[13] religiosis, et exceptis judeis habitantibus in parte episcopi[14], — salvo tamen ibi jure et dominio, laudimio[15] et consilio nostri et nostrorum vel tenentis locum nostrum in Montepessulano, — et usatico sive censu quinque solidorum melgoriensium semper annuatim nobis et nostris successoribus dando et solvendo in festo sancti Micahelis[16] septembris.

Et confitemur et recognoscimus vobis dictis judeis quod vos, pro dicta universitate, solvistis nobis, pro hoc acapito[17], centum libras melgoriensium, — de quibus nos per paccatos tenemus, — renunciantes exceptioni peccunie non habite et non recepte et doli.

[1] Ms. et Kahn: *aparet.*

[2] Ms.: *volentes.* — Kahn: *volantes (sic).*

[3] Kahn: *acapicum* (p. 263 et 273).

[4] On trouve à Montpellier, en décembre 1293, un juif nommé «Jacob de Lunello» (Kahn, dans la *Revue des Études juives*, tome XXII, n° 44, pp. 272 et 265).

[5] On trouve à Montpellier, en novembre 1293, un juif nommé «Tauros de Bellicadro» (Kahn, dans la *Revue des Études juives*, tome XXII, n° 44, pp. 272 et 265).

[6] A la date du 2 avril 1269, on trouve mention de «Ferrarii Bonafos, judei, qui dicebat se esse sindicum totius universitatis Judeorum Montispessulani in parte dicti domini regis habitantium» (Kahn, dans la *Revue des Études juives*, tome XIX, n° 38, pp. 263 et 272).

[7] Sur le juif «BONJOUR (BONDIA) DE BEAUCAIRE», commissaire pour le rapatriement de ses coreligionnaires de Languedoc en 1315, voir Gustave Saige, *Les Juifs du Languedoc antérieurement au XIVe siècle* (Paris, 1881, in-8°), pp. 106 et 330-331.

[8] Ms.: *prefato de Loth(e)va.* — Kahn: *Ysaco de Locherva* (p. 273); — «*Isaac, de Locherva* (?)» (p. 263).

On trouve à Montpellier, en décembre 1293, un juif nommé «Ysac de Lodova» (Kahn, dans la *Revue des Études juives*, tome XXII, n° 44, pp. 273 et 265).

[9] On trouve à Montpellier, en octobre 1293, un juif nommé «Abram de Biterris», et en novembre de la même année, un autre juif nommé «Vitalis, filius Abram de Biterris» (Kahn, dans la *Revue des Études juives*, tome XXII, n° 44, avril-juin 1891, pp. 272 et 265).

[10] Kahn: *acapicum.*

[11] Kahn: *acapicum.*

[12] Kahn: *pignori (sic).*

[13] Kahn: *locis.*

[14] «On remarquera dans cet acte de vente la clause particulière par laquelle Jayme II exclut les juifs habitant la partie épiscopale de la faveur accordée à leurs coreligionnaires placés sous la dépendance des seigneurs laïques» (Kahn, loc. cit., n° 44, p. 264).

[15] Cf. ci-dessus p. 356, note 1.

[16] Ms.: *Micahelis.* — Kahn: *Micahelis (sic).*

[17] Kahn: *acapico.*

Promittentes vobis dictis judeis quod nos faciemus dictam universitatem dictorum Judeorum dictam domum perpetuo habere et tenere pacifice et quiete, sine contradictione alicujus persone; et eam dicte universitati deffendemus ab omni persona et personis ibi aliquid petentibus; et de evictione teneri volumus Judeorum[1] dicte universitati[2].

Datum in Montepessulano, VIII idus julii, anno Domini millesimo CC° LXX° septimo.

Signum +✠+ Jacobi, Dei gratia regis Majoricarum, comitis Rossilionis et Ceritanie et domini Montispessulani.

Testes sunt Petrus de Claromonte, Bernardus de Ulmis, Guillelmus de Caneto, Ermengaudus[3] de Urgio, Berengarius Surdi.

Sig + num Petri de Calidis[4], qui mandato dicti domini regis hec scribi fecit et clausit, loco, die et anno prefixis.

IV

Jardin dans les faubourgs

1205 (n. st.), le 18 janvier, [Montpellier]. — Bail en acapt, — par Pierre II, roi d'Aragon, seigneur de Montpellier, et Marie de Montpellier, sa femme, — à Pierre Lucian, — d'une portion de jardin et de droits divers, provenant de l'acquisition faite par Guilhem VIII, seigneur de Montpellier, à Adalmude, fille de Raymond Aimoin et femme de Raymond Bernard de Montpeyroux; — le dit bail en acapt, moyennant une entrée de 500 sous melgoriens et un usage annuel de 5 sous de la même monnaie.

Transcription du dit bail, par ordre de Bernard Fulcrand, sous-baylë de la cour de Montpellier (s. d.).

AA. 1, fol. 77 r°, art. 181.

Anno ab incarnatione Domini M°CC°IIII°, quinto decimo kalendas februarii.

Ego Petrus, Dei gratia rex Aragonum, comes Barchinone et dominus Montispessulani, et ego Maria, ejus uxor, eorumdem Dei gratia domina et regina, per nos et per successores nostros, bona fide et sine dolo, cum hac carta, donamus et tradimus in perpetuum, jure accapiti, tibi Petro Luciano[5] et tuis et quibus volueritis vel dimiseritis, ad omnes voluntates vestras et vestrorum plenarie faciendas, ad dandum, vendendum, inpignorandum, exceptis clericis et militibus, cum consilio[6] nostro et nostrorum, videlicet totam illam partem orti et usaticorum et dominii et dominationis[7] et consilii[8] et laudimii et omne omnino jus, quod Guillelmus, dominus Montispessulani,

---

[1] Ms.: *Jud(....)*. — Kahn: *judeos*.
[2] Ms.: *universitati*. — Kahn: *universitatis*.
[3] Ms. et Kahn: *Ermegaudus*.
[4] Ms. et Kahn: *Calidas*.
[5] En mai 1190, « Petrus Luciani, causidicus », figure parmi les témoins de la « transaction arbitrale entre les filles de Raimond Aimoin, Aimoine et Adalmude, à la suite de différend au sujet de la succession de leur père » (*Lib. instrum.*, édit. Germain, p. 244). —

En avril 1195, la dite Adalmude et son autre sœur Alamande choisissent comme arbitres « Aimericum, abbatem Luteve, et Petrum Lucianum, causidicum » (*ibid.*, pp. 244 et 246). — En novembre 1202, on trouve le nom de « Petri Luciani » parmi ceux des « XV proborum hominum » de Guilhem VIII » (*ibid.*, p. 196).

[6] Ms.: *concilio*.
[7] Ms.: *donationis*.
[8] Ms.: *concilii*.

pater mei Marie, olim emit[1] ab Aialmus[2], filia Raymundi Aymohini[3], et Raymundo Bernardo[4] viro ejus, — et confrontatur[5] cum orto nostro, qui fuit Elesearii[6], et ex alia parte cum Agarella[7] et ex aliis partibus cum viis, — et omnem dominationem[8] et dominium et jus totum quod habemus et habere debemus in parte illa quam Bernardus Petri habet in orto et in usaticis et dominatione[9] orti et usaticorum.

Propter hanc autem donationem et concessionem, dedisti nobis quingentos solidos melgoriensium pro accapite, in quibus renunciamus ex certa scientia exceptioni non numerate peccunie ; — et nomine istius honoris, dabitis annuatim nobis et nostris quinque solidos melgoriensium pro usatico.

Et nos et nostri successores faciemus ita vos et vestros semper habere et tenere quiete, et ab omni contradicente homine et femina jure defendemus.

De domina regina, quando hec laudavit, et de Bernardino, quando similiter hec laudavit per dominum regem, sunt testes : Guido, Magalonensis prepositus, Petrus Guitardinus, Bernardus de Albio, Ber. de Valle Viridi, Ber. de Collo, Bernardus Austrinus, Arnaldus de Paollano, Bertrandus de Arcolen et Guillelmus Raymundi, qui hec scripsit.

Ego Jacobus Laurencii, notarius, hoc transcriptum sumpsi, ad defensionem[10] Bernardi de Caranta, mandato Bernardi Fulcrandi, subajuli curie Montispessulani, a quodam originali instrumento bulla plombea domini regis Aragonensis comunito, quod Guillelmus Raymundi scripsit, pari equitate et eadem forma.

---

[1] Voir la « vente ou cession de droits, faite [en janvier 1200 (n. st.)] au seigneur de Montpellier Guillem VIII par la fille de Raimond Aimoin, Adalmude » — « translacio in dominum Guillelmum Montispessulani justiciarum et honorum, quam fecerunt Aialmus, filia Raimundi Aimoini, et maritus ipsius », — dans le *Liber instrumentorum, Cartulaire des Guillems*, édit. Germain, pp. 246 à 249.

[2] Le testament de Raymond Aimoin, du mois de novembre 1182, donne la forme ADALMUS (cf. *Lib. instrum.*, édit. Germain, pp. 240 et 241). — On retrouve cette même forme ADALMUS dans la transaction du mois de mai 1190 (cf. *Lib. instrum.*, pp. 242 et 243). — La transaction du mois d'avril 1195 donne, au contraire, la forme AIALMUS (cf. *ibid.*, pp. 244 et 245), — de même lors de la vente à Guilhem VIII, du mois de janvier 1200 (n. st.) (cf. *ibid.*, p. 246).

La graphie AIALMUS représente vraisemblablement une prononciation AJALMUS ou voisine de AJALMUS, — le J équivalant approximativement dans l'espèce au son figuré d'ordinaire par Z. — Le D de ADALMUS aurait ainsi subi une transformation analogue à celle qui d'ADALAIS a fait AZALAIS, d'où ALAZAIS et ALASAIS.

[3] Le ms. donne ici *Aymohini*. — La forme courante paraît bien avoir été *Aimoinus, -i* (cf. le Cartulaire des Guilhems, passim).

[4] Ms. : R° Bern°. — « Adalmus... et maritum ejus Raimundum Bernardum de Monte Petroso » (*Lib. instrum.*, édit. Germain, p. 242) ; — « ego Adalmus et ego Raimundus Bernardi, ejus maritus » (op. cit., p. 243) ; — « Aialmus et maritus ejus Raimundus Bernardi » (p. 244, cf. p. 245) ; — « ego Aialmus, filia quondam Raimundi Aimoini, et ego Raimundus Bernardi de Monpeiros » (p. 246).

[5] Ms : *conffrontatur*.

[6] Cf. notamment *Lib. instrum.*, édit. Germain, p. 239.

[7] Le Verdanson ou le ruisseau des Vaches ?? — ou bien le ruisseau des Aiguerelles ?

[8] Ms : *donationem*.

[9] Ms. : *donatione*.

[10] Ms. : *defencionem*.

V

Vigne au tènement de l'Aiguelongue

1268 (n. st.), le 13 février, [Montpellier]. — Bail en acapt, — par Jean Blanc, procureur de Jacques I*er*, roi d'Aragon et seigneur de Montpellier, — à Hérin Guilhem, — d'une pièce de terre en vigne, située à l'Aiguelongue, — moyennant la somme de cinq sous melgoriens et l'usage annuel d'une obole de la même monnaie.

AA. 1, fol. 200 r°, art. 579.

Noverint universi presentes pariter et futuri quod — anno Dominice incarnacionis millesimo ducentesimo sexagesimo[1] septimo, [scilicet] idus februarii, — Johannes Blanchi, procurator illustrissimi domini Jacobi, Dei gratia regis Aragonum et domini Montispessulani, donat, cedit et concedit ad accapitum Herino[2] Guillelmi et suis, ad omnes voluntates suas suorumque in vita et in morte plenarie faciendas, ad dandum, vendendum, dimittendum, impignorandum, vel quo alio modo voluerit alienandum, seu faciendum, exceptis tamen sanctis, clericis et militibus, cum consilio tamen dicti domini regis et suorum,

Videlicet quamdam peciam terre, in qua est vinea, cum omnibus suis pertinentiis et tenezonibus, que est in loco vocato Egualongua[3], et confrontatur cum honore Martini de Podio et cum croso Bedosench et cum honore infantum quondam Radulfi Deauratoris[4].

Propter hanc autem accapiti dationem, habuit, nomine dicti domini regis, quinque solidos melgoriensium, in quibus renunciavit exceptioni non habiti accapiti.

Verumtamen dabit singulis annis, pro usatico, dicto domino regi et suis, unum obolum melgoriensem in festo Sancti Micahelis[5], pro dicta pecia terre.

Contra hanc autem accapiti dationem, dictus dominus rex non veniet, set habere [et] tenere eum faciet, et ab omni contradicente jure eum deffendet. Et de evictione obligavit bona dicti domini regis et non sua. Renuncians omni juri quo posset contravenire seu dictus dominus rex.

Et ista pecia terre debet habere introitum[6] et exitum, per vineam sive honorem dicti Martini, quatuor palmorum et unius cartonis, — quod dictus Martinus asseruit esse verum.

Testes sunt Raimundus Novi, deaurator, Martinus de Podio, Gaucelminus de Carrosono, et ego Micahel de Malobuxo, publicus Montispessulani notarius, qui mandatus et rogatus hec scripsi. *(Seing du notaire Michel de Malbosc)*[7].

---

[1] Nous avons déjà fait remarquer que le notaire Michel de Malbosc écrit invariablement *sexsagesimo* au lieu de *sexagesimo* et *Micahël* au lieu de *Michaël*.

[2] Le vocable HÉRIN ne se retrouve pas, à notre connaissance, dans l'onomastique montpelliéraine des XII° et XIII° siècles.

L'*Inventaire des Titres du Comté de Forez*, publié par Aug. Chaverondier (Roanne, 1870, in-8°), fournit, pour le XIII° siècle, la forme féminine « HERRAYNE » (première partie, p. 161). (Communication du capitaine Arthur de Cazenove).

[3] L'*Aiguelongue*, partie de la commune de Montpellier, entre Boutonnet, Lavalette, le Lez et le cimetière Saint-Lazare.

[4] « 1201. RAOLS, *dauraire* (*Radulfus, daurator*), nommé dans une liste de censives de quelques rues de Montpellier, *donat annuatim pro sua domo* II *sol. et* III *den.* (*Mémorial des Nobles*, fol. 100 v°), [édit. Germain, p 429]. Nous l'avons retrouvé dans une charte de 1210 avec le prénom de *Bernardus*. Il figure sous son nom roman au commencement du *Livre des privilèges des Ouvriers*, et reparait enfin parmi les Consuls de métier qui prêtent serment en 1254 ». (Renouvier et Ricard, *Des Maîtres de pierre et des autres artistes gothiques de Montpellier*, dans les *Mémoires de la Société archéol. de Montp.*, in 4°, tome II, pp. 214-215; tirage à part, pp. 84-85).

[5] Voir ci-dessus note 1.

[6] Ms : *introhitum*.

[7] Toute la pièce est de la main du notaire Michel de Malbosc.

AUMELAS ET SES ENVIRONS

VI

Mas de Valoussière

1230, le 13 juin, (s. l.). — Bail en acapt, — par Bringuier de Quatre Cares[1], bayle du château d'Aumelas, faisant pour Bringuier de Cervera, bayle du roi d'Aragon Jacques Ier à Montpellier, — à Pierre Bénézech et aux siens, — du mas de Valoussière, sis en la paroisse de Saint-Martin-de-Cardonnet, — moyennant la somme de cinq sous melgoriens et le paiement annuel au château d'Aumelas d'une redevance du septième en pain et en vin et d'un usage de 6 deniers.

AA. 1, fol. 191 v°, art. 508.

Anno Verbi incarnati M. CC. XXX., ydus junii.

Certum sit omnibus hominibus hanc cartam audientibus, quod ego Berengarius de Quatuor Casis[2], castri de Omelatio[3] bajulus, pro domino Berengario de Cervaria[4], in villa Montispessulani bajulo, pro domino Jacobo, rege Aragonum, — bona fide et sine dolo, dono nomine accapiti et cum hac presenti carta jure accapiti amodo in perpetuum trado et habere concedo tibi Petro Benedicto uxorique tue et omnibus tuis, ad omnes voluntates tuas tuorumque plenarie faciendas et

---

[1] Nous traduisons *Quatuor Casis* par *Quatre Cares*, en raison des similaires locaux :
Duobus Casis = *Doscares*,
Casis Calidis = *Carescauses* ou *Carascauses*, etc.

[2] Nous ne serions pas étonné que cette forme de *Quatuor Casis* fût la traduction latine d'une forme romane, analogue, ou peut-être même identique, dans son origine, à celle qui s'est conservée dans le nom de l'ancienne paroisse de *Saint-Martin-de-Carcarès* (près Gignac).
On trouve en 1223 à Montpellier un « Arnaldi de Quatuor Cazis » (Germain, *Hist. Commune Montpellier*, t. I, p. 331).
Parmi les consuls de Montpellier de l'année 1253, figure « N' Uc Catre Cazas » (Germain, *Hist. Commune Montp.*, t. I, p. 387).

[3] Château aujourd'hui en ruine, dont les matériaux ont été en partie utilisés pour la construction de divers mas, situés dans la vallée de la Rouvièges, qui forment la partie la plus compacte de la commune d'Aumelas.
« Le château-fort d'Aumelas est, entre tous ceux dont la contrée offre les vestiges, celui qui conserve encore le mieux le caractère de force et de couleur féodale. — Existait au XIe siècle. Au XIIe était inféodé aux seigneurs de Montpellier, et figurait, un peu plus tard, comme un des principaux apanages du roi d'Aragon. — Par son alliance avec Tiburge d'Orange, Guillem d'Aumelas peut même être considéré comme la tige de l'illustre famille d'Orange. — Assiégé et pris plusieurs fois, démantelé en 1622 par Louis XIII, ce château présente des restes assez imposants pour permettre d'en rétablir un plan complet, fort intéressant au point de vue de l'art militaire dans notre région. — A côté de l'enceinte du château, on voit aussi l'ancienne église paroissiale dédiée à saint Sauveur, citée en 1114, et dont les restes méritent encore d'être signalés ». (Bézine, *Révision de la liste des Monuments historiques du département de l'Hérault*, dans les *Mémoires de la Soc. archéol. de Montpellier*, in-4°, tome VI, pp. 587-588).

Aumelas, qui appartenait autrefois au diocèse de Béziers, est aujourd'hui une commune de l'arrondissement de Lodève, canton de Gignac.

[4] *Cervaria* = *Cervera* (Catalogne). — « CERVERA, de Cervaria. Deux maisons des plus distinguées de Catalogne » (Ch. de Tourtoulon, *Jacme Ier le Conquérant*, tome II, p. 633).

quibuscumque dare, vendere, dimittere vel inpignorare volueritis, — militibus et sanctis exceptis ; — venditio tamen vel inpignoratio fiat consilio castri de Homelatio[1] ;

Videlicet mansum de Valle Orseria[2], cum omnibus suis pertinentiis et que ei pertinere debent et juribus, - qui est in parrochia Sancti Martini de Cardoneto[3].

Unde dedisti michi, nomine accapiti, quinque solidos melgoriensium, quos a te habui et recepi et numeravi ; — in quibus renuntio exceptioni non numerate vel non solute peccunie.

Promittens[4] firma et sollempni stipulatione tibi Petro Benedicto et tuis, quod dictum mansum, cum omnibus suis pertinenciis et juribus, castrum de Homelatio faciet tibi et tuis habere et tenere juste et quiete possidere, et ab omni contradicente jure deffendet ; — si vero aliquis homo vel

---

[1] Le ms., qui a donné plus haut la forme *Omelacio*, donne ici et donnera régulièrement dans la suite de la pièce la forme *Homelacio*.

[2] Le mas de Valoussière — «Valloussière, métairie», — est situé dans ce que l'on pourrait appeler la vallée de Cabrials (section F de la commune d'Aumelas), — entre le mas de Lunès et le mas de Barral, sur le bord d'un petit promontoire dominant un torrent, plus sauvage que réellement pittoresque, dont le lit assez profondément encaissé est encombré de rochers.
A l'heure actuelle, il n'est plus habité et appartient au Crédit foncier de France. On y voit des fragments de construction pouvant remonter au XVIe siècle ou à la fin du moyen âge.
Étymologie de Valoussière : « L'ours brun d'Europe, *Ursus arctos*, était commun dans diverses contrées de la Gaule, à l'époque de la conquête romaine, mais il ne paraît pas avoir été, au moyen âge et dans les temps modernes, aussi répandu dans notre zone que le loup. Je ne l'ai trouvé mentionné que dans les chartes d'Hierle, et il n'y a rien de surprenant à ce que son dernier habitat ait pu se rencontrer dans les dépendances de cette terre qui s'étendait sur les pentes aboutissant au plateau de l'Espérou (environ 1.300 mètres d'altitude), duquel émerge la cime de l'Aigoual.... La présence... de ce fauve, dont le nom varie dans le langage ordinaire, *Ursus*, *Urso*, *Orso*, *Osso*, *Ours*, *Hours*, n'est rappelé chez nous, à ma connaissance, par aucun nom de lieu ». (Cazalis de Fondouce, *Contribution à une Faune historique du Bas-Languedoc*, dans le *Bulletin de la Société languedocienne de Géographie*, tome XXI, année 1898, pp 456 à 458).

[3] L'ancienne église *Saint-Martin-de-Cardonnet* existe encore aujourd'hui, mais ne sert plus au culte. C'est une construction assez intéressante, remontant à l'époque romane comme l'église de Cabrials et l'ancienne chapelle de Saint-Julien d'Antonègre.
Elle est située à l'extrémité de la section D de la commune d'Aumelas (section dite du Mas de Barral) et à proximité de la section B (dite du Mas de Figuière), — à peu près au centre du causse d'Aumelas, — sur une colline dominant le plateau où sont bâtis le mas Terrus, le mas de Figuière et le mas de Lamouroux.
L'ancien domaine du Cardonnet, dont elle conserve le nom, est aujourd'hui démembré et inhabité.
La distance qui sépare le mas de Valoussière de l'église de Saint-Martin-de-Cardonnet est assez grande. Valoussière, par sa position géographique, appartient à une portion de l'Aumeladès, très distincte du causse proprement dit. Son chef-lieu paroissial devrait être topographiquement l'église de Cabrials. — L'indication fournie par notre charte : *mansum de Valle Orseria.... in parrochia Sancti Martini de Cardonelo* pourrait peut-être porter à croire qu'à la date de 1230, la *villa* de Cabrials n'avait pas encore été inféodée à l'abbaye de Valmagne et que l'église de Cabrials n'était pas encore construite. — Toutefois il ne faut pas oublier qu'au XIIe siècle, les églises rurales étaient encore souvent dans les mêmes conditions qu'à l'époque primitive, c'est-à-dire destinées aux besoins religieux d'un domaine et de ses dépendances, et non pas destinées aux besoins religieux d'une circonscription administrative plus ou moins étendue. Ce caractère particulier des églises rurales primitives explique que plusieurs églises aient co-existé dans un rayon très restreint, alors qu'il s'agissait de terroirs très habités et très cultivés, — exemples : Saint-Jean-de-Védas et Béjargues, Montels et Chaulet, Cocon et Maurin, etc., — et parallèlement que certaines églises aient desservi des mas très éloignés, alors qu'il s'agissait de mas relevant d'un domaine très vaste, mais peu habité et peu cultivé. Valoussière pouvait très bien se trouver dans ce dernier cas.

Sur l'ancienne église Saint-Martin-de Cardonnet, — voir, aux Archives départementales de l'Hérault, série G, fonds de l'évêché de Béziers, l'*Inventaire raisonné des Tiltres et documens du Chapitre S*-*Nazaire de Béziers*, faict par le R. P. Jean-Louis Gallien, religieux de l'ordre des Carmes du couvent du Puy, en l'an 1682, première partie, fol. 213 à 223, et seconde partie, fol. 502.

[4] Ms.: *promittans*.

femina aliquid ibi tibi vel tuis amparaverit vel abstulerit seu jure evicerit, totum in integrum castrum de Homelatio restituet tibi vel tuis.

Et dabis inde, tu vel tui, de pane et vino fideliter castro de Homelatio septimum et singulis annis VI denarios pro usatico, in festo Pentecosten.

Hujus rei testes sunt Fulominius de Campo Malo, Guillelmus Garachol, Bernardus de Ruppe Ruffa, Poncius de Vilario, Bernardus Ricardi, Bernardus de Costa et Petrus de Albio, notarius, qui hanc cartam scripsit.

VII

Abbaye de Valmagne. — Cabrials.

1249, le 10 juillet, [Montpellier?]. — Sentence arbitrale de Guilhem de Pavo, lieutenant du Roi d'Aragon à Montpellier, — mettant fin au différend qui s'était élevé entre Bermond d'Aumelas, bayle du château d'Aumelas pour le dit roi d'Aragon, et Bertrand d'Auriac, abbé du monastère de Valmagne, — au sujet des limites, de la justice, de la chasse, de la pâture, etc., du lieu de Cabrials, tenu en fief du dit roi d'Aragon par le dit monastère de Valmagne ; — la dite sentence arbitrale, transcrite et collationnée le 26 août 1258.

1252, le 22 décembre, [Montpellier?]. — Ratification de la dite sentence arbitrale, par Jacques Ier, roi d'Aragon et de Majorque, seigneur de Montpellier.

AA. 1, fol. 213 v°, art. 604.

Compositio super villa de Cabrilis[2].

Suscitata materia questionis, inter Bermundum de Omellacio, militem, bajulum castri de Omellacio pro domino rege Aragonum, Majoricarum et Valencie, comite Barchinone et Urgelli et domino Montispessulani, ex una parte, — et Bertrandum de Auriaco, abbatem Vallis Magne[3], pro dicto monasterio, ex parte altera, — super omnibus et singulis infrascriptis ;

Tandem dictus Bermundus, nomine dicti domini regis et pro ipso, et dictus abbas, pro se et

---

[1] Cette charte a été mentionnée — par Renouvier, *Monuments des anciens diocèses de Maguelone-Montpellier, Béziers, Agde, Saint-Pons et Lodève*, fascicule intitulé : *Abbaye de Valmagne* (Montpellier, 1835, in-4°), pp. 6-7 ; — par Fisquet, *la France pontificale*, diocèse de Montpellier, tome I, pp. 576-577 (d'après Renouvier), — et par M. Cazalis de Fondouce, *Contribution à une faune historique du Bas-Languedoc*, dans le *Bulletin* de la *Société languedocienne de Géographie*, tome XXII, 1899, pp. 11-12 et 21 (d'après Renouvier et d'après le ms.).

[2] *Cabrials*, hameau faisant partie de la commune d'Aumelas (section F dite de Cabrials), mais situé beaucoup plus près de Plaissan que d'Aumelas, — bâti sur un petit promontoire dominant la rive droite du torrent du Dardaillon, — à l'entrée de la vallée dans laquelle s'étagent le mas de Lunès, le mas de Valoussière, le mas de Barral et le mas d'Artamon.

Étymologie du nom de Cabrials : — dans le chapitre qu'il a consacré au chevreuil (op. cit.), M. Cazalis de Fondouce estime « que l'on peut considérer comme rappelant le souvenir de ce cervidé, les noms de Cabrerolles et Cabrials » (1899, p. 16).

[3] *Valmagne*, ancienne abbaye cistercienne, située dans la commune de Villeveyrac ; — un des plus beaux spécimens d'architecture médiévale qui se soient conservés dans le département de l'Hérault. (Voir la description qu'en a donnée Renouvier).

dicto monasterio et conventu ejusdem, posuerunt se super infrascriptis in posse Guillelmi de Pavo[1], tenentis locum dicti domini regis in villa Montispessulani et ejusdem ville dominatione.

Qui dominus Guillelmus de Pavo[2] recitavit, voluit et statuit quod sicut extenditur ab ecclesia Sancti Mameti[3] recte per verticem seu summitates montium[4] usque ad Podium Agut[5], et a dicto Podio Agut sicut recte extenditur et poterit terminari usque ad Lac Rog[6], aquis pendentibus[7] ver-

---

[1] Ms.: *Panno* ou *Pavvo*.

[2] Idem.

[3] Il existe encore quelques ruines de cette « ancienne église de Saint-Mamert » sur la petite montagne dite de « Saint-Mamert », qui constitue le dernier contrefort du causse d'Aumelas en face du village de Plaissan. Mais ces restes de murs ne présentent aucun caractère permettant de leur attribuer une date.

La montagne de « Saint-Mamert » fait partie de la section B de la commune de Plaissan. Elle est située, à main droite, dans l'angle formé par le chemin de Cabrials à Plaissan (parallèle momentanément en cet endroit à la route de Villeveyrac à Plaissan) et par le vieux « chemin saligné (sic) de Saint-Pargoire à Vendémian », ce dernier chemin faisant suite à la route qui vient de Saint-Pargoire (par Saint-Marcel-d'Adeillan), et allant rejoindre la route de Plaissan à Vendémian.

Le plan cadastral et la carte de l'état-major donnent la forme « *St Mamert* » ; on trouve également « *St Mames* » au plan cadastral. Dans le patois local, on dit encore *St Mamet*. Cette dernière forme nous est fournie dès 1137 par le cartulaire de l'abbaye de Saint Guilhem-le-Désert : — à cette date, Adalaïs, fille d'Ermensende de Marojol, veuve de Pierre Roustan de Sauve, et ses enfants, vendent à la dite abbaye « totum honorem, quem nos habebamus et homines et femine per nos, in tota parrochia Sancti Marcelli de Adellano and in toto terminio de Cabrils, de rivulo Rovege usque ad Petram Fichatam, et de via que ducit de Sancto Paragorio ad Petram Jacentem, et de Fonte Calido usque ad podium Sancti Mametis et usque ad Cabrils.... » (Alaus, Cassan et Meynial, *Cartulaire de Gellone*, p. 402).

[4] A ne consulter que la carte d'état-major et le plan cadastral, il semble que la ligne de partage ici indiquée doive s'identifier assez exactement avec la limite actuelle des communes de Vendémian et d'Aumelas. Si l'on examine, au contraire, les choses sur le terrain, on constate que la limite actuelle de ces deux communes et la « carrière ou draye de Saint-Mamert », jadis fréquentée par les troupeaux, qui se confond sur certains points avec cette limite, — au lieu de suivre la crête des montagnes et de se dérouler de sommet en sommet, — contournent le plus souvent la partie supérieure des piochs. Entre le pioch de Saint-Mamert et le pioch Agut, la draye est en réalité à gauche, sur le versant du côté de Vendémian et dans le terroir de la commune de Vendémian, et la limite communale, à droite, sur le versant du côté de Cabrials.

C'est au point de départ, sur le pioch de Saint-Mamert, et plus loin sur le pioch Agut, que l'on retrouverait peut-être le mieux la limite du XIIIe siècle. — Sur le pioch de Saint-Mamert, on voit encore un vieux et large mur en pierres sèches, — s'étendant des ruines de l'église à l'extrémité *est* du sommet du pioch, - qui paraît bien correspondre à la ligne de séparation indiquée par notre charte.

[5] Le *Pioch Agut* est situé moitié dans la commune d'Aumelas (section F), moitié dans la commune de Vendémian. A vol d'oiseau, il formerait le sommet d'un triangle, dont la base aurait pour extrémités d'une part le mas de Valoussière, d'autre part le mas de Lunès. C'est d'ailleurs entre ces deux domaines qu'est partagée la portion du dit pioch située dans la commune d'Aumelas ; la limite entre ces deux domaines est formée par un mur rectiligne en pierres sèches, appelé *la Dressière* et qui donne son nom à cette partie du terroir. *La Dressière* domine la rive droite du ruisseau dit de la *Combe des Verriers*, ruisseau dont les eaux viennent tomber entre le mas de Valoussière et le mas de Lunès.

[6] Le *Lac Rouge* actuel, — qui ne correspond vraisemblablement que d'une façon approximative au Lac Rouge mentionné par notre charte, — est situé dans le terrain appartenant aujourd'hui au mas d'Artamon, — tènement dit *le D^{ov}ès de Reste*, — à l'extrémité du dernier des plateaux, qui constituent à proprement parler le causse d'Aumelas, — à proximité d'un ancien *lac* abandonné, qui servait visiblement autrefois à des habitations, dont les vestiges n'ont pas complètement disparu.

Du Lac Rouge part actuellement un mur de limite, qui se dirige vers la vallée commençant au mas d'Artamon. — Le torrent de Valoussière commence, d'autre part, sur les flancs du plateau du Lac Rouge.

Nous ne serions pas étonné que les mots *ad Lac Rog* de notre charte désignent — non pas l'abreuvoir proprement dit qui portait alors le nom de *Lac Rouge*, — mais bien plutôt le tènement dans lequel était situé cet abreuvoir. La toponymie offre de très nombreux exemples de noms de terroirs qui ne sont que l'extension d'un nom ayant désigné exclusivement au début une particularité topographique, marquante sans doute, mais d'une étendue très restreinte.

[7] Il s'agit ici des eaux folles, dont la réunion forme le *Dardaillon*. — Ce torrent passe en contre-bas du hameau de Cabrials et va se jeter dans l'Hérault, immédiatement au-dessous du village de Belarga.

sus[1] Cabrils, sit de pertinimentis de Cabrilis[2], — et quod abbas et monasterium Vallis Magne teneant villam de Cabrilis, cum omnibus suis pertinentiis, ad feudum a dicto domino rege Aragonum, domino Omellacii, — et quod de cetero sit de pertinimento dicti castri.

Item, quod dominus rex habeat majorem dominationem, in dicto loco et ejus pertinentiis, et penam sanguinis, et carterios cervorum et porcorum aprorum seu senglars[3]. — In causis civilibus et in omnibus aliis, exceptis causis criminalibus que penam sanguinis irrogabunt, habebit dicta domus plenariam jurisdictionem ; et omnia, que sunt infra dictas terminationes, ad dictam villam de Caprillis pertinebunt pleno jure, exceptis honoribus quos ibi habent homines de Omellacio sive de aliis locis, salvo jure usaticorum et dominii.

Item, quod homines Omellacii et ejus pertinencium habeant explectam in pasturalibus de Cabrilis et aquis, suis propriis animalibus tantum.

Item, dicta domus cum suis animalibus et suorum pastorum habeant explectam, sine contradictione et in pace, per totum caucium de Omellacio, exceptis devesis antiquis, in herbis et pascuis et aquis, et ligna ad opus pastorum suorum, sicut concessum est eis, retroactis temporibus, a domino et vicario de Omellacio, et sicut continetur in eorum instrumentis, ab illustrissimo domino rege confirmatis.

Et si dicta domus Vallis Magne extra dictas terminationes in dicto caucio habet aliquos honores, quod illi sint sicut modo sunt ejusdem domus.

Et quod pertinimenta de Cabrilis ultra dictas confrontationes non possint se extendere seu ampliare, set quod omnia pertineant ad dictum castrum.

Et quod, de omnibus aliis, sit pax et finis perpetuus inter dictas partes.

Et partes laudaverunt compositionem, et dominus abbas, cum consilio Petri Raymundi et fratris Petri de Porciano, cellerarii, fratris Raymundi Duranti, conversi ; — et debet laudari a domino rege, et si non laudaret, non valeat nec prejudicet partibus.

Acta autem fuerunt hec omnia et singula supradicta, anno Dominice incarnationis millesimo ducentesimo quadragesimo nono, videlicet sexto idus julii, in presencia et testimonio Petri Christofori, jurisperiti, et Guillelmi, ejus filii, Berengarii Ferrerii, notarii, Guillelmi Paratoris, Guillelmi Petri de Latis, Arnaudi Anglici, magistri Johannis, notarii de Pogeto, et mei Johannis Virarelli, publici Montispessulani notarii, qui rogatus et mandatus hec scripsi.

Post mortem vero supradicti Johannis Virarelli, quondam publici Montispessulani notarii, ego Johannes Pellerii, publicus ejusdem ville notarius, constitutus a domino Raymundo de Conchis, olim curie Montispessulani bajulo, ad faciendum publica instrumenta de notulis non cancellatis, scriptis per manum dicti Johannis Virarelli, quondam notarii, dico et affirmo[4] me presentem cartam scripsisse, secundum tenorem cujusdam notule, non cancellate, scripte per eumdem notarium, de qua presens carta sumpta est, et ipsam sic sumptam cum dicta notula postmodum perscrutatus fui, cum Jacobo Textore, publico Montispessulani notario, me cartam legente ipsoque notulam

---

[1] Ms.: *verssus*.

[2] Ms.: *Cabrils*, avec une barre d'abréviation traversant le *l*.

[3] Ms.: *senglars*. — Cazalis de Fondouce: *sangliers* (p. 12, note); — *sanglics* (p. 21); — *sangliés* (p. 26 et note 4).

[4] Ms.: *afirmo*.

perspiciente[1], — anno Dominice incarnationis millesimo ducentesimo quinquagesimo octavo, videlicet septimo kalendas septembris, — et ad majorem firmitatem habendam, signum meum apposui. *(Seing du notaire Jean Pellier).*

Visa et intellecta quadam notula per Johannem Virarelli, quondam Montispessulani notarium, scripta, non cancellata, ego predictus Jacobus Textoris, publicus Montispessulani notarius, qui huic presenti perscrutinio testis interfui, dico et assero dictum Johannem Pellerii, publicum Montispessulani notarium, hanc cartam secundum tenorem predicte notule scripsisse, et hic me subscripsisse, et ad majorem firmitatem habendam, signum meum apposuisse. *(Seing du notaire Jacques Texier).*

Post hec, — anno Dominice incarnationis millesimo ducentesimo quinquagesimo secundo, videlicet undecimo kalendas januarii, — visa, audita et diligenter intellecta a domino Jacobo, Dei gratia rege Aragonum, Majoricarum et Valencie, comite Barchinone et Urgelli ac domino Montispessulani, compositione et recitatione premissa, — idem dominus rex, — presentibus fratre Bertrando de Auriaco, abbate monasterii Vallis Magne, et fratre Hugone de Tornamira, priore ejusdem monasterii, et fratre Poncio, cellerario ejusdem loci, — dictam compositionem et recitationem laudavit, ratifficavit, approbavit et etiam confirmavit et se nunquam contraventurum promisit;

Jn presentia et testimonio Petri, Dei gratia abbatis Anianensis, abbatis Vallis de Bona, Raymundi de Rochafolio, filii quondam Arnaudi de Rochafolio, Guillelmi de Rochafolio, Bermundi de Omellacio, Petri de Monte Lauro, Petri Senhoret, Petri Salvatoris, Guillelmi de Crozolis, Johannis de Caza, Guiraudi de Barta, Bernardi de Montiniaco[2], Bernardi Ricardi, Bernardi de Planis, clerici, et quamplurium aliorum, et mei Johannis Pellerii, publici Montispessulani notarii, qui, mandato dicti domini regis et precibus dicti domini abbatis Vallis Magne, hec scripsi et iterum signum meum apposui. *(Seing du notaire Jean Pellier).*

VIII

Abbaye de Valmagne. — Cabrials.

1250, le 27 avril, Morella (Espagne). — Lettres patentes de Jacques Ier, roi d'Aragon et de Majorque, seigneur de Montpellier, — confirmant la délimitation faite, entre Aumelas et Valmagne, par son lieutenant Guilhem de Pavo.

AA. 1, fol. 214 r°, art. 605.

Noverint universi quod nos Jacobus, Dei gratia rex Aragonum, Majoricarum et Valencie, comes Barchinone et Urgelli et dominus Montispessulani, per nos et nostros, laudamus et concedimus

---

[1] Ms.: *perspiciendo* corrigé en *perspiciente*.   [2] Ms.: *Motiniaco*.

et confirmamus divisionem, quam vos dilectus noster G[uille]mus] de Pavo[1], tenens locum nostrum in Montepessulano, fecistis, cum consilio P. Christofori, de terminis de Omelas et de Valle Magna, prout in carta inde confecta per manum J[ohannis] Vilarel, notarii Montispessulani[2], plenius continetur, — promittentes[3] ipsam divisionem habere ratam et firmam et nunquam ipsam in aliquo revocare.

Datum Morelle, quinto kalendas madii, anno Domini millesimo ducentesimo quinquagesimo.

Signum +✠+ Jacobi, Dei gratia regis Aragonum, Majoricarum et Valencie, comitis Barchinone et Urgelli et domini Montispessulani.

Testes sunt Bernardus Hug(onis) de Serra Longa, Ex(iminus) Petri de Arenoso, P. Hug(onis), comes Empuriarum, G[uillelmus] de Monte Cluso, Poncius de Verneto[4].

Signum Petri Andree, qui mandato domini regis, pro G[uillelmo] de Bello Loco, notario suo, hec scribi fecit. loco, die et anno prefixis.

IX

Le château et le causse d'Aumelas

1277 (n. st.), le 17 mars, [Montpellier]. — Reconnaissance féodale, hommage et serment de fidélité — à Jacques Ier, roi de Majorque, comte de Roussillon et de Cerdagne, seigneur de Montpellier, — par Raymond Gaucelm, chevalier, — pour ce qu'il tient du dit roi dans le château d'Aumelas, dans le causse d'Aumelas et ailleurs[5].

AA. 1, fol. 203 v°, art. 590.

De Omellatio et caucio ejusdem.

Anno incarnationis Dominice millesimo ducentesimo septuagesimo sexto, scilicet sextodecimo kalendas aprilis.

Ego Raimundus Gauscelmi[6], miles, bona fide et sine omni dolo et fraude, sciens, asserens et recognoscens vobis illustrissimo domino Jacobo, Dei gratia regi Majoricarum, comiti Rossilionis et Ceritanie ac domino Montispessulani, me a vobis tenere in feudum totum et quicquid habeo in castro de Omellatio et pertinentiis suis et in cautio de Omellatio et alibi ubicumque; et pro

---

[1] Voir ci-dessus p. 351, note 7.

[2] Ms : *Montipessulani* (?).

[3] Ms : *promitentes*.

[4] Sur ces divers personnages, voir les ouvrages déjà cités de M. de Tourtoulon et de Lecoy de la Marche.

[5] Quelques lignes de cet acte ont été publiées, d'après les « archives [du château] de Lestang, [commune] du Pouget », par M. l'abbé Delouvrier, curé de Paulhan, dans son *Histoire de la vicomté d'Aumelas et de la baronnie du Pouget (Hérault)* (Montpellier, impr. Grollier, 1896, in-8°), appendice xxi, p. 261 : — « an. 1276. Hommage de Raymond Gaucelin fait à Jacques, roi de Majorque, seigneur de Montpellier et d'Aumelas ».

[6] Ms.: *Gauscelmi*. Ce nom de GAUCELM se trouve trois fois dans cet acte ; trois fois le notaire Pierre Davin a écrit *Gauscelmi*. — Delouvrier : *Gaucelini*. — Joffre : *Gaucelin*.

premissis, me vobis homagium et sacramentum fidelitatis prestare et facere debere, sicut vassallus domino prestare et facere tenetur. Et ideo, sponte et debite, vobis dicto domino regi, flexis genibus et junctis manibus et in vestris manibus positis datoque osculo pacis et firmitatis, pro predictis omnibus que a vobis teneo in dicto castro de Omellatio et in dicto caulio de Omellatio et pertinentiis suis et alibi ubicumque, homagium facio sine dolo; et vos et vitam vestram et membra et terram vestram salvare et custodire debeo et promitto sollempniter, ut vassallus.

Est tamen sciendum quod fuit actum et dictum in premissis et per ipsum dominum regem retentum et dictum quod ipsi domino regi sit et remaneat et expressim sibi retinuit jus totum suum salvum et illesum, si quod habet vel etiam sibi competit in predictis possessionibus et bonis ejusdem R(aimund)i Gauscelmi, que tenet ab ipso domino rege, — competit, inquam, sibi domino regi ratione vel occasione incursionis [1], comissionis seu alio qualicumque modo.

Testes sunt horum omnium rogati Jaufridus [2], vicecomes de Rocabertino [3], Petrus de Claromonte, miles, Petrus Rubei, Arnaldus Bajuli, jurisperiti, Petrus de Calidis, scriptor dicti domini regis, et ego Petrus Davini, notarius publicus Montispessulani, qui predicta omnia scripsi, mandato dicti domini regis et rogatu dicti R(aimund)i Gauscelmi, militis. *(Seing du notaire Pierre Davin).*

CARABOTTES

X

1286, le 17 octobre, Montpellier. — Ratification et lauzime, par Jacques Ier, roi de Majorque, seigneur de Montpellier, — de la vente faite à l'évêque de Lodève, par l'abbé et les moines de Saint-Guilhem-le-Désert, de tout ce qu'ils possédaient dans les moulins de Carabottes[4], au terroir de Jourmac[5];

---

[1] Ms.: *incurtionis.*

[2] Delouvrier: *Jauredius.*

[3] Delouvrier: *Lacabertino.*

[4] Le « moulin de Carabottes », qui ne fonctionne plus depuis quelques années déjà et au-dessus duquel se trouvait le « bac de Carabottes » (depuis remplacé par une passerelle, qu'une inondation a emportée), est situé sur l'Hérault (rive gauche), — à peu près à égale distance en aval du pont de Gignac (route de Lodève à Gignac) et en amont de l'embouchure de la Lergue, — à peu près exactement, en ligne droite, entre les villages de Popian et de Saint-André-de-Sangonis, — dans le terroir de la commune de Gignac, section F dite de Jourmac, à proximité en amont de la petite rivière de Laurelle, qui forme la limite des communes de Gignac et de Pouzols, – entre les domaines de Jourmac (commune de Gignac) et de l'Arcade (commune de Pouzols).

Au bac et au moulin de Carabottes aboutissent, — d'une part, sur la rive droite : 1° le « chemin bas de Saint-André à Carabottes », qui les réunit au village de Saint-André-de-Sangonis ; — 2° le « chemin de Camboux à Carabottes », qui les réunit au hameau de Camboux (commune de Saint-André-de-Sangonis) ; d'autre part, sur la rive gauche : 1° le « chemin de Jourmac à Gignac », qui les réunit à Gignac ; — 2° le « chemin de Carabottes à Popian », qui les réunit à Popian, à Saint-Bauzille-de-la-Silve et à Aumelas.

Le « chemin de Pouzols à Carabottes », qui réunissait le bac et le moulin en question au village de Pouzols, a été acheté à la commune de Pouzols, par le propriétaire du domaine de l'Arcade, et supprimé.

Sur les moulins de Carabottes du XIIIe au XVIIIe siècle, voir Delouvrier. *Hist.... d'Aumelas,* pp. 48 à 50, 68, 81-82, 123, 186 à 188, 213, 235, 338, et les pièces justificatives XX (1266), XXIII (1286), XXXII, XXXVII, etc., pp. 260-261, 263-264, 275, 283, etc.

[5] Le « château de Jourmac » et la « grange de Jourmac » sont situés sur la rive gauche de l'Hérault, en amont de Carabottes, dans le terroir de la commune de Gignac, section F dite de Jourmac.

Cette section F de la commune de Gignac est déli-

La dite ratification transcrite, le 4 juillet 1301, par ordre de Brémond, seigneur de Montferrier, lieutenant du Roi de Majorque en la terre et baronnie de Montpellier[1].

AA. 1, fol. 214 v°, art. 607.

Noverint universi quod nos Jacobus, Dei gratia rex Majoricarum, comes Rossilionis et Ceritanie et dominus Montispessulani[2], per nos et omnes successores nostros, laudamus, approbamus et ratificamus alienationem[3], factam per abbatem et monasterium Sancti Guillelmi, in episcopum Lodovensem[4], de toto eo quod habebant idem abbas et monasterium[5] in molnario[6] et molendinis de Carabotis[7], in tenemento vocato de Jusmac ;

mitée : 1° au nord, par la route de Lodève à Gignac, qui la sépare de la « section A de la ville » ; 2° à l'est, par la « grande route de Pézenas à Gignac », qui la sépare de la « section E de Notre-Dame » et du terroir de la commune de Popian ; 3° à l'ouest, par la dite rivière de l'Hérault, qui la sépare de la commune de Saint-André-de-Sangonis ; 4° au midi, par la « rivière de Laurelle », qui la sépare de la commune de Pouzols.
Le château et la grange de Jourmac, et les terres et bois en dépendant, n'occupent que la partie méridionale de cette section de la commune de Gignac.

[1] La copie insérée dans la seconde partie du *Mémorial des Nobles* n'est pas le seul exemplaire qui se soit conservé de cette charte de 1286. Les archives du château de Lestang (commune du Pouget, Hérault) en contiennent un autre, qui a été publié en partie par M. l'abbé Delouvrier, dans son *Hist..... d'Aumelas*, appendice XXIII, pp. 263-264 : — « an. 1286. Confirmation de la cession des moulins de Carabotis faite à l'évêque de Lodève ». — Nous n'indiquerons que les variantes principales, présentées par cette édition.

L'inventaire des anciennes archives épiscopales de Lodève, connu sous le nom d'Inventaire de Briçonnet (1498), mentionne notre document dans les termes suivants : — « Jacobus, rex Majoricus, etc., laudavit alienationem factam per abbatem Sancti Guillelmi de Desertis in episcopum Lodovensem, de eo quod habebat idem abbas in molendinis de Carabotis, in tenemento vocato Jusmac, salvo quod episcopus debet dare duos denarios censuales, qui erunt de illis sex quos debet abbas predictus pro cirotecis dandis dicto regi Majorico, etc., et episcopus tenetur recognoscere feudum a dicto domino infra decem dies postquam fuerit requisitus ; anno M° II° LXXXVI ». (Arch. départ. Hérault, série G, registre coté « Évêché de Lodève, n° 2 », fol. 121 v° ; cf. la copie du même inventaire, cotée « Évêché de Lodève, n° 1 », fol. 121 v° G).

Une mention plus récente se trouve dans la Chronologie des Évêques de Lodève, de Plantavit de la Pause : — 1286. « *Laudimium Regis Majorici*. Eodem anno Jacobus, rex Majoricus, Montis-pessulani dominus, laudavit alienationem factam per abbatem S. Guillelmi de Desertis, in gratiam episcopi Lodovensis, juris quod habebat in moletrinis de Carabotis super Eraurim, ita tamen ut dictus episcopus deberet

duos denarios censuales de sex quos prius abbas debebat pro chirothecis dicti regis, atque quoties requisitus esset infra dies decem pro dicto feudo ejusdem regis clientelæ se submitteret. *Ex Archivis Montis-pessulani*.» (Plantavit de la Pause, *Chronologia Praesulum Lodovensium*, p. 239).

[2] Delouvrier : *Monspeliensis*.

[3] Au-dessus de la pièce, en guise de titre, notre ms. donne la note suivante : *instrumentum compositionis facte........ et abbatem et monasterium Sancti Guillelmi est in alio registro, folio* XLIII.

[4] L'évêque de Lodève possédait déjà des droits sur les moulins de Carabottes. — « Accordatum quod dominus episcopus Lodovensis, ratione dominii rippe que est ex parte castri Sancti Andree, laudare debet alienationem molendinorum, etc., et Bremundus Rostagni de Popiano pro alia » ; M° II° LXXVIII » (Inventaire de Briçonnet, fol. 122 r). — En 1266, l'évêque de Lodève Raymond de Rocozels avait baillé en acapt « Raymundo Petri de Popiano », moyennant la somme de 40 livres melgoriennes et la redevance annuelle de trois émines de beau froment et de trois émines de bel orge, « videlicet jus, licentiam et plenariam potestatem habendi, faciendi, construendi paxeriam..... in flumine Eraudi versus nostram diocesim a medio flumine [citra]..... ». (Delouvrier, *Hist..... d'Aumelas*, p. 260, cf. p. 48).

«1357, 16 novembre. Acte de vidimus d'une sentence arbitrale du 4 des calendes d'octobre (28 septembre) 1284, rendue entre Bérengier, évêque de Lodève, et le sindic du chapitre du dit lieu, d'une part ; Guilliaume, abbé, et le sindic du couvent de Saint-Guillem, d'autre : par laquelle on adjuge...... aux évêque et chapitre susdits la juridiction temporelle...... aux moulins de Carabottes, etc. » (Archiv. départ. Hérault, série H : Caulier, Inventaire des Archives de l'abbaye de Saint-Guilhem, fol. 23 v° et 24 r°}. — « Item omne dominium quod habet abbas in molinario de Carabotes et in omnibus pertinentiis suis, quecumque sint, illa debent esse episcopi Lodovensis et dictus episcopus teneat in feuduma rege Majoricarum, domino Montispessulani ». (Inventaire de Briçonnet, fol. 48 r° A).

1284. »*Sententia arbitralis dirimens controversiam episcopi Lodovensis cum abbate S. Guillelmi* » : — « decimo-

Salvo tamen et retento nobis et nostris quod dictus[8] episcopus[9] et sui successores prestent[10] et prestare nobis et nostris teneantur, racione eorum que ad ipsum ex dicta alienatione pervenerunt[11] in dictis molendinis sive mounario et suis pertinentiis[12], duos denarios censuales, secundum quod dicti[13] abbas et monasterium tenebantur ante dictam alienacionem solvere unas cyrothecas[14] valentes sex denarios[15], de quibus dicti duo denarii deducuntur[16], illis videlicet annis quibus fuerint requisiti ;

Salvis eciam nobis et nostris, in predictis omnibus, mero imperio et membrorum detruncatione, cognitione et diffinitione et exsequtione eorumdem, et secundis[17] appellationibus, si ab ipso episcopo vel ab ejus curia aut ab ejus vassallis contingeret bis appellari, in ipso tenemento in dictum episcopum alienato ;

quarto quod directum dominium cum usatico et omnis jurisdictio sive imperium, quæ habebat monasterium et abbas in molendinis de Carabotis et in omnibus adjacentiis ejus, essent domini episcopi, ita tamen ut ea teneret in feudum a rege Majoricarum, domino Montis-pessulani eo modo eaque forma quibus monasterium tenebat, et duos denarios melgorienses eidem regi daret singulis annis pro usatico in æstimationem chirothecarum valentium sex denarios, quas debebat dictum monasterium eidem regi, tam pro feudo ejusmodi moletrinorum, quam pro tenemento de Jusmaco.
.... *Ex chartulario Episcopi et dicti monasterii S. Guill.*» (Plantavit de la Pause, *Chronologia Praesulum Lodovensium*, p. 234).

[5] L'article consacré par Eugène Thomas aux moulins de Carabottes est ainsi conçu : — « CARABOTES, » m[ins] sur l'Hérault, c[ne] de Gignac. — Ces moulins apparaissaient à l'abbaye de Saint-Guillem. — *Molendini » de Carabotis*, 1284 (Plant. chr. præs. Lod. 234). — » L'abbé de Saint-Guillem les vendit à l'évêque de » Lodève et le roi de Majorque approuva l'aliénation, » 1286 (ibid. 239) ». (Eug. Thomas, *Dictionnaire topographique de l'Hérault*, p. 34). — En réalité, l'abbaye de Saint-Guilhem n'était que partiellement propriétaire des moulins de Carabottes. (Voir ci-dessus note 4).

10[98]. Donation faite par Rostang Guirau de Popian et ses enfants à l'abbaye de Saint-Guilhem : — « donamus aliquid de alode nostro quod est in episcopatu Biterrensi, in parrochia Sancti Vincentii [de Popiano], in terminio de Jusmaco, supra ripam Arauris » ; — « unam peciam de terra........» ; — « donamus etiam in hoc eodem termino de Jusmaco, in fluvio Arauris, in molendinis Garnairenes, ... unum molendinum ribarium ad alodum ; et de tota piscatione, que facta fuerit in universis his molendinis et in tota paxeria horum descensu, donamus medietatem,...... et si isti molendini aliquando mutati essent ex gazo Granopiaco, usque ad terminium de bosco de Gingnaco, ubicumque mutati essent infra hoc terminium, ibi ea dono sicut dictum est........» (*Cartul. de Gellone*, pp. 203-204).

Une autre charte (dont la date se place entre 1077 et 1099) montre ce même Rostang Guirau et ses fils donnant à l'abbaye de Saint-Guilhem, « ad proprium alodem, unum ex molendinis quos Garnerius visus est tenere, nominatim illum qui est juxta ripam... ... » (*Cartul. de Gellone*, p. 205).

Dans une troisième charte, en date du 16 février 1107, Raimond, fils de Rostang Guirau, rappelle la précédente donation : — « dedit autem Rostagnus Guiravi, pater meus, ... Sancto Salvatori de Gellone ...... in terminio de Jusmac, unum molendinum, qui est in ripa Aurauris, ad proprium alodem........... » (*Cartul. de Gellone*, pp. 205-206).

Les donations ainsi faites à l'abbaye de Saint-Guilhem, à la fin du XIe siècle et au début du XIIe, ne comprenaient pas seulement un moulin et une moitié de pêcherie, mais encore un droit de dîme sur des amandiers, etc. (Voir dans le *Cartul. de Gellone* les chartes 242 à 244, dont nous venons de citer quelques passages).

[6] Delouvrier : *molinario.*
[7] Delouvrier : *Carabottes.*
[8] Delouvrier : *dñus.*
[9] Delouvrier : *eppūs.*
[10] Delouvrier : *prestant.*
[11] Delouvrier : *pervenerint.*
[12] Delouvrier : *in dictis molendinis et eorum pertinentiis.*
[13] Delouvrier : *dictus.*
[14] Delouvrier : *chirothecas.*

[15] « Abbas Sancti Guillelmi de Desertis et dominus Jacobus, rex Majoricus, comes Rossilionensis, dominus Montispessulani et Omeladesii, convenerunt ad invicem, seu ejus procuratores, etc., quod totum tenementum dictum Jusmac est de dominatione majori dicti comitis, sed dominium, consilium, jus pre ceteris retinendi et merum et mixtum imperium, jurisdictio, etc. sunt abbatis predicti ; debet tamen pro predicto feudo dictus abbas cyrothecas valoris sex denariorum, planas sine cerico, si fuerint requisite, etc......, anno Mo IIo LXXXI ». (Inventaire de Briçonnet, fol. 121 vo F).

[16] Delouvrier : *deducantur.*
[17] Delouvrier : *servandis.*

Et quod predictus episcopus et sui successores, qui pro tempore fuerint, nobis et nostris successoribus, dominis Omelladesii, facere teneantur recognitionem predicti feudi seu ac dictum feudum tenere a nobis et successoribus nostris, infra decem dies a tempore requisitionis super hoc faciende computandos, et hoc in terra Omelladesii vel terra Montispessulani, ubi maluerimus in predictis locis, — nisi ex justa causa episcopus Lodovensis dicto tempore fuerit impeditus ; quo impedimento cessante, quam cito comode poterit, facere teneatur ;

Salvo etiam et retento nobis et successoribus nostris quod, si contingat[1] episcopum Lodovensem vel successores suos, in dicto molnario[2] seu pertinentiis suis sibi terminatis, facere castrum, villam seu fortalicias quascumque, habitatores ipsius loci servicium exercitus[3] et host[4] et cavalcatas, nobis et successoribus nostris, pro deffensione[5] et adjutorio terre Omelladesii et Montispessulani, teneantur facere, et quod de fortaliciis et hominibus inibi habitantibus, dominus Homelladesii valeat se juvare, sicut de aliis castris, que ab ipso domino tenentur ad feudum in terra Homelladesii et Montispessulani, communiter se juvabit ;

Et salvo nobis et nostris in predictis semper[6] dominio et laudimio et in omnibus jure nostro[7] ;

Promittentes[8] quod predictam laudationem sive ratificationem nos et successores nostri in perpetuum observabimus et observari faciemus, et contra ipsam non veniemus nec venire aliquem permittemus[9] ;

Mandantes et precipientes locum nostrum tenenti in Montepessulano et ejus dominatione, presenti et futuro, quod predicta observet et faciat inviolabiliter observari ;

Et confitemur vobis de hujus alienationis laudimio fuisse[10] plenarie satisfactum.

Datum in Montepessulano, xvi° kalendas novembris, anno Domini m° cc° lxxx° vi.

Signum +✠+ Jacobi, Dei gratia regis Majoricarum, comitis Rossilionis et Ceritanie et domini Montispessulani.

Testes sunt Poncius de Guardia, Bremundus de Monteferrario, legum doctor, Arnaldus de

---

[1] Delouvrier : *continget*.

[2] Delouvrier : *molinario*.

[3] Ms.: *excercitus*. — Delouvrier : *exercitus* : — *servitium, exercitus*.

[4] Delouvrier : *ostes*.

[5] Ms.: *deffencione* ou *deffentione*. — Delouvrier : *defensione*.

[6] Ms.: *senper*.

[7] L'*Inventaire des titres et documents de l'évêché de Lodève*, fait en 1766 par le feudiste François Dufieu, mentionne une liasse, qui nous renseigne sur ce que devinrent finalement les droits ainsi réservés en 1286 par le roi de Majorque : « Carabottes, liasse cottée lettre N. Cette liasse contient le procès qui étoit pendant, devant M* le Sénéchal de Montpellier, entre M* de Lodève, M* d'Aumelas et M* de Combet, au sujet de la directe du moulin de Carabottes, scitué dans la juridiction de Jourmac, sur le bord de la rivière d'Héraud. Dans la dite liasse, il y a un extrait en bonne forme de la reconnaissance consentie, en faveur de M* de Lodève, par M* de Combet, du dit moulin de Carabottes, du 14* mars 1718, reçue par M* Belconet, notaire de Montpellier, dans laquelle reconnaissance est intervenu M* le vicomte d'Aumelas, avec déclaration de ne prétendre, sous quelque prétexte que ce soit, aucun droit de directe ny censive sur le dit moulin et ses appartenances ». (Arch. départ. de l'Hérault, série G, évêché de Lodève, cahier coté n° 31, fol. 23 r°, art. 329).

L'inventaire des archives de l'abbaye de Saint-Guilhem-le-Désert, rédigé en 1782-1783 par Caulier (Arch. départ. de l'Hérault, série H, fonds de Saint-Guilhem, registre F), mentionne d'autre part une « farde de factums et mémoires, servis au procès survenu entre le seigneur évêque de Lodève, le vicomte d'Aumelas et le sieur Combet, au sujet des droits de directe et jurisdiction du moulin de Carabottes, situé au terroir de Jourmac, sur le fleuve d'Héraud » (fol. 275 r° et v°).

[8] Ms. : *promitentes*.

[9] Ms.: *permitemus*.

[10] Ms.: *fore*.

Lupiano, Berengarius de Ulmis, Guillelmus de Podio d'Orfila, Arnaldus Bajuli, Bernardus Dalmacii, dicti domini regis judices[1].

Sig+num Petri de Calidis, qui mandato dicti domini regis hec scribi fecit et clausit, loco, die et anno prefixis.

Hoc est transcriptum fideliter sumptum de verbo ad verbum, nil addito, nil obmisso nec mutato, de quadam originali carta continente formam et tenorem prescriptos, non viciata, non abrasa, non abolita, nec in aliqua sui parte suspecta, sigillata sigillo pendenti cereo domini regis Majoricarum predicti. Quod siquidem transcriptum cum predicto originali caute et provide perscrutatus sum ego Bertrandus de Riali, publicus Montispessulani et curie palacii notarius, adhibitis et mecum perscrutantibus Stephano Monnerii et Guillelmo de Ponte, notariis publicis Montispessulani infra subscriptis, qui dictum transcriptum cum dicto originali invenimus penitus concordare.

Fuit autem predictum transcriptum sumptum de dicto originali per me predictum Bertrandum de Riali, notarium, auctoritate mandati michi dati per nobilem virum dominum Bremundum, Montisferrarii dominum, militem, et locum tenentem illustris domini regis Majoricarum in terra et baronia Montispessulani, — anno Dominice incarnationis millesimo tricentesimo primo, videlicet quarto nonas julii, — domino Philippo, rege Francorum, regnante, — in presentia et testimonio discreti viri domini Jacobi de Montibus, jurisperiti, Jordani de Fozeriis et Fredoli de Sala, domicellorum, et mei ipsius Bertrandi de Riali, notarii, qui hec scripsi. Et decrevit dictus dominus locum tenens, causa cognita, fidem habendam esse perpetuo prescripto transcripto tanquam publico et auctentico quemadmodum ipsi originali, in presencia et testimonio testium et mei notarii prescriptorum, anno et die predictis; in quorum omnium testimonium, ego dictus Bertrandus de Riali, notarius suprascriptus, hic subscripsi, et signavi[2]. *(Seing du notaire Bertrand de Rial).*

Huic prescripto perscrutinio caute provide et diligenter facto, ego prefatus Guillelmus de Ponte, publicus Montispessulani notarius, testis vocatus et rogatus, una cum supradictis tabellionibus interfui, et ad majorem firmitatem habendam, hic subscripsi, et signum meum apposui[3], anno et die proximo dictis, quod signum est tale. *(Seing du notaire Guilhem del Pont).*

Huic presenti prescripto perscrutinio caute et provide facto, una cum prescriptis duobus tabellionibus, ego suprascriptus Stephanus Monnerii, publicus Montispessulani notarius, testis interfui et subscripsi et meo signo signavi. *(Seing du notaire Estève Mounier).*

---

[1] Delouvrier: *Testes sunt Arnaudus de Lupiano, Arnaldus Bajuli, Poncius de Gardia, etc.....* La suite manque dans Delouvrier.

[2] Ms., après *signavi*: — *obmisi tamen supra, ad tale signum* (signe de renvoi): *et Montispessulani.*

[3] Ms.: *aposui.*

CASTRIES ET SES ENVIRONS

XI

Vente du château et de la seigneurie de Castries

1279, le 10 juillet, ...?? (Haute-Loire). — Codicille de noble Jourdaine de Montlaur[1], dame de Roche[2], de Posquières[3] et de Castries[4], sœur et héritière de noble Pons de Montlaur, veuve de Guigue III de Roche[5],

---

[1] 1272, 1274, 1279. « Jourdaine, dame de Roche » (Huillard-Bréholles, *Archives de l'Empire, Inventaires et Documents,..... Titres de la maison ducale de Bourbon*, tome I (1867, p. 102, art. 537; p. 109, art. 580 et p. 123, art. 660). — 1279. « Jourdaine de Roche, dame de Posquières » (Huillard-Bréholles, op. cit., p. 122, art. 654). — 1282. « Jourdaine, jadis dame de Roche » (Huillard-Bréholles, p. 132, art. 725).
« Jourdaine de Montlaur » (Truchard du Molin, *les Baronnies du Velay*,[*Roche-en-Régnier*],[Paris, Dumoulin, 1874, in 8°], pp. 14, 22, 23 et 30). — « Jourdaine, dame de Roche » (Truchard du Molin, op. cit., pp. 30 et 34). — « La douairière de Roche, Jourdaine de Montlaur » (Truchard du Molin, p. 30). — « Jourdaine de Montlaur, dame de Roche » (p. xxiv).
« Jourdaine de Montlaur, dame de Roche » (Prosper Falgairolle, *Mémoires pour servir à l'histoire de la ville de Vauvert et de ses environs*, tome Ier [Nîmes, Catelan, 1881, in-16], p. 61-62).

[2] *Roche-en-Régnier*, commune du département de la Haute-Loire, arrondissement du Puy, canton de Vorey. — « La Roche avait acquis au XVe siècle une assez grande importance historique : c'était une des dix-huit baronnies et une des neuf villes consulaires du Velay » (cf. Truchard du Molin, pp. 1 à 3).

[3] Auj. *Vauvert*, chef-lieu de canton du dép. du Gard, arrondissement de Nîmes. — « Vauvert est bâti sur le versant sud-ouest d'une colline qui, à l'origine oppidum celtique, ensuite villa romaine, se couronna, à l'invasion du régime féodal, d'un immense château-fort, appelé Posquières. Tandis que le repaire du baron occupait la colline, la plaine avait vu s'édifier, au commencement du IXe siècle, une vaste église qui, sous le vocable de Notre-Dame de Vauvert, devint le centre d'un pèlerinage célèbre. L'espace situé entre le fort et l'église se couvrit, pendant les XIIe et XIIIe siècles, de maisons patriciennes qui unirent les deux localités, et dès le siècle suivant le nom de Vauvert prévalut sur celui de Posquières. L'église Notre-Dame disparut dans la tourmente des guerres civiles du XVIe siècle, et le château-fort dans celle du duc de Rohan (1628) ». (Prosper Falgairolle, *Du Vidourle au Rhône, excursions archéologiques....*, p. 46).

« Pons de Montlaur n'eut point d'enfants de Raimonde de Lunel, son épouse. Se trouvant sur le point d'accompagner le roi Philippe le Hardi à l'expédition de Foix, il fit son testament à Montpellier, le 15 avril 1272. Par cet acte, il laissait tous ses biens maternels à sa sœur, Jourdaine de Montlaur, dame de Roche, et ses biens paternels à son frère Hercule, ou Héracle II, de Montlaur. Deux ans après, dans un codicille du 10 septembre 1274, il ordonnait que, à sa mort, sa sœur Jourdaine entrerait en possession de la seigneurie de Châteauneuf, au diocèse du Puy, à cause du droit qu'elle pouvait avoir sur la terre de Montlaur, et aussi en réparation du tort qu'elle avait éprouvé dans la baronnie de Posquières et autres lieux, provenant de la succession de Rostaing et d'Agnète, ou Aigline, leurs aïeuls maternels. Pons de Montlaur mourut vers la fin du mois de septembre 1275. — Jourdaine de Montlaur avait épousé Guigon III, seigneur de Roche-en-Régnier. Son mari était mort depuis quelques années lorsqu'elle hérita de la seigneurie de Posquières, dont elle ne jouit pas longtemps elle-même. Nous voyons que, par son testament, fait au Puy le 14 janvier 1279, elle laissait à son fils, Guigon IV, seigneur de Roche, sa seigneurie de Posquières. Jourdaine ne vécut que quelques mois après l'accomplissement de cet acte ». (P. Falgairolle, [d'après Truchard du Molin]. *Mémoires ..... Vauvert*, pp. 61-62).

[4] *Castries*, chef-lieu de canton de l'arrondissement de Montpellier, — sur la route de Montpellier à Sommières, — à proximité de la rivière la Cadoule.

[5] « Jourdaine, veuve de noble homme Guigue de Roche » (Huillard-Bréholles, op. cit., p. 85, art. 441 et p 109, art. 583).

« Guigon III avait épousé Jourdaine de Montlaur, fille d'Héracle Ier et de Marguerite d'Auvergne, unique sœur de Pons et d'Héracle II » (Truchard du Molin, op. cit., p. 14), — « Par une fatalité aussi singulière que regrettable, les seuls titres qui manquent dans

mère de Guigue IV de Roche [1], — ordonnant la vente, après sa mort, au profit de sa succession, de son château et de sa seigneurie de Castries, — et chargeant spécialement du soin de cette vente un de ses exécuteurs testamentaires, Jean de Somolenc, clerc du Puy.

1280, le 4 juillet, Perpignan. — Lettres patentes de Jacques Ier, roi de Majorque, seigneur de Montpellier, — à son vassal Guigue de Roche, héritier universel de Jourdaine, dame de Castries, et à maître Jean de Somolenc, exécuteur testamentaire de la dite Jourdaine, autorisant la vente du château et de la seigneurie de Castries à Pons de Saint-Just, évêque de Béziers, — sous réserve de ses droits de suzerain.

1280, le 4 juillet, Perpignan. — Lettres patentes de Jacques Ier, roi de Majorque, seigneur de Montpellier, —

les archives de la maison ducale de Bourbon qui sont aussi les archives de la baronnie de Roche, ce sont précisément les contrats de mariage ; on n'en sait pas moins qu'outre la dot que dut lui constituer le vieil Héracle, son père, Jourdaine avait succédé, du moins en partie, à ces seigneuries de Posquières et de Marguerites, que possédait Agnète, son aïeule, comme ayant été la seule héritière de Rostain Decan ». (Truchard du Molin, p. 15).

« 1265, le lundi après l'Assomption (17 août), Artias. — Guigue, seigneur de Roche au diocèse du Puy, institue par testament son fils Guigonet héritier universel de tous les biens dont il n'aura pas autrement disposé. Il nomme pour exécuteurs testamentaires Jourdaine, sa femme, [etc.]..... — Inséré dans l'acte de publication du 18 septembre 1266. — [Archives nationales], P. 1397[3], cote 597 ». (Huillard Bréholles, Titres de la maison ducale de Bourbon, tome I, p. 82, art. 422).

Guigue III de la Roche fit son testament le 17 août 1265. Le 4 décembre de la même année, il adhérait à la sentence arbitrale de Pons de Montlaur réglant les droits respectifs du seigneur et des habitants de Roche-en-Régnier. — Le 18 septembre 1266, le testament de Guigue III de la Roche était publié à Châteauneuf. — La date de la mort de Guigne III se place donc entre le 4 décembre 1265 et le 18 septembre 1266.

Le testament de Guigue III de Roche a été, d'une part, analysé en détail (pp. 20 à 23), d'autre part, publié in extenso (pp. xvi à xxii) par Truchard du Molin (op. cit.). — « Ce testament se résume en trois mots : beaucoup de biens, beaucoup de charges et beaucoup d'enfants ». (Truchard du Molin, p. 23).

« 1265, 2 non. decembris (4 décembre), au château d'Artias. — Décision arbitrale prononcée par Pons, seigneur de Montlaur, qui détermine les franchises dont devront jouir les habitants de Roche [en Reynier] et les droits qui pourront être exercés sur eux par Guigue, seigneur de Roche ; la dite décision est approuvée par la communauté des habitants, d'une part, et par Guigue et Guigonet, son fils, d'autre part. — Vidimus original sur parchemin, en date du 29 août 1421, muni du signum, délivré sous le sceel du bailliage de Velay. — [Archives nationales],

P. 1398[4], cote 636 ». (Huillard-Bréholles, op. cit., p. 83, art. 428).

Cette sentence arbitrale du 4 décembre 1265 a été, d'une part, analysée en détail (pp. 16 à 20), d'autre part, publiée in extenso (pp. vi à xvi), par Truchard du Molin (op. cit.).

« 1266, le samedi après l'Exaltation de la Sainte-Croix (18 septembre), Châteauneuf. — Jourdaine, veuve de noble homme Guigue de Roche, fait publier sous forme authentique par devant Pons de Montlaur, seigneur de Châteauneuf, le testament de son mari. Original latin sur parchemin, muni du signum, jadis scellé du sceau de Pons de Montlaur, sur cordelettes de fil bleu. — [Archives nationales], P. 1397[3], cote 597 ». (Huillard-Bréholles, Titres de la maison ducale de Bourbon, tome I, p. 85, art. 441) ; — cf. Truchard du Molin, p. 23).

[1] 1267. « Guigue, seigneur de Roche, fils de feu Guigue de Roche » (Huillard-Bréholles, op. cit., p. 87, art. 456). 1269, 1281 et 1282. « Guigue, seigneur de Roche, damoiseau » (Huillard-Bréholles, p. 93, art. 492 ; p. 127, art. 695, et p. 129, art. 709). — 1281. « Guigue de Roche, damoiseau, seigneur de Meyras » (Huillard-Bréholles, p. 128, art. 701). — 1282. « Guigue, seigneur de Roche » (Huillard-Bréholles, p. 129, art. 708 et p. 132, art. 725). — 1285. « Guigue, seigneur de Roche, chevalier ». (Huillard-Bréholles, p. 137, art. 757).

1298, le 13 juillet. « Nobilis vir dominus Guigo, dominus de Rocha et Posqueriarum ac dominus castri Porciani, personaliter existens in castro Porciani............ » (A. Germain, Notice sur un Cartulaire seigneurial inédit, dans les Mémoires de la Société archéologique de Montpellier, in-4°, tome IV, 1855, p. 456, note 3). — « Poussan avait alors pour seigneur un certain Gui de la Roche, sur les antécédents duquel on ne sait rien, sinon qu'originaire du diocèse du Puy (dominus de Ruppe, miles Aniciensis dyocesis), il avait légalement succédé aux droits des Montlaur dans la propriété de ce fief, et qu'il se trouvait en même temps seigneur de Posquières au diocèse de Nîmes ». (Germain, op. cit., p. 449).

Sur « Guigon IV, seigneur de Roche », voir Truchard du Molin, pp. 23 à 37, et Germain, pp. 449 à 457.

Il mourut entre le 24 septembre et le 9 novembre 1300. (Truchard du Molin, p. 37).

à Pierre de Clermont, son lieutenant à Montpellier, — lui mandant de ratifier en son nom la vente du château et de la seigneurie de Castries à Pons de Saint-Just, évêque de Béziers, — sous réserve de ses droits de suzerain.

1280, le 17 juillet, Montpellier. — Vente, par Jean de Somolenc à Pons de Saint-Just, acquéreur en tant que personne privée et non en qualité d'évêque de Béziers, — moyennant la somme de 67.000 sous tournois, — du château et de la seigneurie de Castries, — la dite seigneurie comprenant les villages ou domaines de Meyrargues, Vendargues, Baillargues, Rou, Sussargues et Saint-Geniès-des-Mourgues, et des droits sur les domaines de Ferrières et de Bannières, sur le village de Clapiers, sur le Moulin du Roc (près Castelnau), etc., — le dit château et la dite seigneurie de Castries, tenus en fief du Roi de Majorque, seigneur de Montpellier, sous l'albergue annuelle de 25 livres.

1280, le 17 juillet, Montpellier. — Lauzime de la dite vente, au nom du roi de Majorque, par son lieutenant Pierre de Clermont, assisté de Germain de Collioure, procureur du dit roi.

1280, le 18 juillet, Castries. — Prise de possession du château et de la seigneurie de Castries, par Pons de Saint-Just, évêque de Béziers.

AA. 1, fol. 208 r° à 212 r°, art. 601.

In nomine Domini nostri Jhesu Christi.

Anno incarnationis ejusdem millesimo ducentesimo octogesimo, scilicet sextodecimo kalendas augusti.

Ego Johannes de Somolench [1], procurator nobilis viri Guigonis de Rocha, constitutus presentialiter coram vobis domino Petro de Claromonte, locum tenente domini Jacobi, Dei gratia illustris regis Majoricarum [2], in Montepessulano [3] et in toto ejus districtu, et specialiter gerente ejus vices in presenti negocio, propono et dico firmiter asserendo quod nobilis domina Jordana, jam defuncta [4], mater dicti domini Guigonis, heres et soror olim nobilis viri domini Poncii de Monte

---

[1] Dans son testament en date du 17 août 1265, « Guigue, seigneur de Roche au diocèse du Puy,..... nomme pour exécuteurs testamentaires Jourdaine, sa femme, Jean Bissamolent, clerc, Raoul Adhémar et Hugues de Ribes » (Huillard-Bréholles, *Archives de l'Empire, Inventaires et Documents,..... Titres de la maison ducale de Bourbon*, tome I, p. 82, art. 422). — « Testament de Guigon III, seigneur de Roche » (Archives nationales, P. 1357³) : «.... executores hujus mei testamenti constituo dominam Jordanam, uxorem meam, Johannem Dissamolenc, clericum, Remundum Adhemarii et Hugonem de Rippis milites » (Truchard du Molin, p. xx) ; « item lego Johanni Dissamolenc, clerico, centum solidos viennenses sibi singulis annis, quantum vixerit, ab herede meo universali [Guigoneto, filio meo] persolvendos » (ibid. p xxii).

Testament de Jourdaine de Montlaur : — « item, Johanni de Samolenc, clerico Aniciensi, lego, in remunerationem temporis sui quod amisit pro me et liberis meis, et in remunerationem laboris quem sustinuit pro liberis meis et pro me, propter ea diucius litiganda et multas lites meas, in locis diversis et remotis, coram diversis judicibus, per triennium et ultra prosequendo, furnum seu furnos meos presentes et futuros, possidendos ad vitam suam, et xv libras melgorenses debitales in festo Omnium Sanctorum annuatim quamdiu vixerit, super pensum meum seu super pondus ferri mei Montispessulani, et grangiam, quam ego teneo apud Dolcus cum omnibus pertinenciis suis et cum toto tenemento dicte grangie Dolcus, Damfolia, et cum omnibus torris et juribus suis et pratis dicte grangie, que grangia est Guigonis filii mei, domini de Rocha ; predicta omnia lego dicto Johanni, qui ea habeat et teneat ad vitam suam, et fructus omnes et proventus inde provenientes percipiat per se vel per alium pacifice et quiete ; — .... item, Guillelmo, nuncio Johannis de Samolenc, pro labore suo quem continuo fecit pro me cum dicto Johanne, lego L. libr. tur. semel tantum ». (Truchard du Molin, pp. xxvii-xxviii).

[2] Ms. : *Majoricharum*.

[3] Ms. : *Montespessulano*.

[4] Jourdaine de Roche était morte depuis au moins neuf ou dix mois. Nous savons, en effet, que « le 3 octobre... 1279, Guillaume de la Roue, évêque du Puy, ... [avait fait] publier, à la requête de Guigon IV, seigneur de Roche, le testament de Jourdaine, sa mère ». (Truchard du Molin, p. 34).

« 1279, 5 nonas octobris (3 octobre). — Frère G., évêque du Puy, à la requête de Guigne, seigneur, de Roche, et sur la déclaration des témoins qui attes-

Lauro[1], domina castri Castriarum, Magalonensis diocesis, fecit et constituit me executorem[2] in suis codicillis, quorum tenor talis est :

Noverint universi presentes litteras inspecturi[3] quod — anno Dominice incarnationis millesimo ducentesimo septuagesimo nono, videlicet sexto idus julii, — nos Jordana de Rocha, domina Posqueriarum[4], sana mente licet debilis corpore et infirma, scientes et asserentes nos olim, — scilicet circa festum Beati Ylarii, anno incarnationis Domini millesimo ducentesimo septuagesimo

tent reconnaître le testament de feu Jourdaine, dame de Roche, fait publier dans la forme solennelle ledit testament en date du 14 janvier 1279. — Original latin sur parchemin, jadis scellé du sceau de la cour du Puy, sur ganses de fil blanc. — Pièce endommagée. — [Archives nationales], P. 1399², cote 814 ». (Huillard-Bréholles, *Titres de la maison ducale de Bourbon*, tome I, p. 123, art. 660).

¹ « 1272, idus maii (15 mai), Montpellier. - Pons, seigneur de Montlaur et de Posquières, fils de feu Héraclius de Montlaur, sur le point d'accompagner avec ses gens le Roi de France à l'expédition de Foix, fait son testament, par lequel il ordonne que, s'il laisse des enfants légitimes, son fils aîné sera son héritier universel, et à défaut de fils, sa fille aînée ; s'il a plusieurs fils, l'aîné étant son héritier universel, chacun des autres enfants aura mille livres tournois ; s'il vient à mourir sans enfants, son frère Héraclius deviendra son héritier universel, et à défaut de celui-ci, il lui substitue sa sœur Jourdaine, dame de Roche. — Copie du temps sur parchemin, point de traces de *signum*. — [Archives nationales], P. 1399², cote 816 ». (Huillard-Bréholles, *Titres de la maison ducale de Bourbon*, tome I, p. 102, art. 537).

« 1274, 4 idus septembris (10 septembre). — Pons, seigneur de Montlaur et de Posquières, ajoute à son testament des codicilles par lesquels, après avoir ratifié le dit testament, il laisse en outre à sa sœur Jourdaine, dame de Roche, le château de Châteauneuf avec son mandement au diocèse du Puy, tant pour la restitution du droit qu'elle peut avoir en la terre de Montlaur que pour la réparation du tort qu'elle a pu éprouver dans les baronnies de Posquières et autres lieux provenant de la succession de Rostaing de Posquières et de dame Anne ? leur grand'mère commune. — Original latin sur parchemin, muni du *signum*. — [Archives nationales], P. 1399³, cote 818 ». (Huillard-Bréholles, *Titres de la maison ducale de Bourbon*, tome I, p. 109, art. 580).

« 1274, le mardi après la Saint Nicolas (11 décembre). — Jourdaine, veuve de noble homme Guigue de Roche, chevalier, rend hommage à l'évêque du Puy pour tout ce qui peut lui revenir de la succession de feu Héraclius de Montlaur, chevalier, son père, et de feu Pons de Montlaur, son frère, comme les dits Héraclius et Pons avaient accoutumé et étaient tenus de le faire...... [Archives nationales], P. 1398³, cote 703 ». (Huillard-Bréholles, *Titres de la maison ducale de Bourbon*, tome I, p. 109, art. 583).

« 1282 (1281 v. st.), pridie kalendas martii (28 février). — Le bailli et le juge du Roi, institués dans les diocèses du Puy, de Viviers, de Valence et de Vienne, font sommation à Pons, seigneur de Montlaur, d'avoir à payer à Guigue, seigneur de Roche, quatre-vingts livres tournois avant l'octave de l'Assomption, à titre du principal et des dommages-intérêts résultant d'une obligation que ledit Guigue avait contractée envers deux bourgeois du Puy, à la prière d'Héraclius de Montlaur, père dudit Pons. — Original latin sur parchemin, muni du *signum* de Guillaume Chabaud, notaire royal. — [Archives nationales], P. 1397², cote 559 ». (Huillard-Bréholles, *Titres de la maison ducale de Bourbon*, tome I, p. 129, art. 708).

« 1282, à diverses dates comprises entre le mercredi après l'octave de Pâques et la fin de décembre. — Procédure instruite par devant Guillaume de Pontchevron, sénéchal de Beaucaire et Nimes, dans le procès intenté par Guigue, seigneur de Roche, en son nom et au nom de Hugues, son frère, et de Guigonet, son fils mineur, à Pons, seigneur de Montlaur, fils d'Héraclius de Montlaur, pour lui réclamer le château de Châteauneuf, que feu Pons de Montlaur, père du dit Héraclius, avait légué à sa sœur Jourdaine, jadis dame de Roche et mère dudit Guigue. — Rouleau en parchemin, sans date ni signature, écriture du temps, formant aujourd'hui quatre feuilles détachées. — [Archives nationales], P. 1397², cote 616 ». (Huillard-Bréholles, *Titres de la maison ducale de Bourbon*, tome I, p. 132, art. 725).

² Ms. : *executorem*.

³ Ms. : *inspecturii*.

⁴ « Elle prend... la double qualité de dame de Roche et de dame de Posquières, parce que cette dernière seigneurie, située dans le canton du département du Gard qu'on nomme aujourd'hui Vauvert, ainsi que certaines redevances sur la ville de Montpellier, dont il serait difficile de préciser la nature et l'importance, lui provenaient directement d'Agnète de Posquières, son aïeule, et qu'elle en jouissait depuis plusieurs années ». (Truchard du Molin, p. 31).

octavo, — fecisse et ordinasse testamentum nostrum et ultimam voluntatem nostram[1], in illoque testamento seu ultima voluntate nostra disposuisse seu ordinasse de rebus nostris atque bonis[2], —

[1] La fête de saint Hilaire tombe le 14 janvier. — « Circa festum beati Ylarii anno incarnationis Domini millesimo ducentesimo septuagesimo octavo » = vers le 14 janvier 1279 (n. st.).

Le testament de Jourdaine de Roche est daté du « lendemain de l'octave de l'Épiphanie (14 janvier 1279) » (Truchard du Molin, p. 31) : — « actum Anicii in crastinum octavarum Epiphanie anno Domini M°CC°LXXVIII° » (Id., p. xxxiii).

[2] « 1279 (1278 v. st.), le lendemain des octaves de l'Épiphanie (14 janvier), au Puy. - Jourdaine de Roche, dame de Posquières, lègue par testament à son fils Guigue, seigneur de Roche, les châteaux de Posquières et de Margueritttes avec tout ce qui en dépend, en récompense des dommages qu'il a subis pour elle dans le procès relatif à la caution qu'elle avait fournie pour son frère, Pons de Montlaur ; si Guigue vient à mourir avant elle, elle transfère ce legs à l'héritier universel du dit Guigue. Elle donne à son petit-fils Guigonet, fils du dit Guigue de Roche, la propriété de tous les biens à elle appartenant en la succession de Montlaur, et même en la terre de Châteauneuf ; enfin, elle institue le dit seigneur de Roche son héritier universel pour tous les biens dont elle n'a pas autrement disposé. — Minute sur parchemin, interlignée ; écriture du temps. — [Archives nationales], P. 1399ª, cote 821 ». (Huillard-Bréholles, *Titres de la maison ducale de Bourbon*, tome I, p. 122, art. 654).

Le *Testament de Jourdaine de Montlaur, dame de Roche*, a été publié *in extenso* par Truchard du Molin (pp. xxiv à xxxiv). Nous en transcrivons les passages intéressant Montpellier et ses environs :

« Item, conventui Magalonensi lego unum convivium, pro anima domine Aygline, avie mee, semel tantum » (p. xxvi. cf. p. 31);

« Item, conventibus Minorum et Predicatorum de Montepessulano, ... cuilibet dictorum conventuum lego unum convivium semel tantum, infra annum a die obitus mei » (p. xxvi);

Legs à Jean de Samolenc, sa vie durant, d'une rente annuelle de 15 livres melgoriennes, sur le Poids du Fer de Montpellier (p. xxviii ; cf. ci-dessus p. 375);

« Item, Guigoni, filio meo, domino de Rocha, lego castrum Poscheriarum et [castrum] Margaritarum et omnia jura que habeo vel habere possum in dictis castris, mandamentis et pertinenciis eorum et in omnibus possessionibus et rebus corporalibus que sunt in ipsis castris, mandamentis et pertinenciis ipsorum, jurisdictionibus, dominiis, usaticis et in aliis quibuscumque; ita quod predicta omnia habeat, cum toto pleno suo jure quod ibi habeo, et fructus recipiat et suos faciat, — salvo legato quod facio de furno Poscheriarum Johanni de Samolenc; — predictum autem legatum facio eidem Guigoni, filio meo, in recompensatione et satisfactione laboris et expensarum quas fecit et sustinuit dictus Guigo pro me, in litibus que fuerunt nomine meo, occasione fidejussionis bonorum quondam nobilium domini Poncii de Montelauro, fratris mei, et pro pecunia quam mihi mutuavit ad predictam litem et causam prosequendas, quam pecuniam ipse recipiebat ab usurario ; et ad hec ut ipse Guigo solvat debita et legata dicti domini Poncii, ad que ego teneor per testamentum vel codicillum ipsius domini Poncii; que omnia confiteor excedere summam quattuor millia librarum turon. ; et si contingeret dominum Guigonem premori mihi, quod Deus avertat, lego predicta a me legata dicto Guigoni, heredi suo universali; — tamen debitum quod debetur nobili viro R. de Lunello, volo quod remaneat super castrum de Porciay [lisez : *Porciano*], quod sibi specialiter pro illo debito ypothecavit; et debitum quod debetur Aimerico de Claromonte remaneat super eodem et super castro de Castris [lisez : *Castriis*], ad que omnia solvenda heredes meos universales teneantur » (pp. xxviii-xxix);

« Item, Hugoni de Arlenco, filio Beatricis quondam filie mee, relinquo jure institutionis xx libras melgor. debitales sibi assignandas ab herede meo universali super cuppas meas Montispessulani; et si dictus Hugo mihi premoreretur, lego eas libras liberis suis, si quos haberet, ita quod dictas xx libras melgor. habeat et teneat in franco feudo ab herede meo universali ; — quibus xx libris melgor. a me sibi legatis, dictum Hugonem et ejus liberos jubeo esse contentum in omnibus bonis meis et nichil amplius in ipsis bonis meis petere possit; — et si predictam voluntatem meam ratam non haberent ipse vel liberi ejus, privo cum vel eos medietate dicti legati, quam tunc remanere volo heredi meo universali » (p. xxix);

« Item, Guigonelle, sorori dicti Hugonis [de Arlenco], vel, si ipsa mihi premoreretur, ejus liberis, si quos habet, relinquo jure institutionis I. libr. turon. semel tantum, sibi solvendas super facto cupparum Montispessulani ab herede meo universali, et de illis ipsam volo esse contentam de omnibus bonis meis et quod nichil amplius in ipsis petere possit ; — et solvantur sibi intra duos annos postquam dicte cuppe de obligatione, que modo sunt obligate, fuerint liberate » (p. xxix);

« Item, Adelberto, filio meo, relinquo jure institutionis quingentos solidos turon. semel sibi solvendos et x libras tur. debitales annuatim ad vitam suam, super cupas meas de Montepessulano, cum a supradicta obligatione fuerint liberate, sibi assignandas ab herede meo universali ; — quibus sibi per me legatis ipsum jubeo esse contentum de omnibus bonis meis, et nichil amplius in ipsis petere possit » (p. xxix);

« Item, Clemencie, filie mee, et si mihi ipsa premoreretur, filiis suis...... lego c solidos semel debi-

adhuc volumus in illa eadem persistere voluntate, in qua eramus tunc quando dictum nostrum tales super cuppas meas de Montepessulano, ita quod heres meus universalis quamtumcumque sibi placuerit possit emere et sibi retinere dictos c solidos, solutis nomine dicte Clemencie vel liberis ejus c libris melgor. infra x annos a die obitus mei intra duas solutiones, et quod dicti c solidi debitales semper sint de feudo franco heredis mei universalis .... » (pp. xxix-xxx);

« Item, Hugonem, filium meum, canonicum Aniciensem, mihi heredem instituo in L^{tis} libris sibi semel solvendis ab herede meo universali et in fructibus et proventibus ponderis ferri Montispessulani ad vitam suam, salvo legato ibi a me facto Johanni de Samolenc, et in medietate eorum fructuum qui provenient vel provenire poterunt de omnibus rebus et bonis, que de tota terra et hereditate Montislauri vel de Castro novo mihi competunt et competere poterunt aliquo modo........ Si autem discordia, que super dicto facto de Castro novo et dicta hereditate Montislauri [est] inter me et Pontium de Montelauro, non determinaretur, item volo quod, loco dicti legati facti a me super dicta hereditate Montislauri, dictus Hugo, filius meus, habeat et percipiat LX^a libras melgor. in cupis Montispessulani, modo et forma predictis, postquam dicte cuppe ab obligatione, in qua sunt, fuerint liberate.... » (p. xxx);

« Item, Guigonem, nepotem meum, filium dicti domini de Rocha, filii mei, instituo in heredem in proprietate omnium bonorum et rerum que mihi competunt et competere possunt de tota hereditate Montislauri vel super facto de Castro novo.......; volo tamen quod dictus Guigo, pater ejus, habeat et percipiat medietatem omnium fructuum rerum predictarum et obventionum ipsorum, ad vitam suam, ...cum Hugo, filius meus, debeat habere aliam medietatem, et in hoc instituo dictum G[uigonem], filium meum usufructuarium et legitimum administratorem, et do sibi, plenariam potestatem super predictis rebus et juribus petendis, et etiam quod super predictis possit componere [et] transigere cum domino Pontio Montislauri et etiam in judicio experiri, — volens quod quidquid super dictam querelam, inter dictos Pontium de Montelauro et dictum G[uigonem], filium meum, ordinatum vel factum fuerit in judicio vel extra, habeat perpetuam firmitatem, — et super hoc dono ipsi G[uigoni] plenam potestatem et speciale mandatum, — et quod ipse dictum factum ad proprias expensas prosequatur » (pp. xxx-xxxi);

» Item, Guigone, filie mee, uxori domini Bertrandi de Laucela, relinquo jure institutionis....... XII libras melgor. debitales super cupis de Montepessulano, ita videlicet quod sint de feudo franco heredis mei universalis et quod heres meus possit eas emere et exceptionis nomine eas sibi retinere infra x annos post mortem meam, quo usque sibi placuerit, solutis tamen infra dictum decennium dicte Guigone, vel liberis ejus, cc et xL libr. melgor........» (p. xxxi);

« Nolo tamen quod aliqua de filiabus meis, excepta Ayglina, nec Hugo de Arlenco, possint petere legatum sibi factum donec cupe mee de Montepessulano fuerint ab obligatione, in qua obligata sunt, liberate » (p. xxxi).

« Volo tamen et precipio quod executores mei infra scripti, auctoritate propria, sine requisitione aliqua heredis nostri universalis, ... vendere possint ...... castrum meum de Castris cum mandamento vel.... Porcian, si eis magis expedire videatur, et quod de illo pretio solvantur debita mea et legata ad pias causas ; — et super venditione dictorum castrorum vel eorum alterius, do dictis executoribus meis et eorum cuilibet plenam liberam potestatem et speciale mandatum, volens et precipiens quod quicquid fiet super hoc per dictos executores meos vel alterum ipsorum, habeat tantam firmitatem quantam haberet si ego ipsa dictum castrum de Castris vel de Porcian vendidissem » (p. xxxii);

« Executores hujus testamenti mei seu ultime hujus voluntatis mee facio Hugonem de Rocha, dilectum filium meum, canonicum Aniciensem, Joannem de Samolenc, clericum Aniciensem, et fratrem Guillelmum Dusse, de ordine Fratrum Predicatorum......» (p. xxxii) ;

« Volo et jubeo quod, statim post mortem meam, auctoritate propria predicti executores mei...... accipiant et accipere possint omnia bona mea mobilia et immobilia ac se moventia et omnes redditus meos et proventus atque castra, cum pertinenciis ipsorum castrorum, et omnia supradicta teneant et percipiant donec de clamoribus meis, debitis et legatis, fuerit per dictos executores meos integraliter satisfactum ;..... — et nolo quod heres meus universalis neque alius intromittat se de dicta hereditate, ad hoc quod de fructibus dicte hereditatis seu proventibus, vel de illa etiam Poscheriarum et pertinentiis, aliquid percipiat, donec debita mea et legata sint soluta et clamores mei sedati ; — immo hec........ dicto heredi meo inhibeo sub pena mille quingentarum librarum, quas nomine pene dono domino regi Majoricarum, super illa que ab eo habeo in feudum. — Et si dictus heres meus universalis contraveniret contra ordinationem meam predictam,........ rogo ipsum dominum regem Majoricarum, dominum meum, quod ad requisitionem executorum meorum seu cujuslibet ipsorum, compelleret dictum heredem meum universalem ad observationem omnium et singulorum predictorum, et quod tunc, ad requisitionem dictorum executorum seu cujuslibet ipsorum, compulso tamen prius dicto herede meo ad observationem omnium et singulorum predictorum, dominus rex predictus possit exigere et levare mille et quingentas libras nomine pene, aliter non » (pp. xxxii-xxxiii).

testamentum condidimus et nostram ultimam voluntatem, secundum quod continetur in quadam carta, sigillo nostro et pluribus aliis sigillata et clausa ; — set tamen codicillare volentes, in codicillis[1] quos modo facimus et facere intendimus seu faciemus, dictum testamentum nostrum et ultimam voluntatem, ordinationem seu dispositionem, quod seu quam fecimus seu condidimus tempore quo superius diximus, approbamus[2], ratificamus, confirmamus et corroboramus.

Volumus tamen, precipimus et mandamus, sub pena in predicto nostro testamento apposita, quod omnia et singula, que in istis presentibus codicillis nostris disponimus et ordinamus et inferius subsequuntur[3], secundum quod in ipsis continetur modis omnibus, ab herede nostro universali et ab executoribus[4] nostris, quos in dicto testamento seu ultima voluntate nostra fecimus, attendantur[5] et inviolabiliter observentur.

Et primo, volumus omnibus fieri manifestum nos elegisse sepulturam in cimiterio Fratrum Predicatorum Aniciensium[6] in dicto nostro testamento ; — et in eodem testamento, nos instituisse heredem nostrum universalem Guigonem, dominum de Rocha, dilectum filium nostrum, in omnibus bonis nostris, exceptis illis que aliis personis vel locis reliquimus[7] vel legavimus vel jure institutionis dedimus, seu in istis codicillis adhuc excipiemus vel alio quocumque modo exciperemus, dando alicui vel aliquibus personis vel locis quocumque modo vel restituendo vel legando.

Item, volumus, precipimus et mandamus, sub pena et forma pene in dicto testamento apposita, quod castrum nostrum Castriarum, Magalonensis diocesis, cum mandamento[8], districtu et juridictione, vendatur pro debitis nostris [et] legatis et maxime ad pias causas persolvendis et pro esmendis et restitutionibus nostris faciendis.

Et super vendicione de dicto castro Castriarum atque ejus mandamento et districtu cum juridictione, facienda, in istis presentibus codicillis donamus potestatem plenam et liberam et speciale mandatum Johanni de Somolench, clerico dilecto et fideli nostro, — volentes et precipientes quod ipse vendat et vendere possit, auctoritate propria, nemine requisito, dictum castrum nostrum Castriarum, cum mandamento, districtu et juridictione, cuicumque voluerit, et precio quo voluerit et poterit, et precium recipere ; — et super hiis habeat plenam et liberam potestatem et generalem ac specialem administrationem, et super omnibus dictam vendicionem tangentibus, tantam quantam nos ipsa nunc habemus vel haberemus, tempore vendicionis, si viveremus vel essemus presentes, — volentes quod dictus Johannes, occasione premissorum, dictum castrum Castriarum, cum mandamento, districtu et juridictione, in quemcumque emptorem possit transferre auctoritatem[9] et proprietatem predictorum ac etiam possessionem corporalem ; — nam nos dictum castrum Castriarum, cum mandamento, districtu et juridictione, retinemus et specialiter deputamus ad

---

[1] Ms.: codicillos.
[2] Ms.: aprobamus.
[3] Ms.: subsequntur.
[4] Ms.: execcutoribus.
[5] Ms.: atendantur.
[6] Le Puy (Haute-Loire).
[7] Ms.: relinquimus.
[8] « On a quelque peine aujourd'hui à se faire une idée exacte de ce qu'était le mandement au pays de Velay..... Ce n'était en effet rien de primitif, comme la paroisse et la ville close ou la commune, mais uniquement un arrondissement de perception composé d'un certain nombre de villages ou d'habitations dépendants du même seigneur » (Truchard du Molin, p. 2, note 2). On verra par la suite du document que la définition du mandement, donnée par Truchard du Molin pour le Velay, s'applique exactement à la seigneurie de Castries, qui comprenait, en outre de la juridiction, des droits sur plusieurs villages ou domaines circonvoisins.
[9] Ms.: auctoritate.

supradicta facienda et complenda ; ipsumque, cum mandamento, districtu et juridictione, ad faciendum supradicta, ponimus in manibus dicti Johannis.

Volumus etiam quod dictus heres noster universalis teneatur ratifficare, approbare[1] et confirmare, statim ad requisitionem dicti Johannis, cuicumque emptori, venditionem, quam dictus Johannes faciet de dicto castro et aliis supradictis ; — et hoc dicto heredi precipimus, sub pena in dicto nostro testamento contenta ; — volentes et precipientes quod, de predicto precio, dictus Johannes, cum aliis executoribus testamenti nostri vel ipse solus, solvat nostra debita et legata, et esmendas et restitutiones nostras faciat, secundum quod sibi et aliis exccutoribus nostris vel ipsi, si vixerit[2], videbitur faciendum ; — et super hoc dictus Johannes, solus vel cum aliis executoribus[3], seu alii executores[4] nostri, in defectu dicti Johannis, habeant plenam et liberam potestatem et generalem administrationem.

Volumus etiam hos codicillos nostros valere jure codicillorum vel eo modo et jure quo melius poterunt valere.

Requirentes et rogantes vos fratres Jacobum Pentecosta et Benedictum, de ordine Fratrum Predicatorum Aniciensium, et dominum Poncium de Charejas, presbiterum, et Peiracha, domicellum, et Bertrandum Bargerii, Guillelmum de Ponhinac [?], Jacobum Coqui, quod de predictis omnibus et singulis sitis[5] testes et super premissis[6], cum locus affuerit, perhibeatis testimonium[7] veritatis, scientes talem esse voluntatem nostram.

Et ad majorem firmitatem omnium predictorum, nos dicta Jordana presentes codicillos sive presentem scripturam jubemus nostro sigillo proprio sigillari, in testimonium veritatis.

Actum anno et die quibus supra, apud Mans[8], Aniciensis diocesis, in camera dicte domine Jordane, ubi ipsa jacebat in lecto suo, presentibus vocatis et rogatis specialiter omnibus testibus supradictis et pluribus aliis.

Item, dico et firmiter assero quod, intentione et proposito exequendi[9], faciendi et complendi ea que in dictis codicillis continentur, exposui dictum castrum venale, citra mortem dicte domine Jordane et antea, etiam annus est lapsus, de mandato dicte domine Jordane quondam et dicti domini Guigonis, fuerat expositum venale, cum juribus et pertinenciis universis, expressis inferius et non expressis.

Item, dico et assero quod, neque[10] post mortem dicte domine Jordane nec etiam ante, tantum precium potuit ab aliquo inveniri quantum venerabilis pater dominus Poncius de Sancto Justo, Dei gratia episcopus Biterrensis, noscitur obtulisse, tanquam privata persona, scilicet sexaginta septem milia solidorum turonensium, cum usatico viginti quinque librarum[11] melgoriensium, — licet per me et per alios fide dignos viros, providos et discretos, et etiam per publicos prosenctas, in diversis locis et publicis, et cum pluribus personis, et cum omni sollempnitate et cautela qua convenit, inquisitum fuerit et tractatum.

[1] Ms.: *aprobare*.
[2] Ms.: *vicxerit*.
[3] Ms.: *exceculoribus*.
[4] Ms.: *excecutores*.
[5] Ms.: *scitis*.
[6] Ms.: *premisis*.
[7] Ms.: *testiomonium*.
[8] Le ms. donne *Mans* ou *Viaus*. — Il n'y aurait rien d'étonnant à ce que le scribe montpelliérain ait transcrit inexactement ce nom de lieu du Velay, mais nous ne pouvons proposer aucune correction suffisamment motivée.
[9] Ms.: *excequendi*.
[10] Ms.: *necque*.
[11] Ms.: *libras*.

Item, dico et assero quod, si aliquis, pro dicto castro, amplius quam dictum est, obtulisset vel efficaciter presentasset, illi oblationi et presentationi stetissem libentissime et non isti.

Item, dico et assero quod, antequam ad venditionem hujusmodi faciendam vellem procedere, volui obtinere et obtinui, sui gratia, predicti domini regis licenciam et beneplacitum dividendi feudum et vendicionem hujusmodi faciendi, sicut in ejus patentibus litteris[1], quarum tenor talis est, continetur:

Jacobus, Dei gratia rex Majoricarum[2], comes Rossilionis[3] [et] Ceritanie et dominus Montispessulani, dilectis suis Guigoni de Rocha, fideli suo, et magistro Johanni de Somolenc, executori[4] testamenti seu codicillorum sive ultime voluntatis nobilis domine Jordane, quondam domine castri Castriarum, salutem et dilectionem.

Inter venerabilem et dilectum nostrum Poncium de Sancto Justo, episcopum Biterrensem, tanquam privatam personam, ex una parte, et inter te dictum magistrum Johannem, executorem[5], ex altera, super et de venditione predicti castri Castriarum, cum omnibus juribus et pertinenciis suis, dicto episcopo, tanquam private persone, facienda, — protestato ab utraque parte et specialiter a te dicto magistro Johanne, executore[6], ac reservato per omnia et retento beneplacito nostro, consilio et assensu, — communibus[7] amicis mediantibus, viris providis utique discretis, — sicut intelleximus, est tractatum; — in quibus nec immerito[8], propter pacta et conventiones et penas et juramenta et alia que unionem feudi, quod vos Guigo tenetis a nobis et vestri progenitores a nobis et nostris progenitoribus tenuerunt, continent et vos urgent, procedere dubitatis.

Nos igitur, certi de predictis conventionibus atque pactis, volumus et concedimus vobis et vestrum utrique licenciam et potestatem vendendi et distrahendi predictum castrum dicto episcopo, tanquam private persone, cum usatico consueto, ratione alberge, prout tractatum est cum tenente locum nostrum in Montepessulano[9] et etiam ordinatum, — non obstantibus conventionibus et pactionibus, compositionibus[10] et condicionibus[11] seu aliis quibuslibet promissionibus, incartatis vel non incartatis[12], cum pena vel juramento vel alio quocumque modo vallatis[13], inter progenitores nostros et dominos dicti castri, de [non] dividendo[14] vel non alienando in parte vel in toto quod a nobis et a nostris progenitoribus, infra vel extra Montempessulanum[15], vos dictus Guigo tenetis, et vestri progenitores tenuerunt.

Et si forte, propter vendicionem hujusmodi, aliqua subtilitate juris vel facti reperiretur vos predictum Guigonem incurrisse penam in predictis compositionibus[16] seu conventionibus contentam, aut illa que de dicto feudo remanent vel remanserint ad vendendum commisisse[17], — ipsam incursionem pene et commissionem[18] feudi vobis remittimus et quitamus, et auctoritate nostra et

---

[1] Ms.: *literis*.
[2] Le ms. donne ici, pour la seconde fois, la forme *Majoricharum*, qui se retrouvera encore plus loin.
[3] Ms.: *Rocilionis*.
[4] Ms.: *excecutori*.
[5] Ms.: *excecutorem*.
[6] Ms.: *excecutore*.
[7] Ms.: *comunibus*.
[8] Ms.: *immerito*.
[9] Ms.: *Montespessulano*.
[10] Ms.: *compossitionibus*.
[11] Ms.: *conditionis*.
[12] Ms.: *incartis*.
[13] Ms.: *vallato*.
[14] Ms.: *de dividendo*.
[15] Ms.: *Montespessulanum*.
[16] Ms.: *compossitionibus*.
[17] Ms.: *comississe*.
[18] Ms.: *comissionem*.

conventione expressa et speciali [remitti] vobis a nobis volumus et mandamus, — predictis compositionibus[1] et conventionibus totaliter in sua firmitate remanentibus, quo ad illa et quantum ad illa que de dicto feudo remanent vel remanserint[2], et salvo similiter nobis et nostris successoribus, tam in hiis que vendentur quam in remanentibus ad vendendum, directo dominio et omni alio jure nostro.

Et ut presens littera majori gaudeat firmitate, ipsam sigillo nostro majori pendenti fecimus roborari.

Datum in Perpiniano, quarto nonas julii, anno Domini millesimo ducentesimo octuagesimo.

Que quidem omnia quanto diligencius potui, ad utilitatem dicte domine Jordane et anime sue et ad incrementum majoris precii, si posset ab aliquo inveniri, assero me fecisse et sollicite procurasse. Sic Deus me adjuvet et hec sancta Dei Euvangelia a me tacta.

Unde, cum presens vendicio necessario fieri debeat, propter causam in dictis codicillis contentam, supplico[3] et requiro vobis dicto domino Petro quod presenti vendicioni, dicto domino Poncio de Sancto Justo, tanquam private persone, et suis, prout a dicto domino rege est concessum, pro dicto precio faciende, licenciam, decretum et auctoritatem vestram apponatis[4].

Quibus omnibus rite propositis, nos dictus Petrus de Claromonte, locum tenens, — recepto dicto juramento et causa cognita, sollempnitatibus et cautelis adhibitis, inspecta forma commissionis[5] a dicto domino rege specialiter super hoc nobis facte, sicut in ejus patentibus litteris continetur, tam illius auctoritate commissionis[6] quam alia generali qua possumus et debemus, certi et certiorati de facto et instructi de jure, — presenti vendicioni, ut dictum est, faciende, salvo jure dicti domini regis, auctoritatem nostram apponimus et decretum ; — scientesque pro certo tibi dicto Johanni licenciam et potestatem, et dicto Guigoni de Rocha, fuisse concessam a dicto domino rege, predictam vendicionem faciendi, ad tuam instanciam nos ex abundanti[7] tibi dicto Johanni de Somolenco, ante appositionem[8] ipsius decreti, concedimus et concedimus illud idem[9], salvis predicto domino regi per omnia et retentis que in predictis domini regis patentibus litteris[10], lectis modo in publico, quarum tenor talis est, continetur :

Jacobus, Dei gratia rex Majoricarum[11], comes Rossilionis[12] [et] Ceritanie et dominus Montispessulani, viro nobili et dilecto Petro de Claromonte, tenenti locum nostrum in Montepessulano[13], salutem et dilectionem.

Cum, sicut intelleximus[14], inter venerabilem et dilectum nostrum Poncium de Sancto Justo, episcopum Biterrensem, tanquam privatam personam, ex una parte, et magistrum Johannem de Somolenc, executorem testamenti seu codicillorum sive ultime voluntatis nobilis domine Jordane,

[1] Ms.: *compossionibus*.
[2] Ms.: *remanserit*.
[3] Ms.: *suplico*.
[4] Ms.: *aponatis*.
[5] Ms.: *comissionis*.
[6] Ms.: *comissionis*.
[7] Ms.: *exhabundanti*, [avec des signes abréviatifs oiseux au-dessus de la syllabe *bun*?].
[8] Ms.: *apositionem*.
[9] Ms.: *ydem*.
[10] Ms.: *literis*.
[11] Cf. ci-dessus p. 381, note 2.
[12] Ms.: *Rosilionis*.
[13] Ms.: *Montespessulano*.
[14] Ms.: *intellecximus*.

matris quondam nobilis viri Guigonis de Rocha, fidelis nostri, et sororis quondam nobilis viri Poncii de Monte Lauro et etiam heredis, ex altera, communibus[1] amicis mediantibus, sit tractatum de vendicione castri Castriarum et ejus pertinenciarum et jurium universorum predicto episcopo, tanquam private persone, sollempniter facienda, cum usatico consueto, ratione alberge, scilicet viginti quinque librarum[2] melgoriensium, quolibet anno in festo Nativitatis Domini, cum fuerit requisitus, et omni alio jure nostro nobis ibidem pertinente super hiis ab utraque parte nostro beneplacito reservato, — volumus, concedimus et mandamus quatinus predictam vendicionem, cum facta fuerit, laudetis et confirmetis auctoritate nostra predicto episcopo, sicut private persone, cum usatico supradicto, retento omni alio jure nostro.

Et ut apertius constare valeat ipsam vendicionem nos velle fieri, ipsam nunc ut ex tunc laudamus et confirmamus predicto episcopo, tanquam private persone, et dilecto nostro Petro de Sancto Justo, archidiacono Biterrensi[3], pro dicto episcopo et nomine ipsius presenti et recipienti, ipsumque archidiaconum, nomine quo supra, nunc ut ex tunc, de ipso castro et ejus juribus et pertinenciis investimus, — ipsumque episcopum, tanquam privatam personam, per nos, auctoritate nostra volumus investiri, predicta vendicione, ut dictum est, celebrata, — non obstantibus convencionibus, compositionibus, pactis, condicionibus seu aliis quibuslibet promissionibus[4], incartatis vel non incartatis, cum pena vel juramento vel alio quocumque modo vallatis, inter progenitores nostros et dominos dicti castri de non dividendo feudo vel non alienando, in parte vel in toto, quod a nobis et a nostris progenitoribus, infra vel extra Montempessulanum[5], dictus Guigo tenet et sui progenitores tenuerunt.

Et si forte propter vendicionem hujusmodi, aliqua subtilitate juris vel facti reperiretur predictum Guigonem incurrisse penam in predictis compositionibus[6] seu conventionibus contentam, aut illa que de dicto feudo remanent commisisse[7], — ipsam incursionem pene et commissionem[8] feudi remittimus[9] et quitamus, et auctoritate nostra ex conventione expressa et speciali remitti[10] vobis a nobis volumus et mandamus, — predictis compositionibus et conventionibus totaliter in sua firmitate remanentibus, quo ad illa et quantum ad illa que de dicto feudo remanent vel remanserint ad vendendum, — et salvo similiter nobis et nostris successoribus, tam in hiis que venduntur quam in remanentibus ad vendendum, directo dominio et omni alio jure nostro, — et salvo et retento nobis expresse quod dictus episcopus non possit predictum castrum, cum terminis et pertinenciis suis, vendere et alienare vel aliquo alio modo relinquere seu donare ecclesie vel ecclesiastice persone vel loco religioso, — et salvo quod teneatur alicui persone militari de sua progenie relinquere sive dare seu alio titulo transferre[11] feudum nostrum predictum, — et salvo etiam homagio et juramento fidelitatis et potestate dicti castri, que nobis et nostris retinemus a quolibet possessore[12] dicti castri, quandocumque et quociescumque predictam potestatem per litteras aut nuncios nostros duxerimus exigendam seu requirendam.

[1] Ms.: *comunibus*.
[2] Ms.: *libras*.
[3] Ms.: *Biterrensis*.
[4] Ms.: *promissicionibus*.
[5] Ms.: *Montespessulanum*.
[6] Ms.: *compossitionibus*.
[7] Ms.: *comisisse*.
[8] Ms.: *comissionem*.
[9] Ms.: *remitimus*.
[10] Ms.: *remiti*.
[11] Ms.: *transfere*.
[12] Ms.: *possesore*.

Et ut presens littera[1] majori gaudeat firmitate, ipsam sigillo nostro majori pendenti fecimus roborari.

Datum in Perpiniano, quarto nonas julii, anno Domini millesimo ducentesimo octogesimo.

Et sic predictis omnibus et singulis preambulis, ego dictus Johannes de Somolench[2] ad vendicionem predicti castri[3] Castriarum et jurium et pertinentium ejusdem procedo, ut sequitur, habito etiam consilio quorumdam amicorum dicti Guigonis et etiam sapientum.

In nomine Domini nostri Jhesu Christi et sancte et individue Trinitatis.

Fiat indubitanter manifestum universis et singulis, presentibus pariter et futuris, hanc cartam publicam audituris seu inspecturis, quod — anno et die prescriptis primo — ego Johannes de Somolench[4], executor[5] testamenti [et] codicillorum sive ultime voluntatis nobilis domine Jordane, matris quondam nobilis viri Guigonis de Rocha et domine castri Castriarum, — ex potestate et auctoritate michi data et concessa in dictis codicillis seu ultima voluntate, — non vi, non fraude nec aliquibus blandiciis seu machinationibus intervenientibus, set vera et perfecta et in perpetuum valitura vendicione et permansura, — vendo, trado seu quasi trado scienter atque prudenter, pure et sine conditione et temporis prefinitione, titulo perfecte vendicionis, vobis predicto domino Poncio de Sancto Justo, episcopo Biterrensi, non ut episcopo set tanquam private persone, — videlicet predictum castrum de Castriis[6], Magalonensis diocesis, cum curtibus, domibus et turribus et pertinenciis omnibus et singulis dicti castri, — cum mero et mixto imperio et omnimoda juridictione, et cum altis etiam justiciis atque bassis, — cum villis etiam et fortaliciis, spectantibus ad dictum castrum de Castriis, scilicet villas[7] de Mairanicis[8], de Venranicis[9], de Ballanicis[10], de Roh[11], de Sursanicis[12], de Marsanicis[13], et quicquid juris habemus in villa de Ferre-

---

[1] Ms.: *litera*.

[2] Ms.: *Somolech*.

[3] Ms.: *castrii* plutôt que *castri*.

[4] Ms.: *Somolech*.

[5] Ms.: *excecutor*.

[6] Ms.: *Castris*.

[7] Ms.: *villam*.

[8] *Meyrargues*, hameau de la commune de *Vendargues* (anc. communauté de *Vendargues-et-Meirargues*).

[9] *Vendargues*, village, chef-lieu de la commune du même nom, canton de Castries. — Dernier tiers du XVII° siècle. « Le seigneur marquis de Castries est seigneur haut, moyen et bas et foncier des dits lieux [de Vendargues et Meirargues] ». (Archiv. municip. de Montpellier, registre coté H. 51 : *Dénombrement des biens nobles du diocèse de Montpellier*, fol. 266 v°).

[10] *Baillargues*, village, chef-lieu de la commune de *Baillargues-et-Colombiers*, canton de Castries. — Dernier tiers du XVII° siècle. « Le seigneur marquis de Castries est seul seigneur des dits lieux [de Baillargues et Colombiès], haut, moyen et bas et foncier ». (Archiv. municip. Montpellier, H. 51, fol. 12 v°).

[11] *Le Mas de Rou*, aliàs *le Mas de Roux*, domaine, avec moulin, sur la rive droite de la rivière du Bérange, — dans la section G de la commune de Castries, — sur la voie romaine dite Chemin de la Monnaie, — en aval du domaine de Fontmagne.

[12] *Sussargues*, village, chef-lieu de la commune du même nom, canton de Castries. — Dernier tiers du XVII° siècle. « Le seigneur marquis de Castries est seigneur haut, moyen et bas et foncier du dit Sussargues ». (Archiv. municip. Montpellier, H. 51, fol. 255 v°).

[13] Aujourd'hui *Saint-Geniès-des-Mourgues*, village, chef-lieu de la commune du même nom, canton de Castries.

1019. « *Abbaye de Saint-Geniez* ». — « *Fundatio monasterii Sti Genesii, diæcesii Magalon., per D. Godranum.* .... Ego nomine Godranus filiique mei nomine Elisarius Berengariusque cupimus atque volumus fieri monasterium......... in comitatu Substantionense, in locum qui vocatur *Marcianicus*, atque alio vocabulo imponitur ei nomen *Charus-locus*, et est ibi ecclesia quæ est constructa atque Domino dicata in honorem Sti. Genesii prœtiosissimi martyris...... ». (D'Aigrefouille, *Hist. de Montpellier*, édit. in-fol.,

riis[1] et villa[2] de Baneriis[3] et aliis villis et villaribus[4] et mansis edificatis[5] vel non edificatis[6] in tomo II, pp. 295-296 ; édit. in 4°, tome III. pp. 447-448.
— *Gallia christ.*, tome VI, instr., col. 346. — Thomas, *Dict. topog. Hérault*, p. 179. — Cf. l'abbé Rouet, *Notice sur la ville de Lunel au moyen âge*, pp. 85 et 317-318.

Dernier tiers du xviie siècle. « Biens tenus en mainmorte : l'abbesse du dit Saint-Geniès est dame du dit lieu, avec juridiction haute, moyène et basse et foncière ; la dite dame y possède un château, le four banier et plusieurs pièces nobles ». (Archiv. municip. Montpellier, II. 51, fol. 226 v°).

[1] *Ferrières*, ancien domaine aujourd'hui démembré, — naguère simple bergerie, — depuis quelques années rendez-vous de chasse, — situé dans la commune de Castries (section D, dite de Ferrières), sur la rive gauche de la Cadoule, — s'étendant également dans le terroir de la commune de Guzargues.

L'hôpital du Saint-Esprit de Montpellier possédait le « mas de Ferrières, dans la val de Montferrand, qui donna lieu en 1297 et 1299 à une délimitation entre l'hôpital et la veuve Desdier. La procédure en est couchée sur un cahier in-4° de 13 feuillets parchemin. (Arch. dép. [de l'Hérault], série H, fonds du Séminaire : papiers de l'Ordre du Saint-Esprit. Cf. série G, notaires : Nicolas Durand, reg. 5, f° 25) ». (L. Guiraud, la *Paroisse Saint-Denis de Montpellier*, p. 75, note).

1254 (n. st.). « Nos frater Paulus, preceptor domus Sancti Spiritus de Montispessulano..... recognoscimus vobis.... P[etro] Dei gratia, episcopo Magalonensi, quod nos habemus et possidemus, et tam nos quam predecessores nostri longissimo tempore habuimus et possedimus, infra territorium et districtum comitatus et dominationis Melgorii et Montisferrandi, in parrochia et decimaria ecclesie sancti Michaelis de Agusanicis,.... mansum scilicet de Ferreria et domos et edificia et forcia et munitiones ejusdem mansi et eidem manso coherentes, cum omnibus ejus terris cultis et incultis, pratis, pascuis et venationibus, nemoribus, garrigis, pasturis et rebus,..... et quod vos et antecessores vestri, in dicto manso et in aliis predictis, ratione generalis jurisdictionis et districtus et territorii Melgorii vel Montisferrandi, habuistis, habetis et habere debetis, vos et vestri successores, omnem jurisdictionem, scilicet merum imperium et mixtum et omnem aliam jurisdictionem in delictis et quasi delictis et contractibus et quasi contractibus, tutelis, curis et aliis que consueverunt per judicis officium expediri..... — Et nos P[etrus], divina miseratione Magalonensis episcopus,..... recognoscimus..... quod vos habetis et possidetis,..... habuistis et possedistis, certo vero et justo titulo, pro libero et franco alodio, anni sunt quinquaginta quinque et plus,..... mansum scilicet de Ferreria suprascriptum..... Anno Domini millesimo ducentesimo quinquagesimo tercio, videlicet tercio idus febroarii.... ». (Archiv. départ. Hérault, G. IV. 1, Cartulaire de l'évêché de Magalone, tome E, fol. 312, art. 1785).

« Au mois de septembre 1291, Jean Diacre, commandeur du Saint-Esprit reconnoît [à l'évêque de Maguelone] tout ce qu'il avoit dans le mas de Ferrière, à l'hommage ». (Archiv. départ Hérault, G. IV. 75, brevet, fol. 6 r°, art. 42) ; — voir cette reconnaissance dans le Cartulaire de l'évêché de Maguelone, tome E, fol. 312 v° et 313, art. 1786).

Dernier tiers du xviie siècle. « Castries. Biens nobles en main séculière : le sieur Mandronet jouit la méterie de Ferrières, appellée Montferrier, consistant en une jasse, un grand devois, avec quelques terres en iceluy ». (Arch. municip. Montpellier, II. 51, fol. 48 r°).

Le *Dénombrement des droits seigneuriaux utiles et honnorifiques de la féodalité de l'évêché de Montpelier*, ... *fait en l'année 1739*, mentionne « la justice haute, moyenne et basse et directe du mas de Ferrière et ses dépendances, située dans la parroisse de Gusargues, que tient le sieur Marcha, à l'homage et serment de fidélité, suivant l'aveu du 3e des ides de février de l'année 1255 [lisez : 1254, n. st.], qui est à f° 312 du livre cotté lettre E.... ». (Archiv. départ. Hérault, G. IV. 75, dénombrement, fol. 9 v°, art. 35).

[2] Ms.: *villam*.

[3] *Bannières*, que l'on a souvent aussi écrit *Banières*, — ancien domaine de l'ordre de Malte, « consistant en terres, vignes, olivètes, bois » (Archiv. municip. Montpellier, II. 51, fol. 48 v°), — situé dans la commune de Castries (section B, dite de Bannières), à proximité de Teyran.

La « métairie » est aujourd'hui inhabitée et tombe en ruines. Parmi les constructions anciennes encore debout, il convient de citer la chapelle, qui peut remonter au xve siècle. Les bornes armoriées de l'ancien domaine existent encore en partie.

La « campagne de Banières » est restée à l'état de métairie et de domaine jusques vers 1858. A cette date, elle fut vendue par parcelles. L'un des acquéreurs, M. Coste, fit construire, à un kilomètre environ de l'ancien mas, le *mas de Bannières* actuel, qui appartient aujourd'hui à son fils, M. Laurent Coste, maire de Castries.

Sur l'ancien mas de Bannières, voir notamment — aux Archives départementales de l'Hérault, série H, fonds de l'ordre de Malte, — les parchemins conservés dans le « sac de la métairie de Bannières, membre dépendant de la commanderie de Montpellier », et le « plan des terres du mas de Banières », qui forme la feuille BB de l'atlas des « Plans géométriques des domaines, fiefs et directes de la commanderie du Grand et Petit Saint-Jean de Montpellier », dressé en 1751 par Étienne Baudon.

[4] Ms.: *vilaribus*.

[5] Ms.: *hedificatis*.

[6] Ms.: *edifficatis*.

dicto castro seu ejus territorio et districtu, — etiam feudum seu jus quod habemus in villa de Claperiis[1] et ejus territorio et districtu, et tenementis prediclarum villarum, — etiam fevales, homines et feminas, feuda et retrofeuda dicti castri Castriarum et prediclarum villarum, — et omnem dominationem sive prelationem seu potestativum, quod et quam domini predicti castri Castriarum et dictarum villarum habent, habuerunt et habere et percipere consueverunt, et de presenti habere debent, in predicto castro et villis et locis predictis et eorum pertinenciis et apendenciis, — et nemora, flumina seu riperias, aquas aquarumque decursus, ripatica sive ripas, garigias, terras cultas et incultas, heremos, devesias, pascua seu pasturalia, jus bannejandi in predictis omnibus et singulis, et venationes quascumque et jus percipiendi et habendi in predictis locis predictas venationes, — et molendina et jus molendi in quibuscumque molendinis sitis[2] seu edificatis[3] in flumine Lani[4] usque ad flumen Viturli[5], in illis in quibus predicta domina Jordana quondam et dictus Guigo de Rocha, ejus filius et heres, et alii domini predicti castri Castriarum et dictarum villarum, jus aliquod habuerunt vel habere et percipere consueverunt, et habere debent, — et specialiter in molendino[6] sito[7] in riperia Lani, quod vocatur molendinum de Rocha[8], — et generaliter universa et singulariter singula quecumque predicta domina Jordana quondam, et alii domini predicti castri et dictarum villarum, habuerunt seu habere et percipere consueverunt et debent a flumine Lani usque ad Lunellum Vetus[9] et in Lunello[10] Veteri, sive sit merum et mixtum imperium et juridictio qualiscumque, sive[11] etiam sint terre culte vel inculte, sive alia quecumque superius specificata.

Et predicta omnia et singula supra expressata et omne jus pro eis competens, assero, confiteor et recognosco me vendidisse vobis dicto domino Poncio de Sancto Justo, non ut episcopo set tanquam private persone, precio sexaginta septem milium solidorum turonensium, — quam quidem summam peccunie assero me, vera numeratione interveniente, habuisse a vobis et recepisse. — In qua quidem summa peccunie, scienter et ex certa scientia renuncio exceptioni non numerate peccunie et non recepte et precii non soluti et non habiti, et exceptioni doli et in factum et condicioni indebiti et sine causa et ex injusta causa. — Etiam de predicto precio me per bene pacatum et contentum teneo, faciens inde vobis predicto domino Poncio de Sancto Justo, emptori, omni-

---

[1] *Clapiers*, village, chef-lieu de la commune du même nom, canton de Castries. — Dernier tiers du xviie siècle. « Le sieur de Reillan possède le château et seigneurie du dit lieu, avec justice haute, moyène et basse. M^r le président de Boucaud, [seigneur de Jacou], a un fief au dit terroir. M^r le conseiller de Tomas jouit une métérie appellée du Fesquet et partie des terres en dépendant. M. le conseiller de la Valète possède l'autre partie de la dite métérie du Fesquet ». (Archiv. municip. Montpellier, II. 51, fol. 53 v°).

[2] Ms.: *scitis*.

[3] Ms.: *hedificatis*.

[4] Le Lez.

[5] Le Vidourle.

[6] Ms.: *molandino*.

[7] Ms.: *scito*.

[8] Aujourd'hui le *moulin du Roc*, sur la rive droite du Lez, à proximité du cimetière Saint-Lazare de Montpellier, en face du village de Castelnau, immédiatement en amont du point où était autrefois situé le pont de Castelnau.

Sur le « moulin du Roc » aux xvie et xviie siècles, voir Archives communales de Castelnau-le-Lez, registre AA. 1. (« Délibé. 1314 à 1789 »), fol. 31 à 51 et 58 à 71.

[9] *Lunel-Viel*, chef-lieu de la commune du même nom, canton de Lunel, arrondissement de Montpellier. — Dernier tiers du xviie siècle. « Noble Louis de Tremolet est seigneur du dit lieu et la justice y est administrée par ses officiers ; il y a aussi des directes. Il a été déclaré noble par ordonnance du 23 novembre 1668 ». (Archiv. municip. Montp., II. 51, fol. 94 r°).

[10] Ms.: *Lunllo*.

[11] Le ms. répète *sive*.

modam remissionem[1] ac refutationem et pactum validum et sollempne de non petendo a vobis vel a vestris, per me vel per alium, nomine vel occasione dicti precii, aliquid ulterius.

Si autem predicta vendicio dicti castri et dictarum villarum, cum suis omnibus juribus et pertinenciis necnon et accessoriis eorumdem, plus valet dicto precio aut in posterum valere poterit, totam illam magis valenciam, quecumque nunc est, si qua est, et quantumcumque aut in posterum fuerit, etiamsi dimidiam summam justi precii vel plus excederet, pro precio supra dicto, ex mera liberalitate, nomine meo et dicti Guigonis et illorum qui jus habent vel videntur[2] habere in dicto castro et villis et in aliis locis superius specificatis, vobis dicto domino Poncio de Sancto Justo .....[3] pura donatione simpliciter habita inter vivos dono et concedo in perpetuum.

Et in vos, ...[4] occasione dicte vendicionis et donationis facte[5] sine aliqua retentione, penitus transfero jus totum possessionis et proprietatis et omnes actiones et petitiones reales et personales, utiles et directas, civiles et pretorias reique persecutorias atque mixtas, perpetuas et temporales, petitorias et possessorias, et omnia interdicta, et etiam omnes requisitiones et exceptiones et persecutiones atque deffensiones[6], quecumque et quascumque ego, nomine executorio vel alio modo, aut dicta domina Jordana quondam vel ejus successores, habemus, habebamus et habere possumus et debemus, aut quecumque michi vel successoribus dicte domine Jordane quondam competunt vel competere debent aut possunt, in predictis castro, villis et aliis locis superius specificatis, in vos dictum dominum Poncium de Sancto Justo, emptorem, tanquam privatam personam, prorsus transfero.

Et dominum verum, certum et specialem procuratorem, in rem vestram propriam vos inde facio et constituo, et me et dictum nobilem virum dominum Guigonem de Rocha, heredem universalem dicte domine Jordane quondam, et omnes alios qui jus habere viderentur, ratione dicti testamenti seu ultime voluntatis predicte domine Jordane, in predictis castro, villis et locis atque aliis rebus, disvestiendo, penitus vos dictum dominum Poncium de Sancto Justo, emptorem, in integrum investio; — dans et concedens vobis plenam et liberam facultatem et omnifariam potestatem ingrediendi corporalem possessionem dicti castri Castriarum et villarum predictarum et aliarum rerum superius specificatarum, deinceps quandocumque volueritis, auctoritate vestra propria, et omnia et singula supra dicta, tanquam rei vestre proprie, per vos seu per alium vel alios, licencia mea vel dicti domini Guigonis de Rocha minime expectata[7] seu etiam requisita.

Et interim[8], ego dictus venditor constituo me dictum castrum et villas et alias res superius nominatas seu loca, vestro nomine precario tenere et possidere, — nulla[9] tamen possessione proprietatis civilis vel naturalis penes me nec dictum dominum Guigonem de Rocha aliquatenus remanente.

Promittens vobis dicto domino Poncio de Sancto Justo, emptori, sollempniter stipulanti et recipienti, quod predictum castrum Castriarum et dictas villas et alias res et loca superius specificatas, cum omnibus et singulis suis juribus et aliis pertinenciis, faciemus, ego et dictus Guigo de Rocha, vos et vestros habere, tenere et in perpetuum pacifice possidere; — amparantes[10]

---

[1] Ms.: *remisionem*.
[2] Ms.: *viderentur*.
[3] Ms.: *concedo*.
[4] Ms.: *penitus*.
[5] Ms.: *facta*.
[6] Ms.: *deffentiones*.
[7] Ms.: *exspectata*.
[8] Ms.: *interym*.
[9] Ms.: *ulla*.
[10] Ms.: *ampparantes*.

vos, scilicet ego et dictus dominus Guigo, sumptibus propriis dicti domini Guigonis, contra omnem personam ibi questionem aliquam facientem vel facere proponentem, in judicio et in lite et in omni loco et tempore, coram quocumque competenti judice; — si vero, propter moram nostre amparationis[1] seu deffensionis[2], in judicio et in lite, aliquos sumptus seu expensas feceritis, deffendendo dictum castrum et villas predictas et loca et alias res superius nominatas, illas et illud, cum omni interesse inde contingenti, omni exceptione remota et contradictione, vobis restituere, sine mora, promitto.

Et pro predictis omnibus et singulis complendis et firmiter observandis, et pro evictione universali vel particulari, si in predictis vel in aliquo predictorum appareret seu fieri contingeret, vobis dicto domino Poncio de Sancto Justo restituenda, — obligo vobis omnia et singula bona dicte domine Jordane quondam et dicti domini Guigonis, presencia pariter et futura; — et specialiter, de speciali mandato dicti domini Guigonis, obligo feudum, bona et redditus, que dictus dominus Guigo habet vel habere debet in Montepessulano et in ejus dominatione, et castrum de Poscheriis, cum suis omnibus juribus et pertinenciis; — et volo quod propter hujusmodi specialitatem, tollatur obligatio generalis, seu una per aliam confirmetur et corroboretur.

Et dico, firmiter asserendo, atque promitto vobis dicto domino Poncio de Sancto Justo, emptori, stipulanti et recipienti, quod dicta domina Jordana quondam nec dictus dominus Guigo nec aliquis nostrum, non diximus nec fecimus neque tractavimus hactenus[3], neque amodo ego nec dictus dominus Guigo, per nos vel per alium seu alios, tractabimus, dicemus vel faciemus, aliquo loco vel tempore, dictis vel factis, nec fieri aliquid patiemur deinceps, quominus supradicta vendicio predicti castri et dictarum villarum et aliarum rerum superius contentarum, a me vobis dicto domino Poncio de Sancto Justo facta, cauta atque promissa, perpetuam obtineat[4] firmitatem.

Promittens vobis dicto domino Poncio de Sancto Justo, sollempniter stipulanti et recipienti, pro me et dicto domino Guigone de Rocha, — sub bonorum obligatione quondam dicte domine Jordane et sub obligatione bonorum dicti domini Guigonis, a quo omnia et singula supra et infra scripta laudari, approbari[5] et confirmari faciam, et de universali vel particulari evictione obligari, si in predictis vel in aliquo predictorum appareret[6] vel fieri contingeret, absque omni expensa et datione peccunie seu alterius rei vestre, — et quod nullam controversiam, interpellationem seu questionem aut de cetero verborum suscitationem[7] vobis movebo sive faciam, per me vel per dictum dominum Guigonem vel per aliam interpositam personam, aliquo tempore, quacumque ratione vel occasione vel causa, coram aliquo judice ecclesiastico vel seculari vel coram arbitris vel aliis quibuscumque personis, nomine vel occasione dicti precii departiti aut in solutionem debitorum et legatorum dicte domine Jordane quondam et dicti domini Guigonis ..... [8] conversi.

Hec autem omnia supra dicta et singula, in unum collecta et distributive accepta, necnon et infra scripta, promitto, nomine quo supra, vobis dicto domino Poncio de Sancto Justo, emptori, stipulanti et recipienti, complere, observare et attendere[9] et in nullo contravenire, sub obligatione bonorum predicte domine Jordane quondam et dicti domini Guigonis.

[1] Ms.: ampparationis.
[2] Ms.: deffencionis.
[3] Ms.: acienus.
[4] Ms.: obtineant.
[5] Ms.: aprobari.
[6] Ms.: apareret.
[7] Ms.: sucitationem.
[8] Ms.: fuere.
[9] Ms.: atendere.

Et super hiis omnibus premissis[1] et singulis, scienter atque prudenter et expressim[2] renuncio juri dicenti quod, si aliquis venditor vel distrahens, re ipsa vendenda vel dolo adversarii, fuerit deceptus ultra dimidiam justi precii, ...[3] totalis vendicio rescindi[4] potest vel agi ad justi precii supplementum[5], — et juri dicenti donationem, in aliquem collatam, summam quingentorum aureorum excedentem[6], minime valere, nisi fuerit actis insinuata, — beneficio restitutionis in integrum, — et omni alii juris[7], legum et canonum et constitutionum auxilio, quo contra predicta vel aliquod predictorum venire possem, vel aliquid de predictis infringere vel revocare, — ita ut perinde intelligam omni juri michi in contrarium competenti renunciasse, per dictam generalem renunciationem, ac si nominatim et expresse illi juri michi in contrarium competenti renunciassem; — volens etiam quod hec generalis renunciatio perinde valeat et vires obtineat ac si omnes articuli renunciationum singulatim[8], qui dici possunt, in hac presenti[9] renunciatione expressi fuissent.

Promittens[10] vobis dicto domino Poncio de Sancto Justo, emptori, pro me et dicto domino Guigone, quod nunquam faciam predictam vendicionem rescindi[11] vel retractari propter deceptionem, si qua ibi esset, quam affirmo[12] ibi non esse, nec aliqua alia quacumque causa vel ratione; nec contra predictam venditionem ullam petam de cetero in integrum restitutionem, neque peti ab aliquo permittam[13], neque denunciationem aliquam vel supplicationem[14] contra predicta seu pro predictis revocandis, faciam vel fieri ab aliquo patiar.

Et si contingeret pro me vel pro dicto domino Guigone ab aliquo restitutionem petere vel denunciationem vel supplicationem[15] contra predicta facere, vel etiam a summo pontifice vel legato ejusdem vel a domino rege Majoricarum[16], suo motu proprio, eam fieri vel ad instanciam cujuscumque, — promitto, nomine quo supra, illam vel illas nunquam ratas habere nec eis uti, set eas cassas, irritas et nullas et ab omni robore firmitatis destructas esse volo et jubeo.

Et ad majorem predictorum omnium firmitatem habendam et omnia universa et singula superius dicta et expressata, sicut dicta sunt nominata, promissa et stipulata, facere et implere[17], attendere[18] et firmiter observare et nullatenus contravenire, — juro ego dictus Johannes de Somolench[19], venditor predictarum rerum, vobis dicto domino Poncio de Sancto Justo, emptori, stipulanti et recipienti, super sancta quatuor Dei euvangelia a me gratis corporaliter tacta. Et prestito dicto juramento, promitto, nomine quo supra, vobis dicto domino Poncio, emptori, quod nunquam de predicto juramento relaxationem[20] aliquam implorabo vel absolutionem, neque peti ab aliquo permittam[21]. Et si forte, quod absit, inde relaxatio[22] fuerit a domino papa vel legato vel episcopo vel

---

[1] Ms.: *premisis*.
[2] Ms.: *expressym*.
[3] Ms.: *quod*.
[4] Ms.: *resindi*.
[5] Ms.: *subplementum*.
[6] Ms.: *excedente*.
[7] Ms.: *juri*.
[8] Ms.: *sigillatim*.
[9] Ms.: *presnti*.
[10] Ms.: *promitens*.
[11] Ms.: *resindi*.
[12] Ms.: *afirmo*.
[13] Ms.: *permitam*.
[14] Ms.: *suplicationem*.
[15] Ms.: *suplicationem*.
[16] Ms.: *Majoricharum*.
[17] Ms.: *inplere*.
[18] Ms.: *atendere*.
[19] Ms.: *Somolech*.
[20] Ms.: *relacxationem*.
[21] Ms.: *permitam*.
[22] Ms.: *relacxatio*.

alio quocumque, ad cujuscumque instanciam vel alterius cujuscumque qui relaxationem[1] predicti juramenti facere diceretur, — promitto[2] vobis dicto domino Poncio de Sancto Justo, emptori, sollempni stipulatione interposita, predictam sacramenti relaxationem[3] nunquam ratam habere, nec unquam ea uti in judicio vel extra, agendo vel deffendendo vel supplicando[4] vel denunciando sive alio quocumque modo; — set si fuerit quocumque modo impetrata[5] per quemcumque relaxatio[6] predicti juramenti, volo quod ad me et ad dictum dominum Guigonem et ejus successores sit penitus inefficax et nullius valoris, adeo quod nullo modo nulloque tempore possit prejudicium facere vobis dicto domino Poncio de Sancto Justo, emptori rerum predictarum, aut .....[7] [vestris] successoribus[8].

Et est sciendum quod castrum et ville[9] predicte[10] et omnia et singula superius vobis a me vendita, sunt et esse debent de feudo dicti domini regis Majoricarum[11], et ab ipso et suis successoribus teneri debent in feudum, sub dominio suo, homagio et sacramento fidelitatis et potestativo sive potestate dicti castri. — et sub usatico viginti quinque librarum melgoriensium, solvendo annuatim in festo Nativitatis Domini, dum fuerit requisitum, ratione alberge et vice ac loco illius alberge, quam dominus dicti castri predicto domino regi et suis predecessoribus facere consuevit.

Et nos predictus Petrus de Claromonte, locum tenens, — assidente[12] nobis discreto viro Germano de Cocolibero, procuratore dicti domini regis, — predicte vendicioni facte, auctoritatem nostram et decretum potestate ordinaria apponimus iterato, salvo jure in omnibus et per omnia dicti domini regis; — ipsamque ac omnia contenta in eadem, auctoritate et potestate a dicto domino rege nobis concessa, laudamus et confirmamus vobis predicto domino Poncio de Sancto Justo, episcopo Biterrensi, non tanquam episcopo set sicut private persone, prout dictus dominus rex noscitur laudavisse et confirmasse et in dictis litteris[13] continetur. — Ac vos de dicto castro ac aliis supra vobis venditis, per tradicionem nostri capusii, presencialiter investimus et per dictum procuratorem investiri et in corporalem possessionem induci volumus et mandamus, — salvis predicto domino regi penitus et retentis omnibus et singulis contentis et retentis a dicto domino rege in suis litteris suprascriptis; — scientes et cognoscentes dictum dominum regem et nos esse et fuisse contentos de laudimio et de omnibus que, intuitu laudimii[14], ratione dicte vendicionis, ad dictum dominum regem et nos possent vel deberent aliquatenus pertinere.

Acta fuerunt hec in Montepessulano, in aula dicti domini episcopi prope Predicatores, in presentia et testimonio domini Raimbaudi[15] de Salve, militis et legum doctoris, Guillelmi Fulci, legum professoris, Bernardi de Fisco, precentoris Biterrensis, domini Petri de Sancto Justo, archidiaconi

---

[1] Ms.: *relacxionem*.
[2] Ms.: *promito*.
[3] Ms.: *relacxationem*.
[4] Ms.: *suplicando*.
[5] Ms.: *inpetrata*.
[6] Ms.: *relacxatio*.
[7] Ms.: *rei*.
[8] Ms.: *succesoribus*. — « La terre-baronie de Castries .... fut acquise le 19 avril 1495 de Guillaume de Pierre, baron de Ganges, par Guillaume de la Croix, gouverneur de Montpellier». (Louis de la Roque, *Armorial de la Noblesse de Languedoc,* tome 1, p. 273).
[9] Ms.: *villas*.
[10] Ms.: *predictas*.
[11] Ms.: *Majoricharum*.
[12] Ms.: *asidente*.
[13] Ms.: *literis*.
[14] Ms.: *laudamii*.
[15] Ms.: *Raymbaudi*.

Biterrensis, Bernardi Garnerii, prioris ecclesie de Cardoneto[1], magistri Jacobi Peregrini, notarii Biterrensis, Stephani Brunenchi, rectoris ecclesie de Velcleriis[2], Petri Raynardi, jurisperiti, magistri Elie[3] Caturci, rectoris ecclesie de Tinereto[4], Stephani de Viridario, Petri Gilberti, rectoris ecclesie de Ruvinaco[5], et mei Johannis de Favariis, notarii publici Montispessulani, qui, mandato dicti domini locum tenentis et rogatus a dictis partibus, predicta scripsi.

Post hec, — anno quo supra, scilicet quintodecimo kalendas augusti, — predicto domino Poncio de Sancto Justo, tanquam privata persona, intentione adipiscendi[6] possessionem vel quasi predictorum, ad castrum Castriarum personaliter accedente. — audito et intellecto, dum idem[7] dictus dominus Poncius de Sancto Justo esset in flumine Salaronis[8], quod juridictio et districtus ibidem[9] incipit, statim vexillo signi sui proprii expanso de ponte[10] dicti fluminis per stratam publicam qua itur[11] versus Sumidrium[12], causa adipiscendi[13] possessionem, — ad dictum castrum iter[14] suum continuavit, et in portali ejusdem castri, quod vocatur porta superior, discretus vir Germanus de Cocolibero predictus, mandatum sibi a predicto locum tenente datum auctoritate regia exequendo, induxit eum in corporalem possessionem et quasi dicti castri et omnium aliorum superius venditorum, — salvis et retentis omnibus et singulis, que in suis predictis litteris sive cartis sunt retenta et reservata generaliter et specialiter.

Et exinde ad sudam seu capud ejus castri tam dictus procurator quam dictus dominus Poncius de Sancto Justo quam etiam dictus Johannes de Somolench, predicte rei venditor, ascenderunt[15] et — salvis omnibus et singulis supradictis generaliter et specialiter et retentis ut supra, salvo etiam et retento eidem domino regi, per dictos procuratorem et Johannem de Somolench, jure suo, — dictus Johannes de Somolench, in signum possessionis vel quasi in dictum dominum Poncium de Sancto Justo penitus transferende tradidit ei claves portalium atque castri.

Quo facto, predictum vexillum[16] expansum fuit in summitate turris ejusdem castri positum et affixum[17]; — et demum, ex parte dicti domini Poncii de Sancto Justo, preconisatio[18] publica per castrum, de non intrando et non colligendo[19] herbam[20] in vineis alienis, juxta morem solitum, facta fuit.

---

[1] *Saint-Martin-de-Cardonnet*, ancienne église, dans la commune d'Aumelas. (Cf. ci-dessus pièce n° VI, p. 361, note 3).

[2] *Valquières*, hameau de la commune de *Dio-et-Valquières*, canton de Lunas, arrondissement de Lodève. (Cf. Thomas, *Dict. topog. Hérault*, pp. 57, 218 et 274).

[3] Ms.: *Elye*.

[4] « *Saint-Martin-des-Crozes*, anc. église, c^{ne} de Cabrières, [canton de Montagnac, arrondissement de Béziers] .... *Eccl. de Crosis seu de Tinereto*, 1323 (rôle des dim. des égl. du dioc. de Béz.)........ ». (Thomas, *Dict. topog. Hérault*, p. 189 ; cf. p. 210).

[5] *Rouvignac* ou *Roubignac*, hameau de la commune d'Avène (canton de Lunas), anciennement paroisse du diocèse de Béziers, — ou bien *Rouvignac* ou *Roubignac*, église isolée et ancien ermitage de la commune d'Octon (également canton de Lunas), anciennement paroisse du diocèse de Lodève, à proximité du domaine des Valarèdes, sur le petit plateau entre Saint-Martin-des-Combes et la vallée de l'Aubaygue.

[6] Ms.: *adypiscendi*.

[7] Ms.: *ydem*.

[8] Le Salaison ; — cette rivière forme la limite de la commune de Vendargues à l'ouest.

[9] Ms.: *ybidem*.

[10] Cf. Louvet, édit. Berthelé, *Archives de la ville de Montpellier*, tome I, p. 290, art. 3331.

[11] Ms.: *ytur*.

[12] *Sommières* (Gard).

[13] Ms.: *adypiscendi*.

[14] Ms.: *yter*.

[15] Ms.: *accenderunt*.

[16] Ms.: *vexsillum*.

[17] Ms.: *aficsum*.

[18] Ms.: *preconissatio*.

[19] Ms.: *coligendo*.

[20] Ms.: *erbam*.

Acta fuerunt hec, a paragrapho[1] proxime superius posito citra, in presentia et testimonio domini Raimbaudi[2] de Salve, militis et legum doctoris, domini Petri de Sancto Justo, archidiaconi Biterrensis, domini Ber[nardi] de Fisco, precentoris[3] Biterrensis, magistri Johannis Brunenchi, prioris de Agantico[4], Bernardi Garnerii, prioris ecclesie de Cardoneto, — et mei Johannis de Favariis, notarii predicti, qui hec, rogatus a partibus, predicta scripsi, et signum meum apposui. *(Seing du notaire Jean de Favars).*

JACOU

XII et XII *bis*

1263, le 4 mai, Montpellier. — Reconnaissance féodale, hommage et serment de fidélité — à l'infant Jacques et à son père Jacques Ier, roi d'Aragon, seigneur de Montpellier, — par Pierre d'Auras et Bringuier Macip, damoiseaux, — pour ce qu'ils tiennent du dit roi à Jacou, — notamment pour trois garrigues, dont une confronte le chemin de Castries et une autre le chemin d'Aubeterre, — les dites garrigues chargées d'une albergue de deux chevaliers; — reconnaissance spéciale, par les dits Pierre d'Auras et Bringuier Macip, des droits du dit infant et du dit roi d'Aragon sur les habitants de Jacou, en ce qui concerne la juridiction et le service militaire; — privilège accordé par le dit infant et le dit roi d'Aragon, aux habitants de Jacou, en matière de justice.
Hommage et serment de fidélité — au dit infant et au dit roi d'Aragon, — par Pierre de Sirigouste et Raymond de Sirigouste, son fils, et par Guilhem Vidal, tous trois habitants du dit lieu de Jacou, — et reconnaissance spéciale par eux des droits du dit infant et du dit roi d'Aragon sur les habitants de Jacou, en ce qui concerne la juridiction et le service militaire.
Concession par les susdits Pierre d'Auras et Bringuier Macip, aux dits Pierre de Sirigouste, Raymond de Sirigouste et Guilhem Vidal, — du droit d'explèche dans les susdites trois garrigues, à charge par eux de payer au dit infant et au dit roi d'Aragon l'albergue de deux chevaliers, assise sur les dites garrigues. — Lauzime de la dite concession par le dit infant.
1263, le 4 mai, Montpellier. — Hommage et serment de fidélité à Jacques Ier, roi d'Aragon, seigneur de Montpellier, et à l'infant Jacques, son fils, — par Bringuier et Guilhem del Noguier, tous deux habitants de Jacou, — et reconnaissance spéciale par eux des droits du dit roi d'Aragon et du dit infant sur les habitants de Jacou, en ce qui concerne la juridiction et le service militaire.

AA. 1, fol. 193 v° et 194 r°, art. 570.

Noverint universi quod ego Petrus de Auras et ego Berengarius Macip, domicelli, nos duo scimus et in veritate recognoscimus vobis domino Jacobo, infanti illustrissimi domini Jacobi, Dei gratia regis Aragonum et domini Montispessulani, recipienti pro vobis et ipso domino patre vestro, quod quicquid nos habemus et tenemus, vel aliquis per nos, in villa Joquonis[5] et totis ejus

---

[1] Ms.: *paragrafo*.
[2] Ms.: *Raymbaudi*.
[3] Ms.: *presentoris*.

[4] *Ganges*, chef-lieu de canton de l'arrondissement de Montpellier.
[5] *Jacou*, petit village, chef-lieu de la commune du même nom, canton de Castries.

pertinentiis, sive sint possessiones¹ vel census seu qualiacumque, totum illud tenemus a vobis et ad feudum et a dicto domino patre vestro ;

Et per hoc feudum, debemus vobis et ipsi et successoribus vestris facere, singulo anno, in comedio Carniprivii, duo alberga militum, dummodo fuerimus requisiti, et aliter non tenebimur ; — que duo alberga habebitis et percipietis super tribus guarriguis nostris dumtaxat, quas habemus in tenemento dicte ville Joquonis : — una quarum confrontatur, ex una parte, cum honore qui tenetur de liberis quondam Bernardi de Monte Olivo, et ex alia parte, cum laborato Bozigarum², et ex alia parte, cum podio de Redonello³, et ex alia parte, cum podio de La Deveza⁴, carreria in medio⁵ ; — alia⁶ confrontatur cum pratis Joquonis⁷, et ex alia parte, cum honore Berengarii de Noguerio, et ex alia parte, cum camino Castriarum⁸, et ex alia parte, cum vallato

---

¹ Ms.: posseciones.

² Le tènement de *Bouzigues* ou *Bousigues* fait actuellement partie des trois communes de Castelnau-le-Lez, du Crès et de Jacou ; la portion la plus considérable appartient toutefois à la commune du Crès (section B). Il s'étend spécialement dans la vallée qui sépare les garrigues de Jacou et les garrigues du Crès, vallée qui commence au mas de Caylus (anciennement mas d'Allut, commune de Castelnau) et descend jusqu'à la rive droite du Salaison. Le mas de Caylus est situé sur un point relativement élevé ; les eaux du versant *ouest* forment le ruisseau de Courtarelles qui va se jeter dans le Loz en aval du moulin de Navitaux ; les eaux du versant *est* forment le « ruisseau de las Bousigues » qui se jette dans le Salaison. — Le tènement de Bouzigues est traversé par le « chemin de Navitau à Vendargues » et par le chemin de Jacou au Crès. — Dans la commune de Jacou, on rattache au tènement de Bouzigues les terres situées entre le pioch de Redonnel et la garrigue de Lébret.

Voir sur ce tènement de Bouzigues, — 1° aux Archives communales de Jacou, le compois du dit lieu, notamment fol. 33 r° et v° et fol. 40 r° ; — 2° aux Archives départementales de l'Hérault, le compois de Castelnau, le Crès et Salaison, passim, et le dossier de la vente (29 janvier 1854) de divers terrains communaux défrichés ; — 3° aux Archives municipales de Montpellier, la Recherche de Montvaillant, cahier de Castelnau ; — etc.

³ Le pioch de *Redonnel*, aliàs *Redonel* ou *Redounel*, a conservé, comme le tènement de Bouzigues, son nom du moyen âge. Il est situé à peu près entièrement dans le terroir de la commune du Crès, sur les confins de la commune de Jacou, — sur la rive droite du Salaison, en aval du mas du Pont (commune du Crès) et du confluent du ruisseau de Rouveyrolle, — immédiatement auprès du pont récemment construit pour le passage de la route de Clapiers à Vendargues (route qui a remplacé l'ancien « chemin de Castries »), — dans l'angle formé par cette route et le Salaison.

⁴ Il existe bien, dans la commune du Crès, un tènement, en nature de garrigue, dit *la Devèse*, mais ce tènement ne nous paraît pas correspondre aux confronts indiqués par notre charte.

La seule garrigue qui confronte à la fois le tènement des Bouzigues et le pioch Redonnel, c'est la garrigue communale de Jacou actuellement connue sous le nom de *Lébret*. Elle s'étend à main droite de la route de Clapiers à Vendargues et du tènement des Travers, à main gauche de la limite des communes de Jacou et du Crès, entre les deux dépressions de terrain formant, d'une part, la fin du pioch de Redonnel, et d'autre part, le col où viennent se réunir les chemins qui relient Jacou avec le Crès, avec le mas de Caylus, avec Castelnau, etc.

De l'autre côté de ce col, dans la direction de Clapiers, s'élève la garrigue, également montueuse, dite du *Cartayrolles*, qui se partage entre les communes de Jacou, de Clapiers et de Castelnau (tènement de Cantagrils), et qui est actuellement encore exploitée comme carrière de pierres. Cette garrigue de Cartayrolles représenterait donc le *podium de la Deveza* ??

⁵ Le chemin ici mentionné nous paraît être, ainsi que nous venons de le dire, celui qui, venant de Jacou, après avoir gravi le col entre Lébret et Cartayrolles, se partage en plusieurs branches, dont les deux principales se dirigent, à gauche, vers le Crès, à droite, vers Castelnau.

⁶ Cette seconde garrigue nous paraît bien être le petit monticule allongé et dénudé, dont les flancs seuls ont été mis en culture, qui s'étend à main gauche de la route de Clapiers à Vendargues, en face du tènement des Travers et de la garrigue de Lébret, — et que l'on appelle aujourd'hui couramment *lou Serre blanc*, en raison de la couleur de la roche qui le constitue.

⁷ Toute la portion de la commune de Jacou, située entre la route actuelle de Castelnau-le-Lez à Teyran, la route de Clapiers à Vendargues, le château de Jacou et le mas du Pont (exception faite des parties en garrigue), a été, jusqu'à une date assez récente, cultivée en prés ; une partie du terroir, à main gauche de la route de Clapiers à Vendargues, à proximité du mas du Pont, porte encore le nom de *lous Pradasses*.

⁸ L'ancien chemin qui est devenu la route de Clapiers

publico⁴, quod exit de pratis de Joquone et vadit in flumine Salaronis²; — tercia confrontatur cum camino Albeterre³, ex una parte, et ex alia parte, cum honore G[uillelmi] de Noguerio, et ex alia parte, cum garriga Petri de Cirigosta ;

Et quod vos et ipse dominus pater vester habetis et habere debetis, in dicta villa Joquonis et super hominibus ipsius ville et nobismet, sanguinem et host et cavalgadam, ut moris est in terra ista;

Facientes atque constituentes nos ipsos homines vestri et ipsius domini patris vestri domini Jacobi, — et fidelitatem et membra et vitam vobis et ipsi juramus et promittimus, — et flexis genibus manibusque junctis, nullo metu nulloque timore perterriti⁴, nec dono vel promissione, vel fraude inducti, sed propria ac spontanea voluntate nostra, sub manibus vestris nostras immiscentes⁵, homines nos facimus et in perpetuum homines vestros et dicti domini patris vestri, quamdiu tenebimus dictum feudum, nos constituimus.

Et nos infans Jacobus, per nos et predictum dominum patrem nostrum, recipimus vos in homines nostros, et promittimus vobis defensionem⁶, fidelitatem et mantenenciam ; — volentes et vobis concedentes quod possitis ponere banerios et baneare in honoribus et possessionibus⁷ vestris et in illis qui a vobis tenentur, — et dare in accapitum et laudare, sine requisitione laudimii et consilii nostri et dicti domini patris nostri et successorum nostrorum, — et quicquid inde habebitis vel percipietis, sit vestrum et vestrum proprium faciatis.

Item volumus et concedimus vobis et omnibus hominibus dicte ville Joquonis, presentibus et futuris, quod non teneamini vos nec ipsi venire vel comparere seu stare juri, de aliquibus discordiis, querimoniis, denunciationibus, inquisitionibus, significationibus vel accusationibus civilibus vel criminalibus, nisi coram nobis vel dicto domino patre nostro personaliter vel locum nostrum tenente in Montepessulano.

Item, nos Petrus de Cirigosta et R[aymund]us de Cirigosta, ejus filius, et ego G[uillelm]us Vitalis, nos omnes tres dicte ville Joquonis, facimus et constituimus nos homines vestri domini

à Vendargues — et qui s'appelait encore, il y a un demi-siècle, le « chemin de Castries », — traversait le Salaison à gué, à l'endroit où a été construit le pont et se dirigeait ensuite vers Castries à travers les garrigues. Ce « raccourci » est encore connu des vieillards de Jacou et de Castries.

¹ *Vallato publico,* par opposition (selon toute vraisemblance) au *valat* particulier (son affluent), dans lequel se déversent les eaux du château de Jacou.

² La *Rouveyrolle,* qui reçoit les eaux du mas de Viviers et de la plaine basse de Jacou et se jette dans le Salaison auprès du pont, après avoir longé quelque temps la route de Clapiers à Vendargues.

³ *Aubeterre,* aliàs *Saint-André-d'Aubeterre* (cf. Thomas, *Dict. topog. Hérault,* p. 170), — ancienne église et ancien village, aujourd'hui réduits à quelques monceaux de pierrailles (tous les matériaux susceptibles d'être réemployés dans des constructions ayant été enlevés), — dans la commune de Teyran, — à main droite de la route actuelle de Castelnau-le-Lez à Teyran, Montaud, etc., et de l'ancienne route de Montpellier à Alais par Guzargues, — entre le ruisseau de Massillan et le Salaison, — non loin du mas de Banal (autrement dit Montvilla-Saint-Georges).

Ces ruines, de même que la vieille croix de cimetière qui leur est juxtaposée, sont connues dans le pays sous le nom de *Saint-André* ou *Saint-Andrieu.*

Cinq chemins de la commune de Teyran prennent leur nom de cette « ancienne église de Saint-André » (nᵒˢ 6, 10, 11, 12 et 13).

⁴ Le ms. donnerait plutôt *pert(er)iti.*

⁵ Le ms. donnerait plutôt *immissenies.*

⁶ Ms.: *defencionem.*

⁷ Ms.: *posseccionibus.*

Jacobi, recipientis pro vobis, et dicti domini patris vestri, — et fidelitatem et membra et vitam vobis et ipsi juramus et promittimus, et flexis genibus manibusque junctis, nullo metu nulloque timore perterriti[1], nec dono vel promissione seu fraude inducti, sed propria ac spontanea voluntate nostra, sub vestris manibus nostras immiscentes, homines nos facimus et in perpetuum homines vestros et predicti domini patris vestri nos constituimus ;

Scientes et recognoscentes quod vos et ipse habetis et habere debetis, in omnibus hominibus dicte ville Joquonis et in nobis, sanguinem, host et cavalgadam, prout moris est in terra ista.

Et nos infans Jacobus, per nos et dictum dominum patrem nostrum, recipimus vos in homines nostros, et promittimus vobis defensionem[2], fidelitatem et mantenenciam.

Item, nos supradicti P[etrus] de Auras et Berengarius Macip volumus et concedimus vobis dictis P[etr]o de Cirigosta et R[aymun]do de Cirigosta et G[uillelm]o Vitalis, quod vos et omnes homines dicte ville Joquonis, presentes et futuri, habeatis et percipiatis libere usum et explecham dumtaxat ad opus hospiciorum vestrorum et suorum, in preconfrontatis tribus guarriguiis, — ita tamen quod vos et ipsi faciatis dicta duo albergua militum nobis et successoribus nostris, quolibet anno, in dicto comedio Carniprivii.

Et nos infans Jacobus omnia predicta laudamus et confirmamus.

Acta sunt hec anno incarnacionis Domini millesimo ducentesimo sexagesimo tercio, quarto nonas maii, scilicet in Montepessulano, in palacio, in presentia et testimonio Duranti Civate, Bernardi Rafart, jurisperiti, Petri Massa, Johannis de Salve, notarii, et plurium aliorum, et Petri Guarini, publici notarii Montispessulani, qui, mandato dictorum infantis Jacobi et Petri de Auras et Bereng[arii] Macip et Petri de Cirigosta et R[aymund]i de Cirigosta et G[uillelm]i Vitalis, hec scripsit.

Item, — eodem anno et die quo supra, — ego Berengarius de Noguerio et ego G[uillelm]us de Noguerio, nos duo habitatores Joquonis, nullo metu nulloque timore perterriti[3], nec dono vel promissione seu fraude inducti, sed propria ac spontanea voluntate nostra, facimus et constituimus nos homines illustrissimi domini Jacobi, Dei gratia regis Aragonum et domini Montispessulani, et domini infantis Jacobi, ejus filii, — et fidelitatem et membra et vitam tibi Bernardo Rafart, jurisperito, stipulanti et recipienti pro predictis dominis patre et filio, et per te ipsis, juramus et promittimus, — et homines suos perpetuo nos facimus et constituimus ; — scientes et in veritate recognoscentes tibi dicto Ber[nardo], eorum nomine recipienti, et per te ipsis, quod ipsi habent et habere debent, in nobis et omnibus hominibus dicte ville Joquonis, sanguinem, host et cavalgadam, ut moris est in terra ista.

Et ego dictus Ber[nardus] Rafart, ad hoc constitutus a dicto domino infante Jacobo, per dictos illustrissimos dominos patrem et filium, recipio vos in homines suos et promitto vobis, nomine ipsorum, defensionem[4], fidelitatem et mantenentiam.

Acta sunt hec in Montepessulano, coram palacio dicti domini regis, in presentia et testimonio Michaelis Duranti, Bernardi Bidocii et plurium aliorum, — et jam dicti Petri Guarini, notarii

---

[1] Le ms. donnerait plutôt *pert(er)iti*.
[2] Ms.: *defencionem*.
[3] Le ms. donnerait plutôt *pert(er)iti*.
[4] Ms.: *defencionem*.

Montispessulani, qui, mandato dictorum Ber[nardi] Rafart et Bereng]arii] de Noguerio[1] et G[uil-lelm]i de Noguerio[2], hec scripsit et signo suo signavit.

Et est sciendum quod nos predictus infans Jacobus, ad majorem et perempnem firmitatem hebendam, presens instrumentum jussimus sigilli nostri munimine roborari. *(Seing du notaire Pierre Garin).*

XIII

1267, le 15 mai, [Montpellier ?]. — Reconnaissance, par Bringuier Macip, damoiseau, Bringuier del Noguier, Guillemette Vidale, veuve de Guilhem Vidal, et Pierre, son fils, Guilhem del Noguier et son fils Pons del Noguier, Pierre de Sirigouste et ses fils Raymond, Thomas et Gervais de Sirigouste, Pierre de Sommières et Bernard de Puechabon (?), tous habitants de Jacou, — de la seigneurie et des droits de juridiction que Jacques Ier, roi d'Aragon, seigneur de Montpellier, possède sur la terre de Jacou; — serment de fidélité prêté par eux au dit roi d'Aragon, représenté par Jean Blanc, son procureur.

AA. 1, fol. 194 v°, art. 572.

Noverint universi quod Berengarius Macip, domicellus, Berengarius de Nogerio[3], Guillelma Vitala, uxor quondam Guillelmi Vitalis, et Petrus, filius ejus, Guillelmus de Nogerio et Poncius de Nogerio, filius ejus, Petrus de Sirigosta[4] et R[aymund]us de Sirigosta, Thomas de Sirigosta et Girvasius de Sirigosta, filii dicti Petri, et Petrus de Sumidrio [et] Bernardus de Podio Bono[5], confessi fuerunt et recognoverunt sollempniter domino Johanni Blanco, procuratori illustrissimi domini Jacobi, Dei gratia regis Aragonum, Majoricarum et Valencie, comitis Barchinone et Urgelli et domini Montispessulani, quod tota villa de Jocono, cujus predicti omnes sunt habitatores, cum omnibus suis pertinenciis et territorio et pertinenciis ejusdem, est dicti domini regis et in ejus dominio et jurisdictione meri et mixti imperii et plenissime jurisdictionis, in qua idem dominus rex habet justicias magnas et parvas et medias et questas; et hoc dixerunt et asseruerunt proprio sacramento.

Dictoque procuratori, pro domino rege recipienti, fidelitatem juraverunt omnes et singuli et vitam et membra domini regis et suorum liberorum deffendere et salvare, et eorum jura et bona fide suo posse custodire promiserunt, et eis non esse in dampnum de bonis et juribus et dominacione eorum, in dicta villa et territorio et extra ubicumque, — et in omnibus eis promiserunt esse fideles et obedientes, in quibus vassallus vel homo debeat esse fidelis domino suo, et etiam eorum locum tenenti in Montepessulano et officialibus ejus.

Et predicta fecerunt, salvis preposito Magalonensi [et] ecclesie de Jocono usagiis que habent in dicta villa et extra.

Acta fuerunt hec sollempniter et rite, — anno Dominice incarnacionis millesimo ducentesimo sexagesimo[6] septimo, scilicet idus maii, — in presentia et testimonio Bertrandi de Vallibus,

---

[1] Le ms. donnerait plutôt *Nog(er)io*.
[2] Même observation.
[3] Dans cette pièce, le ms. donne *Nogerio* au lieu de *Noguerio*.
[4] Dans la charte précédente, ce nom était écrit *Cirigosta*.
[5] *Puéchabon* (?).
[6] Ms.: *sexsagesimo*. — Cf. ci-dessus pp. 342 et 360.

Borserii Eutalis[1] castlarii, Assaudi de Quillano, Jacobi de Spareguira, — et mei Micahelis de Malobuxo, publici Montispessulani notarii, qui, mandato predictorum, hec scripsi et signum apposui. *(Seing du notaire Michel de Malbosc).*

XIV

1267, le 15 mai, [Montpellier?]. — Reconnaissance, par Pierre d'Eyras, damoiseau, habitant de Jacou, — de la seigneurie et des droits de juridiction que Jacques Ier, roi d'Aragon, seigneur de Montpellier, possède sur la terre de Jacou; — serment de fidélité prêté par le même au dit roi d'Aragon, représenté par Jean Blanc, son procureur.

AA. 1, fol. 194 v°, art. 573.

Anno Dominice incarnacionis millesimo ducentesimo sexagesimo[2] septimo, idus maii,

Petrus d'Eyras[3], domicellus, habitator de Jocono, pro se et uxore sua Stephana, confessus fuit et recognovit Johanni Blancho[4], procuratori illustrissimi domini Jacobi, Dei gratia regis Aragonum, villam de Jocono esse dicti domini regis et sub jurisdictione et dominio ejus, et ipsum dominum regem habere merum et mixtum imperium et omnem jurisdictionem plenam, — et omnes justicias, magnas et parvas et medias, et questas dicte ville esse dicti domini regis; — juravitque et confirmavit sacramento corporaliter prestito predicta esse vera.

Fidelitatemque juravit eidem procuratori, pro domino rege recipienti, et promisit in omnibus et per omnia quemadmodum alii habitatores de Jocono promiserunt, ut superius continetur, et juraverunt et confessi fuerunt.

Acta fuerunt hec in presentia et testimonio Assaudi de Quillano, Perroti Provincialis et plurium aliorum, — et mei Micahelis de Malobuxo, publici Montispessulani notarii, qui, mandatus a partibus, hec scripsi. *(Seing du notaire Michel de Malbosc).*

JUVIGNAC

XV

1226, le 16 juillet, [Montpellier?]. — Cession, par Bernard de Carvilla, à son frère Estève de Carvilla, de tous ses droits sur un jardin, commun entre eux, sis au tènement de Carvilla et confrontant le ruisseau de Celleneuve.

AA. 1, fol. 204 r°, art. 593.

[1] Ms.: *Eutalis* ou *Entalis* ou *Eucalis* ou *Encalis* = ??
[2] Ms.: *sexsagesimo*.
[3] Le même, selon toute vraisemblance, qui est mentionné dans une des chartes précédentes, sous la forme *Petrus de Auras* (cf. ci-dessus pièce XII).
[4] Le même notaire, dans la pièce XIII, écrivait *Blanco*.

Anno Dominice incarnationis millesimo ducentesimo vicesimo sexto, septimodecimo kalendas augusti.

Ego Bernardus de Carvilario, per me et per omnes meos, bona fide et sine dolo, cum hac carta, dono, cedo atque concedo tibi Stephano de Carvilario, fratri meo bene merito et tuis, ad omnes voluntates tuas et tuorum plenarie faciendas, omne, omnino jus, omnem actionem, peticionem, persecutionem[1] realem, personalem et mixtam, ordinariam et extraordinariam, utilem et directam, quam habeo, habere possum aut debeo, in illo orto, qui est in terminio de Carvilario[2], tibi et mihi commune[3], et confrontatur, ex una parte, cum rivo Cellenove[4], et ex duabus partibus, cum honore Guillelmi de Carvilario, et ex alia parte, cum via publica; — de toto jure et actione, quod in dicto orto habebam, me et meos disvestiens, te et tuos investio, et verum dominum atque specialem te in rem tuam propriam facio et constituo, et omni juri meo et actioni penitus renuncio, — promittens[5] et conveniens tibi stipulanti et tuis, per stipulationem, quod contra predictam dationem, cessionem et concessionem, gratis bono animo et inter vivos factam, nunquam veniam nec aliquis alius arte mea[6], consilio aut ingenio, nec dixi vel feci in preterito, set neque dicam aut faciam in futuro, quominus predicta omnia et singula firma et incommota[7] semper existant.

Testes sunt Guillelmus Arnulphi, Hugo Bidocius, — et Bertrandus Arcolen, notarius, qui rogatus hec scripsit.

XVI

1241 (n. st.), le 4 février, [Montpellier?]. — Vente par Jean de Catvilla, poivrier, à son frère Estève de Catvilla, d'un champ, d'une olivette et d'un jardin, sis dans la dtmerie de Saint-Gervais de Juvignac, — la dite vente faite pour le prix de neuf livres melgoriennes, payables par le dit Estève de Catvilla à Pons de Montdragon, créancier du dit Jean de Catvilla; — à charge, par le dit acheteur, de payer annuellement au Roi d'Aragon, seigneur de Montpellier, les six deniers melgoriens d'usage, auxquels ont été réduits les sept soûs d'usage qui étaient payés au dit roi pour le mas de Catvilla; — à charge également de payer annuellement aux enfants de Raymond Élie six deniers melgoriens pour droit de huitain. Ratification de la dite vente, par Jean, Guilhem et Estève de Catvilla, fils du dit Jean de Catvilla, vendeur.

1241 (n. st.), le 9 février. — Quittance, par le dit Jean de Catvilla, vendeur, à son frère Estève de Catvilla, des neuf livres susdites.

1242, le 28 juin. — Lauzime de la susdite vente, par Bert. de Castell Bisbal, lieutenant de Jacques Ier, roi d'Aragon.

AA. 1, fol. 204 v° et 203 r°, art. 594.

---

[1] Ms.: *persequtionem*.

[2] Ce nom de tènement a disparu.

[3] Ms.: *comune*. — La grammaire exigerait *communi*.

[4] Le ruisseau en question (que l'on appelle couramment à Celleneuve le *Ruisseau de la Fontaine*) se jette dans la rivière de la Mosson (rive gauche) entre le mur de clôture du domaine (aujourd'hui divisé) de *la Mosson* et le pont de la ligne du chemin de fer d'intérêt local.

C'est dans ce ruisseau que s'écoulent les eaux de la *Fontaine du Laboureur*, auprès de laquelle l'abbaye d'Aniane construisit Celleneuve : — « *loca aliqua erema infra fiscum nostrum nuncupante* JUVINIACUM, *antiquo vocabulo vocatur* FONTE AGRICOLÆ, *nunc autem* NOVA CELLA *appellatur, quam ipsi* [*monachi Anianenses*] *proprio opere edificaverunt* ». (Cassan et Meynial, *Cartulaire d'Aniane*, p. 52).

[5] Ms.: *promitens*.

[6] Ms.: *nostra*.

[7] Ms.: *incomota*.

Anno Dominice incarnationis millesimo ducentesimo quadragesimo, pridie nonas febroarii.

Ego Johannes de Catvillario[1], piperarius, bona fide, omni dolo et fraude carente, omnibus et singulis remotis, rejectis et exclusis, quibus presens vendicio posset rescindi, retractari[2] vel etiam annullari[3], per me et per omnes meos, cum hac carta publica, vendo, trado, cedo, concedo et derelinquo tibi St(ephano) de Catvilario, fratri meo, et tuis, et in te et tuos transfero, jure vendicionis perfecte, ad omnes voluntates tuas et tuorum in vita et in morte plenarie faciendas, ad dandum, vendendum, impignorandum vel quo tu vel tui volueritis alio alienacionis titulo alienandum, exceptis tamen sanctis, clericis et militibus, — cum consilio semper domini Jacobi, Dei gratia regis Aragonum, vel bajuli sui ville Montispessulani, scilicet tenentis locum ejus ibi.

Scilicet totam unam meam peciam campi, cum oliveta ei contigua et cum orto ei contiguo et cum omnibus et singulis pertinenciis ejus et que eis pertinere possunt vel debent, que sunt in decimaria Sancti Gervasii de Juviniaco[4], — et confrontantur[5], ex una parte, cum honore tuo, via in medio, et ex alia parte, cum orto Gervasii de Catvilar, et ex alia parte, cum[6] oliveta tua, et ex alia parte, cum honore dicti Gervasii de Juviniaco.

Propter hanc autem venditionem, traditionem, cessionem, concessionem, translacionem in perpetuum valituram, dedisti michi, nomine precii, novem libras melgoriensium, de quibus nil penes te vel tuos remansit in debito vel etiam ad solvendum; — in quibus omnibus, ex certa scientia et expressim[7] renuncio exceptioni non habite et non numerate peccunie et precii non soluti; — quod precium esse assero justum et legitimum[8], quia tantum, pro dictis campo et oliveta et orto, non potui ab alio invenire, licet hoc essem sollicite inquisitus.

Verum si nunc vel in futurum predicta a me tibi vendita plus dicto precio valere viderentur[9], illud totum quantumcumque sit vel fuerit, licet excederet ultra dimidiam justi precii, per me et meos tibi et tuis cedo et dono.

Quam solutionem prescripti precii michi fecisti sub hac forma; nam ipsas solvere debes, pro me et meo nomine, in festo Sancti Michaelis, Poncio de Montedragon[10], creditori meo, et inde te ei debes obligare; — pro quibus a me tibi venditis, dabis[11] singulis annis, nomine usatici, dicto domino regi, in alienamento usatici seu census, quod est septem solidi, quod prestabatur de manso de Catvilario dicto domino regi, sex denarios melgorienses tantum. — Et preterea dabitis inde tu et tui, singulis annis, pro ocheno, infantibus quondam Raymundi Elye, sexdecim denarios melgorienses, sine pluri.

---

[1] Le ms. qui, dans la pièce précédente, donnait la forme *Carvilario*, donne, dans celle-ci et dans la suivante les formes *Catvillario, Catvilario, Catvilar*, etc.

[2] Ms.: *reretractari*.

[3] Ms.: *anullari*.

[4] *Juvignac*, chef-lieu de la commune du même nom, troisième canton de Montpellier; — petit hameau, dont l'ancienne église paroissiale est aujourd'hui propriété particulière et sert de sépulture de famille, — sur la rive droite de la Mosson, — à proximité du vieux pont de Celleneuve, — séparé, par la rivière, de l'ancien château de *la Mosson*, et par la route de Montpellier à Lodève, du domaine de *Caunelles*.

La paroisse Saint-Gervais de Juvignac s'étendait primitivement sur les deux rives de la Mosson.

[5] Ms.: *confrontatur*.

[6] Le ms. répète *cum*.

[7] Ms.: *expresim*.

[8] Ms.: *legittimum*.

[9] Ms.: *videretur*.

[10] Le ms. donne plus bas la forme *Montedragone*.

[11] Ms.: *dabit*.

Quorum omnium tibi trado possessionem, vacationem[1] et dono tibi licenciam ut auctoritate tua propria corporaliter possessionem inde valeas adipisci[2].

Que omnia a me tibi vendita cum omnibus pertinenciis eorum, ego et mei faciemus te et tuos et quos volueris semper habere et tenere et possidere quiete, et ab omni contradicente jure deffendemus, — et pro evictione restituenda, si ibi fieret in totum vel in partem, me et omnia bona mea mobilia vel immobilia[3], presencia et futura, tibi et tuis obligo et astringo. — Promittens tibi stipulanti quod nil est dictum vel factum a me vel ab aliquo alio, neque dicetur vel fiet, quominus dicta venditio et omnia predicta firma sint et existant.

Que omnia, — renunciando omnis juris beneficio, — per me et meos tibi et tuis attendere[4], servare, custodire et nunquam contravenire promitto ; — et hec[5] omnia tibi juro per hec sancta Dei euvangelia a me corporaliter tacta.

Et nos Johannes et Guillelmus et Stephanus, filii dicti Johannis, venditoris, ex certa scientia, per nos et nostros, laudamus et confirmamus dictam venditionem et omnia predicta et singula tibi dicto Stephano de Catvilario, patruo nostro, emptori, et tuis, — credendo et dando tibi omnia jura que, in predictis tibi venditis, habebamus vel habere debebamus, nomine materne hereditatis vel ex aliqua alia causa.

Que omnia, — renunciando beneficio minoris etatis[6] et in integrum restitutionis et omnibus aliis auxiliis, — per nos et nostros tibi et tuis attendere[7], servare et custodire et nunquam contravenire promittimus ; — et hec omnia tibi juramus per hec sancta Dei euvangelia a nobis corporaliter tacta.

Testes sunt Guillelmus de Porta, Raymundus Folquerii, Petrus Vesiani Acompinnac[?], — et Guillelmus Jordani, notarius, qui, rogatus a partibus, hec scripsit.

Item, eodem anno quo supra, — Johannes de Catvilario, venditor predictus, — quinto idus februarii, — cognovit Stephano de Catvilario, fratri suo, emptori, ipsum Stephanum dixisse et solvere promisisse, ex mandato et delegatione ipsius Johannis, totum dictum precium novem librarum, memorato Poncio de Montedragone, ut superius erat inter eos conventum. — Unde ipse idem Johannes eumdem Stephanum a toto dicto precio absolvit et liberavit, et inde ei pactum fecit de aliquod non petendo.

Que omnia, — renunciando omni juri, — servare, custodire et nunquam contravenire promisit, et hec ei plevivit per fidem suam requisitam.

Testes sunt Petrus de Narbona, Deodatus Fulcrandi — et Guillelmus Jordani, notarius, qui, rogatus a partibus, hec scripsit.

Post hec, anno Dominice incarnationis millesimo ducentesimo quadragesimo secundo, quarto kalendas julii, dominus Bert. de Castro Episcopali, tenens locum domini Jacobi, Dei gratia regis Aragonum, laudavit et confirmavit dictam vendicionem et omnia predicta suprascripto Stephano

---

[1] Ms.: *vaccationem*.
[2] Ms.: *adhipisci*.
[3] Ms.: *in mobilia*.
[4] Ms.: *atendere*. — [5] Ms.: *hex*.
[6] Ms.: *minori setatis*
[7] Ms.: *atendere*.

de Catvilario, emptori, et cognovit se habuisse ab ipso, nomine dicti laudimii et consilii, decem et novem solidos melgoriensium, in quibus renunciavit exceptioni non habitorum.

Testes sunt Johannes Rotberti, Johannes de Pimano — et Guillelmus Jordani, notarius, qui, rogatus a partibus, hec scripsit.

XVII

1242, le 24 octobre, [Montpellier?]. — Sentence arbitrale, en vertu de laquelle Estève de Catvila rend à son frère Jean de Catvila, poivrier, — moyennant une somme de 50 sous melgoriens, — une partie des terres, sises dans la paroisse Saint-Gervais de Juvignac, que celui-ci lui avait précédemment vendues.

AA. 1, fol. 205 r° et v°, art. 595.

Anno Dominice incarnacionis millesimo ducentesimo quadragesimo secundo, nono kalendas novembris.

Super omni questione et causa seu controversia, que erat vel esse poterat inter Johannem de Catvilario[1], piperarium, ex una parte, et Stephanum de Catvilario, fratrem[2] ejus, ex altera, — de quodam campo, cum oliveta et orto ei[3] contiguis, et de quadam pecia campi et vince, qui honores sunt in parrochia Sancti Gervasii de Juviniaco, et quos honores dictus Johannes vendiderat dicto Stephano, — ut in cartis inde factis per Guillelmum Jordani, notarium, plenius continetur, — et de omni contractu de eis et pro eis aut eorum occasione inter ipsas partes celebrato, pro eo videlicet quod dictus Johannes dicebat eos se vendidisse memorato Stephano, fratri suo, ad spem recuperandi sive ad recobre aut alio modo vel causa, — pronunciaverunt, recitaverunt et statuerunt per amicabilem compositionem Petrus de Cavilario[4], consanguineus dictorum Johannis et Stephani, Petrus Ymberti, canabasserius[5], et Guillelmus de Feiris, arbitri seu arbitratores a dictis partibus communiter[6] electi, quatinus dictus Stephanus reddat et restituat, cedat, solvat et desamparet in perpetuum dicto Johanni, fratri suo, et suis, ad omnes voluntates ejusdem Johannis et suorum faciendas, dictam peciam campi et vinee ; — et dictus campus cum oliveta et orto ei[7] contiguis, prout est totum in una tenencia, sit dicti Stephani et suorum in perpetuum, pro omni voluntate sua et suorum facienda.

[1] Il serait possible que ce nom de famille CARVILLAR, CATVILLAR soit l'origine de la désignation actuelle du *Mas des Quatre Pilas* (commune de Murviel-lès-Montpellier) : — CARVILLAR, CATVILLAR = *CATVILLA (de même que *Villaris, -em = Villa et Viala), = *CATBILLA (de même que Murviel = Murbiel, Merbiel et Marbiel dans la prononciation locale). — L'interprétation de *CATBILLA par QUATRE PILAS n'a rien d'étonnant, quand on voit le populaire interpréter MONTPELLIER = MONT PILIER ou MON PILIER, à cause du *Pila Saint-Gély*.

Il serait possible également, que, dans des conditions d'accentuation différentes, CARVILLAR-CATVILLAR ait donné le nom de famille CAVIALE, qui existe encore actuellement à Montpellier. — *Villaris, -em*, a donné non seulement VILLA et VIALA, mais encore VIALLE.

On trouve à Montpellier, — en 1284, « EN FERMIN DE CAPVILAR », consul (A. Germain, *Hist. Commune Montp.*, tome I, p. 394), — et en 1325, « EN FERMIN DE CAPVILAR », également consul, « e mori En Fermin de Capvilar, a xxvii jorns de novembre » (Id., p. 404).

[2] Ms.: *frem*, sans l'indice d'abréviation.
[3] Ms.: *eis*, dont le s final paraît avoir été gratté.
[4] Le ms., qui a donné précédemment les formes *Carvilario, Catvilario*, etc., donne ici *Cavilario*.
[5] Ms.: *canibacerius*.
[6] Ms.: *comuniter*.
[7] Ms.: *eis*, dont le s final a été gratté.

Et dictus Johannes cedat, solvat et remittat¹ eidem Stephano et suis quicquid juris idem Johannes habet vel habere potest in eodem campo, oliveta et orto, aut contra ipsum Stephanum et suos et in bonis ejus, nomine vel occasione ejusdem honoris et cujuslibet contractus de eo vel pro eo vel ejus occasione celebrati, — et teneatur eidem Stephano et suis de defensione et evictione ejusdem honoris, ut in carta, cum qua eum vendiderat, facta per dictum notarium scriptum, habetur².

Et insuper det dictus Johannes dicto Stephano quinquaginta solidos melgoriensium ; — et, hiis salvis, sit pax et finis inter dictos fratres perpetuo de omnibus et singulis supradictis.

Hanc compositionem partes predicte approbaverunt et acceptaverunt, et insuper dictus Johannes numerando dedit et exsolvit dicto Stephano dictos quinquaginta solidos.

Et preterea dictus Stephanus reddidit et restituit, cessit, solvit et desamparavit in perpetuum dicto Johanni et suis dictam peciam campi et vinee ; — et versa vice idem Johannes cessit, solvit et remisit eidem Stephano et suis quicquid juris habet vel habere potest in dicto campo, oliveta et orto ei contiguis, aut contra ipsum Stephanum et suos et in bonis suis ; — ut hoc totum a dictis arbitris statutum est.

Et hec omnia et singula superius scripta perpetuo observare et nunquam contravenire, interposita stipulatione vicaria³ et sollempni, promiserunt dicti fratres sibi ipsis ad invicem, sub sacramento corporali, quod se prestitisse in posse dictorum arbitrorum cognoverunt, et nichilominus dictus Johannes sub juramento quod de novo corporaliter super sanctis euvangeliis Dei prestitit atque fecit.

Dictus, inquam, campus, cum oliveta et orto, confrontatur, ex una parte, cum honore Stephani predicti, via in medio ; ex alia, cum orto Gervasii de Catvilar⁴ ; ex alia, cum oliveta dicti Stephani, et ex alia, cum honore dicti Gervasii de Catvilar ; — et dicta pecia campi et vinee confrontantur, ex duabus partibus, cum honore ejusdem Gervasii, et ex duabus partibus aliis, cum honore dicti Johannis de Catvilar.

Horum omnium testes sunt dicti arbitri, Guillelmus Deaurator, Petrus Alberti, barberius, — et Bernardus de Bernicio, notarius, qui, mandato arbitrorum et partium, hec scripsi.

XVIII

1267, le 22 août, [Montpellier ?]. — Cession à Jacques Iᵉʳ, roi d'Aragon et de Majorque, seigneur de Montpellier, — par Jacques Hélie, drapier de Montpellier, — de tout ce qu'il possède en alleu dans la paroisse de Juvignac, — pour le tenir désormais du dit roi en fief.

1267, le 13 septembre, [Montpellier?]. — Reconnaissance féodale — au dit roi d'Aragon, représenté par Jean Blanc, son procureur, — par le dit Jacques Hélie, — pour tout ce qu'il tient désormais du dit roi, dans la paroisse de Juvignac ; — énumération des terres ainsi tenues en fief.

AA. 1, fol. 197 r° à 198 v°, art 577.

---

¹ Ms.: *remitat*. — ² Ms.: *habeatur*.
³ Ms.: *vicaria* (sic), pour *vallata* (?).

⁴ Le ms. donne trois fois de suite la forme romane *Catvilar*.

In nomine Domini nostri Jhesu Christi. — Anno ejusdem incarnacionis millesimo ducentesimo sexagesimo[1] septimo, quinto idus septembris.

Sit notum cunctis presentibus et futuris quod Jacobus Helias, draperius Montispessulani, domino Jacobo, Dei gratia regi Aragonum, Majoricarum et Valencie, comiti Barchinone et Urgelli et domino Montispessulani, fecit quandam donacionem et recognicionem dicto domino regi in hunc modum :

Noverint universi quod ego Jacobus Helias, draperius, per me et meos, bona fide et sine dolo, dono et concedo vobis illustrissimo domino Jacobo, Dei gratia regi Aragonum, Majoricarum et Valencie, comiti Barchinone et Urgelli et domino Montispessulani, quod ego et mei teneamus de cetero, et in presenti constituo me tenere, de vobis et vestris qui pro tempore domini fuerint Montispessulani, in feudum, omnes et singulos illos honores, quos ego teneo ad manum meam aut quilibet alii tenent de me in parrochia Sancti Gervasii[2] de Juviniaco, — illos scilicet qui sunt alodia, et directa dominia, consilia, laudimia et usatica, que ego habeo in eis, — ita scilicet quod mihi et meis licebit omnes et singulos dictos honores illos, scilicet quos ego teneo ad manum meam et alios etiam qui de me tenentur, si venirent ad manum meam, dare ad accapitum, dum nobis ibi retineamus dominium, consilium, laudimium et certum usaticum annuatim percipiendum ; — et de vendicionibus, alienationibus et impignorationibus, que fient de dictis honoribus, vel de quibuslibet eorumdem, per emphiteotas[3] vel accaptatores qui eos tenent vel tenebunt, ego et mei percipiemus laudimium et consilium, — sic quod vos vel vestri nichil inde percipietis. — Tamen si ego vel mei venderemus vel alienaremus totum hoc feudum, tunc vos vel vestri percipietis inde laudimium sive consilium, quod inde competiturum est.

Item, ego et mei ponemus et ponere poterimus, quando et quociens voluerimus, propria auctoritate nostra, bannerium[4] sive bannerios, in omnibus et singulis supradictis honoribus, ita quod illi bannerii portabunt baculum, signo nostro signatum sive depictum, in signum feudi nostri et dominii, et percipient bannum, tale quale consuetum est dari in villa Montispessulani, ab omnibus et singulis hominibus et feminis et animalibus, qui vel que incident[5] in bannum, in dictis honoribus aut in aliquo eorumdem.

Et ita recipio hec predicta a vobis in feudum, salvis etiam que inferius continentur ; — promittens quod ego recognoscam vobis, ad voluntatem vestram, omnes et singulos supradictos honores et confrontationes eorum ; — et pro hiis dabo et dare tenebor, pro usatico, vobis et vestris sive locum vestrum tenenti, annuatim in festo Sancti Micahelis, quinque solidos melgoriensium.

Et nos dictus Jacobus, Dei gratia rex Aragonum, Majoricarum et Valencie, comes Barchinone et Urgelli et dominus Montispessulani, mandamus et districte precipimus tenenti locum nostrum et bajulo et aliis curialibus curie nostre Montispessulani, presentibus et futuris, — quod illos homines et feminas et animalia, qui et que incident in bannum, in dictis honoribus et in aliquo eorum, distringant[6] et compellant ad dandum et solvendum dictum bannum tibi vel tuis, ad requisitionem tuum vel tuorum, et ad emendam, dampnum seu talam, quod vel que per te vel tuos

---

[1] Ms.: sexsagesimo.
[2] Ms.: Guirvasii.
[3] Ms.: empfiteotus.
[4] Ms.: bannum.
[5] Ms.: insident.
[6] Ms.: distringuant.

cognitum[1] vel cognita fuerit datum seu facta esse in ipsis locis aut in aliquo eorumdem; — et quod faciant et compellant tibi et tuis solvi et dari in pace, ab omnibus et singulis honoribus supradictis, qui sub jurisdictione nostra consistunt[2] vel consistent[3] usatica, census et redditus[4], quos et que habes in omnibus et singulis honoribus supradictis, aut etiam in quibuslibet aliis, — a quocumque vel a quibuscumque teneas illa usatica, census vel redditus, sive a nobis sive a quolibet alio sive a quibuslibet aliis, — in tota parrochia supradicta citra Amantionem[5] aut etiam ultra Amantionem.

Acta sunt hec in aula dicti domini regis, juxta palatium suum, presente[6] domino infante Jacobo, filio ejusdem domini regis, anno Dominice incarnacionis millesimo ducentesimo sexagesimo[7] quinto, scilicet undecimo kalendas septembris, — in presencia et testimonio Petri de Cantobre, militis, Bernardi de Vico, Bernardi de Bernicio, Bernardi Bandini, jurisperitorum, Bernardi Luppi, canabasserii, Raimundi Helie, draperii, et plurium aliorum, — et mei Bertrandi de Fabricis, publici Montispessulani notarii, qui, mandato dicti domini regis et rogatu dicti Jacobi Helie, hec scripsi et signo meo signavi.

De quibus donatione et recognitione Bertrandus de Fabricis, notarius Montispessulani, mandato dicti domini regis et dicti Jacobi, fecit publicum instrumentum, — anno Dominice incarnacionis millesimo ducentesimo sexagesimo[8] quinto, scilicet undecimo kalendas septembris.

Post que, idem Jacobus Helias, volens adimplere promissionem predictam, qua promisit eidem domino regi recognoscere, ad voluntatem dicti domini regis, omnes et singulos predictos honores et confrontationes eorum, — nunc presenti die, scilicet millesimo ducentesimo sexagesimo septimo[9], — confessus fuit et recognovit domino Johanni Blanco, jurisperito et procuratori dicti domini regis, se habere et tenere, sub dominio dicti domini regis et pro eo, omnes possessiones inferius designatas, infra parrochiam Sancti Gervasii de Juviniaco:

Videlicet quamdam peciam terre, quam tenent infantes Guillelmi Rotgerii, — et confrontatur, ex una parte, cum honore Guillelmi Juliani, et ex alia parte, cum Fossa Boneria[10];

Item, aliam peciam terre, quam tenet Guillelmus Faber, — que confrontatur cum honore Petri de Ecclesia; ex alia, cum honore luminarie Sancti Gervasii;

Item, aliam peciam, quam tenet luminaria Juviniaci, — et confrontatur cum honore Petri de Ecclesia, et ex alia cum honore Guillelmi Fabri;

Item, quamdam aliam peciam terre, quam tenet G[uillelm]us Costa, — et confrontatur undique cum eodem G[uillelm]o Costa;

Item, aliam peciam terre, quam tenet P[etrus] Capud [Probi] Hominis, — et confrontatur cum honore B[11]. de Costa, et ex alia, cum honore filie quondam Marie Davine;

[1] Ms.: *cognitam.*
[2] Ms.: *concistunt.*
[3] Ms.: *concistent.*
[4] Ms.: *reditus.*
[5] La rivière de la Mosson.
[6] Le ms. répète *presente.*
[7] Ms.: *sexsagesimo.*
[8] Ms.: *sexsagesimo.*
[9] Ms.: *m°. cc° lx. vii.*
[10] La Fosse Bonière, — «ruisseau dit valat de *la Fosse*», — petit torrent, passant entre le village de Saint-Georges-d'Orques et le hameau de Courpouyran, — formant, sur une partie de son cours, la limite entre les communes de Saint-Georges-d'Orques et de Juvignac, — et déversant ses eaux dans la Mosson (rive droite), à proximité du Mas de La Tour.
[11] Ms.: *B.* paraissant avoir été corrigé en *R.*

Item, aliam peciam terre quam tenent[1] R. Veulet et gener suus, — que confrontatur cum honore Guillelmi de Leran, et ex alia, cum honore Guillelmi Cambafort, carreria media[2];

Item, aliam peciam terre, quam tenent infantes quondam Davini de Ecclesia, que nunc est Ger.(?) Donati et G. Cambafort, — et confrontatur cum honore Ber. Olieu et cum honore R. de Veul, carreria media ;

Item, aliam peciam terre, quam tenet Poncius de Ecclesia, — et confrontatur cum camino, quo itur ad Sanctum Georgium[3], et cum honore infantium B. Dausanegues[4];

Item, aliam peciam terre, quam tenet P[etrus] de Ecclesia, que est de sororio suo En Balansier, — et confrontatur cum honore Jacobi Arlans et cum honore Poncii Martini, carreria media ;

Item, aliam peciam terre quam tenet Ber. Olieu, — et confrontatur cum honore G[i] Cambafort et cum oliveda Pon[cii] Camini, rivo medio ;

Item, alias tres pecias terre, quas tenet P. Bertrandi, — quarum una confrontatur cum honore Johannis Gili, et ex alia, cum honore R[i] de Volio ; — alia pecia confrontatur cum honore Stephani Berengarii et cum honore Ber. Davini ; — alia pecia confrontatur cum honore R[aymund]i Helic et cum honore Dominici Vitalis ;

Item, aliam peciam terre, quam tenet R. de Calvinhac de Fanhs, — et confrontatur, ex una parte, cum honore Duranti de Manso, et cum honore Thome Trenquier;

Item, aliam peciam, quam tenet P. de Hospitali, — et confrontatur cum honore Ger. (?) Jacme et cum honore Berengarii Gironda ;

Item, aliam peciam terre, quam tenet Perols Faber, — et confrontatur cum honore G[i] de Volio et cum honore Micahelis [de] Ponte ;

Item, duas pecias terre, quas tenet P[etrus] de Ecclesia, — quarum una confrontatur, ex una parte, cum honore Martini de Monlos et cum honore Stephani Berengarii ; — et alia confrontatur cum honore Ber. Davini et cum honore generis G. Dalvernhie ;

Item, tres pecias terre, quas tenent infantes quondam Stephani Vaunage ; — quarum unam[5] tenet R[aymund]us Valnage, et confrontatur, ex una parte, cum honore Petri Banhas, carreria media, et ex alia parte cum honore G. Vaunage ; — aliam peciam tenet G. Vaunage, et confrontatur, ex una parte, cum honore R[aymund]i Vaunage, et ex alia cum honore Thome Trenquier ; — et aliam tenet Thomas Trenquier, et confrontatur, ex una parte, cum honore G. Vaunage et cum honore Dur[anti] de Manso.

Acta fuerunt hec in presencia et testimonio Guillelmi Christianni, Guitalmini de Carrassone, Bertrandi Micahelis, Guiraudi Marcelli, Raimundi Helie, Jacobi Desparigueria, scriptoris, — et mei Micahelis de Malobuxo, publici Montispessulani notarii, qui, mandatus et rogatus, hec scripsi, — et feci quamdam interliniaturam, que dicit *ad*, et quasdam rasuras, quarum una dicit *hominis*,

---

[1] Ms.: *tenet*.

[2] Le ms. répétait ici : *item, aliam peciam terre, quam tenet Petrus Capud Probi Hominis, et confrontatur cum honore B. de Costa. et ex alia, cum honore filie quondam Marie Davine ; item, aliam peciam terre, quam tenet R. de Veutel et gener suus, que confrontatur cum honore G[i] de Leran, et ex alia, cum honore G[i] Cambafort, carreria media.* Tout ce passage a été exponctué.

[3] *Saint-Georges-d'Orques*, commune limitrophe de Juvignac, troisième canton de Montpellier.

[4] Le nom de famille DAUSSARGUES existe encore dans la commune de Juvignac, notamment au hameau de Courpouyran. Ce nom provient du vieux mas d'*Aussargues*, *Altianicis*, aujourd'hui *Naussargues*, qui fait également partie de la commune de Juvignac.

[5] Ms.: *una*.

et alia *B*.; et punctavi[1] superius circa quatuor lineas que erant superflue; — et ad majorem horum omnium firmitatem habendam, meum signum apposui. *(Seing du notaire Michel de Malbosc).*

LATTES

XIX

1186, le 12 avril, Maguelone. — Donation, — par Pierre de Vabre, prévôt de Maguelone, — à l'église Notre-Dame de Lattes, de la moitié de la dîme du blé, qui se percevra au moulin du seigneur de Montpellier, sis auprès de la muraille du château de Lattes et appelé le Moulin Bas ; — la dite donation ratifiée par Guilhem VIII, seigneur de Montpellier.

1302 (n. st.), le 14 février, [Montpellier]. — Transcription de la précédente donation, — par ordre de Brémond de Montferrier, lieutenant du roi de Majorque en la baronnie de Montpellier.

AA. 1, fol. 215 r°, art. 609.

In nomine Domini. — Anno ejusdem incarnationis M°. C. LXXX VI, mense aprilis.

Ego Petrus de Vabre, prepositus Magalone, habito consilio et deliberatione domini Johannis[2], Magalonensis episcopi, totiusque capituli, dono et concedo in perpetuum ecclesie Sancte Marie de Latis et tibi Guillelmo Cabiscolo, procuratori ejusdem ecclesie, et successoribus[3] tuis, scilicet totam decimam bladi, quam ecclesia Magalonensis habet et habere debet in molendino domini Guillelmi Montispessullani[4], quod est juxta murum castri de Latis[5] et vocatur Molendinum Inferius, in quo habentur due rote infra unum tectum, tali tamen pacto et tenore quod tu et successores tui exigetis et congregabitis predictam decimam harum duarum rotarum, et de tota illa decima habita et congregata reddetis michi et successoribus meis medietatem ; aliam vero medietatem habebitis, in usus et utilitatem predicte ecclesie Beate Marie de Latis.

Et ego Guillelmus, dominus Montispessulani, laudo et confirmo predictam donacionem, et volo et jubeo quod de cetero decima predictarum duarum rotarum fideliter et plenarie detur.

Acta sunt hec in capitulo Magalone, vigilia Pasche, residente domino Johanne, episcopo, et preposito, in presencia G. Raymundi, archidiaconi, Bertrandi Bovis, Ademari Poncii de Sellis, Bernardi Petri, Bernardi Tavel, Johannis de Aujaz[6], Raymundi de Arboraz, G. Nigri, G. de Vilario, Petri de Albalhanicis, Bernardi Bremundi, Johannis de Perininco, Petri de Castro Novo, Johannis

---

[1] Ms.: *puctavi.*
[2] Jean II de Montlaur.
[3] Le ms. donne plutôt *succesoribus* que *successoribus.*
[4] *Sic* au lieu de *Montspessulani.*
[5] *Lattes*, petit village, chef-lieu de la commune du même nom, deuxième canton de Montpellier, entre Montpellier et la mer.
[6] Ms.: *aujaz = Aviaz* ??

de Rocafolio, Raimundi de Marojol, Raymundi de Podio Abone, Raimundi de Manso Andree, G. Ademari, Petri de Mesoa, Petri Ferrarii, Berengarii de Calador, Raimundi Petri et aliorum. Silvester scripsit hec.

Hanc cartam bullavit G. Raimundi, mandato Guillelmi, domini Montispessulani.

Hoc est transcriptum fideliter sumptum per me Bertrandum de Riali, publicum Montispessulani [notarium], ex quodam originali instrumento non viciato nec abolito nec cancellato, cujus tenor de verbo ad verbum superius continetur.

Quod quidem transcriptum sumpsi, auctoritate mandati mihi dati per nobilem virum dominum Bremundum de Monteferrario, militem et locum tenentem illustris domini regis Majoricarum in baronia Montispessulani, anno Dominice incarnacionis millesimo tricentesimo primo, scilicet sextodecimo kalendas marcii, — domino Philippo, rege Francorum, regnante, — testibus presentibus domino Petro Poncii, priore de Holazanicis, domino.....[1].

MONTARNAUD

XX

1277 (n. st.), le 19 février, [Montpellier]. — Reconnaissance féodale, hommage et serment de fidélité — à Jacques Ier, roi de Majorque, seigneur de Montpellier. — par Pierre Adhémar, chevalier, et par Pons de Vailhauquès, Bertrand Dagon, Bernard Raymond, Bertrand Guilhem, Raymond de Montaut, Raymond de Pradines, Bertrand Adhémar le jeune, Bermond d'Aumelas, Bernard Adhémar et Guilhem du Fesc, damoiseaux ou écuyers, — pour ce qu'ils tiennent du dit roi dans le château et dans la seigneurie de Montarnaud.

AA. 1, fol. 203 r°, art. 583.

In nomine Domini. — Anno incarnationis ejusdem millesimo ducentesimo septuagesimo sexto, scilicet undecimo kalendas marcii.

Nos Petrus Ademarii, miles, et Poncius de Valauquesio, domicellus seu scutifer, et Bertrandus Dagon, et Bernardus Raimundi, et Bertrandus Guillelmi, et Raimundus de Monte Alto, et Raimundus de Pradinas, et Bertrandus Ademarii juvenis, et Bermundus de Omellatio, et Bernardus Ademarii, et Guillelmus de Fisco, domicelli seu scutiferi, — quisque nostrum, bona fide et sine omni dolo et fraude, scientes, asserentes et recognoscentes vobis illustrissimo domino Jacobo, Dei gratia regi Majoricarum, comiti Rossilionis et Ceritanie ac domino Montispessulani, nos a vobis tenere in feudum omnia illa que a vobis tenemus in castro de Monte Arnaldo[2] et ejus dominatione, seu etiam alibi;

[1] La fin manque dans le ms.

[2] *Montarnaud*, chef-lieu de la commune du même nom, canton d'Aniane.

« Marie de Mujolan apporta en mariage, à noble Antoine de Brignac, la terre de Montarnaud; il vivait en 1477 »; — sur les de Brignac, seigneurs et barons de Montarnaud, de 1477 à 1856, voir Louis de la Roque,

Et pro illis eisdem que a vobis tenemus, nos vobis homagium et sacramentum fidelitatis prestare et facere debere, sicut vassalli et vassallus domino facere et prestare tenetur et tenentur.

Et ideo, sponte et debite, vobis dicto domino regi, flexis genibus et junctis manibus et in vestris manibus positis, datoque osculo pacis et firmitatis, — pro illis omnibus que quisque nostrum a vobis dicto domino rege tenemus, — homagium facimus quisque nostrum sine dolo, — et vos et vitam vestram et membra et terram vestram salvare et custodire promittimus et debemus quisque nostrum, ut vassallus.

Et nos Jacobus, Dei gratia rex Majoricarum, comes Rossilionis et Ceritanie ac dominus Montispessulani predictus, predicta omnia recipimus, salvo et retento nobis in omnibus et per omnia jure nostro.

Testes sunt horum omnium rogati Jaufridus, vicecomes de Rocabertino, Petrus Rubei, Arnaldus Bajuli, jurisperiti, Petrus de Calidis, scriptor dicti domini regis, — et ego Petrus Davini, notarius publicus Montispessulani, qui supradicta omnia scripsi, mandato dicti domini regis et vassallorum predictorum, et hic signo meo sequenti signavi. *(Seing du notaire Pierre Davin).*

MONTBAZIN

XXI

1277 (n. st.), le 14 mars, [Montpellier]. — Reconnaissance féodale, hommage et serment de fidélité — à Jacques Ier, roi de Majorque, seigneur de Montpellier, — par Raymond Vassadel, damoiseau, fils de feu Raymond Vassadel, chevalier, — pour le château de Montbazin et ses appartenances.

AA. 1, fol. 203 v°, art. 589.

Anno incarnationis Dominice millesimo ducentesimo septuagesimo sexto, scilicet pridie idus marcii.

Ego Raimundus Vassadelli, domicellus, filius quondam nobilis viri domini R(aimund)i Vassadelli[1], militis, bona fide et sine dolo et fraude, sciens, asserens et recognoscens vobis illustrissimo domino Jacobo, Dei gratia regi Majoricarum, comiti Rossilionis et Ceritanie ac domino Montispessulani, me a vobis tenere in feudum totum castrum de Monte Bazenco[2], cum omnibus perti-

Armorial de la Noblesse de Languedoc, généralité de Montpellier, tome I, pp. 104-105; — « cette maison s'est éteinte en 1856 par la mort de madame la comtesse de Turenne, née de Brignac, qui avait été dame du palais de l'impératrice Joséphine »: — « Claire-Isabelle-Josèphe-Françoise-Agathe de Brignac, fille unique de Jacques-Jean-Él. de Brignac, sgr et baron de Montarnaud, mariée en 1799 à Henri-Amédée-Mercure de Turenne d'Aynac, chambellan de l'empereur Napoléon Ier, comte de l'empire, général de brigade, pair de France, grand officier de la Légion d'honneur »; —

« la terre de Montarnaud est aujourd'hui possédée par la maison de Turenne ». (Louis de la Roque, op. cit.).

Le château de Montarnaud, appartenant à M. le comte Paul de Turenne, a conservé d'importantes archives seigneuriales.

[1] A la fin de novembre 1238, on trouve une « Vassadella, domina castri de Cornoneterrallo, et... Raimundus Vassadellus, filius ejus ». (Cf. A. Germain, *Le Consulat de Cournonterral*, dans les *Mémoires de la Société archéol. de Montp.*, in-4°, tome IV, p. 6).

[2] *Montbazin*, commune du canton de Mèze.

nentiis suis; — et pro eodem castro et pertinentiis suis, me vobis homagium et sacramentum fidelitatis prestare et facere debere, sicut vassallus domino facere et prestare tenetur.

Et ideo, sponte et debite, vobis dicto domino regi, flexis genibus et junctis manibus et in vestris manibus positis datoque osculo pacis et firmitatis, pro dicto castro de Monte Bazenco et omnibus pertinentiis suis, homagium facio sine dolo, — et vos et vitam vestram et membra et terram vestram salvare et custodire debeo et promitto sollempniter, ut vassallus.

Et nos Jacobus, Dei gratia rex Majoricarum, comes Rossilionis et Ceritanie et dominus Montispessulani predictus, predicta omnia recipimus, salvo et retento nobis in omnibus et per omnia jure nostro.

Testes sunt horum omnium rogati Jaufridus, vicecomes de Rocabertino, Arnaldus Bajuli, Petrus Rubei, Gitfredus [?] de Cumbis, jurisperiti, Petrus de Calidis, scriptor dicti domini regis, Guillelmus Fredoli, domicellus, et ego Petrus Davini, notarius publicus Montispessulani, qui supradicta omnia scripsi, mandato dicti domini regis et R(aimund)i Vassadelli prelibati, et hic signo meo sequenti signavi. *(Seing du notaire Pierre Davin).*

XXII

1301, le 4 mai, Montpellier. — Reconnaissance féodale, hommage et serment de fidélité — à Jacques Ier, roi de Majorque, seigneur de Montpellier, représenté par Brémond de Montferrier, son lieutenant en la terre et baronnie de Montpellier, — par Fizes, sœur et héritière de feu Raymond Vassadel, damoiseau, — pour le château de Montbazin et ses appartenances.

AA. 1, fol. 214 r°, art. 606.

Anno Dominice incarnationis millesimo tricentesimo primo, videlicet quarto nonas madii, domino Philippo, rege Francorum, regnante.

Ego Fizas, soror et heres universalis quondam nobilis Raymundi Vassadelli, domicelli, — constituta in presencia vestri nobilis viri domini Bremundi, Montisferrarii domini, militis et locum tenentis illustris domini mei regis Majoricarum in terra et baronia Montispessulani, — confiteor et recognosco vobis, pro dicto domino rege recipienti, et per vos dicto domino regi, quod ego teneo et tenere debeo in feudum a dicto domino rege Majoricarum totum castrum de Monte Bazenco, cum omnibus suis pertinenciis, quod castrum ad me pervenit ex successione predicti fratris mei.

Scio insuper et vere fateor et recognosco vobis dicto domino locum tenenti, pro dicto domino rege, me pro dicto castro et suis pertinenciis dicto domino regi homagium et juramentum fidelitatis facere debere, et vassallam et feminam suam esse fidelem.

Et statim presentialiter, flexis genibus coram vobis dicto domino locum tenente et junctis meis manibus et positis intra vestras datoque osculo[1] pacis et firmitatis, pro dicto castro et ejus pertinentiis, homagium vobis pro dicto domino rege Majoricarum, domino meo, facio, et sacramentum fidelitatis in manus vestras presto, ad sancta quatuor Dei euvangelia a me corporaliter tacta, — promittens[2] quod dictum dominum regem, vitam suam et membra et ejus infantes et terram [?]

[1] Ms.: *hosculo*.   [2] Ms.: *promitens*.

et jura sua salvabo et custodiam, bona fide, et tanquam fidelis femina et vassalla, dicto domino regi, domino meo, in omnibus bonam fidem portabo.

Et nos locum tenens predictus predicta recipientes, salvo in omnibus jure dicti domini regis, vobis dicte vassalle dictum feudum confirmamus.

Actum in palacio regio Montispessulani. Testes sunt frater Guillelmus de Castro Novo, preceptor Pedenacii, frater Guillelmus Hugonis, preceptor sancte Eulalie, Templarii milites, dominus Poncius de Homellacio, legum doctor, Petrus Bernardi, domicellus, Guillelmus Guersi, dominus Castri Novi, Hot de Cornone, Eymes de Centrasanicis[1], Segerius[2] de Cornone, domicelli, dominus Petrus de Cornone, canonicus Magalonensis, prior de Sestayranicis, et alii, — et ego Bertrandus de Riali, publicus Montispessulani ac dicti palacii notarius, qui, a dicto domino locum tenente mandatus et a dicta Fizas rogatus, hec scripsi, et signavi. *(Seing du notaire Bertrand de Rial)*.

MONTFERRIER

XXIII

1259 (n. st.), le 9 mars, [Montpellier?]. — Reconnaissance féodale et serment de fidélité — à Jacques Ier, roi d'Aragon et de Majorque, seigneur de Montpellier, — par Sicard de Montferrier et Guilhem d'Assas, co-seigneurs du château de Montferrier, faisant tant en leur nom personnel qu'au nom de leurs co-seigneurs Guilhem Armand, Gély de Saint-Gervais, Bertrand de l'Ile, Bernard de Saint-Just (fils de feu Pierre de Montferrier), Pons Guilhem et Bernard Gaillard, — pour le château, les barris et le terroir du dit Montferrier, qu'ils tiennent du dit roi, avec droit de juridiction.

AA. 1, fol. 207 r°, art. 599.

Noverint universi quod nos Sicardus de Monteferrario et Guillelmus de Arsascio[3], pariarii domini castri de Monteferrario[4], pro nobis et aliis pariariis nostris condominis ejusdem castri, — scilicet Guillelmo Armandi, Egidio de Sancto Girvasio, Bertrando de Insula, Bernardo de Sancto Justo, filio quondam Petri de Monteferrario, Poncio Guillelmi et Bernardo Gallardi, — confitemur et recognoscimus vobis domino Jacobo, Dei gratia regi Aragonum, Majoricarum et Valencie, comiti Barchinone et Urgelli et domino Montispessulani, quod nos et ceteri prenominati pariarii habemus et tenemus in feudum a vobis domino nostro rege, domino Montispessulani, castrum totum de Monteferrario, et ejus barrium et barria, et totum territorium ejusdem, et quicquid in eodem castro et barrio et barriis et territorio, per nos vel per alios, simul vel separatim, habemus, possidemus et quasi[5] possidemus, — cum plena et omni jurisdictione, maxima, media, minori, ordinaria et

---

[1] Pour *Centvairanicis*? — [2] Pour *Seguerius*?

[3] Cette forme *Arsascio*, pour *Arsacio*, se retrouve plus bas.

[4] *Montferrier*, chef-lieu de la commune du même nom, deuxième canton de Montpellier.

[5] Ms.: *quasy*.

extraordinaria, et alia omni, — excepto quod vos vobis retinetis cognitionem et executionem illorum dumtaxat criminum, et in illis tantum casibus in quibus rex, quibus pena mortis naturalis vel membri[1] abcisio[2] infligeretur;

Et forcias ejusdem castri, irati et pacati, tempore pacis et guerre, ad vestram vel vestri certi nuncii monitionem, vobis reddere debemus; set vos debetis statim eas nobis reddere, si non habueritis neccessariam causam tenendi. Si autem neccesse habueritis eas tenere ob aliquam neccessariam causam, vos debetis eas nobis restituere, ea neccessitate transacta.

Et pro premissis omnibus, vobis fidelitatem promittimus, facimus et juramus ad sancta Dei evangelia corporaliter a nobis tacta.

Et nos predictus Jacobus, Dei gratia rex Aragonum, Majoricarum et Valencie, comes Barchinone et Urgelli et dominus Montispessulani, predicta omnia acceptantes secundum modum predictum, ea vobis predictis Sicardo de Monteferrario et Guillelmo de Arsascio, recipientibus pro vobis et aliis pariariis dominis dicti castri de Monteferrario et successoribus vestris, reddimus, damus et concedimus in feudum, — adicientes, statuentes et concedentes quod si aliquis pariariorum dicti castri partem suam vel aliquam partem partis sue alienare voluerit, quod ipsam alienet et alienare possit in alium vel in alios pariarios ipsius castri et non in aliam personam, si tamen ipsi alii pariarii vel aliquis eorum eam retinere voluerit pro precio quo alii vendere vellet, vel pro estimatione ipsius rei, quam in alium transferre vellet ex aliqua causa; — salvo tamen nobis quod nos, ante omnes alias personas, eam partem, que alienanda esset, retinere possemus.

Licuit autem vobis, licet et licebit et ceteris pariariis et successoribus vestris, sine nostro consilio, aliis dare ad acapitum res dicti feudi, — et datas et dandas, si alienarentur a possessoribus sive acaptariis, et earum alienationes laudare et laudimia recipere et vobis habere, sine nostro impedimento quolibet et nostrorum.

Ipsum etiam feudum defendemus vobis ab omnibus et contra omnes alias personas.

Preterea non accipiemus homines dicti castri, nec volumus quod homines ejusdem castri recipiantur in speciali protectione sive salvataria nostra nec consulatus Montispessulani.

Acta sunt hec — anno Dominice incarnationis millesimo ducentesimo quinquagesimo octavo, septimo idus[3] marcii, — in presencia et testimonio Guillelmi de Rocafolio, Hugonis Fabri, Johannis de Ripa, Johannis Pelliperii, Stephani Catalani, Guillelmi Petri de Latis, Petri de Terico [?], Firmini Rabas, — et Petri de Ponte, notarii publici Montispessulani, qui hec scripsit. *(Seing du notaire Pierre Delpont).*

XXIV

1277 (n. st.), le 19 février, [Montpellier?]. — Reconnaissance féodale, hommage et serment de fidélité, — à Jacques Ier, roi de Majorque, seigneur de Montpellier, — par Gély de Saint-Gervais, chevalier, Guilhem Pierre, Guilhem d'Assas et Pierre de Saint-Just, damoiseaux du château de Montferrier, — pour ce qu'ils tiennent du dit roi dans le dit château et dans la seigneurie de Montferrier, et ailleurs.

AA. 1, fol. 203 r°, art. 586.

[1] Ms.: *menbri*. — [2] Pour *abscissio* ou *abscisio*. — [3] Ms.: *ydus*.

Anno incarnationis Dominice millesimo ducentesimo septuagesimo sexto, scilicet undecimo kalendas marcii.

Nos Egidius de Sancto Gervasio, miles, et Guillelmus Petri, et Guillelmus de Arssatio, et Petrus de Sancto Justo, domicelli castri de Monteferrario, quisque nostrum, bona fide et sine dolo et fraude, scientes, asserentes et recognoscentes vobis illustrissimo domino Jacobo, Dei gratia regi Majoricarum, comiti Rossilionis et Ceritanie et domino Montispessulani, nos a vobis tenere in feudum omnia illa que a vobis tenemus in castro de Monteferrario et ejus dominatione seu etiam alibi ; — et pro illis eisdem que a vobis tenemus, nos vobis homagium et sacramentum fidelitatis prestare et facere debere, sicut vassalli seu vassallus domino facere et prestare tenetur seu tenentur.

Et ideo, sponte et debite, vobis dicto domino regi, flexis genibus et junctis manibus et in vestris manibus positis, datoque osculo pacis et firmitatis, pro illis scilicet omnibus que quisque nostrum a vobis dicto domino rege tenemus, homagium facimus quisque nostrum sine dolo, — et vos et vitam vestram et membra et terram vestram salvare et custodire promittimus et debemus quisque nostrum, ut vassallus.

Et nos Jacobus, Dei gratia rex Majoricarum, comes Rossilionis et Ceritanie ac dominus Montispessulani predictus, predicta omnia recipimus, salvo et retento nobis in omnibus et per omnia jure nostro.

Testes sunt horum rogati Jaufridus, vicecomes de Rocabertino, Arnaldus Bajuli, Petrus Rubei, jurisperiti, Petrus de Calidis, scriptor dicti domini regis, — et ego Petrus Davini, notarius publicus Montispessulani, qui supradicta omnia scripsi, mandato dicti domini regis et vassallorum predictorum, et hic meum apposui sequens signum. *(Seing du notaire Pierre Davin).*

XXV

1277, le 15 juin, [Montpellier?]. — Reconnaissance féodale, hommage et serment de fidélité — à Jacques Ier, roi de Majorque, seigneur de Montpellier, — par Bernard Gaillard, damoiseau du château de Montferrier, — pour ce qu'il tient du dit roi dans le dit château de Montferrier et dans le terroir en dépendant.

AA. 1, fol. 204 r°, art. 592.

Anno incarnationis Dominice millesimo ducentesimo septuagesimo septimo, scilicet septimodecimo kalendas julii.

Ego Bernardus Gaillardi, domicellus castri de Monteferrario, bona fide et sine omni dolo et fraude, sciens, asserens, confitens et recognoscens vobis illustrissimo domino Jacobo, Dei gratia regi Majoricarum, comiti Rossilionis et Ceritanie ac domino Montispessulani, me a vobis tenere in feudum totum et quicquid habeo in castro de Monteferrario et extra, in toto ejus territorio et dominatione et pertinentiis suis ; — et pro eisdem que a vobis teneo predictis, me vobis homagium et sacramentum fidelitatis prestare et facere debere, sicut vassallus domino facere et prestare tenetur.

Et ideo, sponte et debite, vobis dicto domino regi, flexis genibus et junctis manibus et in vestris manibus positis datoque osculo pacis et firmitatis, pro predictis que a vobis, ut predixi, teneo, homagium facio sine dolo; — et vos et vitam et terram vestram et membra vestra salvare et custodire debeo et promitto sollempniter, ut vassallus.

Et nos Jacobus, Dei gratia rex Majoricarum, comes Rossilionis et Ceritanie et dominus Montispessulani predictus, omnia predicta recipimus, salvo nobis et retento in omnibus et per omnia jure nostro.

Testes sunt horum omnium predictorum rogati Petrus Rubei, Arnaldus Bajuli, Bermundus de Arssatio, aliàs Bermundus de Monteferrario nuncupatus, jurisperiti, Guillelmus Petri, armiger, — et ego Petrus Davini, notarius publicus Montispessulani, qui supradicta omnia scripsi, mandato dicti domini regis et rogatu Bernardi Gallardi prelibati, et hic signo meo sequenti signavi. *(Seing du notaire Pierre Davin).*

PIGNAN ET SES ENVIRONS

XXVI

1267, le 17 juin, [Montpellier]. — Reconnaissance féodale et serment de fidélité — à Jacques Ier, roi d'Aragon et de Majorque, seigneur de Montpellier, représenté par son procureur Jean Blanc, — par Guilhem de Pignan, chevalier. — pour ce qu'il tient du dit roi dans le château et dans le terroir de Pignan.

AA. 1, fol. 200 v°, art. 580.

Anno dominice incarnationis millesimo ducentesimo sexagesimo[1] septimo[2], [scilicet] quintodecimo kalendas julii.

Noverint universi quod Guillelmus de Piniano, miles, confessus fuit et recognovit, — presente domino Petro de Sancto Justo, locum tenente, in Montepessulano et dominatione ejusdem, domini regis Aragonum, Majoricarum et Valencie, comitis Barchinone et Urgelli et domini Montispessulani, — Johanni Blanco, jurisperito, procuratori dicti domini regis, recipienti pro eo, — se habere et tenere in feudum a dicto domino rege, ut a domino Montispessulani, quicquid habet et habere debet in castro de Piniano[3] et in territorio et districtu ejusdem castri, vel alius vel alii pro ipso, et sub ejusdem domini regis dominio, dominacione et jurisdictione.

[1] Ms.: *sexsagesimo.*

[2] Ms.: *sexto,* corrigé en *septimo.*

[3] *Pignan,* important village, chef-lieu de la commune du même nom, troisième canton de Montpellier. Les restes du *castrum* du moyen âge sont encore assez considérables. Le château de l'époque moderne est devenu la mairie et l'école communale ; l'ancien parc seigneurial sert de jardin public.

Le 26 octobre 1895, par devant Me Ernest de Nucé de Lamothe, notaire à Pignan, — vente par « le baron Maurice de Hirsch de Gereuth, commandeur de la Légion d'honneur, propriétaire, ayant l'une de ses habitations à Paris, rue de l'Élysée, n° 2 », — à la commune de Pignan, représentée par M. Dieudonné Vidal, maire, du « CHATEAU DIT DE PIGNAN, avec le parc y attenant, borné au sud et à l'ouest par le chemin de grande communication n° 5 de Montpellier

Pro quo feudo promisit et ad sancta Dei euvangelia juravit eidem domino regi et ejus successoribus esse fidelis, in omni jure suo conservando ubique, et cum juvare cum dicto feudo, de placito et guerra, et claves castri, una cum aliis dominis ejusdem castri, tradere ac ipsum castrum, tempore guerre et pacis, iratus et paccatus, et sibi non esse in dampnum de persona vel rebus et generaliter in omnibus.

Et per omnia, promisit dicto procuratori, eidem domino regi et suis in dominacione Montispessulani succedentibus, esse fidelis perpetuo in quibus vassallus domino suo debet [et] tenetur esse fidelis.

Promisit, inquam, dicto Johanni Blanco, procuratori dicti domini regis, quod si amplius sciret vel addicere[1] posset quod deberet tenere ab eo, illud tam cito manifestaret ipsi domino regi vel alii pro eo.

Acta fuerunt hec sollempniter et rite, in presencia et testimonio Bernardi de Piniano, Ermengavi de Piniano, Petri Ademarii, militis, Petri de Montanhola[2], notarii, Assaudi de Quillano et plurium aliorum, — et mei Micahelis de Malobuxo, publici Montispessulani notarii, qui, mandato dictarum partium, hec scripsi et signum meum apposui. *(Seing du notaire Michel de Malbosc).*

à Montagnac; au nord, par le chemin vicinal n° 27 de Cournonterral à Pignan......», pour le prix de 120.000 francs ;

Le baron Maurice de Hirsch de Gereuth était « propriétaire des immeubles objet de la présente vente pour en avoir fait l'acquisition, avec d'autres immeubles plus conséquents, de M. François Gablin, propriétaire, chevalier de la Légion d'honneur, demeurant à Paris, rue des Pyramides, n° 14, suivant acte sous seings privés fait double à Paris le 20 juillet 1892.... Cette vente, comprenant dans son ensemble les domaines de PIGNAN, VALAUTRE et VÉDAS, situés dans les communes de Pignan, Saussan, Fabrègues et Saint-Paul-et-Valmalle (arrondissement de Montpellier, département de l'Hérault), fut consentie par M. Gablin à M. le baron de Hirsch moyennant le principal de un million 266.420 francs.....»;

« M. François Gablin était lui-même antérieurement propriétaire des immeubles objet de la présente vente, comme faisant partie du domaine dit de PIGNAN, qu'il a acquis, concurremment avec les domaines de VALAUTRE et de VÉDAS sus-désignés, de M. Napoléon-Joseph-Gabriel comte de Turenne d'Aynac, propriétaire, ancien capitaine d'infanterie, chevalier de la Légion d'honneur, demeurant à Courtomer (Orne), suivant acte passé..... à Paris le 27 juillet 1888..... La vente fut consentie par M. de Turenne à M. Gablin, moyennant le prix de 800.000 francs...»;

«M. de Turenne d'Aynac était antérieurement propriétaire des immeubles ci-dessus désignés....... comme les ayant recueillis dans la succession de M. Henri Amédée-Mercure de Turenne, marquis d'Aynac, comte de Turenne, demeurant à Saint-Germain-en-Laye, rue des Bucherons, n° 5, son père, décédé à Paris, rue Royale Saint-Honoré, n° 8, le 16 mars 1852, duquel il était héritier pour moitié............ Ils lui ont été attribués, avec d'autres immeubles, par M. Gustave-Édouard-Joseph Romuald, marquis de Turenne d'Aynac, son frère, propriétaire, demeurant à Paris, rue de Bercy, n° 26, aux termes d'un acte [en date du 4 novembre 1852]..... contenant partage entre M. le marquis et M. le comte de Turenne, tant des biens dépendant de la succession de M. le comte de Turenne, leur père, que de ceux provenant de la donation à titre de partage anticipé, faite par le même acte par Madame Claire-Élisabeth-Joséphe-Françoise-Agathe de Brignac-Montarnaud, comtesse de Turenne, leur mère »; — « Madame la comtesse de Turenne, née de Brignac Montarnaud, est décédée à Saint-Germain-Laye le 15 décembre 1856 »;

« Le domaine de Pignan appartenait depuis plusieurs siècles à la famille de Madame de Turenne, née de Baschi du Cayla, mère de M. le comte de Turenne, et fut constitué en dot à ce dernier par la dite dame, aux termes de son contrat de mariage passé devant Me Caysergues, notaire à Montpellier, le 19 floréal an VII ». (Archives de la Préfecture de l'Hérault; archives communales de Pignan ; minutes de Me de Nucé de Lamothe, notaire à Pignan).

«Gabrielle-Pauline, mariée à Joseph-Marie-René de Turenne, marquis d'Aynac (en Quercy), dont un fils: Henri-Amédée-Étienne, comte de l'Empire, général de brigade, chambellan de l'empereur Napoléon Ier», — était fille de «Henri de Baschi, marquis de Pignan par lett. pat du mois d'avril 1721, baron de las Ribes», qui avait épousé, le 11 août 1720, Anne-Renée d'Estrades ; — le dit Henri de Baschi était fils d'autre Henri de Baschi, capitaine de cavalerie, qui avait épousé, le 1er septembre 1678, Élisabeth de Ricard, dame de Pignan. (Cf. De la Roque, *Armorial de la noblesse de Languedoc*, généralité de Montpellier, tome 1er, pp. 41-42).

[1] Ms.: *ad dicere*.

[2] Ms.: *Mo(n)tah(er)ila*, plutôt que *Mo(n)ta(n)hila*.

XXVII

1267, le 17 juin, [Montpellier]. — Reconnaissance féodale et serment de fidélité — à Jacques Ier, roi d'Aragon et de Majorque, seigneur de Montpellier, représenté par son procureur Jean Blanc, — par Bernard de Pignan, damoiseau, petit-fils d'autre Bernard de Pignan, — pour ce qu'il tient du dit roi dans le château et dans la juridiction de Pignan.

AA. 1, fol. 201 r°, art. 581.

Anno Dominice incarnacionis millesimo ducentesimo sexagesimo[1] septimo[2], [scilicet] quintodecimo kalendas julii.

Noverint universi presentes pariter et futuri quod Bernardus de Piniano, domicellus, filius domine Philipe, filie quondam Bernardi de Piniano, confessus fuit et recognovit, — presente domino Petro de Sancto Justo, milite, tenente locum[3], in Montepessulano et ejus districtu, domini regis Aragonum, Majoricarum et Valencie, comitis Barchinone[4] et Urgelli et domini Montispessulani, — Johanni Blancho, procuratori dicti domini regis, recipienti pro eo, — se habere et tenere, pro dicto domino rege, in feudum, medietatem pro indiviso castri de Piniano, et quicquid habet in ipso castro et in jurisdictione et districtu ejusdem castri, vel alius vel alii pro ipso, et sub ejusdem domini regis dominio, dominatione et jurisdictione.

Pro quo feudo, promisit et ad sancta Dei euvangelia juravit eidem domino regi et ejus successoribus esse fidelis in omni jure suo conservando ubique, et eum juvare cum dicto feudo, de placito et guerra[5], iratus et paccatus, et sibi non esse in dampnum de persona vel rebus et generaliter in omnibus.

Et per omnia, promisit dicto procuratori eidem domino regi et suis in dominatione Montispessulani succedentibus, esse fidelis perpetuo, in quibus vassallus domino suo debet [et] tenetur esse fidelis.

Et etiam recognovit se habere et tenere dictus Bernardus de Piniano, domicellus, a dicto domino rege, ultra predicta, ea omnia que continentur in quodam instrumento publico, confecto per manum Guillelmi Arnaldi, notarii publici Montispessulani.

Promisit, inquam, dicto Johanni Blancho, procuratori dicti domini regis, quod si amplius sciret vel addicere posset quod deberet tenere ab eo, illud tam cito manifestaret ipsi domino regi vel alii pro eo.

Acta fuerunt hec sollempniter et rite, in presencia et testimonio Guillelmi de Piniano, militis, Petri Ademarii, militis, Petri de Montanhola, notarii, Assaudi de Quillano, Ermengavi de Piniano, — et mei Micahelis de Malobuxo, publici Montispessulani notarii, qui, mandato dictarum partium, hec scripsi et, ad majorem horum omnium firmitatem habendam, meum signum apposui. *(Seing du notaire Michel de Malbosc).*

[1] Ms.: *sexsagesimo.*
[2] Ms.: *sexto*, corrigé en *septimo.*
[3] Ms.: *loccum.*
[4] Ms.: *Barchinonie.* — [5] Ms.: *gerra.*

XXVIII

1267, le 17 juin, [Montpellier]. — Reconnaissance féodale et serment de fidélité — à Jacques Ier, roi d'Aragon et de Majorque, seigneur de Montpellier, représenté par son procureur Jean Blanc, — par Ermengaud de Pignan, damoiseau, — pour ce qu'il tient du dit roi dans le château et dans la seigneurie de Pignan.

AA. 1, fol. 201 v°, art. 582.

Anno Dominice incarnacionis millesimo ducentesimo sexagesimo[1] septimo, [scilicet] quintodecimo kalendas julii.

Noverint universi presentes pariter et futuri quod Hermengaudus de Piniano, domicellus, confessus fuit et recognovit, — presente domino Petro de Sancto Justo, tenente locum[2], in Montepessulano et ejus districtu, domini regis Aragonum, Majoricarum et Valencie, comitis Barchinone et Urgelli[3] et domini Montispessulani, — Johanni Blancho, jurisperito, procuratori dicti domini regis[4], recipienti pro eo, — se habere et tenere, pro dicto domino rege, in feudum, quicquid habet in castro de Piniano [et] in dominio, dominatione et jurisdictione [ejusdem castri][5].

Pro quo feudo, promisit et ad sancta Dei euvangelia juravit dicto procuratori, eidem domino regi et ejus successoribus esse fidelis, in omni jure suo conservando ubique, et eum juvare cum dicto feudo, de placito et guerra, iratus et paccatus, et claves et turrem[6] suam castri de Piniano, una cum aliis dominis ejusdem castri, tradere ac ipsum castrum, tempore guerre et pacis, et fortalicia sua, et sibi non esse in dampnum de persona vel rebus et generaliter in omnibus.

Et per omnia, promisit dicto procuratori, eidem domino regi et suis in dominatione Montispessulani succedentibus, esse fidelis perpetuo, in quibus vassallus domino suo debet et tenetur esse fidelis perpetuo.

Promisit, inquam, dicto Johanni Blanco[7], procuratori dicti domini regis, quod si amplius sciret vel addicere posset quod deberet tenere ab eo, illud tam cito manifestaret ipsi domino regi vel alii pro eo.

Acta fuerunt hec sollempniter et rite, in presentia et testimonio Guillelmi de Piniano, militis, Petri Ademarii, militis, Petri de Montanhola, notarii, Bernardi de Piniano, domicelli[8], Assaudi de Quillano et plurium aliorum, — et mei Micahelis de Malobuxo, publici Montispessulani notarii, qui, mandatus et rogatus a partibus, hec scripsi. *(Seing du notaire Michel de Malbosc).*

---

[1] Ms.: *sexsogesimo.*
[2] Ms.: *loccum.* — [3] Ms.: *Virgelli.*
[4] Le ms. répète *regis.*
[5] Cf. la pièce qui suit.
[6] Ce donjon existe encore.
[7] Le ms. donne ici *Blanco*, après avoir donné plus haut et ailleurs *Blanch(o).*
[8] Ms.: *domecelli.*

XXIX

1267, le 17 juin, [Montpellier]. — Reconnaissance féodale et serment de fidélité — à Jacques Ier, roi d'Aragon et de Majorque, seigneur de Montpellier, représenté par son procureur Jean Blanc, — et hommage au dit roi, dans la personne de Pierre de Saint-Just, son lieutenant à Montpellier, — par Gaucelm de Roquefourcade, damoiseau, — pour ce qu'il tient du dit roi dans le château et dans la seigneurie de Pignan.

AA. 1, fol. 202 r°, art. 583.

Noverint universi presentes pariter et futuri quod Gaucelmus de Roccaforcada, domicellus, confessus fuit et recognovit, — presente domino Petro de Sancto Justo, tenente locum[1], in Montepessulano et ejus districtu, domini regis Aragonum, Majoricarum et Valencie, comitis Barchinone et Urgelli[2] et domini Montispessulani, — Johanni Blanco, jurisperito, procuratori dicti domini regis, recipienti pro eo, — se habere et tenere, pro dicto domino rege, in feudum, quicquid habet in castro de Piniano et in dominio et dominatione et jurisdictione et districtu ejusdem castri, vel alius vel alii pro ipso, et sub ejusdem domini regis dominio, dominatione et jurisdictione et districtu ejusdem castri.

Pro quo feudo promisit et ad sancta Dei euvangelia juravit dicto procuratori, eidem domino regi et suis successoribus esse fidelis, in omni jure suo conservando ubique, et eum juvare, cum dicto feudo, de placito et guerra, iratus et paccatus, et claves castri una cum aliis dominis ejusdem castri tradere, ac ipsum castrum tempore guerre et pacis et fortalicia sua et sibi non esse in dampnum de persona vel rebus et generaliter in omnibus.

Et per omnia, promisit dicto procuratori eidem domino regi et suis, in dominatione Montispessulani succedentibus, esse fidelis perpetuo, in quibus vassallus domino suo debet et tenetur esse fidelis; — et in omnibus se obligavit dicto procuratori, pro dicto domino rege recipienti, in quibus pater suus Guillelmus de Roccaforcada olim se obligavit dicto domino regi, ut constat per publicum instrumentum inde factum per Guillelmum Jordani, notarium quondam Montispessulani, anno millesimo ducentesimo tricesimo nono, scilicet undecimo kalendas septembris.

Post hec vero idem[3] Gaucelmus[4] de Roccaforcada homagium fecit pro dicto feudo, ut olim pater suus fecit et continetur in dicto instrumento, ad instanciam dicti procuratoris, dicto domino Petro de Sancto Justo, locum tenenti et pro domino rege recipienti, manibus junctis et osculo proinde dato per fidem homagii observandi domino regi predicto et suis.

Promisit, inquam, dicto Johanni Blanco, procuratori dicti domini regis, quod si amplius sciret vel addicere posset quod deberet tenere ab eo, illud tam cito manifestaret ipsi domino regi vel alii pro eo.

Acta fuerunt hec sollempniter et rite, — anno Dominice incarnacionis millesimo ducentesimo sexagesimo[5] septimo, [scilicet] quintodecimo kalendas julii, — in presentia et testimonio Assaudi de Quillano, Ermengaudi de Piniano, Bernardi de Piniano et plurium aliorum, — et mei Micahelis de Malobuxo, publici Montispessulani notarii, qui, mandatus et rogatus a partibus, hec scripsi[6].

(Seing du notaire Michel de Malbosc).

---

[1] Ms.: *loccum.*   [2] Ms.: *Virgelli.*
[3] Addition interlinéaire dans le ms.
[4] Ms.: *Guillelmus.*
[5] Ms.: *sexsagesimo.*
[6] Le notaire ajoute: *et feci quamdam interliniaturam que dicit idem, et quedam superflua que sunt punctata.*

XXX

Le Bois de la Blaquière

1266, le 13 décembre, [Montpellier?]. — Reconnaissance féodale et hommage de fidélité — à Jacques Ier, roi d'Aragon, — par Guilhem de Pignan, chevalier, et son frère Brémond de Pignan, damoiseau, — pour le bois de la Blaquière, situé dans le terroir de Sainte-Cécile-de-Trois-Loups.
Concession, par le dit roi, aux dits Guilhem et Brémond de Pignan, de droits seigneuriaux et spécialement de droits de juridiction dans le dit bois.

AA. 1, fol. 205 v°, art. 396.

Nemus de Blaquieyza, in tenemento Sancte Cecelie de Tribus Luppis[1].

Anno Dominice incarnationis millesimo ducentesimo sexagesimo sexto, videlicet idus decembris.

Nos Guillelmus de Piniano, miles, et Breymundus de Piniano, domicellus, fratres, scimus et in veritate confitemur, cum hac carta publica in perpetuum valitura, vobis domino Jacobo, Dei gratia regi Aragonum, quod nos habemus, tenemus et possidemus a vobis, in feudum honoratum, unum nemus quod vocatur La Blaquieyza[2], quod est in pertinemento Sancte Cecelie de Tribus Lupis[3].

---

[1] Cote d'une écriture postérieure.

[2] Le Bois de la Blaquière, qui porte encore aujourd'hui son nom du moyen âge, est situé dans la commune de Pignan (section D dite des Gardies, n°s 15, 15 bis et 16), — entre le terroir de la commune de Cournonterral et le terroir de la commune de Murviel-lès-Montpellier, — à main droite du chemin de Murviel à Cournonterral, — plus près du village de Murviel que du village de Pignan, dont il est séparé par une chaîne de garrigues, en partie complantées d'oliviers. — L'acte de vente du 21 décembre 1895 le dit confrontant « au nord, le domaine de Védas,... situé dans la commune de Saint-Paul-et-Valmalle ;... au levant, le territoire de la commune de Murviel...». (Minutes de M° de Nucé de Lamothe, notaire à Pignan, année 1895, n° 238).

Le Bois de la Blaquière semble bien, comme le château de Pignan, être passé aux De Turenne par suite du mariage de Gabrielle-Pauline de Baschi (fille du marquis de Pignan) avec Joseph-Marie-René de Turenne. — Le 27 juillet 1888, Napoléon-Joseph-Gabriel comte de Turenne d'Aynac vendit à François Gablin, — qui les céda le 20 juillet 1892 au baron de Hirsch, — ses trois domaines de Valautre, de Pignan et de Védas, représentant ensemble près de mille hectares de terrain (vignes, bois et garrigues). — Le 21 décembre 1895, «diverses parcelles de terre en nature de bois et pâtures, composant la pièce dite de la Blaquière» (le bois proprement dit couvrant à lui seul une superficie de 200 hectares environ) furent acquises du baron de Hirsch, par M. Uldéric Gros, propriétaire, demeurant à Fabrègues, qui, le 26 du même mois, les céda, à titre d'échange, à M. Dieudonné Vidal, alors maire de Pignan. (Minutes de M° de Nucé de Lamothe, notaire à Pignan, année 1895, n°s 238 et 251). — A l'heure actuelle, la famille Vidal est encore propriétaire du bois de la Blaquière.

[3] L'ancienne église paroissiale de SAINTE-CÉCILE-DE-TROIS-LOUPS — sur laquelle nous aurons ultérieurement à revenir, — était située dans le terroir actuel de la commune de Cournonterral, à proximité du terroir de la commune de Pignan, — à main droite de la ligne du chemin de fer d'intérêt local de Montpellier à Béziers, entre les stations de Pignan et de Cournonterral.

Un tènement de la section D de la commune de Pignan porte encore aujourd'hui le nom de « SAINTE-CÉCILE ».

Dans la section B de la commune de Cournonterral, entre la *Garrigue plane* (qu'une série d'olivettes séparent du bois de la Blaquière) et le tènement du *Mas de Blange*, on trouve — 1° un tènement dit « CANTE LOUPS ET SAINTE-CÉCILE », limitrophe du terroir de Pignan, — 2° le « ruisseau de Sainte-Cécile », qui traverse successivement la ligne du chemin de fer et la route de Pignan à Cournonterral.

Et confrontatur, ex una parte, cum via que movet de Cornone et tendit versus Podium Abonum[1], et ex alia parte, cum via que movet de La Peychena[2] et tendit versus carreriam de Podio Abono et protenditur usque ad summitatem podii[3], — et ex alia parte, cum honore Bernardi de Muro Veteri, — et ab alia parte, cum avalcieyza[4] Berengarii de Torves, carreria qua ingreditur in matam Maurel[5];

Facientes vobis et vestris successoribus homagium fidelitatis, manus nostras infra vestras benignas humiliter ponentes.

Et nos prefatus Jacobus, Dei gratia rex Aragonum, predictam recognitionem dicti feudi honorati, cum homagio fidelitatis, pro nobis et nostris successoribus recipientes, et volumus et concedimus vobis dictis fratribus et successoribus vestris, pro nobis et nostris successoribus, ad majorem firmitatem, ut habeatis, teneatis et possideatis a nobis et a nostris successoribus dictum nemus, cum omnibus suis pertinentiis et que pertinere possunt vel debent aliquo modo, ad omnes voluntates vestras et vestrorum plenissime faciendas, in feudum honoratum, — et quod habeatis, in dicto nemore, jus plenissimum in acapitum dationibus[6], in bannis, in justiciis, in firmanciis, in forefactis et in aliis omnibus, — in quo solummodo nemore nobis et nostris successoribus

---

[1] Le chemin allant de Cournon à Puéchabon existe toujours. Il porte, au plan cadastral, aussi bien dans la commune de Pignan que dans la commune de Cournonterral, le nom de « CHEMIN DES CHARBONNIERS ». En effet, il y a un demi-siècle, il servait encore aux charbonniers des bois de Puéchabon, qui allaient porter leur charbon à Cette à dos de mulets. A l'heure actuelle, ce n'est souvent qu'un sentier. Après avoir quitté le terroir de Cournonterral et longé le bois de la Blaquière, il suit le ruisseau des Revirades (affluent du Coulazou) et va passer au pied du mas de Védas (commune de Saint-Paul-et-Valmalle).

[2] Un tènement de la commune de Pignan (section D dite des Gardies, nᵒˢ 19 à 87 du plan cadastral) porte encore aujourd'hui le nom de *la Peyssine*. Ce tènement, qui confronte, d'une part, le terroir de la commune de Murviel-lès-Montpellier, et d'autre part, le bois de la Blaquière, longe, à main gauche, le chemin-draye de Murviel à Cournonterral. — Trois chemins de la commune de Pignan nᵒˢ 70, 71 et 72) tirent leur nom de ce tènement de la Peyssine (cf. le tableau des chemins ruraux dressés en 1858).

[3] L'indication de ce chemin comme une des limites du bois de la Blaquière nous porterait à croire qu'au XIIIᵉ siècle ce bois était plus grand qu'à l'heure actuelle et qu'il s'étendait sur une portion de terrain aujourd'hui comprise dans la commune de Murviel.

[4] Le mot AVALCIEYZA, — du latin *AVALSERIA, aliàs VALSERIA (cf. *Liber instrum.*, édit. Germain, pp. 505-506, et l'inventaire de Joffre, ci-dessus p. 43, art. 316), — nous indique la présence, à côté du bois de chênes verts (blaques), d'un tènement d'une végétation toute différente.

Dans la région d'Aniane, le terme ABAOUSSÉS désigne encore les chênes kermès. (Communication de M. le chanoine L. Cassan, archiviste du diocèse de Montpellier et des communes d'Aniane et de Saint-Guilhem-le-Désert). — « AVAUS, AVAUSSE (m.), AVALS, ABALS, AGAUS, AVOUS, AGOUS (l.), (rom. *agauz*), s. m. Chêne à kermès, chêne nain, *Quercus coccifera* (Lin.), arbrisseau très commun dans le Midi, où il couvre de vastes espaces nommés *garrigo*... *Avausses, abalses, albasès, agausses, avousses, agousses*, plur. lang. d'*avaus*... » (Mistral, *Tresor dou Felibrige*, t. I, p. 191).

[5] Il existe encore dans la commune de Cournonterral (section D dite de Fertalières) — 1ᵉ un tènement dit « LA MATTE », situé non loin de l'ancienne métairie-château de Fertalières, dans l'angle que forme la commune de Cournonterral entre les communes de Montbazin et de Cournonsec ; 2ᵒ un tènement dit « MAUREL », voisin du chemin de Vendémian à Cournonterral ; — 3ᵒ un tènement dit « PLAN DE MAUREL », limité par ledit chemin de Vendémian à Cournonterral et traversé par le « chemin de Costebelle à Cournonterral » et par le « ruisseau de Combescure ou du plan de Maurel ».

Une distance assez considérable sépare le bois de la Blaquière du tènement dit PLAN DE MAUREL et du mas en ruines, désigné au plan cadastral, sous le nom de « MAUREL, bergerie ». — Entre le mas ruiné de MAUREL et le bois de LA MATTE, s'étend le terroir de Fertalières.

[6] Cette faculté de bailler en acapt a été certainement l'origine des olivettes et des vignes, qui existent aujourd'hui sur les bords du bois de la Blaquière. Ces défrichements ont diminué d'autant l'étendue primitive du bois.

specialiter abcisionem membri et penam mortis retinemus ; — omnia alia jura et crimina et forefacta ad vos et ad vestros volumus et concedimus plenissime pertinere.

Et volumus etiam quod sit dictum nemus in iis et sub iisdem[1] pactionibus et conventionibus, secundum quod est nobiscum castrum de Piniano ;

Mandantes locum nostrum tenentibus in Montepessulano, presentibus et futuris, ut in predicto nemore vos et vestros ab omni molestia, questione et vexatione deffendant ac etiam tueantur[2].

Testes sunt omnium predictorum, vocati et rogati, Johannes de Rippa, bajulus curie Montispessulani, Petrus Caput Probi Hominis, Raymundus Vassadelli, miles, Bertrandus de Monte Desiderii, — et ego Petrus de Capite Vilario, notarius publicus Montispessulani, qui mandato domini regis et dictorum fratrum, hec scripsi, signum meum apponendo.

XXXI

Le domaine de Saint-Martin-du-Vignogoul

1267, le 23 août, [Montpellier]. — Reconnaissance féodale et serment de fidélité, — à Jacques Ier, roi d'Aragon et de Majorque, seigneur de Montpellier, — dans la personne de son lieutenant Pierre de Saint-Just et de son procureur Jean Blanc, — par Guilhem de Pignan, chevalier, et son frère Brémond [de Pignan], damoiseau, co-seigneurs du domaine de Saint-Martin-du-Vignogoul et d'une partie du château et du terroir de Pignan, — pour le dit domaine de Saint-Martin-du-Vignogoul, qu'ils tiennent du dit roi, — les droits de haute justice dans le dit domaine étant réservés au dit roi.

AA. 1, fol. 196 v° et 197 r°, art. 576.

In nomine Domini nostri Jhesu Christi.

Sit notum presentibus et futuris quod nobilis vir Guillelmus de Piniano, miles, et Bremundus, domicellus, fratres, domini pro parte aliqua castri de Piniano et territorii[3] ejusdem, et in solidum domini ville Sancti Martini de Vinovolo[4], sua spontanea voluntate, a nullo seducti vel decepti, confessi fuerunt sollempniter et recognoverunt — domino Petro de Sancto Justo, tenenti locum[5] illustris domini Jacobi, Dei gratia regis Aragonum, Majoricarum et Valencie, comitis Barchinone et Urgelli et domini Montispessulani, in Montepessulano et dominacione ejusdem, et Johanni Blancho, jurisperito, procuratori ejusdem domini regis, recipientibus pro eodem domino rege, — se habere et tenere in solidum dictam villam de Vinovolo, pro dicto domino rege, in feudum, —

---

[1] Ms.: *hiis et sub hiisdem*.

[2] Le ms. répète : *ut in predicto nemore vos et vestros ab omni molestia, questione et vexatione deffendant ac etiam tueantur*.

[3] Ms.: *territorio*.

[4] *Saint-Martin*, château et domaine, dans la commune de Pignan, mais plus près du village de Lavérune que du village de Pignan, — à main gauche de la route de Saint-Georges-d'Orques à Pignan et à main droite de la route de Lavérune à Pignan, — en face de l'ancienne abbaye du Vignogoul, — sur la rive droite du Lassédérou, affluent de la Mosson.

C'est dans la garrigue de Saint-Martin que sont situées les carrières fournissant la pierre dite de Pignan.

[5] Ms.: *loccum*.

et eam esse in jurisdictione et sub jurisdictione et dominatione ejusdem domini regis, ipsumque dominum regem habere, in terris et in dicta villa et in habitatoribus ejusdem ville presentibus et futuris et in territorio ejus, merum imperium seu jurisdictionem et potestatem imponendi penas mortis et detroncationis membrorum omnibus merentibus eas in dicta villa et in toto termino et territorio ejus, — sive quod omnis cognitio et sententia seu judicatio omnium causarum criminalium, in quibus, si crimen probaretur, pena mortis vel detroncationis alicujus membri, de jure vel consuetudine, in dicta villa et territorio et pertinenciis ejus, infligi deberet, — et expressim omnis causa seu questio, que oriretur ex ictu, qui diceretur factus cum lapide vel ferro seu ligno[1], ex quo scilicet ictu talis pena, qualis dicta est, deberet imponi, — spectat[2] omnino ad dictum dominum regem et successores suos imperpetuum, adeo ut, si voluerit, dominus rex vel sui hec gratis remittere possint;

Causarum vero omnium civilium et aliarum quarumlibet cognicio et sententia seu judicatio ad dictos subdominos dicte ville seu fevales et eorum successores spectet[3], in dicta villa et pertinenciis ejusdem, omnino imperpetuum, — de quibus minores pene sive pecuniarie imponuntur;

Hoc acto quod dominus rex vel successores sui non accipiant aliquem hominem dicte ville in salvatariam seu comandam seu protectionem seu homagium; — immo, si aliquem recepit usque in hodiernum diem, illum et illos, quotcumque sint, omnino dimittit[4] imperpetuum dictus dominus rex predictis vassallis suis subdominis dicte ville.

In cujus ville seu fortalicio ejus, concesserunt predicti locum tenenti et procuratori dicti domini regis imponere vexillum dicti domini regis, in signum et recognitionem dominii, quod dictus dominus rex habet in dicta villa et territorio ejus.

Qui fevales dicti Guillelmus et Bremundus promiserunt predictis locum[5] tenenti et procuratori dicti domini regis, pro eo recipienti, pro dicto domino rege et suis, [et] tactis corporaliter sacrosanctis Dei evangeliis, juraverunt quod erunt fideles et obedientes, cum dicta villa et de dicta villa, et nunquam eis erunt in dampnum de personis vel rebus nec de bonis et juribus eorum; set erunt semper eis in omnibus adjutores et fideles et obedientes, in omnibus et per omnia, in quibus feudaterius[6] seu vassallus debet esse fidelis et obediens domino suo.

Dictus vero locum[7] tenens et procurator promiserunt eisdem nobilibus, pro dicto domino rege, deffendere et salvare dominium dicte ville, sumptibus domini regis, si forte ab aliquo pro dominio dicte ville convenirentur.

Actum anno Dominice incarnacionis millesimo ducentesimo sexagesimo[8] septimo, [scilicet] decimo kalendas septembris, — in presencia et testimonio Johannis de Rippa, Petri Capud Probi Hominis, jurisperiti, — et mei Micahelis de Malobuxo, publici Montispessulani notarii, qui mandatus et rogatus hec scripsi. *(Seing du notaire Michel de Malbosc).*

[1] Ms.: *li(n)gno*.
[2] Ms.: *expectat*.
[3] Ms.: *expectet*.
[4] Ms.: *dimitit*.
[5] Ms.: *loccum*.
[6] Ms.: *feudelarius*.
[7] Ms.: *loccum*.
[8] Ms.: *sexsagesimo*.

POPIAN

XXXII-XXXIII

1267 (n. st.), le 13 février, Montpellier. — Reconnaissance féodale, hommage et serment de fidélité — à Jacques Ier, roi d'Aragon et de Majorque, seigneur de Montpellier, — par Guilhem Patau, fils de feu Pierre Brémond de Castelnau, seigneur pour un quart du château et du terroir de Popian[1], — pour ce qu'il tient du dit roi, 1° dans la dite seigneurie de Popian, 2° près de Saint-Bauzille-de-la-Silve[2], et 3° dans le terroir de Plaissan[3].

AA. 1, fol. 194 r° et 206 v°, art. 571 et 598.

De Popiano[4]. — *Recognitio feudi honorati pro quarta parte castri de Popiano et ejus territorii*[5].
In nomine Domini nostri Jhesu Christi, amen.

Sit notum cunctis tam presentibus quam futuris quod — anno Dominice incarnacionis millesimo ducentesimo sexagesimo[6] sexto, scilicet idus[7] februarii, Guillelmus[8] Patavi[9], filius quondam Petri Bremundi de Castro Novo, militis, dominus pro quarta parte utiliter[10] et indivisa castri de Popiano et ejus territorii[11] seu terminii, districtus et jurisdictionis[12], confessus fuit et recognovit domino Jacobo, Dei gratia regi Aragonum, Majoricarum et Valencie, comiti Barchinone et Urgelli et domino Montispessulani, se habere et tenere ab ipso, ad feudum honoratum, dictam partem dicti castri, dominii, jurisdictionis, territorii et districtus, ejusdem castri, — et omnium rerum et possessionum, jurium et omnium eorum, que ipse vel alius pro eo habent prope Sanctum Baudilium, — et quicquid ipse habet in villa de Pleissano, in podio vocato Puego[13] Bordel[14], et in terminio seu districtu et jurisdictione eorum, sive ipse ea teneat, sive alii pro eo.

Pro quibus omnibus et singulis, idem Guillelmus[15] eidem domino regi, manibus junctis positis infra manus dicti domini regis recipientis, homagium fecit eidem[16] et fidelitatem promisit, ut miles et vassallus[17] domino suo facere debet[18]; — promittens eidem domino regi expresse perso-

---

[1] *Popian*, anciennement paroisse et communauté du diocèse de Béziers, aujourd'hui commune de l'arrondissement de Lodève, canton de Gignac.

[2] *Saint-Bauzille-de-la-Silve*, anciennement paroisse et communauté du diocèse de Béziers, aujourd'hui commune de l'arrondissement de Lodève, canton de Gignac, à proximité de Popian.

[3] *Plaissan*, anciennement paroisse et communauté du diocèse de Béziers, aujourd'hui commune de l'arrondissement de Lodève, canton de Gignac.

[4] Cote initiale (de date postérieure) de l'art. 598.

[5] Cote marginale (de date postérieure) de l'art. 571.

[6] Ms. 571: *sexsagesimo*; — ms. 598: *sexagesimo*.

[7] Ms. 571: *scilicet idus*; — ms. 598: *ydus*.

[8] Ms. 571: *Guillelmus*; — ms. 598: *quod Guillelmus*.

[9] Le ms. 598 donnerait plutôt *Pacavi*.

[10] Sic dans les deux textes.

[11] Ms. 571: *territorii*; — ms. 598: *territorio*.

[12] Ms. 571: *jurisdictionis*; — ms. 598: *juridictionis*.

[13] Ms. 571: *Pug*; — ms. 598: *Puego*.

[14] Aujourd'hui le *Puech Bourdel*, tènement situé dans la section C de la commune de Plaissan, entre les terroirs des communes de Bélarga et de Puilacher.

[15] Ms. 571: *G.*; — ms. 598: *Guillelmus*.

[16] *Eidem* manque dans le ms. 598.

[17] Ms. 571: *vasallus*; — ms. 598: *vassallus*.

[18] Ms. 571: *debent*; — ms. 598: *debet*.

nam et bona ejusdem salvare[1] [et] custodire pro posse suo, et sibi esse fidelis in omnibus et per omnia, sicut vassallus facere tenetur.

Qui dictus dominus rex, recipiens supradicta, promisit eidem Guillelmo[2] dominium suum non transferre in alium ....[3], nisi in dominum Montispessulani. Promisit etiam[4] eidem deffendere et salvare predictas res feudales et homines, quos habet in dictis locis sub jurisdictione[5] et dominio dicti domini regis, et eorum res.

Quod castrum et alia loca superius nominata sunt in diocesi[6] Biterrensi.

Acta sunt hec in Montepessulano, in palacio dicti domini regis, in presencia et testimonio Johannis Blanchi, Bernardi Vitalis, jurisperitorum, domini Raimundi Gaucelmi, domini castri de Lunello[7], domini Guillelmi de Rocafolio, militis, Girvasii de Giniaco, filii domini Bertrandi de Giniaco, militis, et plurium aliorum, — et mei[8] Micahelis de Malobuxo, publici Montispessulani notarii, qui mandatus a partibus hec scripsi[9]. *(Seing du notaire Michel de Malbosc).*[10]

XXXIV

1277 (n. st.), le 17 mars, [Montpellier?]. — Reconnaissance féodale, hommage et serment de fidélité — à Jacques Ier, roi de Majorque, seigneur de Montpellier, — par Raymond Pierre de Popian, damoiseau, — pour le château de Popian et ses appartenances.

AA. 1, fol. 204 r°, art. 591.

Anno incarnacionis Dominice millesimo ducentesimo septuagesimo sexto, scilicet sextodecimo kalendas aprilis.

Ego Raimundus Petri de Popiano, domicellus seu scutifer, bona fide et sine omni dolo et fraude, sciens, asserens et confitens ac recognoscens vobis illustrissimo domino Jacobo, Dei gratia regi Majoricarum, comiti Rossilionis et Ceritanie ac domino Montispessulani, me a vobis tenere in feudum totum castrum de Popiano, cum pertinentiis suis; — et pro codem castro et pertinentiis suis, me vobis homagium et sacramentum fidelitatis prestare et facere debere, sicut vassallus domino facere et prestare tenetur.

Et ideo, sponte et debite, vobis dicto domino regi, flexis genibus et junctis manibus et in vestris manibus positis datoque osculo pacis et firmitatis, pro dicto castro de Popiano et pertinentiis suis, homagium facio sine dolo ; — et vos et vitam et terram vestram et membra vestra salvare et custodire debeo et promitto sollempniter, ut vassallus.

---

[1] Ms. 571: *servare;* — ms. 598 : *salvare.*
[2] Ms. 571 : *G.;* — ms. 598: *Guillelmo.*
[3] Ms. 571 : *transferre in alium seu minorem vel in alium;* — ms. 598: *transferre in alium seu vel in alium.*
[4] *Etiam* manque dans le ms. 598.
[5] Ms. 571: *jurisdictione;* — ms. 598 : *juridictione.*
[6] Ms. 571: *dyocesi;* — ms. 598: *diocesi.*
[7] Ms. 571: *Raimundi Gaucelmi, domini castri de Lunello;* — ms. 598: *Raimundi Gaucelmi de Lunello.*
[8] *Mei* manque dans le ms. 598.
[9] Le ms. 598 donne seulement : *Micahelis de Malobuxo, Montispessulani notarii.*
[10] Le seing du notaire Michel de Malbosc manque dans le ms. 598, qui effectivement n'est pas de la main de ce notaire.

Est tamen sciendum quod fuit actum inter dictum dominum regem et dictum Raimundum Petri de Popiano in premissis et per ipsum dominum regem, exceptum, dictum et retentum expressim, et per dictum Raimundum Petri, concessum, quod si sibi domino regi jus aliquod competit in dicto castro et pertinentiis suis, ratione commissionis[1], incursionis[2], seu alio qualicumque modo, quod totum illud jus sit et remaneat, et remanere voluerunt et intellexerunt dictus dominus rex et dictus Raimundus Petri, ipsi eidem domino regi salvum et illesum.

Testes sunt horum omnium rogati Jaufridus, vicecomes de Rocabertino, Petrus de Claromonte, miles, Arnaldus Bajuli, Petrus Rubei, jurisperiti, Petrus de Calidis, scriptor dicti domini regis, — et ego Petrus Davini, notarius publicus Montispessulani, qui supradicta omnia scripsi, mandato dicti domini regis et rogatu Raimundi Petri predicti, et hic meum apposui sequens signum. *(Seing du notaire Pierre Davin).*

XXXV

1249, le 8 avril. — Nouvelle vente, — la charte de la première vente ayant été perdue, — à la communauté des habitants de Popian, représentés par leurs syndics et procureurs, — par Guilhem Pierre de Saint-Pons, chevalier, fils de feu autre Guilhem Pierre, — de toute sa propriété et de tous ses droits [dans le terroir du dit Popian], — pour le prix de 150 sous melgoriens ;

Lauzime de la dite nouvelle vente, — par Bermond d'Aumelas, bayle du château d'Aumelas pour le roi d'Aragon, — sous réserve des droits seigneuriaux du dit roi et de l'usage d'une oie chaque année où le bayle du château d'Aumelas sera changé ;

La dite nouvelle vente et le dit lauzime, transcrits le 26 janvier 1294 (n. st.), à la requête de Jacques Fournier, procureur du roi de Majorque.

AA. 1, fol. 242 v°, art. 602.

Venditio facta per Guillelmum Petrum de Sancto Pontio universitati hominum castri de Popiano[3].

In nomine Domini.

Anno incarnationis ejusdem millesimo ducentesimo quadragesimo nono, sexto idus aprilis.

Ego Guillelmus Petri de Sancto Poncio[4], miles, filius quondam Guillelmi Petri, per me et per omnes meos presentes ac futuros, bona fide ac sine dolo, non vi nec dolo inductus aliquo, nullisque blandiciis seu persuasionibus circumventus, omnibus exclusis et rejectis, quibus presens venditio rescindi[5] vel annullari[6] valeat, — vendo, trado, solvo, cedo, concedo titulo pure et non simulate venditionis in perpetuum, vobis Raymundo Rostagno et Berengario de Ecclesia et Petro Constancio[7] et Duranto Rainaudo et Poncio Sicardo de Popiano, sindicis et procuratoribus constitutis ab universitate dicti castri de Popiano ad presentem venditionem recipiendam, pro vobis et dicta universitate recipientibus, et omnibus hominibus et singulis de dicta universitate, — possitque dicta universitas dare, dimittere, vendere, impignorare[8], vel quocumque alio modo

---

[1] Ms.: *comissionis*.   [2] Ms.: *incurtionis*.
[3] Cote initiale, de date postérieure.
[4] *Saint-Pons-de-Mauchiens*, commune de l'arrondissement de Béziers, canton de Montagnac.
[3] Ms.: *recindi*.
[6] Ms.: *anullari*.
[7] Ms.: *Costancio*.
[8] Ms.: *impignorare*.

alienare, — sanctis, clericis et militibus exceptis, — cum consilio tamen domini regis Aragonum vel bajuli sui in castro de Homellacio;

Sciens et recognoscens vos esse constitutos sindicos sive procuratores a dicta universitate ad hoc recipiendum; — quam presentem venditionem dicte universitati fecerum, diu est, cum instrumento inde confecto, sed quia illud amisistis, inde vobis facio instrumentum de novo et iterum vendo, ut superius est expressum,

Videlicet totum honorem quem habeo et habere debeo et habere visus sum, et qui fuit quondam dicti patris mei, — sive sint devesa, nemora, pascua, aque, arbores fructifere[1] et non fructifere,[2] terre culte vel inculte, et quicquid infra subscriptas confrontationes continetur, — sicut includit via qua itur a fonte Alaudelle[3] versus Cuneos[4], et a Cuneis usque in via qua transitur[5] per Lauzerium[6], et ab eadem via Lauzerii[7] usque est l'Airola[8], et ab Airola usque ad Clap Bois-

---

[1] Ms.: *fructiffere*.
[2] Ms.: *fructiffere*.

[3] *Alaudella*, aujourd'hui la « rivière de *Laurelle* ». — Cette petite rivière prend sa source dans le terroir de Saint-Bauzille-de-la-Silve, entre le village et la garrigue — traverse la commune de Popian, — forme la limite entre les communes de Gignac et de Pouzols, — et finalement se jette dans l'Hérault, en dessous du moulin de Carabottes.

C'est par suite d'une erreur d'impression que le *Dictionnaire topographique* de Thomas indique « Lauzelle », comme prenant sa « source au Praday, c⁰ᵃ de Saint-Bauzille-de-la-Silve » (p. 91, art. LAUZELLE). Le nom exact de ce tènement est *Pradas*. — Le compois de Saint-Bauzille-de-la-Silve, de 1779, mentionne « une olivette au Pradas, confronte de marin le Pradas et le canal du ruisseau de Laurelle de douze pans; grec, le chemin d'Aumelas de deux cannes; terral, le chemin de Montpellier, de deux cannes ». (Archiv. départ. Hérault, série E, copie petit in-fol., p. 83).

La *fons Alaudelle*, citée dans notre charte, est évidemment la *fontaine du Pradas*, source très abondante à la suite des pluies, mais intermittente, qui est située au pied de la garrigue, en contre-bas d'une carrière en exploitation et à main droite du chemin de Saint-Bauzille à Aumelas. Le lit du Laurelle commence à cette fontaine et reçoit peu après, — avant de longer le village de Saint-Bauzille, — les eaux des nombreuses petites sources, ne tarissant jamais, qui remplissent le tènement de *las Fonds*.

[4] Nous n'avons pas réussi jusqu'à présent à identifier ce tènement.

[5] Ms.: *transsitur*.

[6] *Lauzerium*, grand tènement de garrigues, aujourd'hui encore connu sous le nom de *Laurier*, qui forme une partie des communaux d'Aumelas et de Saint-Bauzille-de-la-Silve. Ces garrigues sont dénommées, au plan cadastral, - dans la commune d'Aumelas (section A): *Plan de Laurier*, — dans la commune de Saint-Bauzille (section B dite de la Garrigue): 1° *Laurier*, 2° *Rompudes et Laurier*.

Dans la commune d'Aumelas, le *Plan de Laurier* est situé entre 1° la limite d'Aumelas et de Gignac et le tènement de la *Font Patacou*, 2° l'ancien chemin du Pouget à Montpellier, 3° le « chemin du Mas d'Arnaud à Gignac » qui délimite sur une certaine distance Aumelas et Saint-Bauzille. — Dans la commune de Saint-Bauzille, la continuation vers Gignac du dit chemin venant du Mas d'Arnaud (chemin de Gignac à Aumelas) sépare le tènement dit *Laurier* du tènement dit *Rompudes et Laurier*.

Le tènement de *Laurier* se termine au nord-ouest au « chemin du lac du Pioch Grossier à la fontaine de Patacou », qui le sépare des autres garrigues de Gignac. Le tènement de *Rompudes et Laurier* s'étend, au midi, au moins jusqu'au chemin de Saint-Bauzille à Aumelas; à l'ouest, il se continue par le *travers du Cayla*, promontoire dominant les ruines du *Cayla* et du *Mas de Jaminy*, et dont les eaux vont rejoindre, dans le terroir de Gignac, le ruisseau de Bouisset.

Le 29 avril 1771, la Cour des Comptes, Aides et Finances de Montpellier déclare « le tènement du Laurier, bois, patus et garrigues, situés dans le terroir de Saint-Bauzille, avec l'albergue d'une oie et le droit d'agrier au 8ᵉ des fruits excroissants dans le dit tènement, faire partie de la.... seigneurie et directe de la ....vicomté d'Aumelas ». (Delouvrier, *Hist. Aumelas*, p. 210).

Sur les anciennes garrigues communales de Saint-Bauzille-de-la-Silve, voir Archiv. départ. C. 2958, fol. 278 v° à 280 v° (dénombrement fourni par les consuls, le 14 juin 1687), et fol. 290 (lettres d'amortissement d'août 1688; — ibid., série E, compois de Saint-Bauzille-de-la-Silve, 1779, grand in-fol., p. 188 et petit in-fol., p. 204; — Archives communales de Saint-Bauzille-de-la-Silve, compois de 1779, fol. 434, et registres des Délibérations antérieures à 1790, passim.

[7] Ms.: *Lauderii*.

[8] La section A de la commune d'Aumelas contient un tènement dit le *Plan de Lairou*, situé à l'extrémité de la commune, auprès du point de jonction des ter-

sades¹, et del Clap Boissades in vinea de Pataos² et usque in aqueversum³, et sicut dividitur cum honore de Pataos et usque in via qua itur a Popiano versus⁴ Montem Nigrum⁵ et tran-

roirs de Gignac, d'Aumelas et de la Boissière, devant le mas (anciennement auberge de la Taillade), à main gauche de la route de Montpellier à Gignac et à Lodève. Le plan de Lairou confronte le *Pioch Blanc*, dont il est séparé par le « ruisseau du Pioch Blanc ». Les eaux de ce ruisseau contribuent à former le Théron, affluent du Rieutort. — Le *Plan de Lairou* ne nous paraît pas devoir être identifié avec l'*airola* de notre charte.

¹ Il existe — partie dans la commune de Saint-Bauzille-de-la-Silve (section B), partie dans la commune de Gignac (section D dite de Pélican), — un tènement de *Bouisset*, dont les eaux, réunies sous le nom de *ruisseau de Bouisset*, vont se jeter, en aval du mas de Pélican, dans le *ruisseau de Rieusalat*, qui les porte au Rieutort.

² Ce nom de *Pataos* nous paraît être l'origine du nom d'une fontaine de la commune d'Aumelas, voisine de la limite des terroirs de Gignac et d'Aumelas, la *Font Patacou* (aliàs *Patagou* ou *Patacon*), située (section A) dans une vallée, plus cultivée autrefois qu'aujourd'hui, entre les garrigues du *Laurier* et le *Mont Nègre*. Cette vallée est reliée au mas de Pélican et à la plaine de Gignac par un chemin, longeant un ruisseau, dont les eaux contribuent à former le Rieussalat, affluent du Rieutort. Le chemin et le ruisseau en question forment, sur une certaine distance, la limite entre Gignac et Aumelas.

Il existe d'autre part, dans cette même commune d'Aumelas (section C), — entre le *Château bas* et le terroir de la commune de Saint-Paul-et-Valmalle, — un tènement de *Patouet*, qui est séparé du tènement de *Lieusière* par le « ruisseau appelé le Valladas ».

« 1286. Guill. Patau, fils de Pierre Brémond de Castelnau, a un fief à Saint-Bauzille, pour lequel il fait hommage à Jacques, roi de Majorque, seigneur du lieu. (*Arch. de Lestang*) ». (Delouvrier, *Hist. Aumelas*, p. 334).

La *Font Patacou* a été aussi désignée sous le nom de *Font Veyrière* (cf. Archives communales d'Aumelas, compois coté CC. 1, fol. 52 r°, art. 573, et fol. 57 r°, art. 630).

³ Ms.: *aqueverssum.*

⁴ Ms.: *verssus.*

⁵ *Montem Nigrum*, aujourd'hui le *Mont Nègre*, dans la commune de Gignac (section D dite de Pélican), — à proximité de la Taillade, dans l'angle formé par la route de Montpellier à Gignac et par la limite des terroirs de Gignac et d'Aumelas, — entre les monticules de *Valapudèze* et de *Roque-traucade* (commune de Gignac), la *Font Patacou* et le *Pioch Blanc* (commune d'Aumelas).

Le Mont Nègre fait partie, comme Valapudèze et Roque-traucade, des bois communaux de Gignac.

Depuis deux ou trois ans, le *Mas de Ratte* à main droite de la route de Montpellier à Gignac) a reçu le nom de *Domaine de Mont Nègre*.

Le chemin de Popian au Mont Nègre, *via qua itur a Popiano versus Montem Nigrum*, se retrouve très nettement dans la voirie rurale actuelle des communes de Saint-Bauzille-de-la-Silve et de Gignac. Dans la commune de Popian, il a été en partie cédé à un propriétaire, qui l'a supprimé. — Après avoir (venant de Popian) longé le derrière du parc du château de Saint-Bauzille et coupé, à la croix de Colombet, le vieux chemin de Saint-Bauzille à Saint-Jean-de-Laval (aujourd'hui chemin vicinal dit de Saint Bauzille à Montpellier, - lisez : à la route de Gignac à Montpellier), il forme la limite de Gignac et de Saint-Bauzille, — traverse les *valats* dont la réunion constitue le ruisseau de Bouisset, — passe en contre-bas de l'ancien mas de Janiny et du *travers* dit du Cayla, passe entre le *Bosquet de Pélican* et le *lac de la Borie*, — laisse à gauche le *lac* de la bergerie de Pélican, — coupe le chemin de Gignac à Aumelas, — et pénètre dans la gorge du Rieusalat, — après avoir longé Roquetraucade, il s'engage à main gauche dans les replis du Mont Nègre, pendant que se détache, à main droite, un autre chemin allant à la Font Patacou et au-delà.

Le compois de Saint-Bauzille-de-la-Silve, dressé en 1779, le mentionne à plusieurs reprises (nous citons l'exemplaire petit in-folio des Archives départementales de l'Hérault) : — « un champ complanté d'oliviers, dit la Grande Olivette, au Pioch Neboude, confronte de marin le Pioch Neboude ; grec, le chemin de Mont-Nègre de douze pans ; terral, le chemin de Montpellier de deux cannes ; narbonnès, le chemin d'Aumelas de deux cannes » (p. 76) ; – « les vestiges d'un mas dit de Janiny, un petit bois, vignes et champs, le tout contigu, confrontant.... grec, le valat du mas de Janiny et le chemin de Montnègre de douze pans » (p. 95) ; « Messire Simon de Portal, seigneur [de Saint-Bauzille-de la-Silve] :.... un champ complanté d'oliviers au Mas de Janiny, confronte de marin M. François Janiny, prêtre ; grec, le chemin de Montnègre de deux cannes ; terral, le valat du Malpas » (p. 28) ; — « un champ complanté d'oliviers à Boysset, confronte de marin et de narbonnès le chemin de Montnègre ;.....terral le chemin de Saint-Jean-de-Laval » (p. 144) ; — cf. pp. 27, 50, 58, etc.

Une partie du chemin de Popian au Mont Nègre figure au tableau des chemins ruraux de la commune de Saint-Bauzille-de-la-Silve, dressé en 1858, sous le nom de (N° 4) *«chemin de Montnègre ou du lac Groussier*, [commençant] au chemin vicinal dit chemin de

sit[1] per los Cuzieniers[2], et a Cuzeneriis per dictam viam sicut itur versus[3] podium Grosserium[4], et a podio Grosserio usque in honore Raymundi Rostagni et sicut itur a dicto honore Raimundi[5] Rostagni versus[6] fontem Alaudelle.

Tamen michi et meis retineo illud quod poterit excoli a manso[7] Laurencenc versus Popianum[8], et a dicto manso[9] recta linea usque in viam publicam ; — concedens vobis, sub dicta venditione, in predictis que michi retineo, usum et explectam, dum erit eremum et sine blado.

Item et eodem modo vobis predictis, pro dicta universitate recipientibus, omnia jura, actiones reales, personales, mixtas, utiles et directas, que habeo et habere debeo et habere visus sum aliquo modo, in toto honore, infra predictas confrontationes, contentas[10].

Pro qua venditione, scio et confiteor me a vobis habuisse, nomine precii, centum quinquaginta solidos melgoriensium ; — in quibus renuncio exceptioni non numerate peccunie.

Et si predicta superius vobis vendita plus valent aut valebunt predicto precio, totum illud magis valens vobis et vestris, pro vobis et dicta universitate recipientibus, de mea bona voluntate dono; — renuncians exceptioni de dolo dimidie partis et pluris.

Promittens me predicta omnia et singula, vestro et dicte universitatis nomine et singulorum de dicta universitate, possidere, donec possessionem[11] seu quasi dicta universitas et singuli de dicta universitate predictorum omnium et singulorum plenarie fuerint adepti. Quam intrandi licentiam vobis, pro vobis et dicta universitate et singulis de dicta universitate recipientibus, de mea bona voluntate dono et precipio, me et meos inde disvestiendo et vos nomine dicte universitatis vestiendo ; — renuncians omni juri speciali ac generali, quo contravenire possem.

Predicta vero omnia et singula faciam vos et dictam universitatem et singulos de eadem universitate semper habere, tenere, possidere pacifice[12] et quiete, et ab omni contradicente jure deffendam. Et pro evictione in toto vel in parte facta, me et omnia bona mea vobis dictis sindicis et procuratoribus, pro dicta universitate recipientibus, obligo et astringo, faciens dictam venditionem meliori modo qui dici vel excogitari possit, ad utilitatem vestram et dicte universitatis. Et non

Montpellier, à la propriété Senceaux fils ; [se dirigeant] vers le lac ou Aumelas ; [se terminant] à la limite de la commune d'Aumelas, [et ayant une longueur de] 2810 mètres». Les rédacteurs du tableau des chemins de Saint-Bauzille ont, en réalité, réuni sous la même rubrique 1° la section Saint-Bauzilloise du chemin de Mont Nègre ; 2° le chemin longeant les rompudes de la Borie (limite de Gignac et de Saint-Bauzille) ; 3° la section Saint-Bauzilloise du chemin de Gignac à Aumelas.

[1] Ms.: transsit.
[2] Tènement à identifier.
[3] Ms.: verssus.
[4] Le Pioch Groussier nous paraît devoir être identifié avec le monticule aujourd'hui sans nom spécial, situé en majeure partie dans la commune de Gignac (section D dite de Pélican), — faisant suite au tènement du Laurier, parallèlement au travers du Cayla (commune de Saint-Bauzille-de-la-Silve), — qui est traversé en biais par le vieux chemin de Gignac à Aumelas et qui vient finir en face du mas de Pélican, par deux contreforts boisés dont l'un porte la bergerie et le lac de Pélican, et l'autre, le Bosquet de Pélican et le lac de la Borie.

[5] Le ms. donne successivement les formes Raymundi et Raimundi.
[6] Ms.: verssus.
[7] Ms.: mansso.
[8] Ms.: Ppopianum.
[9] Ms.: mansso.
[10] Le ms. donne contentas en toutes lettres, ce qui porte à lire:..... actiones.... in toto honore.... contentas. Mais il est permis de penser que la transcription contentas est peut-être le résultat d'une lecture inexacte par le scribe du cartulaire. La charte originale pouvait très bien porter la forme abrégée content(...). Il serait alors plus rationnel de lire:... actiones ... que [et quas] habeo... in toto honore, infra predictas confrontationes content(o).
[11] Ms.: possecionem.
[12] Ms.: pascifice.

feci nec dixi[1], nec dicam nec faciam, quominus predicta omnia [et] singula firma sint, et sic super Dei euvangelia juro.

Et ego Bermundus de Omellacio, bajulus castri Homellacii[2] pro domino Jacobo, Dei gratia rege Aragonum, auctoritate ejusdem, predicta omnia et singula laudo et confirmo vobis dictis sindicis et procuratoribus, pro vobis et dicta universitate et singulis ejusdem universitatis recipientibus in perpetuum ; — et habui inde a vobis de laudimio viginti et quinque solidos melgoriensium, et renuncio exceptioni non numerate peccunie, — retinens ibi domino regi, vel bajulo suo in castro Homellacii, unum anserem[3] pro usatico, tantum eo anno quo bajulus mutabitur in dicto castro, si petatur, aliter non teneremini de illo anno, set quotiens ibi mutabitur bajulus, totiens persolvatur, si petatur.

Acta sunt hec in clauso Petri de Virida[4], in presentia Raymundi Petri de Viridario, Raymundi de Ulmo, Raymundi Toloze, Raymundi de Valle Mala[5], Petri Amancii, Bernardi Ozil, Poncii de Sancto Firmino, Petri Riberie, Guillelmi Petri, filii dicti Guillelmi Petri, — et mei Johannis, publici Homellacii notarii, qui rogatus a partibus hec scripsi. ✝.

Est autem sciendum quod ego Johannes de Podio Arnaldi, publicus Montispessulani notarius, hoc presens transcriptum sumpsi et extraxi[6] de predicta originali carta, et in publicam formam redegi, — precedentibus decreto et auctoritate domini Stephani Sabors, gerentis vices locum tenentis in Montepessulano pro illustri domino rege Majoricarum, — ad instanciam Jacobi Fornerii, procuratoris ad causas dicti domini regis et juris conservationem dicti domini regis, — anno Dominice incarnationis millesimo ducentesimo nonagesimo[7] tercio, scilicet septimo kalendas februarii, domino Philippo[8], rege Francorum, regnante, — in presencia et testimonio dominorum Petri Seguini, et Raymundi Lamberti, — hic nichil addito seu diminuto vel mutato quam in dicto inveni originali instrumento seu carta predicta.

Et ipsum transcriptum perscrutatus fui diligenter de verbo ad verbum cum Ferrario de Lamena et Bernardo de Comairano, notariis publicis Montispessulani, et hic subscribens signo meo signavi. *(Seing monogrammatique du notaire* JOHANNES *de Puech Arnaud).*

Huic presenti perscrutinio caute et provide facto, ego supradictus Ferrarius Lemena[9], publicus Montispessulani notarius, una cum supradictis tabellionibus, testis vocatus et rogatus, interfui, et subscripsi, et signum meum apposui. *(Seing en partie monogrammatique du notaire* FERRARIUS *de Lemena).*

---

[1] Ms.: *dicxi.*
[2] Le ms. donne successivement les formes *Omellacio* et *Homellacii.*
[3] Ms.: *ancerem.*
[4] Ms.: *Virida*, — pour *Viridario* ??
[5] *Valmalle*, — primitivement *castrum*, dont une partie des substructions a subsisté jusqu'à nos jours, — ensuite hameau, dont la réunion à l'ancienne communauté de *Saint-Paul-de-Mont-Camel* a formé la commune actuelle de *Saint-Paul-et-Valmalle* (arrondissement de Montpellier, canton d'Aniane).

[6] Ms.: *extracxi.*
[7] Ms.: *nonogesimo.*
[8] Ms.: *Philipo.*
[9] Le ms. qui tout à l'heure, sous la plume du notaire Jean de Puech Arnaud, donnait la forme *Lamena,* donne ici, de la main de l'intéressé lui-même, la forme *Lemena.* — Cette seconde forme se retrouve, également de la main de l'intéressé lui-même, à la fin de la pièce qui fait suite à celle-ci dans le ms. (fol. 213 r°, art. 603).

XXXVI

1293, le 9 novembre, Montpellier. — Lauzime, par Jacques Ier, roi de Majorque, seigneur de Montpellier, — de la vente faite par Guilhem Pierre de Saint Pons, à la communauté des habitants de Popian ; — le dit roi se réservant, en outre de ses droits seigneuriaux ordinaires, la faculté de l'usage annuel d'une oie et la huitième partie des fruits des terres qui seront mises en culture, — et réservant également les droits de lignerage, etc., dont jouissent les hommes de l'Aumeladès ;
Le dit lauzime, transcrit le 26 janvier 1294 (n. st.), à la requête de Jacques Fournier, procureur du dit roi de Majorque.

AA. 1, fol. 213 r°, art. 603.

Noverint universi quod nos Jacobus, Dei gratia rex Majoricarum, comes Rossilionis et Ceritanie et dominus Montispessulani, certificati de quadam venditione, quam Guillelmus Petri de Sancto Poncio, miles, quondam fecit Raymundo Rostagno et Berenguario de Ecclesia et Durando Raynaudo et Poncio Sicardo[1] de Popiano, tunc sindicis et procuratoribus universitatis hominum castri de Popiano, recipientibus pro se et dicta universitate et omnibus et singulis hominibus de dicta universitate, — videlicet de toto honore quem habebat et habere dicebatur, — qui fuerat quondam Guillelmi Petri, patris sui, — qui honor a nobis et a predecessoribus nostris in feudum tenetur et teneri debebat, — et qui honor, tempore dicte venditionis, confrontari et includi dicebatur infra confrontationes et limitationes infra scriptas,

Videlicet sicut includit via qua itur a fonte Alaudelle versus Cuneos, et a Cuneis usque in via qua transitur per Lauserium, et ab eadem via Lauserii usque est l'Ayrola, et ab Ayrola usque ad Clap Boyxades, et de el Clap Boixades in vinea de Pataos et usque in aqueversum[2], et sicut dividitur cum honore de Pataos et usque in via qua itur a Popiano versus[3] Montem Nigrum et transit[4] per Los Cuzuners, et a Cuzuneriis per dictam viam sicut itur versus[5] Podium Grosserium, et a Podio Grosserio usque in honore Raymundi Rostagni et sicut itur a dicto honore Raymundi Rostagni versus[6] fontem Alaudelle ;

Quam venditionem dicte universitati, Bermundus de Omellacio quondam, tunc bajulus castri de Homellacio pro illustri domino Jacobo quondam, rege Aragonum, patre nostro, de facto laudavit, cum de jure non potuerit, in prejudicium et diminutionem juris directi dominii, consilii et laudimii nostri, que habemus et habere debemus in predicto honore;

Set quia aliquando negare non possimus quominus preces subjectorum nostrorum audiamus, ad magnas et supplices preces hominum de Popiano, et de gratia speciali, — venditionem dicti honoris, tibi Bernardo de Ecclesia, castri de Popiano, recipienti pro te et pro universitate hominum castri de Popiano et pro omnibus et singulis hominibus dicti castri presentibus et futuris, per nos et per omnes successores nostros dominos Montispessulani in perpetuum, — laudamus, approbamus et eciam confirmamus, salvo jure in omnibus alieno, et salvo jure nostro in consilio et laudi-

---

[1] Ms.: *Cicardo*.
[2] Ms.: *aquaverssum*.
[3] Ms.: *verssus*.
[4] Ms.: *transsit*.
[5] Ms.: *verssus*.
[6] Ms.: *verssus*.

mio et directo dominio — et usatico unius anseris[1], quolibet anno in festo Sancti Johannis Babtiste solvendo, eo anno quo requiretur, — et salvo nobis et nostris successoribus quod, de omnibus fructibus exeuntibus de terris que excolentur de dicto honore, dicti homines et corum successores et possessores dicti honoris vel partis[2] ejusdem dent et dare teneantur nobis et nostris successoribus fideliter octavam partem;

Retinentes insuper omnibus hominibus terre Homelladesii, presentibus et futuris, usum et explexam in herbis et lignis, sicut hactenus[3] habere consueverunt, quam eis auferre[4] non intendimus pro predictis;

Mandantes tenenti locum nostrum in Montepessulano et universis aliis officialibus et subditis[5] nostris, presentibus et futuris, quod predictam concessionem et confirmationem nostram firmam habeant et observent, et non contraveniant, nec aliquem contravenire permittant[6] aliqua ratione;

Et ad majorem firmitatem predicte concessionis et confirmationis nostre, presens instrumentum sigillo nostro pendenti jussimus communiri.

Datum in Montepessulano, quinto idus novembris, anno Domini millesimo ducentesimo nonagesimo[7] tercio.

Signum +✠+ Jacobi, Dei gratia regis Majoricarum, comitis Rossilionis et Ceritanie et domini Montispessulani.

Testes sunt — Poncius de Gardia, dominus de Caneto, — Berengarius de Ulmis, Arnaldus[8] de Sancto Johanne, milites, — Bermundus, Montisferrarii dominus, legum doctor, et Berenguarius de Colle, milites.

Sig+num Petri de Calidis, qui, mandato dicti domini regis, hec scribi fecit et clausit, loco, die et anno prefixis.

Est autem sciendum quod ego Johannes de Podio Arnaldi, notarius publicus Montispessulani, hoc presens transcriptum sumpsi et extraxi de predicta originali carta seu littera[9], sigillo pendenti majori dicti domini regis sigillata, et in publicam formam redegi, — precedentibus decreto et auctoritate domini Stephani Sabors, gerentis vices locum tenentis in Montepessulano pro illustri domino rege Majoricarum, — ad instanciam Jacobi Fornerii, procuratoris ad causas dicti domini regis et juris conservationem dicti domini regis, — anno Dominice incarnationis millesimo ducentesimo nonagesimo[10] tercio, scilicet septimo kalendas februarii, domino Philippo[11], rege Francorum, regnante, — in presencia et testimonio dominorum Petri Seguini et Raymundi Lamberti, — hic nichil addito seu diminuto vel mutato, quam in dicta inveni originali carta.

---

[1] Ms.: *anceris*. — 26 mai 1687. Aveu et dénombrement fourni par les consuls et communauté de Popian : « la ditte communauté de Poupian possédoit, en la ditte année 1639, une garrigue, en foy et hommage d'une oie, scituée au terroir d'Aumelas, quy a ses bornes et limites contenues dans le dénombrement fait devant les commissaires de Sa Majesté le 25° janvier 1673, sur la redevance y mentionnée d'une oye ». (Arch. départ. Hérault, C. 2958, fol. 139 v° et 140 r°, anc. 128 v° et 129 r°). — Août 1688. Lettres d'amortissement en faveur de la communauté de Popian. (Ibid., fol. 144).

[2] Ms.: *partem*.
[3] Ms.: *actenus*.
[4] Ms.: *aufferre*.
[5] Ms.: *sudditis*.
[6] Ms.: *permitant*.
[7] Ms.: *nonogesimo*.
[8] Ms.: *Analdus*.
[9] Ms.: *litera*.
[10] Ms.: *nonogesimo*.
[11] Ms.: *Philipo*.

Et ipsum transcriptum perscrutatus fui diligenter de verbo ad verbum cum Ferrario de Lamena et Bernardo de Comairano, notariis publicis Montispessulani, et hic subscribens signo meo signavi. *(Seing monogrammatique du notaire* JOHANNES *de Puech Arnaud).*

Huic presenti perscrutinio caute et provide facto, ego supradictus Ferrarius de Lemena, publicus Montispessulani notarius, una cum supradictis tabellionibus, testis vocatus et rogatus, interfui, et subscripsi, et signum meum hic apposui. *(Seing en partie monogrammatique du notaire* FERRARIUS *de Lemena).*

LE POUGET

XXXVII

1259 (n. st.), le 19 février, Montpellier. — Nouvelle inféodation, — par Jacques Ier, roi d'Aragon et de Majorque, seigneur de Montpellier, — à Brunissende, épouse de Raymond Gaucelm et fille de feu Pierre Aldebert, — de tous les droits que le dit Pierre Aldebert tenait en fief du dit roi dans les paroisses de Saint-Jean-de-Sainte-Eulalie, de Notre-Dame-de-Rouvièges et de Saint-Saturnin-de-Camprignan, terroir du Pouget[1], — lesquels droits avaient été injustement enlevés au dit Pierre Aldebert, par feu Abrand, lieutenant du dit roi à Montpellier[2].

Charte-partie originale (parchemin, sceau pendant disparu), intercalée dans AA. 1 et formant le « [fol.] 191 répété ; article 569 ».

Noverint universi quod nos Jacobus, Dei gratia rex Aragonum, Majoricarum et Valencie, comes Barchinone et Urgelli et dominus Montispessulani, — quia pro certo invenimus quod Abrandus, quondam tenens locum nostrum in Montepessulano et ejus districtu, abstulit injuste Petro Aldeberti, militi quondam, quartos, quintos, usatica et laudimia, que dictus Petrus Aldeberti habebat, tenebat et possidebat pro nobis in feudum, in parrochia Sancti Johannis de Sancta Eulalia[3] et in

---

[1] *Le Pouget*, anciennement paroisse et communauté du diocèse de Béziers, aujourd'hui commune de l'arrondissement de Lodève, canton de Gignac.
« Le Pouget était le chef-lieu d'un archiprêtré ». (Thomas, *Dict. top.*, p. 120 ; cf. Soupairac). Nous verrons ultérieurement que le chef-lieu de l'archiprêtré doit avoir été primitivement, non pas le Pouget même, mais Saint-Saturnin-de-Camprignan, près le Pouget.
Le Pouget est construit sur le plus petit des piochs composant la chaîne qui sépare les vallées de l'Hérault et de la Rouvièges. Cette chaîne commence au tènement de *Pater noster*, dans la commune du Pouget, et se termine au *Mourre de Tressan*, dans la commune de Tressan ; elle comprend en tout une vingtaine de piochs.

[2] D'Aigrefeuille mentionne ainsi cette pièce : « Restitution à Pierre Adelbert, homme de guerre, de divers droits qu'il avoit au terroir du Pouget, qui lui avoient été enlevés par Atbrand, lieutenant du roi dans le détroit de Montpellier ». (D'Aigrefeuille, *Hist. Montpellier*, édit. in-fol., tome Ier, pp. 86-87 ; édit. La Pijardière, in-4°, tome 1er, p. 138).

[3] Le château des *Trois Fontaines*, construit à main gauche sur le bord de la route de Pézenas à Gignac, et le domaine en dépendant, qui s'étend jusqu'à l'Hérault, — le tout situé dans la commune du Pouget, section F dite de Saint-Jean, — nous paraît correspondre à l'ancienne paroisse de Saint-Jean-de-Sainte-Eulalie. Nous justifierons ultérieurement cette manière de voir. — La carte de Cassini mentionne en cet endroit *la Grange de Rame*.

parrochia Sancte Marie de Rovegia¹ et in parrochia Sancti Saturnini de Campriniano², que sunt in termino de Puget;

Ideo, per nos et nostros, restituimus, damus et concedimus tibi Brunissendi, uxori Raimundi Gaucelmi et filie quondam dicti P[etri] Aldeberti, et tibi dicto Raimundo Gaucelmi, marito ejusdem Brunissendis, pro ipsa stipulanti, et vestris imperpetuum, in feudum, omnes predictos quartos, quintos, usatica et laudimia, ad habendum, tenendum et possidendum et expletandum, dandum, vendendum, impignorandum, alienandum, et ad omnes vestras voluntates et vestrorum inde libere faciendas, exceptis clericis et personis religiosis, — prout melius et plenius dictus P[etrus] Aldeberti predictos quartos, quintos, usatica et laudimia habebat, possidebat et percipiebat pro nobis in feudum, et habere, possidere et percipere debebat, quolibet modo vel qualibet racione.

Ego itaque Brunissendis predicta et ego Raimundus Gaucelmi, maritus ejus, ambo insimul recipientes a vobis domino nostro Jacobo, Dei gratia rege Aragonum, Majoricarum et Valencie, comite Barchinone et Urgelli et domino Montispessulani, et a vestris successoribus, restitucionem, donacionem et concessionem, quam nobis et nostris facitis de predictis omnibus in feudum, ut dictum est superius, — per nos et nostros, scienter et consulte ac spontanea voluntate, absolvimus vobis domino nostro regi Aragonum predicto et vestris imperpetuum, omnem questionem, peticionem et demandam, quam vobis faciebamus vel facere poteramus, de hominibus de Pusols³ et de firmamentis, bannis et quibuslibet aliis juribus nobis ibi pertinentibus et debentibus pertinere, — salvis tamen nobis et nostris perpetuo feudis, usaticis, laudimiis et omnibus aliis juribus nostris, que nunc ibi habemus et possidemus.

Datum apud Montempessulanum, undecimo kalendas marcii, anno Domini M° CC° L° octavo.

---

¹ « NOTRE DAME-DE-ROUVIÉGES », aliàs « ROUVIÉGES », h[ameau], c^{ne} de Puilacher. Ancien prieuré-cure du diocèse de Béziers, sous le vocable de B. M. V. dans l'archiprêtré du Pouget ». (Thomas, *Dict. top. Hérault*, p. 168). — « ROUVIÉGES, ruisseau qui prend sa source au mas d'Ensabre, commune d'Aumelas, coule sur les territoires de Vendémian, Puilacher, Plaissan et Bélarga, parcourt 19 kilomètres, fait aller un moulin à blé et se jette dans l'Hérault ». (Thomas, id., p. 169).

« N.-D. de Rouviéges, 1500 mét. N.-E. [de Puilacher], ancienne paroisse supprimée en 1801. Elle dépendait de la mense de la collégiale de N.-D. du Palais de Montpellier ». (Soupairac, *Nouv. pet. Dict.... Hérault* p. 66, art. PUILACHER).

« N.-D. de Rouviéges, église paroissiale de Lestang ». (Delouvrier, *Hist. Aumelas*, p. 333).

Cette église de Rouviéges, — *Rouvièze*, de la carte de Cassini, — était située, non pas dans la commune de Puilacher, comme l'ont écrit Thomas et Soupairac, mais bien dans la commune du Pouget, section E dite de Lestang, à la base du triangle que forme cette section entre les terroirs des communes de Puilacher et de Plaissan, - sur le flanc du coteau dominant la rive droite de la Rouviéges, en aval de l'aqueduc dit *vallat des Yols* et de la ruine de *la Mouline*, — sur le bord, à main gauche, du vieux chemin salinier de Saint-Bauzille-de-la-Silve à Puilacher, - à proximité d'un mas abandonné et en partie ruiné, sur la porte intérieure duquel se lit encore une inscription de l'année 1630.

Le plan cadastral du Pouget indique en cet endroit les « ruines de l'église Notre-Dame de Rouviéges ». Ces ruines ont été démolies dans les dernières années du XIXe siècle. L'emplacement en est encore très reconnaissable.

Sur le domaine et l'église de Rouviéges, voir Delouvrier, *Hist. Aumelas*, pp. 13, 14 et 333.

² Aujourd'hui *Laumède* aliàs *l'Aumède*, — *Lamède*, de la carte de Cassini, — petit hameau, à main droite de la route de Pézenas à Gignac, dans la commune du Pouget, section A dite de Laumède, à proximité de la commune de Pouzols. L'église romane de Saint-Saturnin existe encore, transformée partie en habitation, partie en écurie. — Nous établirons ultérieurement, dans un article spécial, l'identité de Laumède avec l'ancien domaine de Camprignan.

³ *Pouzols*, anciennement paroisse et communauté du diocèse de Béziers, aujourd'hui commune de l'arrondissement de Lodève, canton de Gignac.

Signum ✠ Jacobi, Dei gratia regis Aragonum, Majoricarum et Valencie, comitis Barchinone et Urgelli et domini Montispessulani.

Testes sunt Berengarius de Cardona, G. de Rochafolio, R. de Gerundella, Aries Ivaynes[1], Ferrandus Ivaynes[2].

Sig✠num Petri de Capelladis, qui, mandato domini regis, hec scribi fecit, loco, die et anno prefixis.

SAINT-JEAN-DE-VÉDAS

XXXVIII

1267, le 26 juin, [Montpellier]. — Reconnaissance à Jean Blanc, procureur de Jacques Ier, roi d'Aragon et de Majorque et seigneur de Montpellier, — par divers habitants de Saint-Jean-de-Védas, — des droits de juridiction et autres droits seigneuriaux, que le dit roi possède dans le dit lieu de Saint-Jean-de-Védas et dans son terroir.

Serment de fidélité des dits habitants de Saint-Jean-de-Védas — au dit roi d'Aragon, représenté par le dit Jean Blanc.

AA. 1, fol. 195 r°, art. 574.

Noverint universi presentes pariter et futuri quod Raimundus Martini, Petrus Doblieira, Bernardus Marchi, Petrus de Ecclesia, Johannes Duranti, Poncius Rainaudi, Petrus Rainos, Johannes Rais, Bernardus Balbi, confessi fuerunt et recognoverunt sollempniter domino Johanni Blancho, procuratori illustrissimi domini Jacobi, Dei gratia regis Aragonum, Majoricarum et Valencie, comitis Barchinone et Urgelli et domini Montispessulani, quod tota hec[3] villa Sancti Johannis de Vedacio[4], cujus predicti omnes sunt habitatores, cum suis pertinenciis et territorio et pertinenciis ejusdem, est dicti domini regis et in suo dominio et jurisdictione, — et habet ibi et habere debet merum et mixtum imperium et plenissimam jurisdictionem; — in qua eciam villa Sancti Johannis de Vedacio, dictus dominus rex habet et habere debet justicias magnas et parvas et medias et questas; — et hoc dixerunt et asseruerunt proprio sacramento.

Dictoque procuratori recipienti pro dicto domino rege, fidelitatem juraverunt omnes et singuli, et vitam et membra dicti domini regis et suorum liberorum deffendere et salvare, et eorum jura et bona, bona fide, suo posse, custodire promiserunt, et eis non esse in dampnum de bonis et juribus eorum et dominacione, in dicta villa et territorio ejus et extra ubicumque. Et in omnibus eis

---

[1] « Ivanez, Hyvaynes, Hyanes ». (De Tourtoulon, *Jacme I*er*, tome II, p. 646). — « Aries Yanes ». (Lecoy de la Marche, *les Relations politiq. de la France avec le roy. de Majorque*, tome I, pp. 424, 443 et 445).

[2] « Ferrandus Yanes ». (Lecoy de la Marche, op. cit., t. I, p. 424).

[3] Ms.: *hac*.

[4] *Saint-Jean-de-Védas*, chef-lieu de la commune du même nom, troisième canton de Montpellier, — sur la rive gauche de la Mosson.

promiserunt esse fideles et obedientes, in quibus vassallus vel homo debeat esse fidelis domino suo, et etiam eorum locum tenenti in Montepessulano et officialibus ejus.

Et predicta fecerunt, salvis preposito Magalone et ecclesie Sancti Johannis de Vedacio usagiis, que habent in dicta villa et extra.

Acta fuerunt hec sollempniter et rite, — anno Dominice incarnacionis millesimo ducentesimo sexagesimo[1] septimo, scilicet sexto kalendas julii, — in presentia et testimonio Assaudi de Quillano, Jacobi de Spariguieira, scriptoris, — et mei Micahelis de Malobuxo, publici Montispessulani notarii, qui, mandatus et rogatus a dictis partibus, hec scripsi. *(Seing du notaire Michel de Malbosc).*

XXXIX

1267, le 3 septembre, [Montpellier]. — Reconnaissance à Jean Blanc, procureur de Jacques Ier, roi d'Aragon et de Majorque et seigneur de Montpellier, — par Guilhem de la Coste, habitant de Saint-Jean-de-Védas, — des droits seigneuriaux du dit roi d'Aragon sur le dit lieu de Saint-Jean-de-Védas.

AA. 1, fol. 195 r°, art. 575.

Post hec — anno quo supra, et tercio nonas septembris. — Guillelmus de Costa, habitator ville Sancti Johannis de Vedacio, confessus fuit et recognovit sollempniter domino Johanni Blanco, procuratori illustrissimi domini Jacobi, Dei gratia regis Aragonum, Majoricarum et Valencie, comitis Barchinone et Urgelli et domini Montispessulani, quod tota villa Sancti Johannis de Vedatio, cujus ipse Guillelmus est habitator, cum pertinenciis et territorio ejus, est dicti domini regis, ut supra continetur et ut predicti recognoverunt.

Testes sunt Assaudus de Quillano, Jacobus de Spariguieira, — et ego Micahel de Malobuxo, publicus Montispessulani notarius, qui, rogatus a partibus, hec scripsi. *(Seing du notaire Michel de Malbosc).*

XL

1269, le 9 avril, Béziers. — Lettres de Jacques Ier, roi d'Aragon et de Majorque, seigneur de Montpellier, — mandant à Hugues Fabre, changeur, bourgeois de Montpellier, — de procéder à une enquête, au sujet de la plainte portée par Jean de Sauret contre l'ancien lieutenant du dit roi à Montpellier, Guilhem de Roquefeuil, qui l'avait empêché de percevoir certains lauzimes et usages, — et en conséquence de la dite enquête, de terminer l'affaire et de rendre son droit au dit Jean de Sauret.

1270 (n. st.), le 11 mars, [Montpellier]. — Sentence de Hugues Fabre, en tant que fondé de pouvoir du dit roi d'Aragon, — restituant au dit Jean de Sauret les divers droits seigneuriaux qui avaient été saisis sur lui par le dit lieutenant Guilhem de Roquefeuil, — la dite saisie ayant été faite pour cette raison que le dit Jean de Sauret avait refusé de reconnaître qu'il tenait les dits droits en fief du dit roi, — lesquels

---

[1] Ms.: *sexsagesimo*.

droits seigneuriaux et usages étaient assis dans les dîmeries du Terral, de Béjargues, de Saint-Jean-de-Védas et de Juvignac et dans les terroirs de Noals et du Rieucoulon ;

Reconnaissance féodale — par le dit Jacques de Sauret — à l'infant Jacques, fils du roi d'Aragon et héritier présomptif de Majorque et de Montpellier, — sous l'albergue de trois chevaliers ;

Confirmation, par le dit infant Jacques, — de la sentence prononcée par le dit Hugues Fabre.

AA. 1, fol. 205 v° et 206 r°, art. 597.

Noverint universi hanc scripturam publicam inspecturi quod illustris dominus rex Aragonum mandatum seu comissionem fecit nobis Ugoni Fabre[1], cambitori, per suas litteras, in hunc modum :

Jacobus, Dei gratia rex Aragonum, Majoricarum et Valencie, comes Barchinone et Urgelli et dominus Montispessulani, fideli suo Hugoni Fabre, burgensi Montispessulani, salutem et gratiam. Johannes de Sauseto[2] nobis dixit quod Guillelmus de Rochafolio, tempore quo erat locum nostrum tenens in Montepessulano, impedivit sibi quedam laudimia et usatica, que ipse recipere debebat et debet.

Unde volumus et vobis mandamus quatinus, statim cum dictus Guillelmus de Rocafolio[3] reversus fuerit ad partes Montispessulani, ipsum videatis et sciatis[4] ab ipso qualiter est de predicto facto, et tunc ipsum factum terminetis, et dicto Johanni jus suum donetis auctoritate nostra, quoniam nos dictum factum comittimus legalitati et discretioni vestre.

Datum Biterris, quinto idus aprilis, anno Domini M° CC° LX° nono.

Auctoritate cujus mandati seu comissionis domini regis antedicti, nos Ugo Faber predictus, — audito prius a nobis diligenter et intellecto dicto predicto[5] G[uillelmo] de Rocafolio et per ejus dictum reperto, qui nobis retulit et dixit quod omnia usatica, dominia, consilia et laudimia[6] et quicquid dictus Johannes de Sauseto habebat et percipiebat in decimariis et locis inferius expressatis, saiziverat, occupaverat[7] seu emparaverat pro dicto domino rege, ut tunc ejus locum tenens in Montepessulano et ejus dominatione, ea scilicet ratione quia dictus Johannes nolebat recognoscere[8] se tenere illa ad feudum ab ipso dicto domino rege, — et cum ipse dictus Johannes de Sauzeto nunc paratus[9] sit et offerat se velle illa recognoscere[10] se tenere ad feudum honoratum ab ipso domino rege prefato, — presenteque[11] et expressim volente[12] domino infante Jacobo, predicti domini regis filio et herede Majoricarum, Montispessulani, Rossilionis, Ceritanie et Conflentis, — saizimentum, occupationem seu emparationem olim factam predictam per dictum[13] dominum Guillelmum de Rocafolio, revocantes et annullantes[14] omnino, auctoritate regia antedicta et ex potestate

---

[1] Ms.: *Frabre*.

[2] Ms.: *Sausezo*, corrigé en *Sauseto*.

« *Sauret*, moulin, usine sur le Lez, commune de Montpellier, section D. — *Eccl. de Salzeto*, v. 1100..... — *Villa super flumen Lesi*, 1114, ... ». (Thomas, *Dict. topog. Hérault*, pp. 200-201).

[3] Le ms. qui donnait tout à l'heure la forme *Rochafolio*, donne ici *Rocafolio*.

[4] Ms.: *sciatis*.

[5] Ms.: *predicti*.

[6] Ms.: *laudumia*.

[7] Ms.: *ocupaverat*.

[8] Ms.: *recognocere*.

[9] Ms.: *paratum*.

[10] Ms.: *recognocere*.

[11] Ms.: *presentesque*, corrigé en *presenteque*.

[12] Ms.: *voluntate*.

[13] Il eût été plus rationnel d'écrire : *emparationem predictam, olim factam per dictum*. — Ce libellé reparaît un peu plus bas.

[14] Ms.: *anullantes*.

ab ipso dicto domino rege nobis comissa et data, et de voluntate expressa et scientia domini infantis Jacobi presentis prelibati, reddimus[1] et restituimus in proprietate et possessione[2] et quasi, tibi dicto Johanni de Sauzeto presenti et recipienti et tuis, omnia et singula predicta dominia, consilia, laudimia[3], usatica et quicquid aliud habes et habebas et percipiebas ante dictum saizimentum, occupationem[4] seu emparationem inde factam predictam[5] per dictum G[u]illelmu[l]m de Rocafolio, in dictis locis territoriis et decimariis inferius[6] nominatis et expressatis, .

Scilicet in omnibus et singulis decimariis de Terrallo[7] et Sancti Stephani de Bejanicis[8], et Sancti Johannis de Vedatio, et Sancti Gervasii de Juvmiaco, et in territoriis et terminis de Noals[9] et de Rivo Columbo[10];

Pronunciantes nichilominus et dicentes, auctoritate regia antedicta, ipsa predicta omnia tua esse et ea te habere et te tenere debere ad feudum honoratum, ab eodem domino rege predicto ; — et quod, pro ipso toto dicto feudo, tu et tibi succedentes in eodem detis et solvatis, et dare et prestare amodo teneamini, eidem domino regi et suis, annis singulis in festo Sancti Micahelis, alberguam seu albergas[11] tribus militibus, vel, si magis ipsi domino regi vel suis placuerit, duos solidos melgoriensium pro unaquaque albergua dictorum trium militum, pro usatico tantum, ita quod nullum alium censum[12] vel servicium tu dictus Johannes vel dicti tui successores facietis vel prestare vel facere tenebimini, pro dicto feudo aut pro rebus feudalibus supradictis, predicto domino regi vel suis.

Ad hec, ipsisque predictis omnibus diligenter intellectis, ego[13] dictus Johannes de Sauzeto, laudans[14], approbans[15] et confirmans ipsa omnia et singula supradicta, assero et in veritate fateor et recognosco vobis domino infanti Jacobo prelibato, stipulanti et recipienti sollempniter pro dicto

---

[1] Ms.: *redimus*.
[2] Ms.: *possecione*.
[3] Ms.: *laudumia*.
[4] Ms.: *ocupationem*.
[5] Voir p. 435, note 13.
[6] Ms.: *inferiusque*.

[7] *Le Terral*, domaine et château, ayant appartenu depuis l'époque carolingienne jusqu'à la Révolution aux évêques de Maguelone-Montpellier, — vendu comme bien national et acheté par le célèbre Joseph Cambon, député de Montpellier à l'Assemblée législative et à la Convention, « créateur du Grand Livre », — aujourd'hui propriété de M. Bouscaren, situé dans la commune de Saint-Jean-de-Védas, entre la route nationale de Lyon à Béziers (aliàs route de Toulouse) et le chemin de grande communication de Montpellier à Montagnac (aliàs route de Lavérune).

[8] « BEJANIC.E. (1218) *Montals* (Saint-Jean-de-Buêges). (XIVe siècle) *Terraillet*. (1322) Viols-le-Fort ». (Thomas, *Dict. topog. Hérault*, p. 236 ; cf. pp. 120, 209 et 228). — En réalité, Béjargues était situé, ainsi que nous le démontrerons spécialement quelque jour, dans la commune de Saint-Jean-de-Védas, à proximité de ce dernier village ainsi que du Terral, sur la route même de Montpellier à Toulouse, au lieu dit *la Font de l'Hopitau*.

[9] *Noals*, terroir, partie cultivé, partie en garrigue, où s'élevait autrefois un *mas*, et dont le nom est resté à un quartier de la commune de Saint-Jean-de-Védas, à main droite de la ligne du chemin de fer du Midi (de Montpellier à Montbazin), non loin du passage à niveau servant de halte pour le village de Saint-Jean-de-Védas.

[10] *Le Rieucoulon* (dont le terroir ici mentionné tirait son nom) est un ruisseau qui se forme dans la commune de Montpellier (section I dite de Celleneuve), à main droite au-dessus de la route de Lavérune, entre Château-Bon et le mas d'Audibert. Il sépare quelque temps les communes de Montpellier et de Saint-Jean-de-Védas. Finalement, après avoir traversé le domaine de Maurin (commune de Lattes), il va se jeter dans la Mosson, un peu en amont du confluent de cette rivière avec le Lez.

[11] Le ms. donne successivement les formes *alberguam*, *albergas* et *albergua*.
[12] Ms.: *cencum*.
[13] Ms.: *eego*.
[14] Ms.: *et laudans*.
[15] Ms.: *aprobans*.

domino rege, patre vestro, et pro vobis ipso, me ipsa omnia et singula dominia, consilia, laudimia[1], et usatica et quicquid aliud habeo, habere possum vel debeo qualicumque modo, in supradictis omnibus et singulis decimariis, locis et territoriis, me habere et tenere, ad feudum honoratum et sub dicto annuo censu, ab ipso domino rege et a vobis, — et ipsum dictum censum[2] scilicet ipsas dictas tres albergas trium militum dumtaxat, vel si ipsi domino regi aut vobis domino infanti Jacobo vel vestris etiam successoribus magis placuerit, duos solidos melgoriensium pro unaquaque dicta alberga, dare, prestare ac solvere annis singulis, in dicto festo Sancti Micahelis, — sollempni interposita stipulatione et efficaci et sollempni mei et tocius dicti feudi obligatione, — expromitto, per me et meos, et predicta etiam omnia servare et complere, et nunquam in aliquo contra predicta venire modo vel nomine aliquo vel aliqua ratione.

Consequenter, nos infans Jacobus, predicti domini regis Aragonum filius et heres Majoricarum, Montispessulani, Rossilionis, Ceritanie et Confletis, confitentes et recognoscentes supradicta omnia et singula, dicta, pronunciata et ordinata per dictum Ugonem Fabre, fore ab ipso Ugone, per omnia, de voluntate nostra expressa et assensu, dicta, pronunciata et ordinata esse, — ipsa et omnia et singula supradicta alia, per ipsum dictum dominum regem patrem nostrum et per nos et omnes nostros successores, firmamus, laudamus et approbamus[3] tibi dicto Johanni de Sauzeto, stipulanti, et tuis, — et ea supradicta omnia et singula servare et firma habere et tenere perpetuo, et nunquam in aliquo contra predicta venire ullo modo vel aliqua ratione[4].

Acta fuerunt omnia et singula supradicta, quinto idus marcii, anno incarnationis Dominice M° CC° LX° nono, — in presentia et testimonio Arnaldi Baile, jurisperiti et judicis dicti domini infantis, P[et]ri de Calidis, notarii seu scriptoris dicti domini infantis Jacobi, P. Ademarii, militis, et quorumdam aliorum, — et mei P[etri] Davini, notarii publici Montispessulani, qui supradicta omnia et singula scripsi, mandato dicti domini infantis et dicti Ugonis Fabri et rogatu Johannis de Sauzeto[5] predicti, et hic signo meo sequenti signavi[6].

[1] Ms.: *laudumia*.

[2] Ms.: *cencum*.

[3] Ms.: *aprobamus*.

[4] Ici le ms. répète: *per ipsum dictum* (en partie exponctué) *dominum regem patrem nostrum et per nos et omnes nostros successores, firmamus, laudamus et approbamus tibi dicto Johanni de Sauzetto* (sic) *stipulanti et tuis, et ea supradicta omnia et singula servare et firma habere et tenere perpetuo et nunquam in aliquo contra predicta venire ullo modo vel aliqua ratione; per ipsum dominum regem patrem nostrum et per nos et nostros omnes, tibi dicto Johanni de Sauzetto* (sic) *stipulanti atque tuis*.

[5] Ms.: *Sauzto*.

[6] Le seing de Pierre Davin ne figure pas à la suite de cette pièce. L'écriture dénote d'ailleurs une main autre que celle de ce notaire.

FIEFS DIVERS

XLI

1259 (n. st.), le 21 février, Montpellier. — Reconnaissance féodale et serment de fidélité, — à Jacques Ier, roi d'Aragon, seigneur de Montpellier, — par Armand de Vailhauquès, écuyer, fils de feu Bertrand de Vailhauquès, — pour ce qu'il tient du dit roi tant à Montpellier qu'à Lattes et à Aumelas et dans les territoires des dits lieux;
Le dit acte vidimé, — le 10 mai 1302, — par ordre de Brémond de Montferrier, lieutenant du dit Jacques Ier, en sa terre et baronnie de Montpellier.

AA. 1, fol. 215 r°, art. 608.

Hoc est transcriptum sumptum fideliter per me Bertrandum de Riali, publicum Montispessulani et palacii Montispessulani notarium, de quodam publico instrumento originali, scripto, ut in eo continebatur, manu Guillelmi Arnaldi, quondam notarii Montispessulani, — auctoritate mandati mihi dicto Bertrando de Riali, notario predicto, dati, de dicto originali instrumento hic fideliter exemplando[1], pro tuitione[2] juris illustris domini nostri regis Majoricarum, domini Montispessulani, per nobilem virum dominum Bremundum de Monteferrario, militem et locum tenentem dicti domini regis Majoricarum in terra et baronia Montispessulani, — anno Dominice incarnationis millesimo tricentesimo secundo, scilicet sexto idus[3] madii, domino Philippo, rege Francorum, regnante, — in presencia et testimonio discretorum virorum Petri Sabors, Guillelmi de Fabrica, jurisperitorum, Petri de Ponte, tincturerii, et aliorum de Montepessulano, — et mei predicti Bertrandi de Riali, notarii supradicti, qui, dicto mandato recepto, id adimplendo, hic dictum originale instrumentum, quod ego vidi, tenui et legi, et dictus dominus locum tenens in presentia dictorum testium, non abrasum, non viciatum, non cancellatum, nec in aliqua sui parte suspectum, manu mea fideliter exemplavi[4], ut sequitur :

Anno Dominice incarnationis millesimo ducentesimo quinquagesimo octavo, videlicet nono kalendas marcii,

Ego Armundus de Valhauquesio, armiger, filius quondam domini Bertrandi de Valhauquesio, pro me et omnibus successoribus meis, scio et vere recognosco vobis illustrissimo regum domino Jacobo, Dei gratia Aragonum regi, Majoricarum et Valencie, comiti Barchinone et Urgelli et domino Montispessulani, quod ego teneo a vobis, in feudum videlicet honoratum[5], id totum quod habeo in Montepessulano et extra, et in toto ejusdem territorio, et in castro de Latis et extra, et in toto territorio ejusdem, et in castro de Omellacio et extra et in toto territorio ejusdem.

[1] Ms.: *excemplando*.
[2] Ms.: *tuhitione*. [3] Ms.: *ydus*.
[4] Ms.: *excemplavi*.
[5] Ms.: *honratum*.

Pro quo feudo sive pro hiis que a vobis in feudum teneo, teneor vobis facere id servicium quod talis feudatarius suo domino exhibere debet.

Sciendum tamen est quod ego et successores mei possumus dare in emphiteosim omnes possessiones et jura, que a vobis in feudum teneo, sine vestro consilio et laudimio, et usatica quelibet sive census michi retinere et incursiones, si ibi fierent, habere; — et jus laudandi et laudimia percipiendi in eis habeo, quocienscumque vendantur, transferantur vel alio modo alienentur, in omnibus illis casibus in quibus laudimium competit;

Sane si ego omnia, que a vobis in feudum teneo memoratum, alienarem, ita videlicet quod nil mihi retinerem, vos tunc habetis jus laudandi, sicut dominus major habet et habere debet.

Et pro hiis omnibus, vobis et vestris fidelis ero, et personam vestram, membra et jura vestra, fideliter custodiam et deffendam, quemadmodum talis feudatarius facere consuevit.

Et nos Jacobus, Dei gratia rex Aragonum et dominus Montispessulani, hanc recognicionem, quam tu dictus Armandus, armiger, cujus manus inter nostras tenemus, flexis genibus, nobis facis, sicuti et debes, recipimus. Et predicta vera esse confitentes, omnia, que de nobis in predictis locis habes et tenes, tue fidelitati et tuis successoribus laudamus per omnia, et etiam confirmamus.

Acta sunt hec apud Montempessulanum, in presencia et testimonio nobilis viri Raymundi Gaucelmi, domini Lunelli, nobilis viri Guillelmi de Rocafolio, Guillelmi de Sala, judicis domini regis, Berengarii Fredoli, prioris de Frontiniano, Raymundi de Conchis, Raymundi de Conchis, filii dicti Raymundi de Conchis, Poncii Gaucini, jurisperiti, Petri de Therico, Laurencii de Fisco, Petri Jordani, — et Guillelmi Arnaldi, publici Montispessulani notarii, qui, mandato dicti domini regis et precibus dicti Armandi, hec scripsit, signum suum apponens. *(Reproduction du seing du notaire Guilhem Arnaud).*

Profecto sumpto exemplo[1] presenti ex predicto originali, ego dictus Bertrandus de Riali, notarius dicti palacii, presens exemplum perscrutatus fui cum dicto originali instrumento, — adhibitis mihi et mecum perscrutantibus magistro Guillelmo de Ponte et magistro Bernardo de Comayrano, notariis publicis Montispessulani, — me presens exemplum legente, ipsisque dictum originale perspicientibus[2] et abscultantibus, et quia, facta cauta et provida collacione, presens exemplum cum dicto originali penitus concordare invenimus, ideo hic subscripsi et signum meum apposui[3]. *(Seing du notaire Bertrand de Rial).*

Huic perscrutinio[4] prescripto caute, provide et diligenter facto, ego prefatus Guillelmus de Ponte, notarius Montispessulani publicus, testis vocatus et rogatus, una cum supradictis tabellionibus interfui, et hic subscribens signum meum apposui[5], quod est tale. *(Seing du notaire Guilhem Delpont).*

Hujus sumpti perscrutinio caute et provide facto, ego Bernardus de Comairano, notarius publicus Montispessulani, testis vocatus, una cum predictis tabellionibus interfui, et hic subscripsi, et signum meum apposui, quod est tale. *(Seing du notaire Bernard de Comayran).*

---

[1] Ms.: *exsemplo.* [2] Ms.: *perspiciantibus.* [4] Ms.: *prescrutinio.*
[3] Dans le ms., le notaire ajoute : *et obmisi supra, ad hoc signum* : *teneor.* [5] Ms.: *aposui.*

XLII

1277 (n. st.), le 21 février, [Montpellier]. — Reconnaissance féodale, hommage et serment de fidélité, — à Jacques Ier, roi de Majorque, seigneur de Montpellier, — par Pierre Frédol et Pierre de Pignan, damoiseaux.

AA. 1, fol. 203 r°, art. 387.

Anno incarnationis Dominice millesimo ducentesimo septuagesimo sexto, scilicet nono kalendas marcii.

Nos Petrus Fredoli et Petrus de Piniano, domicelli, quisque nostrum, bona fide et sine omni dolo et fraude, scientes, asserentes et recognoscentes vobis illustrissimo domino Jacobo, Dei gratia regi Majoricarum, comiti Rossilionis et Ceritanie ac domino Montispessulani, nos a vobis tenere in feudum omnia illa que a vobis tenemus, quecumque et ubicumque illa a vobis teneamus; — et pro illis eisdem, nos vobis homagium et sacramentum fidelitatis prestare et facere debere, sicut vassalli seu vassallus domino facere et prestare tenetur seu tenentur.

Et ideo, sponte et debite, vobis dicto domino regi, flexis genibus et junctis manibus et in vestris manibus positis datoque osculo pacis et firmitatis, — pro illis scilicet omnibus que quisque nostrum a vobis dicto domino rege tenemus, homagium facimus quisque nostrum sine dolo; — et vos et vitam vestram et membra et terram vestram salvare et custodire promittimus et debemus quisque nostrum, ut vassallus.

Et nos Jacobus, Dei gratia rex Majoricarum, comes Rossilionis et Ceritanie ac dominus Montispessulani predictus, predicta omnia recipimus, salvo et retento nobis in omnibus et per omnia jure nostro.

Testes sunt horum rogati Arnaldus Bajuli, Petrus Rubei, jurisperiti, Petrus de Calidis, scriptor dicti domini regis, — et ego Petrus Davini, notarius publicus Montispessulani, qui supradicta omnia scripsi, mandato dicti domini regis et vassallorum predictorum, et hic signavi. *(Seing du notaire Pierre Davin).*

XLIII

1277 (n. st.), le 22 février, [Montpellier]. — Reconnaissance féodale, hommage et serment de fidélité, — à Jacques Ier, roi de Majorque, seigneur de Montpellier, — par Pons de Vailhauquès, fils de feu Armand de Vailhauquès, Bérenger Daumas de Montarnaud et Bérenger de Tourvès, tous trois damoiseaux.

AA. 1, fol. 203 v°, art. 388.

Anno incarnationis Dominice millesimo ducentesimo septuagesimo sexto, scilicet octavo kalendas marcii.

Nos Poncius de Valauquesio, domicellus, filius quondam Armandi de Valauquesio, et Berengarius Dalmacii de Monte Arnaldo, domicellus, et Berengarius de Torves de Piniano, domicellus, quisque nostrum bona fide et sine omni dolo et fraude, scientes, asserentes et recognoscentes vobis illustrissimo domino Jacobo, Dei gratia regi Majoricarum, comiti Rossilionis et Ceritanie ac domino Montispessulani, nos a vobis tenere in feudum omnia illa que a vobis tenemus, quecumque et ubicumque illa a vobis teneamus; — et pro illis eisdem, nos vobis homagium et sacramentum fidelitatis prestare et facere debere, sicut vassallus seu vassalli domino facere et prestare tenetur et tenentur.

Et ideo, sponte et debite, vobis dicto domino regi, flexis genibus et junctis manibus et in vestris manibus positis datoque osculo pacis et firmitatis, pro illis scilicet omnibus, que quisque nostrum a vobis dicto domino rege tenemus, homagium facimus, quisque nostrum pro illo quod a vobis tenet; et hoc facimus sine dolo; — et vos et vitam vestram et membra vestra et terram vestram salvare et custodire promittimus et debemus quisque nostrum, ut vassallus.

Et nos Jacobus, Dei gratia rex Majoricarum, comes Rossilionis et Ceritanie ac dominus Montispessulani predictus, predicta omnia recipimus, salvo et retento nobis in omnibus et per omnia jure nostro.

Testes sunt horum omnium rogati Petrus Rubei, Arnaldus Bajuli, jurisperiti, Petrus de Calidis, scriptor dicti domini regis, — et ego Petrus Davini, notarius publicus Montispessulani, qui supradicta omnia scripsi, mandato dicti domini regis et vassallorum predictorum rogatu, et hic signo meo signavi. *(Seing du notaire Pierre Davin).*

Contre-sceau de Jacques Ier, roi d'Aragon, de Majorque et de Valence,
Comte de Barcelone et d'Urgel et seigneur de Montpellier.

TABLE CHRONOLOGIQUE DES DOCUMENTS

1186, le 12 avril, Maguelone. — Lattes. — Donation, par Pierre de Vabre, prévôt de Maguelone, — à l'église Notre-Dame de Lattes, — de la moitié de la dîme du blé, qui se percevra au moulin du seigneur de Montpellier, sis auprès de la muraille du château de Lattes et appelé le Moulin Bas; — la dite donation ratifiée par Guilhem VIII, seigneur de Montpellier. (Manuscrit, art. 609 = édition, pièce XIX).. 406-407

1205 (n. st.), le 18 janvier, [Montpellier]. — Montpellier, — Jardin dans les faubourgs. — Bail en acapt, — par Pierre II, roi d'Aragon, seigneur de Montpellier, et Marie de Montpellier, sa femme, — à Pierre Lucian, — d'une portion de jardin et de droits divers, provenant de l'acquisition faite [en janvier 1200] par Guilhem VIII, seigneur de Montpellier, à Adalmude, fille de Raymond Aimoin et femme de Raymond Bernard de Montpeyroux; — le dit bail en acapt, moyennant une entrée de 500 sous melgoriens et un usage annuel de 5 sous de la même monnaie. (Ms., art. 181 = édit., pièce IV).. 358-359

1218, le 22 juin, Montpellier. — Le Roi d'Aragon vassal de l'Évêque de Maguelone, comte de Mauguio. — Monnaie de Mauguio. — Seigneurie de Montpellier. — Seigneuries de Pignan et de Saussan. — Châteaux de Frontignan, de Castries, de Castelnau, etc. — Bernard de Mèze, évêque de Maguelone, comte de Mauguio et de Montferrand, inféode — moyennant 20.000 sous melgoriens, etc., — à Jacques Ier, roi d'Aragon, seigneur de Montpellier, représenté par les consuls de la dite ville de Montpellier, — 1° quatre deniers sur les dix par livre, auxquels il a droit, en raison de son dit comté, sur la fabrication de la monnaie melgorienne, — 2° l'hommage que le seigneur de Montpellier était tenu de faire au comte de Mauguio pour les trois deniers qu'il percevait de vieille date sur la dite monnaie melgorienne; — 3° la suzeraineté et tous droits appartenant au comte de Mauguio, sur les châteaux de Pignan et de Saussan et leurs appartenances; — 4° tout ce à quoi le seigneur de Montpellier pouvait être tenu envers le comte de Mauguio, pour les châteaux de Frontignan et de Castries, pour Castelnau et Centrayrargues, ainsi que pour les chemins publics, les rivières et les patus. (Ms., art. 578 = édit., pièce I)... 346-350

1226, le 16 juillet, [Montpellier?]. — Juvignac et Celleneuve. — Cession, par Bernard de Carvilla, à son frère Estève de Carvilla, de tous ses droits sur un jardin, commun entre eux, sis au tènement de Carvilla et confrontant le ruisseau de Celleneuve. (Ms., art. 593 = édit., pièce XV)... 397-398

1230, le 13 juin. — Aumelas et ses environs. — Mas de Valoussière. — Bail en acapt, — par Bringuier de Quatre Cares, bayle du château d'Aumelas, faisant pour Bringuier de Cervera, bayle du roi d'Aragon Jacques Ier à Montpellier, — à Pierre Bénézech et aux siens, — du mas de Valoussière, sis en la paroisse de Saint-Martin-de-Cardonnet, — moyennant la somme de cinq sous melgoriens et le paiement annuel, au château d'Aumelas, d'une redevance du septième en pain et en vin et d'un usage de 6 deniers. (Ms., art. 568 = édit., pièce VI)[1].... 361-363

1241 (n. st.), le 4 février, [Montpellier?]. — JUVIGNAC. — Vente par Jean de Catvilla, poivrier, à son frère Estève de Catvilla, d'un champ, d'une olivette et d'un jardin, sis dans la dîmerie de Saint-Gervais de Juvignac, — la dite vente faite pour le prix de neuf livres melgoriennes, payables par le dit Estève de Catvilla à Pons de Montdragon, créancier du dit Jean de Catvilla ; — à charge, par le dit acheteur, de payer annuellement au Roi d'Aragon, seigneur de Montpellier, les six deniers melgoriens d'usage, auxquels ont été réduits les sept sous d'usage qui étaient payés au dit roi pour le mas de Catvilla ; — à charge également de payer annuellement aux enfants de Raymond Élie six deniers melgoriens pour droit de huitain. — Ratification de la dite vente, par Jean, Guilhem et Estève de Catvilla, fils du dit Jean de Catvilla, vendeur. (Ms., art. 594 = édit., pièce XVI)........................... 398-400

1241 (n. st.), le 9 février. — JUVIGNAC. — Quittance par le dit Jean de Catvilla, vendeur, à son frère Estève de Catvilla, des neuf livres susdites. (Ms., art. 594 = édit., pièce XVI)........ 400

1242, le 28 juin. — JUVIGNAC. — Lauzime par Bert. de Castell Bisbal, lieutenant de Jacques Ier, roi d'Aragon, — de la vente faite par Jean de Catvilla, poivrier, à son frère Estève de Catvilla, le 4 février 1241 (n. st.). (Ms., art. 594 = édit., pièce XVI)...................... 400-401

1242, le 24 octobre, [Montpellier?]. — JUVIGNAC. — Sentence arbitrale, en vertu de laquelle Estève de Catvila rend à son frère Jean de Catvila, poivrier, — moyennant une somme de 50 sous melgoriens, — une partie des terres, sises dans la paroisse Saint-Gervais de Juvignac, que celui-ci lui avait précédemment vendues. (Ms., art. 595 = édit., pièce XVII) 401-402

1249, le 8 avril. — POPIAN. — Nouvelle vente, — la charte de la première vente ayant été perdue, — à la communauté des habitants de Popian, représentés par leurs syndics et procureurs, — par Guilhem Pierre de Saint-Pons, fils de feu autre Guilhem Pierre, — de toute sa propriété et de tous ses droits [dans le terroir du dit Popian], — pour le prix de 150 sous melgoriens. — Lauzime de la dite vente par Bermond d'Aumelas, bayle du château d'Aumelas pour le roi d'Aragon — sous réserve des droits seigneuriaux et de l'usage d'une oie chaque année où le bayle du château d'Aumelas sera changé. (Ms., art. 602 = édit., pièce XXXV)... 424-428

1249, le 10 juillet, [Montpellier?]. — ABBAYE DE VALMAGNE. — CABRIALS. — Sentence arbitrale de Guilhem de Pavo, lieutenant du Roi d'Aragon à Montpellier, — mettant fin au différend qui s'était élevé entre Bermond d'Aumelas, bayle du château d'Aumelas pour le dit roi d'Aragon, et Bertrand d'Auriac, abbé du monastère de Valmagne, — au sujet des limites, de la justice, de la chasse, de la pâture, etc., du lieu de Cabrials, tenu en fief du dit roi d'Aragon par le dit monastère de Valmagne. (Ms., art. 604 = édit., pièce VII)............... 363-366

1250, le 27 avril, Morella. — ABBAYE DE VALMAGNE. — CABRIALS. — Lettres patentes de Jacques Ier, roi d'Aragon et de Majorque, seigneur de Montpellier, — confirmant la délimitation faite, entre Aumelas et Valmagne, par son lieutenant Guilhem de Pavo, le 10 juillet 1249. (Ms., art. 605 = édit., pièce VIII)... 366-367

1250, le 15 décembre, Montpellier. — MONTPELLIER. — LA TRIPERIE DU ROI D'ARAGON. — Bail en acapt, — par Guilhem de Pavo, chevalier, lieutenant de Jacques Ier, roi d'Aragon et seigneur

---

[1] Page 345, ligne 5, première colonne, au lieu de 568 = 86, lire : 568 = 6.

de Montpellier, — à Bernard de Meyrueis, cabassier, et à Grimaud le Mazelier, — d'une maison sise à Montpellier, appelée LA CATALOGNE et servant de Triperie, — moyennant 1° une entrée de 15 livres melgoriennes, 2° un usage annuel de 10 livres de la même monnaie, tant que la Triperie sera installée dans la dite maison, — le dit usage devant être réduit à 2 sous melgoriens, si la Triperie vient à être transportée ailleurs. (Ms., art. 600 = édit., pièce II).. 350-355

1252, le 22 décembre, [Montpellier?]. — ABBAYE DE VALMAGNE. — CABRIALS. — Ratification par Jacques Ier, roi d'Aragon et de Majorque, seigneur de Montpellier, — de la sentence arbitrale de Guilhem de Pavo, en date du 10 juillet 1249, — au sujet des limites, de la justice, de la chasse, de la pâture, etc., du lieu de Cabrials. (Ms., art. 604 = édit., pièce VII).......... 366

1258, le 26 août, [Montpellier]. — ABBAYE DE VALMAGNE. — CABRIALS. — Transcription de la sentence arbitrale de Guilhem de Pavo, en date du 10 juillet 1249, mettant fin au différend qui s'était élevé entre Bermond d'Aumelas, bayle du château d'Aumelas, et Bertrand d'Auriac, abbé de Valmagne, au sujet de Cabrials. (Ms., art. 604 = édit., pièce VII).............. 365-366

1259 (n. st.), le 19 février, Montpellier. — LE POUGET. — Nouvelle inféodation — par Jacques Ier, roi d'Aragon et de Majorque, seigneur de Montpellier, — à Brunissende, épouse de Raymond Gaucelm et fille de feu Pierre Aldebert, — de tous les droits que le dit Pierre Aldebert tenait en fief du dit roi dans les paroisses de Saint-Jean-de-Sainte-Eulalie, de Notre-Dame-de-Rouvièges et de Saint-Saturnin-de-Camprignan, terroir du Pouget, — lesquels droits avaient été injustement enlevés au dit Pierre Aldebert, par feu Abrand, lieutenant du dit roi à Montpellier. (Ms., art. 569 = édit., pièce XXXVII)....................................... 431-433

1259 (n. st.), le 21 février, Montpellier. — FIEFS DIVERS. — Reconnaissance féodale et serment de fidélité — à Jacques Ier, roi d'Aragon, seigneur de Montpellier, — par Armand de Vailhauquès, écuyer, fils de feu Bertrand de Vailhauquès, — pour ce qu'il tient du dit roi, tant à Montpellier qu'à Lattes et à Aumelas et dans les territoires des dits lieux. (Ms., art. 608 = édit., pièce XLI).. 438-439

1259 (n. st.), le 9 mars, [Montpellier?]. — MONTFERRIER. — Reconnaissance féodale et serment de fidélité — à Jacques Ier, roi d'Aragon et de Majorque, seigneur de Montpellier, — par Sicard de Montferrier et Guilhem d'Assas, co-seigneurs du château de Montferrier, faisant tant en leur nom personnel qu'au nom de leurs co-seigneurs Guilhem Armand, Gély de Saint-Gervais, Bertrand de l'Ile, Bernard de Saint-Just (fils de feu Pierre de Montferrier), Pons Guilhem et Bernard Gaillard, — pour le château, les barris et le terroir du dit Montferrier, qu'ils tiennent du dit roi, avec droit de juridiction. (Ms., art. 599 = édit., pièce XXIII).. 410-411

1263, le 4 mai, Montpellier. — JACOU. — Reconnaissance féodale, hommage et serment de fidélité — à l'infant Jacques et à son père Jacques Ier, roi d'Aragon, seigneur de Montpellier, — par Pierre d'Auras et Bringuier Macip, damoiseaux, — pour ce qu'ils tiennent du dit roi à Jacou, — notamment pour trois garrigues, dont une confronte le chemin de Castries, et une autre le chemin d'Aubeterre, — les dites garrigues chargées d'une albergue de deux chevaliers; — reconnaissance spéciale, par les dits Pierre d'Auras et Bringuier Macip, des droits du dit infant et du dit roi d'Aragon sur les habitants de Jacou, en ce qui concerne la juridiction et le service militaire; — privilège accordé par le dit infant et le dit roi d'Aragon aux habitants de Jacou, en matière de justice.

Hommage et serment de fidélité — au dit infant et au dit roi d'Aragon, — par Pierre de

Sirigouste et Raymond de Sirigouste, son fils, et par Guilhem Vidal, tous trois habitants du dit lieu de Jacou, — et reconnaissance spéciale par eux des droits du dit infant et du dit roi d'Aragon sur les habitants de Jacou, en ce qui concerne la juridiction et le service militaire.

Concession par les susdits Pierre d'Auras et Bringuier Macip, — aux dits Pierre de Sirigouste, Raymond de Sirigouste et Guilhem Vidal, — du droit d'explèche dans les susdites trois garrigues, à charge par eux de payer au dit infant et au dit roi d'Aragon l'albergue de deux chevaliers, assise sur les dites garrigues. — Lauzime de la dite concession par le dit infant. (Ms., art. 570 = édit., pièce XII)... 392-395

1263, le 4 mai, Montpellier. — Jacou. — Hommage et serment de fidélité à Jacques Ier, roi d'Aragon, seigneur de Montpellier, et à l'infant Jacques, son fils, — par Bringuier et Guilhem del Noguier, tous deux habitants de Jacou, — et reconnaissance spéciale par eux des droits du dit roi d'Aragon et du dit infant sur les habitants de Jacou, en ce qui concerne la juridiction et le service militaire. (Ms., art. 570 = édit., pièce XII bis).................. 395-396

1265, le 22 août¹, [Montpellier?]. — Juvignac. — Cession à Jacques Ier, roi d'Aragon et de Majorque, seigneur de Montpellier, — par Jacques Hélie, drapier de Montpellier, — de tout ce qu'il possède en alleu dans la paroisse de Juvignac, — pour le tenir désormais du dit roi en fief. (Ms., art. 577 = édit., pièce XVIII)... 403-404

1266, le 13 décembre, [Montpellier?]. — Pignan. — Le Bois de la Blaquière. — Reconnaissance féodale et hommage de fidélité — à Jacques Ier, roi d'Aragon, — par Guilhem de Pignan, chevalier, et son frère Brémond de Pignan, damoiseau, — pour le bois de la Blaquière, situé dans le terroir de Sainte-Cécile-de-Trois-Loups. — Concession, par le dit roi, aux dits Guilhem et Brémond de Pignan, de droits seigneuriaux et spécialement de droits de juridiction dans le dit bois. (Ms., art. 596 = édit., pièce XXX)................................ 418-420

1267 (n. st.), le 13 février, Montpellier. — Popian, Saint-Bauzille-de-la-Silve et Plaissan. — Reconnaissance féodale, hommage et serment de fidélité — à Jacques Ier, roi d'Aragon et de Majorque, seigneur de Montpellier, — par Guilhem Patau, fils de feu Pierre Brémond de Castelnau, seigneur pour un quart du château et du terroir de Popian, — pour ce qu'il tient du dit roi 1° dans la dite seigneurie de Popian, 2° près de Saint-Bauzille-de-la-Silve et 3° dans le terroir de Plaissan. (Ms., art. 571 et 598 = édit., pièce XXXII-XXXIII)........... 422-423

1267, le 15 mai, [Montpellier?]. — Jacou. — Reconnaissance, par Bringuier Macip, damoiseau, Bringuier del Noguier, Guillemette Vidale, veuve de Guilhem Vidal, et Pierre, son fils, Guilhem del Noguier et son fils Pons del Noguier, Pierre de Sirigouste et ses fils Raymond, Thomas et Gervais de Sirigouste, Pierre de Sommières et Bernard de Puéchabon (?), tous habitants de Jacou, — de la seigneurie et des droits de juridiction que Jacques Ier, roi d'Aragon, seigneur de Montpellier, possède sur la terre de Jacou; — serment de fidélité prêté par eux au dit roi d'Aragon, représenté par Jean Blanc, son procureur. (Ms., art. 572 = édit., pièce XIII).. 396-397

1267, le 15 mai, [Montpellier?]. — Jacou. — Reconnaissance, par Pierre d'Eyras, damoiseau, habitant de Jacou, — de la seigneurie et des droits de juridiction que Jacques Ier, roi d'Aragon, seigneur de Montpellier, possède sur la terre de Jacou; — serment de fidélité prêté par le même au dit roi d'Aragon, représenté par Jean Blanc, son procureur. (Ms., art. 573 = édit., pièce XIV) 397

¹ Page 402, cote de la pièce XVIII, premier alinéa, au lieu de *1267*, lire: *1265*.

1267, le 17 juin, [Montpellier]. — PIGNAN. — Reconnaissance féodale et serment de fidélité — à Jacques Ier, roi d'Aragon et de Majorque, seigneur de Montpellier, représenté par son procureur Jean Blanc, — par Guilhem de Pignan, chevalier, — pour ce qu'il tient du dit roi dans le château et dans le terroir de Pignan. (Ms., art. 580 = édit., pièce XXVI) 413-414

1267, le 17 juin, [Montpellier]. — PIGNAN. — Reconnaissance féodale et serment de fidélité — à Jacques Ier, roi d'Aragon et de Majorque, seigneur de Montpellier, représenté par son procureur Jean Blanc, — par Bernard de Pignan, damoiseau, petit-fils d'autre Bernard de Pignan, — pour ce qu'il tient du dit roi dans le château et dans la juridiction de Pignan. (Ms., art. 581 = édit., pièce XXVII) 415

1267, le 17 juin, [Montpellier]. — PIGNAN. — Reconnaissance féodale et serment de fidélité — à Jacques Ier, roi d'Aragon et de Majorque, seigneur de Montpellier, représenté par son procureur Jean Blanc, — par Ermengaud de Pignan, damoiseau, — pour ce qu'il tient du dit roi dans le château et dans la seigneurie de Pignan. (Ms., art. 582 = édit., pièce XXVIII)... 416

1267, le 17 juin, [Montpellier]. — PIGNAN. — Reconnaissance féodale et serment de fidélité — à Jacques Ier, roi d'Aragon et de Majorque, seigneur de Montpellier, représenté par son procureur Jean Blanc, — et hommage au dit roi, dans la personne de Pierre de Saint-Just, son lieutenant à Montpellier, — par Gaucelm de Roquefourcade, damoiseau, — pour ce qu'il tient du dit roi dans le château et dans la seigneurie de Pignan. (Ms., art. 583 = édit., pièce XXIX) 417

1267, le 26 juin, [Montpellier]. — SAINT-JEAN-DE-VÉDAS. — Reconnaissance à Jean Blanc, procureur de Jacques Ier, roi d'Aragon et de Majorque et seigneur de Montpellier, — par divers habitants de Saint-Jean-de-Védas, — des droits de juridiction et autres droits seigneuriaux, que le dit roi possède dans le dit lieu de Saint-Jean-de-Védas et dans son terroir. — Serment de fidélité des dits habitants de Saint-Jean-de-Védas au dit roi d'Aragon, représenté par le dit Jean Blanc. (Ms., art. 574 = édit., pièce XXXVIII)......................... 433-434

1267, le 23 août, [Montpellier]. — PIGNAN. — SAINT-MARTIN-DU-VIGNOGOUL. — Reconnaissance féodale et serment de fidélité, — à Jacques Ier, roi d'Aragon et de Majorque, seigneur de Montpellier, — dans la personne de son lieutenant Pierre de Saint-Just et de son procureur Jean Blanc, — par Guilhem de Pignan, chevalier, et son frère Brémond [de Pignan], damoiseau, co-seigneurs du domaine de Saint-Martin-du-Vignogoul et d'une partie du château et du terroir de Pignan, — pour le dit domaine de Saint-Martin-du-Vignogoul, qu'ils tiennent du dit roi, — les droits de haute justice dans le dit domaine étant réservés au dit roi. (Ms., art. 576 = édit., pièce XXXI). 420-421

1267, le 3 septembre, [Montpellier]. — SAINT-JEAN-DE-VÉDAS. — Reconnaissance à Jean Blanc, procureur de Jacques Ier, roi d'Aragon et de Majorque et seigneur de Montpellier, — par Guilhem de la Coste, habitant de Saint-Jean-de-Védas, — des droits seigneuriaux du dit roi d'Aragon sur le dit lieu de Saint-Jean-de-Védas. (Ms., art. 575 = édit., pièce XXXIX)...... 434

1267, le 9 septembre[1], [Montpellier?]. — JUVIGNAC. — Reconnaissance féodale — au dit roi d'Aragon, représenté par Jean Blanc, son procureur, — par Jacques Hélie, — pour tout ce qu'il tient désormais du dit roi, dans la paroisse de Juvignac; — énumération des terres ainsi tenues en fief. (Ms., art. 577 = édit., pièce XVIII)................................. 402-406

[1] Page 402, cote de la pièce XVIII, deuxième alinéa, au lieu de *1267, le 13 septembre*, lire : *1267, le 9 septembre*.

1268 (n. st.), le 13 février, [Montpellier]. — MONTPELLIER, — VIGNE AU TÈNEMENT DE L'AIGUELONGUE. — Bail en acapt, — par Jean Blanc, procureur de Jacques I*er*, roi d'Aragon et seigneur de Montpellier, — à Hérin Guilhem, — d'une pièce de terre en vigne, située à l'Aiguelongue, — moyennant la somme de cinq sous melgoriens et l'usage annuel d'une obole de la même monnaie. (Ms., art. 579 = édit., pièce V) 360

1269, le 9 avril, Béziers. — LE TERRAL, BÉJARGUES, SAINT-JEAN-DE-VÉDAS, JUVIGNAC. — Lettres de Jacques I*er*, roi d'Aragon et de Majorque, seigneur de Montpellier, — mandant à Hugues Fabre, changeur, bourgeois de Montpellier, — de procéder à une enquête au sujet de la plainte portée par Jean de Sauret contre l'ancien lieutenant du dit roi à Montpellier, Guilhem de Roquefeuil, qui l'avait empêché de percevoir certains lauzimes et usages, — et en conséquence de la dite enquête, de terminer l'affaire et de rendre son droit au dit Jean de Sauret. (Ms., art. 597 = édit., pièce XL) 434-437

1270 (n. st.), le 11 mars, [Montpellier]. — LE TERRAL, BÉJARGUES, SAINT-JEAN-DE-VÉDAS, JUVIGNAC. — Sentence de Hugues Fabre, bourgeois de Montpellier, en tant que fondé de pouvoir de Jacques I*er*, roi d'Aragon et de Majorque, seigneur de Montpellier, — restituant à Jean de Sauret les divers droits seigneuriaux qui avaient été saisis sur lui par Guilhem de Roquefeuil, lieutenant du dit roi, — la dite saisie ayant été faite pour cette raison que le dit Jean de Sauret avait refusé de reconnaître qu'il tenait les dits droits en fief du dit roi, — lesquels droits seigneuriaux et usages étaient assis dans les dimeries du Terral, de Béjargues, de Saint-Jean-de-Védas et de Juvignac et dans les terroirs de Noals et du Rieucoulon. — Reconnaissance féodale, par le dit Jean[1] de Sauret, à l'infant Jacques, fils du roi d'Aragon et héritier présomptif de Majorque et de Montpellier, sous l'albergue de trois chevaliers. — Confirmation, par le dit infant Jacques, de la sentence prononcée par le dit Hugues Fabre. (Ms., art. 597 = édit., pièce XL) 434-437

1272, les 22 et 23 septembre, [Montpellier]. — MONNAIE DE MAUGUIO, SEIGNEURIE DE MONTPELLIER, ETC. — Transcription à la requête de Pierre Cap de Proshome, chargé d'affaires de Jacques I*er*, roi d'Aragon, seigneur de Montpellier, — de l'inféodation faite au dit roi, le 22 juin 1218, par Bernard de Mèze, évêque de Maguelone, comte de Mauguio. (Ms., art. 578 = édit., pièce I) 349-350

1277 (n. st.), le 19 février, [Montpellier]. — MONTARNAUD. — Reconnaissance féodale, hommage et serment de fidélité — à Jacques I*er*, roi de Majorque, seigneur de Montpellier, — par Pierre Adhémar, chevalier, et par Pons de Vailhauquès, Bertrand Dagon, Bernard Raymond, Bertrand Guilhem, Raymond de Montaut, Raymond de Pradines, Bertrand Adhémar le jeune, Bermond d'Aumelas, Bernard Adhémar et Guilhem du Fesc, damoiseaux ou écuyers, — pour ce qu'ils tiennent du dit roi dans le château et dans la seigneurie de Montarnaud. (Ms., art. 585 = édit., pièce XX) 407-408

1277 (n. st.), le 19 février, [Montpellier?]. — MONTFERRIER. — Reconnaissance féodale, hommage et serment de fidélité, — à Jacques I*er*, roi de Majorque, seigneur de Montpellier, — par Gély de Saint-Gervais, chevalier, Guilhem Pierre, Guilhem d'Assas et Pierre de Saint-Just, damoiseaux du château de Montferrier, — pour ce qu'ils tiennent du dit roi dans le dit château et dans la seigneurie de Montferrier, et ailleurs. (Ms., art. 586 = édit., pièce XXIV). 411-412

1277 (n. st.), le 21 février, [Montpellier]. — FIEFS DIVERS. — Reconnaissance féodale, hommage

---

[1] Page 435, ligne 3, au lieu de *Jacques de Sauret*, lire : *Jean de Sauret*.

et serment de fidélité, — à Jacques I*er*, roi de Majorque, seigneur de Montpellier, — par Pierre Frédol et Pierre de Pignan, damoiseaux. (Ms., art. 587 = édit., pièce XLII)........ 440

1277 (n. st.), le 22 février, [Montpellier]. — FIEFS DIVERS. — Reconnaissance féodale, hommage et serment de fidélité — à Jacques I*er*, roi de Majorque, seigneur de Montpellier, — par Pons de Vailhauquès, fils de feu Armand de Vailhauquès, Bérenger Daumas de Montarnaud et Bérenger de Tourvès de Pignan, tous trois damoiseaux. (Ms., art. 588 = édit., pièce XLIII). 440-441

1277 (n. st.), le 14 mars, [Montpellier]. — MONTBAZIN. — Reconnaissance féodale, hommage et serment de fidélité — à Jacques I*er*, roi de Majorque, seigneur de Montpellier, — par Raymond Vassadel, damoiseau, fils de feu Raymond Vassadel, chevalier, — pour le château de Montbazin et ses appartenances. (Ms., art. 589 = édit., pièce XXI)..................... 408-409

1277 (n. st.), le 17 mars, [Montpellier]. — AUMELAS. — Reconnaissance féodale, hommage et serment de fidélité, — à Jacques I*er*, roi de Majorque, seigneur de Montpellier, — par Raymond Gaucelm, chevalier, — pour ce qu'il tient du dit roi dans le château d'Aumelas, dans le causse d'Aumelas et ailleurs. (Ms., art. 590 = édit., pièce IX) 367-368

1277 (n. st.), le 17 mars, [Montpellier?]. — POPIAN. — Reconnaissance féodale, hommage et serment de fidélité — à Jacques I*er*, roi de Majorque, seigneur de Montpellier, — par Raymond Pierre de Popian, damoiseau, — pour le château de Popian et ses appartenances. (Ms., art. 591 = édit., pièce XXXIV)... 423-424

1277, le 15 juin, [Montpellier?]. — MONTFERRIER. — Reconnaissance féodale, hommage et serment de fidélité — à Jacques I*er*, roi de Majorque, seigneur de Montpellier, — par Bernard Gaillard, damoiseau du château de Montferrier, — pour ce qu'il tient du dit roi dans le dit château de Montferrier et dans le terroir en dépendant. (Ms., art. 592 = édit., pièce XXV).. 412-413

1277, le 8 juillet, Montpellier. — MONTPELLIER, — MAISON PRÈS LA SYNAGOGUE. — Bail à nouvel acapt, — par Jacques I*er*, roi de Majorque, seigneur de Montpellier, — à la communauté des Juifs, habitant sa Part de Montpellier, — d'une maison sise au dit Montpellier près la Synagogue, — moyennant une entrée de 100 livres melgoriennes et un usage ou cens annuel de 5 sous de la même monnaie ; — la dite maison, précédemment vendue aux Juifs de Montpellier par feu Hugues Robert et Alamande, sa femme, et depuis tombée en commise. (Ms., art. 584 = édit., pièce III).. 355-358

1279, le 10 juillet. — CASTRIES ET SES ENVIRONS. — Codicille de noble Jourdaine de Montlaur, dame de Roche, de Posquières et de Castries, sœur et héritière de noble Pons de Montlaur, veuve de Guigue III de Roche, mère de Guigue IV de Roche, — ordonnant la vente après sa mort, au profit de sa succession, de son château et de sa seigneurie de Castries, — et chargeant spécialement du soin de cette vente un de ses exécuteurs testamentaires, Jean de Somolenc, clerc du Puy. (Ms., art. 601 = édit., pièce XI)........................... 376-380

1280, le 4 juillet, Perpignan. — CASTRIES ET SES ENVIRONS. — Lettres patentes de Jacques I*er*, roi de Majorque, seigneur de Montpellier, — à son vassal Guigue de Roche, héritier universel de Jourdaine, dame de Castries, et à maître Jean de Somolenc, exécuteur testamentaire de la dite Jourdaine, — autorisant la vente du château et de la seigneurie de Castries à Pons de Saint-Just, évêque de Béziers, — sous réserve de ses droits de suzerain. (Ms., art. 601 = édit., pièce XI).. 381-382

1280, le 4 juillet, Perpignan. — CASTRIES ET SES ENVIRONS. — Lettres patentes de Jacques I*er*, roi de Majorque, seigneur de Montpellier, — à Pierre de Clermont, son lieutenant à Montpellier,

— lui mandant de ratifier en son nom la vente du château et de la seigneurie de Castries à Pons de Saint-Just, évêque de Béziers, — sous réserve de ses droits de suzerain. (Ms., art. 601 = édit., pièce XI).. 382-384

1280, le 17 juillet, Montpellier. — CASTRIES ET SES ENVIRONS. — Vente, par Jean de Somolenc à Pons de Saint-Just, acquéreur en tant que personne privée et non en qualité d'évêque de Béziers, moyennant la somme de 67.000 sous tournois, — du château et de la seigneurie de Castries, — la dite seigneurie comprenant les villages ou domaines de Meyrargues, Vendargues, Baillargues, Rou, Sussargues et Saint-Geniès-des-Mourgues, et des droits sur les domaines de Ferrières et de Bannières, sur le village de Clapiers, sur le moulin du Roc (près Castelnau), etc., — le dit château et la dite seigneurie de Castries, tenus en fief du Roi de Majorque, seigneur de Montpellier, sous l'albergue annuelle de 25 livres. (Ms., art. 601 = édit., pièce XI).. 375-391

1280, le 17 juillet, Montpellier. — CASTRIES ET SES ENVIRONS. — Lauzime, au nom du roi de Majorque, par son lieutenant Pierre de Clermont, assisté de Germain de Collioure, procureur du dit roi, de la vente du château et de la seigneurie de Castries à Pons de Saint-Just, évêque de Béziers. (Ms., art. 601 = édit., pièce XI).. 390

1280, le 18 juillet, Castries. — CASTRIES ET SES ENVIRONS. — Prise de possession du château et de la seigneurie de Castries, par Pons de Saint-Just, évêque de Béziers. (Ms., art. 601 = édit., pièce XI).. 391-392

1286, le 17 octobre, Montpellier. — ABBAYE DE SAINT-GUILHEM-LE-DÉSERT. — MOULINS DE CARABOTTES. — Ratification et lauzime, par Jacques Ier, roi de Majorque, seigneur de Montpellier, de la vente faite à l'évêque de Lodève, par l'abbé et les moines de Saint-Guilhem-le-Désert, de tout ce qu'ils possédaient dans les moulins de Carabottes, au terroir de Journac. (Ms., art. 607 = édit., pièce X)... 368-372

1293, le 9 novembre, Montpellier. — POPIAN. — Lauzime par Jacques Ier, roi de Majorque, seigneur de Montpellier, — de la vente faite par Guilhem Pierre de Saint-Pons à la communauté des habitants de Popian, le 8 avril 1249, — le dit roi se réservant, en outre de ses droits seigneuriaux ordinaires, la faculté de l'usage annuel d'une oie et la huitième partie des fruits des terres qui seront mises en culture, — et réservant également les droits de lignerage, etc., dont jouissent les hommes de l'Aumeladès. (Ms., art. 603 = édit., pièce XXXVI)... 429-430

1294 (n. st.), le 26 janvier, Montpellier. — POPIAN. — Transcription — à la requête de Jacques Fournier, procureur de Jacques Ier, roi de Majorque, seigneur de Montpellier, — de la nouvelle vente faite à la communauté des habitants de Popian, par Guilhem Pierre de Saint-Pons, — et du lauzime de cette vente, par Bermond d'Aumelas, bayle du château d'Aumelas, — en date du 8 avril 1249. (Ms., art. 602 = édit., pièce XXXV)....................... 428

1294 (n. st.), le 26 janvier, [Montpellier]. — POPIAN. — Transcription, — à la requête de Jacques Fournier, procureur de Jacques Ier, roi de Majorque, seigneur de Montpellier, — du lauzime, par le dit roi, en date du 9 novembre 1293, — de la vente faite, par Guilhem Pierre de Saint-Pons, à la communauté des habitants de Popian. (Ms., art. 603 = édit., pièce XXXVI). 430-431

1301, le 4 mai, Montpellier. — MONTBAZIN. — Reconnaissance féodale, hommage et serment de fidélité — à Jacques Ier, roi de Majorque, seigneur de Montpellier, représenté par Brémond de Montferrier, son lieutenant en la terre et baronnie de Montpellier, — par Fizes, sœur et héritière de feu Raymond Vassadel, damoiseau, — pour le château de Montbazin et ses appartenances. (Ms., art. 606 = édit., pièce XXII).................................... 409-410

1301, le 4 juillet, Montpellier. — Abbaye de Saint-Guilhem-le-Désert. — Moulins de Carabottes. — Transcription, par ordre de Brémond de Montferrier, lieutenant du Roi de Majorque en la terre et baronnie de Montpellier, — de la ratification et lauzime, par le dit roi de Majorque (17 octobre 1286), de la vente faite à l'évêque de Lodève, par l'abbé et les moines de Saint-Guilhem-le-Désert, de tout ce qu'ils possédaient dans les moulins de Carabottes. (Ms., art. 607 = édit., pièce X).. 372

1302 (n. st.), le 14 février, [Montpellier]. — Lattes. — Transcription, par ordre de Brémond de Montferrier, lieutenant du Roi de Majorque en la baronnie de Montpellier, — de la donation faite, le 12 avril 1186, par Pierre de Vabre, prévôt de Maguelone, à l'église Notre-Dame de Lattes, — de la moitié de la dîme du blé qui se percevra au moulin du seigneur de Montpellier, sis auprès de la muraille du château de Lattes et appelé le Moulin Bas; — la dite donation ratifiée par Guilhem VIII, seigneur de Montpellier. (Ms., art. 609 = édit., pièce XIX).. 407

1302, le 10 mai, Montpellier. — Fiefs divers. — Vidimus, — par ordre de Brémond de Montferrier, lieutenant de Jacques Ier, roi de Majorque, en la terre et baronnie de Montpellier, — de la reconnaissance féodale, etc., d'Armand de Vailhauquès, en date du 21 février 1259 (n. st). (Ms., art. 608 = édit., pièce XLI)[1]................................ 438-439

---

[1] Notre intention première avait été (cf. ci-dessus p. 344) de faire suivre cette table chronologique d'une *table analytique des noms de personnes, de lieux et de matières*, contenus dans les 43 chartes composant le Cartulaire montpelliérain des Rois d'Aragon et des Rois de Majorque. — Toute réflexion faite, nous estimons préférable de supprimer cette table analytique particulière, qui ferait double emploi avec la table analytique générale devant figurer dans le tome IV de la présente publication.

ÉCLAIRCISSEMENTS

TOPOGRAPHIQUES

ÉCLAIRCISSEMENTS TOPOGRAPHIQUES

I

SAINT-HILAIRE-DE-FOULHOUS

La plus ancienne charte du *Liber instrumentorum memorialis*[1] — elle date du 13 décembre 980 — a reçu du compilateur de ce cartulaire, une cote ainsi conçue : « *Donum quod fecit Riculfus ecclesie Sancti Ylarii Sustancionensis* »[2]. — Dans son édition du Cartulaire des Guillems, Germain a traduit et complété cette cote de la façon suivante : « *Donation de l'église Saint-Hilaire de Substantion, faite par Riculf, qui la tenait des comtes de Melgueil Bérenger I*[er] *et Bernard II* »[3].

Deux cents ans avant Germain, le feudiste François Joffre, au cours de son inventaire, avait fondu dans son analyse de la pièce la cote ajoutée par le notaire de Guilhem VIII, — sans se préoccuper plus amplement du désaccord qui pouvait exister entre cette cote et la teneur de la pièce elle-même : « *Donation.... faite par Riculfe et sa femme,.... de l'esglise Saint-Ilaire de Sustantion, terroir de Magalone, au faubourg du dit Sustantion, viguerie appellée Mormellic*[4]..... ».

La charte dit textuellement ceci :

« ..... Ego Riculfus et uxori sua nomen Guidinilde,..... seniore nostro nomen Riculfo et uxori sua nomen Galburga et filio vestro[5] nomen Gairao, donamus vobis ecclesia qui est in territorio civitatis Magalonensis, in suburbio castro Sustancionense, in vicaria que vocant Mormellico, ibique donamus vobis ecclesia qui est fundata in honore Sancti Ylarii, in terminium de villa Follones ; donamus vobis ipsa ecclesia cum ipsas cellulas et cum ipsas curtes et cum ipsos casales disruptos et vestitos, et cum ipsum alodem quem ipsa ecclesia hodie habet et in antea habere debet, et cum totum dotalicium suum et cum omnias adjacentias suas ;.... advenit nobis ipsa ecclesia et donatione de homine nomine Berengario, comite, qui fuit quondam, et Bernardo, comite, fratri suo..... ».

Il suffit de lire le texte même de cette charte pour constater l'erreur topographique commise par le compilateur du *Liber instrumentorum*, et, à sa suite, par Joffre et par Germain.

Tous trois ont considéré l'église donnée par Riculf et Guidinilde comme une église Saint-

---

[1] Voir ci-dessus p. 332, note 2.
[2] Ms., fol. 133 v° ; voir à la fin du présent volume la planche hors texte n° II.
[3] Germain, *Liber instr.*, p. 558.
[4] Cf. ci-dessus p. 50, art. 375.
[5] Ms. : *nostro*.

Hilaire, *située à Substantion*[1]. — En réalité, il s'agit d'une église Saint-Hilaire, *située « in terminium de villa Follones »*, — laquelle « villa Follones » se trouvait « in territorio civitatis[2] Magalonensis, in suburbio castro Sustancionense, in vicaria que vocant Mormellico ».

Substantion apparaît ici, non pas comme la localité où se trouve l'église donnée, mais bien comme le lieu le plus marquant d'une portion du *pagus*, alias de la *civitas* ou du diocèse de Maguelone, — portion qui était elle-même divisée en vigueries. C'est dans l'une de ces vigueries de la *civitas* de Maguelone, dans la viguerie de «Mormellico», que se trouvait le village de «Follones», sur le terroir duquel s'élevait l'église en question. — Un notaire du XXe siècle, ayant à instrumenter pour une donation analogue et voulant user, dans son acte, de toute la précision géographique possible, emploierait une série de formules absolument parallèles à celles que nous offre cette charte de 980 : «.....l'église de...., située dans le département de....., arrondissement de....., canton de....., commune de..... ».

A quel endroit au juste, dans quelle commune actuelle de l'Hérault, faut-il placer cette *villa*, ce village de *Follones*?

La place occupée dans le *Liber instrumentorum* par la charte de 980 peut être pour nous un premier indice. On sait que, d'une façon générale, ce cartulaire a été établi sur un plan méthodique : sauf quelques exceptions, « les documents y sont groupés de telle façon que tous ceux qui concernent un même titre féodal se suivent sans interruption »[3]. — Or, notre charte a été transcrite à la fin du chapitre consacré au château de Castries et aux fiefs circonvoisins de cette localité. — Nous sommes donc conduits de prime abord à nous orienter du côté de Castries.

Un autre recueil, connexe par bien des côtés du *Liber instrumentorum*, le Cartulaire de l'évêché de Maguelone nous permettra de restreindre notre champ d'investigation.

Le lieu de Follones, — en langue d'oc Foullous ou plutôt Foulhous, — était situé au nord-est de Castries, *dans le voisinage de Galargues*[4]. — La chose résulte avec évidence d'un passage de la reconnaissance noble, faite, le 31 décembre 1236, par l'abbesse de Saint-Geniès-des-Mourgues[5] à l'évêque de Maguelone et insérée au tome VI du cartulaire : «..... sicut extenditur directe superius a dicto camino Monete per viam de Capreriis usque ad caminum Montispessulani et Sumidrii, ubi est trivium *quo itur versus Galasanicas et Follous*[6] ».

---

[1] « Substantion, ville gallo-romaine, ruines, c[ne] de Castelnau » (cf. Thomas, *Dict. topogr. Hérault*, p. 206 . — Substantion était construit sur les monticules dominant la rive gauche du Lez, entre le village actuel de Castelnau et le moulin de Navitau.

[2] « Civitas Nemausensium La cité de Nimes subit, dès le cinquième et le sixième siècle, plusieurs démembrements. La partie septentrionale de son territoire en fut d'abord détachée pour former le diocèse d'Uzès, qui existait dès le cinquième siècle ; plus tard, ce fut la partie sud-ouest qui composa le diocèse de Maguelonne, dont le plus ancien prélat connu signa en 589 au concile de Tolède..... Chacun des diocèses de Nimes, d'Alais (*Arisitum*), d'Uzès et de Maguelonne forma un *pagus* dont le territoire ne différait pas de celui de l'évêché ». (Longnon, *Atlas historiq. de la France*, texte explicatif des planches, p. 156).

[3] Ach. Montel, *Revue des Langues romanes*, tome IV, p. 482 ; — cf. Germain, *Lib. instr.*, notice préliminaire.

[4] *Galargues*, commune du canton de Castries.

[5] *Saint-Geniès-des-Mourgues*, autre commune du canton de Castries.

[6] Archiv. départ. de l'Hérault, GG. IV, 1, Cartulaire de l'évêché de Maguelone, tome F, fol. 228 ; — document publié par Germain, parmi les pièces justificatives de son étude sur *Arnaud de Verdale*, dans les *Mémoires de la Société archéol. de Montpellier*, t. VII, p. 693.

Or, la paroisse de Galargues a pour voisine immédiate une paroisse placée sous le vocable de Saint-Hilaire, et dénommée, depuis le XIV° siècle au moins [1], *Saint-Hilaire-de-Beauvoir* [2].

Cette coïncidence serait bien faite pour nous porter à identifier avec ce *Saint-Hilaire* l'église qui fait l'objet de notre charte de 980. — Mais il existe, dans le tome Ier de ce même Cartulaire de l'évêché de Maguelone, un autre document susceptible de donner à cette identification toute la certitude désirable.

Ce document, — qui est un arbitrage en vue de délimitation entre l'évêque de Maguelone et le seigneur de Sommières, — date du 24 mai 1330. On y a inséré d'autres pièces, plus ou moins antérieures, se rapportant à la même affaire, — une, entre autres, du 23 septembre 1329. — Or, dans le texte de mai 1330, Saint-Hilaire-de-Beauvoir est dit SANCTI YLARII DE PULCRO VISU [3], et dans le texte de septembre 1329, la même localité est appelée SANCTI HYLARII DE FOLHOS [4].

Le SAINT-HILAIRE mentionné par le *Liber instrumentorum* à la date de 980 est donc bien SAINT-HILAIRE-DE-BEAUVOIR, situé à dix kilomètres au-dessus de Castries.

Le nom de FOULHOUS a disparu depuis longtemps. Mais le nom de la viguerie, dont ce lieu faisait partie, s'est conservé jusqu'à notre époque. Il se retrouve, — bien altéré par le temps, il est vrai, — dans le nom annexe d'une localité peu éloignée de Saint-Hilaire-de-Beauvoir, — SAINT-BAUZILLE-DE-MONTMEL.

Montpellier, avril 1900.

II

LA VIGUERIE DE « MORMELLICUM »

La viguerie de *Mormellicum* est mentionnée avec des précisions géographiques très nettes, par deux chartes de la fin du X° siècle, transcrites dans le *Liber instrumentorum*.

La première de ces chartes, datée du 13 décembre 980, concerne l'église Saint-Hilaire de Foulhous (aujourd'hui Saint-Hilaire-de-Beauvoir). — La seconde, sans date précise, mais de la même époque, approximativement, — se rapporte au domaine de Garrigues : — « *ecclesie qui est in territorio civitatis Magalonensis, in suburbio castro Sustancionense, in vicaria que vocant Mormellico, ...qui est fundata in honore Sancti Ylarii, in terminium de villa Follones* »[5]; — « *honore qui vocatur Garrigas,....et est ipsa honore in pago Magalonensi, in suburbio castro Sustancionensis, in vicaria que vocatur Mormolacus* »[6].

Les villages de SAINT-HILAIRE-DE-BEAUVOIR[7] et de GARRIGUES[8] sont situés, l'un et l'autre, au

---

[1] Cf. Thomas, *Dict. topog. Hérault*, p. 181.

[2] *Saint-Hilaire-de-Beauvoir*, commune du canton de Castries.

[3] Cartul. de l'évêché de Maguelone, tome A, fol. 182 v°.

[4] Ibid., fol. 183 v°.

[5] Cf. ci-dessus, p. 453.

[6] Germain, *Lib. instrum.*, p. 580 ; — cf. Joffre, édit. Berthelé, *Archiv. Montp.*, t. III, p. 53, art. 400.

[7] Canton de Castries.

[8] Canton de Claret.

nord-est de Montpellier. Substantion et Mauguio, — dans la partie supérieure de la zone se développant entre Castries et Sommières. C'est donc de ce côté qu'il nous faut chercher, selon toute vraisemblance, le chef-lieu de la viguerie dont ils faisaient partie[1].

Nous le retrouvons dans une localité située à peu près à la même distance (à vol d'oiseau) de Saint-Hilaire que de Garrigues : — à SAINT-BAUZILLE-DE-MONTMEL[2]. Pour cette localité, comme pour beaucoup d'autres, le vocable paroissial, le nom du patron de l'église, a relégué le nom primitif au second rang.

L'identification de *Mormellicum* avec *Montmel* peut sembler assez téméraire au premier abord. Elle est cependant parfaitement certaine[3].

L'église de Saint-Bauzille-de-Montmel, qui est dite, en 1291, dans le Cartulaire de l'évêché de Maguelone, *ecclesiam sancti Baudilii de* MONTEMELO[4], est encore dénommée, en 1234, dans les archives de l'ancien couvent de Saint-Félix-de-Montceau, *ecclesie Sancti Baudilii de* MORMELLICO[5]. Dans ces mêmes archives de Saint-Félix-de-Montceau, nous trouvons, à la date de 1173 (n. st.), une autre forme latine, très voisine de celles de 980 et de 1234, *parrochia Sancti Baudelii de* MORM[E]RICO[6].

Les formes françaises représentant la transition de MORMELLICUM à MONMEL nous sont également fournies par les archives de Saint-Félix-de-Monceau. Nous trouvons successivement :

En 1163, *Sancti Baudilii de* MORMELGUE[7],
En 1165, *ecclesie Sancti Baudilii de* MORMETGUE, *parrochie Sancti Baudilii de* MORMETGUE[8],
En 1185, *ecclesie Sancti Baudilii de* MORMETGUE[9],
En 1206, *parochia Sancti Baudilii de* MORMEIGE, *parochia Sancti Baudilii de* MORMEIGUE[10],
En 1219, *ecclesie Sancti Leonis* de MORMETGE[11][12],
En 1260, *monasterii Sancti Leonis de* MONMETGE[13].

D'autre part, une charte de 1254, conservée dans les archives du château de Doscares (près Montpellier), nous donne la forme MORMEL : — *decimaria Sancti Baudilii de Mormel*[14].

[1] « Une charte du *Mémorial des Nobles* nous apprend ...... qu'au XIe siècle, le territoire (*suburbium*) du château de Substantion comprenait lui-même une viguerie inférieure, appelée *Mormolacus* (page 580) ; elle cite le lieu de Garrigues dans cette viguerie, qui devait s'étendre au nord de Substantion vers Castries ». (A. Molinier, *Sur la géographie de la province de Languedoc au moyen âge*, dans l'*Hist. gén. de Languedoc*, édition Privat, tome XII, note XVIII, p. 212).

[2] Canton des Matelles.

[3] Voir, aux Archives départementales de l'Hérault (série H), les documents dont l'analyse figure dans l'*Inventaire des actes des Archives du monastère de Gigean, fait de l'ordre de dame Renée-Angélique de La Croix de Castries, abbesse du dit monastère, par M.* JOFFRE, *docteur ès-droits, en mil six cent quatre-vingt-quinze* (ms. in-fol.), pp. 187 à 244.

[4] Archiv. départ. Hérault, G. IV, 1, tome D, fol. 314 v°.

[5] Archiv. départ. Hérault, série H, fonds de l'abbaye de Saint-Félix-de-Monceau (près Gigean) ; — pièce analysée dans l'inventaire des archives de cette abbaye rédigé par Fr. Joffre en 1695, p. 189, n° 4.

[6] Ibid., pièce inventoriée par Joffre, pp. 201-202, n° 2.

[7] Ibid., pièce inventoriée par Joffre, p. 187, n° 1.

[8] Ibid., pièce inventoriée par Joffre, pp. 187-188, n° 2.

[9] Ibid., pièce inventoriée par Joffre, pp. 188-189, n° 3.

[10] Ibid., pièce inventoriée par Joffre, p. 227, n° 1.

[11] SAINT-LÉON, abbaye ruinée, commune de Saint-Bauzille-de-Montmel (cf. Thomas, *Dict. topog. Hérault*, pp. 180 et 186).

[12] Archiv. départ. Hérault, loc. cit. ; - pièce inventoriée par Joffre, pp. 205-206, n° 9.

[13] Ibid., pièce inventoriée par Joffre, p. 331, art. 5.

[14] C. Douais, *Archives curieuses de Doscares*, dans les *Mélanges de littérature et d'histoire*, publiés à l'occasion du jubilé épiscopal de Mgr de Cabrières, tome III, p. 459. — C'est par erreur que ce texte a été imprimé « Morinel ».

La forme *Monmel*, *Montmel*, qui a prévalu dès la fin du XIII° siècle — et d'où dérive la forme latine *Sanctus Baudilius de Montemelo*, est visiblement une fusion des deux dérivés de *Mormellicum*, Mormel et Monmetge, dont nous constatons l'emploi en 1254 et en 1260.

Il existe dans le département du Gard une localité, aujourd'hui désignée sous le nom de Montmoirac, dont le nom ancien était Mormoyracum[1]. — D'autre part, nous trouvons dans l'inventaire, rédigé en 1746, des archives (aujourd'hui détruites) de l'ancien évêché de Saint-Pons, la mention d'un lieu dénommé « Morgodor ou Mongoudour »[2]. — En rapprochant *Mormellicum*, *Mormoyracum* et *Morgodor* de *Montmel*, *Montmoirac* et *Mongoudour*, on constate que dans ces trois noms de lieux[3], la lettre R, qui terminait la syllabe MOR, est passée à N. Selon toute vraisemblance, elle a subi une action analogique, produite par la fréquence des noms de lieux commençant par la syllabe Mont. — Les noms de lieux en Morm…. étant très rares, on conçoit très bien que la langue populaire ait ramené instinctivement une forme insolite à une autre forme qui lui était familière.

Dans ces conditions, il n'y a donc rien d'anormal à ce que le radical Mormel soit devenu Monmel, Montmel.

Mais Mormellicum contenait, en outre de son radical, un suffixe icum. La trace de ce suffixe se retrouve dans les formes des XII° et XIII° siècles Mormelgue, Mormetgue, Mormeigue, Mormetge, Monmetge ; elle manque, au contraire, dans les formes Mormel et Montmel. — Il n'y a là rien non plus qui doive nous étonner outre mesure. La chute des suffixes, dans des cas déterminés par l'accentuation, n'est pas rare parmi les noms de lieux. Elle se constate pour les suffixes icum et acum, aussi bien que pour le suffixe anum ; elle est même relativement fréquente pour ce dernier. — En ce qui concerne le suffixe icum, le département de l'Hérault nous en offre des exemples dans *Alzanicum*, aujourd'hui *Alzon*[4], et dans *Sorcianicum*, aujourd'hui *Sorbs*[5].

En résumé, l'identification de *Mormellicum* avec *Saint-Bauzille-de-Montmel*, — certaine au point de vue historique, — s'explique sans difficulté, au point de vue phonétique.

Notre radical Mormel se retrouve intact, avec un autre suffixe, dans le nom de lieu champenois *Mourmelon*. Il est sans doute un peu étrange de voir le même radical donner, dans l'Hérault, *Montmel*, et dans la Marne, *Mourmelon*, mais il ne l'est pas davantage de voir un radical analogue Mormoir, donner, dans le Gard, *Montmoirac*, et dans Vaucluse, *Mormoiron*. Les noms de lieux sont assez coutumiers de ces bizarreries.

Les étymologistes de Saint-Bauzille expliquent le mot *Montmel* par le miel que les abeilles confectionnaient sur la montagne. La théorie que nous émettons est évidemment plus terre à terre et moins savoureuse, mais elle s'autorise d'une série de textes formels des XII° et XIII° siècles et d'une analogie parfaite avec d'autres cas philologiques, constatés dans la même portion du bas Languedoc.

Montpellier, avril 1900.

[1] Germer-Durand, *Dict. topog. Gard*, pp. 142 et 284.

[2] J. Sahuc, *Inventaire des Actes, Papiers, Titres et Documents concernant l'évêché de Saint-Pons,…… achevé au mois de novembre 1746* (en cours d'impression), tome II, p. 195.

« *Mors Gothorum*. Morgoudou, c°° d'Anglès (Tarn) ». (A. Longnon, *Atlas historiq. de la France*, texte explicatif des planches, p. 191).

[3] Un quatrième exemple nous serait peut-être fourni par « *Mormacus*, mon[astère, aujourd'hui] Montricoux (Tarn-et-Garonne) » (cf. Longnon, loc. cit.).

[4] Cf. Thomas, *Dict. topog. Hérault*, pp. 5 et 234.

[5] Id., pp. 205 et 271.

III

SAINT-HILAIRE-DE-CENTRAYRARGUES

On trouve, parmi les chartes montpelliéraines du moyen âge, un certain nombre de documents relatifs à une localité portant le nom de *Centrairanicis*, — en langue d'oc *Centrayranegues*, puis *Centrayrargues*, et avec une orthographe un peu différente, *Sentrayrargues, Santrayrargues, Sentreirargues*, etc.[1]. C'était, au XIIe siècle, un village, ou tout au moins un domaine, muni de fortifications, *valla de Centrairanicis, forcias ville de Centrairanicis*[2], et en même temps le chef-lieu d'une paroisse, sous le vocable de saint Hilaire, *parrochia Sancti Ylarii de Centrairanicis*[3].

Centrayrargues avait été identifié par Thomas, dans son *Dictionnaire topographique de l'Hérault*[4], et par Germain, dans son édition du *Liber instrumentorum*[5], avec *Sauteyrargues*, commune du canton de Claret, située à 30 kilomètres de Montpellier. — Il y a quelques années, Mme L. Guiraud, au cours de ses *Recherches topographiques sur Montpellier*, a montré que cette « petite localité, dont le nom a disparu,.... était située près du Lez », à proximité de Montpellier, dans la direction de Lattes[6].

Reste à préciser l'emplacement sur le terrain.

Aux XVIIe et XVIIIe siècles et même dès la fin du XVIe, il existait, dans la banlieue de Montpellier, une petite église assez pauvre[7], placée sous le vocable de saint Hilaire, dont les registres de

---

[1] Ce nom de lieu a été maintes fois travesti par les copistes, — v. g. « religioso viro domino Bertrando de Cassio castello, canonico Magalonensi, priore Sancti Ylarii prope pontem de Sestrayranicis ». (Archiv. départ. Hérault, G. IV, 1, Cartul. de l'évêché de Maguelone, tome E, art. 1450, fol. 26 r°). — Sestayrargues était une paroisse voisine de Montarnaud.

[2] Germain, *Liber instrumentorum*, pp. 138 et 503.

[3] Thomas, *Diction. topog. Hérault*, p. 201, v° Sauteyrargues-Lauret-et-Aleyrac. — Cf. *Hist. gén. de Languedoc*, édit. Privat, tome V, col. 2053.

[4] Loc. cit. et p. 240.

[5] Op. cit., p. 501, note.

[6] « Quant à Centrayrargues, c'était une petite localité, dont le nom a disparu, mais qui était située près du Lez et formait un prieuré desservi par l'église Saint-Hilaire, ruinée en 1562. Dans le texte qui m'occupe et tous ceux de la même époque, le chemin de Centrayrargues désigne constamment celui qui mène au Lez et pour lequel prévaudra bientôt le nom de chemin de Lattes.....

« Je relève, comme preuve d'une identification qui n'a jamais été faite, des désignations de tènement à la dîmerie Saint-Hilaire ne laissant aucun doute à ce sujet: lieu dit au Malpas (Arch. départ. de l'Hérault, série G, invent. du Chap. cathédral de Montpellier par Fr. Joffre, t. Ier, p. 230); lieu dit à la Font de Lattes (ibid.); Mas d'Encivade (ibid. p. 398) ». (L. Guiraud, *Mém. Soc. archéol. Montpellier*, in-8°, t. Ier, p. 95).

Puisque l'occasion s'en présente, notons que le *chemin de Centrayrargues* ne doit pas être confondu avec le *chemin de Lattes*. — Le premier allait de Montpellier, ou plus exactement de Préveyrargues, au *pont Trincat;* — le second allait de Montpellier, ou plus exactement du même Préveyrargues au *pont Méjan*.

[7] Les réponses faites par « Roux, prêtre et curé » de la « paroisse St-Hylaire-lès-Montpellier », au «[questionnaire]-*mémoire donné par Monseigneur l'évêque de Montpellier* [Charles de Pradel] *à tous les curez de son diocèse en* M. DC. L. XXX IV *pour estre instruit de l'état de leurs paroisses* » (« A Montpellier, par Daniel Pech, imprimeur du Roy, de Monseigneur l'Evêque et de la Ville », in-4° de 21 pp.) nous présentent le tableau d'une paroisse sans importance et d'une église misérable.

baptêmes, mariages et sépultures sont conservés dans nos Archives municipales[1]. Cette église a disparu à la suite de la Révolution. — On voit par les actes paroissiaux qu'elle desservait, au point de vue du culte, le moulin de Sept-Cans, le moulin et le mas de Pont-Trincat, le mas de la Sérairède et le mas de Saporta[2]. Elle devait donc être située sur les bords du Lez (sur la rive droite plutôt que sur la rive gauche) et à proximité de la ligne séparant le terroir de la commune de Montpellier de celui de la commune de Lattes, dont fait partie la Sérairède.

Le dépouillement de ces actes paroissiaux nous fournit même une indication plus positive : à la date du 6 décembre 1677, nous trouvons une inhumation dans « le cimetière de la paroisse de Saint-Hilaire, *près du Pontrincat*[3] ».

Cette information concorde avec celles que nous apportent d'autres documents de nos Archives. Le compois de Montpellier de 1598 nous montre « le terroir appelé *lou Pioch de St Illaire* » comme étant situé à proximité de Pont-Trincat et du « terroir de la Rauze »[4] ; — dans ce tènement du Pioch de Saint-Hilaire, figurent 1° « un champ dans lequel est situé l'église de St-Illaire »[5] ; 2° « l'yère de l'église »[6], aliàs « l'yère de St-Illaire »[7].

Sur un plan du XVIIIe siècle, coté n° 133 et intitulé *« Terroir de Montpellier ; plan des tènements de Laigarelle, Puech St Illaire, St Hillaire, Pont Trincat, Mas de la Roche, la Rause »*, — l'« église St Hillaire », le « cimetière » y contigu et l'« aire de St Hillaire » sont marqués dans le terrain qui s'étend entre le Lez, la chaussée du moulin de Pont-Trincat, le canal et la première écluse, d'une part, et d'autre part, le « chemin de la fontaine de Lattes et de la fon des Donzeilles à St Hillaire, à Pont Trincat et à la Sédairède »[8].

« *Touchant la paroisse* » : — « il y a douze ou quainse communians » ; — « il y a un petit coin de terre qui sert de cimetière, où il n'y a ni croix, ni porte, ni clef, ni muraille » ; — il n'y a point de marguilliers, ni de maître d'école ; — on n'y trouve ni hôpital, ni maladrerie ; — on y danse « le jour de la feste » paroissiale, c'est-à-dire le 14 janvier ;

« *Touchant le curé et le bénéfice* » : — on ne chante « ny la grand messe, ny vespres » ; — on ne fait le catéchisme « que rarement » ; — il n'y a point de présbytère ; — le curé est « amobile » ; — aucune fondation de chapelles, d'obits ou de messes ;

« *Touchant l'église* » : — à la question « si elle est voutée, bien couverte, pavée, si les murailles sont bonnes, blanchies », le curé répond : « tout cela va assais bien », cependant « les portes et fenêtres ont besoin de réparation » ; — il n'y a « ny clocher, ny cloche », ni sacristie, ni bénitier, ni fonts baptismaux, ni chaire à prêcher, ni reliques, ni tabernacle, ni réserve eucharistique, ni lampe, ni dais, ni piscine ; — « il y ... a une [boëte] d'estain [pour les saintes huiles], mais il n'y a pas de lieu propre pour la tenir » ; — pour les funérailles, il n'y a « ny bière, ny chevalet », ni drap mortuaire ;

« Il n'y a qu'un autel » ; — le sanctuaire n'est pas séparé de la nef par un balustre ; — il n'y a « point de banc » ; — en dehors de l'autel, le mobilier de l'église se réduit à « un confessionnal à deux places » ;

Comme vases sacrés : « un calice d'argent doré au dedans, avec la boëte pour porter le St Sacrement dorée aussy au dedans et c'est tout » ;

« Il y a quatre chandeliers, deux de letton, à pied rond, et deux de fer blanc, une grande croix, un missel (assez bon) et un rituel », mais pas d'encensoir, pas de fanal, pas de fer à hosties, pas de graduel, pas d'antiphonaire ; — quant aux vêtements sacerdotaux et aux linges de l'autel, « le tout [est] assais bon » ; les chasubles sont au nombre de quatre. (Archiv. départ. de l'Hérault, série G, évêché de Montpellier, G. IV, 15).

[1] « *Registres des mariages, baptêmes et mortuéres de la paroisse de St Illaire près de Montpellier* », de 1666 à 1791, - Archiv. municip. Montpellier, *GG. 21* à *25*.

[2] Archiv. mun. Montpellier., *GG. 21*, passim.

[3] Archiv. mun. Montp., *GG. 21*, fol. 26 r°.

[4] « *Compoix de Montpellier de l'an 1598, pour les possessions situées hors la ville* », — Archiv. mun. Montp., *CC. 628*, — art. 145 à 180.

[5] Archiv. mun. Montp., *CC. 628*, art. 169 ; — cf. le compoix du sixain Saint-Mathieu, de 1600, *CC. 644*, fol. 15 v°.

[6] *CC. 628*, art. 169.

[7] *CC. 628*, art. 165 et 171.

[8] Archiv. mun. Montp., série *II*, plans, n° 133.

Il semble qu'avec des données aussi nettes, nous n'ayons plus, pour reconnaître l'emplacement désiré, qu'à nous reporter au plan cadastral. Déception ! Le plan cadastral ne contient aucune mention du Pioch Saint-Hilaire ! Dans la section D (section du Lez), lieu dit « Première écluse », sous le n° 739, le cadastre mentionne une « aire sol », et c'est tout ! Les propriétaires des mazets voisins du Pont-Trincat ne sont pas mieux renseignés que le cadastre : jamais ils n'ont entendu nommer le Pioch Saint-Hilaire[1].

Si aucun tènement n'a conservé le nom de Saint-Hilaire, il n'en est pas de même des chemins. Dans cette partie sud-est du terroir de Montpellier, trois chemins portent encore — officiellement tout au moins — des désignations caractéristiques : — 1° le *chemin de Saint-Hilaire*, précédemment *chemin de Saint-Hilaire à la Cérairède* (n° 69), — 2° le *chemin de Saint-Hilaire à Saint-Martin-de-Prunet* (n° 72), — 3° le *chemin de Saint-Hilaire au Mas de las Sorres et à Saporta* (n° 73)[2].

Prenez la peine de suivre successivement ces trois chemins. Vous constaterez qu'ils aboutissent, — à proximité de la première écluse du Lez (en face le domaine de Pont-Trincat), — dans les terrains qui dépendent aujourd'hui du petit domaine de Monrené (précédemment Mas Privat) et du Mas de l'Écluse et qui remplissent l'angle formé par le chemin de halage et par le chemin vicinal n° 68.

Ce dernier, officiellement dénommé *Chemin de la Togne ou Chemin de la Fontaine de Lattes à la Fontaine des Donzelles* et qui est en réalité l'ancien chemin de Préveyrargues à Centrayrargues, est plus connu dans le public sous les noms de *Chemin de la Première Écluse* ou encore, comme à la fin du XVIe siècle[3], de *Chemin du Pont-Trincat*. C'est celui que nous avons vu figurer sur le plan n° 133, et qui, après avoir desservi Saint-Hilaire, se bifurque pour aboutir d'une part à Pont-Trincat, de l'autre à la Sérairède. Il a porté lui aussi autrefois le nom de « *Chemin de Montpellier à St Hilaire* ». Le plan n° 133 en fait foi et aussi le grand atlas conservé aux Archives départementales de l'Hérault, dans lequel ont été réunis en 1750-1751, par Étienne Baudon, les *Plans géométriques des domaines, fiefs et directes de la commanderie du Grand et Petit St-Jean de Montpellier*[4].

Le point terminus des chemins n^s 69, 72 et 73 bien constaté, recommencez à interroger les indigènes, les vieillards principalement, — en laissant de côté cette fois ce Pioch Saint-Hilaire qu'ils n'ont jamais entendu nommer et qui les déconcerte. — Vous ne tarderez pas à apprendre d'eux qu'il existait autrefois, vers le Mas de la Rauze, « un couvent », — (dans les traditions populaires locales, les anciens centres ecclésiastiques sont toujours des couvents) — et que dans le mas de

---

[1] Cette disparition totale du nom de *Saint-Hilaire* est d'autant plus étrange qu'il se retrouve encore, comme désignation d'un mas, sur le *Plan des chemins situés dans les sections D et G de la commune de Montpellier, sur lesquels il est permis de jouer au mail par l'arrêté de M. le Maire du 2 décembre 1835* ; — cf. Archiv. mun. Montp., O 1/12.

Cf. également Thomas, *Dict. topog. Hérault*, pp. 181-182, v° Saint-Hilaire-sur-le-Lez.

[2] Cf. l'*État des chemins vicinaux [de la commune de Montpellier], reconnus et classés conformément à la loi du 9 ventôse an 13 et à la circulaire de M. le Préfet en date du 14 août 1818*, — et le *Tableau général des chemins ruraux existant sur le territoire de la commune de Montpellier formé en exécution de la circulaire de M. le Préfet du département, en date du 20 avril 1857*, — Archiv. mun. Montp., O 1/12.

Cf. également le *Plan de la commune et des environs de Montpellier*, dressé par M. A. Kruger, architecte de la ville, sous l'administration de M. Ferdinand Castets, maire de Montpellier, 1896.

[3] Archiv. mun. Montpellier, CC. *628*, art. 145, 149 à 151, 153 à 156, 160 à 164, 171, 173, 174, 179, 180, etc.

[4] Archiv. départ. Hérault, série *H*, fonds de l'ordre de Saint Jean-de-Jérusalem ; — plan H. 2, « La Rauze ».

la Rauze et dans la Villa Aïn-Draham, qui en est un démembrement, il pourrait bien en exister encore des ruines. — Le mas de la Rauze, en effet, a conservé de vieux murs très épais, mais ce n'est pas là qu'était située l'église, ce n'est pas à ce point qu'aboutissent les chemins 69, 72 et 73.

Vous apprendrez également que le cimetière de ce « couvent » a été retrouvé, il y a une trentaine d'années, lorsqu'on a défoncé la vigne qui fait face au mas de la Rauze, de l'autre côté du chemin n° 68. — La vigne en question s'étend sur le flanc d'un petit monticule. Sur ce monticule, sur ce *pioch*, se dresse Monrené.

Rapprochez ce que vous avez reconnu sur le terrain de ce que vous ont appris le plan n° 133 et le compois de 1598. Vous conclurez sans hésitation que le *pioch* qui porte aujourd'hui Monrené correspond à l'ancien Pioch de Saint-Hilaire et que là s'élevait l'ancienne église paroissiale, avec d'un côté, le cimetière, de l'autre, l'aire à dépiquer.

Voici donc établi bien nettement — et sans qu'il soit besoin de suivre, à travers les compois, les changements de propriétaires de tous les champs et de toutes les vignes du terroir, — l'emplacement qu'occupait, *aux XVIIe et XVIIIe siècles*, l'église paroissiale Saint-Hilaire.

Il s'agit maintenant de savoir si le Saint-Hilaire-de-Centrayrargues de la période médiévale s'élevait bien au même endroit, — si ce petit chef-lieu ecclésiastique n'a pas changé de place à la suite des guerres de religion, à la suite des dévastations commises par les gens de guerre dans la plaine entre Montpellier et Lattes[1].

La réponse à cette seconde question n'exigera pas une longue enquête. Un texte, ou plutôt une série de textes, du second quart du XVIe siècle, suffira.

Ces textes, qui se reproduisent les uns les autres, nous sont fournis par un recueil d'actes du Chapitre Saint-Sauveur de Montpellier, conservé aux Archives départementales de l'Hérault. Ils se trouvent dans les contrats et quittances concernant l'acquisition, faite à cette époque par le Chapitre en question, du moulin de Pont-Trincat. — Ce moulin y est dit « assiz sur la rivière du Lez et près l'église de St Yllaire », — « *molendini dicti del Pont Trincat, sciti in riperia Lani et ad Pontem Trincatum, ad partem ecclesie [sive prioratus] Sancti-Ylarii de Senteiraricis, secus Montempessulanum* »[2].

Donc, dans le second quart du XVIe siècle, avant les guerres de religion, l'église *Saint-Hilaire-de-Centrayrargues* était située à proximité du Pont-Trincat, absolument comme l'église *Saint-Hilaire* à la fin du même siècle et durant les deux siècles suivants. Le chef-lieu de la paroisse n'a pas changé de place au XVIe siècle. — Par suite, l'emplacement connu du Saint-Hilaire de l'ancien régime nous donne, du même coup, l'emplacement du Centrayrargues du moyen âge.

Un pont, détruit au XIVe siècle[3] par les inondations et qui a transmis son nom de Pont Trincat au domaine voisin, mettait Centrayrargues en communication avec le chef-lieu féodal de la rive gauche du Lez, Mauguio, par un chemin qui existe encore sous divers noms. D'autre part, Cen-

---

[1] Cf. le *Petit Thalamus de Montpellier* (édit. de la Soc. archéol. Montp.), pp. 534-535.

[2] Archiv. départ. Hérault, série G, fonds du Chapitre Saint-Sauveur de Montpellier, recueil d'actes de 1532 à 1623, fol. 6 r°, 6 v°, 26 r°, etc.

[3] Archiv. municip. de Montpellier, Grand Chartrier, art. 1778 ; — cf. l'inventaire de P. Louvet, édition Berthelé, *Archiv. Montp.*, t. I, p. 136, art. 1778.

trayrargues était relié avec les chefs-lieux féodaux de la rive droite, Montpellier et Montpelliéret, par un chemin qui est devenu le chemin n° 68. En outre, diverses voies le mettaient en communication avec les autres centres de paroisses de la plaine du Lez et de la Mosson : Lattes, Pérols, Soriech, Montaubérou, Castelnau, Saint-Martin-de-Prunet, Chaulet, Montels, Cocon, Maurin, Villeneuve-les-Maguelone, Saint-Jean-de-Védas, etc.

Ces chemins ont tous survécu à la disparition du village de Centrayrargues ; ils n'ont pas été atteints par les transformations qui se sont produites dans ce coin de terre à la suite des dévastations militaires du XVI° siècle, de la construction de la première écluse, de la suppression de la paroisse. Réduits à un rôle secondaire, mais continuant toujours à rendre des services réels, ils se sont conservés, et ils portent encore en partie leurs vieux noms, alors que le nom du *pioch Saint-Hilaire* se perdait, comme s'était perdu, dans la seconde moitié du XVI° siècle, le nom de *Centrayrargues* ; — ils sont aujourd'hui, avec les vieux murs du mas de la Rauze, la seule trace vivante de l'ancien centre féodal et agricole de *Centrairanicas*, — centre peu important sans doute, — intéressant cependant, aux yeux de l'historien, à cause de son antiquité et à cause des puissants seigneurs dont il a relevé.

Montpellier, le 6 octobre 1899.

IV

SAINT-ANDRÉ-DE-NOVIGENS

C'est, en majeure partie, grâce aux chemins que nous avons pu déterminer l'emplacement du village depuis longtemps détruit de Saint-Hilaire-de-Centrayrargues. C'est également au moyen des chemins que nous arriverons à préciser la position occupée jadis par une autre église paroissiale voisine de Montpellier, disparue elle aussi sans avoir laissé aucune trace, — Saint-André-de-Novigens.

Plusieurs plans des XVII° et XVIII° siècles, conservés aux Archives municipales de Montpellier, nous fournissent des indications très nettes sur l'emplacement de cette ancienne église. Nous prendrons comme point de départ de notre enquête celui de ces plans qui nous paraît offrir les points de repère les plus positifs et les plus abondants ; nous irons sur le terrain reconnaître les chemins et les mas encore existants. Cette opération faite, il nous sera facile de retrouver l'emplacement de ce qui a disparu.

La « villa » de Novigens, que les textes mentionnent dès le IX° siècle [1], a été identifiée par

---

[1] « Bernardus, Melgoriensis nobilissimus comes (dit Arnaud de Verdale, dans sa Chronique), ... villam de Novigens Magalonensis ecclesiæ dominio subjugavit ». (D'Aigrefeuille, *Hist. de Montpellier*, édit. in-fol., tome II, 1739, p. 417 ; édit. La Pijardière, in-4°, t. III, 1880, p. 628 ; — Germain, *Arnaud de Verdale*, dans les *Mém. Soc. archéol. Montp.*, in-4°, tome VII, p. 492).

Thomas avec une ferme de la commune de Guzargues[1]. Mlle Guiraud, au contraire, — à la suite de Gariel[2], — a placé cette paroisse sur la rive gauche du Lez, en face les « moulins de Salicates »[3].

Gariel et Mlle Guiraud sont dans le vrai, mais il reste, comme pour Saint-Hilaire-de-Centrayrargues, à déterminer à laquelle des propriétés actuelles de cette partie du terroir de Montpellier correspond au juste le point anciennement occupé par l'église en question.

Le plan n° 258 de nos Archives municipales suffira pour nous fixer. Ce plan donne le détail des terrains situés entre : 1° à l'ouest, la rivière du Lez ; — 2° au nord, le chemin allant du moulin de Sauret à Salaison (aujourd'hui chemin n° 78 faisant la limite avec la commune de Castelnau) ; — 3° au sud, le pont Juvénal et le chemin de grande communication n° 24 de Montpellier à Lunel par Mauguio ; — 4° à l'est, le chemin rural n° 80 dit de Castelnau à Montaubérou.

Les terrains ainsi circonscrits sont divisés, sur le plan n° 258, par un certain nombre de chemins plus ou moins importants, que nous classerons en deux catégories : — 1° les chemins parallèles ou approximativement parallèles au Lez ; — 2° les chemins transversaux, partant du Lez, spécialement du pont Juvénal, et se dirigeant à travers la campagne pour desservir les mas et les villages plus ou moins éloignés.

Le premier des chemins parallèles au Lez est le « *chemin du pont Juvénal au pont Lairon*[4] *et au moulin de Sauret* », alias « *chemin du Pont Juvénal à Castelnau* ». Il est aujourd'hui désigné couramment (et exclusivement), dans le langage populaire, sous le nom de *Chemin de la Pompignane*, parce qu'il sert spécialement aux rouliers qui transportent les sables dits de la Pompignane. L'état des chemins de 1830 le cote : « n° 77, chemin du Pont Juvénal ». Le tableau des chemins de 1857 le mentionne comme faisant partie du chemin de moyenne communication n° 32 de Castelnau au port de Carnon [par Pérols] et à Lattes ». — Trois ponts sur le Lez y donnent accès de Montpellier : le pont de Castelnau, la passerelle du Génie et le pont Juvénal.

Le second chemin parallèle au Lez est le « *chemin de la Font Pompignane à Saint-André-de-Novigens* », continué au sud par le « *chemin de Castelnau à la ✝ de la Motte, à Costebelle et au chemin de Montaubérou* ». Ces deux tronçons constituent aujourd'hui la partie nord du chemin n° 79 dit de « Castelnau à Pérols », qui commence au chemin n° 78 de Sauret à Salaison et vient tomber à la route de Montpellier à Lunel par Mauguio, près de la propriété Faulquier.

C'est entre ces deux chemins parallèles au Lez, — plus près du second que du premier, — que le plan n° 258 indique l'emplacement de l'église Saint-André-de-Novigens.

---

[1] Thomas, *Dict. topog. Hérault*, p. 171.

[2] « S. André de Novigens, qui est une paroisse au delà de la rivière du Lez ». (Gariel, *Idée de la ville de Montpellier*, 1665, 4ᵉ partie, p. 111).

[3] Cf. L. Guiraud, *la Paroisse Saint-Denis de Montpellier*, planche hors texte.

La « famille Salamon, [qui] était des premières de la riche bourgeoisie montpelliéraine du XVᵉ siècle, ... possédait au delà du Pont Layron, et dans la paroisse Saint-André de Novigens, un important domaine, appelé Mas de Salamon ». (L. Guiraud, *le Collège des Douze Médecins*, p. 44).

[4] « Vente faicte en 1496 et 17 décembre, par le chapitre du.... collège Saint-Benoît et Saint-Germain de Montpellier, au sieur Pierre Aoust, licentier ez-lois du dit Montpellier, d'un mas situé au terroir de la dite ville, dismerie Sainct-André de Novigens, appelé lou Mas d'En Causit et autresfois lou Mas de Girone, confrontant avec la rivière du Lez, avec chemin alant du Pont Juvénal au Pont Layron..... ». (Arch. départ. Hérault, G. V 2 : *Inventaire des titres et documans du vénérable Chapitre de l'esglise cathédrale Sainct-Pierre de Montpelier*, par François Joffre, 1663-1664, p. 567 ; — cf. Archiv. départ. Hérault, G. V. 3 : *Inventaire alphabétique* ..... par François Joffre, 1673, pp. 723-724, art. 12).

Les chemins transversaux, utiles à étudier en l'espèce, qui, après être partis du pont Juvénal, ou plus exactement, après s'être détachés du chemin de la Pompignane, à la hauteur du moulin de l'Évêque, vont rejoindre ou couper le chemin n° 79, — sont : 1° le *« chemin du Pont Juvénal au mas de Verchand »* ; 2° le *« chemin du Pont Juvénal à Saint-André-de-Novigens »*.

Le premier, dont nous n'avons à nous occuper que pour le caractériser et le mettre en dehors de notre enquête, est le chemin n° 81, officiellement dénommé, en 1830 comme en 1857, *« chemin du Pont Juvénal à Salézon*, appelé *vieille poste »*. Il laisse à droite (en partant du pont Juvénal), d'abord la butte et le domaine de Costebelle et plus loin le domaine de Verchamp. Vous le reconnaîtrez facilement, s'il vous plaît d'aller explorer le terroir, aux poteaux télégraphiques ou téléphoniques qui le bordent.

Le second, dit sur notre plan *« Chemin du Pont Juvénal à Saint-André-de-Novigens »*, se déroule au nord du précédent avec lequel il a fait corps quelques instants. Il porte aujourd'hui, comme en 1830, le n° 88 et le nom de *« Chemin dit de Jausseran »*.

Si vous le suivez à pied sur le terrain, vous constaterez qu'il vous amène directement, *sans que vous rencontriez aucune bifurcation*, sur le chemin n° 79, un peu en dessous de l'avenue du mas Pastourel. — Si vous le suivez, au contraire, des yeux sur le plan n° 258, vous constaterez qu'il se bifurque à peu près à la hauteur du moulin de Salicate et que ses deux rameaux vont aboutir l'un et l'autre au chemin actuellement coté n° 79.

C'est dans le triangle formé par ces deux rameaux que notre plan indique l'emplacement de l'église.

Or, le rameau sud, celui qui, sur le plan, porte le nom de « Chemin de Saint-André », et qui en 1857 est encore mentionné à deux reprises à propos des chemins 79 et 80, — ne figure plus dans le réseau actuel de la voirie.

Il ne sera pas difficile heureusement de déterminer son emplacement avec une parfaite exactitude.

Les plans n°" 258, 279 et 302 des Archives municipales de Montpellier nous le montrent se continuant quelques mètres plus haut, de l'autre côté du chemin actuellement coté 79, dans la direction de Verchamp, et allant rejoindre le chemin n° 80 dit autrefois comme aujourd'hui chemin de Castelnau à Montaubérou. — Cette continuation existe encore. C'est un petit chemin non classé, un sentier (pour parler plus exactement), qui se détache vers l'est du chemin n° 79, en face de l'avenue du mas de Jausserand.

Cette avenue est trop voisine de la continuation que nous venons de reconnaître pour que nous puissions la considérer comme représentant l'ancien *chemin de Saint-André*. Elle est d'ailleurs visiblement de création nouvelle.

Pour retrouver les traces de ce *chemin de Saint-André*, il nous faut chercher quelques mètres plus loin, en contre-bas de cette avenue de Jausserand. — Là, nous voyons deux vignes contiguës, séparées par un large chemin de service qui, d'un côté, débouche par un ponceau sur le chemin n° 79, et de l'autre, s'étend jusqu'au chemin n° 88, dit chemin de Jausserand, où il est fermé par un mur. — Ce chemin de service, c'est le *chemin de Saint-André*.

Le triangle formé sur le plan n° 258, par le « chemin de Castelnau à la Croix de la Mothe », etc., et les deux rameaux du « chemin du pont Juvénal à Saint-André-de-Novigens », correspondent mathématiquement au triangle formé aujourd'hui : 1° par la section nord du chemin n° 88 (du mas de Jausserand au chemin n° 79); — 2° par la section du chemin n° 79 approximativement délimitée, au nord, par l'avenue du mas Pastourel, et au sud, par le sentier se dirigeant de l'entrée de l'avenue de Jausserand vers le mas de Verchamp et le chemin n° 80; — 3° par le chemin de service (fermé sur le chemin n° 88 et ouvert sur le chemin n° 79), séparant les deux parties sud du vignoble de Jausserand.

D'après le plan n° 258, l'église était située près du chemin de service, *du côté du chemin actuel n° 88*, c'est-à-dire *à proximité de l'habitation*. D'après les plans n°s 279 et 302, elle aurait été située plutôt *à peu près à égale distance des chemins n°s 88 et 79*. Il reste sur la question du point précis une incertitude de quelques mètres. — Rien à l'extérieur du sol ne trahit l'existence au temps jadis, en cet endroit, d'une église, d'un cimetière et d'un village.

Mais allez interroger le propriétaire de Jausserand, vous apprendrez de lui : — 1° que la partie de sa vigne qui s'étend entre les chemins n°s 88 et 79 porte le nom caractéristique de *la Capelle*; — 2° qu'il y a quelques années, en défonçant le terrain, à côté de son habitation, les ouvriers ont retrouvé (et démoli d'ailleurs) des substructions, dont le plan semblait celui d'une église; — 3° que l'on a également rencontré, dans sa propriété, des ossements humains, groupés comme dans un cimetière ; — 4° enfin que la tradition locale place en cet endroit un couvent de nonnes, — toujours la tradition du couvent !

Notre enquête est terminée en ce qui concerne Saint-André-de-Novigens. Si, pour rentrer à Montpellier, nous pouvions faire le trajet par la même voie que les gens du moyen âge, la promenade se corserait d'une certaine saveur archéologique. Mais, au premier abord, ce desideratum ne paraît pas très facile à réaliser.

Aucun chemin actuel ne réunissant — perpendiculairement au Lez — le domaine de Jausserand et le chemin de la Pompignane, il nous faut d'abord, — soit descendre le chemin n° 88 jusqu'en face le moulin de l'Évêque, — soit remonter le n° 88, continuer par le n° 79, puis tourner à gauche et suivre le n° 78 jusqu'en face le moulin de Sauret ; — et ensuite, poursuivre jusqu'au pont Juvénal, au sud, ou jusqu'au pont de Castelnau, au nord, ou bien aller rejoindre la passerelle du Génie, entre les deux.

M¹¹ᵉ Guiraud cependant a constaté par les textes que le « pont Layron » (qui se trouvait dans les environs de l'emplacement actuel de cette passerelle) était le « chemin pour aller au mas de Salamon et à l'église paroissiale de Saint-André de Novigens au-delà de la rivière »[1]. — Ce chemin aurait-il laissé quelques traces? Le plan n° 258 ne semble pas promettre une réponse satisfaisante à la question. On y voit, entre le chemin de la Pompignane et le chemin de Jausserand, un peu en dessous de l'ancienne bifurcation du chemin de Jausserand, le tracé d'un *« chemin qu'on a comblé »*, et plus haut l'indication d'un *« valat, jadis viol »*, traversant le chemin de la Pompignane et allant aboutir au point *« jadis pont Lairon »*. Les plans n°s 279 et 302 mentionnent également, en ce dernier endroit, un *« valat, jadis chemin allant du pont Lairon au mas de Salomon à présent Pastourel »*. D'après ces plans, l'ancien chemin du pont Lairon sur la rive gauche du Lez se serait donc réduit avec le temps à un simple fossé.

Or, les fossés ont été singulièrement bouleversés, dans ce quartier, par les plantations de

[1] L. Guiraud, *la Paroisse Saint-Denis*, p. 95.

vignes et par les constructions de mazets. — Cependant il est peut-être permis de ne pas désespérer encore.

Voici précisément que — au bord de la route de la Pompignane, à droite, dans la direction des sablières, à quelques mètres au-dessus de la passerelle du Génie, sur un mur joignant la porte-grille d'un mazet et datant de quelques années seulement, — une inscription peinte en noir vient attirer notre attention : « Défense de passer dans la vigne sous peine d'amende ». — « Défense de passer »! alors on passait ? — et il n'y a pas très longtemps encore ? puisque l'inscription est de date récente ; — alors cette avenue, relativement assez longue, qui relie à la route de la Pompignane le mazet bâti au pied de la colline, était précédemment un chemin ?

Au risque d'éveiller l'attention de quelque garde champêtre et d'encourir l'amende annoncée, — mais puisque c'est pour le bon motif! — escaladons le mur et traversons la propriété. — Sur le mur du mazet, nous retrouvons l'inscription : Défense de passer dans la vigne sous peine d'amende ! Cette fois l'explication est à côté : deux chemins carrossables, — aujourd'hui sans issue, de par la volonté du propriétaire du mazet, — viennent se réunir en cet endroit. Celui de gauche nous conduit au chemin n° 79 et au mas Pastourel ; celui de droite, bientôt transformé en une sente étroite, nous amène sur le chemin n° 88, juste en face du mas de Jausserand.

Sans l'avoir beaucoup cherché, nous avons retrouvé le vieux chemin du Pont Lairon, — entre la route de la Pompignane et le pied de la colline, tout au moins.

Entre la route de la Pompignane et le Lez, toute trace en a disparu, grâce aux mazets récemment bâtis en cet endroit.

Sur la rive droite du Lez, — il a également disparu (par suite des bouleversements produits par la culture de la garance) dans tous les terrains situés entre la rivière et la métairie des Aubes. — Mais plus loin, il réapparait, parfaitement conservé cette fois, et servant encore, tout comme il y a cinq cents ans. Après avoir longé la métairie des Aubes, il traverse le *chemin n° 54 dit de Sauret à Salicate* et va s'embrancher sur le *chemin n° 53 dit de Montpellier à Sauret*.

On sait qu'à proximité du moulin de Sauret se trouvait autrefois une paroisse, sous le vocable de Saint-Maurice[1]. Mais l'on paraît généralement ignorer que l'église de cette paroisse n'a pas eu le sort de sa voisine Saint-Pierre ou Saint-Blaise de Clunezet[2]. L'ancienne église Saint-Maurice de Sauret est toujours debout, fortement délabrée, il est vrai ; le clocher en est encore très reconnaissable. On peut la voir dans les terrains dépendant du moulin de Sauret, tout au bord du Lez. Il y a quelques années, elle servait encore de buanderie.

Les chemins qui reliaient Sauret aux autres centres habités du voisinage, de même que ceux qui desservaient Saint-Blaise, se sont conservés d'une façon au moins aussi nette et aussi complète que ceux qui menaient à Saint-André de Novigens. — Le réseau de l'ancienne voirie des environs de Montpellier ne s'est pas transformé autant que l'on pourrait être porté à le croire. Il n'y a qu'à « battre un peu la campagne » pour le constater.

---

[1] Sur « cette église Saint-Maurice de Sauret, à laquelle d'anciens plans adjoignent un collège.... et qui était située près et en amont du moulin de Sauret, à un coude du Lez », — cf. notamment L. Guiraud, *la Paroisse Saint-Denis*, pp. 91-92, note.

[2] Cf. L. Guiraud, op. cit., ibid.

V

LE DOMAINE ET L'ÉGLISE D'EXINDRIUM

Le chef-lieu de l'ancienne paroisse de Sainte-Marie-Madeleine d'Exindre[1] a été placé par D'Aigrefeuille au Mas de la Madeleine, dans la commune de Villeneuve-lès-Maguelone.

L'opinion de Germain peut être considérée comme identique au fond à celle de D'Aigrefeuille. Germain toutefois a ajouté à l'identification de son prédécesseur des précisions archéologiques intéressantes.

Voici en quels termes s'expriment ces deux auteurs:

D'Aigrefeuille. — « En 1181,..... Pierre de la Vérune fit cession..... à Jean de Montlaur, évêque de Maguelone, de quelques salines qu'il avoit dans les confins de Villeneuve et de Ste-Marie-Magdelaine de Xindrio. (*Métairie, dite de la Magdelaine*) »[2].

Germain. — Par son diplôme du 9 février 1155 (1156, n. st.), le roi Louis VII donna à l'évêque de Maguelone « villam de Exindrio, villam de Amansione, villam de Maurino, [et villam] de Cocone, cum omnibus pertinentiis suis, sicut sunt de terminio castri de Villa-nova ».

» Cette dernière phrase..... éclaire la statistique territoriale de Villeneuve au XIIe siècle en mentionnant par leur nom particulier divers groupes d'habitations disséminées dans ses alentours. C'étaient les *villas* d'Eissendre ou d'Ixendry, de La Mosson, de Maurin et de Cocon. Ces sortes de hameaux figurent, à diverses reprises, dans les actes du temps. Mais celui d'Eissendre y occupe la première place ; il renfermait une église paroissiale de Sainte-Madeleine, qui a légué son nom à une grotte du voisinage, très célèbre dans le pays.

» Les ruines de cette église ont subsisté jusqu'à nos jours, et la mise à nu de leurs assises a fait découvrir divers restes archéologiquement précieux. On voit encore, à l'heure où j'écris[3], dans le petit bois de chênes verts et d'oliviers qui entourait naguère l'église de la Madeleine, une grande cuve baptismale monolithe sculptée de guirlandes et d'arabesques, et qui paraît remonter à une époque où le baptême s'administrait par immersion »[4].

Depuis la publication de ces lignes de Germain, une autre théorie a été produite. Notre laborieux et érudit prédécesseur Eugène Thomas, dans son *Dictionnaire topographique du département de l'Hérault*, a identifié Exindre avec Lattes :

« Lattes, 2e canton de Montpellier..... Cet ancien et célèbre port commercial de Montpellier se trouve indiqué, dans nos dépôts publics, sous une infinité de désignations..... *Terminium de Latis*, 1114..... *Portus de Latis*, 1140..... *Ledda de Latis*, 1183.....

---

[1] Testament de Guilhem V (1121): « totum quod habeo in tota parrochia Sancte Marie de Isindri ». (*Lib. instr.*, éd. Germain, p. 173; cf. ci-dessus p. 17, art. 96).

[2] D'Aigrefeuille, *Hist. de Montpellier*, édit. in-fol., t. II, p. 38; édit. in-4°, t. III, p. 59.

[3] Vers 1852.

[4] Germain, *Villeneuve-lez-Maguelone, ses origines, ses privilèges et ses libertés*, dans les *Mém. Soc. archéol. Montp.*, in-4°, tome III, pp. 278-279; — cf. Fabrège, *Hist. de Maguelone*, tome 1er, pp. XVII et 81-82.

» Le voisinage des étangs avait aussi fait donner le nom de Palus à Lattes: — *castrum seu castellum de Palude*.....

» Lattes est encore désigné quelquefois par le nom d'Exindrium, Exindre, hameau et étang voisins de Lattes et de la Magdeleine. D'après quelques auteurs, indépendamment du *castrum de Palude vel Latarum*, il y avait un village de cabanes de chaume soutenues par des lattes: *ex scindula* ou *ex scindulis* (cf. Du Cange, v° *Exendola*). De là *Exindrium, Ex indrio, Ex indre*, attribué à une partie de l'étang de Lattes ou de Méjan, au village et à l'église de Lattes..... *Villa de Exindrio*, IX° s. (Arn. de Verd. ap. D'Aigrefeuille, II, 417), donnée à l'église de Maguelone par Louis le Jeune, 1155 (tr. des ch. Maguel. II. L. II, pr. c. 553; G. christ. VI, inst. c. 358). — *Stagneolum* (Estagnol) *de Ex*. 1160 (cart. Magal. E 150). — *Castra et villæ de Villanova et de Ex*. 1161 (*ibid.* E 97). — *Parochia B. Mariæ Magdalenæ de Ex*. 1168 (*ibid.* A 24); 1216 (*ibid.* F 124). — *Parochiæ S. Stephani de Villanova et S. Mariæ de Ex*. 1229 (*ibid.* A 52); v. 1100 (Arn. de Verd. *ibid.* 425); 1226 (cart. Magal. A 39); 1290 (*ibid.* C. 137). — *De Sindrio*, 1265 (Arn. de Verd. *ibid.* 445) »[1].

« La Magdeleine, ferme, c^ne de Villeneuve-lez-Maguelone. — A peu de distance de la métairie est une grotte calcaire qui porte aussi le nom de *la Magdeleine*, dont on a cru voir la figure en une congélation placée dans une espèce de niche appendue aux parois de la voûte. Non loin de là, une source minérale, dite *fontaine de la Magdeleine*, s'échappe en bouillonnant, fortement chargée d'acide carbonique.

» Le nom de *la Magdeleine*, appliqué à ces divers lieux, est dû à l'ancienne chapelle fondée sous ce vocable, près de Villeneuve, par un habitant de Montpellier. *Instrumentum fundationis oratorii sive capelle S. Marie Magdalene situat. in suburbiis Montispessulani facte per Petrum Causiti burgens. Montispessulani*, 1328 (cart. Magal. E 36)..... Il ne faudrait pas confondre cet oratoire ou chapelle avec l'église paroissiale de *Sainte-Marie-Magdelaine d'Exindre*, plus ancienne, dont nous avons parlé à l'article Lattes; D'Aigrefeuille s'y est mépris (Hist. de Montp. II, 38) »[2].

L'opinion de D'Aigrefeuille et de Germain a été adoptée par M. l'abbé Soupairac[3]. — M. de la Roque[4], Mlle L. Guiraud[5], Mgr Douais[6] et les nouveaux éditeurs de l'*Histoire de Languedoc*[7], au contraire, se sont rangés, par occasion et sans autre examen, à l'avis d'Eugène Thomas.

En présence de cette divergence d'opinions — et surtout étant donnée la haute antiquité du lieu habité dont il s'agit, — il ne sera pas inutile pour notre histoire locale de reprendre la question à fond et d'examiner, — les textes en main et les terroirs controversés sous les yeux, — lequel des deux systèmes doit être adopté définitivement et exclusivement.

L'église paroissiale Sainte-Marie-Madeleine d'Exindre se trouvait-elle dans la commune actuelle de Lattes ou dans la commune actuelle de Villeneuve-lès-Maguelone ? — Si elle se trouvait dans la commune de Villeneuve-lès-Maguelone, où était-elle située au juste ? au mas même de la

---

[1] Eug. Thomas, *Dict. topogr. Hérault*, p. 89.

[2] Thomas, op. cit., p. 102.

[3] « Villeneuve-lez-Maguelone...... *Sainte-Madeleine d'Exindre*, sur la rive droite du chemin de fer de Montpellier à Cette, église ruinée, ancienne paroisse. Elle est mentionnée en 1168 ». (Abbé V. Soupairac, *Nouveau petit Dictionnaire géographique et historique du département de l'Hérault*, 1881, pp. 93-94).

[4] « Lattes ou Exindre ». (L. de la Roque, *Les Évêques de Maguelone et de Montpellier*, 1883, p. 17)

[5] « .... *fecit venire Jacobum de Rames de Simndrio* [Sindrio ? Lates] *apud Montempessulanum* ». (L. Guiraud, *les Fondations du pape Urbain V à Montpellier*, II, le Collège Saint-Benoit, p. xv, note). — Correction: II, « p. xv, note, l. 27, lire *de Sumidrio* (Sommières) au lieu de *Simndrio* (Lates) ». (L. Guiraud, *Fondat. Urbain V*, III, *le Monastère Saint-Benoit*, p. 256).

[6] « *Villam de Exindrio.* = Lattes, canton de Montpellier (Hérault) ». (Douais, *Archives curieuses de Doscares*, dans les *Mélanges..... de Cabrières*, t. III, pp. 448-449).

[7] « Exinario, Exindrio (ecclesia de),.... suivant Thomas (*Dictionnaire topographique*, v° Lattes). Ce mot ou son congénère Exindrium désignerait *une partie de l'étang de Lattes voisine d'Estagnol* » (sic). (*Hist. gén. de Languedoc*, édit. Privat, tome V, col. 2002).

Madeleine? ou bien à proximité de ce mas? ou bien un peu plus loin, vers la grotte de la Madeleine?

Nous n'allons pas tarder à constater que l'argument apporté par Thomas, à l'encontre de l'identification faite par D'Aigrefeuille et par Germain, est absolument sans valeur. Une fois de plus Thomas s'est borné à *transcrire la table* du Cartulaire de l'évêché de Maguelone [1], *sans se reporter à la charte* indiquée dans cette table. S'il avait pris la peine de lire la pièce relative à la fondation de Pierre Causit, il aurait facilement vu que la chapelle de la Madeleine, bâtie par ce bourgeois montpelliérain en 1328, n'était en aucune façon située dans le territoire de la commune de Villeneuve-lès-Maguelone.

La charte de 1328 est ainsi conçue :

«......Anno ...... incarnationis millesimo trecentesimo octavo, scilicet octava die mensis junii ...... Noverint universi presentes pariter et futuri hoc presens publicum et autenticum instrumentum inspecturi, quod Petrus Causiti, burgensis Montispessulani, senior, veniens ac existens in presencia venerabilis et religiosi viri domini Raymundi de Canilhaco, canonici in ecclesia Magalonensi priorisque ecclesie Sancti Firmini de Montepessulano, dicte diocesis, prefatus Petrus Causiti eidem domino priori Sancti Firmini humiliter et devote significavit, dixit et exposuit quod ipse idem Petrus prope Sanctum Bertholomeum extra muros communis clausure Montispessulani, juxta quoddam hospitale suum, situm in suburbiis Montispessulani et in parrochia dicti domini prioris Sancti Firmini, vult fundare et edificare et erigi facere seu destinaverat fieri quoddam oratorium sive capellam cum duabus campanis in qua dicta [2] capella volebat facere erigi et edificare inter alia unum altare ad honorem Dei et Beate Marie Virginis ejus genitricis et omnium sanctorum et sanctarum paradisi et totius curie celestis et specialiter ad honorem Beate Marie Magdalene. Item dixit et proposuit idem Petrus Causiti, dominus dicti hospitalis, coram prefato priore ac eidem significavit idem Petrus Causiti quod ipse vult et ibidem in dicto oratorio quamdam capellaniam facere et assignare et ibi unum sacerdotem per imperpetuum instituere et ordinare, certosque redditus dare et assignare ipsi capellano et successoribus suis in dicta capellania..........» [3].

La chapelle bâtie par Pierre Causit était donc située dans les faubourgs de la ville de Montpellier, *in suburbiis Montispessulani*, — en dehors de l'enceinte de la Commune Clôture, *extra muros Communis Clausure Montispessulani*, — dans la circonscription de la paroisse Saint-Firmin de Montpellier *in parrochia dicti domini prioris Sancti Firmini*, — près Saint-Barthélemy, *prope Sanctum Bartholomeum*, ...*juxta quoddam hospitale suum*.

Or, l'emplacement de l'ancien hôpital Saint-Barthélemy et du cimetière qui l'avoisinait est bien connu. Il se trouvait dans la zone actuelle des faubourgs de Montpellier entre le cours des Casernes et la ligne du chemin de fer d'intérêt local, non loin de la moderne église Saint-Denis, sur la route de Toulouse, là où fut, à partir de 1664, le couvent des Carmes déchaussés, « qu'occupe aujourd'hui le pensionnat des Dames de la Providence » [4].

Eug. Thomas s'est donc trompé en plaçant à la Madeleine, dans la commune de Villeneuve-lès-

---

[1] Voir Arch. départ. Hérault, G. IV, 2 (registre L), rubrique du Cartulaire de l'évêché de Maguelone, *de diversis Montispessulani*, fol. 27 r°.

[2] Ms.: *quada(m)*.

[3] Archiv. départ. Hérault, G. IV, 1, Cartulaire de l'évêché de Maguelone, registre E, fol. 36.

[4] D'Aigrefeuille, *Hist. de Montpellier*, édit. in-fol., t. II, p. 327 ; édit. in-4°, t. III, p. 493. — Germain, *De la Charité publique et hospitalière à Montpellier au moyen âge*, dans les *Mém. Soc. archéol. Montp.*, in-4°, t. IV, pp. 513-514 ; — L. Guiraud, *la Paroisse Saint-Denis de Montpellier*, pp. 214 et suiv.

Maguelone, la chapelle fondée par Pierre Causit, et l'argument tiré par lui de cette fondation à l'encontre de l'identification de D'Aigrefeuille est nettement sans valeur.

Mais il ne s'ensuit pas pour cela que D'Aigrefeuille soit dans le vrai. Et il nous reste à examiner l'opinion de D'Aigrefeuille en elle-même et à décider si elle est d'accord, ou non, avec les données topographiques que nous fournissent les documents du moyen âge.

Et d'abord, Exindre était situé *sur le littoral*.

Le texte, à l'occasion duquel D'Aigrefeuille a identifié l'église d'Exindre avec le mas de la Madeleine, est un premier argument qui milite en faveur de son opinion. Dans cette charte, Pierre de Lavérune et son fils Guilhem Fredolon cèdent à l'évêque de Maguelone « quelques salines ..... dans les confins de Villeneuve[-lès-Maguelone] et de Sainte-Marie-Madeleine-d'Exindre »[1].

« Donatio facta per Guillelmum Fredoli domino Johanni, episcopo Magalonensi, de certis salinis que sunt in jurisdictione Villenove, — anno Domini M° C° LXXXI°, mente septembris.

» Ego Petrus de Veruna et ego Guillelmus Fredolonis, filius ejus,..... salinarum que sunt in terminio castri Villenove et parrochie ejusdem castri et in tota parrochia Sancte Marie Magdalene de Exindrio et mare crosum.... »[2].

Or, à proximité du mas de la Madeleine et du mas d'Andos, de l'autre côté de la ligne du chemin de fer, existent encore aujourd'hui des salins, qui sont communément désignés sous le nom de *Salins de Villeneuve*.

Les salins qui faisaient partie, en 1181, de la paroisse de Villeneuve pouvaient être très distincts de ceux qui, à la même date, faisaient partie de la paroisse d'Exindre. Je retiens seulement cette coïncidence de salins existant autrefois non loin d'Exindre et de salins existant aujourd'hui non loin de la Madeleine. Et j'en conclus seulement qu'Exindre était à proximité de la mer ou des étangs salés du littoral. De ce fait, l'identification de D'Aigrefeuille est possible.

On voit par divers texte qu'un petit étang, — un *estagnol*, comme on dit encore aujourd'hui sur le littoral méditerranéen, — portait le nom d'Exindre, — *Stagneolum de Exindrio*.

En avril 1168, « Poncius de Albais et Flandina, ejus uxor », vendent à l'évêque de Maguelone tout ce qu'ils possèdent « *in omni terminio et parrochia Sancte Marie de Exindrio* » et spécialement « *in stagneolo de Exindrio* »[3]. — En 1282 et 1284, nous trouvons mention de terres situées « *in parrochia de Exindrio, in territorio supra stagneolum* »[4], aliàs « *in parrochia de Exindrio, prope stagneolum* »[5].

Or, aujourd'hui encore, à proximité du mas de la Madeleine, entre cette « campagne » et la station de Villeneuve-lès-Maguelone, le long de la voie ferrée (à main droite en allant de Montpellier à Cette), s'étend un ancien « estagnol », partiellement asséché, une prairie encore très humide, qui est officiellement désignée sous le nom de Marais de l'Estagnol. — Seconde coïncidence, ajoutant une nouvelle possibilité à l'opinion de D'Aigrefeuille.

---

[1] D'Aigrefeuille, loc. cit.

[2] Cartul. de l'évêché de Maguelone, registre A, fol. 26.

[3] Cartul. de l'évêché de Maguelone, registre A, fol. 24 r°.

[4] Archiv. départ. Hérault, G. V, 45, fol. 135 v°, fol. 136 r° et fol. 137 r°. — [5] Ibid., fol. 138 r.

De ce double fait que l'antique paroisse d'Exindre comprenait dans son territoire des salins et un estagnol, il ne s'ensuit pas qu'Exindre soit aujourd'hui le mas de la Madeleine, — mais il en résulte au moins, ce que nous voulions établir tout d'abord, qu'Exindre était *situé sur le littoral*.

Sur quelle portion du littoral ?

Il est permis de se poser la question, car les estagnols et les salins ne manquent pas sur la partie de la côte méditerranéenne ayant appartenu au diocèse de Maguelone. A proximité de Pérols, par exemple, sur les bords de l'étang de l'Or, il existe, à très peu de distance l'un de l'autre, un estagnol, dit L'ESTAGNOL DU MAIRE, et d'anciens salins, dits LES SALINS DE PÉROLS.

Exindre ne doit être cherché ni du côté de Pérols, ni du côté de Frontignan, mais bien dans les terroirs situés entre Maguelone, Mireval et Villeneuve-lès-Maguelone, et plus spécialement dans le voisinage de Villeneuve-lès-Maguelone. La chose ressort avec évidence d'une série de constatations topographiques, dont nous nous bornerons à citer quelques-unes.

Ces constatations portent — 1° sur les chemins qui réunissaient Exindre aux localités circonvoisines, — 2° sur la juridiction dont Exindre faisait partie au XIII° siècle, — 3° sur les mas situés au temps jadis à proximité d'Exindre, — 4° sur les noms de certains tènements de la paroisse d'Exindre, — 5° sur la tradition encore vivante dans l'église de Montpellier aux XVII° et XVIII° siècles.

1. *Chemins*. — En août 1166, Hugues Raymond vend à l'évêque de Maguelone divers droits sur les biens (*honorem*) que Guilhem Escudier tenait de lui « *in terminio Sancte Marie de Issindrio* » : — « *in quo honore continentur et pecie terrarum,.... quarum ... alia ... confrontatur a vento maris cum via qua itur ad Vallem.....; tercia pecia jungitur ex aquilone cum via qua itur ad Magalonem....* » [1].

« Vallem », c'est aujourd'hui le village de MIREVAL, — célèbre dans l'histoire.... conjugale de Marie de Montpellier [2]. — Un chemin de traverse conduit encore aujourd'hui du mas de la Madeleine à Mireval.

La « *via quâ itur ad Magalonem* », c'est un des chemins qui venaient et qui viennent encore aboutir au PORT DU PILOU, d'où partait la chaussée construite au XI° siècle à travers l'étang pour réunir l'île de Maguelone avec la plaine de Villeneuve [3], — chaussée dont les traces avaient été retrouvées à plusieurs reprises dans le courant du XIX° siècle par le service hydraulique ; dont nous avons nous-même, en compagnie de M. Fabrège, reconnu plusieurs piles au mois d'avril 1900 [4] et qui a été récemment remplacée par un chemin vicinal destiné à relier Villeneuve au Canal des Étangs.... et à la plage.

Du port du Pilou et de l'étang de l'Arnel, on allait au mas de la Madeleine — et au-delà —

---

[1] Cart. de Maguelone, reg. A, fol. 23 v° et 24 r°.

[2] Cf. notamment Germain, *Hist. de la commune de Montpellier*, tome I, notes et éclaircissements, XIII. Note sur les circonstances qui ont précédé la naissance de Jayme I°°, pp. 307 à 316.

[3] « Arnaldus episcopus..... per stagni latitudinem pontis stravit longitudinem, ad utilitatem hominum perpetuo permansuran et sui nominis memoriam perenniter duraturam ». (Chronique d'Arnaud de Verdale, édition Germain, dans les *Mém. Soc. archéol. Montp.*, in-4°, t. VII, p. 508).

[4] Cf. le compte-rendu de la communication faite à ce sujet par M. Fabrège, le 28 avril 1900, dans les *Mém. Soc. archéol. Montp.*, in-8°, t. II, p. 450.

par un « chemin dit Carrière pélerine »[1], — que nous trouvons mentionné en 1764 sous les noms de « Carrière Roumive ou des Pélerins »[2] et de « chemin des Pélerins ou de Maguelonne à Saint-Bauzille »[3], — qui était encore intact lors de la confection du plan cadastral de Villeneuve, mais qui est aujourd'hui interrompu sur quelques points.

Le chemin qui conduisait directement de Villeneuve à Exindre est plus d'une fois mentionné dans les documents du moyen âge, — v. g. « *terram Guillermi Eldini a parte sinistra euntibus a Villanova ad Exindrium* », — « *juxta eamdem viam, in dextera parte, que discurrit a Villanova ad Exindrium* », — « *juxta eamdem viam que discurrit ad Exindrium* »[4].

A l'heure actuelle, le mas de la Madeleine est réuni à Villeneuve par un chemin spécial, dont le caractère ancien n'est pas contestable.

2. *Juridiction.* — La reconnaissance, faite en 1229, du fief de Raymond et Bertrand Bénezech, — « feudum quod tenent Raymundus et Bertrandus Benedicti a domino episcopo Magalonensi, *in jurisdictione de Villanova* » — contient la liste d'un certain nombre de terres situées *dans la paroisse d'Exindre*[5].

D'autre part, dans une charte, du 19 mars 1271 (n. st.), constatant la vente faite à l'évêque de Maguelone, par Bernard Guilhem et Raymond Bénezech, de certains usages à Villeneuve, « *venditio certorum usaticorum de Villanova* », — Villeneuve et Exindre sont cités comme composant une même juridiction et un même terroir : « quod feudum est *in jurisdictione et districtu castri Villenove et de Exindrio* »[6].

3. *Mas voisins.* — Les mas importants, — anciens, — avoisinant le mas de la Madeleine, sont : — 1° dans la direction de l'Est, le Mas de Maigret, situé entre le « marais de l'Estagnol » et la route nationale n° 108 de Cette à Montpellier ; — 2° au midi, le Mas d'Andos, que longe la voie ferrée.

En ce qui concerne le Mas de Maigret nous pouvons citer, pour établir son voisinage avec l'ancienne église paroissiale d'Exindre, un plan conservé aux Archives municipales de Montpellier[7], qui date de « mars 1764 » et qui est intitulé de la façon suivante : « *Terroir de Villeneuve. Plan du tènement de Larzac d'Exindre, près l'église de la Magdelaine*, Laire Peride et la Garrigue, où se trouve la métairie et terres de Maigret ».

Quant au Mas d'Andos, le fonds de l'ordre de Malte (commanderie du Grand et du Petit Saint-Jean de Montpellier), qui est conservé aux Archives départementales de l'Hérault, contient[8] huit chartes du XIII° siècle et une du XIV°, le concernant, — ou tout au moins concernant les terres

---

[1] Tableau des chemins ruraux de la commune de Vil'eneuve-les-Maguelonne (1859), n° 19. (Archiv. départ. Hérault).

[2] Archiv. municip. de Montpellier, série *II*, plans anciens de diverses communes voisines de Montpellier, — plan coté : « plan du tènement de Larzac d'Exindre..... ».

[3] Ibid., — plan coté : « plan du tènement du port du Pilou, Montillet et Notre-Dame-des-Olliviers ».

[4] Archiv. départ. Hérault, G. V, 45, fol. 96 v° et 97 r°.

[5] Cartul. de Maguelone, reg. A, fol. 52 r° à 54 v°.

[6] Cartul. de Maguelone, reg. A, fol. 44 r°.

[7] Série *II*, plans relatifs à diverses communes voisines de Montpellier.

[8] Sac coté : « Mas d'Andos. Sac du Mas d'Andos, membre de la commanderie de Montpellier ».

qui le composaient[1]. — A six reprises successives, de 1202 à 1294[2], ces terres sont indiquées comme situées dans le terroir ou dans la paroisse d'Exindre :

1202, août. — Vigne située « in terminio de Exindrio » (n° 1).

1218, août. — « Unam peciam vinee..... que est in parrochia Sancte Marie Magdalene de Exindrio ;..... via est media qua itur ad Miravalls » (n° 2).

1224, août. — « Quamdam peciam terre hereme, quam habemus in terminio Beate Magdalene de Exindrio, ...et confrontatur..... a circio cum camino quo itur a Miravalle ad Montempessulanum, ab aquilone cum terra Sancti Baudilii » (n° 4).

1224, novembre. — « Quamdam peciam terre..... et est in parrochia Beate Marie Magdalene de Exindrio, et confrontatur..... a vento cum palude, ab aquilone cum via qua itur ad Vallem » (n° 5).

1225, décembre. — «Duas nostras pecias terrarum in parrochia Sancte Marie Magdalene de Exindrio ;..... altera pecia confrontatur a vento cum palude de Bagazano,..... a circio cum camino quo itur ad Miravallem » (n° 6).

1255, mai. — « Unam peciam de terra..... que est in parrochia Beate Marie d'Issendre, et confrontatur ex una parte cum carreria qua itur d'Essendre versus Miravals » (n° 7).

1294 (n. st.), février. — « Limitationem cujusdam garrige que est super balmas de Exindrio » (n° 8).

4. *Tènements*. — La paroisse d'Exindre comprenait une partie de deux tènements, dits l'un COSTEBELLE, l'autre PERTRATCH ou PERTRAICH :

« Una pecia vinee..... que est in Costabella, in parrochia de Exindrio »[3].

« Quamdam peciam terre, vineam continentem, que est in parrochia Sancte Marie Magdalene de Exindrio, in territorio del Pertraig, que confrontatur cum via publica per quam itur de Villanova versus Stagneolum »[4].

Or, l'autre partie de chacun de ces deux tènements appartenait à la paroisse Saint-Étienne de Villeneuve-lès-Maguelone :

«Quamdam peciam..... que est in decimaria Sancti Stephani, in territorio de Costabella »[5].

« Unam peciam terre que est in parrochia Sancti Stephani, in territorio Pertraich »[6].

« Un champ, situé au dit lieu [de Villeneuve-lès-Maguelone], lieu dit al Pertrach, aliàs Rat de Merle, confronte avec le chemin allant de Villeneuve vers Maguelonne »[7].

Donc, les paroisses de Sainte-Marie-Madeleine d'Exindre et de Saint-Étienne de Villeneuve-lès-Maguelone étaient contiguës.

Le tènement de Pertraich a perdu son nom du moyen âge, mais le tènement de Costebelle a

---

[1] Voir, sur les terres composant le Mas d'Andos au milieu du XVIII° siècle, la feuille YY des *Plans géométriques des domaines, fiefs et directes de la commanderie du Grand et Petit Saint-Jean de Montpellier*, dressés par Étienne Baudon en 1751 (Archiv. départ. Hérault, série H). — Sur le Mas d'Andos au XVII° siècle, voir les Archives de l'Hôpital général de Montpellier, fonds de l'Hôpital général, liasse B. 32.

[2] Des deux autres chartes, l'une (de novembre 1221) concerne une pièce de terre, « que est in parrochia Sancti Stephani de Villanova » (n° 3), — l'autre (de juin 1312), une pièce de terre, « que est prope mansum d'Andos » (ou « Dandos »), sans mention de la paroisse (n° 9).

[3] Archiv. départ. Hérault, G. IV, 1, Cartulaire de l'évêché de Maguelone, reg. A, fol. 53 r°.

[4] Archiv. départ. Hérault, fonds du Chapitre cathédral de Maguelone, G. V, 45, fol. 162 r° ; — cf. G. V, 2, Joffre, inventaire méthodique, pp. 86 et 87, et G. V, 3, Joffre, inventaire alphabétique, p. 907, art. 44 ; etc.

[5] Archiv. départ. Hérault, G. V, 45, fol. 143 v° ; — cf. G. V, 3, Joffre, inventaire alphabétique, p. 210, art. 25.

[6] Archiv. départ. Hérault, G. V, 45, fol. 137 v°.

[7] Archiv. départ. Hérault, G. VI, 94, *Inventaire des Actes du Clergé de Montpellier*, t. II, fol. 239 v°, art. 2115.

conservé le sien, et nous en retrouvons le relevé parmi les plans de Villeneuve, dressés aux XVII° et XVIII° siècles, pour le chapitre cathédral de Montpellier.

5. *Tradition*. — Dans la rubrique du Cartulaire de l'évêché de Maguelone, compilé au XIV° siècle[1], aussi bien que dans les recueils d'actes, constitués vers la même époque ou un peu plus tard pour le chapitre cathédral de Maguelone, — les documents concernant Exindre sont fondus avec ceux concernant Villeneuve-lès-Maguelone.

Dans l'inventaire général des archives de l'évêché de Maguelone-Montpellier, rédigé au XVII° siècle par le franciscain Grégoire Rodière, — aucune subdivision ne porte le nom d'*Exindre* ou de *la Madeleine d'Exindre*. Les pièces relatives à cette paroisse sont inventoriées sous le même titre que *les Documents de Villeneufve-lez-Maguelone*[2].

De même, dans son inventaire des archives du chapitre cathédral de Montpellier, le feudiste Joffre a « mis les possessions situées à la paroisse d'Exindre, à Villeneuve »[3].

Le Pouillé du diocèse de Montpellier, dressé en 1729, mentionne, d'une part, « *le prieuré de Saint-Étienne de Villeneuve et Sainte-Magdelaine d'Exindrio* »[4], — d'autre part, l'albergue de 350 livres due à l'évêché « *sur l'estagnol de Xindrio, au terroir de Villeneuve* »[5].

« *L'estagnol dit de Notre-Dame de Xindrio, près Villeneuve* », est également cité, en 1739, dans le *Brevet des anciens et nouveaux hommages, inféodations et dénombremens de l'évêché de Montpellier*[6].

A côté de cette tradition, représentée par les feudistes de l'évêché et du chapitre et que l'on pourrait appeler une tradition *savante*, il convient de joindre la tradition *vulgaire*.

Elle nous est fournie par l'enquête faite en 1684 sur les différentes paroisses du diocèse de Montpellier. Dans sa réponse au questionnaire de l'évêque, le curé de Villeneuve-lès-Maguelone déclare ceci : — « *l'église de Sainte Magdeleine..... n'est plus en état ;..... on assure que c'estoit autrefois une paroisse* »[7]. — Le nom d'Exindre avait disparu de la langue courante, mais le souvenir de l'antique paroisse était toujours vivant[8].

Aujourd'hui encore, la tradition d'une ancienne paroisse existe chez les habitants du mas de la Madeleine. Mais il faut reconnaître que l'érudition montpelliéraine du XIX° siècle doit y être pour quelque chose. Germain a passé par là ! Le propriétaire actuel du mas de la Madeleine, M. Joseph Sicard, est membre de la Société française d'archéologie. Divers amateurs sont venus « visiter ».

Ce que les uns et les autres ont pu dire a d'ailleurs été quelque peu transformé par la voix populaire : on vous raconte qu'autrefois vivait à la Madeleine « *un chevalier, du nom d'Exindre....* ».

— Comme jadis le Pirée, le port de l'Estagnol est devenu un homme !

---

[1] Archiv. départ. Hérault, G. IV, 2 (reg. L), fol. 125 à 134.
[2] Archiv. départ. Hérault, G. IV, 195, fol. 287 et suiv.
[3] Archiv. départ. Hérault, G. V, 2, p. 208.
[4] Archiv. départ. Hérault, G. VI, 42, fol. 160 v°.
[5] Ibid., fol. 3 v°.
[6] Archiv. départ. Hérault, G. IV, 75, fol. 32 v°, art. 158.

[7] Archiv. départ. Hérault, G. IV, 15.

[8] Il semble, à en juger d'une façon sommaire par la table du fonds des « Notaires du Clergé de Montpellier », que ce soit seulement dans le dernier quart du XV° siècle que le vocable topographique primitif soit tombé en désuétude, pour ne laisser subsister que le vocable ecclésiastique.

De cette concordance parfaite entre toutes les données fournies sur la situation géographique d'Exindre, — d'un côté, par les salins et par l'estagnol, — de l'autre, par les chemins, par la juridiction, par les mas avoisinants, par les tènements et par la tradition populaire ou savante des XVIIe et XVIIIe siècles, — il résulte incontestablement que Thomas s'est trompé en identifiant Exindre avec Lattes et que D'Aigrefeuille et Germain ont été dans le vrai, en plaçant ce chef-lieu de paroisse dans la commune de Villeneuve-lès-Maguelone, au terroir de la Madeleine.

Reste à préciser exactement l'emplacement de l'église. — Ce sera facile, car les choses sont encore aujourd'hui exactement dans le même état où les a vues Germain, il y a cinquante ans : — M. Joseph Sicard, en fidèle disciple d'Arcisse de Caumont, a rigoureusement interdit toute transformation, tout déplacement, qui pourrait altérer la physionomie de ce coin de terre archéologique. La reconnaissance de tous les amis du passé lui est acquise.

L'église d'Exindre n'était pas située au mas même de la Madeleine, ni à côté de la grotte, — mais bien à deux cents mètres environ en avant du mas, dans la direction du Mas de Maigret, — dans un petit bois, appelé *le bois de la Gleisasse*[1] — sur un petit monticule dominant l'Estagnol.

Les substructions de l'église sont très facilement reconnaissables. Au milieu, existe encore la grande cuve baptismale sculptée, signalée par Germain, et qui est une pièce intéressante de l'époque romane.

Il y avait, croyons-nous, une utilité particulière pour notre histoire locale à établir définitivement — à l'encontre d'un Dictionnaire *quotidiennement consulté*, — l'emplacement de la paroisse d'Exindre. L'origine de cette *villa* remonte, en effet, selon toute vraisemblance, bien antérieurement à l'époque carolingienne. Le radical du nom *Exindrium, Issindrium*, a des congénères dans l'onomastique anté-romaine.

VI

LA « FORCIA » FÉODALE DE « VALSERIA »

Eugène Thomas, dans son *Dictionnaire topographique de l'Hérault*[2], et Germain, dans son édition du *Liber instrumentorum*[3], ont identifié le mas et le petit poste fortifié de *Valseria* avec Vauguières, hameau de la commune de Mauguio.

Cette opinion n'est pas sans présenter quelque difficulté au point de vue phonétique. Nous savons, en effet, d'une façon certaine que le nom latin de Vauguières était *Balguerias*[4].

---

[1] « Gleisasso, s. f. = grande église ; église en ruines ». (F. Mistral, *lou Trésor dóu Felibrige*, t. II, p. 59).

[2] *Dict. top. Hérault*, pp. 219 et 273.

[3] *Lib. instrum.*, p. 505.

[4] Document de l'année 1332 ; — Archiv. municip. Montpellier, grand chartrier, art. 1493.

La place attribuée, *dans l'édition* du Cartulaire des Guilhems, à la charte concernant *Valseria*, semblerait cependant indiquer que ce point habité se trouvait à proximité du hameau de Centrayrargues, situé, comme nous l'avons dit plus haut[1], à côté du moulin et de l'écluse de Pont-Trincat. — Germain, en effet, a cru pouvoir réunir dans un même chapitre, qu'il a intitulé : *XI. De Centrairanicis et de Valseria*[2], — *Sauteyrargues et Vauguières*[3], — les trois pièces relatives à Centrayrargues et la pièce relative à « Valseria ».

Mais, *dans le manuscrit*, « Valseria » forme un chapitre spécial, placé entre le chapitre consacré à Centrayrargues et le chapitre consacré à Montferrier : — *undecimo loco, de Centrairanicis* (fol. 119 r°), — *duodecimo loco, de Valseria* (fol. 120 r°), — *tercio decimo loco succedit : de Monteferrario* (fol. 121 v°)[4]. — La modification apportée par Germain à la disposition du manuscrit ne doit donc pas entrer en ligne de compte.

Si Germain avait eu le temps d'étudier de plus près l'ensemble du cartulaire édité par lui, il aurait certainement remarqué divers textes très caractéristiques, qui l'eussent fait hésiter à placer *Valseria* dans la commune de Mauguio, à proximité de Pérols.

L'une des listes des mas faisant albergue au seigneur de Montpellier contient cette mention : « *lo Mas de la Valseira de Sancto Clemento alberc* VI *caballarios* »[5]. — Dans les autres listes d'albergues fournies par divers mas, on voit le « mas de la Valseira » cité à proximité de la Vallette, de Valmaillargues, de Fontfroide et de divers domaines ayant fait partie de la paroisse de Saint-Clément[6]. — Il résulte de ces textes que « la Valsière » était vraisemblablement située sur la rive droite du Lez plutôt que sur la rive gauche, au-dessus de Montpellier plutôt qu'au-dessous, du côté de Montferrier, de Saint-Clément et de Grabels plutôt que vers Mauguio et Pérols.

Les *Reconnoissances du lieu de Saint-Clémens* faites en 1613 à l'Évêque de Montpellier, — qui sont conservées aux Archives départementales de l'Hérault[7], — mentionnent le « *mas de la Valsière* »[8], mais en termes ne permettant pas de le considérer comme faisant certainement partie de cette paroisse. — En effet, la Valsière n'était pas située sur le terroir même de Saint-Clément-de-Rivière, mais elle en était immédiatement limitrophe.

« *Le mas de la Valsyeire et ses dépendances* (écrivait au XVII° siècle Grégoire Rodière, dans son inventaire des archives de l'évêché de Maguelone-Montpellier) *est de la parroisse de Saint-Gervais de Juvinhac et partie de Saint-Julian de Grabelz* et relève de M. de Montpelier, soubz l'albergue de cinq gendarmes et autres debvoirs »[9].

Le cartulaire de l'évêché de Maguelone et d'autres registres du même fonds contiennent toute une série de reconnaissances féodales relatives à la Valsière. Ces reconnaissances se reproduisent naturellement les unes les autres et les détails topographiques qui y sont contenus se retrouvent dans l'aveu et dénombrement qui fut rendu le 4 septembre 1726 à l'Évêque de Montpellier,

---

[1] Cf. ci-dessus, pp. 458 à 462.

[2] Germain *Lib., instrum.*, pp. 501 à 506.

[3] Germain, *op. cit.*, p. 804.

[4] Cf. l'inventaire de Joffre, édit. Berthelé, *Archiv. Montp.*, t. III, pp. 44-45.

[5] *Lib. instrum.*, édit. Germain, p. 443 ; — cf. l'inventaire de Joffre, édit. Berthelé, *Archiv. Montp.*, tome III, p. 38, art. 276.

[6] *Lib. instrum.*, édit. Germain, pp. 427 et 444 ; — inventaire de Joffre, édit. Berthelé, *Archiv. Montp.*, tome III, pp. 38 et 39, art. 263 et 279.

[7] Archiv. départ. Hérault, G. IV, 135.

[8] Art. 58.

[9] Archiv. départ. Hérault, G. IV, 195, p. 306.

comte de Montferrand, par « noble Estienne Dampmartin, conseiller du Roy en sa Cour des Comptes, Aydes et Finances de Montpellier,...... fils et succèdent à noble Jean Dampmartin, conseiller du Roy en la dite Cour des Aydes », pour sa « terre et seigneurie de la Vaulsière », alias « la Vaussière », située « dans le ressort de la sénéchaussée du dit Montpellier, distroit du comté de Montferrand et dans les parroisses de Juvignac et Grabels, mouvant en fief, foy et hommage » du dit évêque de Montpellier « à cause de son dit comté ».

On constate, par ce dénombrement, que la « terre et seigneurie de la Vaulsière » et ses dépendances (le tout se joignant), confrontait « du levant, avec les terres de Fonfrède,.... chemin allant de Montpellier à Saint-Gelly-du-Fesc entre deux » ; — « du septentrion, avec le terroir de Monferrand » ; — « du couchant, avec le terroir de Grabels, le chemin de Montpellier à Grabels et les terres de la Paillade », — « et du midy, avec le Puech du Villar,...... et avec le mas de Combes....[1] ».

Entre les mains des Dampmartin, le mas de « la Vaulsière » perdit son nom. Il s'appelle encore aujourd'hui *mas Dammartin* ou par corruption *mas de Martin*[2]. — Il est situé à 7 kilomètres au nord de Montpellier, sur les confins du terroir de Grabels, à gauche de la route de Ganges, dans la vallée que suit la route transversale de Grabels à Montferrier par Fonfroide-le-Bas.

La petite forteresse, *forcia, forsa*, était située à l'extrémité du monticule boisé dominant le mas. Les anciennes substructions en existent encore ; elles ont été utilisées comme support pour une tour du télégraphe aérien. Cette tour est connue sous le nom de *tour de Piquet*.

La construction d'un poste fortifié en cet endroit à l'époque féodale était pour ainsi dire tout indiquée. La position est excellente. On dominait de là le croisement des chemins reliant Montpellier à Saint-Gély et Grabels à Montferrier et la ligne de partage des eaux des vallées de la Lironde et du Rieumassel. Par des signaux, on pouvait facilement correspondre non seulement avec Clapiers, Montferrier et Valmaillargues, mais encore avec le château des Guilhems près le Peyrou, et avec le château de Montferrand.

Il y a moins d'un siècle, il restait de la *forcia* de la Valsière plus que des substructions. Le géologue Marcel de Serres, passant par là le 17 septembre 1816, a noté sur son carnet de route l'existence d'une « tour ruinée, sur la hauteur à gauche du chemin, — que l'on appelle, à raison de ce qu'elle conserve encore deux murs ruinés, les *deux piquets* »[3]. — D'après une tradition locale, les fourches patibulaires de la seigneurie auraient été établies en cet endroit »[4]. — La démolition des deux piquets et leur remplacement par une tour à l'usage du télégraphe aérien doit se rapporter aux environs de 1832[5].

[1] Archiv. départ. Hérault, G. IV, 135.

[2] « Mas de Martin » (Atlas cadastral de la commune de Grabels, 1823). - On revient aujourd'hui à la forme *Dammartin* (cf. le plan de la commune et des environs de Montpellier, par Krüger, 1896 ; le dénombrement de la population de 1896, commune de Grabels ; etc.).

[3] Carnet de Marcel de Serres (ms. appartenant à M. le chanoine Léon Cassan, archiviste du diocèse de Montpellier).

[4] Communication de M. Flahault, professeur à la Faculté des Sciences de Montpellier, directeur de l'Institut de Botanique.

[5] *1840, 24 novembre.* « Bail par lequel la ville de Montpellier donne à loyer à l'administration des lignes télégraphiques la Tour de l'Observatoire pour 15 ans, du 1er janvier 1841 au 31 décembre 1855, au prix annuel de 1000 francs. - Nota. Ce bail était la continuation de celui passé le *16 février 1832* entre ces deux administrations pour le loyer de cette tour, pendant 8 ans 10 mois et 15 jours, du 16 février 1832 au 31 décembre 1840, au prix annuel de 200 fr. ». — Archiv. municip. Montp., collection Desmazes, tome IV, p. 499 ; cf. pp. 506-507 et 511-512.

Le *mansus* et la *forcia* de *Valseria* de l'époque féodale existent donc encore l'un et l'autre aujourd'hui, mais le temps les a transformés et leur nom primitif a disparu. Les terrains, au contraire, qui les entouraient, — terres labourables dans la vallée, bois et garrigues sur le monticule [1], — ont conservé leur ancienne dénomination. Ils s'appellent encore aujourd'hui *la Valsière*, et ils ont transmis ce nom à toute une section de la commune de Grabels [2]. Sur le versant du monticule qui s'étend dans la direction de Montpellier et dont les eaux vont se déverser dans le ruisseau de la Font d'Aurelle, quelques maisonnettes ont été construites dans ces dernières années : ce sont *les mazets de la Valsière*.

Nous avons vu que, aux XVIIe et XVIIIe siècles, *la Valsière* se disait plutôt *la Vaussière* ou *la Vaulsière* [3]. Grâce au cadastre, la forme primitive est redevenue en usage et il y a chance qu'elle se conserve désormais sans modification.

Montpellier, avril 1900.

VII

SAINT-SATURNIN-DE-CAMPRIGNAN

La charte en date du 19 février 1259, qui a été intercalée dans le *Liber instrumentorum memorialis* et que nous avons publiée plus haut [4], mentionne trois paroisses situées dans le terroir du Pouget : — *parrochia Sancti Johannis de Sancta Eulalia, parrochia Sancte Marie de Rovegia et parrochia Sancti Saturnini de Campriniano, que sunt in termino de Puget.*

Le cartulaire de l'abbaye d'Aniane présente, pour le nom de la dernière de ces trois paroisses, deux formes légèrement différentes de celle fournie par le *Liber instrumentorum* : — 1° une forme plus archaïque *Caprunianum* ; — 2° la forme *Capranianum*, qui n'est évidemment, étant donnée la paléographie de l'époque, qu'une mauvaise transcription de *Caprunianum*.

On voit également par le cartulaire d'Aniane que Saint-Saturnin-de-Camprignan était bien situé — non pas à *Campagnan* ou à *Camparines* ou à *Saint-Saturnin-de-Lucian*, comme l'a successivement écrit Eugène Thomas, dans son *Dictionnaire topographique de l'Hérault* [5], — mais dans le

---

[1] Sur l'étymologie du mot *Valseria*, aliàs *Avalseria*, voir ci-dessus p. 419, note 4.

[2] Section B : « la Valsière » (Atlas cadastral de la commune de Grabels, terminé en 1823). — L'atlas en question n'indique que deux domaines dans cette section : 1° « la Tuilerie », sur la route de Montpellier à Grabels, 2° le « Mas de Martin », à proximité de la route de Montpellier à Saint-Gély-du-Fesc. Ces deux domaines sont reliés entre eux par le « chemin de la Tuillierie au mas de Martin ».

[3] « La Vaussière ». (Arch. commun. de Grabels, compois de 1660, p. 245 et passim).

[4] Voir ci-dessus pp. 431 et suiv.

[5] « CAMPRINANUM, Camprinnanum, *Camparines* ». (Thomas, *Dict. topog. Hérault*, p. 238).

« CAMPARINES, autrement métairie de LAUX, commune et canton de Murviel-[lès-Béziers]. — *Mans. de Camprinano*, 1184 (Liv. noir, 153 v°).— *Camprinnanum* 1216 (bulle d'Honorius III; *ibid.* 109); 1178 (G. christ VI, inst. c. 140) ». (Thomas, *op. cit.*, p. 31).

« SANCTUS SATURNINUS DE CAMPANIANO. *Campagnan* ». (Thomas, op. cit., p. 269).

« SANCTUS SATURNINUS DE LUCIANO ; = de Pogeto; = de Poieto. *Saint Saturnin de Lucian* ». (Thomas, op. cit., p. 269).

voisinage 1° de la rivière de Rouvièges, 2° du domaine de Lestang, 3° de la paroisse de Saint-Amans-de-Teulet, — par conséquent dans les environs du Pouget.

Avril 889 ou 890. « De parte oriente inlaterat in terram publicam de terminio Molanicus, id est in terra garicco usque in rivum Rovegie; de parte meridie infrontat in terra Vuagone sive in terminio de ipso Stagno Piperello que dicitur villa Franconica ; de parte occidentis inlaterat in cacumine montis que dividitur cum terminio Capraniano ; de alia parte in terminio de ecclesia Sancti Amancii ». (*Cartul. d'Aniane*, édit. Cassan et Meynial, p. 436).

Entre 1032 et 1060. « Alodis in comitatu Biterrense, in terminium de villa que vocant Capruniano ». (*Cartul. d'Aniane*, édit. Cassan et Meynial, pp. 403-404).

1114. « De decimo quod est in terra Petri Ricardi de Montepetroso, de quo querimonia est inter ecclesiam Sancti Saturnini et ecclesiam Sancti Amancii de Teulet.....». (*Cartul. d'Aniane*, édit. Cassan et Meynial, p. 419).

Dès le milieu du XII° siècle, on constate la tendance à substituer au vocable primitif le nom de la localité plus importante qui s'était développée dans le voisinage depuis le commencement de l'époque féodale, du *castrum* qui était devenu le chef-lieu de cette partie de la vallée de l'Hérault : — en place de *Saint-Saturnin-de*-CAMPRIGNAN, on disait déjà *Saint-Saturnin-du* POUGET.

Le *Livre noir*, cartulaire de l'église de Béziers, mentionne la donation en 1153 d'un alleu situé « *in parrochia et in terminio Sancti Saturnini de Pogeto et in terminio Sancti Amancii de Podols* ». (Archiv. départ. Hérault, série G, évêché de Béziers, *Livre noir*, art. 256 et 259, fol. 249 v° et 251 r°)[1].

Le nom de *Camprignan* survécut cependant dans la terminologie locale. Le compois de 1715, conservé aux Archives communales du Pouget, en fournit la preuve à plusieurs reprises :

« Un champ, vigne, plantier et herme, à CAMPREGNAN, confronte..... le chemin de Belvesé,.... narbonnès le valat du gour du mouly » (fol. 18 v°).

« Un champ aux ortz de CAMPEGNAN » (fol. 43 r°).

« Un champ aux orts de CAMPRIGNAN[2], confronte terral et grec le valat des orts » (fol. 76 r°).

« Un champ aux ortz de CAMPREGNAN, confronte..... le fossé du gour du mouly » (fol. 76 v°).

« Un champ et vigne à CAMPREGNAN » (fol. 140 r°).

Ce même compois nous fournit davantage. Il nous indique qu'il existait un ruisseau portant le nom de Camprignan et que ce ruisseau doit être cherché dans la section A de la commune du Pouget, section dite *de Laumède*. De plus, il nous montre l'ancienne église de Saint-Saturnin s'élevant à proximité de ce ruisseau :

« Un champ aux horts de CAMPAGNAN, confronte..... grec, le valat des orts ; narbonnès, le chemin de Lomède » (fol. 22 v°).

« CAMPAGNAN, canton de Gignac — ...... *S. Saturninus de Campaniano*, 1203 (Livre noir, 67) ..... ». (Thomas, op. cit., p. 31).

« LE POUGET, canton de Gignac. — .... L'église de Saint-Saturnin (voy. SAINT-SATURNIN-DE-LUCIAN) avait emprunté son vocable de son voisinage du Pouget : *Parrochia et terminium S. Saturnini de P.*, 1153 (Livre noir, 249 v°). — *Parroch. et term. S. Sat. de P. et in terminio S. Amancii de Podols*, 1153 (*ibid.* 251) .... ». (Thomas, op. cit., p. 151).

SAINT-SATURNIN-DE-LUCIAN, canton de Gignac [au pied de la montagne des Deux-Vierges, entre Saint-Guiraud et Arboras]. — ..... *Parroch. et terminium S. Sat. de Poieto seu Pogeto*, 1153 (Livre noir, 249 v° et 251)..... ». (Thomas, op. cit., p. 195).

[1] Cf. Thomas, *Dict. topog.*, p. 150.

[2] Ms.: *Campagnan* corrigé en *Camprignan*.

« Un champ, pred et rivage à LOMMÈDE, confronte de terral la rivière d'Héraut ; marin, le chemin ferrat ; grec le VALAT DE CAMPRENIAN, dans lequel passe le chemin allant à la dite rivière d'Héraut » (fol. 5 v°, cf. fol. 396 r°).

« Monsieur M° Jean Maurin, archiprestre : — ..... un champ à LOMÈDE, dans lequel est la vieille mazure de l'églize et le cimetière Saint-Saturnin, confronte de terral le chemin ferrat; marin, Estienne Rouquette; grec, le chemin de Belvezé ; narbonnès, le VALAT DE CAMPREGNAN, dans lequel passe le chemin pour aller à la rivière d'Hérault » (fol. 396 r°).

Le 28 mars 1791 eut lieu la vente comme biens nationaux de : « premièrement, une métairie appelée *L'Aumède*, située dans le terroir du dit Pouget et au tènement de Laumède et de las Faissés, cy-devant jouie par l'archiprêtre du dit lieu, consistant en vigne, champs, pré, rivage, champs semé en luzerne, bâtiment jadis églize ; divisé deux parties, dont la première appelée las Condamines, de contenance de 58 séterrées, confronte du terral la rivière d'Hérault, du grec le ruisseau de Camprignan,...... et l'autre partie, où est situé le bâtiment jadis église,.... confrontant du terral la ditte rivière d'Hérault, de grec..... le chemin de Belbézé.... et du narbonnais le ruisseau de Camprignan, dans lequel passe le chemin qui va à l'Hérault..... ». (Archiv. départ. Hérault, série G, reg. n° 40, pp. 308-309).

Laumède, que la carte de Cassini écrit *Lamède*, est aujourd'hui un petit hameau, construit à main droite de la route de Pézenas à Gignac, à proximité de la limite des communes du Pouget et de Pouzols. La vieille église toujours existante, mais transformée partie en habitation, partie en écurie, a été mentionnée en ces termes par l'abbé Soupayrac, dans son *Nouveau Petit Dictionnaire géographique et historique du département de l'Hérault* :

« L'église actuelle du Pouget était autrefois la chapelle de la confrérie de Ste Catherine. L'ancienne, sous le vocable de *S. Jacques*, est à présent occupée par les Pénitents. L'église primitive, sous l'invocation de *S. Saturnin de Laumède*, était située en dehors et à un quart de lieue du village. Cette église fut abandonnée, à cause de son éloignement, vers l'an 1600. S. Jacques était son annexe » (p. 65, art. LE POUGET).

M. l'abbé Soupayrac ajoute un peu plus loin : — « Le Pouget est un ancien chef-lieu d'archiprêtré du diocèse de Béziers » (Ibid.).

Les deux éléments — l'un chrétien, l'autre gallo-romain — du nom de Saint-Saturnin-de-Camprignan n'ont en réalité disparu ni l'un ni l'autre. Les vieillards de Laumède savent très bien encore que leur ancienne église était sous le vocable de *Saint-Saturnin* et ils dénomment encore aujourd'hui le ruisseau qui arrose leurs jardins, soit le *valat de Saint-Saturnin*, soit le *valat de Campregnan*. — A proximité de Laumède, on trouve le tènement de l'*Archipestre*.

Le souvenir de l'archiprêtré se trouvant ainsi localisé sur un point dont l'antiquité est attestée par l'onomastique, il y a lieu de considérer *Camprunianum* comme un point romain, non moins important que son voisin *Popianum*, qui fut un chef-lieu de viguerie.

VIII

SAINT-JEAN-DE-SAINTE-EULALIE

Dans son *Dictionnaire topographique de l'Hérault*, Eugène Thomas a bien mentionné (d'après le cartulaire d'Aniane) l'église Saint-Jean de Sainte-Eulalie, mais il l'a placée sur le littoral, entre la Gardiole et les étangs, dans la commune de Mireval : — « *Sanctus Johannes in villa de Sancta Eulalia = Mireval* ». (*Dict. topog.*, p. 266 et p. 116, v° Mireval, c°ⁿ de Frontignan).

Dans son *Nouveau Petit Dictionnaire géographique et historique*..... *de l'Hérault*, l'abbé Soupairac signale, sans autre détail, à l'article Le Pouget : « *S. Jean-Baptiste et S¹ᵉ Eulalie*, ancienne église, près Le Pouget. Bénéfice simple séculier » (p. 65).

Plusieurs documents du X° siècle, transcrits dans le cartulaire de l'abbaye d'Aniane, mentionnent cette *villa* de Sainte-Eulalie, mais c'est seulement au XI° siècle ou au début du XII° que ce même cartulaire fournit la preuve de l'existence, dans ce lieu habité ou dans ses dépendances, d'une église paroissiale sous le vocable de Saint-Jean.

1ᵉʳ mai 959. « In comitatu Biterrense, in ministerio Pupianense, in villa que vocant Sancta Eulalia et Terrenciano[1] sive Vado petroso seu et Calme, omnem alodem nostrum quantum habemus in istas villas ». (*Cartul. d'Aniane*, édit. Cassan et Meynial, p. 434).

En 962, donation par Godoin, à l'abbaye d'Aniane : « in comitatu Biterrense, in ministerium Pupianense, infra terminium de villa Sancta Ellalia, manso ɪ cum curte et exeo et ort », etc. (*Cartul. d'Aniane*, édit. Cassan et Meynial, p. 409).

30 juin 990. « In pago Biterrense, in vicaria Pupinianense, infra terminium de villa que vocant Sancta Eulalia, ipsam partem nostram quam in ipso manso habemus, ubi Poncius presbiter visus est manere ». (*Cartul. d'Aniane*, édit. Cassan et Meynial, p. 434).

Entre 1060 et 1108, Adalars de Montpeyroux donne à l'abbaye d'Aniane « quartam partem de ecclesia parrochiali Sancti Johannis, que est in villa de Sancta Eulalia, et quartan partem decimi et presbiterii et de omnibus rebus ecclesiasticis,.... etiam, in ipsa villa, dimidiam partem unius mansi, qui est justa ecclesiam, ubi Petrus Radulfus visus est manere, cum omnibus que ad medietatem ipsius mansi pertinent, et cum ipso pagense, videlicet Petro et uxore hac filiis ejus.... ». (*Cartul. d'Aniane*, édit. Cassan et Meynial, p. 207)[2].

Le 28 mars 1791, eut lieu la vente comme biens nationaux, de : « cinquièmement, une pièce de terre jadis cimetière, situé au *tènement de Saint-Jean*, terroir du dit Pouget, dépendante du *prieuré du dit Saint-Jean*, confronte du terral, de narbonnès et du marin, des chemins..... »; — « sixièmement, *une chapelle champêtre appellée Saint-Jean*, située dans le territoire du dit Pouget et tènement de près de l'Hérault......». (Archiv. départ. Hérault, série Q, reg. n° 40, p. 311); — un peu plus loin cette chapelle est dénommée « *l'église champêtre de Saint-Jean* » (ibid., p. 318).

---

[1] *Terrencianum*, *Terencianum*, = Tressan (canton de Gignac).

[2] Sur le « fief du prieuré de Sainte Eulalie », voir Delouvrier, *Hist. Aumelas*, pp. 15-16 et 340.

L'église en question est aujourd'hui détruite, mais le nom de *Saint-Jean* est encore porté par une section de la commune du Pouget : la section F, qui est limitée d'un côté par le terroir de Tressan et d'un autre par l'Hérault.

C'est dans cette section, sur le bord de la route de Pézenas à Gignac (à main gauche), un peu avant d'arriver à la route conduisant au pont suspendu de Canet, que s'élève le château des *Trois Fontaines*, construction moderne avoisinant *un ancien cimetière* et dont le cellier (bâti en 1889) occupe l'*emplacement d'une ancienne chapelle*.

Le domaine des Trois Fontaines nous paraît correspondre à l'ancienne *villa* ou tout au moins à une partie de l'ancienne *villa* de Sainte-Eulalie.

IX

LES VIGUERIES DU « PAGUS MAGALONENSIS »
ET LE « SUBURBIUM CASTRI SUBSTANTIONENSIS » AU X° SIÈCLE

Notre but, en reprenant aujourd'hui, dans son ensemble, la question des vigueries du *pagus Magalonensis*[1] au X° siècle, — est, d'une part, de faire connaître une viguerie nouvelle, dont le nom nous a été révélé par une charte de 978, restée jusqu'ici ignorée de tous nos historiens locaux, — d'autre part, de présenter diverses observations sur un passage d'une des notes additionnelles de la nouvelle édition de l'*Histoire générale de Languedoc*.

Les quelques alinéas, en effet, que M. Auguste Molinier a consacrés aux vigueries du *pagus Magalonensis*, dans son important mémoire *sur la géographie de la province de Languedoc au moyen âge*, ne sont peut-être pas aussi décisifs qu'on pourrait le croire.

Il nous a paru que certaines opinions du savant continuateur de Dom Vaissette restaient discutables. Une des identifications topographiques acceptées par lui est certainement inexacte. De plus, certains détails de son exposé sont susceptibles d'être précisés et complétés.

M. Molinier s'exprime ainsi :

« Les divisions intérieures du *pagus Magalonensis*[2] étaient, semble-t-il, peu nombreuses ; on a beaucoup

[1] « Le *pagus* qui correspondait au diocèse de Maguelonne, d'abord connu sous le nom de *pagus Magalonensis*, fut ensuite désigné sous celui de *pagus Substantionensis* lorsque, en suite de la ruine de Maguelonne par Charles Martel (737), le siège épiscopal eut été transféré pour trois siècles, à *Substantio*, vicus antique mentionné dans les itinéraires romains sous le nom de *Sextantio* ou *Sostantio* et dont les ruines se voient auprès de Castelnau-lès-Montpellier ; de là le nom vulgaire de *Sustansunez*, employé au douzième siècle pour désigner ce territoire ». (A. Longnon, *Atlas historique de la France*, texte explicatif des planches, p. 157).

[2] « Le fonctionnaire placé à la tête du *pagus* était le comte, *comes*, qui exerçait à la fois le pouvoir administratif, le pouvoir judiciaire et le pouvoir militaire : de là le nom de comté, *comitatus*, qui de l'office du comte passa de bonne heure, dès la seconde moitié du huitième siècle, à la circonscription qu'il administrait, c'est-à-dire au *pagus* ». (A. Longnon, *Atlas historiq. de la France*, texte explicatif des planches, p. 9 1).

de chartes tant civiles qu'ecclésiastiques de ce pays, et pourtant le nombre de vigueries connues n'est que de quatre[1]. Au nord la viguerie d'Agonès (*Agonensis*), aujourd'hui commune du canton de Ganges. Elle renfermait Saint-Bauzille-de-Putois[2], et s'étendait au sud jusqu'auprès de Montaud ; en effet, plusieurs chartes du cartulaire de Gellone mettent dans la *vicaria Agonensis* la *Vallis-Aspera*, dont le nom paraît avoir subsisté dans celui de Mas-des-Aspres (commune de Montaud). Cette viguerie comprenait en un mot toute la partie septentrionale du *pagus Magalonensis*, la partie montagneuse.

» La circonscription particulière soumise à Substantion est qualifiée de *suburbium* dans la plupart des chartes, où elle est marquée comme subdivision du *pagus* ou du *comitatus Magalonensis*. Une charte du *Mémorial des Nobles*[3] nous apprend que Candillargues dépendait de Substantion. Une autre charte du même recueil nous apprend encore qu'au onzième siècle, le territoire (*suburbium*) du château de Substantion comprenait lui-même une viguerie inférieure, appelée *Mormolacus*[4] ; elle cite le lieu de Garrigues dans cette viguerie, qui devait s'étendre au nord de Substantion vers Castries.

» Enfin quelques chartes nomment dans le *comitatus Substantionensis* la *vicaria Magalonensis*, et y placent le château de Melgueil (*Melgorium*)[5]. On ne saurait affirmer qu'il existât une viguerie à Maguelonne ; il semble même que le mot *vicaria* n'a ici que le sens vague de subdivision. On doit rapprocher de cette expression la suivante relevée dans le cartulaire de Gellone (f° 30) : *territorium Magdalonense*, *suburbium Substantionense*, *vicaria Agonensis*. Dans ce dernier exemple, *suburbium* semble bien être l'équivalent du *vicaria* du précédent »[6].

En résumé, les quatre vigueries connues du *pagus Magalonensis* sont, d'après M. Molinier :

1° Celle d'Agonès, *vicaria Agonensis* ;

2° La circonscription particulière soumise à Substantion, qualifiée de *suburbium* ;

3° Une viguerie inférieure, appelée *Mormolacus* ;

4° La *vicaria Magalonensis*, dans laquelle une charte[7] du Cartulaire de Gellone place le *castrum* de Mauguio.

Nous examinerons successivement ces quatre vigueries, — en modifiant légèrement, pour plus de clarté et plus de commodité, l'ordre suivi par M. Molinier.

MORMOLACUS. — La viguerie mentionnée dans le *Mémorial des Nobles* sous les formes *Mormolacus* et *Mormellico*[8], et qui comprenait le domaine de *Garrigas* et l'église Saint-Hilaire de *Follones*, « devait s'étendre (dit M. Molinier) au nord de Substantion vers Castries ». Nous sommes arrivés à une conclusion plus précise, quand nous nous sommes occupés de ce point spécial de la topographie des environs de Montpellier. *Mormellicum* alias *Mormolacus* s'appelle aujourd'hui SAINT-BAUZILLE-DE-MONTMEL. *Garrigas*, c'est GARRIGUES, sur la limite du département du Gard. *Saint-Hilaire de Follones* a pris au XIV° siècle le nom de SAINT-HILAIRE-DE-BEAUVOIR[9].

---

[1] « Il est aisé de comprendre que, même en ce qui touche les pays pour lesquels les chartes abondent, les vigueries ou *ministeria* ne sont pas toutes nommées dans les actes antérieurs à l'an 1000 qui ont échappé à la destruction ». (A. Longnon, *Atlas historiq. de la France*, texte explicatif des planches, p. 162).

[2] «Arnaud de Verdale, édition Germain, p. 53».

[3] «Édit. Germain et Chabaneau, charte LXX».

[4] «Page 580».

[5] « *Cart. de Gellone*, f° 27 ».

[6] A. Molinier, *Hist. gén. Languedoc*, édit. Privat, t. XII (1889), notes, pp. 211-212.

[7] Une charte et non « quelques chartes ».

[8] La forme la plus correcte est visiblement *Mormellicum*.

[9] Cf. 1° notre article intitulé *Mormellicum = Monmel*, dans la *Revue des Langues romanes*, tome XLIII, n° de septembre-octobre 1900, pp. 462 à 465, et dans le volume intitulé *Trentième anniversaire de la fondation de la Société pour l'étude des Langues romanes*, *compte-rendu* .... par H. Teulié (Montpellier, 1901, in-8°), pp. 227 à 230 ; — 2° nos observations topographiques sur la plus ancienne charte du *Liber instrumentorum memorialis*, ci-dessus pp. 453 à 457.

MAGUELONE. — Les deux chartes du Cartulaire de Gellone qui nomment la *vicaria Magalonensis*[1] ne paraissent pas très décisives à M. Molinier : — « On ne saurait affirmer (dit-il) qu'il existât une viguerie à Maguelonne ; il semble même que le mot *vicaria* n'a ici que le sens vague de subdivision ».

Il y a un argument que M. Molinier aurait pu faire valoir contre l'existence d'une viguerie à Maguelone. C'est ce fait que les deux chartes mentionnant la *vicaria Magalonensis* se présentent, — comme d'ailleurs toutes les chartes composant la première partie du Cartulaire de Gellone, — dans des conditions d'authenticité assez suspecte[2], au moins en ce qui concerne *la forme*.

Si l'on admet l'exactitude, et par suite la valeur historique, du *fonds*, il n'y a pas lieu, ce nous semble, d'interpréter ces deux textes autrement que dans les cas similaires.

Dans le plus récent de ces deux textes, il est fait mention d'un mas et d'une *villa* qui paraissent assez difficiles à identifier : *et est ipse mansus in villa Cavallano, ubi Andreas visus est manere, in commitatu Substantionensi, in vigaria Magdalonensi*[3]. — Dans l'autre, il s'agit d'une pièce de terre confrontant la rivière du Salaison, *et est ipse alodis in commitatu Substantionense, in vigaria Magdalonense, sub castro Melgorio, in villa que vocatur Memtes*[4].

Il serait donc possible, sinon certain, qu'il y ait eu, dans le comté de Substantion, une viguerie de Maguelone. On conçoit sans peine que malgré les dévastations de Charles Martel, malgré la nouvelle organisation féodale, l'ancien chef-lieu de la *civitas* n'ait pas perdu tout son prestige.

L'inscription, dans cette viguerie, du *castrum* de MAUGUIO et d'une terre sur les bords du Salaison porterait à croire que le ressort de cette circonscription comprenait les plaines du littoral, tout au moins du côté de l'est, — soit la continuation de ce que, dans le *pagus Nemausensis*, on appelait la *Littoraria*[5], — la partie montagneuse de l'arrondissement actuel de Montpellier, au nord de Substantion, se partageant entre les vigueries de Saint-Bauzille-de-Montmel, d'Agonès, etc.

---

[1] Maguelone était « le siège d'une viguerie du comté de Substantion : « in comitatu Substantionense, in vigaria Magdalonense, sub castro Melgorio », dit une charte du temps du roi Robert (charte 59) ; « .... in comitatu Substantionensi, in vigaria Magdalonensi », dit une charte du temps de Henri Ier (charte 61) ». (Paul Alaus, *Étude sur le Cartulaire de Gellone*, thèse ms. conservée aux Archives départementales de l'Hérault, pp. 165-166).

[2] « D'une façon générale, toutes les pièces du Cartulaire [de Gellone] antérieures à la seconde moitié du XIe siècle ne sont pas la copie d'originaux détruits par l'incendie, mais le produit du souvenir des moines, et partant doivent être considérées tout au moins comme suspectes, si on ne veut pas les regarder de prime abord comme fausses .... Toute pièce appartenant au Cartulaire de Gellone et antérieure à l'an 1060 environ peut et doit être tenue pour apocryphe jusqu'à la preuve contraire ». (Paul Alaus, *Étude sur le Cartulaire de Gellone*, pp. 86-87) ; — cf. *École nationale des Chartes, Positions des thèses soutenues par les élèves de la promotion de 1885*, p. 7.
Cf. également Jos. Berthelé, *Du rôle de l'enseignement paléographique dans les Facultés des Lettres*, dans la *Revue des Langues romanes*, tome XXXVIII, 1895, pp. 102 à 104 ; — et W. Pückert, *Aniane und Gellone, diplomatisch-kritische Untersuchungen zur Geschichte der Reformen des Benedictiners Ordens im IX und X Jahrhundert* (Leipzig, Hinrichs, 1899, in-8° de 318 pp.), passim.

[3] Alaus, Cassan et Meynial, *Cartulaire de Gellone*, charte LXI, p. 57.

[4] Ibid., charte LIX, p. 56.
« MAZES (LES), h[ameau], cne de Mauguio. — *Villa que vocatur Memtes sub castro Melgorio*, 996 (cart. Gell. 27) ». (Thomas, *Dict. topog. Hérault*, p. 112, cf. p. 250).

[5] « La *Littoraria*, portion du *pagus Nemausensis* comprenant la partie du diocèse de Nîmes qui s'étend entre *la Vaunage* proprement dite et la mer ». (Eug. Germer-Durand, *Cartulaire du Chapitre de l'église cathédrale Notre-Dame de Nîmes*, p. 17). — « Au-dessous de la Vaunage s'étendait une circonscription physique, qui paraît avoir réellement formé une viguerie ; on l'appelait en latin *Littoraria* ; elle est fréquemment citée dans le cartulaire de Notre-Dame de Nîmes au neuvième et au dixième siècles, et elle devait comprendre tout le pays qui s'étend depuis Gallargues et Aimargues jusqu'à la mer et du Rhône au canal de Lunel ». (A. Molinier, *Hist. gén. Languedoc*, t. XII, notes, p. 212). — Cf. Eug. Germer-Durand, *Dict. topog. Gard*, pp. XIII et 116.

AGONÈS. — L'existence de la *vicaria Agonensis*[1] est attestée 1° par six chartes du Cartulaire de Gellone[2], 2° par un passage de la chronique d'Arnaud de Verdale.

Arnaud de Verdale mentionne, comme située dans cette viguerie, une église de SAINT-BAUZILLE, — *in vicaria Agonensi, ecclesiam Sancti Baudilii cum omnibus ad ipsam pertinentibus*[3].

Il s'agit visiblement de SAINT-BAUZILLE-DE-PUTOIS, village tout voisin d'Agonès, l'un et l'autre situés dans la vallée de l'Hérault. — Il ne peut être question, en effet, à raison de la distance, de la chapelle de SAINT-BAUZILLE, qui surmonte le « truc de Mireval » et qui fait partie du territoire de la commune de Fabrègues[4]. SAINT-BAUZILLE-DE-MONTMEL se trouve écarté d'office, comme chef-lieu d'une autre viguerie[5]. L'ancienne église rurale de SAINT-BAUZILLE, près Saint-Brès[6], n'est pas admissible davantage, pour la même raison de distance que Saint-Bauzille de Fabrègues. Quant aux autres localités de notre région portant elles aussi le nom de SAINT-BAUZILLE, elles appartenaient à des diocèses et à des *pagi* autres que celui de Maguelone[7].

Ce passage d'Arnaud de Verdale nous paraît devoir être rapproché de prime abord d'une charte du Cartulaire de Gellone, où on lit ceci :

Vers 1005[8], le 14 octobre. — *In vigaria Agonense, infra terminum de villa que vocatur Pedoxinis, mansum unum, ubi Adbertus visus est manere, et in ipsa villa, apennariam unam quam tenet Dominica*[9].

La *villa Pedoxinis* a été identifiée par Eugène Thomas, avec « PUDISSIÉ, manse ruinée [de la] commune de Montpeyroux »[10]. Mais cette identification, aussi ingénieuse que judicieuse au point de vue phonétique, ne peut pas être acceptée, pour une raison d'ordre géographique absolument décisive. Montpeyroux faisait partie du diocèse de Lodève[11]; la viguerie d'Agonès appartenait au contraire au diocèse de Maguelone.

Pedoxinis, cas oblique du pluriel de *Pedoxinus*, est un adjectif, — analogue d'ailleurs à *Pedoxerius*, d'où *Péduxier*, *Pédussier* et *Pédussié*, — dont le radical se retrouve intégralement (sauf le passage tout naturel de *o* à *u*) dans les plus anciennes formes, connues d'autre part, du nom de

---

[1] « *Agonesum*, vicaria. Agonès (Hérault) ». (A. Longnon, *Atlas historiq. de la France*, texte explicatif, p. 163).

[2] « In comitatu Substantionense, vigaria Agonensis (chartes 5, 69, 72 et 74) ». (Paul Alaus, *Étude sur le Cartulaire de Gellone*, thèse manuscrite conservée aux Archives départementales de l'Hérault, p. 169).

[3] D'Aigrefeuille, *Hist. de Montpellier*, édit. in-fol., t. II (1739), p. 417; édit. La Pijardière, in-4°, t. III (1879), p. 628 ; — Germain, *Comtes de Maguelone, de Substantion et de Melgueil*, dans les *Mémoires de la Société archéol. de Montp.*, in-4°, t. III, p. 531 ; — Germain, *Arnaud de Verdale*, dans les *Mémoires de la Société archéol. de Montp.*, in-4°, t. VII, p. 492. — Cf. Gariel, *Series Præsul. Magalon.*, édit. de 1652, p. 62 ; édit. de 1665, 1re partie, p. 96 ; — cf. également Thomas, *Dict. topog. Hérault*, pp. 3, 172 et 233.

[4] *Ecclesia S. Baudilii de Montesevo*, — *podium S. Baudilii*, — confondu par Eug. Thomas 1° avec Saint Bauzille-de-Montmel, 2° avec Saint-Bauzille-de-Putois (*Dict. topog. Hérault*, p. 172).

[5] Cf. ci-dessus pp. 455 et 483.

[6] Thomas, *Dict. topog. Hérault*, p. 172.

[7] Ibid.

[8] « Les vigueries .... [ont] subsisté, dans certains comtés, durant une partie du onzième siècle ». (A. Longnon, *Atlas historiq. de la France*, texte explicatif des planches, p. 162).

[9] Alaus, Cassan et Meynial, *Cartul. de Gellone*, charte 13, p. 16.

[10] Thomas, *Dict. topog. Hérault*, pp. 155 et 254.

[11] Alaus, Cassan et Meynial, *Cartul. de Gellone*, pp. 150, 151, 152 ; — Cassan et Meynial, *Cartul. d'Aniane*, p. 272 ; — Thomas, *Dict. topog. Hérault*, p. 125 ; — etc.

Saint-Bauzille-de-Putois : *Pedussio*[1], *Peducio*[2], *Pedusio*[3]. A la fin du XVIe siècle, on trouve les formes françaises *Pethueys*, *Pethoys*, *Petoys*[4]. A la fin du XVIIe, l'évolution ou, pour mieux dire, la corruption est terminée et l'on a définitivement la forme *Putois*[5].

Il est donc permis de considérer notre SAINT-BAUZILLE-DE-PUTOIS actuel comme correspondant à la fois à l'*ecclesiam Sancti Baudilii* mentionnée par Arnaud de Verdale, et à la *villa* des « Putoisins », des *Pedoxinis*, mentionnée par le Cartulaire de Gellone.

Les autres passages du même cartulaire, nommant la viguerie d'Agonès, sont ainsi conçus :

7 août 926. — *In territorio Magdalonensis, in suburbio castro Substantionensi, in vigaria Agonense, in terminium de Valle, quam vocant Asperas, in loco qui vocatur Balmas, in ejus terminium modiatas duas de vineas*[6].

23 juin 938. — *In pago Substantionense, in vigaria Agonense, in terminio de villa quam vocant Mellancheda, in ipso terminio .....unam modiatam de vinea*[7].

Vers 1005. — *In vicaria Agonense, mansos novem*[8].

Vers 1070. — *In comitatu Substantionense, in vicaria Agonensi, in villa quam vocant Volpilaco, mansum unum que appellatur Cumbas, ubi Petrus visus est manere*[9].

Vers 1070, le 13 septembre.— *Mansum unum et est ipse mansus in comitatu Substantionense, in vigaria Agonense, in valle Tiva, que vocant Boiam, in terminium de Poio Rothmare, et vocant ipsum mansum de Morario*[10].

Les lieux habités et cultivés, nommés avec précision par ces divers textes, sont au nombre de quatre :

1° Le lieu de *Balmas*, dans la *valle quam vocant Asperas* ;
2° La *villa quam vocant Mellancheda* ;
3° Le mas de *Cumbas*, dans la *villa* de *Volpilaco* ;
4° Le mas de *Morario*, dans la vallée de *Boiam*.

M. Molinier a accepté, — sans en laisser la responsabilité à son auteur, — l'identification faite par Eugène Thomas de la *Vallis Aspera* avec le « Mas des Aspres »[11] et il en a conclu que la viguerie d'Agonès « s'étendait, au sud, jusqu'auprès de Montaud » (dans le canton de Castries).

Or, cette identification de Thomas, — comme beaucoup de celles que l'on rencontre dans le *Dictionnaire topographique de l'Hérault* pour les périodes carolingienne et féodale, — est certainement erronée.

---

[1] *Pedussio*, de 1466 à 1492, cf. Archiv. départ. Hérault, G. IV, 139, passim, — etc.

[2] *Peducio*, 1347, cf. Archiv. départ. Hérault, G. IV, 1, Cartulaire de l'évêché de Maguelone, reg. A, art. 277, fol. 251 r°; - 1533, cf. Archiv. départ. Hérault, G. IV, 139, fol. 56 r°; — etc.

[3] *Pedusio*, 1270, cf. Archiv. départ. Hérault, G. IV, 1, Cartul. évêch. Maguelone, reg. A, art. 76, fol. 63 r°, et art. 275, fol. 250 v°; — 1339, ibid., reg. B, art. 371, fol. 7 r°; - etc.

[4] *Pethueys*, *Pethoys*, *Petoys*, de 1593 à 1595, cf. Archiv. départ. Hérault, G. IV, 140, passim.

[5] *Putois*, 1680, cf. Arch. départ. Hérault, G. IV, 141, passim.

[6] *Cartulaire de Gellone*, édit. Alaus, Cassan et Meynial, charte 72, p. 65.

[7] Id., charte 74, p. 67.

[8] Id., charte 5, p. 6.

[9] Id., charte 69, pp. 62-63.

[10] Id., charte 67, p. 61.

[11] « ASPRES (MAS DES), f[erme], c[ommun]e de Montaud, dans la vallée du même nom. — *Asperas vallis*, 990 (cart. Gell. 30 v°). — *Cum eccl. S. Christofori*, 1130 (Livre noir, 250 v°). — *Asperella ?* 1112 (cart. Gell. 84) ». (Thomas, *Dict. topog. Hérault*, p. 7).

La première condition, en effet, pour que l'opinion proposée fût plausible, ce serait que la situation du mas indiqué correspondît à une vallée contenant des *baumes*, c'est-à-dire des grottes ou des cavernes.

Tous ceux qui ont parcouru cette portion de l'arrondissement de Montpellier et suivi la route reliant Castelnau-le-Lez, Teyran, Montaud et Saint-Bauzille-de-Montmel, savent que le terroir où sont construits les trois hameaux composant l'ancienne « communauté » de Montaud ne répond en rien au signalement fourni par le cartulaire de Gellone. La plaine légèrement ondulée qui s'étend entre les collines de Guzargues et de Saint-Drézéry et les piochs isolés de Montlaur et de Montmel, — à droite et à gauche du chemin de grande communication n° 21, depuis la montée du mas Carrat jusqu'à Saint-Bauzille, — n'a droit en aucune façon au titre de vallée, et c'est en vain que l'on y chercherait des *baumes*. On en découvrirait peut-être (??) dans les collines séparant Montaud et Guzargues, mais alors nous nous écarterions notablement de Montaud, et encore davantage du quartier des Aspres, qui est situé précisément à l'opposé de Guzargues.

Le tènement en nature de garrigue, qui est aujourd'hui spécialement dénommé *les Aspres* et que l'on exploite depuis quelque temps comme carrière de pierre, forme un petit tertre allongé, s'étendant entre le village de Montaud et le monticule sur lequel s'élèvent les ruines de l'important château de Montlaur[1], — dans la section de la commune dite *du Plan*, — à main gauche du chemin reliant Montaud et Saint-Drézéry.

On a bâti dans cette petite garrigue, il y a quelques années, deux maisonnettes insignifiantes, qu'habitent de pauvres gens et qui n'ont aucun droit au titre de mas, car elles ne sont le centre d'aucune exploitation agricole ou viticole, même très minime. Personne d'ailleurs ne les dénomme de cette façon. — A l'heure actuelle, pour les habitants de Montaud, il n'existe pas de *Mas des Aspres*.

Il n'en existait pas davantage à l'époque où Thomas a rédigé son *Dictionnaire topographique*[2]. — Le plan cadastral de Montaud, dressé en 1809, n'en mentionne pas, et il résulte des anciens compois qu'il n'y en a pas eu non plus aux XVII° et XVIII° siècles. Ces anciens compois indiquent seulement, comme situés *as Aspres*, des garrigues[3], des hermes[4], et à côté, tout comme aujourd'hui, des terres[5] et des jardins[6].

Pour retrouver la trace d'un mas en cet endroit, il faut recourir à des documents plus anciens que ceux que nous fournissent les archives communales de Montaud. Par une coïncidence assez bizarre, il se trouve que l'assertion plutôt aventureuse de Thomas, citant comme existant un mas tout à fait imaginaire[7], correspond, *pour une époque antérieure de quatre siècles*, à une réalité.

---

[1] Le tènement des Aspres est traversé par les deux chemins, — l'un ancien et abandonné, l'autre récemment construit, — qui relient le château et le village de Montlaur au chef-lieu de la commune de Montaud.

[2] « Récapitulation par quartier, village, hameau [de la commune de Montaud, au mois de juin 1861] :

» Montaud,	21 [maisons],	21 [ménages],
» Les Guireaux,	10	—	10	—
» Les Mazes,	13	—	13	—
» Montlaur,	11	—	11	—
» Le mas de Gaule,	1	—	1	—
» Le mas de Roux,	2	—	2	—
» La Croix de M' Bompar,	2	—	2	—
[Total] :	60 [maisons],	60 [ménages] ».

(Archiv. départ. Hérault, Dénombrement de la population, 1861).

[3] Cf. notamment le compois de 1777, conservé aux archives communales de Montaud, fol. 57 v°, 95 v°, 109 v°, 116 v°.

[4] Ibid., fol. 76 v°.

[5] Ibid., fol. 7 r°, 35 r°, 54 r°, 62 r°, 66 v°, 68 v°, 76 v°, 82 v°, 89 r°, 90 v°, 94 r°, 98 v°, etc.

[6] Ibid, fol. 68 v°, 89 r°.

[7] Eug. Thomas n'a pas seulement métamorphosé un tènement désert en *lieu habité*; il a annexé à son mas des Aspres une « vallée du même nom » (cf. ci-dessus p. 486, note 11).

Cette réalité nous est révélée par des textes que Thomas n'a pas consultés, — qu'il avait sous la main cependant et qui lui auraient été précieux pour la rédaction de son *Dictionnaire*. — Nous produirons ces textes aussi brièvement possible, car s'ils peuvent être de quelque lumière pour l'histoire de la commune de Montaud, ils laissent entières les impossibilités que la géographie physique oppose à l'identité de ce mas avec le *locus de Balmas* et avec la *vallis Asperas* du cartulaire de Gellone.

Le « destrament del luoc de Montaut », fait en février 1520, qui est conservé aux Archives municipales de Montpellier[1], énumère 1° sous la rubrique *los Aspes*, deux champs, appartenant l'un à « Anthoni Julian », l'autre à « Peyre Gauzi », tous deux confrontant « lo cami de Montlau »[2], — 2° sous la rubrique « *lo mas de Naspes* », trois champs, le premier appartenant à « Miquel Plancho » et confrontant « lo cami de Montlau et lo cami de Sant-Dreseri », le second appartenant au susdit « Peyre Gauzi », et confrontant le seigneur de Montlaur, et le troisième, appartenant à « Mathieu Jolian » et confrontant « los patus »[3].

Ce serait donc seulement antérieurement à 1520 qu'il y aurait eu un *mas de Naspes* entre Monlaur et Montaud. Il a laissé trace de son existence dans la toponymie locale, comme un certain nombre d'autres, dont les noms apparaissent encore à l'état de tènements dans les anciens compois de Montaud.

A en juger par les deux rubriques que nous venons de citer, la forme la plus ancienne fournie par les textes serait *Aspes*.

Deux hypothèses sont possibles pour expliquer le passage de *Aspes* à *Naspes*. — Ou bien, il y aurait eu addition d'une nasale pour raison d'euphonie, comme dans le nom de lieu *Naussargues*, primitivement *Aussargues*[4]. — Ou bien *Aspes* serait un nom de personne, dont la réunion avec l'article personnel *ne* ou *en* dérivé de *domnus*[5], aurait produit la forme *Naspes*, de même que la réunion de *En* avec *Bocador, Gondau, Civade*, etc., a produit les noms de personnes et de lieux *Embouquedor, Engondau, Encivade*, etc.

Nous n'avons retrouvé à Montaud, du XVI° siècle à l'époque actuelle, aucune trace d'une famille Aspe. Mais ce nom de famille existe encore ailleurs. Il serait facile d'en citer un exemple à Montpellier même.

Il est temps de fermer la parenthèse.

Nous avons constaté que l'identification, proposée par Thomas et acceptée sans autre vérification par M. Molinier, n'est pas justifiée par les données de la géographie physique. Elle ne l'est pas davantage par ce que nous savons de la géographie administrative de notre région à la fin des temps carolingiens.

Les fiches du *Dictionnaire topographique* d'Eug. Thomas existent encore aux Archives départementales de l'Hérault. La rubrique « ASPRES (mas des), f. c°° de Montaud » est de la main du secrétaire qui a préparé le travail. Eug. Thomas a négligé de vérifier le cadre tracé par son collaborateur, comme il a négligé de recourir aux archives communales de Montaud, etc.

[1] Archiv. municip. Montpellier, série II, *Recherche de Montvaillant*, cahier intitulé : *Recherches de Montaut, Saint-Paul-de-Montcamel [et] Triadou*.

[2] Fol. 5 v°.

[3] Fol. 6 r°.

[4] *Naussargues*, mas de la commune de Juvignac (Hérault), — primitivement *Allianicas, Allianicis*.

[5] Cf. Chabaneau, *Remarques sur le texte du Mémorial*, dans l'introduction du *Liber instrumentorum memorialium* (édit. Germain), p. LI.

ÉCLAIRCISSEMENTS TOPOGRAPHIQUES

Depuis la publication du mémoire de M. Molinier *sur la géographie de la province de Languedoc au moyen âge*, il a été possible de préciser le siège de la viguerie de *Mormellicum*. Or, les communes de Saint-Bauzille-de-Montmel et de Montaud sont limitrophes, et les deux villages eux-mêmes sont tellement rapprochés qu'il y a les plus grandes vraisemblances à ce que le *Mas de Naspes*, si tant est qu'il existât déjà en 926, fît partie de la circonscription de *Mormellicum*.

La nouvelle viguerie que nous ferons connaître tout à l'heure contribuera encore davantage à reporter en arrière, dans la direction de l'ouest, les limites de la viguerie d'Agonès et à restreindre celle-ci, au moins approximativement, à la partie septentrionale du bassin de l'Hérault.

C'est dans les vallées, — si pittoresques entre Ganges et Saint-Jean-de-Fos, entre la Sérane et l'Ortus, — où coulent l'Hérault et ses affluents, — bien plutôt que dans la plaine de Montaud, que l'on aura chance de retrouver la gorge garnie de *baumes*, visée par le cartulaire de Gellone[1].

Nous avons dit que le village de Saint-Bauzille-de-Putois, dont le nom actuel représente à la fois la *villa de Pedoxinis* du cartulaire de Gellone et l'*ecclesia Sancti Baudilii* d'Arnaud de Verdale, était situé, comme son voisin Agonès, sur les bords de l'Hérault. — C'est dans la vallée d'un des affluents de ce fleuve, dans la vallée de la Buège, *Boia*, *Boja*, qu'était situé le mas de *Morario*.

C'est également dans cette région, sur un autre affluent de l'Hérault, l'Alzon, que se trouvait la *villa quem vocant Volpilaco*[2]. Les *plans de St Beauzille de Putois*, dressés vers la fin du XVIIIe siècle par les soins de l'évêque de Montpellier De Malide et conservés dans nos Archives départementales, contiennent l'indication précise de l'emplacement des « vestiges du mas de Volpillac »[3].

Les vallées de l'Hérault, de la Buège et de l'Alzon, le village de Saint-Bauzille-de-Putois, les vestiges de Volpillac, — telles sont les seules identifications positives que nous puissions présenter pour la *vicaria Agonensis*.

Nous avons bien écarté, comme insoutenable, la théorie d'Eugène Thomas et de M. Molinier, d'après laquelle le prétendu « Mas des Aspres » de la commune de Montaud représenterait la *vallis quam vocant Asperas* et le *locus qui vocatur Balmas*. Mais nous devons reconnaître que, pour le moment au moins, nous n'avons aucune constatation satisfaisante, aucune opinion plausible à y substituer. Nous ne croyons pas, en effet, jusqu'à plus ample informé, qu'il y ait lieu de songer aux BAUMES, aujourd'hui métairie, anciennement hameau et verrerie, de la commune de Ferrières-de-Claret[4].

---

[1] Entre 1077 et 1099. « Petrus Pontii de Pegairolas » (Pégairolles-de-Buèges) fait don à l'abbaye de Gellone de la moitié « illius mansi, qui vocatur Balma ». (Alaus, Cassan et Meynial, *Cartul. de Gellone*, charte 358, p. 291.
Décembre 1213. « In flumine Erauri.... molendinum ...... ex parte de Balma ». (Cassan et Meynial, *Cartul. d'Aniane*, p. 249).

[2] On rencontre également la forme *Volpillaco*, qui correspond davantage à la prononciation moderne : — 21 avril 1106, « Bernardi Guilelmi de Volpillaco ». (Alaus, Cassan et Meynial, *Cartul. de Gellone*, p. 159).

Il y a eu, près de Montpeyroux (dans le diocèse de Lodève), un autre lieu habité du nom de *Vulpiliaco*. (Cf. Cassan et Meynial, *Cartulaire d'Aniane*, pp. 273, 274 et 308).

[3] Archiv. départ. Hérault, G. IV, 166, plan n° 28.
Le « terroir appellé le plan de Volpilhac », le « terroir de Volpilhac » et le « terroir appellé Puech Volpilhagues », sont mentionnés dans des reconnaissances de Saint-Bauzille-de-Putois de mars 1594. (Archiv. départ. Hérault, G. IV, 140, fol. 145 v°, 146 r° et 149 r°).

[4] Cf. A. Pézières, *Histoire de la commune de Ferrières* (1896), pp. 84 à 89.

Nous n'avons également aucune hypothèse à proposer au sujet de *Mellancheda* que Thomas a identifié, — vraisemblablement à tort, — avec MOULÈS, entre Ganges et Sumène[1].

SUBSTANTION. — M. Molinier considère le *suburbium castri Substantionensis* comme une « subdivision du *pagus* ou du *comitatus Magalonensis* » et il en fait vaguement le similaire d'une viguerie, tout en lui maintenant une supériorité sur la viguerie de *Mormolacus*.

A première vue, en effet, dans nos documents locaux, le *suburbium castri Substantionensis* apparaît plutôt comme une portion de pays ayant son individualité et occupant une place spéciale dans l'organisation territoriale du temps, — en un mot, comme une *circonscription*.

Les textes semblent catégoriques. Dans le *Mémorial des Nobles* comme dans le cartulaire de Gellone, comme dans le cartulaire d'Aniane, — toutes les fois que les références géographiques sont consignées d'une façon complète, — toutes les fois que la gradation descendante du *pagus* au mas ou à la simple pièce de terre, est énoncée dans ses différents étages, — invariablement la place du *suburbium* est marquée *immédiatement au-dessous* du *pagus*, — absolument comme aujourd'hui, dans la gradation administrative descendante du département à la commune et à la propriété individuelle, la place de l'*arrondissement* est marquée *immédiatement au-dessous* du *département* :

2 mars 801. — *In pago Magdalonensis, suburbio Substancionensis castri*.....
8 juin 873 ou 875. — *In territorio Magdalonense, suburbio Sustancionensis castri*.....
7 août 926. — *In territorio Magdalonensis, in suburbio castro Substantionensis*.....
21 octobre 978. — *In territorio civitatis Magalonensis, in suburbio castro Substantionensis*.....
13 décembre 980. — *In territorio civitatis Magalonensis, in suburbio castro Sustancionense*.....
21 janvier 981. — *In territorio Magdalonensis, in suburbio castri Substantionensi*.....
31 mars 982. — *In territorio Magdalonensi, in suburbio castro Sustancionense*.....
26 novembre 985. — *In territorio civitatis Magalonensis, in suburbio castro Sustancionensis*.....
Fin du Xe siècle (?). — *In pago Magalonensis, in suburbio castro Sustantionensis*.....
Entre 1027 et 1048, le 20 février. — *In pago Magdalonense, in suburbio castri Substannonensi*.....[2].

Au-dessous du *suburbium Substantionense*, quatre chartes mentionnent la viguerie. — C'est d'abord (par ordre chronologique) la charte de Gellone relative à la *vallis Asperas*, dont il a été question plus haut :

7 août 926. — *Et est ipse alodus in territorio Magdalonensis, in suburbio castro Substantionensi, in vicaria Agonense, in terminium de Valle quam vocant Asperas, in loco qui vocatur Balmas, in ejus terminium modiatas duas de vinea*[3].

Viennent ensuite deux des plus anciennes chartes du *Mémorial des Nobles* : — celles qui concernent l'église de Saint-Hilaire-de-Beauvoir et le domaine de Garrigues.

13 décembre 980. — *Ecclesie qui est in territorio civitatis Magalonensis, in suburbio castro Sustancionense, in vicaria que vocant Mormellico, ibique donamus vobis ecclesia qui est fundata in honore Sancti Ylorii, in terminium de villa Follones*[4].

---

[1] *Moulès-et-Baucels*, commune du canton de Ganges. — Cf. Thomas, *Dict. topog. Hérault*, pp. 126 et 250.

[2] Voir ci-dessous les textes *in-extenso*.

[3] Alaus, Cassan et Meynial, *Cartul. de Gellone*, charte 72, p. 65.

[4] Germain, *Liber instrumentorum*, p. 559.

Fin du X° siècle (?). — *Et est ipsa honore [que vocatur Garrigas] in pago Magalonensis, in suburbio castro Sustantionensis, in vicaria que vocatur Mormolacus*[1].

Le document, en date du 21 octobre 978, que nous ferons connaître tout à l'heure, s'exprime en termes tout à fait analogues.

Il résulterait de ces quatre textes que le *suburbium castri Substantionensis* était une circonscription *intermédiaire* entre le comté et les vigueries, et l'on pourrait facilement se laisser aller à en conclure qu'au X° siècle, Substantion n'aurait pas été seulement le *chef-lieu général* du *comitatus* ayant remplacé l'ancienne *civitas* de Maguelone, mais encore le *chef-lieu particulier* d'un des *suburbia*[2] entre lesquels aurait été divisé ce *comitatus*, — *suburbia* qui auraient eux-mêmes été divisés en vigueries.

Effectivement, à ne lire que ces quatre chartes, il serait difficile de ne pas être d'accord avec M. Molinier pour admettre le *suburbium* de Substantion comme une « subdivision du *pagus* ou du *comitatus Magalonensis* ». — Mais ces quatre chartes ne sont pas, dans l'espèce, les seuls textes susceptibles d'être interrogés — et susceptibles d'apporter des informations utiles pour la solution du problème.

Et d'abord ces mêmes cartulaires de Montpellier, de Gellone et d'Aniane contiennent une demi-douzaine d'autres chartes, qui citent la *villa* immédiatement au-dessous du *suburbium Substantionense*, sans aucune mention de viguerie :

2 mars 801. — *In pago Magdalonensis, suburbio Substancionensis castri, infra terminio de villa Warciago*[3].

8 juin 873 ou 875. — *In territorio Magdalonense, suburbio Sustancionensis castri, infra terminio de villa Bertanagas, in jam dicta villa*[4].

21 janvier 981. — *Alodem qui est in territorio Magdalonensi, in suburbio castri Substantionensi, [in] villa que vocant Villa vitis*[5].

31 mars 982. — *Et est ipse mansus in territorio Magdalonensi, in suburbio castro Sustancionense, infra terminium de villa que vocant Ternantis*[6].

26 novembre 985. — *In territorio civitalis Magalonensis, in suburbio castro Sustancionensis, in terminium de villa Candianiacus, donamus tibi manso unum, et in terminium [de vil]la Montepestelario donamus tibi manso unum*[7].

Entre 1027 et 1048, le 20 février. — *Ecclesiam disruptam, quam vocant Sanctam Reparatam, cum unam modiatam de terra, que est in circuitu ecclesie istius, et cum una modiata magna de vinea et cum una masata de salinas, et est ipse alodes in pago Magdalonense, in suburbio castri Substannonensi, in territorio de villa quam vocant Sellatis*[8].

Cette omission du titre de la viguerie pour des localités assez voisines de Substantion, telles que

---

[1] Germain, *Liber instrumentorum*, p. 580.

[2] Nous disons *suburbia*, quoique les textes ne nous aient fourni jusqu'ici, pour le *pagus Magalonensis*, que le seul *suburbium* de Substantion. Il serait, en effet, parfaitement légitime d'induire l'existence de plusieurs *suburbia*. On ne précise le nom d'un arrondissement que parce qu'il existe d'autres arrondissements.

[3] Cassan et Meynial, *Cartul. d'Aniane*, p. 379.

[4] *Cartul. d'Aniane*, p. 199.

[5] Alaus, Cassan et Meynial, *Cartul. de Gellone*, charte 68, p. 62.

[6] *Cartul. de Gellone*, charte 81, p. 72.

[7] Germain, *Liber instrumentorum*, p. 125.

[8] *Cartul. de Gellone*, charte 8, p. 11.

Candillargues et Montpellier, pouvait conduire à une conclusion différente de la première, et porter à supposer que le *suburbium* de Substantion avait sinon équivalu à une viguerie, au moins en avait tenu la place. — Ce second aspect des choses nous explique le caractère à la fois conciliant et hésitant de la seconde partie de l'opinion de M. Molinier.

La même absence du nom de la viguerie se constate dans d'autres textes des mêmes cartulaires de Gellone et d'Aniane, mentionnant des *suburbia* pour les comtés de Nîmes, de Lodève, de Rodez et de Viviers :

Avant 821. — *Res que sunt in territorio Nemausense, suburbio castro Andusiacense, sive infra ipsum pagum, villam cui vocabulum est Berthomates .....cum ecclesia Sancti Hylarii.....*[1].

11 novembre 1004. — *Et est ipse mansus et ipsa apendaria in comitatu Lutovense, in suburbio castri quem vocant Duas Virgines, infra terminium de vilare que vocant Malos Albergos*[2].

Entre 1031 et 1060. — *Unum mansum in valle que vocatur Sers, in loco qui dicitur Kalahc,..... et est ipsud mansum in suburbio castro Carlatense*[3].

Entre 1031 et 1048, le 14 janvier. — *Ecclesiam Sancti Hilarii que dicitur Spidonia,..... et est ipsa ecclesia in comitatu Vivarense, in villa Spidonia, in suburbio castro quod dicitur Pratellas*[4].

Ce dernier texte, qui concerne à la fois LESPERON (Ardèche) et PRADELLES (Haute-Loire)[5], mérite une attention particulière.

Il se trouve, en effet, que le cartulaire de Gellone, dont il fait partie, contient deux autres chartes, exactement de la même époque et concernant exactement les mêmes localités de Lesperon et de Pradelles, — dans lesquelles les mots *in suburbio castro* sont remplacés, *exactement avec le même sens*, par les termes *subter castrum* et *secus castrum* :

Entre 1031 et 1048, le 21 octobre. — *Basilicam Sancti Hylarii et aliam Sancti Martini, que site sunt in loco qui dicitur Espedonia super torrentem, et est ipse locus in comitatu Vivariense, in itinere que ducit ad Montem Dei Genitricis, subter castrum que vulgo vocitatur Pradellas*[6].

Entre 1031 et 1048, le 8 novembre. — *In comitatu Vivarensi, secus castrum quod vulgo vocatur Pradellas, super torrentem Ispidonie,..... basilicam Sancti Ylarii..... et ibidem aliam ecclesiam Sancti Martini, cum omni decimatione*[7].

Les termes *secus castrum, subter castrum* et leurs similaires *subtus castro, sub castro*, ont, comme le mot *suburbium*, un sens propre très étroit. — *Sub castro* veut dire proprement *au-dessous* du château, *à proximité* du château, de même que *suburbium* veut dire proprement *sous* la ville, *sub urbe, à proximité* de la ville[8]. *Suburbium*, c'est essentiellement ce que nous appelons aujourd'hui le *faubourg*.

---

[1] *Cartul. d'Aniane*, pp. 259-260.

[2] *Cartul. de Gellone*, charte 37, p. 38.

[3] Id., charte 96, p. 84.

[4] Id., charte 106, p. 92. — « Ecclesiam Sancti Ylarii, que sita est super flumen Espedonie ». (Id., charte 107, p. 93).

[5] « *Pratellensis vicaria*. Pradelles (Haute-Loire). Comprenait entre autre le lieu de Lesperon (lat. Spidonia) aujourd'hui dans l'Ardèche, canton de Coucouron ». (A. Molinier, *Hist. gén. Languedoc*, t. XII, notes, p. 223).

[6] *Cartul. de Gellone*, charte 109, p. 95.

[7] *Cartul. de Gellone*, charte 110, p. 96.

[8] M. Longnon a cité un certain nombre de textes où le mot *urbs* désigne le territoire de la cité. (*Géographie de la Gaule au VIe siècle*, pp. 9-10).

ÉCLAIRCISSEMENTS TOPOGRAPHIQUES   493

Le mot *suburbium* a été employé au moyen âge, dans notre région, avec ce sens propre restreint. Les cartulaires des évêchés de Maguelone et de Béziers suffisent à en faire foi[1]. — Mais il a été employé aussi, et beaucoup plus fréquemment, nous l'avons vu, avec une ampleur de sens singulièrement considérable[2]. Les chartes que nous avons citées nous montrent que l'on a rangé, à la fois, sous la rubrique *in suburbio castri Substantionensis*, Gassac et Bernagues, qui appartiennent au canton d'Aniane, — Agonès et Saint-Bauzille-de-Putois, qui font partie du canton de Ganges, — Saint-Bauzille-de-Montmel, qui fait partie du canton des Matelles et avoisine le département du Gard, — et Garrigues, qui termine le canton de Claret et confine également au département du Gard. — Dans le comté de Nimes, Saint-Hilaire-de-Brethmas est dit : dans le *suburbium* d'Anduze. De même, dans le Vivarais, une distance assez respectable sépare Lesperon et Pradelles.

Les termes *sub castro*, *subtus castro*, ont conservé leur précision naturelle[3] davantage, semble-t-il, que la formule *in suburbio*. Cependant ils ont été eux aussi employés couramment pour désigner un rayon de plusieurs kilomètres. C'est ainsi qu'une pièce de terre confrontant la rivière du Salaison est cotée *sub castro Melgorio*[4], que l'abbaye d'Aniane est dite *sub castro de Monte Calmensi*[5], et le village de l'Adisse, *sub castro de Monte Petroso*[6].

[1] Archiv. départ. Hérault, série G, Cartul. de Maguelone, reg. E, art. 1434, fol. 6 r°; - évêché de Béziers, Livre noir, fol. 41 r°.

[2] « *Suburbium*. A l'origine, c'est le territoire avoisinant une ville, grande ou petite et dépendant d'elle, la banlieue, le dimaire, lé *districtus*. Parfois, ce *suburbium* peut avoir une étendue considérable. Ainsi Azille.... est placée *in territorio et suburbio Narbonensi* et cette localité est à plus de trente kilomètres de Narbonne. Dans plusieurs actes, le Minervois est qualifié de *suburbium*, un peu plus tard de *territorium*. C'est du reste, semble-t-il, une expression assez vague, ne correspondant pas toujours à une circonscription administrative bien définie ». (A. Molinier, *Sur la géographie de la province de Languedoc au moyen âge*, dans l'*Hist. de Languedoc*, édit. Privat, t. XII, notes, p. 177)

[3] SAINT-GUILHEM-LE-DÉSERT (Hérault) : — 28 décembre 807. « Monasterium quod dicitur Gellonis, situm in pago Lutevense, juxta fluvium Araur, subtus castrum Virduni ». (*Cartul. de Gellone*, charte 249, p. 209).
SAINT-SATURNIN-DE-LUCIAN (Hérault) : — entre 1077 et 1099. « Unum mansum ad alodem, et est in episcopatu Lutevensis, subtus castro que vocant Duabus Virginibus, in latere ejusdem castri que respicit aquilonem, et ipsum mansum Fons Frigida vocatur ». (*Cartul. de Gellone*, charte 189, p. 166). — 1105. « Unum mansum quod vocatur Fons Frigidas, in episcopatu Lutevensi, in parrochia Sancti Saturnini, sub castro Duarum Virginum ». (*Cartul. de Gellone*, charte 190, p. 167). — Entre 1108 et 1120. « Mansum unum de Moleria, ubi Durantus visus est manere, et est subtus castrum de Duas Virgines, in terminio de Fonte Frigida ». (*Cartul. de Gellone*, charte 191, p. 167).
MEYRUEIS (Lozère) : — avant 1140. « Ecclesia Sancti Petri ... que est in comitatu Nemausense, subtus castro Mairois ». (*Cartul. de Gellone*, charte 398, p. 330). — 1083. « Ecclesia Sancti Petri de castro quod vocatur Mairois ». (*Cartul. de Gellone*, charte 400, p. 332).

[4] Voir ci-dessus p. 484, note 4.

[5] 27 juillet 777. « In loco nuncupante Aniano, in pago Magdalonense, subtus castro Monte Calmense ». (*Cartul. d'Aniane*, p. 41).
21 mai 815. « Monasterium quod nuncupatur Aniana, ... quod est situm in pago Magdalonense, non longe a castro quod dicitur Mons Calmus ». (*Cartul. d'Aniane*, p. 60).
Entre 886 et 900, le 28 août. « Sanctuarii .... qui constructus est in territorio Magdalonense, sub castro Monte Calmense, infra terminium de villa Monte Asinario ». (*Cartul. d'Aniane*, p. 255).
24 avril 978. « Monasterium Anianense, quod constructum est in territorio Magdalonense, subtus Monte Calmense, super fluvium Anianum ». (*Cartul. d'Aniane*, p. 414).

[6] Entre 1077 et 1099. « Ecclesia Sancti Martini de Adiciano, que est sita in episcopatu Lutevensi, sub castro quod vocatur Montem Petrosum ». (*Cartul. de Gellone*, charte 168, p. 151). — 1097. « Ecclesiam Sancti Martini, que est sita in territorio Adiciano, ad calcem chastelli Montis Petrosi ». (*Cartul. de Gellone*, charte 165, p. 149). — 1097. « Ecclesiam Sancti Martini de Adiciano, que est in Lutevensi episcopatu, sub castello de Monte Petroso ». (*Cartul. de Gellone*, charte 166, p. 150). — 6 octobre 1101. « Nos duo fratres, ... filii Pontii Raimundi de castello Montis Petrosi, donamus .... ecclesiam Sancti Martini, quam vocant de Adiciano, que est sita subtus castello jam dicto ». (*Cartul. de Gellone*, charte 169, pp. 151-152). — 1109. « Ecclesiam Sancti Martini, qui est in episcopatu Lutevensi, sub predicto castro Montis Petrosi ».

Dans la *vicaria Arisitensis*[1] qui faisait partie du *comitatus Nemausensis* et qui devint plus tard la viguerie du Vigan, — la mention *sub castro* accompagne invariablement la mention de la viguerie : *in comitatu Nemausensi, in vicaria Arisensi, sub castro Exunatis*[2]. Cette énumération reparaît jusqu'à huit fois de suite dans le cartulaire de Gellone[3]. Il serait difficile de ne pas y voir une analogie marquée avec la série, que nous avons citée plus haut, des énumérations où figure le *suburbium* de Substantion. Cette analogie est aussi significative que la synonymie fournie par les trois chartes relatives à Lesperon et à Pradelles.

Au total, du groupement méthodique et de l'examen minutieux de l'ensemble des textes relatifs à nos anciennes vigueries, il me paraît résulter avec évidence que les deux formules *in suburbio* et *sub castro* ont été usitées simultanément, parallèlement, et avec des sens identiques, — et par suite qu'elles peuvent être considérées comme ayant été équivalentes dans le langage des Xe et XIe siècles. — S'il était possible de doser exactement l'usage qui a été fait de l'une et de l'autre, peut-être arriverait-on à constater que l'une a été plus en vogue dans telle région, et l'autre à son tour plus en vogue ailleurs ; que cette vogue a pu varier non seulement selon les lieux, mais encore selon les époques. Mais ce serait vraiment peine perdue de poser et d'essayer de résoudre ce problème secondaire, — les textes qui nous sont parvenus ne représentant qu'une partie des cas où les deux formules ont été employées.

Tant que l'on n'avait pas constaté cette identité de sens et cette équivalence d'emploi des termes *in suburbio* et *sub castro*, le *suburbium Substantionense* pouvait être accepté comme une circonscription, soit intermédiaire entre le comté et la viguerie, soit simplement équivalente à la viguerie. — Devant la variante *sub castro*, il n'est plus permis de croire à une mention de géographie administrative.

NOUS AVONS TOUT SIMPLEMENT AFFAIRE A UNE INDICATION COMPLÉMENTAIRE DE TOPOGRAPHIE.

Il semblerait cependant que cette indication complémentaire *in suburbio, sub castro*, ait eu son origine dans des relations d'ordre *ecclésiastique* ou *féodal*[4]. Par suite, il conviendrait de ne pas la ranger dans la même catégorie que certaines autres indications, relevant exclusivement de la *géographie physique*, — v. g. les mentions *dans telle vallée*[5] ou encore *en vue de la mer*[6], — que nous fournissent diverses chartes de la même époque.

Notre conclusion contre le *suburbium castri Substantionensis*, subdivision du *pagus Magalonensis*,

---

(*Cartul. de Gellone*, charte 170, p. 152). — 17 avril 1129. « In pago Lutevensi, in terminio parrochie Sancti Martini de Montepetroso vel in terminio ipsius castelli ». (*Cartul. d'Aniane*, p. 272).

[1] Sur la *vicaria Arisitensis*, voir spécialement Paul Alaus, *Étude* [ms.] *sur le Cartulaire de Gellone*, pp. 169 à 178, et A. Molinier, *Hist. gén. Languedoc*, édit. Privat, t. XII, pp. 210 et 213-214.

[2] Il est à remarquer que dans les textes nommant la *vicaria Arisitensis* ou *Arisensis*, la mention *sub castro* suit le nom de la viguerie, au lieu de le précéder.

[3] Voir le *Cartul. de Gellone*, chartes 112 à 119, pp. 98 à 104.

[4] Cette question d'origine mériterait d'être étudiée spécialement.

[5] Vers 1070, le 29 mai. « Intra comitatu Lutevense et comitatu Nemausense, in vicaria Arisensi, in valle que vocant Virencha, terciam partem de villa que vocatur Novacella ». (*Cartul. de Gellone*, charte 127, p. 110). — 1101. « Alode nostro qui est in comitatu Rutenico, in valle Dursionis flumine ». (*Cartul. de Gellone*, charte 483, p. 392).

[6] Octobre 1111. « In episcopatu Agatensi, in prospectu maris, aecclesiam Sancti Martini…, et villam quam vocant Cauxs, et locum in quo antiquitus castrum fuit ». (*Cartul. de Gellone*, charte 282, p. 234).

est confirmée par ce que nous savons, d'une façon générale, de l'organisation administrative provinciale au X° siècle.

Il n'est pas de fonction publique de cette époque dont nous ne connaissions le titre. Nous savons la hiérarchie du *pagus*. Il y a beau temps que les historiens ont enregistré le comte, chef du *pagus*, et le viguier, chef de la viguerie. Or, on n'a jamais signalé un chef de *suburbium*.

L'emploi relativement fréquent, que nous constatons dans nos chartes, de la formule *in suburbio castri Substantionensis*, et l'étendue du territoire dans lequel on a usé de cette formule, ne sont cependant pas sans avoir leur intérêt et leur portée au point de vue de notre histoire locale. Il y a là un écho très net de l'importance que prenait de plus en plus le château de Substantion, importance qui finit par être telle que le chef-lieu primitif de la *civitas* passa complètement au second plan. Durant tout le XI° siècle, il sera couramment question du *comitatus Substantionensis*[1]. Au début du XII° siècle, le terme *pagus* apparaîtra encore, par extraordinaire, mais ce ne sera plus avec le nom de Maguelone. Le *pagus Magalonensis* aura définitivement fait place au *pagus Substantionensis*[2].

Il reste maintenant à examiner si le territoire entourant immédiatement Substantion avait, comme les territoires plus éloignés de ce chef-lieu, une organisation et un titre de viguerie.

A l'heure actuelle, dans nos *départements*, l'arrondissement dont le chef-lieu est le siège de la

---

[1] Entre 996 et 1031, le samedi 10 juillet. « Et est ipse alodis in commitatu Substantionense, in vicaria Magdalonense, sub castro Melgorio, in villa que vocatur Memtes; donamus peciam de terra quam vocant Clausel ». (*Cartul. de Gellone*, charte 59, p. 56).
Entre 996 et 1031, le 6 août. « Unum mansum in villa quam vocant Bisancas, in comitatu Substantionense ». (*Cartul. de Gellone*, charte 70, p. 63).
Vers 1005, le 2 juillet. « In comitatu Substantionense, villam quam vocant Gramianum ». (*Cartul. de Gellone*, charte 10, p. 13).
Vers 1005, le 14 octobre. « In comitatu Substantionense, mansum unum ... ubi Guiramnus visus est manere ». (*Cartul. de Gellone*, charte 13, p. 16).
Entre 1027 et 1048. « Dono caputmansum cum vineam in villa quam vocant Huglaz, in comitatu Substantionense ». (*Cartul. de Gellone*, charte 77, p. 69).
Entre 1031 et 1048, le 22 mars. « Et est ipse mansus in villa Cavallano, ubi Andreas visus est manere, in commitatu Substantionensi, in vigaria Magdalonensi ». (*Cartul. de Gellone*, charte 61, p. 57).
Entre 1031 et 1048. « In comitatu Substantionense, in terminum de villa que vocatur Grimianus ». (*Cartul. de Gellone*, charte 11, p. 14).
Entre 1031 et 1060, le 2 février. « In commitatu Substantionensi, in villa quam vocant Muro Vetulo, mansum unum, ubi Stephanus visus est manere ». (*Cartul de Gellone*, charte 76, pp. 68-69).
Entre 1031 et 1060. « In commitatu Substantionense, in terminum de villa que vocant Candelacis, campum unum que vocant Ficaria, et in terminium de villa que vocatur Marcianicus, semodiatam de campum, et in ipsum terminium quartariatam de vinea et apendariam unam ». (*Cartul. de Gellone*, charte 66, pp. 60-61).
Entre 1036 et 1061. « In commitatu Substantionense, in parrochia Sancti Martini, in villa quam vocant Uglatis, ... unum mansum ubi Amicus visus est manere ». (*Cartul. de Gellone*, charte 71, p. 64).
Vers 1070, le 27 août. « Sex modiatas de vinea, in commitatu Substantionense, in terminio de Barronarias ». (*Cartul. de Gellone*, charte 63, p. 58).
Vers 1070. « In comitatu Substancionensi, in parrochia Sancti Dionisii, in terminium de villa que dicitur Monspistillaretus, totum quod ibi habeo, vincas et campos et unum molinum, qui est in flumine que dicitur Lesus ». (*Cartul. de Gellone*, charte 125, p. 108).
Vers 1070. « Intra commitatu Substantionense, in villa que vocatur Boia, in loco qui dicitur Poio Rotundo, a Plancalada, semodiatam de vinea ». (*Cartul. de Gellone*, charte 62, p. 58).
Vers 1070, le 2 juin. « Mansum que est in comitatu Substantionense, et est ipse in terminium de villa quam vocant Cavallano, in vilareto que nominatur Villa Sicca ». (*Cartul. de Gellone*, charte 60, p. 57).

[2] 1101. « Ecclesiam Sancti Martini de Dundres, in pago Sustancionense ». (*Cartul. de Gellone*, charte 343, p. 279). — 1102. « Vineam que est in pago Sustancionense, in terminio .... Verune, in loco qui dicitur Barrunerias ». (*Cartul. de Gellone*, charte 328, p. 270). — Cf. 18 juin 873 ou 875, « in territorio Magdalonense, in pago Sustantionense, in villa que dicitur Bertenagas ». (*Cartul. d'Aniane*, p. 201).

préfecture, est un *arrondissement* organisé et dénommé tout comme ceux dont le chef-lieu n'est le siège que d'une *sous-préfecture*, — avec cette particularité que le préfet, en outre de ses fonctions *supérieures* pour l'ensemble du département, remplit, pour l'arrondissement où est située la préfecture, les mêmes fonctions *secondaires* que les sous-préfets dans leurs circonscriptions respectives. Il y a un arrondissement de Montpellier et il n'y a pas de sous-préfet de Montpellier: c'est le Préfet de l'Hérault qui en fait fonction.

Un Préfet ayant charge à la fois d'un département et d'un arrondissement, il n'y a pas correspondance exacte entre la fonction et la circonscription. Il n'y a pas davantage concordance avec le titre de la fonction, puisque les termes *préfecture* et *sous-préfecture* ne s'appliquent pas aux circonscriptions, mais seulement au grade hiérarchique des fonctionnaires et aux villes où ils font leur résidence.

Vers la fin de l'ancien régime, au contraire, — tout au moins pour la région qui nous occupe, — la circonscription et son titre administratif correspondaient plus exactement à la fonction et au titre du fonctionnaire. Dans l'intendance de Languedoc, il y avait une circonscription dénommée *subdélégation de Montpellier* et à côté de l'Intendant, au-dessous de l'Intendant, il y avait un *subdélégué de Montpellier*. L'Intendant ne faisait pas fonction de subdélégué.

Quel était le régime en vigueur au X° siècle pour le *pagus Magalonensis*? était-il analogue à notre ancien système des subdélégations? ou bien se rapprochait-il plutôt de notre système actuel?

La charte du *Mémorial des Nobles*, qui cite Candillargues et Montpellier en ajoutant la formule topographique *in suburbio castro Sustancionensis*[1], ne contient, nous l'avons vu, aucune mention de viguerie. — Cette particularité n'a rien d'étonnant, si à côté des textes concernant l'organisation du *pagus Magalonensis*, on place l'ensemble des documents susceptibles de nous renseigner sur l'organisation des autres *pagi* du Bas-Languedoc.

Au cours de son *étude sur le Cartulaire de Gellone*, M. Paul Alaus a dressé la liste des différentes vigueries mentionnées par ce cartulaire comme existant dans les comtés d'Agde, d'Albi, de Béziers, de Gévaudan, de Lodève, de Nimes, de Rodez et de Substantion[2]. Aucune de ces vigueries ne porte le nom du chef-lieu du comté.

Dans le *Cartulaire du chapitre de l'église cathédrale Notre-Dame de Nimes*, publié en 1875 par Eugène Germer-Durand, on ne trouve pas une seule fois la mention d'une *vicaria Nemausensis*[3].

Parmi les nombreuses vigueries relevées par M. Auguste Molinier pour les *pagi* de Béziers, d'Agde, de Lodève, de Maguelone, de Nimes, d'Uzès, d'Albi, de Rodez, de Gévaudan, de Vivarais, etc., aucune n'apparaît avec le nom du chef-lieu du *pagus*[4].

Cette absence universelle, invariable, d'indications de vigueries, non seulement pour le chef-lieu du comté de Substantion, mais encore pour tous les chefs-lieux des comtés circonvoisins, semble bien autoriser à croire que le territoire entourant immédiatement Substantion, et, d'une façon générale, les territoires entourant immédiatement les chefs-lieux des comtés du Bas-Languedoc, — n'étaient pas, comme les territoires plus éloignés de ces chefs-lieux, organisés en vigueries.

[1] Voir ci-dessus p. 491.
[2] Thèse ms., pp. 168-169.
[3] Cf. notamment pp. 353-354.
[4] Cf. *Hist. gén. Languedoc*, édit. Privat, t. XII, pp. 208 à 225.

Par suite, il y a lieu d'admettre que le comte, en outre de ses fonctions générales dans tout le *pagus*, faisait en même temps, dans son arrondissement immédiat, les mêmes fonctions que ses viguiers dans leurs vigueries respectives. Il avait évidemment à ses côtés des officiers secondaires pour l'aider ou le suppléer, spécialement dans l'administration de la justice. Mais la présence de ces auxiliaires n'impliquait pas pour le ressort une qualification particulière.

Ce régime aurait donc été beaucoup plus différent de celui du XVIIIe siècle que de celui créé au début du XIXe. Il serait assez similaire du régime préfectoral actuel, à ne considérer bien entendu que le nombre des fonctionnaires et la division des circonscriptions, et en laissant de côté la nature et l'étendue des pouvoirs inhérents aux fonctions. On conçoit que pour des circonscriptions telles que nos départements et à plus forte raison pour des circonscriptions plus restreintes, telles que nos anciens *pagi*, il soit possible de demander au préfet et il ait été possible, au Xe siècle, de demander au comte, ce que l'étendue de l'intendance de Languedoc interdisait de demander à nos intendants au XVIIIe siècle.

La viguerie et le *suburbium* de Substantion étant ainsi rayés de la carte administrative du *pagus Magalonensis*, j'arrive au texte jusqu'ici inédit, qui va me permettre d'édifier quelque chose, sinon *à la place*, au moins *à côté* de ce que j'ai été amené à démolir.

Vers la fin de l'année 1901, mon excellent ami et savant confrère M. le chanoine Cassan, archiviste du diocèse de Montpellier et des communes d'Aniane et de Saint-Guilhem-le-Désert[1], découvrit à Saint-Martin-de-Londres, dans les minutes de l'étude de Me Calvet, notaire, un manuscrit du XVe siècle[2], qui est ne plus ne moins un cartulaire local des propriétés et des droits du Chapitre cathédral de Maguelone, pour le causse de Rouet et les vallées de l'Hérault, du Brestalou, du Terrieu, du Lirou et du Lez. M. Cassan se fit un plaisir de mettre à ma disposition son intéressante trouvaille, — ne doutant pas qu'il y eût profit à en tirer pour les notes de la future édition du *Cartulaire de l'évêché de Maguelone*[3].

---

[1] M. l'abbé Léon Cassan a déjà fait paraître : — en 1895, *les Archives municipales d'Aniane*, [rapport lu au Congrès de la Société bibliographique tenu à Montpellier], in-8°, 24 pp.; — en 1897, *Guide des Pèlerins et des Touristes à Saint-Guilhem-le-Désert*, in-16, 42 pp.; — en 1898, en collaboration avec MM. Paul Alaus et Meynial, *Cartulaire de Gellone*, in-4°, 511 pp.; — en 1899, *la Confrérie de la Sainte-Vraie-Croix de Montpellier, ses statuts romans, 1294-1338*, dans les *Mélanges .... de Cabrières*, tome I, pp. 519 à 541 ; — en 1900, en collaboration avec M. Meynial, *Cartulaire d'Aniane*, in-4°, 450 pp.; — en 1901, *Mélanges d'histoire locale*, 1er fascicule, *Saint-Silvestre-de-Montcalmès ou de Brousses*, in-8°, 32 pp.; — en 1902, *Inventaire sommaire des Archives communales d'Aniane, séries AA et BB*, grand in-4° à 2 col., 71 pp.; — en 1902 également, *Mélanges d'histoire locale*, 2e fascicule, *Notre-Dame de Lieu-Plaisant, ermitage de Saint-Guilhem-le-Désert*, in-8°, 24 pp.; — en 1903, *Mélanges d'histoire locale*, 3e fascicule, *la Confrérie de la Sainte-Vraie-Croix, érigée en l'église cathédrale Saint-Pierre de Montpellier, 1294-1903*, in-8°, pp. 59 à 113.

Il prépare une histoire des abbayes d'Aniane et de Gellone, qui formera l'introduction des deux cartulaires déjà imprimés ; — il a également en chantier une étude sur les anciens villages fortifiés du département de l'Hérault, diverses monographies locales, etc.

[2] Petit in-folio, 155 feuillets, papier. — Titre intérieur, précédant la cote de la première charte : DE ROETO. — Titre sur la couverture en parchemin : *Boutelleri, 1300 à 1400*.

[3] C'est exactement le 5 avril 1900 que M. F. Fabrège a décidé la publication du *Cartulaire de Maguelone*.

Voir, sur cette publication, 1° l'article intitulé *Un événement dans l'érudition montpelliéraine*, publié par le journal *le Midi mondain*, dans son n° du 23 au 29 juin 1900 ; reproduit par le journal *l'Éclair*, dans son n° du 24 juin ; reproduit également par la *Revue des Langues romanes*, tome XLIV, fasc. 1-2, janvier-février 1901, pp. 95-96 ; — 2° l'article intitulé *Choses d'histoire locale, le Cartulaire de Maguelone*, dans le *Midi mondain*, n° du 20 au 26 avril 1901 ; — etc.

C'est en feuilletant ce manuscrit que j'ai rencontré[1] une charte, — datée de la 25ᵉ année du règne de Lothaire[2], — qui me permet aujourd'hui d'ajouter un détail à l'histoire de notre région au Xᵉ siècle — et d'augmenter d'une unité le nombre des vigueries qui existaient alors dans le *pagus* de Maguelone.

Cette charte, — qui portait comme numéro d'ordre, dans les archives du Chapitre de Maguelone, la lettre V, — est transcrite sous la rubrique suivante : *Donatio facta ecclesie Magalonensi de quibusdam peciis terrarum, sitis*[3] *in Tribus Viis, per Dominicum et Gausbergam, uxorem suam.*

La donation en elle-même n'offre rien de bien curieux. Les confronts des terres données ne sont certainement pas susceptibles d'identification. Néanmoins, en raison de son antiquité et de la rareté des documents de cette époque, la pièce, d'ailleurs très courte, vaut la peine d'être transcrite in-extenso. Les fonds de l'Évêché et du Chapitre cathédral de Maguelone, conservés aux Archives départementales de l'Hérault, ne possèdent qu'*un seul* document — et encore, suspect ! — de l'époque carolingienne[4]. Ce sera toujours une satisfaction pour les érudits de constater qu'il en existe un second — et d'une authenticité bien plus sûre — dans une étude notariale de Saint-Martin-de-Londres.

In nomine Domini.

Ego Dominicus et uxor mea Gauxberga donatores sumus domino patrono nostro Petro, apostolorum principi, sedis Magalonensis ecclesie et Rechuino[5] episcopo, qui presens est, et canonicis Sancti Petri. Aliquid de alodio nostro donare volumus, quod ita et fecimus.

Donamus vobis in territorio civitatis Magalonensis, in suburbio castro Substantionensis, in vicaria quam vocant Terrevias, in terminio de Terrevias et de Concas[6].

In ipso terminio donamus vobis planterium unum. Et sunt modiate tres. Et de aquilone alterat se in terram de Venatore, et de altano, cunfrontat se in terram que fuit de Arlabaldo[7], et de occidente, afrontat in terram que fuit de Gariberga, et de circio, alaterat in terra de Venatore et que fuit de Arlabaldo.

[1] Fol. 15 rᵒ (ancien fol. 180).

[2] La 25ᵉ année du règne de Lothaire va de septembre 978 à septembre 979.

[3] Ms.: *scitis*.

[4] « La date la plus reculée que nous voyons aujourd'hui dans ces Archives, est celle d'une reconnaissance de 815 ». (Eug. Thomas, *Sommaires historiques sur les anciennes Archives ecclésiastiques du diocèse de Montpellier (clergé séculier)*, dans les *Mémoires de la Société archéologique de Montpellier*, tome III, p. 103 ; cf. p. 130, et dans l'*Annuaire de l'Hérault pour l'an 1853* (36ᵉ année), p. 39). Ce document — qui est conservé dans l'un des dossiers de l'article G. IV, 94 (cf. le répertoire ms. d'Eug. Thomas, fol. 110 vᵒ) et qu'il serait sage de ne pas appeler plus longtemps « une reconnaissance » — ne concerne pas d'une façon immédiate l'église de Maguelone. C'est une copie notariée, datée du 2 février 1700, d'un des diplômes [apocryphes?] de Louis le Débonnaire en faveur de l'abbaye d'Aniane, la dite copie faite d'après « la Pancarte », nous disons aujourd'hui « le cartulaire » de cette abbaye (fol. 22 ; cf. Cassan et Meynial, *Cartulaire d'Aniane*, diplôme nᵒ XIII, pp. 61 à 65).

[5] « Ricuin deuxième du nom, que Bernard Guidon appelle *Riquinus*, assista en 975 à la consécration de l'église de Saint-Geniès, bâtie par S. Fulcrand, évêque de Lodève. Ce prélat reçut pour son église un grand nombre de donations ». (E. M[abille], *Église de Maguelone, Évêques de Maguelone*, dans l'*Hist. gén. Languedoc*, édit. Privat, tome IV, 1ʳᵉ partie, note 63, p. 314).

[6] Nous n'avons pas retrouvé trace d'un tènement des *Conques* dans la commune de Saint-Mathieu-de-Tréviers.

[7] Peut-être, au lieu de *Arlabaldo*, faudrait-il lire *Arlambaldo*?? Nous trouvons mentionné, au XVIIIᵉ siècle, comme faisant partie de la paroisse Saint-Mathieu-de-Tréviers, « un devois et bois, aux appartenances du mas [de Pouzols], appelé Puech Denis » [ou Devis], jadis Puech Arlambaud ». (Archiv. départ. Hérault, G. IV, 149, fol. 66 rᵒ, art. 295 ; fol. 70 vᵒ, art. 319, et fol. 86 vᵒ, art. 391 ; — cf. G. IV, 91, fol. 101 rᵒ).

Ista omnia superius scripta sic donamus ad jam dictam ecclesiam in tali pacto deliberationis, ut dum nos suprascripti vixerimus, usum fructum[1] habeamus ; et per singulos annos, pro investitura, quinque sextarios de vino beato Petro[2] donabimus, et post obitum nostrum, ad sanctum Petrum reverti faciamus.

Sane quod si vero donatores ego Dominicus et uxor mea Gausberga et filius noster Ramelinus venerimus, aut ullus de heredibus vel de propinquis parentibus nostris aut ulla admissa vel subrogata persona aut quis liber homo qui inquietare voluerit, non valeat vindicare quod respexit, sed componat ad jam dictam ecclesiam ipsum alodium dupplum vel melioratum. Et inantea carta et donacio ista firma et stabilis permaneat omni tempore.

Facta carta donacionis ista duodecima kalendas novembris, anno vicesimo quinto regnante Leuterio rege[3].

S. Dominicus et uxor sua Gauxberga et filius suus Ramelinus, qui hanc cartam donacionis hujus fieri voluimus et manu nostra firmavimus et testes firmare rogavimus.

S. Agacione.   S. Leuterio.   S. Stephano.   S. Galterio.

Ce qui est à retenir de ce texte, c'est la mention, — enchâssée dans un formulaire bien carolingien et bien similaire de celui des deux plus anciennes chartes du *Mémorial des Nobles*[4], — de la localité et du tènement où se trouvaient les pièces de terre données à l'église de Maguelone : *in territorio civitatis Magalonensis, in suburbio castro Substancionensis, in vicaria quam vocant Terrevias, in terminio de Terrevias et de Concas*.

Il ne me paraît pas douteux qu'il faille identifier ce *Terrevias* avec le village actuel de *Tréviés* ou *Tréviers*, situé à 20 kilomètres de Montpellier, sur la route départementale n° 2 (de Montpellier à Mende, par Prades-le-Lez, Corconne et Quissac), — et qui constitue à l'heure actuelle le centre habité le plus vivant de la commune de Saint-Mathieu-de-Tréviers.

Le notaire, qui a inséré la pièce dans son recueil justificatif des droits du Chapitre de Maguelone, a traduit *Terrevias* par la forme *de Tribus viis*, — dont l'intention étymologique n'est pas difficile à saisir, et qui, malgré son inexactitude topographique[5], a été constamment employée, au moins depuis le XIII° siècle[6], pour désigner le village de Tréviés.

Cette forme vulgaire *Tréviés*, — que les temps modernes ont transformée abusivement en *Tréviers*, — dérive d'une façon tout à fait normale de *Terrevias* donné par la charte de 978. La seconde syllabe (RE), se trouvant post-tonique, devait naturellement disparaître, pour ne laisser dans l'usage que *Tervias*. — Que *Tervias* soit passé à *Trevias*, c'est là un phénomène dont les similaires sont trop abondants pour qu'il soit de quelque utilité d'en produire des exemples. Nous sommes en présence d'un cas absolument ordinaire.

Les amateurs d'onomastique anté-romaine pourront rechercher l'étymologie de *Terrevias*. Je me

---

[1] Ms.: *usumque fructum*.

[2] Ms.: *bato p*.

[3] Le 21 octobre 978.

[4] Cf. Germain, *Liber instrumentorum*, pp. 125-126 et 558-559.

[5] Les chemins importants qui se coupent *au-dessus* de Tréviers sont :
1° la route de Montpellier à Quissac, — qui laisse à main droite le Pic Saint-Loup, Montferrand, l'Ortus et le Causse de Rouet,
2° la route de Sommières et de la vallée du Vidourle à Saint-Martin-de-Londres et à la vallée de l'Hérault, — qui passe entre le Pic Saint-Loup et l'Ortus,
soit, pour le populaire, *quatre chemins* déjà, — sans compter les différents chemins secondaires, dans différentes directions.

[6] Cf. Thomas, *Dict. topog. Hérault*, p. 212.

bornerai à signaler l'identité de radical qui existe entre ce nom de localité et le nom du torrent, *le Terrieu*, qui passe entre Tréviers et Saint-Mathieu.

Est-ce la localité qui a donné son nom au torrent ? est-ce plutôt le torrent qui a donné le sien à la localité ? ou bien encore l'un et l'autre ont-ils une dénomination d'origine commune ?

Il n'y a pas lieu dans l'espèce de s'arrêter à ces questions. Il nous suffit d'avoir constaté que la forme populaire, encore en usage aujourd'hui, correspond exactement à la forme qui nous est fournie par la charte carolingienne.

A cet argument d'ordre philologique en faveur de l'identité de *Terrevias* et de *Tréviés*, s'ajoute un argument d'ordre historique.

Le village de Tréviers, — où l'on a, paraît-il, constaté des restes de la période romaine, — a été jusqu'au XVIII° siècle le siège d'un archiprêtré [1]. C'est là un fait qui témoigne de son ancienne importance. Il est tout naturel que le pouvoir ecclésiastique ait choisi pour un de ses chefs-lieux une localité qui était déjà un centre relativement considérable pour l'administration civile et judiciaire.

J'ajouterai une observation.

Le fait que la viguerie de Tréviés était cotée, au commencement du dernier quart du X° siècle, *in suburbio castro Substantionensis*, paraît bien indiquer qu'à cette date le château de Montferrand, — qui domine la vallée dans laquelle est construit Tréviés et qui fut si important durant toute la seconde partie de l'époque féodale, — ou n'existait pas ou n'occupait encore qu'un rang secondaire dans le *pagus* de Maguelone.

L'existence du château de Mauguio est constatée avec toute vraisemblance, dès la fin du X° siècle [2]. (La *motte* féodale autour de laquelle est bâti le village remonte sans doute à cette époque) [3]. — Montferrand, qui devait plus tard avec Mauguio détrôner Substantion, serait donc le dernier en date des trois principaux centres féodaux de ce *comitatus Substantionensis*, ensuite *comitatus Melgoriensis* [4], finalement *comitatus Melgorii sive Montisferrandi*, passé en 1215 aux mains de l'évêque

---

[1] Thomas, *Dict. topog. Hérault*, pp. 190 et 212-213.

[2] Charte datée : « feria septima, sexto idus julii, regnante Rothberto rege » = « samedi 10 juillet 996-1031 ». (Alaus, Cassan et Meynial, *Cartulaire de Gellone*, p. 56).

[3] Cette motte, utilisée dans les temps modernes pour un moulin à vent, vient de servir à l'installation d'un château d'eau municipal.

[4] La dénomination de *comitatus Substantionensis*, alias *Sostansonés*, resta en usage jusqu'à la fin du XII° siècle ; mais parallèlement, au moins à partir du second tiers de ce même siècle, on trouve la dénomination *comitatus Melgoriensis*. Les textes suivants en font foi :

Vers 1103. « Hic brevis memoratio, quo est inter Raimundo, comite Sustancionensi, et Guillelmum de Monte pistiliario, de ledda. ... ». (*Lib. instrum.*, édit. Germain, charte 63 [cf. ci-dessus 62], p. 111).

1130. « Et si homo vel femina, in toto comitatu Sustantionensi. ... ». (*Lib. instrum.*, charte 68 [cf. ci-dessus 67], p. 122).

Vers 1132. « Castrum de Monteferrando, cum omnibus suis pertinentiis et cum toto honore comitali qui est in comitatu Sustancionensi, supra caminum publicum qui ducit a ponte Fescal ad locum qui dicitur Vetula ...... Castrum de Monte ferrando, cum toto honore comitatus Melgoriensis, qui est supra predictum publicum caminum .... Melgorium, cum reliquo comitatu Melguriensi, qui est infra caminum supradictum, versus mare ...... Melgorium, cum Meigoriensi comitatu, qui est infra caminum, versus mare ..... Et quamcumque de filiabus tuis in uxorem accipiam, habebo Melgorium in dote cum ea, cum alio honore qui est in comitatu Melgoriensi infra caminum, versus mare...... ». (*Lib. instrum.*, charte 71 [cf. ci-dessus 70], pp. 128 et 129).

1145 ou 1146, mars. « Et si homo vel femina, in toto comitatu Sustancionensi hoc fecerit, cum tu, Beatrix, Melgoriensis comitissa, filia Guilielmo comitisse et Bernardi quondam comitis Melgorii, et tu, Bernarde Peleti, comes Melgoriensis.... ». (*Lib. instrum.*, charte 77 [cf. ci-dessus 76], p. 145).

1149, juillet. « Ego Beatrix, comitissa Melgorii, filia

de Maguelone[1]. Mais s'il fut le plus récent de ces trois châteaux, il fut en revanche le mieux situé et le plus puissant au point de vue militaire. Et à l'heure actuelle, c'est le seul des trois dont une partie des constructions se soient conservées, — quelque bonne volonté qu'aient mise Louis XIII et plus tard l'évêque Colbert de Croissy[2] à le faire démolir.

Je reviens au Xe siècle, — pour conclure.

Les faits résultant des textes que nous venons de passer en revue et des observations que nous venons de présenter peuvent se résumer ainsi :

1. La formule *in suburbio* ne correspond pas à une circonscription administrative. Ce n'est qu'une indication d'ordre topographique, analogue comme sens à la formule *sub castro*. Par suite, il n'y a pas lieu d'admettre comme « subdivision du *pagus* ou du *comitatus Magalonensis* » une « circonscription particulière soumise à Substantion » et « qualifiée de *suburbium* ».

2. Dans le *pagus Magalonensis*, devenu comté de Substantion, de même que dans les autres *pagi* ou comtés du Bas-Languedoc, il n'y avait pas de viguier en titre au chef-lieu du *pagus*, à côté du comte. Par suite, il n'existait pas de viguerie de Substantion.

3. Les circonscriptions du *pagus Magalonensis* qui nous sont indiquées par les textes, jusqu'ici connus, comme ayant été organisées en vigueries et en ayant porté le titre, sont au nombre de quatre seulement. Elles auraient eu pour chefs-lieux : Maguelone, Agonès, Saint-Bauzille-de-Montmel et Tréviés. — L'existence d'une viguerie à Maguelone, entre les années 996 et 1048, aurait besoin d'être confirmée par de nouveaux documents. — L'existence des vigueries d'Agonès, de Saint-Bauzille-de-Montmel et de Tréviers semble bien pouvoir être considérée comme définitivement acquise.

4. La viguerie de Maguelone, si toutefois elle a réellement existé, devait comprendre spécialement le littoral. Mauguio en aurait fait partie.

5. La viguerie d'Agonès ne s'étendait pas jusque dans le terroir actuel du canton de Castries. Elle avait dans son ressort une partie de la vallée de l'Hérault et les vallées de la Buège et de l'Alzon.

6. La viguerie de Saint-Bauzille-de-Montmel englobait une partie des cantons actuels de Claret, des Matelles et de Castries. Elle s'étendait au nord-est jusque vers les confins du département du Gard.

7. La viguerie de Tréviers avait son centre dans la vallée du Terrieu et devait s'étendre entre les vigueries d'Agonès et de Saint-Bauzille-de-Montmel.

Montpellier, le 28 avril 1902.

---

et heres Bernardi, comitis quondam Melgorii, ... in toto Melgoriensi et Sustancionensi comitatu ....». (*Lib. instrum.*, charte 85 [cf. ci-dessus 84], pp. 156-157).

1190 (n. st.), le 3 mars. «In caminis de Sostanzones et episcopatus Magalone ...... In toto comitatu Sustancionensi ....». (*Lib. instrum.*, charte 87 [cf. ci-dessus 86 et 655], p. 162).

1190 [?]. «In caminis de Sostansones». (*Lib. instrum.*, charte 91 [cf. ci-dessus 90], p. 169).

1194, le 29 mai. «Raymundo, comiti Tolose et Melgorii..... In toto Sustancionensi ». (*Lib. instrum.*, charte 90 [cf. ci-dessus 89], p. 168).

[1] Sur l'inféodation du comté de Mauguio et de Montferrand, par le pape Innocent III, à l'évêque de Maguelone Guillaume d'Autignac, voir notamment Germain, *Hist. Commune Montpellier*, tome I, pp. 230-231 et 303 à 305, et ci-dessus pp. 335, 348, etc.

[2] Cf. Germain, *Mém. Soc. archéol. Montp.*, t. III, pp. 619-620 et t. VII, pp. 189 et 226.

DOCUMENTS

COMPLÉMENTAIRES

DOCUMENTS COMPLÉMENTAIRES

MONTPELLIER, SAINT-CLÉMENT-LA-RIVIÈRE, MONTFERRIER, GRABELS, CASTELNAU-LE-LEZ, LATTES

I

L'adduction des eaux de la Lironde à Montpellier, au XIIIᵉ siècle

1267, le 7 juin, Huesca. — Lettres de Jacques Iᵉʳ, roi d'Aragon et de Majorque, — autorisant les Consuls de Montpellier à lever une taille, en vue de l'adduction des eaux de la Lironde au palais royal du dit Montpellier et de là dans les autres endroits de la ville, — à charge par eux de lui rembourser annuellement les 200 sous melgoriens que son puits lui rapporte[1].

Noverint universi quod nos Jacobus, Dei gratia, rex Aragonum, Majoricarum et Valencie, comes Barchinone et Urgelli et dominus Montispessulani.

Damus licentiam et plenum posse vobis fidelibus nostris Consulibus Montispessulani, quod, — pro adducenda aqua de la Lionda ad Palacium nostrum Montispessulani, — possitis levare seu facere talliam sive comune, in hunc modum quod quilibet de Montepessulano donet, singulis diebus dominicis, in dicta tallia seu comune, pro centum libris quas habeat in denariis, unum denarium, et pro ducentis libris quas habeat in possessionibus, unum denarium, — et hoc duret tantum donec dictam aquam adduci feceritis ad dictum Palacium nostrum et exinde ad alia loca ville Montispessulani.

---

[1] Archiv. municip. Montpellier, Grand Chartrier, art. 648, armoire B, cassette 5, nᵒ 1 ; pièce datée «1267»). — Cf. *Archives de la ville de Montpellier*, tome I, inventaire de Louvet, édit. Berthelé, p. 61, art. 648.
Cette pièce a été mentionnée — en 1737, par D'Aigrefeuille, dans son *Hist. de Montpellier*, édit. in-fol., tome I, pp. 515 et 580 ; cf. l'édit. in-4ᵒ, tome II (1877), pp. 287 et 384 ; — en 1766, d'après D'Aigrefeuille, dans l'*Hist. de la Société royale des Sciences établie à Montpellier*, tome I, pp. 246-247 ; — en 1851, par Germain, dans son *Hist. de la commune de Montpellier*, tome III, pp. 375-376 ; — en 1883, par Germain, au cours de ses *Études archéologiques sur Montpellier*, dans les *Publications Soc. archéol. Montp.*, in-4ᵒ, tome VIII, fasc. nᵒ 48, p. 200, — et en 1886, par le sympathique et érudit Docteur Coste, ancien maire de Montpellier, dans sa Notice historique sur *les Anciennes Fontaines de Montpellier*, publiée par la *Société languedocienne de Géographie*, tome IX, p. 356 ; cf. le tirage à part (in-8ᵒ de 52 pp. avec planches hors texte), p. 8.
C'est par erreur qu'elle a été indiquée (*Soc. lang. Géogr.*, t. IX, p. 356, note 1) comme «reproduite dans le *Grand Talamus*, fol. 60 ». — La «libertat de prendre l'ayga de la fontayna de la Lyonda [pour la conduire à Montpellier]», qui a été transcrite dans le *Grand Thalamus* (fol. 60 rᵒ, art. 154¹, émane bien, elle aussi, de Jacques Iᵉʳ, roi d'Aragon et de Majorque, mais elle est postérieure de cinq ans à celle qui nous occupe en ce moment : *datum aput Pulcrum Podium, IIIᵒ nonas junii 1272ᵒ*.

Predictam autem concessionem vobis facimus in hunc modum quod donetis semper nobis et nostris in redditibus annuatim ducentos solidos melgoriensium, quos de puteo nostro Montispessulani habemus.

Datum Osce, vii° idus junii anno Domini m°cc°lx° septimo.

II

L'adduction des eaux de la Lironde à Montpellier, au XIII° siècle

1272, le 3 juin, Bellpuig. — « *Libertat de prendre l'ayga de la fontayna de la Lyonda*, pour la conduire à Montpellier ». — Lettres de Jacques Ier, roi d'Aragon et de Majorque, seigneur de Montpellier, — autorisant les Consuls de Montpellier — 1° à capter l'eau de la Lironde, pour la conduire à Montpellier et en faire ensuite la distribution qu'ils voudront, à charge d'indemniser les personnes dont il faudra traverser les possessions ; — 2° à lever une imposition pour faire face à cette dépense[1].

Noverint universi quod nos Jacobus, Dei gratia, rex Aragonum, Majoricarum et Valencie, comes Barchinone et Urgelli et dominus Montispessulani, — per nos et nostros, damus et concedimus vobis Bernardo Petri[2] et Johanni de Rippa, consulibus Montispessulani, recipientibus pro vobis et aliis conconsulibus[3] et tota universitate omnium et singulorum hominum Montispessulani, — quod possitis libere et sine aliquo impedimento nostro et nostrorum accipere aquam de fonte illo qui vocatur Lihonda, ubicumque aquam ipsam accipere poteritis et volueritis, et eam per quecumque loca volueritis ducere ad villam Montispessulani et ipsam inde dirivare seu dividere ad que et quot loca volueritis et prout vobis visum fuerit expedire, — vobis tamen restituentibus et emendantibus dampnum quod intuleritis aliquibus personis, in hereditatibus, domibus seu aliis possessionibus suis, per quas dictam aquam transicritis seu transire feceritis, ad arbitrium et cognicionem Hugonis Fabre et Johannis de Rippa, quos nos ad hoc ducimus assignandos.

Concedimus insuper vobis quod, pro predictis complendis, possitis facere et levare comune, quod in diebus dominicis, pro muris faciendis, levari seu fieri consuevit in Montepessulano seu aliàs secundum quod vobis videbitur expedire.

Datum aput Pulcrum Podium, iii° nonas junii, anno Domini m°cc°lxx° secundo[4].

---

[1] Archiv. municip. Montpellier : — 1° charte originale, jadis conservée dans le Grand Chartrier, première armoire des petits tiroirs, 18° tiroir (cf. l'inventaire de Louvet, édit. Berthelé, dans *Arch. Montp.*, tome I, p. 379, art. 4248) ; — transportée ensuite dans la liasse A du Cabinet Doré (cf. l'inventaire ms. de Joffre et Darles, *II*. 12, fol. 128 v°-129 r°, n° 5) ; — aujourd'hui conservée dans la grande layette n° 8, art. O. 386 ;

2° copie dans *AA. 4 = Grand Talamus*, fol 60 r°, art. 154 (cf. ci-dessus l'inventaire de Joffre, édit. Berthelé, dans *Arch. Montp.*, tome III, p. 109, art. 766).

Cette pièce a été mentionnée — par Germain, *Hist. Commune Montpellier*, tome III, p. 376, et *Publ. Soc. archéol. Montp.*, in-4°, tome VIII, p. 200, — et par le Dr Coste, *Soc. lang. Géogr.*, tome IX, p. 356 (cf. tirage à part, p. 8).

[2] Grand Talamus : *B(er). P.*

[3] Grand Talamus : *consulibus*.

[4] La transcription du Grand Talamus s'arrête ici.

Signum +✠+ Jacobi, Dei gratia, regis Aragonum, Majoricarum et Valencie, comitis Barchinone et Urgelli et domini Montispessulani.

Testes sunt — Gasco, vicecomes Biarn....., — Raimundus, vicecomes Cardone, Jaufridus, vicecomes de Rochabertino, — Raimundus de Urgio, G. de Rochafolio.

Sig+num Michaelis .....l...ta, qui mandato domini regis hec scribi fecit, loco, die et anno prefixis.

III

La question des eaux à Montpellier, au XIVᵉ siècle

[1318 ?], le 7 mars, Avignon. — Lettre de l'évêque de Maguelone A[ndré de Frédol], aux Consuls de Montpellier, — les autorisant à établir un aqueduc à travers les terres de l'église de Maguelone, sauf indemnités à qui de droit, — et leur demandant une concession d'eau pour le Palais épiscopal de Montpellier[1].

Venerabilibus et circumspectis viris, amicis nostris carissimis, dominis .. consulibus Montispessulani, — A., miseratione divina episcopus Magalonensis, salutem et prosperum gratie salutaris augmentum.

Fervens affectio et sincera, quâ vos in caritatis visceribus amplexamur, vestra negocia quodam modo nostra facit nosque propentius inducit ut, in hiis que juste possumus, vestris supplicationibus favorabiliter annuamus.

Nuper siquidem pro parte vestra nobis extitit supplicatum ut, cum proponatis in villa Montispessulani predicta fontem construi ex cujusdam fontis aquâ, cujus meatus fieri oportet per terram et juridictionem nostram ac possessiones que a nobis et ecclesia Magalonensi tenentur ad feudum, de faciendo in terris, juridictione et possessionibus supradictis decursus sive meatus aque predicte, vobis assensum, auctoritatem et licentiam preberemus, presertim cum sitis parati nobis et quibuscumque personis, de dampnis que propterea pati contigerit, facere satisfactionem condignam.

Nos itaque considerantes attentius negotium hujusmodi fore plurimum utile ac sic, prestante Domino, modernis et posteris accomoda plurima allaturum, cum ingenti gaudio, tenore presentium, vobis liberali affectione concedimus quatinus vobis liceat opus predictum inchoare ac prosequi et decursus aque predicte facere in terris, juridictione et possessionibus supradictis, facta tamen nobis et quibuscumque personis de interesse, gravaminibus atque dampnis, que propter predicta pati contigerit, satisfactione condigna, salvoque in omnibus et per omnia jure nostro et ecclesie Magalonensis predicte, — attenta sollicitudine facientes taliter quod hujusmodi negotium prosperum et celerem sortiatur effectum, nec vos tanti laboris tedium a studio celeris consummationis retrahat, verum cum anteacta promtitudine ac fervore opus jam dictum velociter consummate.

[1] Archiv. municip. Montpellier, Grand Chartrier, art. 649 (armoire B, cassette 5, n° 2). — Cf. *Archiv. Montp.*, tome I, inventaire de Louvet, édit. Berthelé, p. 61, art. 649.

Cette pièce n'a pas été mentionnée par Germain, ni par M. le Dʳ Coste.

Inter cetera amiciciam vestram, quam in thesauris specialis affectionis inter cariora servamus, cariori quo possumus deprecamur affectu, idque fieri cum instantia postulamus, quatinus ad aulam nostram Montispessulani aliqualem decursum aque predicte concedatis adduci. Sic si placet vos in predictis habentes quod inde vobis ad votiva cum gratiarum actione multimoda, strictius obligemur. Mandantes vobis fiducialiter, si que volueritis in hiis et aliis, nos facturos, parati namque semper erimus pro vobis cum promtitudine facere quicquid juste poterimus, specialiter ea que respiciunt decus vestrum.

Valere vos faciat Dominus salubriter, ut optamus.

Datum Avinione, die VII^a mensis marcii.

[Au dos de la lettre :] — Venerabilibus et circumspectis viris, dominis .. consulibus Montispessulani, amicis nostris carissimis, — A., episcopus Magalonensis.

IV

La question des eaux à Montpellier, au XIVe siècle

1318 (n. st.), le **17 février**. — Mandement du roi de France Philippe le Long au Sénéchal de Beaucaire et au Recteur de Montpellier, — leur enjoignant de faciliter aux Consuls de Montpellier les expropriations nécessaires pour l'adduction des eaux[1].

Philippus, Dei gratia, Francorum et Navarre rex, Senescallo Bellicadri et Rectori nostro Montispessulani vel eorum [loca] tenentibus, salutem.

Cum nos de gratia speciali concesserimus dilectis nostris Consulibus ville Montispessulani pavagium seu barram, causa ducendi fontes et aquas ad dictam villam, prout in litteris nostris concessionis predicte plenius dicitur contineri, dictusque aquarum ductus commode ad dictam villam derivari nequeat absque foncium, possessionum et locorum privatorum explectatione, — attendentes publica commoda debere privatis, presertim absque eorum magno incommodo, anteferri, vobis et vestrum cuilibet precipimus et mandamus quatinus quorumcumque privatorum hominum possessiones, fontes et loca neccessaria ad predicta, cum satisfactione debita pro dictis locis seu possessionibus eorum dominis per dictos consules facienda, eosdem consules habere et explectare, prout ipsis expedire videritis, debite faciatis, — sic diligenter agentes quod, ob vestri defectum, dictus aquarum decursus et ductus nullatenus retardetur.

Datum Parisius, XVII^a die febroarii, anno Domini M°CCC° decimo septimo[2].

[1] Archiv. municip. Montpellier, Grand Chartrier, art. 650 (armoire B, cassette 5, n° 3 ; pièce datée « 1317 »). — Cf. *Archiv. Montp.*, tome I, inventaire de Louvet, édit. Berthelé, p. 61, art. 650.

Cette pièce a été mentionnée — par Germain, *Hist. Commune Montp.*, tome III, p. 376, et dans les *Publ. Soc. archéol. Montp.*, tome VIII, p. 200, — et par M. le Dr Coste, *Soc. lang. Géogr.*, tome IX, p. 356.

[2] « 1317 » (Louvet, Desmazes, Germain et Coste).

V

La question des eaux à Montpellier, au XIVᵉ siècle

1325 (n. st.), 15 mars. — Mandement du roi de France Charles le Bel au Sénéchal de Beaucaire, lui enjoignant de veiller — 1° à ce que le *barrage* accordé tant pour la réparation des chemins que pour l'adduction des eaux ne soit point employé à d'autres usages, — 2° à ce que sa Part (Montpelliéret) soit munie de fontaines tout aussi bien que Montpellier[1].

Karolus, Dei gratia, Francorum et Navarre rex, Senescallo Bellicadri vel ejus locum tenenti, salutem.

Cum nos consulibus Montispessulani, per alias nostras patentes litteras, graciose duxerimus concedendum ut ipsi per certum tempus barragium sive pavagium et in Parte nostra, ut consuetum est, per se vel deputandos ab eis, possint exigere et levare, tam pro itineribus publicis reficiendis quam etiam aque ductu, — mandamus vobis quatinus diligenter et sollicite custodiatis et custodiri faciatis ne exitus dicti barragii in alios usus quam in quos concessimus convertantur, et aquam in Parte nostra adduci in locis oportunis, sicut in aliis locis dicte ville, ex dictis exitibus faciatis.

Datum Parisius, xv die martii, anno Domini M°CCC° vicesimo quarto.

VI

La question des eaux à Montpellier, au XIVᵉ siècle

1333, le 23 mai, Montargis. — Lettres patentes de Philippe de Valois, accordant aux Consuls de Montpellier le renouvellement, pour deux années, du *barrage* destiné à faire face à la réparation des ponts, etc.

1333, le 7 juin, Paris. — Vidimus des dites lettres royaux par Jean de Milon, garde de la Prévôté de Paris[2].

A touz ceus qui ces lettres verront, Jehan de Milon, garde de la Prévosté de Paris, salut. — Savoir faisons que nous, l'an de grâce mil CCCXXXIII, le lundi sept jours de juing, veismes les lettres nostre sire le Roy contenans la forme qui s'ensuit :

PHILIPPE, par la grâce de Dieu roy de France, à touz ceus qui ces présentes lettres verront, salut. Savoir fasons que nous enclinans à la supplication des Consuls et habitans de la Ville de Mont-

---

[1] Archiv. municip. Montpellier, Grand Chartrier, art. 651 (armoire B. cassette 5, pièce n° 4 ; pièce datée : « 1324 »). — Cf. *Archiv. Montp.*, tome I, inventaire de Louvet, édit. Berthelé, p. 61, art. 651.
Cette pièce a été mentionnée par le Dʳ Coste, *Soc. lang. Géogr.*, tome IX, p. 356.

[2] Archiv. municip. Montpellier, Grand Chartrier, art. 652 (armoire B, cassette 5, n° 5; pièce datée : « 1333 »). — Cf. *Archiv. Montp.*, tome I, inventaire de Louvet, p. 61, art. 652.

pellier, leur avons octroyé et octroyons de grâce espécial, pour la réparation des pons, des chaucées et des maus pas du lieu et des appartenances, barrage ou pavage, à lever, queuillir et recevoir de nostre auctorité, par les diz Consuls ou par leurs deputez en la dicte Ville, de la prouchaine feste de la Nativité Saint Jehan Baptiste jusques à deux ans continuelment ensui[v]ans, en la manière que autre foiz a esté levé en la dite Ville, pour tourner et convertir ès dites réparations et non ailleurs.

En tesmoing de laquele chose, nous avons fait mettre nostre seel en ces presentes lettres. — Donné à Montargis, le XXIIII jour de may, l'an de grâce mil ccc trente et trois.

En nous en ce présent transcript avons mis le seel de la Prévosté de Paris, l'an et le jour dessus diz. — J. CLAMART.

VII

La question des eaux à Montpellier, au XVe siècle

1456, le 18 juin. — Lettres patentes de Charles VII, autorisant les Consuls de Montpellier à lever, pendant dix ans, un barrage « sur aucunes denrées et choses entrans et yssans en la dicte ville », — la moitié du produit de ce barrage devant être employée à « faire venir en la dicte ville, par conduiz soubz terre, l'eaue d'une fontaine qu'ilz ont trouvée à une lieue et demie de la dicte ville ou environ[1] ».

Charles, par la grâce de Dieu roy de France, à tous ceulx qui ces presentes lettres verront, salut.

Receue avons l'umble supplicacion de noz bien amez les Consulz et habitans de nostre ville de Montpellier, contenant que anciennement icelle nostre ville est l'une des notables villes de nostre pays de Languedoc et où communément fréquentent plusieurs gens, tant de noz officiers comme de nacions estranges, pour ce qu'elle est plus prouchaine des pors de la mer que autre ville notable de nostre dit pays, — et à ceste cause ont les diz supplians plusieurs grandes et continueles charges en ce que touche le fait commun d'icelle ville, laquelle souloit estre grandement peuplée de grant nombre de riches marchans et autres gens notables de divers estaz, maiz puis certain temps en çà elle est grandement apovrie et diminuée, tant de habitans que de chevance, pour occasion des grans charges que les diz habitans en icelle ont eues à supporter pour les affaires de nous et la deffense de nostre seigneurie, en quoy ilz ont libéralement contribué selon leurs facultez, quant besoing en a esté, — et aussi sont diminuez de habitans pour les grans mortalitez et indisposicion de air, qui a esté plusieurs années passées, comme encores est ou dit païs, à l'occasion desquelles choses plusieurs des diz habitans sont mors et autres s'en sont alez demourer ou païs de Catheloigne et autre part;

Et sont par ce moien demourées aus diz supplians plusieurs grans restes à paier des impostz et taux des diz habitans ainsi mors et absentez, au paiement desquelz ilz n'ont peu fournir, pour ce que tous les deniers que leur avions acoustumé donner depuis ..... [2] ans en çà sur leur portion de

---

[1] Archiv. municip. Montpellier, Grand Chartrier, art. 653 (armoire B, cassette 5, n° 6; pièce datée : « 1456 »). — Cf. Archiv. Montp., tome I, inventaire de Louvet, pp. 61-62, art. 653.

Cette pièce a été mentionnée par M. le Dr Coste, Soc. lang. Géogr., tome IX, p. 356 (cf. tir. à part, p. 8).

[2] Le chiffre a été laissé en blanc.

noz tailles, ont esté emploiez à la construction d'une Loge à marchans, qui a esté faicte depuis le dit temps, à l'entreprinse de Jaques Cuer, en la dicte ville, — par quoy sont encouruz en grans restes et debtes envers plusieurs de qui ilz ont emprunté[1], pour lesquelles et autrement ilz sont constituez en grans involucions de procès en diverses cours et juridicions.

Et avec ce nous ont fait remonstrer que nostre dicte ville est très mal pourveue d'eaue doulce et que à la dicte cause se sont, le temps passé, ensuiz plusieurs grans inconvéniens ès personnes de plusieurs des diz habitans et font encores chascun jour, — et que eulx voulans à ce obvier et pourveoir, avoient advisé de faire venir en la dicte ville, par conduiz soubz terre, l'eaue d'une fontaine qu'ilz ont trouvée à une lieue et demie de la dicte ville ou environ, en lieu bien disposé à ce faire[2];

Et pareillement est et sera besoing de faire plusieurs grans reparacions, tant en la fortifficacion et emparement de nostre dicte ville que ès chemins, pons et passaiges d'entour icelle ville.

Mais les dictes choses seront de grant coust et ne pourroient d'eulx mesmes fournir aux choses

---

[1] Ms.: *emprumté* ou *empruncté*.

[2] Dans une cote inscrite sur la pièce, Desmazes a identifié la source, que la Ville de Montpellier se proposait de capter en 1456, avec « *la fontaine Saint-Clément* ». Cette identification a été admise par M. le D' Coste. Les lettres patentes en question s'expriment cependant d'une façon moins catégorique ; elles constatent seulement que les Consuls « avoient advisé de faire venir en la dicte ville, par conduiz soubz terre, l'eaue d'une *fontaine qu'ilz ont trouvée à une lieue et demie de la dicte ville* ou environ, en lieu bien disposé à ce faire ».

Ce qui paraît bien indiquer qu'il s'agit, dans ce dernier document, de la *fontaine Saint-Clément*, c'est la cote manuscrite placée au xv siècle à l'intérieur du couvercle de la cassette *B. 5.*, cote qui est ainsi conçue : « DE L'AYGA DE LA FON DE LA LYONDA ET DE SANT-CLEMENS ».

L'inventaire des Archives rédigé en 1495 (*II, 3*) porterait à croire, au contraire, qu'il s'agit, dans ces lettres de 1456 comme dans les titres précédents de la cassette *B. 5*, de l'eau de *la Lironde*. Voici textuellement le passage de l'inventaire de 1495 :

« En l'autre caisse *B*, nombre v, son las causas que s'en seguen. — *Los Comsols et abitans de Montpelie podom prene aygue de la font de Lihonde*. Primo, unes lectres reals contenant que los Consols, per tous los habitans de Montpellier, poguessen prene aygue de la font appellade Lihondo, là on la volian prene, et la menar là ont bon lur semblaria ; signades dessus *B. xv*. — *Aco mêmes*. Item, autres lectres reals del Rey Jaume de Malhorque, contenant licence donade als dietz Consols que per menar l'aigue de la Lihonda al palays de Montpellier, pouguessen levar ou faire tailho comune ; signades dessus *A. vIII*. [auj. n° 648]. — *Aco même*. Item autres lectres reals soubre acos mêmes » (fol. 82 v° et 83 r°).

Nous nous trouvons donc en présence de deux témoignages, — approximativement contemporains l'un de l'autre et qu'une quarantaine d'années au maximum sépare de l'année 1456, — qui tendraient à établir, l'un, que la captation de la fontaine Saint-Clément, menée à bonne fin au xvIII° siècle, aurait été essayée ou tout au moins projetée dès le milieu du xv°, — l'autre, que l'on ne fit, au milieu du xv° siècle, que reprendre la captation des eaux de la Lironde déjà tentée vers 1270. Le texte des lettres patentes de 1456 semblerait plutôt favorable à la première de ces conclusions : il y est question d'une fontaine que les Consuls « ont trouvée ». S'il y a eu réellement découverte d'une source, il est probable qu'il s'agit de la fontaine ou plus exactement d'une des fontaines de Saint-Clément. La Lironde et ses sources étaient connues depuis longtemps.

La question se trouve tranchée définitivement, en faveur d'une des sources de Saint-Clément, par les deux documents du mois d'avril 1410, relatifs au *Nivellement de la fontaine de Saint-Clément*, qui ont été publiés par Renouvier et Ricard, à la suite de leur étude sur les *Maîtres de pierre et ... autres artistes gothiques de Montpellier*. — D'après ces documents, « Estève Salvador, sicutadan de Narbona (Stephanus Salvatoris, anivelator, civis Narbonensis) », examina, de concert avec plusieurs fustiers, peyriers, etc., « si fons Sancti Clementis, vallis Montisferrandi, posset trahi per conductus ad presentem villam, pro servicio gentium et habitantium in cadem ». — « Per lo nivel an trobat que l'aygua de la dicha fon pot venir a las auzidas del parapiech del cloquier de Nostra Dona de Taulas ». — « Parten de la dicha fon, seguen lo drech camy de Montferrier, et de Montferrier seguen hun camy et venen sobre la candoraria dels heretiers d'en Guiraut Roqueta, et passada la Gironda, seguen hun camy vers la guarrigua del sen Johan Columbier, venen vers Botonet, et de Botonet al Palays, an trobat v m. canas ». (Renouvier et Ricard, op. cit., dans les *Publications de la Société archéol. de Montpellier*, in-4°, tome II, p. 273, et tirage à part, p. 143).

dessus dictes, né à la poursuite et conduite de leurs diz procés, sans avoir aucun aide entre eulx, — et pour ceste cause avoient advisé, pour le plus aisié et moins grevable au peuple, de lever aucuns deniers par manière de barraige sur aucunes denrrées et choses entrans et yssans en la dicte ville et autrement, ainsi qu'il seroit advisé pour le plus aisié et moins grevables, s'il nous plaisoit leur donner sur ce noz congié et licence, comme ilz nous ont fait dire et remonstrer, — requérans humblement que, attendue la grant diminucion et dépopulacion de la dicte ville et le très grant bien et utilité qu'il adviendra à icelle par le moien de la dicte fontaine, s'ilz pevent tant faire qu'elle y vieigne, il nous plaise sur ce leur impartir nostre grâce.

Savoir faisons que nous, — les choses dessus dictes considérées, — voulans et désirans le bien et entretènement de nostre dicte ville et soulaigier les diz supplians le plus que bonnement faire se pourra, — et sur ce eu l'adviz et conseil d'aucuns noz officiers congnoissans le fait et estat en quoy est à présent nostre dicte ville, — aus diz supplians, pour ces causes et autres à ce nous mouvans, — avons donné et octroié, donnons et octroions de grâce espécial, par ces présentes, congié et licence de mettre sus, imposer et lever, ou faire lever par ceulx qui seront à ce commis de par eulx, en nostre dicte ville de Montpellier, tel aide ou barraige comme — par eulx ou les esleuz de par iceulx supplians présens à ce, et par le conseil de noz amez et féaulx conseillers maistre Estienne Petit, trésorier général de Languedoc, Otto Castellan, nostre argentier, de Pierre Castellain, visiteur général de noz gabelles à sel ou dit païs de Languedoc et de nostre gouverneur de Montpellier, ou les trois ou deux d'eulx, — sera advisé moins dommaigeable et grevable pour le peuple, que faire se pourra, — jusques au terme de dix ans prochainement venans, à compter du jour que le dit aide ou barraige sera mis sus.

Pour les deniers qui en ystront, estre convertiz et employez, c'est assavoir la moitié à l'ouvraige de la dite fontaine, — et l'autre moitié ès autres choses et affaires dessus diz, et non ailleurs, — pourveu que à ce se consente ou soit consentié deuement la plus grant et saine partie des diz habitans, — que noz deniers, tant de nostre dommaine, de l'équivalent ayant cours ou lieu des aides ou dit pays et autres quelzconques, n'en soient aucunement diminuez, retardez ou empeschez, — et que cellui ou ceulx qui en feront recepte, seront tenuz d'en rendre compte et reliqua par devant noz officiers qu'il appartiendra en nostre dicte ville de Montpellier, toutes foiz que mestier sera.

Si donnons en mandement, par ces dictes présentes, aux Gouverneur, Recteur de la Part Antique, Baile et Juge du Petit Seel de Montpellier et à tous noz autres justiciers et officiers ou à leurs lieuxtenants et à chascun d'eulx, si comme à lui appartiendra, que les diz supplians, leurs commis et depputez facent, souffrent et laissent joïr et user paisiblement et à plain de noz présentes grâce, congié, licence et octroy, durant le temps dessus dit, — sans leur faire ne souffrir estre fait aucun destourbier ou empeschement au contraire, ainçois se fait ou donné leur avoit esté ou estoit en aucune manière, si l'ostent ou facent oster et mettre sans délay au premier estat et deu, en contraignant ou faisant contraindre à paier le dit aide ou barraige, après ce qu'il aura esté mis sus et imposé par la manière devant dicte, tous ceulx qu'il appartiendra par toutes voyes et manières deues et raisonnables, — car ainsi nous plaist-il estre fait et aus diz supplians l'avons octroié et octroions de grâce espécial par ces dites présentes. — En tesmoing de ce, nous avons fait mettre nostre seel à ces dictes présentes.

Donné au Vivier, près Esbreule, le dix-huit^{me} jour de juing, l'an de grâce mil cccc cinquante six et de nostre règne le XXXIIIIme.

VIII
La Triperie du Roi de Majorque à Montpellier (1297)

1296, le 6 juillet, Perpignan. — Procuration générale donnée par Jacques Ier, roi de Majorque, seigneur de Montpellier, — à Mathieu Boyer, de Puycerda, — pour l'administration de ses biens dans la ville et la baronnie de Montpellier.

1297, le 6 septembre, Montpellier. — Bail à nouvel acapt, — par Mathieu Boyer, procureur du Roi de Majorque dans la ville et la baronnie de Montpellier, — à Bringuier Sarralier, mazelier de Montpellier, — de maisons attenantes, sises à Montpellier dans la Vacarié Méjane et comprenant la maison appelée la Catalogne, autrement dit la Grenade, qui sert de Triperie, — moyennant 1° une entrée de cent sous melgoriens, 2° un usage ou cens annuel de 14 livres de la même monnaie, — le dit usage devant être réduit à l'albergue annuelle de trois chevaliers, si la Triperie venait à être transportée ailleurs.

1299, le 16 septembre. — Confirmation, — par Estève Sabors, suppléant du lieutenant du Roi de Majorque à Montpellier, — du bail à nouvel acapt fait à Bringuier Sarralier[1].

Anno Dominice[2] incarnationis millesimo ducentesimo nonagesimo septimo, scilicet octavo idus septembris[3], domino Philippo, rege Francorum, regnante.

Noverint universi quod ego Matheus Boerii, procurator illustris domini regis Majoricarum in Montepessulano et tota ejus baronia, auctoritate et potestate mihi data et concessa ab eodem domino rege, mutando et mutare volendo[4] locum vocatum hactenus CATALONIAM, ad vendendum carnes infrascriptas, ad locum inferius confrontatum et designatum, — ob evidentem utilitatem domini regis predicti, bona fide, omni dolo et fraude carentibus, omnibus etiam et singulis remotis, rejectis et exclusis, quibus presens contractus seu instrumentum in totum vel in partem posset rescindi, retractari vel etiam annullari, — cum hoc publico instrumento do, trado, cedo, concedo et in perpetuum, accapiti nomine sive in emphiteosim, derelinquo tibi Berengario Sarralerii[5], macellario

[1] Archives hospitalières de Montpellier, fonds de l'Hôpital général, liasse B. 535, — dossier coté : « liasse première, n° 1er » et composé de quatre pièces, papier, savoir :
A. Copie intitulée : « Contract de bail et inphéodation de la maison de la Cathaloune ou Granade, avec la faculté », - la dite copie, signée : « Sarrus » (s. d.) ;
B. Copie intitulée : « Bail à nouvel achapt de la maison appelée de Catalogne sive Grenade, ... par le seigneur de Montpellier à Bringuier Saralleri, sous la redevance de 14 livres melgoriens », - la dite copie, exécutée d'après les Archives de la « Senéchaussée de Nimes, armoire S, viguerie de Montpellier en général, liasse des titres particuliers, n° 3, fol. 145 », et collationnée par le « conseiller garde du thrésor des chartes et archives du domaine du Roy, près la Cour des Comptes, Aides et Finances de Montpellier » (s. d.) ;
C. Traduction française, intitulée : « Nouvel achait et emphitéose du lieu appellé Catalongne, pour vendre les chairs, fait par Mathieu Boery, procureur du Roy de Malhorque » ;
D. Copie et traduction d'une « clause tirée de l'acte du 8 septembre 1297, concernant la Triperie ».
— Nous reproduisons ici la copie B, qui est visiblement (quoique moins ancienne) plus exacte que la copie A. — Les variantes présentées par la copie A sont très nombreuses et dénotent chez le copiste des habitudes orthographiques assez indépendantes : nous nous bornerons à noter les variantes réellement importantes.

[2] D'une façon générale, nous corrigeons en -E la graphie -Œ, couramment donnée par la copie B.

[3] Copie A : *octavo septembris*, d'où la date « 8 septembre 1297 », donnée par A, C et D.

[4] Ce texte seul suffirait à établir, — contrairement à l'opinion émise dans les *Mém. Soc. archéol. Montp.* (série in-8°, tome 1er, pp. 186-187), — qu'il y a bien réellement eu transfert.

[5] Copie A : *Sarrallery*. — Traduction C : *Sarralery*.

Montispessulani, presenti, stipulanti et recipienti, et tuis, ad omnes voluntates tuas et tuorum in vita et in morte plenarie faciendas, ad habendum, tenendum et possidendum, dandum, vendendum, impignorandum vel quo alio modo tu vel tui volueritis alienandum, — exceptis tamen sanctis, clericis, militibus ac locis religiosis, — cum consilio semper et laudimio dicti domini regis Majoricarum et suorum vel ejus locumtenentis in Montepessulano.

Videlicet quamdam tenentiam domorum dicti domini regis, scitam in Vaccaria Mejana Montispessulani, in qua tenentia domorum est domus constructa, facta, mutata seu edifficata CATALONIA, alio nomine vocata GRANADA[1], infra quam cabasserii et bullerie istius ville Montispessulani vendunt

[1] 1386, le 28 mai. — Reconnaissance par Pierre Penhier, canabassier, à Bernard Palmier, bourgeois, trésorier royal de la ville et des baronnies de Montpellier et de l'Aumeladès, commissaire spécialement député sur le fait des reconnaissances royales : — « quamdam domum vocatam CATALONIAM sive GRANATAM (*Granade*), situatam infra muros Communis Clausure Monspeli, in carreria vocata Vaquariam Mejanam; confrontatur ex una parte cum hospicio domine Sarialherie...... ». (Archiv. Hôpital général Montp., liasse B. 535, pièce en parchemin cotée « n° III » et « n° 5 »; cf. la traduction, sur papier, cotée « n° XVIII »).

1533, le 29 mars. — « Recognicio Caroli Cotteti, massellarii Montispessulani, tutoris Valentini et Antonii Boussouncls fratrum Montispessulani », — « nobili et magnifico viro domino Petro de Gaudete, domino de Castro Novo et de Vaulceria, gubernatore ville et baroniarum Montispessulani et Homeladesii, commissario super facto recognitionum regiarum predicti gubernamenti et baroniarum ...... » : — immeubles divers « in carreria Magnæ Vaccariæ » et « in carreria Parvæ Vaccariæ » ; — « item plus, ... sub uzatico unius denarii turonensis, totum quoddam hospitium, dict *la Triparia*, situm infra muros, quod quondam fuit nobilis Bartholomei et Geofredii de Bousigues, et in carreria Parvæ Vaccariæ ; confrontatur ...... ». (Archiv. Hôpital général Montpellier, liasse B. 535, pièce en parchemin cotée « n° IIII » et « n° 6 », accompagnée d'une autre copie et d'une traduction française, toutes deux sur papier).

1671, le 18 août. — « Reconnaissance de Jean Mathieu, m⁰ pâtissier, [habitant à Montpellier] » : — « la sixiesme partie de maison de la Triperye, communement appelée Cathalongne ou Granade, au sixain Saint-Paul, isle de Carbonnier, confrontant...... du couchant la rue de la Petite Vacarié, ... soubz la censive anuelle et perpétuelle de un denier, conjointement avec les autres tenanciers de la dite maison, quy sont sieur Jean Boussonnel, Louis Benezech, les Pauvres de la Charité, Hiérosme Mazaudier, payable et portable chaque jour et feste St Michel aux trézoriers ou fermiers du domaine de Sa Majesté, dans telle maison qu'il leur plaira d'en faire la levée au dit Montpellier ; laquelle entière maison ... fut] reconue par Pierre Peignier, le 28 may 1386, ... et après par Charles Cottet, le 29° mars 1533 .... ». (Archiv. Hôpital général Montp., liasse 535, pièce cotée « n° 31 »).

1692, le 19 avril. — « Vente passée par les directeurs de l'Hôpital général, comme légataires de M° Jean Bernard, procureur à la Chambre des Comptes, en faveur de M. Daniel Fizes, conseiller à la Cour des Aydes, de la maison de la Triperie, avec sa portion du puids mitoyen et une grande table de pierre, au prix de 1500 livres » ; — « Nota. Il y a la seconde maison attenante, appellée aussy la maison de la Triperie, jouie.... par les copropriétaires de la Triperie » : — « feu M° Jean Bernard, procureur à la Cour des Comptes, Aides et Finances de Montpellier, par son dernier testament olographe du 12° novembre 1654, ... avoit donné à l'hôpital de la Charité de Montpellier une maison et moitié de la faculté de la Triperie du dit Montpellier... » ; — « depuis le dit temps, la Triperie ayant été changée, pour le bien public, du lieu où elle étoit dans l'enceinte de la ville, et transférée [hors la porte du Pilla St-Gilles] dans la ditte antienne maison de la Charité, à présent unie à l'Hôpital général... » ; — taxe pour le droit d'amortissement et nouvel acquet ; — les directeurs de l'Hôpital « auroient examiné de quel endroit peuvent-ils prendre le fonds nécessaire pour payer la dite taxe, et ils auroient trouvé que le moyen le plus plausible étoit celluy d'exposer en vente la dite maison de la dite Triperie, parce que la Boucherie et Triperie n'est-taint plus à présent en ce lieu-là, comme elle a été lors de la fondation du dit sieur Bernard et où elle a resté longtemps après, ayant été transférée, depuis environ douze années, à la dite antiène maison de la Charité, hors la Porte du Pilla St-Gilly, - cette maison leur est devenue tout à fait inutile pour l'uzage de la ditte Triperie et ne porte que peu de revenu de la main d'un locataire... » ; — « réparations qu'il y convient faire de temps à autre, à cause de la veilliesse de la dite maison » ; — l'aliénation de la dite maison, décidée par délibérations du bureau de l'Hôpital des 9, 23 et 31 mars 1692 ; - mise aux enchères, etc..... (Archiv. Hôpital général Montp., liasse B. 535, pièce cotée « n° 33 »).

carnes coctas, scilicet capita, pedes, ventres et intestina mutonum, boum et vaccarum, agnorum et ircorum et alia intestina animalium, — cum tecto, solo, parietibus et cum tabulis sive tabulariis, infra dictam tenentiam domorum factis sive situatis et faciendis, et cum edificiis, introhitibus et exitibus et suis omnibus aliis pertinentiis et adjacentiis seu juribus et que et aliquo modo pertinere possunt vel debent et quicquid infra subscriptas confrontationes continetur;

Et confrontatur ex una parte cum domo Raymundi Arbalesterii, et ex alia cum domo Jacobi Lamberti, et ex alia parte cum hospitio dominarum monacharum de Vinovolo[1], et ex alia parte cum domo Jacobi lo Tort, corraterii animalium, et ex alia parte cum domo Petri Columberii, et ex alia parte cum domo Guilhermi Lamberti, et ex alia parte cum domo de Na Sabata, et cum carreria publica Vaccaria Mejana vulgariter nuncupata.

Quam quidem tenentiam domorum dono tibi, nomine procuratorio dicti domini regis et pro eo, in accapitum, tali conditione et pacto quod cabasserii et cabasserie, bullerii et bullerie istius ville Montispessulani vendant ibi semper et vendere teneantur carnes predictas, et non alibi in hac villa.

Propter hanc autem accapiti dationem, donationem, cessionem, concessionem, translationem, pleno jure et in perpetuum valituram, dedisti mihi centum solidos melgorienses, nomini accapiti, de quibus penes te nil remansit in debito vel etiam ad solvendum. In quibus expressim et ex certa scientia renuncio exceptioni non numerate et non tradite mihi pecunie et a te non habite et non recepte, accapitique inde a te non habiti[2] et non recepti.

Quod acapitum dico et in veritate assero esse legitimum atque justum, ideo quia tantum non potui ab aliqua alia persona invenire, licet hoc diligenter et sollicite disquisiverim cum corrateriis, procenetis et aliis personis, dictam tenentiam domorum, cum omnibus suis juribus, venalem per plures dies exponendo.

Pro qua tenentia domorum, dabis tu et tui, singulis annis, quamdiu cabasserii et bullerie Montispessulani vendent carnes predictas infra dictam tenentiam domorum, pro usatico sive censu seu nomine usatici, dicto domino regi et suis, quatuordecim libras melgorienses[3], per hos terminos scilicet in festo Natalis Domini medietatem et aliam medietatem in festo sancti Johannis Baptiste. — Tamen si dictus dominus rex vel sui mutarent vel mutare vellent dictum locum in loco alio, causa vendendi alibi carnes predictas, dabis tunc et teneb[er]is dare tu et tui dicto domino regi Majoricarum et suis, annis singulis, pro dicta tenentia domorum, tres albergas trium militum in festo sancti Michaelis, pro usatico seu nomine usatici tantum.

Quam tenentiam domorum, cum omnibus suis juribus et pertinentiis, faciam, nomine procuratorio dicti domini regis et pro eo, te et tuos et quos volueris, nomine dicti accapiti, semper habere, tenere ac quiete et paciffice possidere, et ab omni contradicente et inquietante jure semper defendam tibi et tuis.

Pro quibus omnibus et singulis, pro evictione, si ibi in totum vel in partem fieret seu fieri contingeret ullo modo, obligo tibi et tuis bona omnia et jura dicti domini regis — me neque mea non obligo[4], cum geram negotium alienum.

[1] Copie B : *Vinoriolo*. — Copie A : *Vinovolio*. — Traduction C : *la maison des dames nonnains ou monges de Vignogoul*.

[2] Copie B : *habitæ*. — Copie A : *habiti*.

[3] Voir ci-dessus p. 354, note 12.

[4] Copie B : *obliga*. — Copie A : *obligo*.

Que omnia, renunciando, pro eodem domino rege et ejus nomine, omni juri et rationi, quibus contra predicta vel aliquod predictorum venire posset, attendere, servare, custodire et numquam contra venire promitto ullo modo.

Et ego dictus Berengarius Serralerii dictam accapiti dationem acceptans, promitto vobis dicto domino procuratori dicti domini regis, nomine procuratorio dicti domini regis, presenti, stipulanti et recipienti, prescriptum usaticum dicto domino regi annuatim solvere, prout supra in hoc presenti instrumento et in casibus suprascriptis continetur. Pro quo solvendo dicto domino regi et suis annuatim, ut supra continetur, obligo dicto domino regi et suis et vobis dicto domino procuratori, pro eo presenti, stipulanti et recipienti, specialiter et expressim dictam tenentiam domorum et generaliter bona mea omnia presentia et futura, renuncians[1] omni juri et rationi, quibus contra prœdicta venire possem seu me tueri adversus aliquod predictorum.

Testes horum sunt Berengarius Alari, Petrus Terrada, macellarii, Johannes de Ozilano, Raimundus Tolsani, Guillelmus Vincentii, et ego Johannes de Podio Arnaldi, notarius publicus Montispessulani, qui, utrinque rogatus et requisitus, hanc cartam publicam inde scripsi.

Post que, anno Dominice incarnationis millesimo ducentesimo nonagesimo nono, scilicet sexto decimo kalendas octobris, domino Philippo, rege Francorum, regnante.

Nos Stephanus Sabors, gerens vices locumtenentis in Montepessulano pro illustrissimo domino rege Majoricarum, certifficatus de predictis omnibus et singulis et attendentes prescripta bene et utiliter esse facta, omnia et singula laudamus et approbamus ac etiam confirmamus tibi dicto Berengario Sarralerii et successoribus tuis, nomine dicti domini regis et officii quod gerimus pro eodem domino rege in hac terra.

Testes horum sunt dominus Bernardus Baudini, jurisperitus, Benedictus Conill[2] et ego Johannes de Podio Arnaldi, notarius prescriptus, qui, mandato dicti domini gerentis vices et precibus dicti Berengarii Sarralerii ac requisitus ab eodem, hanc cartam publicam inde scripsi, et signo meo signavi, quod est tale ut infra sequitur.

Tenor vero procurationis seu procuratorii dicti domini Mathei Boerii talis est :

Noverint universi quod nos Jacobus, Dei gratia rex Majoricarum, comes Rossilionis et Ceritanie et dominus Montispessulani, facimus, constituimus et ordinamus certum et specialem ac generalem procuratorem nostrum, in villa et tota terra et baronia et dominatione nostra Montispessulani, fidelem nostrum Matheum Boerii de Podio Cerdano, presentis instrumenti nostri exhibitorem, ad petendum scilicet et recipiendum et colligendum, pro nobis et nomine nostro, omnes redditus, exitus et proventus et omnia jura nostra et dominia, et omnia alia hic expressa et non expressa, que nobis pertinent et pertinere possunt in villa et tota terra ac baronia et dominatione nostra Montispessulani, et in aliis negotiis et causis ad juridictionem nostram pertinentibus, sicut plenius et latius dici vel intelligi potest.

Dantes dicto procuratori nostro plenam licentiam et potestatem petendi et recipiendi et perci-

[1] Copie B : *renunciavi.* — Copie A : *renuncians.* [2] Copie B : *Conill.* — Copie A : *Conil.*

piendi omnia jura nostra et dominia, nobis pertinentia et pertinere debentia, in dicta villa et tota terra ac baronia et dominatione nostra Montispessulani.

Et etiam damus sibi potestatem dandi ad accapitum sive in emphiteosim, de terris nostris et possessionibus et prediis universis, et faciendi compositiones et transactiones[1] et jura nostra colligendi et fructus.

Ratum et firmum perpetuo habituri, per nos et nostros[2] quicquid per dictum procuratorem nostrum actum, gestum fuerit seu procuratum, in premissis seu quolibet predictorum presens instrumentum sigillo nostro pendenti jussimus comuniri.

Datum Perpiniani, secundo nonas julii, anno Domini millesimo ducentesimo nonagesimo sexto.

IX

La Triperie de Montpellier au XIVᵉ siècle

1367, le 26 avril, Villeneuve-lès-Avignon. — Mandement de Louis d'Anjou, lieutenant du Roi de France en Languedoc, — enjoignant au Recteur et au Juge de la Part Antique de faire respecter les droits de Jean de Londres sur la Triperie de Montpellier[3].

Ludovicus, regis quondam Francorum filius, domini nostri regis germanus ejusque locum tenens partibus Occitanie[4], dux Andegavorum et comes Cenomanensis[5], rectori et judici Partis Antique Montispessulani.

Nobis fuit expositum quod, cum hactenus per inclitum principem dominum Majoricarum regem, dominum quondam Montispessulani, fuerit quidam locus destinatus, qui vocabatur CATHALONIA vetus, et deinde mutatus in Vaccaria Mejeanna, vocatus la GRANADA, ad vendendum per cabassarios et cabassarias, bullerios et bullerias, capita boum et vaccarum, mutonorum et hircorum et alia capita et pedes vitulorum et vitularum, agnorum et hedulorum[6], tripas et intestina dictorum animalium et alias carnes coctas et non alibi, in tota villa Montispessulani et ejus pertinentiis, — certo salario pro loqueriis domus et tabularum prefato[7] domino nostri regi, tunc domino Montispessulani, et ejus successoribus in dicta villa; — et deinde dictus locus datus fuerit in accapitum seu in emphiteosim, per dominum tunc regem seu alium ejus nomine ad hec potestatem habentem, sub predictis modo, conditione et forma quod dicta capita, pedes, tripe et intestina[8] et alie carnes cocte ibidem vendantur et non alibi, et pro predictis[9] faciendis haberi perpetuo bona dicti domini regis

---

[1] Copie B et A : *transhactiones*.

[2] Copie B : *nostro*. — Copie A : *nostros*.

[3] Archives hospitalières de Montpellier, fonds de l'Hôpital général, liasse B. 535, pièce (papier) cotée n° 4, — copie faite en 1749 d'après un extrait collationné par le « garde du dépost général des titres et archives du Domaine de Sa Majesté en la Province de Languedoc, près la Cour des Comptes, Aides et Finances de Montpellier, signé CARROUGE ».

[4] D'une façon générale, nous corrigeons en -E la graphie -œ, couramment donnée par le ms.

[5] Ms.: *Senomanensis*.

[6] Ms.: *edulorum*.

[7] Ms.: *præfacto*.

[8] Ms.: *intestinæ*.

[9] Ms.: *predicti*.

et domini Montispessulani et successorum suorum in dicta villa obligando et aliter pro evictione totali vel particulari; dictusque locus, cum predictis conditionibus, pervenit ad dictum Johannem[1] de Londris, qui dictum locum reparavit et aptum reddidit ad premissa, requisiveritque dictos cabasserios ut ibidem, more solito, predicta capita, pedes, tripas[2], intestina[3], carnes coctas[4] venderent, offerens assignare tabulas moderato pretio pro loquerio eidem solvendo, prefati cabasserii hoc facere recusarunt, volentes ex proprio capite, in damnum, contemptum, villipendium et jacturam domini Montispessulani, facere locum ubi predicta vendantur, jura[5] dicti domini Montispessulani occupando et dictum Johannem[6] damnificando, et propter hoc requirunt thesaurarium Palatii Montispessulani, ut ipsos[7] faceret habere et ....[8] predictam. Qui thesaurarius predictus precepit seu precipere[9] fecit per suos servientes prefatis cabasseriis et cabasseriabus ut in dicto loco venderent et non alibi; qui hoc facere recusat et recusarunt indebite et injuste, volentes litem facere prefato exponenti eumque vexare laboribus et expensis et jura superioritatis domini Montispessulani occupare, quod cedat[10] in ejus damnum, contemptum et rei publice damnumque non modicum dicti Johannis[11], quod nobis displicuit si sit ita; quocirca nunc provisionis remedio super hoc impetrato, vobis et vestrum cuilibet precipimus et mandamus committendo, si sit opus, quatenus si, vocatis evocandis, vobis constiterit ita esse, prefatos cabasserios et cabassarias summarie et de plano et sine longo strepitu et figura judicii, ad vendendum in dicto loco, absque alia lite, et ad prestandum dicto exponenti propter hoc moderatum salarium, prout justum fuerit, compellatis ipsos cabasserios et cabasserias si in predictis reperiatis delinquisse totaliter, cum justitia....[12], quod cedat ceteris in exemplum, oppositionibus, appellationibus et allegationibus frivolis litterisque subretis in contrarium impetratis vel impetrandis non obstantibus quibuscumque.

Datum Villenove prope Avenionem, die vigesima sexta aprilis, anno Domini millesimo trecentesimo sexagesimo septimo.

In Requestis. — Lestan [?].

[1] Ms.: *Joannem*.
[2] Ms.: *tripæ*.
[3] Ms.: *intestinæ*.
[4] Ms.: *coctæ*.
[5] Ms.: *jure*.
[6] Ms.: *Joannem*.
[7] Ms.: *ipsum*.
[8] Des points dans le ms.
[9] Ms.: *præcipe*.
[10] Ms.: *cedat*.
[11] Ms.: *Joannis*.
[12] Des points dans le ms.

X

Pignan, Fabrègues, Fontfroide et le terroir de Combes

1504 (n. st.), le 3 mars. — Dénombrement baillé par Jean Bossavin, recteur de la Part Antique de Montpellier, — tant pour les biens nobles, qu'il tient du Roi ou de l'Évêque de Maguelone, à Pignan, à Fabrègues et à Fontfroide, — que pour le terroir de Combes, au sujet duquel il est en procès avec les Consuls de Montpellier, au Parlement de Toulouse[1].

S'ensuit le desnombremant que baille Jean Boussavin, escuyer et recteur de la Part Antique de Mompellier, des biens nobles qu'il tient et possède.

Premièremant, a au lieu de Pignan, assis en la diocèze de Maguelonne, la haulte justice entièrement et la moitié de la moyenne et basse juridiction. — Item, a au lieu de Pignan d'uzaiges et cencives de bled moyen vingt-sept cestiers ou environ. — Item, en orge au dit lieu, quinze cestiers et un quart. — Item, en argeant deux livres unze deniers tournois, — et le tout ce tient en foy et hommage du Roy nostre sire.

Item, au lieu de Fabrègues, assis au dit diocèze de [Maguelonne], la moitié de la haute, moyenne et basse juridiction. — Item, a au dit lieu, en uzaiges et cencives d'orge, quatre-vingts-huit cestiers. — Item, en bled moyen, dix cestiers. — Item, en argeant, quatre livres huit deniers. — Item, ce tient en foy et hommage, ce qu'il a au dit Fabrègues, de l'Évesque de Maguelonne.

Item, a au lieu de Fonfrède, assis au dit diocèze en la Val de Monferran, la justice moyenne et basse. — Item, au dit lieu, un devès appellé *lou Pioch de Margés*, lequel s'arrante par communes années sept livres ou environ. — Item, au dit lieu, des preds contenant cinq cartairades ou environ. — Item, une vigne contenant quinze ou vingt cartairades ou environ. — Item, au dit lieu, soixante-huit cartairades ou environ de terres laborables, ollivettes que hermes. — Item, ce tient en foy et hommage, ce qu'il a au dit Fontfrède, de l'Évesque de Maguelonne.

Item, a un terroir, nommé le terroir de Combes, assis au dit diocèze et près de Monferrier, où il a la haute, moyenne et basse juridiction, — et ne peut servir le dit terroir synon pour dépestre bestail, — lequel terroir le dit Boussevin ne aferme point, pour ce que les Consulz et habitans de Mompellier [prétendent] que à eux ou aux bouchers de la dite ville de Mompellier appartient tant seullement de faire paistre le bestail au dit terroir, à cause de quoy on pent le procès en la cour de parlement de Tholose, pendant lequel le dit Boussevin et aussy les dits bouchers font paistre le bestail au dit terroir.

Item, est vray que les dits uzaiges et cencives, terres, vignes et possessions dessus dites, coustent beaucoup à lever, entretenir et exiger, pour ce qu'ils concistent en labourage et petites sommes et quantités. — Item, et pourroint valoir les sommes dessus escriptes en arrantement, tant de Pignan, Fabrègues que Fonfrède, la somme de cent livres ou environ. — JEAN BOSSEVIN, ainsy signé à l'original.

[1] Archiv. départ. Hérault, G. IV, 135.

Présanté, juré et receu le présant desnombrement par devant M^r le Juge Mage, lieutenant général et commissaire par le Roy à ce depputté, pour procéder au dit foy et hommage, que les nobles sont tenus faire pour les biens qu'ilz tiennent noblement, le troizième mars M V^e trois.

Le présant extrait a esté tiré de son original, trouvé aux archifs royaux de la sénéchaussée de Beaucaire et Nismes, en la liasse des Nobles de Mompellier, n° 1, — deue collation faitte à son dit original par moy garde des archifs du trésor de son domaine, soubsigné. — DELAGORCE, garde, signé.

Collationné sur l'expédié du susdit dénombrement, signé: Delagorce, par moy notaire royal de Mompellier, ... le 13e janvier 1693. — GIMEL, notaire.

XI

Combes, Montferrier-le-Vieux, Puech Conil et la Valsière

1507 (n. st.), le 9 janvier, Montpellier. — Quittance, par noble Guilhem Malatier, coseigneur de Montferrier, aux Consuls de Montpellier, — de la somme de soixante livres tournois, — pour la faculté de faire dépaitre, pendant l'espace de 23 ans, dans tout le terroir de Combes et dans ses devès de Montferrier-le-Vieux, de Puech Conil et de la Valsière, les bestiaux gros et menus des bouchers de Montpellier [1].

In Dei nomine, amen. — Anno incarnationis Domini millesimo quingentesimo sexto et die nona mensis jenuarii [2], illustrissimo principe domino nostro domino Ludovico, Dei gratia rege Francorum, regnante.

Noverint universi quod, existens et personaliter constitutus in mei notarii regii publici et testium infrascriptorum presentia, nobilis vir Guilhermus [3] Malaterii, condominus de Monteferrario, qui sciens et attendens dedisse jus, licentiam et facultatem depascendi [4] omnia animalia, tam grossa quam minuta, macellariorum ville Montispessuli [5], et ad usus habitatorum predicte ville tantum, in toto territorio de Combis et in locis vocatis Montferrier lou Vielh, Puech Comin [6] et de Valseria, devesis suis, pertinentibus in solidum ad dictum nobilem Malaterii, ratione sue dominationis [7] de Monteferrario ;

Que [8] devesa confrontantur cum riperia Lirondo [et] [9] cum terris de Valeta, ab una parte, et ab alia parte, cum manso de Fontefrigido, cum manso de Paleata, itinere tendente de Grabelis ad Montempessulanum [10] in medio, et cum aliis justis confrontationibus ;

[1] Archiv. municip. Montpellier, — 1° *Grand Talamus* (AA. 4), fol. 244 r° et v°, art. 468 (cf. ci-dessus l'inventaire de Joffre, p. 166, art. 978) ; 2° série DD, portefeuille coté : COMBES, etc., pièce n° 2 : « Quitance faite par Guillaume Malatier, conseigneur de Montferrier, de 6) livres, de la faculté donnée aux habitans de Montpellier de faire dépaitre au terroir de Combes ».

[2] Grand Talamus : *jenuarii*. — Copie : *januarii*.

[3] Grand Talamus : *Guilhermus*. — Copie : *Guilelmus*.

[4] Grand Talamus : *depascendi*. — Copie : *despascendi*.

[5] Grand Talamus : *Montispessuli*. — Copie : *Montispessulani*.

[6] Grand Talamus : *Puech Comin* ou *Puech Conini*. — Copie : *Puech*. — La cote placée par Joffre en tête de la pièce, dans le Grand Talamus, donne : *Puech Conin*.

[7] Grand Talamus : *donnationis*. — Copie : *donationis*.

[8] Grand Talamus : *que*. — Copie : *prout*.

[9] Grand Talamus : *riperia Lironde*. - Copie : *riveria Lirundæ et*.

[10] Grand Talamus : *Montempessulanum*. — Copie : *Montempessulanum*.

Et hoc per spacium viginti quinque[1] annorum, mediante summa[2] sexaginta librarum turonensium semel tantum solvenda insequendo deliberationem Consilii viginti quatuor procerum dicte ville Montispessuli[3]. Igitur dictus nobilis Malaterii, habens dictam deliberationem ratam et firmam, gratis et ex ejus certa scientia et spontanea voluntate, tenore et cum testimonio presentis instrumenti firmiter valituri et irrevocaturi, recognovit habuisse et realiter recepisse, prout realiter habuit et recepit, in bona pecunia, predictam summam[4] sexaginta librarum turonensium, a viris nobilibus et venerabilibus videlicet Falcone de Falconibus, Guilhermo[5] Monachi, Roqueto Rudaudi et Anthonio[6] Folhado, conconsulibus ville Montispessulani, habentibus voces ab aliis consulibus et facientibus majorem et saniorem partem dictorum consulum, insequendo deliberationem dictorum viginti quatuor procerum, presentibus, pro se et universitate ejusdem loci stipulantibus et acceptantibus[7] dictam facultatem depascendi pro dicta summa sexaginta librarum turonensium usque ad tempus suprascriptum viginti quinque annorum pro integra solutione dicte licentie et facultatis juris depascendi in dictis locis et territoriis preconfrontatis. De qua quidem summa sexaginta librarum se tenuit pro contento et pacato[8], et dictos consules presentes et ut supra stipulantes et recipientes nomine universitatis quitavit penitus et absolvit, cum pacto de non ulterius quicquam petendo[9]. Exceptioni vero dicte summe sexaginta librarum non habite et non recepte pecunieque non numerate et solute et omni exceptioni de dolo renuntiavit[10], premissaque omnia et singula[11] se et suos, sicut premittitur, tenere, attendere, servare et complere, dictamque licentiam non revocare et in nullo[12] contra facere, dicere vel venire promisit et juravit ad et super sancta quatuor Dei evangelia ab ipso gratis tacta.

De quibus omnibus premissis predicte partes petierunt fieri publicum instrumentum per me notarium infrascriptum.

Acta fuerunt hec omnia in dicta villa Montispessulani, — testibus presentibus nobilibus et probis viris domino Stephano Cezelli, bajulo dicte ville, Jacobo Monachi, burgense, Gaucelmo Cambais[13], canabasserio, dicte ville habitatoribus, et me Petro Matheii[14], clerico, publico auctoritatibus[15] apostolica et regia notario dicte ville Montispessulani, qui de premissis requisitus instrumentum in notam recepi, ex qua presens instrumentum manu aliena scribi et grossari feci, et deinde facta diligenti collatione[16] cum nota originali hic me manu propria suscripsi signoque meo sequenti signavi in fidem premissorum. — P. Matheii, not(arius)[17].

Extraict collationné[18] à l'original, estant dans les archifz du trésor du Consolat[19] de Montpellier, par moy notaire royal et greffier du dit Consolat[20], soubzsigné. — Boschonis[21].

[1] Grand Talamus : *quique*. — Copie : *quinque*.
[2] Grand Talamus : *suma*. — Copie : *summa*.
[3] Grand Talamus et copie : *Montispessuli*.
[4] Grand Talamus : *suman*. — Copie : *summam*.
[5] Grand Talamus : *Guilhermo*. — Copie : *Guiltelmo*.
[6] Grand Talamus : *Anthonio*. — Copie : *Antonio*.
[7] Grand Talamus : *acceptentibus*. — Copie : *acceptantibus*.
[8] Grand Talamus : *pacato*. — Copie : *paccato*.
[9] Grand Talamus : *pretendo*. — Copie : *petendo*.
[10] Grand Talamus : *renontiavit*. — Copie : *renunciavit*.
[11] Grand Talamus : *singulla*. — Copie : *singula*.
[12] Grand Talamus : *nullo*. — Copie : *aliquo*.
[13] Grand Talamus : *Gaucelmo Cambais*. — Copie : *Guiltelmo Combas*.
[14] Grand Talamus : *Matheii*. — Copie : *Matei*.
[15] Grand Talamus et copie : *autoritatibus*.
[16] Grand Talamus : *colationne*. — Copie : *colatione*.
[17] Grand Talamus : *P. Matheii, not(....)*. — Copie : *P. Matei, not*.
[18] Copie : *Extrait collationé*.
[19] Grand Talamus : *consolat*. — Copie : *consulat*.
[20] Grand Talamus : *consolat*. — Copie : *consulat*.
[21] Copie : *Bochonis signé*.

XII

Le Devès Comtal, la Terre del Rey et le terroir de Combes

1514, le 14 octobre. — « Traduction[1] du sommaire de la transaction passée entre les Consulz de Monpellier, d'une part, — et Antoine Bucelli et Marguerite de Bucelli, mère et tutrice de Jean Bossavin, — portant que la moitié du terroir de Combes appartient aus dits Consulz[2] ».

L'an 1514 et le 14 octobre, etc. — Sçachent tous ceux qui verront la présente transaction que, dans la ville de Monpellier, etc., ont comparen nobles Jaques Mourgue, etc., consulz du dit Monpellier, lesquelz, etc., qu'il y a eu procès, etc., en la cour de parlement de Tolose, entre les Consulz du dit Monpellier, d'une part, et noble Antoine Bucelli, etc., comme ayant droit et subrogé au droit de noble Pierre Granier et ensuite de noble Nicolas Martin et damoiselle Marguerite de Bucelli, veuve du dit noble Jean Bossavin, tutrice de noble Guillaume Bossavin, son filz et héritier universel du dit noble Jean, impétrans, deffendeurs et opposans, d'autre ;

Sur ce que les dits Consulz, etc., disoient que les Consulz et habitans du dit Monpellier avoient fait un statut, en 1307, aux ides d'octobre, portant que le dit noble Antoine Bucelli et moins ses prédécesseurs du mas de La Mausson, desquelz il prétend avoir droit, n'ont peu ni ne doivent faire conduire leur bestal, gros ni menu, dans les terroirs appellés lou Devois Contal et la Terre del Rey, pour y dépaistre ;

Disoient de plus les dits sieurs Consulz, au nom de la dite communauté, que la dite noble Marguerite, tutrice du dit noble Bossavin, ni ses prédécesseurs, n'avoient peu ni deub faire mener aucuns animaux, gros ou menus, dans le terroir appellé vulgairement de Combes, pour y dépaistre, — comme estant les dits terroirs au territoire de la dite ville de Monpellier, principalement en ce que le dit statut avoit esté conservé depuis le temps qu'il a esté fait jusques à présent ; — au préteste de quoy les dits Consulz disoient estre en possession et saisine de prohiber ou faire prohiber aus dits deffendeurs et autres quelconques de ne conduire point aucuns animaux, gros ni menus, ès iceux distroit du terroir et limites du dit Monpellier.

Au contraire, le dit de Bucelli disoit que, lorsque le dit statut avoit esté fait, il y eut plusieurs contredisans et opposans, à sçavoir le Procureur du Roy et plusieurs autres, et de plus que ses prédécesseurs, desquelz il avoit droit et cause, n'i furent présens ni appellés, et que les choses qu'il disoit estre observées dans les status qui se devoient faire (ou en dressant les statuts, *in statutis componendis*) ne l'avoient pas esté, principalement parce que les pacages concernent tous les habitans et particuliers de la dite communauté de Monpellier, et que le dit Bucelli et ses prédécesseurs ont joui des dits pacages et droit de dépaistre au dit terroir del Devès Contal et Terre del Rey, à cause du dit mas de La Mausson, par luy acquis de noble Anne Martine, ayant droit en icellui des dits Granier Martin et de leurs prédécesseurs ; — de même la dite noble Marguerite

---

[1] Voir ci-dessus l'inventaire de Joffre, pp. 165-166, art. 977.

[2] Archiv. municip. Montpellier, série *DD*, portefeuille coté : COMBES, etc., pièce n° 3.

Bucelli, etc., contredisoit au dit statut, de mesme qu'il estoit dit par le dit Bucelli, et d'ailleurs que, comme tutrice de son dit fils, elle estoit dame directe et noble de tout le terroir de Combes, lequel avoit esté aquis, par les prédécesseurs du dit noble Guillaume Bossavin, de noble Pierre de Caylar, conseigneur de Montferrier, lequel estoit et ses prédécesseurs avoient esté seigneurs directes et utiles du dit terroir de Combes. — Disoit encore que la dite, etc., et ses prédécesseurs estoient et avoient esté dans la vraye possession et saisine de conduire le bestal, tant gros que menu, dans le dit terroir de Combes, comme estant sien et de son patrimoine, à cause de quoy le dit noble Antoine Bucelli et Marguerite de Bucelli, etc., peuvent respectivement mettre leurs animaux, tant gros que menus, dans les dits terroirs sus désignés et spécifiés. — Et parcillement disoient qu'à raison des susdites choses, il y avoit procès, etc.

Enfin, les dites parties considérant les despences, etc., elles auroient convenu de passer transaction. — Et premièrement, ayant veu et consulté par, etc., que les dits sieurs Consulz de la ville de Monpellier devoi[en]t donner et payer au dit noble Antoine Bucelli, pour tout droit, etc., de mener aus dits terroirs del Devès Contal et Terre del Rey, à cause du dit mas de La Mausson, leurs animaux, gros et menus, pour les y faire dépaistre, la somme de cent escus d'or, etc., moyennant laquelle le dit Bucelli consantira que le dit statut sorte son effet, pour ce que regarde le dit terroir del Devès Contal et Terre del Rey et a renoncé au procès, etc.

Item, que le mas de La Mausson, appartenant au dit Bucelli, avec ses devois, etc., confronte avec le dit Devois Contal et Terre del Rey, et seront et demeureront en devois, hors les devois del Rieutord, Contal et Terre del Rey, etc.

Item, quant à la dite noble Marguerite, tutrice du dit Bossavin, héritier du dit Jean, que le dit Guillaume, héritier susdit et ses successeurs, seulz et solidairement, fairoient conduire leur bestal, gros et menu, dans la moitié du dit terroir de Combes pour y dépaistre, etc., — en sorte que la dite moitié appartiendroit au dit sieur Guillaume Bossavin, quant à la directité et utilité, et autrement de plein droit, donnant et remettant tout le droit qu'ilz ont dans l'autre moitié aus dits Consulz, etc., — et l'autre moitié du dit terroir de Combes appartiendra solidairement et de plein droit, quant à la directité et utilité, aux habitans de la dite ville de Monpellier, pour la commodité et utilité de la dite ville, en sorte que d'hores en avant le dit Bossavin, ni autre quelconque, ne pourra en aucune façon mettre ses bestiaux, gros ni menus, en la dite moitié, etc.

Et en tant que concerne la dite moitié, la dite noble Marguerite, tutrice du dit Guillaume, a consenti que le dit statut sorte son effet; — renonçant au procès, etc.; — cédant et remettant aus dits habitans de la ville de Monpellier tout le droit que le dit Guillaume pourroit avoir dans la dite moitié;

Item que le dit terroir de Combes sera divisé entre les dites parties, par quatre preudhommes, etc.; — item, que moyennant les dites choses, il y aura paix entre parties, etc.

Pour ce, elles ont demandé estre, par le dit sieur Juge Mage, comme juge compétant des choses et des dites parties, faite préalablement sommaire aprise, etc. — Et, en premier lieu, le dit sieur Jean Salomon, docteur, a dit et déposé, etc. — Et, au surplus, l'advocat du Roy a donné son consantement à ce que la dite transaction soit passée en la manière que dessus, pour ce qui le regarde, comme compris au susdit procès.

Et alors le dit sieur Juge Mage et Lieutenant, comme dessus, estant dans son siège, ayant ouy les dites choses et considéré les dépositions des dits témoins et le consantement du dit sieur advocat du Roy, et principalement qu'il n'est interveneu force ni crainte aus dites choses, a donné pouvoir et licence aux parties de transiger en la manière susdite, etc.

Lesquelles parties estans, etc., ont accordé en la dite manière, etc., — à scavoir que, au regard du droit que le dit noble Antoine Bucelli prétendoit avoir aus dits terroirs du Devois Contal et Terre del Rey, etc., les dits sieurs Consulz, etc., sont teneus de donner et payer au dit Bucelli la somme, etc.; — item, ont transigé et accordé que le dit mas de La Mausson, appartenant au dit Bucelli, avec ses devois, etc., confrontant, etc.; — item, ont transigé, etc., que le dit noble Guillaume Bossavin, etc., et ses successeurs, mettront, etc., leurs bestiaux, gros et menus, dans la moitié du dit terroir de Combes, pour y dépaistre, etc., en sorte que la dite moitié appartiendra au dit noble Guillaume Bossavin, quant à la directité et utilité, et autrement de plein droit, donnant et remettant tout le droit que le dit Bossavin a et peut avoir dans l'autre moitié du dit devois, aus dits Consulz, ainsin que la dite tutrice l'a donné et remis, etc.; — et quant à la moitié du droit de dépaistre et de mettre les bestiaux du dit sieur, ils renonceront, comme ils ont renoncé au procès, etc.

Et l'autre moitié du dit terroir de Combes appartiendra solidairement et de plein droit, quant à la directité et utilité, aus dits habitans de Monpellier, pour la comodité et utilité de la dite ville, — en sorte que d'hores en avant le dit Bossavin, ni autre quelconque, ne pourra mettre ses bestiaux, gros ni menus, dans la dite moitié en façon quelconque; ains, comme dit est, elle appartiendra à la dite communauté des manans et habitans de Monpellier, pour la commodité et utilité d'icelle; — et en ce que concerne la dite moitié, la dite noble Marguerite, tutrice du dit noble Guillaume, consantira, comme elle a consanti, que le dit statut sorte son effet; — renonceant au procès, etc.; — cédant et remettant aus dits habitans de Monpellier, etc., tout le droit que le dit Guillaume pourroit avoir dans la dite moitié, etc.

Fait et récité dans la dite sale basse de la maison du dit héritier noble Jean Bossavin, de la dite ville de Monpellier; — présens, etc., et moy Jean Benoit, notaire royal et appostolique de la dite ville de Monpellier et greffier de la cour présidialle du palais royal de Monpellier, qui ay été présent à toutes les dites choses, avec maître François Auriac, aussi notaire de la dite ville et greffier de la maison consulaire d'icelle, et en ay receu, avec le dit maître Auriac, instrumant et actes précédans escrits par autre main en six peaux de parchemin, jointes avec du filet blanc, la présente comprise; la première desquelles commance, etc., — et ensuite, faite deue collation, après le décéds dudit maître Auriac, en ay expédié les actes au dit Bucelli, par lui requis, le 4 de janvier 1525; — en foy et témoignage de quoy, me suis icy soubzscript de ma main propre et signé de mon seing authentique suivant. — J. Benoit.

Extrait de son original, délivré par le dit Bucelli et demeurant en leur pouvoir, et collationné avec icellui par moy, Bartélemi, signé.

XIII

Le terroir de Combes et le terroir de Puech Villa

1566, le 24 mars, Montpellier. — Transaction entre la Ville de Montpellier et Jacques David, coseigneur de Montferrier, — par laquelle le dit David cède à la dite Ville, — moyennant la somme de 800 livres tournois, payable comptant, — 1° le « debvois de Combes et ses apartenances », 2° le « terroir apellé le Villar », avec toute juridiction et autres droits seigneuriaux[1].

Instrument de transhaction et accord, faict et passé entre Messieurs les Consulz de la ville de Montpellier, d'une part, — et Maistre Jaques David, docteur, habitant de la dite ville, d'autre, — pour raison du devois de Combes.

Comme ainsi soict que procès fust pendant en la Court et par devant Monsieur le Gouverneur de Montpellier ou son lieutenant, entre le Sindic de Messieurs les Consulz, manans et habitans de la ville de Montpellier, inpétrans lettres de maintenue, d'une part, — et M⁰ Jaques David, conseigneur de Montferrier, inpétré, opposant et défendeur, d'autre, — auquel procès par l'inpétrant auroict esté remonstré que despuis temps immémorial la dite Ville auroict tenu, jouy et possédé, entre autres patus, terroir et explèches d'icelle, ung debvois apellé de Combes, avec ses apartenances, entrées et yssues, en toute juridiction haulte, moyène et basse, — confronte le dit terroir avec soy, qui a esté et est de tout temps dans le terroir et enclaves de la juridiction du dit Montpellier ; — au moyen duquel la dite Ville acomodoict les bouchiers de la liberté et faculté pouvoir faire deppaistre tout leur bestial, par eulx achepté pour la provizion de la Ville ; desquelles pocessions et saisines, ils avoient[2] jouy paiziblement et sans aulcune contradiction, s'il n'est despuis quelque peu temps que le dit David, soubz couleur d'achept que luy faict d'une partie de la seigneurie du dit Montferrier, auroict volcu inventer que le dit debvois de Combes et son terroir estoict dans le terroir et juridiction du dit Montferrier, et du costé de la part que luy avoict esté vendue, et avoict tellement poursuyvi le dit procès que, à faulte de produire et défendre par le dit Sindic, il auroict esté par provizion ressaizy soubz la main du Roy et de la Court, et les parties admizes à plus à plain preuver et justiffier ; — de quoy le dit Sindic avoict appellé, mais, pour le changement des Consulz, n'auroict encores relevé le dit appel, — et sur ce estoyent en voye de grandz dissentions et débatz.

Toutesfois les dites parties voulant venir à bonne paix et accord, pour évicter longur de procès, fraix et despens, qui se pourroyent respectivement faire, — aujourd'huy vingt-quatriesme du mois de mars mil cinq cens soixante-six, régnant très crestien prince Charles, par la grâce de Dieu roy de France, à la cité du dit Montpellier, par devant moy notaire royal et en présence des tesmoings soubz nommez, — establis en leurs personnes Messieurs les Consulz de la présent ville de Montpellier, sçavoir M⁰ Jehan de Lauzelergue, seigneur de Candilhargues, conseiller du Roy et

---

[1] Archiv. municip. Montpellier, — 1° *Grand Talamus*, fol. 309 r° à 310 r°, art. 517 (cf. ci-dessus l'inventaire de Joffre, pp. 174-175, art. 1027) ; — 2ᵉ série DD, portefeuille coté : COMBES, etc., pièce n° 4. — Nous suivons le texte du *Grand Talamus*.

[2] Ms. : *il avoict*.

général en sa Court des Aydes, Guilhaumes Gaulcerand, Pierre Verchand, Symon Galhard, Guilhaumes Lentier et Pierre Marsal, lesquelz, tant au nom qu'ilz procèdent que de toute la comunaulté de la dite ville de Montpellier ; ensenble, Monsieur M⁰ Pierre de Convers, conseiller du Roy, maistre en sa Chambre des Comptes au dit Montpellier, à ce commis par le Conseil des Vingt-Quatre du dit Montpellier, avec le dit seigneur de Candilhargues, et suyvant le pouvoir à eulx donné ; noble Michel de Pluvier, seigneur de Paulhan, M⁰ Barthélemy de la Vignhe et sire Laurens Coste, consulz esleus pour l'année prochaine et susdite mil cinq cens soixante-six, d'une part, — et le dit M⁰ Jaques David, docteur et habitant de la dite ville, d'autre,

Lesquelles parties, respectivement comme les touche et concerne et comme procèdent, saichant l'issue de procès estre incertaine et dobteuse, — grandement rézervé en tout le bon plaizir du Roy et de la dite Court, — de leur dit différant, ses circumstances et dépendances, ont transhigé, convenu et accordé, et par la teneur du présent instrument transhigent et accordent, par transhaction et accord perpétuelz et irrévocables, comme s'ensuit :

Et premièrement, ont renoncé et renoncent au dit procès, et ce moyenant les pactes que s'ensuyvent : — ont transhigé, convenu et accordé, — ayant remonstré la comodité de la dite Ville, qu'est de pouvoir nourrir et faire dépaistre le bestail des dits bouchiers au dit devez, pasturaiges et herbaiges, et l'incomodité, au contraire, de laquelle c'est ressentie icelle Ville despuis le dit diférent, — d'aultant que les dits bouchiers leur ont faict la chair beaucoup plus chière, au grand préjudice de tous les dits habitans, duquel aussy se pourroict resentir le dit David, comme l'ung d'iceulx, — que le dit David, en acomodant la dite Ville, sera tenu quicter, céder, remettre et transporter, comme par la teneur du présent instrument quicte, cède, remet et transporte perpétuellement et à jamais à la dite Ville, Consulz et habitans d'icelle, les dits sieurs Consulz et Convers pour elle estipulans et aceptans, toutz les droictz et actions qu'il a et pourroict avoir à l'advenir au dit devois de Combes et ses apartenances, — comme est confronté, de levant, avec les terroirs de la Coulombière, Montmal et la Valète et tènement apellé Cabrières ; d'occident, se confronte avec les terroirs de la tour de la Vaussière ou de Puech Conilh, où y a termes plantés entre deux dès l'année 1514 ; du midy, se confronte avec le tènement de Puech Villar, cy-après limité, et de septentrion, avec le terroir de Montferrier, la rivyère de Lironde entre deux, et autres confrons ; — avec toute la jurisdiction haulte, moyène et basse, mère, mixte et inpère, censives, uzaiges, rentes, devoirs¹ et autres droictz seigneuriaulx ;

Et davantaige, le dit M⁰ Jaques David, par la teneur du présent instrument, a cédé, vendu, remis et transporté, cède, vend, remet et transporte aus dits seigneurs Consulz et habitans de la dite ville, ung autre tènement, censes, directes et terroir, appellé le Villar, par luy de nouveau acquis de nobles Gens² et Jaques des Guilhens, seigneurs de Figaret, avec toutes ses apartenances, concistant en herbaiges, juridiction haulte, moyène et basse, mère, mixte inpère, et autres droictz seigneuriaulx ; — confronte, du levant, avec le dit terroir de la Coulombière, chemin allant de Cellenœufve au dit Montferrier et à la Valète, entre deux ; d'occident, avec le dit terroir et devois de la Vaussière ; de midy, avec le terroir du dit Montpellier apellé de Malbosc et de la Palhade, le chemin allant du dit Montpellier au lieu de Grabelz entre deux ; de septentrion et de long en long, avec le dit tènement de Combes, et autres confrons — comme estant le tout ung mesme tène-

---

¹ Mss.: *devois*.　　² Mss.: *Gens* = JEAN, ou GENET, ou GENÈS (??).

ment, terroir et juridiction, — et tout ce que dépend d'iceulx devois, terroirs et juridictions de Combes et Villar, sans en rien réserver, — pour d'iceulx en faire à leurs voulontés et au profict de la dite Ville ;

Et ce, moyénant le pris et somme de huict cens livres tournoizes, que les dits sieurs Consulz, au nom de la dite Ville et habitans, ont illec réalement et de comtant baillé et deslivré au dit David, présent, pour luy, ses hoirs et successeurs à l'advenir, estipulant et recepvant, — et ce, en deux cens escutz or sol., quarante doubles ducatz et le restant en testons et monoye, — que le dit David a réalement receue et d'icelle en a quicté et quicte la dite Ville, avec promesse de n'en rien demander ne quereller à l'advenir.

Et encores, et bien que le dit pris soict juste et compétant pour l'achaipt des dites pièces, — joinct l'afection que le dit David a au bien et commune utillité de la dite Ville, lequel de tout son pouvoir voudroict acroistre et non diminuer, — en réconpance de tout ce dessus, les dits seigneurs Consulz, au nom de la dite Ville et habitans d'icelle, ont cédé, remis et transporté, cèdent, remètent et transportent, par la teneur du présent contract, à perpétuité, au dit David et aux siens à l'advenir, présent et aceptant comme dessus, le droict de directe et fief noble d'ung denier melgoirés ou aultre directe, que la dite Ville de Montpellier a au terroir et devez appellé Puech Calvel, en la juridiction de Combalholz, sy aulcung droict la dite Ville y a, autrement non, pour en faire à son plaisir et volonté ; — à la charge toutesfois que le dit David fournira à la dite Ville et habitans des tiltres, recognoissances et tous autres documens, concernantz les dits tènemens de Combes et Villar, qu'il aura en son pouvoir, par coppie ou extraictz, aux despens de la dite Ville et Communaulté.

Et moyénant ce dessus, sera paix et amitié entre les dites parties, lesquelles ont renoncé au dit procès et procédures et promis n'en faire jamais aulcune poursuicte ; — promectant le dit David faire valoir et tenir, en tant que besoing est, les dits ténementz dessus confrontés et les garentir envers tous et contre toutz, en jugement et dehors ; — desquelz biens, droictz et actions susdits, les dites parties, respectivement comme procèdent, se sont despouhées et divestues et d'iceulx en ont investu l'une l'autre respectivement par le bail de la note du présent instrument ; — consentant qu'elles en puissent prendre pocession réalle, actuelle et corporelle, quant bon leur senblera, et jusques l'avoir prinse, les ont confessé tenir l'une envers l'autre en nom de précaire.

Laquelle transhaction, accord, pactes, conventions et autres choses y contenues, les dites parties respectivement[1]....

[1] Le ms. s'arrête ici.

XIV

La seigneurie de Fontfroide et le devès de Puech Conil

1672, le 17 mai, Montpellier. — Aveu et dénombrement, baillé par noble Guillaume de Clausel, seigneur de Fontfroide. — par devant les officiers de la temporalité de l'Évêque de Montpelier, comte de Montferrand, — pour la seigneurie de Fontfroide et pour le devès de Puech Conil [1].

    C'est l'aveu et dénombrement que je noble Guillaume de Clausel, seignieur de Fonfrède, conseiller du Roy en sa Cour des Comptes, Aydes et Finances de Montpelier, met et baille — par devant vous Messieurs les officiers ordinaires de la temporalité du seignieur évêque de Montpelier, — de la terre et seignicurie de Fonfrède, dans l'enclave du Sénéchal de Montpelier, — mouvante en foy, fief et homage du dit seignieur évêque de Montpelier, à cause de sa compté de Montferran ; — laquelle terre et seignieurie de Fonfrède je possède depuis l'année mil six cens trois, comme héritier de feu Messire Pierre de Clausel, vivant, conseiller du Roy en ses conseils et président en la Chambre des Comptes de Montpellier, mon père, — lequel l'avoict acquise auparavant de feue dame Marie du Terral, femme de feu Monsieur de Sanravy, sénéchal de Montpelier, et de feue dame Anne de Saint-Félix, dame de Saussan, — la dite terre de Fonfrède, avec la seignieurie fontière, haute, moyenne et basse, — par contract du premier may mil six cens ; — et consiste ainsin que s'ensuit.

    Premièrement, je possède la dite maison, terre, seignieurie de Fonfrède, avec toutes ses apartenances, concistant en maison seignieuriale, bois, devois, garrigues et jardin, vergers, fontaines, preds, terres, vignes et olivettes, le tout noble, — confrontant, du levant, avec la rivière de la Lironde et avec le devois et garrigue de Puech Connil, que je tiens aussy du dit seignieur évêque ; du couchant, avec le grand chemin public, apelé vulgairement le Chemin vieux, et les terres de Pons Domergue, du lieu de Valmaliargues ; du midy, avec le chemin apelé de la Crois de Rabassier, alant vers la Valsière et Grabels, et du septentrion, avec les pathus de Saint-Clémens ; — lesquèles maisons, terres, debvois de Puech Conils et pocessions sont touttes unies et sittués dans la Val et Comté de Montferran ou terroir de Monpelier ; — desquèles je suis seul seignieur et pocesseur, avec droict de toutte justice, de laquelle mes prédécesseurs en la dite seignieurie et moy avons tousjours jouy et faict exercer, suivant mes actes justifficatifz, que je remetz, — et d'avoir garenne, droict de chasse et pesche, avec un moulin sur la dite rivière de la Lironde, audevant de la maison, lequel est présentement ruiné ;

    Comme aussy j'ay baillé quelques terres à nouvel achept, à l'extrémité du dit terroir de Fonfrède, quy me font trois paires de perdrix de redevance annuelle, à Guillaume Rican, le trantiesme juillet mil six cens vingt-sept (acte receu par Pélerin, notaire).

    Plus, je déclare tenir en fief comme dessus du dit seignieur évêque. avec seignieurie foncière, haute, moyenne et basse, tout le dit debvois apelé de Puech Conil, avec ses autres apartenances,

---

[1] Archiv. départ. Hérault, G. IV, 135.

ainsin que mes autheurs l'ont jouy et possédé, lequel feut vendu par noble Blasin de Montferrier, conseignieur du dit lieu et de Balharguet, à noble dame Marguerite de Bossavin, veuve de noble Jean de Bossavin, en peur, franc, libre et absoleu allodial, par contrat receu par Jean Valossière, notaire, le unziesme décembre mil cinq cens unze, quoyque mouvant de vostre seignieurie féodalle, ainsi que se justiffie de tous les entiens homages rendus à vos prédécesseurs évêques, quy expriment que le dit debvois est situé dans le terroir de Montpellier, contigu au dit Fonfrède, — la dite allodiallitté n'ayant esté couchée dans la vente que pour mieux exprimer que le vendeur ne se retenoict aucune seignieurie vers luy, mais non pour faire presjudice à vostre mouvance féodalle ; — ce que recognoissant fidèlement, je le dénombre pour l'homager et le tenir, et mes successeurs, à perpétuité, de vostre domination ; — lequel devois confronte, du couchant, avec le restant de mes terres de Fonfrède de long en long ; d'autre part, avec le devois de las Combes, aussy de long en long, et avec le chemin apelé Molarés, du costé de narbonnés ; d'autre part, du marin, avec le valat de la Verquière, et d'autre part, avec la rivière de la Lironde, de long en long, retournant et venant de ma maison de Fonfrède, du costé d'aquilon, et ses autres confrons.

A raison de touttes les dites choses et droits cy-dessus dénombrés, je dois au dit seigneur Évêque, comme Comte de Melguel et de Montferran, mon seigneur dominant, prester foi et hommage, genoux à terre, teste nue, les mains jointes entre celles du dit seigneur comte, le servir en cavalcade, avec promesse de le deffandre, et luy jurer d'estre fidelle vassal, et luy devoir faire l'albergue de dix chevaliers toutes les années, en estant requis, avec le droict de lodz, prellation, conseil et avantage, que le dit seigneur a accoustumé de prendre en cas de vente, à raison de sept un.

Je certiffie le présent adveu et dénombrement estre véritable, sauf le plus ou le moins ; protestant que, s'il venoict autre chose à ma connoissance, d'en faire la déclaration au dit seigneur Évêque ou à ses officiers ; — et sy, par mesgarde ou oubly, j'avois omis quelque droict apartenant à ma dite seignieurie, je proteste pareillement que cella ne puisse me nuire ny presjudicier.

En foy de quoy, me suis signé. — Montpellier, ce dix-septiesme may mil six cens soixante-doutze. — CLAUSEL DE FONFRÈDE.

XV

La seigneurie de Combes et de Puech Conil

1679, le 19 avril, Montpellier. — Aveu et dénombrement, — baillé par les Consuls de Montpellier, par devant les Commissaires députés par le Roi pour la confection du papier terrier en Languedoc, — pour les fiefs de Combes et de Puech Conil, appartenant à la commune de Montpellier et mouvant du Roi à cause de sa baronnie du dit Montpellier [1].

C'est l'aveu et dénombremant que nous — noble Abdias Depavée, sieur de Monredon, Mre Estienne Vergnes, bourgeois, Jean Amyer, notaire royal, Louis Dumas, maître chirurgien, Jean-

---

[1] Archiv. municip. Montpellier, série *DD*, portefeuille coté : COMBES, etc., pièce n° 12.

Anthoine Lapinpie et Simon Pelisson, consuls et viguiers de la ville de Montpellier, seigneurs en cette qualité des terroirs de Combes et Puech Conil et autres fiefz nobles, — baillons par devant vous Nosseigneurs les Commissaires députés par le Roy pour la confection du papier terrier dans la province de Languedoc et ressort de la Cour des Comptes, Aydes et Finances de Montpellier, — du dit fiefz de Combes, scittué dans le terroir de Montpellier, et de celluy de Puech Conil, joignans, baronnye du dit Montpellier, et mouvans en plain fiefz, foy et homage de Sa Majesté, nostre souverain seigneur, à cause de sa baronnye du dit Montpellier, — les dits fiefz appartenans à la Communauté du dit Montpellier depuis temps immémorial, concistant en justice, censive, lodz et autres droitz seigneuriaux, ainsin qu'il ensuit :

Premièrement, nous sommes en cette qualité seulz seigneurs dans toutte l'estendue du dit terroir de Combes et de Puech Conil, lequel a ses bornes, limites et confrontations certaines, — sçavoir, de levant, le terroir de la Coulombière, Montmal et la Vallette et tènement appellé Cabrières ; d'occidant, les terres de la tour de la Vaussière et de Fonfroide ; de midy, le tènement de Puech Vilar, et de septantrion, le terroir de Montferrier, la rivière de la Lironde entre deux ; — et en tout ce quy est compris dans l'enceinte des dites bornes et limittes, nous avons toutte justice haute, moyenne et basse, censives, uzages, lodz, et autres droitz seigneuriaux.

A raison de touttes lesquelles chozes et droitz cy-dessus dénombrés, nous sommes tenus en la dite qualité à payer au Roy, nostre souverain seigneur, dix sols tournois d'albergue et la portion nous concernant d'un bringantinier ;

Déclarant ne sçavoir que les dits fiefz fassent autre redevance ; — promettant que, s'il en venoit à nostre cognoissance, d'en faire la déclaration au Roy ou à ses officiers ;

Nous réservant, en la dite qualité, de pouvoir augmanter le présent dénombrement, lequel nous certiffions véritable, sauf le plus ou le moins ; — protestant aussy qu'[au cas] où, par mégarde ou par oubly, nous aurions obmis à déclarer aucuns droitz appartenans aus dits fiefz, cella ne nous puisse nuire ny préjudicier.

En foi de ce, nous avons signé ce présent aveu et desnombrement de nos seings ordinaires et seellé du seel des armes de la dite ville de Montpellier, le dix-neufviesme d'avril mil six cens septante-neuf.

XVI

Combes, Puech Conil et Puech Villa

Extrait du dénombrement des « seignuries, droits, biens et facultés, appartenans à la dite Ville et Consulat de Montpellier », — baillé par les Consuls du dit Montpellier par devant les Commissaires députés par le Roi pour la confection du papier terrier en Languedoc ; — le dit extrait concernant spécialement « la seignurie de Combes et Puech Conil ».

1688, le 18 janvier. — Conclusions du Procureur du Roi, tendant à réserver au Roi « la justice des terroirs du Villar, Combes et Puech Conil ».

1688, le 10 mars, Montpellier. — Ordonnance des « Commissaires députez par le Roy pour la confection du papier terrier et réception des aveus et dénombremens dans la province de Languedoc, ressort de la Cour des Comptes, Aydes et Finances de Montpellier », — recevant le dénombrement des Consuls de Montpellier, « sauf de la justice haute, moyenne et basse du Villar », etc.

1688, septembre, Versailles. — Lettres d'amortissement, — permettant aux Consuls et habitans de Montpellier et à leurs successeurs « de tenir et posséder les héritages, droits et facultés, cy-dessus exprimées et contenues en leur dit dénombrement », — sauf « la justice haute, moyenne et basse du Villar », qui est réunie au Domaine royal, etc.[1].

Les Commissaires députez par le Roy pour la confection du papier terrier et réception des aveus et dénombremens dans la province de Languedoc, ressort de la Cour des Comptes, Aydes et Finances de Mompellier et ancienne sénéchaussée de Toulouse, par ses letres patantes du 17 feuvrier 1667 et arrest du Conseil des 31 juillet 1683 et 21 juillet 1687;

Veu le dénombrement, dont la teneur ensuit :

« C'est l'aveu et dénombrement, que nous Jean-Antoine Duvidal, seigneur de Montferrier ; sieur Mathieu Montfaucon, bourgeois ; sieur Jean Couderc, suivant les finances ; sieur Jean Pagès, marchand ; sieur Jean Pouveille, doreur, et Antoine Ribat, jardinier, consuls et viguiers de Montpellier, seigneurs de Caravètes, Valenne, Combes, Puech Conil et le Villar, juges de la police des causes sommaires et des manufactures de la ville, — remètent devers vous Nosseigneurs les Commissaires députés par le Roy pour la confection du papier terrier et réception des aveus et dénombremens dans la province de Languedoc, ancienne sénéchaussée de Toulouse et ressort de la Cour des Comptes, Aides et Finances de Mompellier ; — et c'est des seigneuries, droits, biens et facultés, appartenans à la dite ville et consulat de Mompellier, quy est la capitale de la généralité des diocèses du bas Languedoc et chef de diocèse.

» En premier lieu, nous dénombrons la faculté que les dits Consuls ont, sans assistance d'aucun magistrat, etc.

» *Combes*. Item, la seigneurie de Combes et Puech Conil, consistant en la justice, haute, moyenne, basse, censives, lodz et autres droits seigneuriaux, scitué dans le consulat de Montpellier, désignée et confrontée dans le dénombrement particulier cy-devant remis par les dits Consulz et actes justifficatifs d'icellui. — Item, etc. ».

Veu aussy, pour justiffication d'icelluy :

Un extrait des concessions accordées par Pierre, roy d'Aragon, seigneur de Mompellier, etc. ;

Extrait, tiré des Archives de la Sénéchaussée de Nismes, du dénombrement de noble Thomas de Bossavin, pour un terroir appellé Combes, avec la justice haute, moyenne et basse, qu'il déclare estre en contestation avec les Consuls de Montpellier ; sans nulle datte ;

Autre extrait, [tiré] des dites archives, du dénombrement, sans datte, de Jean Bossavin, recteur de la Part Antique de Mompellier, pour le terroir de Combes en toute justice, haute, moyenne et basse, avec pareille déclaration ;

Autre extrait, tiré des dites archives, du dénombrement de demoiselle Marguerite de Buccelli et noble Guillaume Bossavin, pour le terroir de Combes et Puech Conil ; du 25 feuvrier 1539 ;

Archiv. municip. Montpellier, série *DD*, portefeuille coté : COMBES, etc., pièce cotée n° 4.

Transaction passée entre les Consuls de Mompellier et Marguerite Buccelli, veuve de Jean Bossavin et mère de Guillaume Bossavin et sa tutrice, par laquelle le terroir de Combes est relâché aux dits consuls ; du 14 octobre 1514 ;

Extrait de transaction passée entre les dits Consuls de Montpellier et M° Jacques David, seigneur de Montferrier, par laquelle il renonce aux prétentions qu'il avoit sur le terroir de Combes, en toute justice, haute, moyenne et basse, qu'il cède aux dits Consuls ; ensemble le terroir du Villar, aussy en toute justice, haute, moyenne et basse ; en datte du 24 mars 1566 ;

Extrait d'arrest du Conseil, etc. ;

Conclusions du Procureur du Roy en la Commission, de teneur :

« Le Procureur du Roy en la Commission du Domaine de la province de Languedoc, — veu le dénombrement remis par les Consuls majours et viguiers de la ville de Mompellier, pour les biens et facultés possédées par la dite Ville en commun, avec les pièces justificatives, — je n'empêche, pour le Roy, lètres d'amortissement estre expédiées aux dits Consuls du contenu au dénombrement, — sauf pour la justice des terroirs du Villar, Combes et Puech Conil, qui sera rejetée, comme icelle appartenant à Sa Majesté, et pour l'arrière-fief fait par les dits Consuls de la maison par eux inféodée au nommé Coste, laquelle sera déclarée rellever immédiatement de Sa Majesté, sauf aux dits Consuls à se fère paier de l'albergue par eux réservée sans droit de seignurie ; — à la charge, par les dits Consuls et habitans, d'observer les ordonnances pour raison de la chasse et de la pesche et de paier le droit de lods, par eux deub, pour les acquisitions faites de la maison quy sert de tuerie et escorchoir et du sol de la maison du Grand Temple, suivant les contracts des années 1681 et 1683, et sauf les droits du tiers et l'opposition et chefs interloqués par le jugement de cette Commission de l'année 1685 ; — fait le 18 janvier 1688 ; — signé : La Valette » ;

Ouy le rapport du sieur Boudon, trésorier général de France au Bureau des Finances de Montpellier et un de nous ; — tout considéré ;

Nous, Commissaires susdits, avons receu le dit dénombrement pour jouir par les dits Consuls et obtenir lètres d'amortissement du contenu en icellui, suivant l'édit du mois de décembre 1686, — sauf de la justice haute, moyenne et basse du Villar, que nous avons réunie au domaine de Sa Majesté, faute par les dits Consuls de l'avoir par bons et valables titres, et de l'arrière-fief fait à Eustache Coste, pour une maison, que nous avons déclaré se mouvoir immédiatement de Sa Majesté, sauf aux dits Consuls de se fère paier de l'albergue par eux réservée, sans droit de seigneurie ;

Condemnons les dits Consuls à paier le droit de lods à Sa Majesté de la maison de la tuerie ou escorchoir, suivant la coutume des lieux et la liquidation qui en sera faite par devant nous sur le pied du contract d'acquisition.

Deschargeons les dits Consuls du surplus des demandes du Procureur du Roy en la commission, sans préjudice des autres droits du Roy et de l'autruy.

Et sera le dit aveu et dénombrement, avec nostre présente ordonnance, mis ès archives de Sa Majesté, pour y avoir recours quand besoin sera.

Fait à Montpellier, le dixième jour du mois de mars mil six cens quatre-vingts-huit ; — signés : de Lamoignon, Boudon, de Moulceau, Lauriol Vissec, Demansc, Vignes ; — par mes dits sieurs : Le Sellier.

Louis, par la grâce de Dieu roy de France et de Navarre, à tous présens et à venir, salut.

Par nostre édit du mois de décembre 1686, registré où besoin a esté, — en considération des sommes quy ont esté paiées par les communautés de la province de Languedoc, pour les taxes du droit d'amortissement, en conséquence de l'édit du mois d'avril 1639; de la somme de trois millions de livres, à nous accordée par la dite Province en l'année 1647, et du sixième denier des dites taxes payées en exécution de l'édit du 29 décembre 1652; ensemble, de la somme de cent cinquante mil livres ordonnée être paiée au garde de nostre trésor royal, par nostre édit du mois de décembre 1686, — nous aurions amorty les biens, droits réels et facultés, appartenans aux communautés des villes, bourgs et parroisses de la Province, depuis quelque temps qu'ils aient esté possédés et acquis, soit avant l'année 1639 ou depuis, soit en nostre fief ou censive ou en celle des seigneurs particuliers, sans qu'ils puissent en être dépossédés et que, pour raison de ce, ils soint tenus de nous paier, ny aux roys nos successeurs, aucune finance, indemnité ny autres droits et devoirs généralement quelconques, à la charge de prendre en nostre grande chancelerie des lêtres particulières d'amortissement, quy leur seront expédiées sur le double du dénombrement qui sera receu par les Commissaires du Domaine avec nostre procureur.

En exécution duquel édit, les dits Consuls et habitans de la ville de Montpellier nous ont fait remonstrer que, pour jouir du bénéfice d'icelluy, ils ont rapporté le dénombrement des biens, droits et facultés qu'ils possèdent, consistant en, etc. ; — plus, la seignurie de Combes et Puech Conil, consistant en la justice haute, moyenne et basse, censives, lods et autres droits seignuriaux, sçituée dans le consulat de Montpellier, désignée et confrontée dans le dénombrement particulier, cy-devant remis par les dits Consuls, et actes justificatifs d'icelluy ; plus, etc. ; — lequel dénombrement a été receu par les dits Commissaires, suivant leur ordonnance du dixième mars 1688 ; — et en conséquence nous ont fait très humblement suplier les rendre capables à toujours de la pocession des héritages par eux possédés et contenus au dit dénombrement, et de leur vouloir accorder nos lêtres d'amortissement nécessaires.

A ces causes, et en conséquence des édits des 19 avril 1639 et 29 décembre 1652, rendus sur la levée des taxes des dits amortissements, et après avoir fait voir en nostre Conseil les édits des mois d'avril et décembre 1686 et le dénombrement des biens, droits et facultés possédées par les Consuls et habitans de la ville de Montpellier cy attaché sous le contrescel de nostre chancellerie, — de nostre grâce spéciale, pleine puissance et authorité royalle, nous avons permis et permétons aux dits Consuls et habitans de Montpellier, et à leurs successeurs, de tenir et posséder les héritages, droits et facultés cy-dessus exprimées et contenues en leur dit dénombrement, — et à cette fin, les avons bien et duement amortis et amortissons par ces présentes, signées de nostre main, — sans qu'eux et leurs successeurs puissent estre contrains d'en vuider leurs mains, bailler homme vivant, mourant et confiscant, faire foi, hommage à nous et à nos successeurs roys, payer aucuns droits et devoirs seignuriaux, contribuer au ban et arrière-ban, ny pouvoir être comprise dans la recherche des nouveaux aquêts, que nos successeurs pourroint prétendre leur estre deubs, ny de nous paier à l'avenir, ny à nos successeurs roys, aucuns autres droits, pour quelque cause et sous quelque prétexte que ce soit, dont nous les avons affranchis, quittés et exemptés, moyennant le paiement de la dite finance, sans préjudice toutesfois des droits des seigneurs, — sauf de la justice haute, moyenne et basse du Villar, que nous avons remis à nostre Domaine, faute par les dits Consuls de l'avoir justiffié par bons et valables titres, — et de l'arrière-fief fait à Eustache

Coste, pour une maison, que nous avons déclarée mouvoir immédiatement de nous, sauf aux dits Consuls de se fère paier de l'albergue par eux réservée, sans droit de seigneurie ; — seront les dits Consuls tenus de nous paier le droit de lods de la maison de la tuerie ou escorcheoir, suivant la coutume des lieux et la liquidation quy en sera faite par les dits Commissaires, sur le pied du contract d'acquisition ; — déchargeons les dits Consuls du surplus des demandes de nostre Procureur en la dite commission, sans préjudice de nos autres droits et de l'autruy, — suivant l'ordonnance des Commissaires, quy a été rendue sur le dit dénombrement.

Sy donnons en mandement à nos amés et féaux conseillers les gens tenant nostre Cour de Parlement à Toulouse, et à nos autres amés et féaux conseillers les gens tenant nostre Cour des Comptes, Aydes et Finances de Montpellier, que ces présentes ils fassent enregistrer et du contenu en icelles jouir et uzer les dits Consuls et habitans de Montpellier plainement, p[aisi]blement et perpétuèlement ; — cessant et faisant cesser tous troubles et empêchemens, nonobstant oppositions et autres choses contraires, sauf en autres choses nostre droit et l'autruy en toutes. Car tel est nostre plaisir. Et affin que ce soit chose ferme et [......] toujours, nous avons fait mètre nostre seel à ces présentes.

Donné à Versailles, au mois de septembre, l'an de grâce mil six cent quatre vingts-huit, et de nostre règne, le quarante-sixième. — Signé : Louis, et plus bas : Par le roy, Phelypeaux, et à costé : Visa, Boucherat, et scellé du grand sceau de cire verte en queue pendente.

Les présentes lètres ont esté registrées ès registres de la cour, suivant l'arrest d'icelle du 23 septembre 1690; signé : Savin; pour controlle : Cathalani.

Les présentes ont esté registrées ès registres de la Cour des Comptes, Aydes et Finances de Montpellier, pour jouir par les Consuls et habitans de la communauté de Montpellier de l'effet et contenu d'icelles, selon leur forme et teneur, ouy le Procureur général du Roy, suivant l'arrest du Conseil du 28 septembre 1690 et celluy de la Cour de ce jourd'hui 9º feuvrier 1691.

XVII

La seigneurie de Combes

1696, le 9 septembre, Montpellier. — Institution de la fête locale de la seigneurie de Combes, à la suite de l'arrêt de la Cour des Comptes maintenant la Ville de Montpellier dans la possession de la dite seigneurie. — Inauguration de la dite fête locale par la Municipalité de Montpellier[1].

L'an mil six cent quatre vingt-seize et le neufième jour du mois de septembre, sur les neuf heures

---

[1] Archiv. municip. Montpellier, série DD : — 1º Registre de la Jurisdiction de Combes = Registre servant à coucher les verbeaux des cries et proclamations qui doivent se faire le 8 septembre, jour de la fête locale de la seigneurie de Combes ; du 13 avril 1696 au 8 septembre 1788 (in-fol.), fol. 3 vº à 5 rº ;   2º portefeuille coté : COMBES, etc., pièce nº 10 : « Verbal du 9 septembre 1696, portant l'établissement de la feste de la Seigneurie de Combes, au jour de la feste de la Nativité de la Vierge, et de ce quy se passa dans la dite seigneurie le dit jour 9 septembre ».

du matin, dans la Maison de Ville de Montpellier, assemblés noble Gaspard de Belleval, maire et viguier perpétuel de la dite ville, sieur Guilhaume Collondres, bourgeois, sieur Pierre Gautier, marchand, sieur Jean Guyot, maître chirugien, sieur Jean Salliens, maître d'armes et sieur Benoist Cayla, maître tailleur, consuls et viguiers du dit Montpellier, seigneurs et barons de Caravettes, Valène, Combes et Puech Counil, avec sieurs Antoine Fabre, Antoine Bonnyer, bourgeois, Michel Salas, Noël Reclot et Bernard Dufau, marchans, conseillers du Roy, assesseurs du premier rang, sieur Louis Dezeuzes, marchant, conseiller du Roy, assesseur de second rang, et maître Jean Bonier, garde des archives et greffier de la dite ville.

Sur ce quy a esté proposé par Monsieur de Belleval, maire et viguier perpétuel, que, par arrest contradictoirement rendu par la Cour des Comptes, Aydes et Finances de cette ville, d'entre les dits sieurs Maire et Consuls et M. le Procureur général du Roy en la dite Cour, le treizième avril dernier [1], la Ville ce trouve deffinitivemant maintenue en la possession et jouissance de la seigneurie de Combes, avec toute justice, haute, moyenne et basse ; — et comme il est important à la Communauté que les dits seigneurs Maire et Consuls soint recognus par le public en la dite qualité de seigneurs, il est nécessaire d'établir une feste locale, affin qu'annuellemant on puisse aller faire les cries et proclamations qu'on a accoustumé de faire, comme aux autres seigneuries, et de prendre à l'avenir le jour et feste de la Nativité de Nostre-Dame, — et pour la présente année, de se transporter tout présentemant, avec les dits sieurs Consuls, Assesseurs et Greffier et les officiers de la dite juridiction, par les dits sieurs Maire et Consuls nommés et établis, au-devant de la mettérie du sieur Domezon [2], qu'on a choisy comme le lieu le plus comode de la dite seigneurie de Combes, pour y former l'assemblée de tous les habitans de la dite seigneurie, résidans et forains, quy ont esté avertis par billets de s'y rendre pour ouyr les dites cries et proclamations des officiers des dits sieurs Maire et Consuls.

Sur quoy, les dits sieurs Consuls et Assesseurs auroint incliné et unanimemant adhéré à la proposition du dit sieur de Belleval, maire, ainsin qu'il en avoit esté verballemant deslibéré entre eux le jour d'hier.

Et à l'instant M. M⁰ Charles Paul, docteur et advocat, juge de la dite seigneurie, M⁰ Estienne Audibert, baille, M⁰ Pierre Nauton, procureur en la sénéchaussée et siège présidial, procureur juridictionnel, et M⁰ Jean Sallat, greffier, se seroint rendus dans l'Hostel de Ville, — et apprès que toute l'assemblée a eu entendu la sainte messe, céllébrée dans la Chappelle du Consulat par M⁰ Coste, chappellain, — sont partis, précédés des hautbois et trompette et de la joye, pour les courses et sauts, portée par un valet de la suitte à cheval, concistant savoir ; — pour la course des hommes à cheval, une espée ; — pour la première course des hommes à pied, une écharpe taffetas, couleur cramoisin, avec dentelle, or et argent faux ; — pour la seconde course, un chapeau, avec son cordon et ganse, — et pour la troisième course, deux canes ruban couleur de feu ; — pour la

---

[1] Voir le texte de cet arrêt dans le *Registre de la juridiction de Combes*, fol. 1.

[2] Aujourd'hui le MAS DE ROQUES (cf. Archiv. munîcip. Montpellier, série *II*, plans nᵒˢ 71 et 395), — à main gauche de la route de Montpellier à Ganges (par Saint-Gély-du-Fesc et Saint-Martin-de-Londres), — entre le *Mas de Vigarous* et le pioch aujourd'hui désigné couramment sous le nom de « Montée de Fontfroide », — à proximité du *Mas de Trentignan*, dont le nom a été changé en celui de *Villa Marie-Thérèse*, depuis qu'il est devenu la propriété de M. Blanc, directeur du Casino de Lamalou-les-Bains, — à quelques minutes seulement des lignes de séparation de la commune de Montpellier d'avec les communes de Grabels et de Saint-Clément.

première course des femmes ou filles, une paire de bas filet à la Chine, avec ses jarretières de soye ouvrées ; — pour la seconde course, une ceinture de soye ouvrée, avec une bource de tissu argent faux, garnie autour de petit ruban, — et pour la troisième, deux canes rubans de diverses couleurs ; — et pour le saut, un chapeau, avec son cordon et ganse.

Et en cet ordre, précédés et suivis de quantité d'habitans, seroint arrivés au-devant de la dite mettérie de Domezon et sur l'ayre d'icelle, où il avoit esté dressé, avec de tapisserie, une espèce de tante ou pavillon, — où incontinent ils auroint fait crier, par le trompette de la Ville, qu'aucune personne n'eust à entrer ny faire gast et domage dans les vignes et autres possessions des habitans, sur peine de l'amande. — Et après avoir attendu que de toutes parts le monde s'y soit rendu, les dits sieurs Maire, Consuls, Assesseurs et leur Greffier, s'estant assemblés avec les dits sieurs officiers ordinaires, environnés d'un grand nombre de personnes de tout sexe, âge et qualité, — le trompette de la Ville ayant sonné par deux diverses fois et crié à haute voix : *De par Messieurs les Maire et Consuls*, M° Nauton, procureur juriditionnel, auroit requis le dit sieur Paul, juge, d'ordonner la lecture des cries des dits seigneurs Maire et Consuls.

Sur quoy, le dit sieur Paul, juge, faisant droit aus dites réquisitions, auroit ordonné qu'il seroit procédé à la lecture des dites criées. — Et à l'instant par le dit M° Sallat, greffier, la dite lecture auroit esté faite.

Et le dit M° Nauton ayant requis que les dites cries fussent gardées et observées, et que deffences fussent faites aux habitans de la dite seigneurie, et autres qu'il appartiendra, d'y contrevenir, sur les peines y contenues, — le dit sieur Paul auroit, ayant esgard aus dites réquisitions, ordonné que les dites cries et proclamations seroint gardées et observées, selon leur forme et teneur, et fait deffences à toutes personnes d'y contrevenir, sur les peines portées par icelles.

Et après la dite publication, les dits sieurs Maire, Consuls, Assesseurs et Greffier, avec les dits sieurs Officiers ordinaires et autres personnes de considération, quy s'étoint rendus à cette feste, auroint disné sous la dite tente ou pavillon.

Et après le disner, les courses à cheval et à pied, d'hommes, des femmes et des filles, auroint esté faites, avec le saut, ainsin qu'il a esté réglé et ordonné par les dits sieurs Maire et Consuls, et distribué les dites joyes à ceux et celles quy les avoint remportés.

Et cella fait et parachevé, tous les susnommés seroint partis à cheval, précédés des dits trompette et hautbois, marchant par rang deux à deux, et seroint venus descendre à l'Hostel de Ville.

Et plus n'a esté procédé.

Et ce sont les dits sieurs Maire, Consuls, Assesseurs et Greffier, signés avec les dits officiers ordinaires : — Belleval, maire et viguier ; — Collondres, premier consul ; — Gautier, consul ; — Guiot, consul ; — Salliens, consul ; — Fabre ; — Salas.

XVIII

La seigneurie de Combes

1696 et années suivantes. — Texte des « cries et proclamations », faites annuellement le 8 septembre, jour de la fête locale, — de la part des Maire et Consuls de Montpellier, — dans la seigneurie de Combes, près ou sur « le grand chemin qui va de Montpellier à Saint-Gelly » (route de Ganges)[1].

CRIES ET PROCLAMATIONS. — De par Messieurs les Maire et viguier perpétuel, Consuls et viguiers de la ville de Montpellier, seigneurs en toute justice, haute, moyenne et basse, du tènement de Combes, scitué dans le terroir et taillable de Montpellier,

Premièrement, il est deffendu aux habitans quy ont des mettéries dans le dit tènement et autres quy ont des terres et possessions, d'y jurer ny blasphémer le saint nom de Dieu ny comètre aucun scandale, à peine d'estre reprins par les officiers des dits seigneurs Maire et Consuls.

Secondemant, il est enjoint aus dits habitans d'observer les dimanches et festes comandées par l'Église, avec deffances de travailler les dits jours, à peine de cinq livres d'amande, pour la première fois, et de plus grande, en cas de rescidive.

Troisièmemant, il est enjoint aus dits habitans de recognoitre les officiers établis par les dits seigneurs Maire et Consuls et se retirer devers eux pour toutes les actions personnelles, réelles et mixtes, tant en demandant qu'en deffendant, sur les peines de droit.

Quatrièmemant, il est ordonné aux dits habitans quy fairont de nouvelles acquisitions dans la dite seigneurie de Combes, de le venir dénoncer aus dits seigneurs Maire et Consuls, et recevoir d'eux l'investiture, et payer les lods et censives quy se trouveront légitimemant deubs, sur les peines de droit.

Cinquièmemant, il est deffendu aus dits habitans et autres de faire dépaître leurs bestiaux, gros et menu, dans les vignes et ollivettes du dit terroir de Combes, en quelle saizon de l'année que ce soit, à peine de pignoration des dits bestiaux, d'estre réponsables des domages et intérests, et de cinq livres d'amande.

Sixièmemant, pareilles deffences sont faites aus dits habitans et autres de faire dépaître les dits bestiaux dans les champs et preds du dit terroir, savoir dans les champs semés, jusques apprès la récolte, et dans les preds, depuis Notre-Dame de février, jusques à ce que les preds ayent esté entièremant fauchés et les foins enfermés, sur les mesmes peines.

Septièmemant, il est deffendu à tous les dits habitants et autres de chasser dans l'estendue de la dite seigneurie, sur les peines portées par les ordonnances royaux.

Et finallement, il est enjoint à tous les habitans du dit tènement de tenir en estat, chacun en droit soy, les chemins, carrières et fossés, à peine de trois livres d'amande, et qu'il sera permis au Baille des dits seigneurs Maire et Consuls de les faire rellever et réparer à leurs dépans.

[Signé] : — BELLEVAL, maire et viguier ; — COLLONDRES, premier consul ; — GAUTIER, conseul ; — GUIOT, consul ; — SALLIENS, consul.

---

[1] Archiv. municip. Montpellier, série DD, *Registre de la Jurisdiction de Combes*, fol. 2 r° à 3 r°.

XIX

Les seigneuries de Montferrier et de la Valsière

1484 (n. st.), le 15 (?) mars, Tours. — Mandement de Charles VIII, à la suite de l' « hommage de la seigneurie de la Vaulsière, fait au Roy de France, à cause de sa baronie de Montpellier », par « Jean Malletier, escuyer [1] ».

Charles, par la grâce de Dieu, roy de France, à nos amés et féaulx gens de nos comptes et trésoriers à Paris, aux sénéchal de Beaucaire et gouverneur de Montpellier ou à leurs lieuxtenants et à nos procureur et receveur ordinaires des dites sénéchaussée et gouvernement, salut et dilection.

Sçavoir faisons que nostre bien amé Jean Malletier, escuyer, nous a aujourd'hui fait, à la persone de nostre amé et féal chancelier, les foy et homage que tenu nous estoit faire pour raison de la terre et seigneurie de Montferrier et de la seigneurie de la Vaulsière et leurs appartenences et appendences, tenus et mouvant de nous à cause et pour raison de nostre baronie de Montpellier; — ausquels foy et homage nous l'avons receu, sauf nostre droit et l'autruy.

Sy vous mandons et à chacun de vous, sy come à luy appartiendra, et pour cause des dits foy et homage à nous non faittes, vous ne faittes, mettés ou donnés, ne souffrir estre fait, mis ou donné au dit Maletier, en ses dittes terres et seigneuries de Montferrier et la Vaulsière, leurs appartenences et deppendences, aucun destourbier ou empêchement en aucune manière; ainsçois, sy ses dittes terres et seigneuries dessus dittes et leurs dittes appartenences, ou autres ses biens et choses quelesconques, sont ou estoient, à la cause dessus ditte, prins, saisis, arrestés, empêchés ou mis en tiers mains, mettés-les luy ou faictes mettre incontinent et sans délay à pleine deslivrance, pourveu touttesvoyes que, dans temps deub, il baillera son dénombrement et adveu et fera et payera les autres droits et devoirs, se aucuns nous en sont pour ce deus, se faits et payés ne les a.

Donné à Tours, le xv° [?] jour de mars, l'an de grâce mille quatre cents quatre-vingts et trois, et de nostre règne, le premier.

Par le Roy, à vostre relation. — DE MOULINES [2].

Visa, à la charge que le présent extrait ne pourra servir ny estre produit contre les intérests du Roy. — DA....., substitut de M. le Procureur général du Roy.

Collationné par nous soubzsigné, conseiller du Roy, garde du dépôt général des tiltres et archives du Domaine de Sa Majesté de la province de Languedoc, en la Cour des Comptes, Aydes et Finances de Montpellier. — CAROUGE, garde des archives.

Solvit 3 l. 17 s. 6 d., compris le papier.

---

[1] Archiv. municip. Montpellier, série *DD*, portefeuille coté : COMBES, etc.

[2] « Sénéchaussée de Nismes, armoire S, viguerie de Montpellier en général, première continuation de la liasse des tiltres particuliers, n° 5, fol. 33 ».

XX

Le domaine et la seigneurie de La Valsière

1726, le 4 septembre. — Aveu et dénombrement baillé par noble Étienne Dampmartin, « seigneur de la Vaulsière », — par devant les officiers de la temporalité de l'Évêque de Montpellier, — pour la terre et seigneurie de « la Vaulsière »[1].

C'est l'adveu et dénombrement que je, noble Estienne Dampmartin, seigneur de la Vaulsière, conseiller du Roy en sa Cour des Comptes, Aydes et Finances de Montpellier, mets et baille devant vous, Messieurs les officiers ordinaires de la temporalité de Monseigneur l'illustrissime et révérandissime évêque de Montpellier, — de ma terre et seigneurie de la Vaulsière, — comme fils et succèdent à noble Jean Dampmartin, conseiller du Roy en la dite Cour des Aydes, — scituée dans le ressort de la sénéchaussée du dit Montpellier, distroit du comté de Montferrand et dans les parroisses de Juvignac et de Grabels, — mouvant en fief, foy et hommage, de mon dit seigneur à cause de son dit comté, avec les prestations de service cy-après écrites, ainsy que s'ensuit.

Premièrement, je suis seul seigneur, haut, moyen et bas et fontier dans ma dite terre et seigneurie de la Vaulsière, — consistant en la tour, château, cour, jasse, jardin, fontaine et bois et entier terroir d'icelle, — et tout le tènement apellé du Bousquet, scitué proche ladite tour, — tout le tènement apellé Camp des Nouguiers[2], joint au mas jadis apellé de Vitallis, — et le dit mas de Vitallis, — mas et terroir de Serigouste, — mas et terroir d'Aurelle et Bruquenals, — comme aussy le Plan des Monges, — qui sont et furent des appartennances et dépendences du dit lieu et terroir de la Vaulsière, — et aussy les champs, vignes, terres cultes et incultes, justices, firmances, ban, cohertion ou contrainte des preds, seigneurie, lods, cense, usage, maisons, fontaines et tous autres droits dépendants ou appartenants au dit terroir de la Vaulsière, m'apartiennent ;

Confrontant toute l'étendue de ma dite terre et dépendances sus espécifiées, le tout joint, — du

---

[1] Archiv. départ. Hérault, G. IV, 135.

[2] 1340 (n. st.). « Ego Berengarius Dalmacii, domicellus, filius quondam alterius Berengarii Dalmacii, domicelli, condomini de Monte Arnaldo, diocesis Magalonensis, ... confiteor et recognosco vobis reverendo in Christo patri et domino domino Arnaldo de Verdala, miseratione divina episcopo Magalonensi, ... me a vobis predicto episcopo tenere in feudum honoratum videlicet omnia et singula usatica, directa dominia, consilia et laudimia, que habeo in tenemento de Valseria et circa dictum tenementum ad me in solidum vel in parte pertinent et pertinere debent, et meam medietatem banni et juris bandejandi et basse juridictionis, ... et medietatem turris de Valseria pro indiviso, et totum bosquetum scitum prope turrem, et totum campum dictum de Noguerio, cum medietate fontis de Valseria, que est in capite dicti campi, et cetera alia jura que ad me pertinent seu pertinere debent, jure emptionis per dictum quondam dominum patrem meum facte a Raimundo Agulhonis, domicello de Monteferrario quondam, cum instrumento inde scripto per magistrum Guillelmum de Vabro, notarium, sub anno Dominice incarnationis M° CCC° XIII° et XIII° kal. januarii ; — quod tenementum dictum de Valseria, cum terris sibi annexis, confrontatur cum tenemento de Grabellis et cum tenemento Montisferrandi et cum tenemento Guillelmi de Conchis, itinere quo itur de Montepessulano versus Sanctum Egidium de Fisco in medio, ... et cum tenemento de Vilario et cum tenemento de Paleata et cum itinere quo itur de Montepessulano apud Grabellos..... ». (Cartulaire de l'évêché de Maguelone, tome B, fol. 82 r°).

levant, avec les terres de Fonfrède, qui feurent de Guillaume de Conques et de Guillaume de Boisavin, sieur de Pignan[1], chemin allant de Montpellier à Saint-Gelly-du-Fesc entre deux ; — du septentrion, avec le terroir de Montferrand ; — du couchant, avec le terroir de Grabels, le chemin de Montpellier au dit Grabels et les terres de la Palliade ; — et du midy, avec le Puech du Villar, qu'a été de Jean de la Manhane[2], de Jean et Guillaume Malatiers[3], Pierre Galiard et noble Bernard Pons de Monfaucon et Marg[t] de Guilhens, apartenant à présent à noble Charles David, — et avec le mas et terre du sieur Jaques Fontancien, marchand de laine, — et avec le mas de Combes et terroir d'icelluy, apartenant à Me Pierre Domezon[4].

Et dans toute l'étendue des dites limittes, j'ay droit de ban, cognition et cohertion sur les terres et possessions possédées par mes emphitéotes, justice, firmance et tous autres droits en dépendents ; — item, j'ay droit de créer tous officiers pour l'exercice de toute justice dans ma dite terre.

Plus, toutes les guarrigues qui sont dans ma dite terre m'apartiennent en propriété et nul n'y peut aller fère dépaître aucun bétail, gros ny menu, que par ma permission, sans encourir l'amende.

Item, toutes les terres en culture, contenues dans l'étendue de ma dite seigneurie, relèvent de ma dirette et seigneurie, comme seigneur fontier de toute la dite terre, — et les usages, qui sont deubs annuellement par mes emphitéotes et tenanciers des dites terres, concistent en quatre cestiers une esmine orge (mesure de Montpellier), deux poulles grasses et neuf livres dix-sept sols sept deniers argent, sauf divers droits résiliés[5] ou perdus par le mouvement et troubles de guerres et par la perte des actes.

Pour laquelle ditte terre et seigneurie, je déclare être teneu fère hommage et sèrement de fidellité à mon dit seigneur l'Évêque, comte de Monferrand, teste nue, genoux à terre, les mains jointes entre les siennes, et luy devoir payer pour service annuel l'albergue de dix chevalliers, quand j'en seray requis et non autrement.

Lequel adveu et dénombrement j'affirme véritable, sauf le plus ou le moins, déclarant que sy, par oubly ou autrement, j'ay obmis à desnombrer quelques choses, je n'entens que cella me puisse nuire, protextant d'en faire desnombrement lhors et quand sera veneu à ma notice.

Fait à Montpellier, le quatre septembre mil sept cens vingt-six.

[Signé :] DAMPMARTIN.

---

[1] 1520. « Noble GUILLAUMES BOSSAVIN : ..... Mas apelat lo mas de Fon Freja, jardin, claus, sala bassa, dos salas autas et plusors cambras et membres, confrontant an lo cami de Montpellier et ambel meteys a totas parts.

» Plus ung autre hostal ho mas aqui meteys, en que demora lo grangié, an son palhié, jassa et stable, confrontant an lo cami de Montpellier et ambel meteys ..... ». (Archives municip. Montpellier, série II, *Recherche de Montvaillant, Saint-Clément*, fol. 3 r°).

[2] Ms.: *Mauhano*.

[3] Ms.: *Mulatiers*.

[4] Ms.: *Demaison*. — Cf. Archiv. municip. Montpellier, *CC. 658*, fol. 174 r° et *CC. 662*, fol. 328 v°.

[5] Ms.: *resellés*.

XXI

Le domaine et la seigneurie de Lavalette

1720, le 18 septembre, Montpellier. — « Quittance de 3.913 livres 6 s. 8 d., — pour le lods de la terre, place et seigneurie de la Valette[1], — faite par le sieur Fermaud, procureur de Monseigneur l'Évêque de Montpellier, en faveur de Mr Chirac, premier médecin de S. A. R. Monseigneur le Duc d'Orléans[2] ».

L'an mil sept cens vingt et le dix-huittième jour du mois de septembre après midy, à Montpellier, — par devant nous, notaire royal de la dite ville, et témoins bas nommés, — fut présent Me Jean-Pierre Fermaud, habitant de Montpellier, procureur fondé — de Mesire Charles-Joachim Colbert, évêque de Montpellier, conseiller du Roy en tous ses conseils, comte de Mauguio et de Montferrand, marquis de la Marquerose, baron de Sauve, Durfort et autres places, — par acte retenu par Me Durand, notaire de cette ville sous sa datte.

Lequel dit sieur Fermaud, en la dite qualité, a confessé avoir tout présentement receu de M. Me Pierre Chirac, conseiller du Roy, premier médecin de Son Altesse Royalle Monseigneur le duc d'Orléans régent du royaume, absent, — dame Claire Issert, son épouse, habitante du dit Montpellier, ici présente, stipulante et aceptante pour luy, — la somme de trois mille neuf cens treise livres six sols huit deniers, réellement en trois billets de la Banque royalle de mil livres chacun, neuf billets de la même banque de cent livres chacun, un billet de la même banque de dix livres, et trois livres six sols huit deniers en espèces de cours de ce jour, — par le dit sieur Fermaud vérifiés et retirés à son consentement, à la veüe de nous notaire et témoins, — et ce pour pour payement de pareille somme, à laquelle les droits des lods des acquisitions, faittes par le dit sieur Chirac, des biens relevant de la directe du dit seigneur évêque, ont esté amiablement réglés et liquidés.

Sçavoir : [1°] la somme de quarante-six livres treize sols quatre deniers, pour les lods de l'aquisition faite, par le dit sieur Chirac, de la demoiselle Deschamps, par contract du onzième aoust dernier, retenu par Me Vernet, notaire du dit Montpellier, d'une pièce terre ollivette, scituée dans le terroir de Montpellier, tènement de l'Aiguelongue, limitée et confrontée dans le dit contrat, pour la somme de sept cens soixante livres ;

Et [2°] la somme de trois mil huit cens soixante-six livres treise sols quatre deniers pour autre droit de lods, réglé, liquidé et modéré, de l'aquisition faite, par le dit sieur Chirac, par contrac du vingt-septième du dit mois d'aoust dernier, — de Messire Philibert de Guérin de Chavagnac, baron et seigneur de Montiolous, au nom et comme procureur fondé de Messire Pierre Guérin de Chavagnac, baron et seigneur de Montiolous, son fils unique et de deffunte dame Françoise de Planque

---

[1] Sur la composition actuelle du domaine de Lavalette, voir le journal la *Dépêche* (de Toulouse), édition de l'Hérault, n° du 21 février 1904.

[2] Archiv. municip. Montpellier, série *DD*, portefeuille coté : COMBES, etc., pièce n° 2.

de la Vallette, — de la terre, place, seigneurie et domaine de la Vallette[1] et autres dépendances, le tout limité et confronté dans le contrat, — et ce pour tout ce qui relève de la mouvance du dit seigneur évêque ; — le pris de la dite acquisition estant pour la somme de vingt-neuf mil cinq cens livres.

Desquels droits de lods, grâce faite du surplus, le dit sieur Fermaud, en la surdite qualité, a

[1] « Transaction passée, le 12 février 1566 (Coste, notaire, entre ..... noble Jacques David, docteur et avocat de Montpellier, seigneur de Montferrier, ... et M⁹ Antoine de Tremoulet, seigneur de Montpezat et de Lavalette » : — délimitation des terroirs de Combes, de Cabrières, de Montferrier-le-Vieux, etc.

« Par contrat du 24 janvier 1604 (receu Planque, notaire), noble Mathurin de Tremoulet de Bussely, seigneur de Lavalette, fit vente à M. M⁹ Estienne Berger, conseiller du Roy et M⁹ ordinaire en la Chambre des Comptes de Languedoc, [de] la terre et juridiction haute, moyenne et basse du dit lieu de Lavalette, scituée en la parroisse de Castelnau, consistant la dite terre en moulins, métairie, jasses, jardins, terres labouratives et devois, usages, censives et autres droits, en quoy que le tout consiste et puisse consister, et la dite juridiction ès terroirs de Combes, Cabrières et Montmal, et tels que le dit sieur Tremoulet de Bussely les jouit ; que le tout est confronté avec la rivière du Lez, la garrigue apellée de Nigrel [?], la terre del Rey, la garrigue du seigneur de Saint-Auban, la terre de Combes et ruisseau de la Lironde.

» Par autre acte du 23 août 1628 (receu Sabatier, notaire de Montpellier), noble Philipe de Berger fit vente à M. Barthélemy de Planque, juge du Petit Seel, de la terre et place de Lavalette et Cabrières, consistant en maisonage, jasse, moulin à blanchissage, terres labouratives, jardins, vignes, bois et ... paturages et généralement tout ce qui en dépend, avec la juridiction haute, moyenne et basse, maire, mixte impère, du dit Lavalette et Cabrières, droits de lods, rentes, censives, usages, arrérages d'iceux et tous autres droits et devoirs seigneuriaux, avec ses apartenances et dépendances, raisons et actions, sans aucune réservation ; se mouvant les dites juridictions immédiatement du Roy.

» Par autre acte du 12 février 1636, noble Philipe de Berger ratiffie et confirme le contrat de vente, fait au dit sieur Planque, de la terre et seigneurie de Lavalette, Combes, Cabrières, Montferrier-le-Vieux et ses dépendances.

» Dans la suite il s'éleva des contestations entre le dit sieur de Planque et la communauté de Castelnau, devant le Sénéchal de Montpellier..... Le dit sieur de Planque, ... seigneur de Lavalette, Cabrières et Montferrier-le-Vieux, ... obtint sentance du 21 janvier 1641 contre la communauté de Castelnau, par laquelle le dit sieur de Planque fut maintenu diffinitivement en la possession et jouissance des pièces

terres, garrigues, patus, paturages, ribes, ribeiraux et autres mentionnées dans ses impétrations ; et fait deffenses aux consuls et habitans de Castelnau de luy donner aucun trouble ny empêchement, à peine de 500 livres d'amande, sans dépens.

» Le 12 février 1652, M⁹ Barthélemy Planque fit un codicille (devant M⁹ Caumer, notaire), dans lequel il prend la qualité de seigneur de Lavalette, Cabrières et Montferrier-le-Vieux, et révoque la substitution qu'il avoit fait, dans son testament du 27 avril 1651 (devant le même notaire) de la terre, place et seigneurie de Lavalette, Cabrières et Montferrier-le-Vieux.

» Par autre acte du 4 novembre 1651 (receu Bompard, notaire), Messire Gaspard de Merviel et dame Anne de Monchal, mariés, firent vente à M⁹ Pierre de Planque, seigneur de Lavalette, Cabrières et Montferrier-le-Vieux, de la moitié d'un tènement de terres noble, apellée le Fesquet, avec la juridition haute, moyenne et basse, maire [et] mixte impère.

» Décret de la terre, seigneurie et autres biens de Lavalette, adjugé au sieur Jaquet, le 1ᵉʳ février 1691, dans lequel il y est compris la seigneurie de Lavalette et Montferrier.

» Par acte du 27 août 1720 (receu Vernet, notaire de Montpellier), Messire Philipe Guérin de Chavagnac, seigneur et baron de Montoulioux, procureur fondé de Messire Pierre Guérin de Chavaniac, baron de Montoulioux, fit vente à M. M⁹ Pierre Chirac, premier médecin de Son Altesse Royalle Monseigneur le Duc d'Orléans régent du royaume, de la terre, place, seigneurie, domaine de Lavalette, Cabrières et Montferrier-le-Vieux, avec la justice haute, moyenne et basse, mère [et] mixte impère, du dit Lavalette et Cabrières, droits de lods, censives et arrérages d'iceux et tous autres droits et devoirs seigneuriaux généralement quelconques, que le dit sieur de Montiolous a droit de vendre, tant en vertu du contrat de partage, du 11 février 1688, que par l'arrest du parlement de Toulouse, du 31 may 1720, et transaction passée en conséquence (devant Bisses, notaire) le 12 juin suivant ; les dits biens sçitués dans l'étendue des terroirs de Montpellier, Castelnau, Clapiès et Montferrier, suivant le compoix, consistant en maisonages, moulins à blanchissage et foulon, anciennement bladier, jardin, pigeonnier, terres labourables, olivettes, preds, bois et devois, et un tènement de terre noble apellé de Fesquet de la contenance d'environ 68 scéterrées ». (Archiv. municip. Montpellier, série DD, portefeuille coté : COMBES, etc., pièce n° 13).

quité et quite le dit sieur Chirac et tous autres, avec promesses de ne leur en jamais plus faire demande et de l'en faire tenir quitte et déchargé envers tous qu'il appartiendra; — se réservant le dit sieur Fermaud, pour le dit seigneur évêque, les autres droits de lods, qui pourroint être deubs et autres droits féodeaux, comme aussy la foy et hommage, ainsy qu'il est porté par les anciens homages, dénombremens et autres titres, de surdites choses acquises par le dit sieur Chirac.

Et pour l'observation de ce dessus, les dites parties, chacun comme concerne, ont obligé et ipotéqué tous chacun ses biens présent et avenir, savoir : le dit sieur Fermaud, ceux du dit seigneur évêque, et la dite dame d'Issert, ceux du dit sieur Chirac, son époux, — que les dites parties ont soumis à toutes rigeurs de justice et par exprès au Petit Secl Royal du dit Montpellier.

Fait et passé à Montpellier, en présence de M⁰ Jacques Donnat, faisant la recette générale des finances, et François Pourreau, praticien, habitant dudit Montpellier, signés avec les parties, et nous Antoine Baumez, notaire royal du dit Montpellier, soubsigné.

D'Issert de Chirac, Fermaud, Donna, Pourreau, Baumez, notaire, signés à l'original.

Controllé à Montpellier par Morel.

Collationné sur l'original. BAUMEZ, notaire.

XXII

Le domaine et la seigneurie de La Paillade

1312, le 24 mai, Montpellier. — Reconnaissance féodale, hommage et serment de fidélité — à Sanche, roi de Majorque, seigneur de Montpellier, — par Pierre Aymery, fils d'autre Pierre Aymery, — pour le mas de La Paillade et ses dépendances [1].

De Paleata.

In Christi nomine. — Anno ejusdem incarnationis millesimo trecentesimo duodecimo, scilicet nono kalendas junii, domino Philippo, Francorum rege, regnante.

Ego Petrus Aymerici, filius quondam et heres domini Petri Aymerici, scio, confiteor et in veritate recognosco, ex certa scientia, non per errorem, me tenere et tenere debere a vobis illustri domino Sancio, rege Majoricarum, comite Rossilionis et Ceritanie et domino Montispessuli, — et mei predecessores a vobis et a vestris predecessoribus, ut a dominis Montispessuli, tenuerunt in feudum honoratum totum mansum dictum de Paleata, cum suis terris et cum omnibus suis juribus et pertinentiis universis, et quicquid habuerunt et habeo in parrochiis sive decimariis Sancti Gervasii de Juvigniaco, Sancti Juliani de Grabellis et Sancti Laurentii d'Ausanegues[2], sive sint dominia, consilia, laudimia, census, usatica seu quelibet alia jura et quicquid alii a me tenent in

---

[1] Archiv. municip. Montpellier, série *DD*, portefeuille coté : COMBES, etc.

[2] Ms.: *Dausanegues*. — Cf. ci-dessus, p. 405, note 4, et p. 488, note 4.

tenemento dicti mansi, et quecumque alia jura mihi competentia pro predictis seu predictorum occasione, in parrochiis supra dictis.

Item, confiteor me tenere a vobis dicto domino rege in feudum simplicem juridictionem et banna, quam et que habeo in dicto manso et ejus tenemento.

Item, confiteor vobis dicto domino regi et recognosco quod vos et vestri successores habetis et habere debetis, in toto predicto feudo, merum et mixtum imperium, et singulis annis in festo sancti Michaelis mensis septembris, quinque solidos melgorienses censuales, vobis et vestris successoribus solvendos singulis annis in dicto festo, loco et vice illarum albergarum que olim vobis fieri debebant pro dicto feudo.

Habetis etiam et habere debetis in dicto feudo laudimium, si de toto vel parte ejusdem feudi fieret alienatio in vita vel in morte, aliquo modo aut ratione.

Et pro predictis vobis et vestris successoribus debeo et teneor facere homagium et prestare fidelitatis juramentum. Quare, flexis genibus et junctis manibus inter manus vestras datoque vobis manuum et oris osculo firmitatis et pacis, vobis homagium facio et fidelitatis juramentum presto. Promitto vobis, stipulanti et recipienti pro vobis et vestris successoribus, quod ero vobis et vestris successoribus bonus et fidelis. Personam, vitam, membra et terram vestram custodiam, ut fidelis vassallus, et vestrorum successorum [1].

Promittens etiam vobis solemniter stipulanti pro vobis et vestris successoribus, quod vobis et vestris successoribus dabo potestatem, iratus et pacatus, de fortaliciis factis et faciendis in toto feudo predicto et aliis, cuicumque vestro mandato ad vestram et vestrorum simplicem requisitionem.

Et nos dictus Sancius, rex Majoricarum, comes Rossilionis et Ceritanie et dominus Montispessuli, predictam recognitionem, homagium et fidelitatis juramentum recipientes et acceptantes, dictum feudum tibi dicto Petro confirmamus, salvo tamen in omnibus et per omnia jure nostro et quolibet alieno.

Acta fuerunt hec in Montepessulo, in presentia et testimonio domini Petri de Fenolheto, domini Berengarii de Podio, militum, domini Arnaudi Treverii, jurisperiti, et magistri Symonis de Tornaforti, Montispessuli notarii, qui hoc instrumentum in notam recepit, — vice cujus ego Johannes Deodati, illustris domini nostri Majoricarum regis notarius in terra et baronia Montispessuli, autoritate et decreto venerabilis viri domini Petri Seguerii, legum doctoris, vices gerentis nobilis domini locumtenentis dicti domini regis in Montepessulo et baronia predictis, ut a dictis decreto et autoritate constat per publicum instrumentum, scriptum per magistrum Petrum de Giniaco, Montispessuli notarium, sub anno Dominice incarnationis M° CCC° XXI°, scilicet XIIII° kalendas junii, suprascriptum instrumentum sumpsi fideliter et extraxi de prothocollo seu notis predicti magistri Symonis, juxta ipsius note continentiam et tenorem.

In testimonium vero omnium premissorum, ego dictus Symon de Tornaforti hic subscripsi et signavi [2].

Visa, à la charge que le présent extrait ne pourra servir ny estre produit contre les intérests du Roy. — Da....., substitut de M. le Procureur général du Roy.

---

[1] Ms.: *sucessorum*.

[2] « Sénéchaussée de Nismes, armoire S, viguerie de Montpellier en général, liasse des tiltres particuliers, n° 3, fol. 66 v° ».

Collationé par nous soubsigné conseiller du Roy, garde du dépôt général des tiltres et archives du Domaine de Sa Majesté de la province de Languedoc, en la Cour des Comptes, Aydes et Finances de Montpellier. — CAROUGE, garde des archives.

Solvit 4 l. 10 s.

XXIII

Privilèges divers accordés aux habitants de Castelnau-le-Lez

1178 (n. st.), le 19 février, Castelnau-le-Lez. — Concession par Guilhem VIII, seigneur de Montpellier, — « militibus et omnibus probis hominibus de Castello Novo, presentibus et futuris », — de divers privilèges, en matière de justice, etc.

1269, le 18 avril et le 25 mai, [Montpellier]. — Transcription notariée et collationnement de la dite charte [1].

Anno ab incarnatione Domini millesimo centesimo septuagesimo septimo, mense februarii.

Ego Guillelmus, dominus Montispessulani, filius Mathildis, spontanea et perpetua voluntate mea, fide bona et sine dolo, cum hac carta in perpetuum dono, trado, laudo atque concedo militibus et omnibus probis hominibus de Castelio Novo, presentibus et futuris, quod, secundum consuetudinem Montispessulani, in potestate mea vel bajuli mei apud Castellum Novum, cause seu placita expiantur, ventilentur, agitentur, examinentur, judicentur, componantur et effectui [2] mancipentur.

Item, dono, trado, laudo atque concedo militibus et omnibus probis hominibus de Castello Novo, presentibus et futuris, quod quicumque domum in Castello Novo habuerit, non det copas nec alia usatica in Montepessulano, sicut homines castelli de Latis.

Item, dono, trado, laudo atque concedo militibus et omnibus probis hominibus de Castello Novo, presentibus et futuris, quod Castellum Novum nunquam separabitur a dominatione Montispessulani de cetero.

Factum est hoc in ecclesia Sancte Marie Castelli Novi, una die dominica et festivitate sancti Georgii [3], in presentia et testimonio Johannis Bertulfi, bajuli Montispessulani existentis, Guillelmi Adalguerii, Petri de Cocone, canonico Magalonensi, priore et procuratore ecclesie Sancte Marie Castelli Novi, Rufeti, canonici, Pontii de Valle, Geraudi Raterii, Bauzilii Dorlanegues, Geraudi de Claperiis.

Fulco scripsit et, mandato domini Guillelmi Montispessulani, hanc cartam bollavit.

Manifestum sit presentibus et futuris quod, anno Dominice incarnationis millesimo ducentesimo sexagesimo nono, scilicet quarto decimo kalendas maii, — in presentia et testimonio Raymundi Laurentii, advocati curie, Raymundi Deodati, canabascerii, Guillelmi de Manso, corraterii, Johannis Yzarni, Bernardi Duranti et plurium aliorum, — dominus Hugo Fabri, bajulus curie Montispes-

---

[1] Archives communales de Castelnau-le-Lez, AA. 1 = registre coté à tort : « DÉLIBÉ[RATIONS], 1314 à 1789 », fol. 1 et 2.

[2] Ms.: *effectu* corrigé en *effectui*.

[3] Saint Georges, évêque de Lodève.

sulani pro illustrissimo domino Jacobo, Dei gratia rege Aragonum[1], dedit in mandatis michi Guillelmo Paraceri, notario Montispessulani, ut de quodam instrumento publico, bulla plombea domini Guillelmi Montispessulani pendenti, non cancellato, [non] abolito vel in aliqua sui parte suspecto, transcriptum facerem publicum, ad tuhitionem et cautelam Petri Catalani [et] Petri Guiraudi de Castro Novo, stipulantium et petentium pro se ipsis et pro omnibus hominibus de Castello Novo, presentibus et futuris, quorum negocia in hac parte utiliter gerunt, et ad conservationem juris ipsorum et habitantium dicti Castri, presentium et futurorum, — quod quidem instrumentum scripsit Fulco, ut littera claris apparebat.

Quo quidem mandato mihi dato, ego Guillelmus Paraceris, notarius, scripsi et subscripsi hoc presens instrumentum, nil addens, mutans vel detrahens a dicto originali instrumento. — Et in ipso instrumento erat bulla plumbea pendens domini Guillelmi Montispessulani.

Et adhibitis mecum Petro Gaucelini et Guillelmo de Capite Vilario, publicis ejusdem ville tabellionibus, diligenter perscrutatus sum hoc cum illo, — anno quo supra, octavo kalendas junii.

Ad cujus rei perpetuam fidem habendam, hic subscripsi, signum meum apponens. *Ici est le monogramme du dit Paraceris.* — Quo predicto perscrutinio, bene et provide facto, cum prelibatis notariis, ego supradictus Petrus Gauscelini, notarius, testis rogatus, interfui et hic subscripsi et signum meum apposui. *Ici est le monogramme du dit Gaucelin.* — Ego Guillelmus de Capvilar, Montispessulani notarius, testis vocatus et rogatus, una cum predictis notariis supradicto perscrutinio diligenter facto, ut supra dictum est, interfui et hic subscripsi et signum meum apposui. *Ici est le monogramme du dit Capvilar.*

XXIV

Le Mas d'Encivade, près Lattes

1243. — Bail en acapt[2], — par Jacques Ier, roi d'Aragon et de Majorque, seigneur de Montpellier, — à Étienne Civade, — de la Condamine située sur le Lez, entre la Paissière Plombade et le rempart du *castrum* de Lattes[3].

..... Dono et concedo in emphyteosim sive in accapitum et titulo ac jure perfecti accapiti trado

---

[1] Ms.: *Aragonis.*

[2] Fragments extraits de la pièce intitulée : *Instruction pour les Pères Jésuites de Montpellier, propriétaires de la métairie de Civade, contre les propriétaires des prez de Lattes et autres,* conservée aux Archives départementales de l'Hérault, série *D,* fonds des Jésuites de Montpellier.

[3] « La ville de Lattes lez Montpelier estoit jadis assés considérable pour ses habitans, ses murailles, ses fossez, ses privilèges et son commerce, ayant mesmes un port de mer, mais depuis longues années il ne reste rien plus de tout cela qu'une chappèle et quelques petites masures, de sorte que les consuls dudit Lattes sont tousjours pris des principaux habitans de Montpellier, qui ont de gros domaines, la pluspart nobles, dans ce terroir grand et fertile, et parce qu'ils tirent un grand profit du bestail, ils tâchent par tous moyens d'augmenter les pasturages, quoyqu'ils ayent deux palus ou communaux de si vaste étendue et si abondans en herbages que pendant toute l'année on y fait paistre plus de dix mille testes ». (Archiv. départ. Hérault, série D, fonds des Jésuites, pièce [impr. s. l. n. d.] intitulée: *Factum pour le syndic du Collège des Pères Jésuites de Montpellier, appellé, contre les Consuls de Lattes, appellants*).

tibi Stephano Civate¹ et tuis..... totam illam Condaminam²..... sicut longa lataque est,..... et confrontatur, ex parte castri de Latis, cum muro principali ipsius castri, vallato ipsius castri in medio, et ex aliis omnibus partibus undique cum flumine Lezi.....

Concedo tibi et tuis plenariam potestatem et facultatem accipiendi et hauriendi aquam de dicto flumine semper, diebus omnibus, noctibus et horis quibus volueris, ad opus prati faciendi si tibi vel tuis facere placuerit et ad omne aliud tuum et dicte Condamine³ servitium et utilitatem.....

XXV

Les Biens patrimoniaux, droits, facultés et privilèges de la communauté des habitants de Lattes

1688, le 3 novembre, Montpellier. — « Déclaration », faite par les Consuls de Lattes, devant les Commissaires du Roi, — en vue de lettres d'amortissement, — « de tous les biens, droits, facultés et privilèges, que la dite communauté a et possède ».

1690, le 22 novembre, Montpellier. — Jugement des « Commissaires députés par le Roy pour la confection du papier terrier et réception des aveus et dénombremens..... », — précisant les biens et droits dont les Consuls de Lattes pourront obtenir lettres d'amortissement — et réservant certains droits de Madame de Graves, etc.⁴.

Les Commissaires députés par le Roy pour la confection du papier terrier et réception des aveus et dénombremens dans la province de Languedoc et ressort de la Cour des Comptes, Aydes et Finances de Montpelier et ancienne sénéchaussée de Toulouse, par ses lettres pattantes du dix-septième février mil six cent soixante-sept et arrests du Conseil des trente-unième juin mil six cent quatre-vingt-trois et vingt-unième juillet mil six cent quatre-vingt-sept,

Veu le dénombrement, dont la teneur ensuit :

C'est la déclaration que les Consuls et députés de la communauté de Lattes, au diocèze de Montpelier, mettent et baillent, — en conséquence de la délibération du vingt-cinquième octobre mil six cent quatre-vingt-huit, — devant vous Nosseigneurs les Commissaires établis par Sa Majesté pour connoître du fait de ses domaines en la province de Languedoc, — de tous les biens, droits, facultés et privilèges, que la dite communauté a et possède, ainsy qu'il suit.

Premièrement, la dite communauté de Lattes possède allodialement et exempte de toutes charges, en vertu de l'acte de donnation et concession⁵ faite en sa faveur par Guillaume, seigneur du dit Lattes, des ides d'avril mil deux cent trois⁶, toutes les palus et hermes, herbages et paturages et toute la palus sçituée sous la prérie du dit Guillaume, seigneur du dit Lattes, — confrontant,

---

¹ Ms.: *Civatx*.
² Voir JOFFRE, inventaire du Cartulaire de Lattes, — ci-dessus pp. 252 à 254, art. 1561 à 1569.
³ Ms.: *dictæ Condaminæ*.
⁴ Archiv. départ. Hérault, C. *2978*, fol. 248 à 271.
⁵ Ms.: *conception*.
⁶ Voir ci-dessus pp. 245-246, art. 1533.

d'aquillon, avec le Trinquat[1], et du vent[2] appellé *cercius*, avec Serrats et avec l'honneur ou possessoire de Saint-Pierre[3] et avec l'honneur d'Estienne André; et du vent sous le simple nom de *vento*, avec l'estang, et du dit vent appellé *cercius*, confrontant la palus G. de Monteolius et d'Ermengerii, et s'estand jusques à la fontaine de Couquon[4], et se tient avec l'honneur autresfois possédé par Valmaigne[5] et avec l'honneur de Saint-André d'Agde et avec l'honneur d'Ermengerii; — et contient la dite donnation expressément et à perpétuité toute la dite palus en devois commun; — aussy concédé la palus que le dit Guillaume avoit acquise de Pierre de Monte, et pareillement toute la palus qui est du Lez Vieux[6] aux Gaudes de Salvignac[7], avec tous les paturages qui y sont; — la dite palus de Salvignac confrontant, du vent, l'estang; d'autre part, le Lez Vieux, et d'aquillon, avec la Gaude, et vent appellé *cercius*, l'honneur de Adilgerii et B. Restagny, et avec l'honneur d'Estienne de Saint-Ginieys et de Egidii et de G. Bérenger et de G. Duranti, et avec l'honneur de Borrilhon et Guillaume Sallat. — Et tout ce dessus est possédé par la dite communauté et habitans de Lattes comme seigneurs et maîtres, avec la faculté de pignorer, suivant et conformément à l'arrest du Parlement de Toulouse, du vingt-unième aoust mil cinq cent soixante six, et sentance du Sénéchal de Montpelier, du quatrième may mil cinq cent quatre-vingt-cinq.

2. Item, les dits Consuls et communauté ont droit de faire construire plusieurs fours au dit Lattes pour cuire leurs pains, à la charge de prester hommage, lorsque les fours auront esté construits, — suivant l'acte de concession faite par Jaques, roy d'Aragon, seigneur du dit Lattes, du douzième des kalendes de juin mil deux cent trente[8].

3. Item, les dits habitans de Lattes sont exempts de tous droits de queste et servitude, et peuvent empêcher les étrangers d'apporter ny vendre du vin au dit lieu de Lattes, — par privilège à eux accordé par le dit Jaques, roy de Majorque et seigneur du dit Lattes, le troisième des nones de juillet mil deux cent quarante-trois[9].

4. Item, la dite communauté de Lattes a droit de faire dépaitre leurs bestiaux dans toutes les préries que le Roy avoit ou pouvoit avoir à l'advenir, après les secondes herbes coupées, — suivant l'acte de concession faite par le dit seigneur, le troisième des ides d'avril mil deux cent soixante-trois[10].

5. Item, la dite communauté a droit de patronnat et d'eslire un recteur pour la Charité ou Hospital du dit Lattes, — suivant l'acte du Roy d'Aragon, seigneur du dit lieu, du quatrième des kalendes de juillet mil deux cent soixante-neuf[11].

6. Item, les habitans et communauté ont ce privilège qu'en cas ils soint chargés de tutelle ou curatelle par le juge du dit seigneur, il ne pourra estre prétendu par le dit juge aucun salaire de toutes les procédures concernant[12] les dites tutelles et curatelles; — plus, d'explécher[13] les isles

---

[1] Bras du Lez, à l'ouest de Lattes, — auj. le Canal de Graves.

[2] Nous faisons au texte de cette pièce quelques corrections *d'ordre purement orthographique*, sans prendre la peine d'indiquer en note la leçon défectueuse du ms. C'est ainsi que nous rétablissons *vent* au lieu de *vend* ou *vant*, — *et* au lieu de *est*, etc.

[3] L'église Saint-Pierre de Maguelone.

[4] Entre le Mas Desplan et Maurin.

[5] L'abbaye de Valmagne.

[6] Bras du Lez, à l'est de Lattes, auj. réduit à l'état de ruisseau.

[7] Près l'embouchure de la Lironde.

[8] Voir ci-dessus p. 247, art. 1540.

[9] Voir ci-dessus p. 248, art. 1543.

[10] Voir ci-dessus p. 249, art. 1546.

[11] Voir ci-dessus p. 250, art. 1550.

[12] Ms.: *concertant*.

[13] Ms : *delplecher*.

qui sont auprès les moulins, et de se servir des fossés qui sont autour du château de Lattes, — par concession du dit seigneur, du seizième des kalendes de septembre mil deux cent soixante-onze [1].

7. Item, la dite communauté de Lattes a la propriété des eaux et estangs depuis L'Estelle jusques au port de Coucon, — suivant l'acte de concession du roy Jacques, roy d'Aragon, du [2] cinquième des kalendes de septembre mil deux cent soixante-treise [3].

8. Item, les Consuls et communauté de Lattes possèdent, depuis un temps immémorial, un pred dans le terroir de Lattes, comme résulte des contrats d'arrentement, passés par Messieurs les Collégiés du Palais de cette ville, de leur pred scitué au dit terroir de Lattes, qui [a] cellui de la dite communauté pour confront, en datte des quatrième avril mil cinq cent-seize et quinzième avril mil cinq cent dix-sept.

9. Item, le droit d'arrousage par la rivière du Lez, pour les préries autour du dit Lattes, en payant douze deniers pour chaque cestérée, pour le desdomagement du chaumage des moulins pendant le temps du dit arrousage, — ayant les dits moulins appartenus au Roy de Majorque et par lui vendus, avec le dit droit et la dite servitude, au cardinal Imbert Dupuy, fondateur du Chapitre Saint-Sauveur de la présent ville ; — le tout suivant la procédure et sentance du Lieutenant de Gouverneur du dit Montpelier, des onzième aoust mil trois cent quatre-vingt-huit et premier juin mil trois cent quatre-vingt-neuf, — dans laquelle sont incérés la vente fait par le dit Roy de Majorque au dit cardinal Imbert et la constitution, sur le dit droit d'arrousage, à douze deniers par cestérée, pour les causes susdites, des douze aoust mil trois cent quarante-trois et vingt-cinquième may mil trois cent quarante-cinq.

10. Item, la dite communauté a droit de faire dépaître les dits bestiaux, gros et menus, des habitans dans les préries et terres du Mas d'En Sivade, après les récoltes, — suivant l'arrest contradictoire du Parlement de Toulouse, du vingt-deuxième mars mil six cent cinquante-huit et les titres y mentionnés [4].

11. Item, les dits Consuls ont plusieurs directes au dit terroir de Lattes, comme aussy le droit de patronat de la chapelle fondée dans l'église du dit Lattes par Ancelin de Tournefort et par Victorie, femme de Pierre Rolin, et plusieurs autres ; — desquelles directes et chapelles les dits Consuls rapporteront les titres, qu'ils ne peuvent avoir présentement et qu'ils espèrent de recouvrer.

12. Finalement, la dite communauté possède les pactus et palus dits des Méjans et de Courrège, désignés dans la reconnoissance du dix-huitième avril mil six cent trent-cinq et dans celle y mentionnée du neufvième janvier mil cinq cent dix.

Certiffient les dits Consuls et députés la dite déclaration véritable et se réservent de la pouvoir augmenter, lorsqu'ils auront recouvré [5] les titres de la dite communauté, dont plusieurs sont meslés avec ceux du Roy, desquels Maître Gimel, notaire de cette ville, qui avoit esté nommé greffier en la Commission du papier terrier de la Dame de Graves et depuis récusé comme greffier de sa justice et son homme d'affaires, a beaucoup d'originaux, en ayant expédié divers extraits

---

[1] Voir ci-dessus p. 251, art. 1556.
[2] Ms.: *des*.
[3] Voir ci-dessus p. 251, art. 1557.
[4] Voir ci-dessus pp. 252 à 254.
[5] Ms.: *recouvert*.

aux parties, mesmes aus dits Consuls celluy cy-dessus mentionné en l'article neuf, d'authorité de justice ;

Protestant aussy que sy, par mégarde ou par oubly, ils avoient obmis à déclarer aucuns droits appartenans à la dite communauté, cela ne puisse lui nuire ny préjudicier.

En foy de ce, les dits Consuls et députés ont signé la présente déclaration, — à Montpelier, dans la maison où les habitans du dit Lattes ont accoutumé de s'assembler, — le troisième novembre mil six cent quatre-vingt-huit ; — signés : VENTURIN, consul, MARIOTTE, député, PLANTADE, député, COSTE, député, et JARLAN, greffier consulaire.

La présente déclaration a esté approuvée et confirmée par délibération de la dite communauté des habitans de Lattes, assemblés sur ce sujet, le dit jour troisième novembre mil six cent quatre vingt-huit ; — signé : JARLAN.

Veu aussy, pour justiffication d'icelluy :

Une concession accordée aux Consuls et communauté de Lattes par Guillaumes, seigneur de Montpelier et de Lattes, des pactus, paturages, palus et autres droits ; des ides d'avril mil deux cent trois[1] ;

Un arrest du Parlement de Toulouse, du vingt-unième aoust mil cinq cent soixante-six, rendu entre le commandeur de Soliech[2] et les Consuls de Lattes ;

Sentance rendue par le Séneschal de Montpellier, du quatrième may mil cinq cent quatre vingt-cinq, qui maintient les Consuls et habitans de Lattes aux herbages du dit lieu et au droit de pignorer ;

Concession accordée aux habitans du dit lieu de Lattes, par Jaques, roy d'Aragon et de Maillorque, seigneur de Montpelier et Lattes, de construire des fours ; en datte du dixième des kalendes de juin mil deux cent trente[3] ;

Concession accordée aus dits habitans de Lattes par le même Roy d'Aragon, seigneur de Montpelier et de Lattes, qui exempte la communauté et habitans de tout droit de queste, et leur accorde le droit d'empêcher que les étrangers vendent leur vin, jusques à ce que les dits habitans ayent vendu le leur ; en datte du troisième des nones de juillet mil deux cent quarante trois[4] ;

Autre concession accordée aus dits habitans de Lattes par le Roy d'Aragon, seigneur de Lattes, de faire dépaître leurs bestiaux, après les secondes herbes couppées ; du troisième des ides d'avril mil deux cent soixante-trois[5] ;

Autre concession accordée aus dits habitans de Lattes par Jaques, roy d'Aragon, seigneur de Lattes, de pourvoir à l'Hospital et recteur d'icelluy ; du quatrième des kalendes de juillet mil deux cent soixante-neuf[6] ;

Autre concession accordée aus dits habitans de Lattes par le même Roy, seigneur de Lattes, contenant pouvoir d'esplécher les isles, exemption de tutelles et curatelles, et de se servir des fossés de Lattes ; du seizième des kalendes de septembre mil deux cent soixante-onze[7] ;

Autre concession accordée aux dits habitans par le même Roy, seigneur de Lattes, de l'estang et

---

[1] Voir ci-dessus p. 245, art. 1533.
[2] Soriech.
[3] Voir ci-dessus p. 247, art. 1540.
[4] Voir ci-dessus p. 248, art. 1543.
[5] Voir ci-dessus p. 249, art. 1546.
[6] Voir ci-dessus p. 250, art. 1550.
[7] Voir ci-dessus p. 251, art. 1556.

propriété des eaux, depuis l'endroit appellé L'Estelle jusques à l'endroit ou port de Coucon; en datte du cinquième des kalendes de septembre mil deux cent soixante-treize [1];

Deux contrats de ferme du pred appartenant aux Collégiats Nostre-Dame du Palais, passés par les dits Collégiats, dans lesquels les preds de la communauté de Lattes sont baillés pour confronts et le fermier chargé de payer le droit d'arrousage; en datte du quatrième avril mil cinq cent seize et quinsième avril mil cinq cent dix-sept;

Procédure et sentance rendue par le Gouverneur de Montpelier, qui condamne les habitans de Lattes à payer douze deniers par cestérée, pour l'arrousage des preds et indemnité de la chaume des moulins pendant le dit arrousage; du premier juin mil trois cent quatre-vingt-neuf;

Arrest du Parlement de Toulouse, du vingt-deuxième mars mil six cent cinquante-huit, qui maintient les dits Consuls et habitans de Lattes au droit de pasturage dans les terres et preds de la mettérie d'Ensivade, après les récoltes faites;

Recognoissance génералle consentie par les Consuls de Lattes au proffit de Madame la Duchesse d'Angoulesme, engagiste de la terre de Lattes; du dix-huitième avril mil six cent trente-cinq;

Autre reconnoissance génералle consentie par les dits Consuls de Lattes au proffit du Roy, par devant ses Commissaires à ce députés; du neufvième janvier mil cinq cent-dix;

Deux délibérations de la dite communauté de Lattes, au sujet du présent dénombrement; des vingt-cinquième octobre et troisième novembre mil six cent quatre-vingt-huit;

Certifficats des publications du dit dénombrement, faites aux prosnes des messes parroissialles des lieux de Lattes et Montels, pendant trois dimanches consécutifs, et à l'auditoire de la Séneschaussée de Montpelier, pendant trois jours les plaids tenans; des vingtième novembre et vingt-deuxième décembre mil six cent quatre-vingt huit, — en conséquence de l'ordonnance par nous rendue à ce sujet;

Opposition formée à la réception [du] dit dénombrement, de la part de Messire Philipe de Graves, marquis de Villefarjaux et de Solas, mary et maître des biens dottaux de dame Dianne de Solas, son épouze, — poursuivie par la dite dame de Solas, depuis le décès du dit sieur de Graves, son mary, — en ce que les dits Consuls ont compris dans leur dénombrement plusieurs facultés et propriétés, qui appartiennent à la baronnie de Lattes et que le dit sieur de Graves a compris dans son dénombrement, par lui fourny par devant nous pour le dit marquisat de Solas et baronnie de Lattes, — et en conséquence, que les dits droits soient rejettés du dénombrement des dits Consuls, et elle maintenue en ceux qui sont compris dans le dénombrement du dit sieur de Graves; — employant, pour moyens d'opposition, le dit dénombrement et pièces par elle produites pour justiffier les droits dénombrés à son opposition au présent dénombrement;

Requeste des dits Consuls de Lattes, contenant contredits à la dite opposition;

Coppie d'arrest du Conseil, du dixième janvier mil six cent quatre-vingt-deux;

Appointement du Sénéchal de Montpelier, contenant la répudiation de l'hoirie du deffunt sieur président Solas, faite par la dite dame Dianne de Solas; du seizième janvier mil six cent quatre-vingt-cinq;

Un arrest du Conseil, du dix-huitième may mil six cent quatre-vingt-neuf, qui renvoye par

---

[1] Voir ci-dessus p. 251, art. 1557.

devant le Sénéchal de Montpelier les contestations qui sont entre la dite dame de Graves et le sindic des propriétaires des preds de Lattes, à raison de l'arrousage;

Autre arrest du Conseil, du dixième mars mil six cent quatre ving-dix, portant que les dites parties procéderont par devant le Sénéschal de Montpellier, sur l'exécution du dit arrest du Conseil, nonobstant la signiffication d'un arrest du Conseil du vingt-quatrième janvier mil six cent quatre-vingt-dix;

Conclusions du Procureur du Roy en la Commission;

Et veu aussy l'édit du mois de décembre mil six cent quatre-vingt-six;

Ouy le rapport du sieur de Vignes, l'un de nous;

Tout considéré;

Nous, COMMISSAIRES susdits, avons receu le dit dénombrement, pour jouir par les dits Consuls de Lattes et leur estre expédié lettres d'amortissement[1], suivant l'édit du mois de décembre mil six cent quatre-vingt-six, de tout le contenu aux articles troisième, septième, huittième, dixième, onzième et douzième du dit dénombrement;

[Jouiront les dits Consuls] des paluds, pattus, hermes, herbages et pasturages, par eux dénombrés au premier article du dit dénombrement, — sçavoir de la propriété utille de ceux donnés en devois aus dits Consuls par l'acte de l'année mil deux cent trois, sans payer aucune censive et en franc alleu[2], conformément au dit acte; — et pour le surplus de l'esplèche et usage, suivant aussy le dit acte, la propriété directe demeurant accordée à la dite dame de Graves, sauf des quatre-vingt-deux quartérades de Tornefort, esnoncées en l'acte de l'année mil trois cent quatre-vingt-onze, qui demeureront rejettées du dit dénombrement, pour estre icelles possédées par autres que par les dits Consuls, suivant leur déclaration, lesquelles demeureront assujetties à la censive de six deniers par cartérade, au proffit de la dame de Graves; — et à l'égard du droit de pignorer, par par eux dénombré dans le dit article, ordonnons que les parties seront plus amplement ouyes dans le mois;

Jouiront les dits Consuls du droit de faire construire plusieurs fours au dit lieu et terroir de Lattes, par eux dénombré au deuxième article du dit dénombrement, à la charge d'en rendre l'hommage lorsqu'ils seront bastis, suivant l'acte de l'année mil deux cent trente, et de payer à la dite dame de Graves la censive de dix livres, pour le four commun du dit lieu à présent démoly, suivant les recognoissances des années mil cinq cent-dix et mil six cent trente-cinq, laquelle censive ne pourra estre éteinte ny amortie;

Jouiront encore du droit de faire dépaître leurs bestiaux dans les préries que le Roy avoit ou pouvoit avoir à l'avenir au dit lieu, par eux dénombré au quatrième article du dit dénombrement, conformément à l'acte de l'année mil deux cent soixante-trois, sauf dans la contenance adjugée au Chapitre Saint-Sauveur de Montpelier par l'arrest du Parlement de Toulouse du treizième aoust mil six cent quarante-huit[3];

---

[1] Voir le texte de ces lettres d'amortissement, en date de mars 1691, — Archiv. départ. Hérault, C. *2978*, fol. 272 à 276,

[2] Ms.: *faux alud.*

[3] «L'ÉGLISE COLLÉGIALE DE ST. SAUVEUR. — Le cardinal Imbert Dupuy, d'une famille très considérable à Montpellier pendant le treize et le quatorzième siècle, ayant dessein de fonder une église collégiale

Jouiront aussy du droit d'esplèche dans les isles et usage des fossés du château de Lattes, contenu en l'article sixième du dit dénombrement, — le surplus du contenu au dit article demeurant rejetté ;

de prêtres pour vacquer aux fonctions de la prière e de l'hospitalité tout ensemble, acheta dans le faubourg de la Saunerie l'isle qu'on voit aujourd'hui vis à vis le logis du Cheval-Vert, où il y avoit un hôpital apellé Ste. Marie des Teutons. La maladie dont il mourut l'ayant empêché de finir son dessein, il en chargea ses exécuteurs testamentaires, qui étoient Bertrand, évêque d'Ostie, Guillaume de Texeriis, chanoine de Nimes, de l'ordre de St. Augustin. François Bedoc, chanoine d'Aix, et Guillaume Dupuy, chevalier du diocèse de Magnelone, lesquels demandèrent au pape Clément VI les pouvoirs nécessaires pour exécuter cette fondation : il les leur accorda par une bulle donnée à Avignon le jour des kal. d'octobre 1349. Et en conséquence, [le 28 janvier 1350] ils dressèrent les réglemens suivans, où l'on voit le nombre des prêtres qui devoient remplir cette fondation, le service auquel ils étoient tenus, tant pour l'église que pour l'hôpital, les biens qu'on leur laissa pour leur entretien............ ....
....

« *Biens temporels du Collège.* Nous incorporons (disent les exécuteurs testamentaires) à l'église St-Sauveur tous les fruits et rentes qui ont appartenu à l'hôpital, maison et église que le cardinal Imbert acheta pendant sa vie des frères de l'ordre de Ste. Marie des Teutons de la ville de Montpellier......
— Nous assignons et incorporons à la dite église et au dit collège, comme au véritable héritier du cardinal Imbert, toute la prairie du tènement de Lates, que le dit seigneur cardinal acheta de l'illustre Roy de Majorque, avec le sol, les herbes, les pascages, les eaux, les arbres et le droit de donner l'eau, avec tous les autres droits qu'il y a acquis. — Nous leur assignons deux moulins avec leurs quatre roues, maisons, isles, eaux, pascages, possessions, avec le droit de percevoir une certaine somme d'argent pour l'arrosage des prés voisins, et généralement tous les droits, privilèges et coûtumes dont jouissoit le Roy de Majorque, lesquels moulins sont hors du château de Lates et sur la rivière du Lez ». (D'Aigrefeuille, *Hist. de Montpellier*, édit. in-fol., tome II, pp. 235 et 236 ; édit. in-4°, tome III, pp. 354 et 355-356).

1648. — « *Vante des herbages de la [Grande] Préerie de Lattes, par le Chappitre Saint-Sauveur à Isaac Flaujergue.* — L'an 1648 et le 25° jour du mois de novembre, ... Me Barthellemy Grégoire, chanoine et scindic de l'esglize et chappitre collégial Saint-Sauveur de Montpellier, ... — en exécution de l'arrest par luy obtenu en la cour de parlament de Tholose, le 13e aoust dernier, qui maintient le dict chappitre dans le droict de prohiber et empêcher les consuls, habitans et bien-tenans du lieu de Lattes de

fère deppaistre leur bestail, gros ni menu, en aulcune saison de l'année, dans les predz du dict chappitre,....
— vand au sieur Izaac Flaujergue, habitant de Montpellier, ... l'un des fermiers de la Boucherie Cloze de la dicte ville, — sçavoir est touttes les herbes de leur Grande Préerie de Sainct-Sauveur, assize au terroir de Lattes, pour les fère manger et deppaistre dès aujourd'huy, par le bestail menu à laine de la dite Boucherie, jusques au premier jour de febvrier prochain 1649, sans y pouvoir fère deppaistre aulcun bestail rossatin ny boatif ; — et encores lors de la pluye et durant le temps d'icelle, a esté accordé que le dict Flaujergue empêchera que le dit bestail menu à laine n'i aillie deppaistre, affin de n'apporter domaige et préjudice dans la dicte préerie par le trépil du dict bestail......, avec pacte qu'on ne pourra gaster ny couper les arbres que y sont ; ayant les partyes accordé le prix des dictes herbes pour le dict temps à la somme de 150 livres ; ...... luy donnant aussy la faculté, quy est acquize au dict chappitre, de pignorer tout autre bestail, gros et menu, qu'on pourroiet entreprendre d'y faire dépaistre, au préjudice des dictes deffances.......». (Archiv. départ. Hérault, série G, fonds de Saint-Sauveur, registre intitulé : « Registre des actes de St Sauveur » = *Registre des contracts d'arrantementz, tiltres et autres actes concernant le temporel du Chapitre de l'église collégialle Sainct-Sauveur de Montpellier, commancé en l'année 1630* », fol. 109 v° à 111 r°).

1648. — « *Arrantement de la Grande Prérie de Lattes, faicte par le Chappitre collégial de Saint Sauveur de Montpellier, à Pierre Pagès, Jean Galibert, Antoine Coudere et à Jean Bouisson, [hostes. habitans du dict Montpellier]* », le 17 décembre 1648. — « sçavoir est la dicte Grande Préerie de Lattes, appartenant au dict Chappitre collégial, avec le pred appelé d'Alquier, scitué au tènement de Boujac, et les Clauzetx sçitués au tènement du Muscadel, confrontant iceulx avec la dicte Grande Préerie, le tout de quelle contenance qu'ilz soient, — et ce pour le temps et terme de cinq années, quy seront prinses et cuilhettes complettes et révollues, quy commanceront le premier de febvrier prochain 1649 et finiront à pareil jour premier de febvrier l'année qu'on comptera 1654, — moyennant le prix et somme de 1750 livres par an, ... et oultre ce, les dicts rantiers, sans aulcune diminution du dict prix, bailheront tous les ans au dict chappitre six trousses de foin, de celluy quy proviendra des dicts predz, quy sera porté et randu tous les ans aux saisons à la maison du dict scindic dans la présant ville de Montpellier ; — soubz les pactes que s'ensuivent :

Premièrement, qu'il sera permis aus dicts rantiers

Sera aussy rejetté du dit dénombrement le droit de patronnat de l'Hospital de Lattes, dénombré au cinquième article du dit dénombrement, lequel a esté adjugé à l'ordre de Saint-Lazare, par arrest de la Chambre royalle de l'Arsenal à Paris, du douzième may mil six cent quatre-vingt-trois;

Et à l'égard du droit d'arrousage par la rivière du Lez pour les préries, dénombré par les dits Consuls au neufvième article du dit dénombrement, avons renvoyé les Consuls et la dite dame de Graves, au sujet de son opposition à cest article, par devant les juges à qui la connoissance en appartient, à la charge que les autres redevances deues au Roy ou à la dite dame de Graves ne pourront estre aussy éteintes ny amorties, sans préjudice des autres droits du Roy et de l'autruy et de ceux adjugés à la dite dame de Graves par nostre jugement de ce jourd'huy, rendu sur son dénombrement.

Et sera le dit aveu et dénombrement, avec nostre présente ordonnance, mis ès archives de Sa Majesté, pour y avoir recours quand besoin sera.

Fait à Montpelier, le vingt-deuxième jour de novembre mil six cent quatre-vingt-dix.

[Signé:] — DE LAMOIGNON, VIGNES, BOUDON, LAURIOL-VISSEC. — Par mes dits sieurs: LE SELLIER.

de prendre d'eau, pendant leur terme, de l'ageau du moulin du dict chappitre, pour l'arrozage des dicts predz, sans rien payer, et ce à mezure que bezoin sera à leur vollonté; — plus, que tous les ans les dicts rantiers planteront cent plançons de piboulz et sauzes aux endroictz les plus comodes des dicts predz, quy se prendront des arbres que y sont ou sont bien lors de la la couppe d'iceulx, le scindic duemant appellé, en sorte que durant le dict terme ilz y en mettront, en une ou pluzieurs fois, jusques à cinq cens plançons, sans toutesfois pouvoir couper ny arracher aulcuns arbres, mais seulement prendront le remondun, à condition de le fère couper en bon temps et saison et en pères de famille; — plus, les dicts rantiers seront tenus de tenir les fossés et martellières des dicts predz, netz et curés; aussy payeront la garde d'iceulx, et y feront les esclafidous nécessaires à l'effect de l'arousage, sans que le dict Chappitre soict tenu d'y contribuer en rien, ...;

Plus, est de pacte qu'il sera permis aux dicts rantiers de fère despaistre aux dicts predz la quantité de cinquante ou soixante bœufs ou vaches, ensemble de bestail à laine, jusques à la feste Sainct Martin, sans y pouvoir mettre aulcun bestail rossatin pour y despaitre, — et despuis la dicte feste Sainct Martin jusques à la feste de la Purification Nostre-Dame de febvrier, les dicts rantiers y pourront fère dépaistre, de bestail à laine tant seullement, telle quantité que bon leur semblera, le tout en temps sec, sans y pouvoir mettre aulcun gros bestail boatin ni rossatin durant la dicte dernière saizon de la Saint-Martin jusques à Nostre-Dame de febvrier; — et ne pourront les dicts rantiers vandre les dictes herbes à personne, sans en passer contract de main publicque, pour servir au dict Chappitre ainsin qu'il appartiendra;

Et d'aultant que le dict Chappitre a cy-devant obtenu arrest en la cour de Parlemant de Tholouze,

le 13° d'aoust dernier, quy le maintient [dans le droict] de prohiber les consulz, habitans et biens-tenans de Lattes de faire dépaistre leur bestail, gros ny menu, en aulcune saison de l'année, dans les dicts predz, — a esté accordé que les dicts rantiers demeureront subrogés, pour ce regard, au lieu et place du dict Chappitre, ... auquel effect, et en cas de contrevention au dict arrest, ont donné et donnent pouvoir aus dicts rantiers de prendre et pignorer le bestail des dicts consulz et habitans ou biens-tenans, quy se pourra trouver dépaissant dans la dicte préerie, ce qu'arrivant les dicts rantiers en advertiront le scindic du dict Chappitre pour fère cesser le dict trouble et empêchemant, à ce que les dicts rantiers puissent jouir paiziblemant des dicts predz et herbages, ... avec pacte que s'il y a aulcune extime du domage, elle appartiendra aus dits rantiers, pour s'en pouvoir fère payer au maistre du bestail, qui le pourra avoir faict, comme bon leur semblera; — aussy arrivant aulcune condemnation d'amande ou despans, pour la contrevention au dict arrest, la dicte amande et despans appartiendront au dict Chappitre, comme estant il obligé de fère les fraix des dictes poursuittes........ ». (Archiv. départ. Hérault, même registre, fol. 111 r° à 113 r°).

1791. — Le 14 janvier, « adjudication définitive d'une Grande Prairie nationale, appelée LE GRAND SAINT-SAUVEUR, située au terroir de Lattes, jouie ci-devant par le chapitre Saint-Sauveur de Montpellier » : — « la dite prairie nationale, y compris le maisonnage », fut adjugée à « Mr Jean Allut, habitant de Montpellier », pour « le prix et somme de 38.300 livres ». (Archiv. départ. Hérault, série Q, Procès-verbaux de vente des Biens nationaux de première origine, district de Montpellier, tome I, n° 53).

LES VILLES ET LES PAROISSES DE CAMPAGNE
DU DIOCÈSE DE MONTPELLIER EN 1744

Le registre *C. 1114* des Archives départementales de l'Hérault contient l'ensemble des réponses faites, par les diverses communautés d'habitants du diocèse de Montpellier, au questionnaire que leur avait adressé l'intendant Le Nain[1].

Ce questionnaire, — établi sur deux plans différents et entrant dans plus ou moins de détails, selon que la localité était classée parmi les « villes » ou simplement parmi les « paroisses de campagne », — visait spécialement le mouvement de la population, la superficie et les productions du terroir, l'industrie et le commerce, les foires et marchés, les chemins, le culte et le clergé, la noblesse et l'administration de la justice, les impositions, les revenus et les dépenses de la communauté, les poids et les mesures :

VILLES. — QUESTIONS. — 1. Un mémoire contenant leur histoire abrégée, c'est-à-dire leur origine, leurs privilèges, les sièges, batailles, etc., les hommes illustres, les monuments, les églises, places publiques, fontaines ; leur revenu, leur dépense. S'il est parlé de la ville dans les *Mémoires* de M. de Basville, il faudra comparer ce qu'il en dit avec son état présent et en marquer les différences.

2. L'administration de la justice, les tribunaux de justice, le nombre des juges, le prix de leurs charges, leur ressort, etc.

3. Les ecclésiastiques ; leurs bénéfices, leur valeur et leurs charges.

4. Les gentilshommes établis actuellement dans la ville.

5. Le nombre des habitants, des mariages, des naissances et des morts en 1743. — 6. Comparer ce nombre, qui fait l'état actuel de la ville, avec deux autres époques, l'une de 1684, avant la révocation de l'édit de Nantes, et l'autre de 1700 ou des dix années suivantes. Marquer les causes présumées de l'augmentation ou de la diminution. — 7. [Indiquer] s'il naît plus de filles que de garçons.

8. S'il y a des terres qui dépendent de la ville et qui fassent corps avec elle, en expliquer en détail la consistance et le produit. Si ces terres dépendent des paroisses de campagne et sont taxées dans des rolles particuliers et séparés, il suffira d'en faire mention et réserver le détail à la paroisse où les biens sont situées.

9. L'industrie, les arts et métiers, leur nombre, l'étendue de leur travail, leur gain, etc. ; s'ils sont en communauté. — 10. Les foires. — 11. Le commerce. — 12. Le transport des denrées par eau. Entrer dans le détail des rivières navigables, s'il y en a ; des moyens et de l'avantage de rendre navigables celles qui ne le sont pas ou d'y substituer des canaux. — 13. Le transport des denrées par terre. Les lieux d'où on les aporte, ceux où on les exporte. — 14. Les chemins, tant ceux nécessaires pour les voyageurs et les troupes, que pour le transport des marchandises.

15. État de la religion dans la ville.

16. Ce que la ville paye au Roy. — 17. Taille. — 18. Capitation. — 19. Fourage. — 20. Dixième. — 21. Us-

---

[1] Des séries de réponses analogues concernant les diocèses d'Alet, de Limoux et de Castres, forment les articles *C. 1115, 1116* et *1117*.

tancile. — 22. Autres droits tels qu'ils soient. — 23. Ce qu'elle paye par estimation pour les droits de subvention, équivalent, domaines, contrôles, francs-fiefs, etc.

24. Entrer dans le détail des privilégiés et du tort qu'ils font à la ville par leurs privilèges.

25. Officiers de maréchaussée, leur nombre, leur qualité ; s'ils sont bien montés, bien armés ; leurs mœurs, leur district, leurs services.

26. Les poids, réduits à la livre de 16 onces, poids de marc, et les mesures du vin, réduites sur le muid de Paris contenant 288 pintes ; celle du bled, sur le muid de Paris, contenant 12 septiers, chaque septier 12 boisseaux, chaque boisseau pesant 20 livres. — 27. A l'égard des distances des lieues, réduire la lieue à la lieue commune de France, qui est de 2.500 toises. — 28. Réduire la mesure des terres à l'arpent, qui est de 100 perches quarrées.

Observations [complémentaires diverses].

PAROISSES DE CAMPAGNE. — QUESTIONS. — 1. Le nombre des habitants, des mariages, des naissances et des morts en 1743. Sçavoir s'il nait plus de filles que de garçons. — 2. Comparer, autant qu'il sera possible, ces nombres, qui font l'état actuel de la paroisse, avec deux autres époques, l'une de 1684, c'est-à-dire avant la révocation de l'édit de Nantes, et l'autre de 1700 ou des dix années suivantes. Exprimer les causes présumées de l'augmentation ou de la diminution.

3. La quantité des terres. — 4. La production des bleds de toute espèce et chacun séparément ; s'ils suffisent pour la nourriture des habitants, ou ce qu'il en manque, ou ce qu'il y en a d'excédent. — 5. La quantité et la production des vignes ; idem. — 6. Des bois ; de quelle qualité ; de combien d'années de coupe. — 7. Les autres productions de la terre ; idem. — 8. S'il y a des terre incultes ; combien il y en a et ce qu'elles pouroient produire.

9. L'industrie. Le nombre d'artisans, leurs profits. Le commerce. Les laines, étoffes. Le nombre des métiers. La nature des étoffes, leur prix ; la quantité qu'il en sort, etc. — 10. Dans quelles foires et marchés les denrées se débitent. — 11. S'il y a foire dans le lieu ; le commerce qui s'y fait ; ce qu'il produit. — 12. L'état des routes dans la paroisse, pour les voyageurs et les troupes, et des chemins de communication, pour l'utilité du commerce.

13. Les ecclésiastiques. Le nom, l'ancienneté, la fondation et la consistance et valeur et charge de leurs bénéfices. — 14. L'état de la religion dans la paroisse.

15. Les gentilhommes. En quoy consistent leurs biens. Insister sur les plus qualifiés, sur leur naissance et alliances, sur leurs châteaux, droits particuliers, etc. — 16. A qui apartient la paroisse. Si la justice y est administrée. S'il y a des prisons. — 17. Des simples privilégiés, gardes des gouverneurs, maréchaux de France, des commançaux, des commis des fermes, et estimer, parce qu'ils font valoir et par leurs biens, le tort que leurs exemptions peuvent faire à la paroisse.

18. Ce que la paroisse paye au Roy. — 19. Taille. — 20. Capitation. — 21. — Fourage. — 22. Dixième. — 23. Ustancile. — 24. Autres droits tels qu'ils soient. — 25. Comparer les anciennes impositions avec les nouvelles.

26. Les revenus et charges de la communauté.

27. Les poids, réduits à la livre de 16 onces, poids de marc, et les mesures du vin, réduites sur le muid de Paris, contenant 288 pintes ; celle du bled, sur le muid de Paris, contenant 12 septiers, chaque septier de 12 boisseaux, chaque boisseau pesant 20 livres. — 28. A l'égard des distances des lieues, réduire la lieue à la lieue commune de France, qui est de 2.300 toises. — 29. Réduire la mesure des terres à l'arpent, qui est de 100 perches quarrées.

Observations sur la paroisse.

Les réponses à ce double questionnaire furent les suivantes[1] :

[1] Nous reproduisons textuellement et in-extenso le manuscrit, sauf les articles auxquels il est répondu d'une

LA VILLE D'ANIANE. — 1. La ville d'Aniane a pris son nom d'un ruisseau qui coule près de ses murs et qui avoit anciennement cette nomination d'*Aniane*, quoiqu'aujourd'huy on l'apèle *Corbière*; c'est auprès de ce ruisseau que saint Benoit, fils d'Aygulfe, comte de Maguelonne, bâtit son monastère dans le VIIIe siècle.

Le concours du monde, que la grande réputation de ce saint attiroit de toutes parts, fit raprocher de cette abbaye des gens qui habitoient dans le voisinage, et ainsi se forma dans la suite Aniane, qui reconnoit pour son fondateur saint Benoit; c'est pourquoy elle en chaume la fête, toutes les années, le 11 février.

Aniane est du nombre des sept villates du diocèse de Montpellier qui ont droit de députer successivement aux États de la province, et toutes les années elle assiste par son député à l'Assiette.

2. Les officiers de justice sont le viguier, le juge, le procureur fiscal, tous trois à la nomination de l'abbé; les religieux nomment le lieutenant de viguier. Leur tribunal est soumis, pour les causes qui sont au premier chef de l'édit, à la viguerie ou cour royale de Gignac, et pour les causes qui sont au second chef, au présidial de Béziers, et tous ces tribunaux sont du ressort du parlement de Toulouse.

3. La paroisse est desservie par un curé à portion congrue et son vicaire. Les religieux Bénédictins sont gros décimateurs. Ce bénéfice est affermé 4.450 livres; il est chargé des décimes et de payer le curé et secondaire.

4. Il n'y a dans Aniane qu'un seul gentilhomme: noble de Lozerand du Fesc.

5. On compte actuellement dans la ville 1.353 âmes. — Dans le courant de l'année 1743, il s'est fait douse mariages, cinquante-un baptêmes et quarente-sept enterrements. — 6. En 1678, il fut fait un dénombrement des habitants, et il y avoit pour lors, dans Aniane, 1627 personnes; en 1709, l'on n'en comptoit que 1405, et en 1734, il y en avoit 1460. Cette diminution provient, à ce qu'on croit, de la grande mortalité arrivée en 1709, occasionnée par la misère qui régnoit pour lors, et de la décadence des manufactures de cadis. — 7. Il naît, à peu de chose près, autant de garçons que [de] filles; cependant il résulte du calcul des baptêmes, fait les cinq dernières années, qu'il est né dans ces intervales 14 garçons plus qu'il n'est né de filles.

8. La communauté jouit des bois, qui seroient d'un revenu considérable, mais le procureur du roy de la maîtrise des eaux en arrêta la coupe en 1731. Ils dépérissent tous les jours de plus en plus. C'est un bois rempant, d'une nature à devoir être coupé de 18 en 18 ans; cependant il y en a une grande partie qui n'a pas été coupé il y a plus de 30 ans, ce qui cause un grand préjudice à la communauté, qui n'en retire plus de revenu; au public, parce que le bois à brusler devient rare; aux tanneurs, qui manquent d'écorce, et aux particuliers qui ont des troupeaux, parce qu'ils ne peuvent pas y faire paître ou qu'ils y perdent la plus grande partie de la toison. — Elle jouit encore d'un pré, contenant environ 40 journeaux à faucher; d'un four à cuire pain; du droit de couratage; du droit de 6 deniers par bête qui se tue à la boucherie. Le pré est affermé 2260 livres; le four 665 livres; le couratage 440 livres et les 6 deniers par bête 33 livres: de quoi la communauté en fait annuellement un moins imposé. Il est à observer que la ferme du four est établie sur les habitants, qui sont obligés de payer au fermier 3 sous par septier, pour le droit de cuisance; et le droit de 6 deniers par bête est à peine suffisant pour l'entretien de la boucherie et écorchoir.

9. Les habitants d'Aniane n'ont d'autre industrie que le travail de la terre; les brassiés, qui sont en grand nombre, vont travailler au païs bas aux vignes, à la moisson, à la vendange et aux travaux. Les maîtres tanneurs sont environ vingt; leur travail n'est pas fort étendu, à cause de la rareté des écorces, qui vient de ce que les communautés ne peuvent pas vendre leurs bois chaines vert; leurs gains sont très petits, car la pluspart des gens de ce commerce l'ont abandonné; ils ne font point communauté, non plus que les autres artisants, qui sont en petit nombre.

façon négative ou d'une façon absolument insignifiante. Nous avons cru en outre pouvoir nous permettre çà et là quelques légères corrections orthographiques.

L'article MONTPELLIER manque dans notre ms. Le lecteur pourra facilement suppléer à cette lacune au moyen des *Réponses de la ville de Montpellier à un questionnaire envoyé par l'Intendant*, publiées par L. de la Pijardière dans les documents qui terminent son édition de l'*Histoire de Montpellier* de D'Aigrefeuille (tome IV, pp. 719 à 722).

10. Nos roys avoient accordé à cette communauté des foires et un marché. Le marché a cessé, et la seule foire qui reste encore se tient le jour des saints Innocents, mais c'est moins qu'un marché ; on n'y vend que des cochons.

11. Autrefois la manufacture des cadis étoit très considérable, mais elle est totalement tombée. On en attribue la cause à ceux qui avoient la marque d'Aniane et qui s'apliquoit aux pièces de cadis fabriqués au voisinage, qui n'étoient point de si bonne qualité. — La manufacture des cuirs succéda à celle des cadis, mais la cherté des écorces, occasionnée par l'interdition des coupes des bois rempants apartenant à diverses communautés, est cause que ce commerce tombe tous les jours ; aussi grand nombre d'habitants sont dans la nécessité d'abandonner ce métier et de s'occuper au travail de la terre. — Deux particuliers fabriquent encore à Aniane du cristal de tartre, de la manière que M. de Basville le décrit dans ses *Mémoires*.

12. La rivière d'Hérau passe près d'Aniane. Tout le monde sait ce que M. de Basville a pensé de cette rivière, mais on ajoute qu'il ne seroit pas difficile de prendre l'eau de cette rivière pour arrozer un terrain d'environ mille septérées de terre ; terrain assés stérile par luy-même et qui, mis en prérie, raporteroit beaucoup.

13. La récolte la plus abondante d'Aniane est l'huile, que les gens des montagnes d'Auvergne, Rouergue et des Sévènes viennent acheter, ou qu'on vend à ceux qui fabriquent du savon. — On n'y recueille guère plus du quart du bled nécessaire ; les habitants sont obligés d'en aller acheter aux marchés de Béziers, de Pézenas et de Gignac.

14. Les chemins d'Aniane sont très mauvais, et en particulier celuy qui conduit à Montpellier est presqu'impraticable ; c'est ce qui a déterminé le Diocèse à entrer en part de la dépense, qu'on fait actuellement pour le mettre en état.

15. Il n'y a point de religionnaires dans Aniane.

16. La ville paye au Roy, sçavoir : — 17. Taille, 11.000 livres ; — 18. Capitation, 2.535 livres ; — 19. Fourage, néant ; — 20. Dixième, 1200 livres ; — 21. Ustancile, néant ; — 22. Autres droits tels qu'ils soient, néant ; — 23. L'équivalent peut se porter à 1200 livres, et le contrôle, année commune, à 800 livres.

24. Il n'y a aucun privilégié dans la ville. — 25. Ny maréchaussée.

26. La livre est de 16 onces. — Le muid de vin pèze 18 quintaux ; il est composé de 12 pégales, et la pégale, de 34 pots. — Le septier du bled pèze 140 livres ; il est composé de quatre quartes, et chaque quarte, de trois punières. — 27. La lieue est de 3000 toises. — 28. La septérée de terre est composée de 156 dextres, et la dextre, de 4 cannes quarrées, et la canne, de 8 pans.

Les hérétiques ont ravagé Aniane en divers tems, mais ils n'ont jamais peu s'en rendre les maîtres. L'inviolable fidélité, qu'elle a toujours eu pour son souverain, l'ont exposée aux fureurs des guerres civiles.

Cette ville a la gloire d'avoir nourri dans son sein ces grands hommes qui, du tems de l'empereur le Débonnaire, rétablirent dans toute la France la discipline monastique ; mais les plus célèbres sont saint Benoit, son fondateur, et saint Ardon, disciple et historien de saint Benoit.

L'église et le monastère, que saint Benoit avoit fait construire, étoient de superbes édifices ; mais les Albigeois et ensuite les Protestans les ruinèrent. Les religieux de la congrégation de saint Maur ont rétably cette église et ce monastère, non pas avec cette ancienne magnificence, mais avec beaucoup de solidité, quoique sur un autre plan et dans un autre goût. — L'église de la paroisse, détruite par les hérétiques, a été aussi rebâtie sur ses anciens fondements.

Le terroir d'Aniane abonde en sources d'eau vive. Les plus remarquables sont celles de Saint-Laurent, dont les eaux sont minérales et très apéritives, et celle que la chaleur de ses eaux fait apeller Fon-Caude : personne n'a eu encore la curiosité d'en étudier plus particulièrement la vertu.

AGOUNÈS. — 1. On compte dans cette paroisse 100 personnes. — En 1743, il y eut 2 mariages et un mort ; il naquit un garçon et 2 filles. — 2. Le nombre actuel de la paroisse est à peu près le même qu'en 1700.

3. La quantité des terres est de 160 arpents, mesure de Paris. — 4. Celles qu'on sème produisent 10 muids froment, 5 muids méture, ce qui ne suffit pas pour la nouriture des habitants. — 5. Il y a 40 arpents de

vignes, qui produisent 22 muids de vin. — 6. Environ en devois et taillis 300 arpents, qui se coupent tous les 18 ans. — 7. On recueille encore des légumes, des feuilles de mûrier et 45 cartes d'huile, chaque carte pezant 22 livres 16 onces. — 8. Point de terres incultes.
9. Les habitants travaillent à la terre. — 10. Les denrées se débitent à Ganges. — 12. Chemins de traverse. 13. M. Viala, curé à portion congrue. — 14. A l'exception de trois familles, tous les habitants sont anciens catholiques.
16. La paroisse apartient à M. le marquis de Villevieille. La justice y est administrée. Les prisons sont à son château de Brissac.
18. La paroisse paye au Roy, sçavoir : — 19. Taille, 750 livres ; — 20. Capitation, 120 livres ; — 21. Fourage, néant ; — 22. Dixième, 12 livres ; — 23. Ustancile, néant. — 25. Depuis 15 ans les impositions ont augmenté d'environ 200 livres.
27. 28. [Poids et mesures], comme à Montpellier. — 29. La septerée est composée de 100 dextres.

ALEYRAC. — 1. Cette paroisse est composée de trois maisons, qui peuvent faire environ 15 habitants. — Il n'y a eu, depuis l'année 1743, ny mariages, ny naissances, ny morts. — 2. Les choses sont à peu près dans le même état qu'elles étoient avant et après la révocation de l'édit de Nantes.
3. Il y a environ cent cinquante septerées de terres dans cette paroisse. — 4. La production des bleds est casuelle : dans des années, il y a 100 septiers de froment, et dans d'autres, il y en a moins ; orge ou seigle, 40 septiers ; laquelle quantité ne suffit pas pour la nouriture, à cause des cas fortuits, auxquels ce terrain est fort sujet. — 5. La quantité des vignes consiste en 20 septerées, qui produisent quatre ou cinq muids de vin et souvent moins. — 6. Il y a 100 septerées de bois de chaine verd, partie de cinq, de six, de quatre années de coupe. — 7. Nulle autre production de la terre dans cette paroisse, n'y ayant point des olivettes. — 8. Point de terres incultes.
9. Point d'industrie, ny artisants ny commerce. — 10. Il n'y a d'autre denrée que quelque peu de laine, qui se vend sur la bête. — 11. Point de foires, ny marchés. — 12. Point de routes dans la paroisse.
13. Il n'y a qu'un seul éclésiastique, qui est prieur curé résidant ; son bénéfice est de valeur de 200 livres. — 14. L'état de la religion dans la paroisse est la catholique, apostolique et romaine.
15. Il n'y a aucun gentilhomme. — 16. La paroisse apartient au prieur résidant. M. l'Évêque de Montpellier en est titulaire. Le seigneur est M. Castan d'Aleyrac, conseiller à la Cour des Aydes de Montpellier. — Il n'y a point de prison dans le lieu. — 17. Point de commis ny autres officiers privilégiés.
18. La paroisse paye au Roy, sçavoir : — 19. Taille, 550 livres ; — 20. Capitation, 36 livres ; — 21. Fourage, néant ; — 22. Dixième, néant ; — 23. Ustancile, néant ; — 24. Autres droits tels qu'ils soient, néant ; — 25. Ces impositions sont égales aux anciennes.
26. La paroisse n'a ny revenus ny charges.
27. Comme il ne se vend aucune denrée dans la paroisse, il n'y a point de mesure fixe. Le septier de bled est composé de 16 boisseaux. Le muid du vin pèze 18 quintaux.

ASSAS. — 1. On compte 102 personnes dans Assas. — En 1743, il naquit 5 garçons et 8 filles ; il y eut 3 mariages et 7 morts. — 2. Ces nombres n'ont guère varié depuis 1684.
3. Les terres sont de 1000 septerées de toute qualité. — 4. On recueille 130 septiers bled, 50 septiers méture. Il en manque beaucoup pour la provision du lieu. — 5. Les vignes produisent 40 muids de vin. — 5. Quelques mauvais bois pour le chauffage. — 7. On recueille encore 3 charges d'huile. — 8. On compte au moins 2000 septerées de terres incultes, qui pourroient produire du vin et du bled. — 9. Les habitants travaillent à la terre. — 12. Chemins de traverse.
13. Un prieur curé : revenu, 950 livres ; charges, 200 livres. — 14. La religion catholique, apostolique et romaine.
16. La paroisse apartient à M. Mouton ; il y fait administrer la justice. Il y a une prison au château, qui est presque démoly.

18. La paroisse paye au Roy, sçavoir : — 19. Taille, 4866 livres ; — 20. Capitation, 185 livres. — 25. Les impositions actuelles ont considérablement augmenté sur les anciennes.

29. La septérée est composée de 100 dextres ; chaque dextre, de 18 pans ; chaque pan, de 9 pouces 5 lignes.

ARGELLIÈS. — 1. Il y a actuellement dans cette paroisse cent cinquante-quatre communians et quarante-deux enfants. — [En 1743], il y a eu 8 garçons baptisés et 10 filles, un mort et trois mariages. — 2. Depuis l'année 1684 le nombre des habitants est augmenté de 10 personnes.

3. Suivant le compoix, il y a 1496 septérées de terres labourables (la septérée de 100 dextres et la dextre de 17 pans). — 4. Il se recueille chaque année 1400 septiers de froment, mesure de Montpellier, et 1400 septiers orge ou seigle, ce qui ne suffit pas pour la consommation des habitants, pouvant en manquer par année de 400 septiers. — Le terrain est en général fort aride. — 5. Il y a 225 septérées de vigne, qui produisent 60 muids de vin, mesure de Montpellier. — 6. Les bois taillis de 20 en 20 ans de coupe, sont de chaine verd, qui ne peut servir qu'à brûler : il y en a 7775 septérées. — 7. Les autres productions consistent dans 6 quintaux d'huile et 500 quintaux de foin. — 8. On compte 7626 septérées incultes, dont 2000 pouroient produire d'un septier quatre ; mais le petit nombre des habitants ne suffiroit pas pour défricher ces terres, qui étant très mauvaises, ne pouroient nourir assés de bétail pour les fumer.

9. La communauté peut avoir environ 2500 bêtes à laine, dont le profit est très modique, à cause du mauvais païs, où partie de la laine se perd dans les broussailles, de sorte que le propriétaire ne peut compter que sur le fumier pour tout profit de ses troupeaux. — Il n'y a que deux cordonniers. Tous les autres habitants sont de charbonniers, à la réserve de quatre qui vivent en travaillant leurs biens. — 10. Le peu de denrées que l'on vend ou que l'on achette, c'est aux marchés de Gignac ou de Montpellier. — 11. Point de foires ny marchés dans le lieu. — 12. Les chemins sont très mauvais de toutes parts dans cette paroisse, où les mulets chargés peuvent à peine aller.

13. M. de Chevriers, abbé d'Aniane, est prieur. Le revenu, prieuré ou seigneurie, produisent 1760 livres, sur quoi il paye 400 livres au curé et secondaire, un muid et demi de vin et douse septiers de bled, dont il ne reste pour le curé, décimes et secondaire payés, que 230 livres. — 14. Tous les habitants sont catholiques.

15 et 16. M. l'abbé d'Aniane est seigneur, haut, moyen et bas. Les rentes sont confondues avec la dixme. Le juge de l'abbaye d'Aniane y exerce la justice, au dit Aniane ou sur les lieux lorsqu'il est apellé. Il y a une prison, qui ne peut contenir qu'une seule personne.

17. Point de privilégiés ny autres compris au présent article.

18. La paroisse paye au Roy, sçavoir : — 19. Taille, 5725 livres 4 sous 3 deniers ; — 20. Capitation, 543 livres ; — 21. Fourage, néant ; — 22. Dixième, 53 livres ; — 23. Ustancile, néant ; — 24. Autres droits tels qu'ils soient, néant. — 25. Depuis l'année 1703, la taille a augmenté de 1200 livres et la capitation de 480 livres.

26. La communauté possède un bois de chaine verd, qui se coupe tous les 20 ans, de la valeur de 9000 livres. Elle paye 66 livres de taille et 130 livres d'intérêts ou autres charges tous les ans.

27. Les poids et mesures sont les mêmes dont on se sert à Montpellier.

BALARUC ET LES BAINS. — Cette paroisse[1] et celle des Bains[2] sont deux villages et deux différentes paroisses, qui ne forment cependant qu'une même communauté, dont Balaruc est le chef-lieu, où il y a 160 personnes, et 110 dans celle des Bains, y compris les domestiques qu'on garde toute l'année dans ces deux paroisses. — En 1743, il y eut 2 mariages, 11 naissances, sçavoir 4 garçons et 7 filles, et 15 morts de l'un et de l'autre sexe. — 2. Depuis 1684 et années suivantes, le nombre des habitants est beaucoup diminué ; on en attribue la cause au mauvais air qui règne à Balaruc, par les eaux croupissantes qui sont dans les fossés et que les États ont délibéré de faire combler. — Le nombre des habitants des Bains est à peu près

---

[1] Auj. *Balaruc-le-Vieux*. — [2] Auj. *Balaruc-les-Bains*.

égal à ce qu'il étoit depuis cette époque ; il augmenteroit même s'il y avoit du logement, et quoique peu éloigné de Balaruc l'air y est meilleur.

3. La consistance des terres de la communauté est de 4000 septérées labourables en champs, vignes, olivettes et préries. — 4. Elles produisent, année commune, 2400 septiers de froment 1500 septiers seigle, orge ou avoine. — 5. Les vignes produisent année commune 460 muids de vin de toute espèce. — 6. Il n'y a point des bois. - 7. On recueille 2300 quintaux de foin, 80 charges d'huile et 300 septiers de légumes. — 8. On compte, y compris le garrigues, 15 septérées de terres incultes, ou abandonnées par la mortalité des habitants, et qui, mises en valeur, produiroient du bled, du vin et de l'huile, ainsi qu'elles ont fait lorsqu'elles étoient cultivées.

9. Les artisans consistent dans un maréchal, deux tonneliers, un boulanger et un aubergiste ; — il y a 10 aubergistes dans la paroisse des Bains. — 10 Les denrées se débitent à Cette et à Montpellier, et les vins s'achettent par les étrangers qui viennent les enlever par mer. — 11. Il n'y a ny foires ny marchés. - 12. Il y a le grand chemin, qui conduit de Balaruc à Montpellier et de Balaruc à Cette, où le grand chemin de Pézenas.

13. Les deux paroisses de Balaruc et des Bains ont chacune leur curé ; leur fondation est de tems immémorial. Celle de Balaruc a pour fondation deux pièces de terre, un champ et une vigne, de la valeur de 100 livres de revenu chacune, selon l'estimation qui en a été faite. Les charges ou les cultures égalent ce revenu. Le curé retire encore une somme de 600 livres pour sa portion congrue, sur laquelle il paye 150 livres à son vicaire, 40 livres pour les décimes et autres charges, outre la dépense qu'il est obligé de faire pour la sacristie. — 14. Tous les habitants sont catholiques, à l'exception de quatre familles qui sont religionnaires, et une dans la paroisse des Bains.

15. Il n'y a point de gentilhommes dans ces deux paroisses, qui y fassent leur résidence. M. de Nigri, qui y possède un bien et plusieurs directes, y passe un certains tems de l'année.

16 M. l'évêque de Montpellier est seigneur en toute justice de la paroisse de Balaruc et de celle des Bains. Il est aussi prieur de Balaruc. Ce bénéfice a été affermé en 1744 à 3 000 livres. Le chapitre de l'église de Montpellier est prieur de celle des Bains. — La justice est fort bien administrée sur les lieux par les juges de M. l'Évêque, mais il n'y a point de prisons. — 17. Ny privilégiés.

18. Les deux paroisses payent au Roy, sçavoir : — 19. Taille, 8000 livres ; — 20. Capitation, 563 livres ; — 21. Fourage, néant ; — 22. Dixième, 150 livres ; — 23. Ustancile, néant. — 24. Censives aux seigneurs : 950 livres. — 25. Ces impositions, comparées aux anciennes, vont au double.

26. Les revenus de la communauté sont : — la ferme des étangs, de 420 livres ; — les droits de four, de 100 livres ; — le courtage, 36 livres, — et les aubes qui tombent sur le bord de l'étang, 80 livres.

27. A Balaruc, le poids de toute sortes de denrées est de 16 onces à la livre et de 100 livres pezant au quintal, sur le même pied de la livre ; — le muid du vin se divise en 12 pégales ; la pégale en 48 pots, chaque pot pezant environ trois livres. — La charge d'huile se divise en 16 émines ; chaque émine contient 16 pots et chaque pot pèze trois livres ; — 28. La lieue est de 3000 toises. — 29. La septérée, de 100 dextres ; chaque dextre, 18 pans.

30. Il seroit important de ménager les habitants de Balaruc, qui sont en petit nombre et dont la plus grande partie ne sont pas en état de travailler les terres, à cause des fréquentes maladies dont ils sont attaqués : on y meurt communément ; elle auroit grand besoin d'être soulagée et moyennant quelques secours, elle pouroit devenir aussi considérable qu'elle étoit il y a 60 ans, où il y avoit près de 800 habitants.

BRISSAC. — 1. Cette communauté est composé de 1337 personnes. — En 1743, il y a eu 9 mariages ; il est né 14 garçons et 9 filles et il y a eu 6 morts. — 2. On présume qu'il y a beaucoup plus d'habitants aujourd'huy qu'avant la révocation de l'édit de Nantes

3. On ne peut donner précisément la quantité des terres, à cause du mauvais état du compoix. — 4. Les terres ne donnent pas suffisament de grains pour la nouriture des habitants. — 5. Les vignes, idem. — 6. Quelque peu de taillis, de 20 années de coupe. — 7. On recueille encore 1100 quintaux de feuilles de

meurier; de l'huile pour la provision du lieu. — 8. Il y a quelques terres incultes, qui produisent des paccages.

9. Il y a 2 facturiers de cadis, 8 cardeurs, 2 journaliers, 2 tisserants, 7 fabriquents en bas, un papetier, 7 cordonniers et 18 charbonniers. — On a encore 6000 bêtes à laine. — 10. Les denrées et marchandises se débitent à Gignac, Nismes, Ganges, etc. — 12 Chemins de traverse.

13. Il y a 3 curés pour la paroisse et dépendances. chacun à portion congrue et 22 livres 10 sous de charges chacun, avec un capucin et un cordelier qui servent de secondaires. — 14. A la réserve de 7 familles protestantes, toutes les autres sont anciennes catholiques.

15. M. de Villevieille, capitaine de grenadiers dans le régiment du Roy, possède plusieurs métairies, moulins à bled, à foulon et papier, censives, lods, etc. — 16. La paroisse luy appartient; la justice s'y administre; il a un château où sont les prisons.

18. La paroisse paye au Roy, sçavoir : — 19. Taille, 8740 livres ; — 20. Capitation, 1500 livres ; — 21. Fourage, néant ; — 22. Dixième, 180 livres ; — 23. Ustancile, néant. — 25. Depuis l'année 1684 les impositions ont augmenté de près de 3000 livres.

27. La livre est de 16 onces, poids de table. — Le muid de vin pèze 15 quintaux 36 livres. — Le septier de bled pèze 100 livres. — 28. La lieue ordinaire du païs [est] de 3000 toises. — 29. La septérée est de 100 dextres ; chaque dextre de 18 pans.

BAILLARGUES. — 1. En 1743, il y avoit 310 habitants dans cette paroisse, y compris les enfants et les domestiques. Il y a deux ou trois mariages par an. Il y a eu la même année 13 naissances et 18 enterrements. — 2. L'état actuel de cette paroisse est à peu près le même que dans les années 1684 et 1700.

3. Il y a 500 septérées de terres. — 4. On receuille 200 septiers froment, 150 septiers seigle et 200 septiers avoine. Il en manque plus de mille septiers pour la nourriture des habitants. — 5. On compte 400 septérées de vigne, qui produisent 150 muids de vin. — 6. Il n'y a de bois d'aucune qualité. — 7. Quelque peu d'huile. — 8. Les terres incultes, qui sont de deux cent septérées, pouroient produire du vin.

9. Les artisants consistent en deux maréchaux, deux cordonniers et 18 compagnons facturiers de bazin, qui travaillent pour les maîtres de Montpellier, sans quoi la pluspart seroient obligés d'aller gagner leur vie ailleurs. — 10. Le peu de denrées qui se débitent, on les porte à Montpellier. — 11. Ny foire ny commerce. — 12. Il y a la grande route de Paris et de Coulombiers à Baillargues.

13. Il y un curé à portion congrue et un secondaire, qui sont payés par M^{rs} les chanoines de Saint-Pierre de Montpellier, qui sont prieurs du bénéfice. — 14. A l'exception de quatre familles, tous les habitants sont catholiques.

15. Il n'y a aucun gentilhomme dans la paroisse. — 16. La paroisse appartient à M. le marquis de Castries. La justice est administrée par un juge baneret, qui réside à Montpellier. Il n'y a point de prison. — 17. Ny privilégiés.

18. La paroisse paye au Roy, sçavoir : — 19. Taille, 2878 livres 12 sous ; — 20. Capitation, 607 livres ; — 21. Fourage. néant ; — 22. Dixième, néant ; — Industrie, 203 livres ; — 23. Ustancile, néant. — 24. Autres droits, néant. – 25. Les nouvelles impositions sont plus fortes que les anciennes.

26. La communauté n'a pour revenu qu'un four, qu'elle met aux enchères tous les ans. Il raporte cette année 40 livres Et la communauté paye 150 livres à un maître d'école, 100 livres à une régente et 25 livres à un horlogeur.

27. Les poids et mesures sont les mêmes qu'à Montpellier. — 28. La lieue est de 3000 toises. — 29. La septérée de 100 dextres, chacune de 18 pans.

BEAULIEU. — 1. Le nombre des habitants de cette paroisse est de 127 personnes, non compris les enfants. Il naît plus de garçons que de filles. — 2. Ce nombre est à peu près le même que dans les années 1684 et 1700.

4. La production des bleds, année commune, sont de 330 septiers froment, 400 septiers méteil et 200

septiers avoine. Il en faut encore autant pour la nourriture des habitants. - 5. Les vignes donnent 110 muids de vin. — 6. On n'a aucun bois. — 7. La paroisse ne retire d'autre production de la terre qu'une charge d'huile. — 8. Il y a 500 septérées de terres incultes. — 9. Il n'y a point d'industrie. — On compte 800 bêtes à laine, dont la moitié apartient au seigneur. — 10. Le vin se vend à Lunel. — 11. Point de foire. — 12. Point d'autre chemin que celuy qui va à Lunel, assés mauvais.

14. Les habitants sont anciens catholiques.

15. M. Pas, conseiller à la Cour des Aydes de Montpellier, est baron du lieu. — Il n'y a point de gentilhommes. — 16. La paroisse apartient à M. Pas. La justice s'administre à Montpellier par les officiers que le dit seigneur nomme. Il n'y a point de prisons dans la paroisse. — 17. La paroisse n'a point de privilégiés.

18. Elle paye au Roy, sçavoir : — 19 et 20. Taille ou capitation, 2041 livres 1 sou 2 deniers ; — 21. Fourage, néant ; — 22. Dixième, néant ; — 23. Ustancile, néant ; — 24. Autres droits, néant ; — 25. Ces impositions sont égales aux anciennes. — 26. La paroisse n'a aucun revenu et elle paye deux cent vingt-six livres de charges.

28 La lieue est de 3000 toises. — La septérée de terre contient 100 dextres ; le dextre de 18 pans et le pan de 9 pouces.

30. Cette paroisse est des plus misérables. Elle a fait trois fois abandon général du terroir. Le Diocèse ou la Province lui fait depuis deux ans 250 livres ; encore peuvent-ils à peine payer la moitié de la taille. Le terrain y est très mauvais.

BOISSERON. — 1. On compte dans cette paroisse 30 familles, vingt-six de mariés et 4 non mariés, 42 garçons, 35 filles. — Il y a eu en 1744 cinq batêmes et cinq enterrements. — 2. On n'a aucun éclaircissement pour comparer ce nombre aux époques de 1684 et de 1700.

3. La quantité des terres est de 1200 salmées ou environ. 4. Elles produisent 60 salmées de froment, 12 d'orge ou seigle et 30 d'avoine. Chaque particulier vend sa portion à l'aire, pour payer une partie de sa taille. — 5. On receueille 30 muids de vin et les forains vendent leur récolte à Sommières. — 6. Il n'y a point de bois de revenu. — 7. Les autres productions consistent dans six charges d'huile. — 8. Il y a 400 salmées de terres incultes, à distraire des 1200 cy-dessus, sur lesquelles on fait paître les troupeaux, sans le fumier desquels on ne recueilleroit aucuns grains.

9. Il ne s'y vend pour tout commerce qu'environ 12 quintaux de laine. — 10. A Sommières. — 11. Point de foire ny commerce. — 12. Les chemins sont ceux qui vont de Montpellier à Sommières et de Sommières à Lunel-la ville.

13. Il y a un curé dans cette paroisse, à portion congrue. — 14. Le tiers des habitants sont de la religion protestante.

15 Il n'y a d'autre personne de condition dans la paroisse que Me Marie Bonnier, veuve de M. de Gévaudan seigneur du lieu. Il y a un château fort ancien. — 16. La paroisse apartient à la même dame, et la justice s'y administre. — 17. Point de privilégiés.

18. La paroisse paye au Roy, sçavoir : — 19. Taille, 1800 livres ; — 20. Capitation, 200 livres ; — 21. Fourage, néant ; - 22. Dixième, 36 livres ; — 23. Ustancile, néant. — 24. Autres droits, néant. — 25. Les impositions depuis 20 ans ont presque doublé.

26. La communauté n'a ny revenus ny charges.

28. La lieue est de 3000 toises. — 29. La septérée de 100 dextres, chacune de 18 pans.

BUSIGNARGUES. — 1. On compte 66 habitants dans cette paroisse, où il y a eu depuis 1743 deux naissances et deux morts. — 2. Ce nombre est à peu près égal aux époques citées.

3. Les terres contiennent 300 septérées labourables — 4. Elles produisent, année commune, 50 salmées de froment, 25 salmées orge ou avoine et 15 d'autres menus grains, ce qui ne suffit pas pour la consommation du lieu. — 5. Il n'y a que 30 vignes, qui produisent 15 muids de vin. — 6. Vingt-cinq septérées de bois de chaine verd, qu'on coupe de 25 en 25 ans. — 7. Les autres productions consistent dans 60 cannes d'huile,

année commune (la canne pèze 22 livres et demy). — 8. Deux cent septérées de terres incultes, mais d'une nature si mauvaise qu'elles ne peuvent rien produire.

10. Les denrées se débitent à Sommières. — 11. Ny foire ny commerce. — 12. Point de routes.

13. Cette paroisse et Gallargues[1], son anexe, n'ont fait de tout tems qu'un même bénéfice-prieuré ; leur fondation est fort ancienne et le revenu est à présent à 1700 livres. L'annexe, qui va être réduite en cure perpétuelle, est desservie par un religieux carme. Les charges sont : 300 livres au curé, les décimes, don gratuit : 160 livres ; pour l'entretien des deux églises, 6 cannes d'huile. — 14. Point de gentilhommes. — 15. Tous les habitants sont catholiques.

16. La paroisse apartient au Roy. La justice est administrée par un avocat en parlement, que la baronnie de Monredon nomme dans le dit lieu. Il n'y a point de prisons ; on se sert dans l'occasion du château de Sommières. — 17. Point de privilégiés.

18. La paroisse paye au Roy, sçavoir : — 19. Taille, 1144 livres 2 deniers ; — 20. Capitation, 103 livres ; — 21. Fourage, néant ; — 22. Dixième, 12 livres ; — 23. Ustancile, néant. — 24. Autres droits, néant. — 25. En comparant ces impositions avec les anciennes, il paroit qu'elles ont doublé.

26. Les revenus de la communauté sont de quatre cent livres et les charges de 145 livres 11 sous.

27. Les 100 livres, poids de table, font environ 83 livres, poids de marc. — Le muid du vin, mesure de Paris de 288 à 2 livres 1/4, poids de table, peut se raporter à ce que quatre muids, mesure du païs, en fairoient environ 11, mesure de Paris. — Le muid de grain à Paris pèse environ 2280 livres, poids de marc, ce qui revient environ à 3450 livres, poids de table, et environ 8 salmées et demy, mesure de Sommières, sur le pied de 400 livres par salmée. — 28. Les lieues ordinaires du païs sont de 3000 toises, ainsi les cinq lieues en doivent faire 6 de celles de France. — 29. La salmée de semence, établie sur 400 dextres de 18 pans la dextre, peut se raporter à environ deux arpents 1/4, mesure de Paris, qui doivent faire 2025 toises.

30 Cette communauté est sçituée au pied d'une montagne, qui est fort élevée et très stérille, à côté de plusieurs garrigues. Le terrain n'est pas des plus propres pour les grains. — Elle est confrontée par le terroir, du côté du levant, du Petit Gallargues, ruisseau au milieu qu'on apelle Benolier[2], lequel ruisseau porte un préjudice considérable lors des pluyes de l'hyver ; du midy, le terroir de Saint-Hilaire[3] ; du couchant, les garrigues de Montlaur, ruisseau au milieu qu'on apelle Bravoir[4], lequel ruisseau porte aussi beaucoup de préjudice dans l'hyver ; du vent droit, la dite montagne, qu'on apelle Lapeine, et garrigues qui ne sont propres en rien.

BAILLARGUET. — 1. Les habitants de ce lieu composent trois familles. — Il ne mourut que le prieur en 1743 et il naquit une fille. Le nombre des filles l'emporte sur celuy des garçons. — 2. Depuis environ 50 ans, le nombre des paroissiens n'a augmenté ny diminué.

3. Tout le terroir compose 900 septérées de terre. — 4. Les bleds et autres grains ne produisent ordinairement que d'un trois, parce que le terrain est fort mauvais, sablonneux et aride, de manière qu'on y recceuille à peine la nourriture des habitants. — 5. Il y a environ 58 septérées de vigne, qui produisent annuellement 7 à 8 muids de vin, qui n'est pas bon, à cause de la qualité du terroir. — 6. Il y a quelques bois de pin, mais en si petit nombre qu'on n'en retire presque aucun avantage. Avant 1709 ces arbres faisoient un objet dans la paroisse, parce qu'ils étoient gros et en grand nombre, mais aujourd'huy ce ne sont que quelques petits rejettons. — 7. Les autres productions de la terre sont un peu d'huile, qui ne suffit pas pour la provision des habitants. — 8. Il y a 30 septérées de terres incultes et hors d'état de produire, à cause de la mauvaise qualité du terrain, et en outre 6 à 700 septérées de garrigues, dont les habitants jouissent et payent la taille en partie.

12. Cette communauté est à main droite sur le chemin qui va à Prades et de là dans les Sévènes d'Anduze. Ce chemin traverse les terres de la paroisse.

[1] *Le Petit-Galargues* (Hérault). [2] La Bénovic. [3] *Saint-Hilaire-de-Beauvoir*. [4] Ruisseau de Braou.

13. Il y a un prieur dans le lieu, dont le revenu ne va pas à la congrue, quoiqu'il soit taxé 36 livres de décimes. — 14. Les habitants sont tous catholiques, apostoliques et romains.
16. M. du Vidal de Montferrier est seigneur de la paroisse. Les mêmes officiers de Montpellier y administrent la justice.
18. La paroisse paye au Roy, sçavoir : 19. Taille, 684 livres 1 sou 8 deniers; — 20. Capitation, 24 livres 15 sous; — 21. Fourage, néant; — 22. Dixième, 6 livres; — 23. Ustancile, néant. — 24. Autres droits, 30 livres. — 25. En 1689, les tailles et autres impositions ne se montoient qu'à 441 livres.
26. Elle n'a aucun revenu, et on impose annuellement sçavoir 42 livres pour le logement du prieur et 12 livres pour les gages du greffier.
27. Les poids et mesures sont les mêmes qu'à Montpellier. — 28. De Montpellier à Baillarguet, il y a 2 lieues de France et cinq quarts de lieue de ce païs. — 29. Il y a dans la paroisse, ainsi qu'on l'a dit, neuf cent septérées de terres, qui sont de 80 dextres et qui font 439 arpents 31 perches.
30. Cette paroisse étant scituée sur une hauteur, les froids et les grands vents desseichent beaucoup les terres et les rendent si stériles que, lorsque les pluyes ne sont pas abondantes au printems, il n'y a point de récolte, de manière que ces habitants auroient besoin de quelque soulagement dans leurs impositions, pour éviter que ce village ne tombe entièrement.

COURNONTERRAL. — 1. Le nombre des habitants de cette paroisse est de 926. — En 1743, il y eut 10 mariages, 28 naissances de garçons et 18 de filles ; il y eut 30 morts. — 2. En 1684, c'étoit à peu près la même chose.
3. Les terres en culture sont de 6500 septérées. — 4. On receuille 1000 septiers de bled froment, 1600 septiers méture, 300 septiers seigle, et 600 septiers avoine. Il manque encore 2000 septiers de grains pour la nouriture des habitants. — 5. Les vignes produisent 400 muids de vin rouge. — 6. Il y a des bois de chesne verd actuellement en réserve, mais en état d'être mis en coupe réglée. — 7. On receuille encore 130 charges d'huile. — 8. Les terres incultes ou abandonnées vont à 925 septérées, qui pouroient produire 200 muids de vin et 30 charges d'huile.
9. On retire environ 75 quintaux de laine, et lorsque la récolte des vins est abondante, on y fabrique des eaux-de-vie. — Il y a 2 tuilleries, des chirurgiens, cordonniers, maréchaux, bastiers, etc. — 10. On débite les denrées à Montpellier, et les vins et eaux-de-vie à Cette. — 12. Il n'y a dans la paroisse d'autres routes que des chemins de traverse.
13. Le prieur et décimateur principal est le chapitre de Saint-Pierre de Montpellier ; le bénéfice s'afferme 3000 livres, sur quoi il fait desservir la paroisse par un curé et un vicaire, et payer en charges qui sont connues 40 septiers bled à l'hôpital de Saint-Éloy de Montpellier et 2 muids de vin rouge. — 14. La plus grande partie des habitants sont anciens catholiques et le reste non catholique.
16. M° la marquise des Vignoles et M. le marquis de Belleval ont la justice, qu'ils font exercer alternativement chacun à son château et prisons.
18. La paroisse paye au Roy, sçavoir : — 19. Taille, 9970 livres ; — 20. Capitation, 1700 livres ; — 21. Fourage, néant ; — 22. Dixième, 500 livres ; — 23. Ustancile, néant. — 25. Les impositions actuelles ont augmenté sur les anciennes de près de 6000 livres.
26. La communauté a 134 livres de revenus et ses charges vont à près de 1200 livres.
27. Mêmes poids et mesures qu'à Montpellier. — 28. Lieue de 3000 toises. — 29. La septérée de terre est de 100 dextres, chaque dextre de 16 pans quarrés, mesure de Montpellier.

CASTRIES. — 1. On compte dans cette communauté quatre-vingt chefs de familles, non compris les veuves. — En 1743, il est né 9 garçons et 2 filles, il y a eu huit enterrements et point de mariages. — 2. Il régna, en 1684, une maladie contagieuse qui emporta beaucoup de monde ; ce qui fait qu'il y a plus d'habitants aujourd'huy dans cette paroisse qu'il n'y en avoit 10 années après 1684.
3. La quantité des terres est de 306 septérées. — 4. Elles produisent 125 septiers froment, 50 septiers

seigle, 40 septiers avoine, 50 septiers méture, ce qui ne suffit pas pour la nourriture des habitants. — 5. Les vignes produisent 30 muids de vin. — 6. Il y a quelque peu de bois taillis, qui se coupe de 15 en 15 ans. — 7. Les autres productions de la terre consistent dans 50 charges d'huile et quelques légumes. — Les terres incultes ou biens abandonnés vont à 80 septérées, qui mises en valeur produiroient du vin et de l'huile.

9. Les artisans sont deux pauvres cordonniers et deux maréchaux. On y fait environ 500 livres de vers à soye, et il y a un particulier qui fait environ 1000 quintaux d'eau-de-vie, qu'il vend aux marchands de Montpellier — 10. Ceux qui ont des denrées à vendre, les aportent à Montpellier. — 11. Ny foires ny marchés. — 12. Chemin de Montpellier à Sommières, route pour les muletiers d'Auvergne.

13. Le s^r Solier, curé perpétuel, a 280 livres de revenu, charges payées; le secondaire a 150 livres et il est chapelain au château, aux gages de M. de Castries. — 14. Les habitants sont catholiques romains.

15. Point de gentilhomme résident. — 16. La paroisse apartient à M. le marquis de Castries. La justice y est administrée. Il y a un château et des prisons. — 17. Point de privilégiés.

18. La paroisse paye au Roy, sçavoir : — 19. Imposition sur le diocèse, 306 livres 16 sous ; — 20. Taillon, 96 livres 1 sou 10 deniers ; — 21. Don gratuit, 3775 livres 4 sous 9 deniers ; — 22 Mortepaye, 16 livres 6 sous 6 deniers ; — 23. Garnisons, 115 livres 6 sous 5 deniers ; — 24. Étape, 148 livres 15 sous 8 deniers ; — Frais d'assiette, 619 livres 13 sous 6 deniers ; — [total] : 5078 livres 2 sous 8 deniers. — Capitation, 374 livres ; — Dixième, 36 livres. — 14. Les impositions ont toujours été à peu près sur le même pied. — 25. Autres droits, néant. — 26. Ny revenus ny charges.

27. Le quintal, poids de marc, fait 120 livres, poids de table. - 29. Cent dextres à la septérée ; chaque dextre a 18 pans.

CASTELNAU, LE CRÈS ET SALÉZON. — 1. Le nombre des habitants de cette communauté est de 63 chefs de familles. — En 1743, il a été baptisé 12 garçons et 3 filles ; il y a eu quatre mariages et 13 enterrements. — 2. Les années depuis 1700 jusques à 1710 se trouvent presque égales à ce nombre ; il y eut plus de mariages et plus de morts.

3. Il y a 6457 septérées de terres, tant en vignes champs qu'olivettes. — 4. On sème peu de bled, à cause de la mauvaise qualité du terrain ; les habitants n'en receuillent presque pas pour leur subsistance. — 5. On compte environ 4000 septérées de vigne, qui produisent 600 muids de vin. — 6. Il y a des particuliers qui ont quelques septérées de bois de 14 années de coupe. — 7 On receuille environ 80 charges d'huile — Il y a des patis, qui ont été alliénés par la communauté à plusieurs particuliers, qui produisent du foin, et les garrigues de bois et broussailles. — 8. Les terres incultes vont à 100 septérées, partie desquelles ont été abandonnées par acte, et la plus grande partie, par délaissement volontaire, qui pouroient produire 400 livres par an.

9. Point de commerce, ny d'industrie. — Il y a au Crès 29 chefs de familles, qui travaillent leurs biens et la terre. — 10. Les denrées se débitent à Montpellier, comme la ville la plus voisine. — 11. Autresfois il y avoit des foires, qu'on a laissé perdre.

12. De Castelnau, à 100 toises de longueur, le chemin vient aboutir au pont de Castelnau, qui est la grande route des troupes pour aller de Montpellier à Lunel-la-ville ; et du pont de Castelnau, en quittant la grande route, les voyageurs peuvent aller aux lieux de Clapiés, Jacou, Assas, et de là aux Sévènes : ce sont les chemins de traverse.

13 Me Roche est curé de Castelnau, à portion congrue de 280 livres, charges payées. — Il y a une chapelle, fondée en l'année 1500 par Mre Boyer, curé de la dite paroisse, possédée par Mre Balcou, chanoine résident à Montpellier, qui porte 60 livres de revenu, charges payées. — Mre Touchy réside au Crès et, comme pricur, retire 800 livres, charges payées. Les deux paroisses sont fort anciennes ; elles ont été bâties après la ruine de Subtention, il y a environ douze siècles. — 14. Les habitants des deux paroisses sont tous catholiques romains.

15. Il n'y a point de gentilhommes résidents. — 16. La paroisse apartient à M. le marquis de Castries,

engagiste; il y a des prisons et la justice s'y administre. — 17. Il y a des commis des fermes, qui résident à Montpellier.

18 La paroisse paye au Roy, sçavoir : — 19. Pour l'ayde crue, 155 livres 0 sou 3 deniers; — 20. Pour le taillon, 173 livres 16 sous 8 deniers; — 21. Frais d'États, 6829 livres 8 sous 11 deniers; — 22. Mortepaye, 29 livres 10 sous 6 deniers; — 23. Garnison de pays, 208 livres 12 sous 5 deniers; — Pour l'étape, 269 livres 3 sous 9 deniers; — Frais d'assiette, 1121 livres; — Port de la mende, 8 sous; — [total]: 9760 livres. — Pour le dixième de l'industrie, 72 livres; — Biens nobles, 140 livres; [total]: 212 livres. — 24. Autres droits tels qu'ils soient, néant. — 25. Depuis les années 1700 jusques aujourd'huy 1744, les impositions ne passoient pas 49 livres la livre; elles étoient toujours au-dessous. Jusqu'en 1743, la livre du compoix valoit 54 livres et elle vaut cette année 55 livres 7 sous 6 deniers.

26. La communauté est composée de deux villages, apellés Castelnau et le Crès de Salézon. Les habitants du Crès jouissent d'un four, sans arrenter A Castelnau, le four apartient aux chanoines de Saint-Ruf de Montpellier. — Il y a, entre ces deux paroisses, dix mille septérées de garrigues, qui portent quantité de bois, qui n'est pas gardé, quoiqu'en l'année 1700 Mrs du Cayla, de Beaulac, de Boucaud et autres firent un règlement, autorisé par M. de Basville, pour conserver le bois taillis, qui fut gardé pendant un tems; il n'en est pas de même aujourd'huy; on l'arrache jeune avec les broussailles, qu'on porte vendre aux boulangers à Montpellier; il est certain que, si l'on permétoit la garde de ces bois, la communauté en auroit à l'avenir de grands revenus. — La boucherie apartient au seigneur.

27. La livre, poids de table, est de 16 onces; il faut 18 onces pour la livre, poids de marc. Le quintal, poids de table, ne fait que 80 livres, poids de marc, au lieu qu'il faut 120 livres, poids de table, pour faire 100 livres, poids de marc. — Le muid de vin est de 576 pots. Deux muids et demy, mesure de Paris, font un muid, mesure de la communauté. Deux septérées et demy de bled de la communauté font un septier, mesure de Paris — 28. La lieue est composée de 3000 toises. — 29. La septérée contient 200 arpents et 100 dextres. L'arpent est composé de 9 pans et la dextre de dix-huit pans.

COURNONSEC. — 1 Le nombre des habitants de cette paroisse est de 230 personnes. — [En 1743], il s'est fait 49 mariages; il y a eu 11 naissances, presque autant de garçons que de filles, et 17 morts. — 2. Ce nombre est à peu près le même que dans les époques citées.

3. Il y a 3150 septérées de terres. — 4. Il s'y receuille 1000 septiers froment, 500 septiers méture, 300 septiers scigle et 400 septiers avoine. Il y auroit suffisament du grain pour la subsistance des habitants, s'ils n'étoient obligés d'en vendre pour payer leur taille. Il manque 300 septiers avoine pour la subsistance du bétail — 5. Les vignes produisent 250 muids de vin. — 6. La communauté n'a point de bois de réserve; elle n'a que quelques garrigues. — 7. Les autres productions consistent en trente charges d'huile. — 8. Point de terres incultes.

9. Point d'industrie ny commerce. — 10 Point de débit de denrées. — 11. Point de foires. — 12. Il n'y a que des routes de traverse.

13. Il y a un prieur; le revenu est de 900 livres et les charges de 400 livres. — Il y a un autre prieuré simple apartenant aux Mrs de Saint-Ruf de Montpellier, affermé 800 livres; les charges sont de 400 livres, et un autre prieuré simple apartenant aux Bénédictins de Saint-Guilhem, affermé 540 livres: les charges sont de 145 livres. — 14. On compte 40 maisons catholiques et 20 de protestantes.

15. M. le marquis de Grémian, seigneur avec justice du d.t Grémian. Son bien consiste en son château, terres labourable et bois taillis — 16. M le marquis de Londres de Roquefeuil est seigneur avec justice, qui est administrée dans la paroisse Il n'y a point de prisons. — 17. Ny privilégiés.

18. La paroisse paye au Roy, sçavoir: — 19. Taille, 4775 livres; — 20. Capitation, 500 livres; — 21. Fourage, néant; — 22. Dixième: M. de Grémian, 140 livres; M. de Roquefeuil, 30 livres; [total]: 170 livres; — 23. Ustancile, 15 livres. — 24. Autres droits, néant. — 25. Les nouvelles impositions sont plus fortes que les anciennes.

26. Le revenu de la paroisse est un droit de courtage, qui s'afferme 18 livres.

27. Petit poids de 16 onces faisant 14 onces, poids de marc. — 28. La lieue a 3000 toises. — 29. La septérée est de 100 dextres.

30. Les habitants de cette communauté sont pauvres; ils n'ont d'autre occupation que le travail de leurs terres; ils ne peuvent faire aucun commerce, le village étant très mal scitué et sujette aux inondations causées par les torrents des montagnes.

CAMPAGNE. — 1. Les habitants résidants dans cette paroisse ne sont qu'au nombre de 16. Il y en a d'ailleurs plus de 212, mais ils sont forains de Sommières et lieux circonvoisins. — 2. Leur nombre a toujours été égal.

3. Il y a 150 salmées de terre. — 4. On recceuille 90 salmées de touzèle ou froment, 70 salmées méture, 40 salmées avoine et 24 d'autres menus grains. — 5. Cinq cent septérées de vigne, qui produisent environ 100 muids de vin. — 7. On recceuille encore 200 cannes d'huile. — 8. Les terres incultes de 50 septérées pouroient produire du grain.

9. Les habitants n'ont d'autre industrie que le travail de la terre. — 10. Les denrées se débitent à Sommières. — 12. Chemins de traverse.

13. Un prieur curé qui a 900 livres de revenu et paye 100 livres de charges; la fondation de ce prieuré est depuis 900 ans. — 14. Il n'y a dans la paroisse que 6 familles anciennes catholiques; tout le reste est protestant.

16. La paroisse apartient au Roy. La justice est administrée par un avocat en parlement, que la baronnie de Montredon, dont le dit lieu dépend, nomme. Il n'y a point de prisons, les habitants de la dite baronnie ayant acquis la justice du Roy sous une albergue de 500 livres.

18. La paroisse paye au Roy, sçavoir : — 19. Taille, 1329 livres; — 20. Capitation, 96 livres; — 21. Fourage, néant; — 22. Dixième, néant; — 23. Ustancile, néant. — 25. Depuis l'année 1710, les impositions ont augmenté d'un tiers.

26. Point de revenus. Les charges vont à 100 livres.

27. Le quintal est poids de table et de 83 livres, poids de marc. — Muid ordinaire du païs. — La salmée est composée de 4 septiers; le septier de 4 quartes; la quarte de 3 boisseaux. — 28. La lieue est de 3000 toises. — 29. La septérée de terre est composée de 100 dextres, chacune de 18 pans quarrés.

CAZILHAC. — 1. Il y a dans cette paroisse 60 personnes. — En 1743, il y eut 6 mariages, autant de naissances et de morts. — 2. Cette petite paroisse a toujours été dans le même état.

3. Il y a 160 septérées de terres labourables. — 4. Elles produisent 500 septiers froment et 250 septiers d'autres menus grains. — 5. Les vignes produisent 180 muids de vin. — 6. Il y a quelque taillis de chesne verd de 20 années de coupe. — 7. La terre y produit encore quelques mûriers et châteigniers. — 8. Il y a quelques paturages pour les chèvres et [le] bétail à laine.

9. Les habitants travaillent la terre. Il y a peu de laine. Point de commerce. — 12. Chemins de traverse.

13. Un curé à portion congrue. — 14. Parmi les anciens catholiques, il y a des protestants.

15. Deux gentilhommes verriers. — 16. La paroisse apartient à M. le marquis de Ganges. La justice s'administre dans la ville de ce nom, où sont les prisons.

18. La paroisse paye au Roy, sçavoir : — 19. Taille, 1800 livres; — 20. Capitation, 400 livres ; — 21. Fourage, néant; — 22. Dixième, 24 livres; — 23. Ustancile, néant. — 25. Les impositions sont à peu près les mêmes.

27. La paroisse se conforme aux poids et mesures de Montpellier. — 28. Lieue de 3000 toises. — 29. La mesure des terres est de 100 dextres quarrées, et la dextre deux perches.

CHATEAU DE LONDRES OU CASTEL DE LA ROUQUETTE[1]. — 1. Les habitants de cette communauté sont au nombre de 130. — En 1743, il se fit 2 mariages; il y eut un seul mort, 2 baptêmes de garçons et 3 de filles. —

---

[1] Auj. le *Mas de Londres*.

2. L'état actuel de cette communauté, par raport à ces nombres, est à peu près le même qu'en 1684 et années suivantes.

3. Les terres en culture sont de 300 septérées. — 4. Elles ne produisent pas au delà de 400 septiers froment, 100 septiers méture et 100 septiers avoine, à cause de la mauvaise qualité du terrein — 5. Les vignes produisent 30 muids de vin, qui ne suffisent pas, non plus que les grains, pour la nouriture des habitants. — 6. Il y a 300 septérées de bois taillis, qui se coupent tous les 16 ans. — 8. Les terres incultes sont de 50 septérées et 3000 en devois, qui servent pour les troupeaux.

9. Il y a quelques laines. — Les habitants font du charbon qu'ils portent à Montpellier. — 10. On vend les laines sur le lieu. — 12. Il n'y a d'autre chemin dans la communauté que celuy qui va de Montpellier dans les Sévènes.

13. M. Douinet, curé à portion congrue; charges 22 livres. — 14. La religion est la catholique romaine.

15. M. le marquis de Villevicille a un revenu, dans la paroisse, de 2000 livres. — 16. La paroisse apartient à M. le marquis de Villevicille. La justice y est administrée. Il y a des prisons dans un vieux château ruiné.

18. La paroisse paye au Roy, sçavoir : — 19. Taille, 3981 livres 8 sous 7 deniers; — 20. Capitation, 287 livres; — 21. Fourage, néant; — 22. Dixième, 189 livres 18 sous ; — 23. Ustancile, néant. — 26. Les impositions actuelles sont plus fortes que les anciennes.

27. La livre est la même que celle de Montpellier. — Le muid de vin pèze 18 quintaux. — La mesure du bled est d'un huitième au-dessus de celle de Montpellier. — 28. Lieue de 3000 toises. — 29. L'arpent est de 100 perches quarrées.

CANDILLARGUES. — 1. Cette paroisse est composée de 19 chefs de famille. — En 1743, il y eut 3 mariages ; il naquit 4 filles et 2 garçons et il y eut 11 enterrements. — 2. Depuis 1684 et 1700, le nombre des habitants a diminué de la moitié, à cause de la misère et du mauvais air qu'on respire dans la paroisse.

3. La contenance des terres est de 1700 septérées de toute espèce. — 4. Elles produisent 2200 septiers froment et 300 septiers seigle. Il y a un excédant de 800 septiers. — 5. Les vignes de 200 septérées peuvent produire 100 muids de vin. — 8. Terres incultes : 300 septérées hors d'état de produire.

10. Les denrées se portent à Montpellier. — 12. Chemins de traverse.

13. Les chanoines d'Alais, manse d'Aiguesmortes, sont prieurs de cette paroisse, qu'ils font desservir par un curé auquel ils donnent 500 livres; charges..... — 14. La religion catholique, apostolique, romaine.

16. La paroisse apartient à M. de Lacroix de Candillargues. La justice y est administrée. Il y a des prisons.

18. La paroisse paye au Roy, sçavoir : — 19. Taille, 5541 livres 12 sous 10 deniers ; — 20. Capitation, 205 livres; — 21. Fourage, néant; — 22. Dixième, 36 livres ; — 23. Ustancile, néant. — 25. Depuis 20 ans, les impositions ont presque doublé.

26. Point de revenus. Charges : 228 livres, outre les intérêts qu'elle paye, qui vont à 349 livres 12 sous.

27. Mêmes poids et mesures qu'à Montpellier. — 28. La lieue est de 3000 toises. — 29. La septérée de terre est de 100 arpents de 18 pans en quarré.

CLAPIÈS. — 1. Il y a dans Clapiés environ 100 habitants. — En 1743, il n'y eut ni morts ni mariages ; il naquit 3 garçons et 5 filles. — 2. Ces nombres sont à peu près les mêmes qu'aux tems des époques fixées.

3. Les terres sont d'environ 1000 septérées. — 4. On recœuille 600 septiers froment et 150 septiers méture, ce qui ne suffit pas pour la nouriture des habitants. — 5. Les vignes de 300 septérées produisent 100 muids de vin. — On recœuille encore 10 charges d'huile. — 8. Terres incultes: 200 septérées, hors d'état de produire. — 12. Chemins de traverse.

13. M. Chaine, curé à la congrue : charges : 23 livres ; — un chapelain à 150 livres. — Le chapitre de Montpellier est prieur primitif. — 14. La religion catholique, apostolique et romaine.

16. La paroisse apartient à Mʳ le président Bocaud. La justice s'administre à Jacou.

18. La paroisse paye au Roy, sçavoir : — 19. Taille, 1898 livres ; — 20. Capitation, 140 livres ; — 21. Fourage,

[néant] : — 22. Dixième, 10 livres ; — 23. Ustancile, [néant]. — 25. Depuis 1680, les impositions ont presque doublé.

30. Cette communauté est fort pauvre, le terrain étant des plus stériles.

CAZEVIELLE. — 1. Le nombre des habitants de cette communauté, y compris les enfants [et] les domestiques, ne va pas au delà de 78 personnes. Depuis 2 ans, il n'y a pas eu de mariages ; il y a eu quatre naissances, beaucoup plus de garçons que des filles. et un seul mort. — 2. L'état actuel de cette communauté, par raport aux habitants, est à peu près le même que dans les années 1684, 1700 et années suivantes jusqu'à présent.

3. Il y a environ 5000 septérées de terres cultes et incultes. — 4. La production des bleds consiste, sçavoir : froment 430 septiers ; méture 360 septiers, ce qui suffit à peine pour la nourriture des habitants et pour la semence. et il arrive presque toujours qu'il en manque. — 5. Il peut y avoir en tout 24 septérées de vigne, qui produisent 15 muids de vin, ce qui ne suffit pas pour la consommation du lieu. — 6. Il y a environ 800 septérées de bois de chesne vert, dont la coupe se fait de 18 en 18 années. — 7. Quant aux autres productions de la terre en général, on n'en retire que très peu de chose, n'y ayant que trois habitants qui ayent des olivettes, dont le produit ne va pas au quart de la consommation de la communauté. — 8. Il y a 7 septérées de terres incultes, qu'on n'a pu mettre en valeur, quelque soin et industrie qu'on y ait employé.

9. Le commerce consiste seulement dans la vente des laines provenant de 3000 toisons. Point d'autre commerce, ny aucune espèce d'artisan. — 10. Les laynes se débitent sur les lieux. — 11. Il n'y a ny foires ny marchés.

12. Il n'y a d'autres routes dans la paroisse, que sentiers qui aboutissent aux maisons des habitants éloignées les unes des autres.

13. M. l'Évêque de Montpellier lève les fruits de cette paroisse, qu'il fait desservir par un curé ; ce bénéfice produit 1200 livres. — 14. L'état de la religion dans cette paroisse est la catholique, apostolique et romaine.

15. Il n'y a point de gentilhommes. Le sr Roux, bourgeois, jouit noblement, par inféodation, de cent septérées de bois, sur la fameuse montagne de Saint-Loup, apellée sur la carte marine *la Montagne de Montpellier*. Le sr Roux paye une albergue, pour cette jouissance, au chapitre collégial de Saint-Ruf de Montpellier ; cette albergue est de 30 livres par an, à quoy on estime par évaluation 15 paires de perdrix, qui est la redevance portée par son titre.

16. M. l'Évêque de Montpellier est le seigneur de cette paroisse. La justice s'administre à Montpellier par les officiers de la temporalité, et les prisons sont dans le palais épiscopal. — 17. Nul privilégié.

18. La paroisse paye au Roy, sçavoir : — 19. Taille, 4500 livres ; — 20. Capitation, 125 livres : — 21. Fourage, néant ; — 22. Dixième, néant ; — 23. Ustancile, néant ; — 24. Autres droits, néant. — 25. En 1720 les impositions alloient à 3622 livres ; elles sont aujourd'huy à 4600 livres.

26. La communauté n'a ny revenus ny charges.

27. Quant aux poids et mesures, ils sont les mêmes que ceux de Montpellier. — 28. À l'égard des distances des lieues, on compte leur longueur de 3000 toises, comme dans tout le reste de la province. — 29. La mesure des terres est plus grande que celle de Montpellier, où il ne faut que 80 dextres à la septérée, et à Cazevielle il en faut 100.

30. On observe qu'il y a au sommet de la montagne de Saint-Loup un hermitage d'ancienne fondation, sous l'invocation de saint Loup, évêque de Troyes. M. l'Évêque de Montpellier a donné ses soins pour rétablir l'ancienne dévotion de cet hermitage ; on y chôme la fête du patron, et on y dit des messes les jours de saint Joseph et de l'Ascension. M. l'Évêque a donné un mandement à ce sujet.

COMBAILLAUX. — 1. Il y a 130 habitants, petits ou grands, dans cette communauté. — Il est né en 1743 deux enfants ; il y a eu un mariage et deux enterrements. Il nait communément plus de filles que de garçons. — 2. Ce nombre est à peu près le même qu'en 1700.

3. Il y a 250 septérées de terres. — 4. Elles produisent, année commune, quatre cent septiers de bled, ce qui ne suffit pas pour la nourriture des habitants — 5. Le terrain étant très mauvais, les vignes ne produisent que très peu de vin. — 6. Il y a 50 septérées de bois, qui se coupent de 20 en 20 ans; elles sont fort chargées de taille et ne produisent presque rien. Il y a aussi deux mille septérées de garrigues, qui payent la taille. — 7. Les autres productions consistent dans quelque peu d'huile. — 8. Les terres incultes, consistant en 50 septérées, ne sont bonnes à rien.

9. Les habitants n'ont d'autre industrie que d'aller porter tous les jours du bois à Montpellier. — Il y a environ 300 bêtes à laine et point de commerce. — 10. Il ne se débite aucune denrée. — 11. Il n'y a d'autres routes que celles de traverse. — 12. Point de foires.

13. Un éclésiastique à portion congrue. 14. Tous les habitants sont catholiques.

15. Aucun gentilhomme. — 16. La paroisse apartient à M. l'Évêque de Montpellier, où la justice s'administre, et il n'y a point de prisons sur lieux. — 17. Ny privilégiés.

18. La paroisse paye au Roy, sçavoir : — 19. Taille, 1776 livres 12 sous 9 deniers; — 20. Capitation, 141 livres; — 21. Fourage, néant; — 22. Dixième, 12 livres; — 23. Ustancile, néant; — 24. Autres droits, néant. — 25. Les nouvelles impositions sont beaucoup plus fortes que les anciennes.

26. La communauté n'a presque point de revenu, qui consiste dans quelque peu de bled.

27. La livre est de 16 onces, poids de marc, et les mesures du bled et du vin les mêmes qu'à Montpellier. — 28. La lieue ordinaire de la province. — 29. Il y a 100 dextres à la septérée; chaque dextre, 18 pans.

LA VILLE DE FRONTIGNAN. — 1. Frontignan n'étoit en 1204 qu'un simple château, qui apartenoit au Roy d'Aragon, et on a bâti autour de ce château. — Il y avoit en l'année 16.., huit [?] cent[1] feux. Depuis ce tems-là, ils ont diminué de beaucoup, et il n'y a maintenant que 300 feux. — Il y a encore quatre églises, sçavoir : la paroisse, les Capucins, les Pénitens Blancs et l'hôpital.

2. Il y a un capitaine châtelain, un lieutenant criminel en charge. Les places des autres officiers sont vacantes. Le prix de la charge de châtelain est de 1200 livres; celle de lieutenant criminel de 400 livres. Le ressort de la justice ne passe pas les bornes du terroir.

3. Il n'y a d'autre ecclésiastique que le curé de la paroisse, un chapelain de la chapelle Saint-Antoine. Les places des vicaires sont remplies par des Capucins. La cure raporte 500 livres et la chapelle environ 100 livres. — 4. Point de gentilhommes.

5. On compte 221 hommes et 221 femmes, quatre-vingt-douze veufs ou veuves, 263 filles et 226 garçons, ce qui fait en tout 1023 personnes. Il y a eu en 1743 quinze mariages, 30 naissances et 20 enterrements. — 6. En 1695, il y avoit beaucoup plus d'habitants qu'aujourd'huy. — La cause de la diminution vient du mauvais air, qui a été procuré partie par la construction du Canal de la Province, qui a séparé l'étang en deux lits, dont un est groupissant, et l'autre s'est considérablement comblé par les inondations de la mer et par le limon des rivières qui aboutissent au dit étang. — 7. Il naît beaucoup plus de filles que de garçons.

8. Point de terres qui dépendent de la ville.

9. Il n'y a presque point d'industrie. On compte deux médecins, trois chirurgiens, deux apotiquaires, quatre cordonniers, quatre boulangers. Les arts et métiers ne produisent pas de quoy nourir et entretenir ceux qui les exercent.

11. [Il n'y a pas] d'autre commerce que celuy du transport des vins du crû dans d'autres pays pour le faire valoir.

14. Chemins pour aller d'un lieu à l'autre, très mauvais.

15. Les habitants sont tous catholiques romains.

16. La ville paye au Roy, sçavoir : — 17. Taille, 16000 livres; — 18. Capitation, 2000 livres; — 19. Fourage, néant; — 29. Dixième : se paye à proportion de la rente que les particuliers ont sur la communauté; — 21 Ustancile, néant; — 22. Autres droits, néant; — 23. Équivalent, 2000 livres; controlles, 1800 livres; une albergue au Roy, 18 livres par an.

[1] Ms. : *1608 cent.*

26. Le poids est de 16 onces à la livre, poids de table. — Le muid de vin contient 700 pintes de Paris. — Le septier de bled pèze 95 livres. — 27. Les lieues sont de 3000 toises. — 28. On mesure les terres par septérées, dont chacune est composée de 75 dextres, et chaque dextre de 17 pans et demy en quaré.

FABRÈGUES. — 1. Le nombre des habitants est de 92. — Il y a eu en 1743 un garçon de baptisé et 12 filles, morts 9. — 2. Dans les époques citées, c'étoit à peu près la même chose.
3. Les terres sont de quatre mille sept cent soixante douze septérées. — 4. Elles produisent, pour la dixme du chapitre, quarante septiers de froment, 25 septiers méture et 40 septiers avoine. — 5. Il y a 520 septérées de vigne, qui produisent année commune vingt muids de vin pour la dixme. — 6. Point de bois. — 7. Une charge d'huile à la dixme. — 8. Terres incultes : 200 septérées, qui produiroient, si elles étoient travaillées, 400 septiers.
9. Industrie, artisans, etc., néant. — 10. Le peu de denrées se débitent sur les lieux. — 11. Point de foires. — 12. Le chemin royal de Béziers.
13. Un curé à portion congrue. — 14. Les habitants sont anciens catholiques.
15. Il y a un gentilhomme, dont le bien fonds consiste à 4000 livres. — 16. La paroisse apartient à M. de la Mosson. La justice y est administrée. Il y a des prisons.   17. Point de privilégiés.
18. La paroisse paye au Roy, sçavoir : — 19. Taille, 6992 livres 9 sous 6 deniers ; — 20. Capitation, 601 livres ; — 21. Fourage, néant ; — 22. Dixième, 213 livres ;   23. Ustancile, néant ; — 24. Le pied fourchu et l'équivalent estimé à 550 livres. — 25. Le montant des impositions en 1710 étoit de 7125 livres, et en 1744, de 6992 livres.
26. La communauté n'a pour tout revenu que le courtage, estimé 41 livres. Point d'autres charges.
29. La septérée est de 175 dextres, qui valent 87 arpents et 1/2.

FROUZET. — Cette communauté est annexe de celle de SAINT-MARTIN-DE-LONDRES.

LA VILLE DE GANGES. — 1. Cette ville est fort ancienne. Elle a un privilège d'Henry IV de faire tirer le papegay. — L'église paroissiale est des plus grandes du diocèse. — Il y a un couvent de Capucins et un de Cordeliers. — Il y a une place couverte pour tenir le marché, et d'autres places d'une assés grande étendue, où se tiennent les foires.
2. La justice est une jurisdiction banneréte, qui apartient à M. le marquis de Ganges. Elle ressort au Sénéchal de Montpellier.
3. Le curé de la ville est à portion congrue. La communauté impose en sa faveur 150 livres pour son cazuel, sur quoi il paye les décimes.
5. On compte environ 2000 personnes dans la ville. Il se fait communément tous les ans 15 mariages ; il meurt 30 personnes et il en naît à peu près autant. — 6. Ces nombres, comparés à ceux des années 1684 et 1700, n'ont aucune différence. — 7. Il naît autant de garçons que de filles.
8. La communauté jouit d'un bois de chesne vert, d'une assés grande étendue, apellé le bois de Montméjean ; il raporte annuellement 150 livres.
9. L'industrie consiste en cuirs et en fabricants de bas, qui sont d'une très modique conséquence. Ils font corps avec ceux de la ville de Nismes. — 10. Il y a 2 foires, l'une à la Saint Martin et l'autre à la Saint Hilaire, qui sont de peu de conséquence. — 11. Point d'autre commerce que ce qui a été dit à l'article 9. — 13. On aporte quelques bleds dans la ville.
14. Il y a un chemin royal, par où passent les troupes, et [des] chemins de traverse, qui conduisent à Nismes et à Montpellier.
15. Parmy le nombre des habitants, on compte trois quarts de protestants et un quart d'anciens catholiques.
16. La ville paye au Roy, sçavoir : — 17. Taille, 8000 livres ; — 18. Capitation, 3700 livres ; — 19. Fourage, néant ; — 20. Dixième, 1600 livres ; — 21. Ustancile, néant ; — 22. Subvention, 1525 livres ; — Équivalent, 1500 livres ; — Domaines, contrôles, etc., 3500 livres.

24. Il y a une brigade de maréchaussée, composée d'un sous-brigadier et de quatre cavaliers assés bien montés et armés.

25. Il faut 118 livres, poids du païs, pour faire un quintal, poids de marc. — Le pot de vin pèze 3 livres net. — Pour faire un septier, il faut quatre quartes; chaque quarte pèze 25 livres. — 26. Lieue de 3500 toises.

GIGEAN. — La communauté de Gigean est composée de 628 personnes. — En 1743, il s'est fait 5 mariages, 13 enterrements, 12 baptèmes de filles et 9 de garçons. — 2. Par la comparaison qui a été faite avec les époques fixées, on trouve que l'état actuel de la paroisse est le même, à 15 familles près, que la misère des tems a fait abandonner.

3. La contenance des terres est d'environ 3600 septérées. — 4. Elles produisent 1600 septiers bled, 400 septiers méture, 200 septiers seigle et 500 septiers avoine. Il peut manquer environ 1000 septiers grains pour la nouriture des habitants. — 5. Les vignes produisent 300 muids de vin rouge et 20 muids de muscat. — 6. Point de bois. Quelques garrigues pour le chauffage. — 7. On recueille encore 800 quintaux de foin et 50 charges d'huile. — 8. Terres incultes : 300 septérées, qui pouroient produire 180 muids de vin et 10 charges d'huile.

9. Il y a un chirurgien, un tailleur, un mareschal, un maçon, un menuizier, un potier de terre, deux boulangers, trois cordonniers, trois tisserands de toile et trois cabarets. — Environ 1200 bêtes à laine, apartenant à différents particuliers. — 10. Les vins et les huiles se débitent à Montpellier et sur les lieux.

12. Grand chemin de Montpellier à Toulouse.

13. M. l'Évêque de Montpellier, en qualité de prieur, tient un curé, auquel il donne 100 livres par an. — 14. La religion catholique, apostolique et romaine.

16. M. l'Évêque fait administrer la justice dans son palais.

18. La paroisse paye au Roy, sçavoir : — 19. Taille, 7230 livres 14 sous 11 deniers ; — 20. Capitation, 987 livres 15 sous ; · 21. Fourage, [néant] ; — 22. Dixième, 180 livres ; — 23. Ustancile, néant. — 25. Depuis l'année 1700, les impositions sont d'un quart en sus sur les anciennes.

26. La communauté n'a d'autre revenu qu'un droit de courtage, affermé 60 livres, et ses charges ordinaires vont à 449 livres.

30. Avant l'année 1700, Gigean étoit une des bonnes communautés du diocèse ; mais en 1709, elle devint pauvre, par la perte totale de ses oliviers. En 1720, les billets de banque ruinèrent presque tous les habitants; en sorte que depuis ces tems la sçituation de cette communauté est entièrement changée.

GRABELS. — 1. Il y a dans cette paroisse 77 habitants. — En 1743, il y eut trois mariages, 7 garçons baptisés et 9 filles, et 13 enterrements. — 2. A peu près la même chose.

3. Les terres sont d'environ 600 arpents de Paris. — 4. On recueille 1000 septiers froment, 500 septiers méture, 40 septiers seigle et 300 septiers avoine ; il en faudroit le double pour la nouriture des habitants. — 5. Les vignes produisent année commune cent muids de vin. — 6. Point de bois. — 7. Les autres productions consistent dans vingt charges d'huile, 400 quintaux pâturages, cinq cent agneaux, 50 chevraux et 1800 toisons. - 8. Terres incultes : 100 septérées.

9. La plus grande partie des habitants font des laissives, charient du bois de Baleine[1] à Montpellier ; quelques autres travaillent les terres. — 11. Point de foires.

12. Un chemin allant à Montpellier, à Murles et à Combaillaux, Baleine, lesquels sont très utiles pour le transport du bois à Montpellier.

13. Le chapitre de Montpellier est prieur de la paroisse ; le bénéfice peut raporter 1500 livres. — 14. Catholiques romains.

15. Point de gentilhomme, si ce n'est M. de Massane, conseiller à la Cour des Aydes de Montpellier, seigneur direct du lieu, y ayant un château et domaine rural ; — château et domaine noble de la Vaulière[2], ayant apartenu à feu M. Dampmartin ; — la métairie de la Soucarède, noble.

---

[1] Prononciation locale, = Bois de Valène. [2] Lisez : *Vaulsière*.

16. La justice doit s'administrer sur les lieux ; elle apartient au chapitre de Saint-Pierre de Montpellier ; il y a une prison en très mauvais état. - 17. Point de privilégiés.

18. La paroisse paye au Roy, sçavoir : — 19. Taille, 3836 livres 2 sous 2 deniers ; — 20. Capitation, 454 livres 15 sous ; — 21. Fourage, néant ; — 22. Dixième de l'industrie, 40 livres ; — 23. Ustancile, néant. — 24. On impose 81 livres 14 sous, portée par le règlement, plus 10 livres, plus 262 livres par autres règlements, les intérêts des emprunts. — 25. Les impositions actuelles sont beaucoup plus fortes que les anciennes.

26 Point de revenus, et les charges sont de soixante-six livres.

GALLARGUES[1]. — 1. On compte dans cette paroisse 38 habitants. — Il y a eu en 1743 un mariage, douze baptêmes et 14 morts. Il naît autant de filles que de garçons. — 2. En 1684 et 1700, ces nombres étoient à peu près égaux.

3. Environ 1300 septérées de terres. — 4. On en sème les trois quarts tous les ans, qui produisent en froment 400 septiers, méture deux cent cinquante septiers, et pareille quantité d'autres menus grains, ce qui ne suffit pas pour la nourriture des habitants. — 5. Environ 300 septérées de vigne, qui produisent cent muids de vin. — 6. Point de bois. — 7. La récolte de l'huile suffit pour la nouriture des habitants. — 8. Terres incultes : 150 septérées.

9. Il y a quelques artisants qui n'ont d'autre industrie que de carder la laine. — 10. Le peu de vin qui se vend est achetté sur les lieux. — 11. Point de foires. — 12. Point de grande route.

13. Voyés Busignargues, article 13. — 14. Les habitants sont anciens catholiques.

15. Point de gentilhommes. — 16. Cette communauté est un membre de la baronnie de Montredon, qui apartient au Roy. La dite baronnie la jouit comme engagiste, payant une albergue en corps de 500 livres. La justice y est administrée par des officiers commis par la dite baronnie. Il n'y a point de prisons. — 17. Point de privilégiés.

18. La paroisse paye au Roy, sçavoir : — 19. Taille, 1596 livres 17 sous ; — 20. Capitation, 309 livres 15 sous ; — 21. Fourage, néant ; — 22. Dixième, 40 livres ; — 23. Ustancile, néant ; — 24. Autres droits, néant. — 25. Les nouvelles impositions sont plus fortes d'un tiers que les anciennes.

26. La communauté n'a aucuns revenus et ses charges sont de 332 livres 6 sous 5 deniers.

27. Les 100 livres, poids de table, font environ 83 livres, poids de marc. — 28. La lieue ordinaire. — 29. La salmée de semence, établie sur 400 dextres de 18 pans, peut se raporter à environ deux arpents 1/4, mesure de Paris, qui doivent faire 2025 toises.

GARRIGUES. — 1. Il n'y a dans cette communauté que 18 ou 20 habitants. — En 1743, il n'y a eu ni morts, ni naissances, ni mariages. — 2. Cette paroisse a toujours été peu de chose, n'i ayant qu'une vingtaine de maisons.

3. Les terres contiennent 80 septérées. — 4. Elles produisent environ 200 septiers froment. — 5. Les vignes de 50 septérées donnent trente muids de vin rouge. — 7. On receuille quelque peu d'huile et quelques fruits. — 8. Terres incultes : 50 septérées, hors d'état de produire.

12. Grand chemin de Sommières à Montpellier.

13. Le prieur curé depuis 35 ans jouit de 700 livres de revenu quittes. Il y a 900 ans que le bénéfice est fondé. — 14. Sur les 20 maisons qui composent cette petite paroisse, il y en a 6 protestantes.

16. La paroisse apartient au Roy. Elle dépend de la baronnie de Montredon, qui nomme un avocat pour y administrer la justice. Il n'y a point de prisons ; on se sert dans l'occasion du château de Sommières.

18. La paroisse paye au Roy, sçavoir : — 19. Taille, 950 livres ; — 20. Capitation, 117 livres ; — 21. Fourage, néant ; — 22. Dixième, néant ; — 23. Ustancile, néant ; — 24. Une albergue au Roy de 25 livres. — 25. Les impositions nouvelles ont doublé.

27. Les 100 livres, poids de table, font environ 83 livres poids de marc. Le muid de vin, mesure du païs, en fait 4 muids, mesure de Paris de 288 pintes. — La salmée de bled pèze 400 livres. — La lieue est de

---

[1] Le Petit Gallargues.

3000 toises. — 29. La salmée de terre est de 400 dextres, de 18 pans la dextre, ce qui revient à 2 arpents 1/4, mesure de Paris.

30. La communauté de Garrigues est sçituée au pied d'une montagne stérile, apellée Lapeine, où il n'y a que des broussailles et un terrain d'ailleurs fort ingrat.

GUZARGUES. — 1. Le nombre des habitants de cette communauté est de 41. — En 1743, il naquit 2 filles et un garçon; il y eut un mort et point de mariages. — 2. Ces nombres sont à peu près les mêmes qu'en 1684.

3. Les terres vont à 500 septérées. — 4. Elles produisent peu de grains, ce qui ne suffit pas pour la nouriture des habitants : 700 septiers en tout. — 5. Les vignes de 150 septérées produisent 25 muids de vin. — 6. Il n'i a presque point de bois. — 7. On receuille quelque peu d'huile. — 8. Terres incultes : 50 septérées, hors d'état de produire.

9. Les habitants travaillent à la terre. — Point d'industrie. — Il y a 1500 bêtes à laine, dont 400 apartiennent à la paroisse ; les 1100 autres à des habitants forains. — 10. [Les denrées se débitent] à Montpellier. — 12. Chemins de traverse.

13. M. Feydière, prieur curé; son bénéfice est de 1200 livres quittes. — 14. La religion catholique, apostolique et romaine.

16. La paroisse apartient au prieur du lieu, mais la justice apartient à M. l'Évêque de Montpellier, qui la fait administrer.

18. La paroisse paye au Roy, sçavoir : — 19. Taille, 1700 livres ; — 20. Capitation, 85 livres ; — 21. Fourage, [néant] ; — 22. Dixième d'industrie et autre, 120 livres ; — 23. Ustancile, [néant]. — 25. Depuis environ 40 ans, les impositions ont doublé. — 26. Point de revenus ; — 25 livres de charges pour intérêts.

JUVIGNAC — 1. Les habitants de Juvignac sont au nombre de 150. — En 1743, il n'y eut aucun mariage ; il naquit 5 filles et 6 garçons et il y eut 9 morts. — 2. Cette paroisse a toujours été à peu près dans le même état.

3. La quantité des terres est de 2198 septérées. — 4. On receuille 2390 septiers bled, 400 septiers seigle, 210 septiers méture, 620 septiers avoine, 100 septiers orge. — 5. Les vignes produisent 610 muids ; il y en a 450 muids d'excédent. — 6. Il y a 100 septérées de bois chesne verd de 20 années de coupe. — 7. On receuille encore 1100 quintaux de foin et 60 charges d'huile. — 8. Il y a que 6 septérées de terres incultes.

10. On porte ce qu'il y a à vendre à Montpellier. — 12. Chemin de traverse.

13. La paroisse dépend du chapitre de Montpellier. Le curé est à la congrue. — 14. La religion catholique, apostolique et romaine.

16. La paroisse apartient aux héritiers de M. de la Mosson. La justice s'y administre. Il y a des prisons.

18. La paroisse paye au Roy, sçavoir : — 19. Taille, 2328 livres 7 sous 6 deniers ; — 20. Capitation, 18 livres ; — 21. Fourage, néant ; — 22. Dixième d'industrie, 18 livres ; — 23. Ustancile, néant. — 25. Les impositions nouvelles sont beaucoup plus fortes que les anciennes.

JACOU. — 1. On compte dans cette communauté environ 40 personnes. — En 1743 et 1744, il ne se fit aucun mariage : il n'i eut point d'enterrements. — Il naît communément plus de filles que de garçons. — 2. Depuis la révocation de l'édit de Nantes, la paroisse a diminué d'un tiers.

4. On receuille 200 septiers bled, 50 septiers seigle et 100 septiers d'autres menus grains. — 5. Les vignes produisent 40 muids de vin, dont on vend la moitié. — 6. Il n'i a que de mauvaises broussailles. — 7. On receuille encore 4 charges d'huile et quelque peu de foin. — 8. Terres incultes : 50 septérées, qui pouroient produire du vin et des grains, si on les mettoit en valeur.

9. Il y a 600 bêtes à laine. — 3 métiers de futaines ; point d'autre artisant. — 12. Chemins de traverse.

13. Un prieur curé dont le revenu est de 400 livres, quitte de charges. — 14. La religion catholique, apos-

tolique et romaine. — 16. La paroisse apartient à M. le président de Boucaud. Il y fait administrer la justice. Il n'i a point de prisons.

18. La paroisse paye au Roy, sçavoir : — 19. Taille, 1879 livres 18 sous ; — 20. Capitation, 68 livres ; — 21. Fourage, [néant] ; — 22 Dixième d'industrie, 2 livres 9 sous ; — 23. Ustancile, [néant]. — 25. Depuis 30 ans, les impositions ont augmenté d'un tiers.

27. Le quintal, poids de table, ne donne que 84 livres, poids de marc. — Le muid de vin est de 18 mesures, pezant chacune 84 livres, poids de marc. — Le septier est composé de 4 boisseaux, pezant chacun 20 livres, poids de marc. — 28. La lieue est de 3000 toises. — 29. La septérée de terre est composée de 75 dextres, et chaque destre de 7 pans 3/4 en quarré.

LANSARGUES. — 1. Cette communauté est composée de 150 personnes. — En 1743, il y eut 6 mariages, il naquit 17 garçons et 18 filles et il mourut 35 personnes. — 2. Ces nombres sont à peu près les mêmes que du tems des époques fixées.

3. La contenance des terres est de 2500 septérées de toute espèce. — 4. On receuille 3000 septiers froment et 2000 septiers seigle. Il y a un excédant de 1500 septiers de grains. — 5. Les vignes de 1000 septérées peuvent produire 750 muids de vin. Il y a un excédant de 350 muids. — 6. Presque point de bois. — 7. On receuille quelque peu de foin et environ 12 charges d'huile. — 8. Terres incultes : 50 septérées, qui pouroient produire du vin.

9. Il y a 2 chirurgiens, un apoticaire, 3 fabricants d'eau de-vie, 3 pécheurs, 3 maçons, quatre cordonniers, 2 maréchaux, un tailleur et un tisserant de toilles. — 10. Les denrées se portent à Sommières. — 12. Chemins de traverse.

13. Le chapitre de Saint-Pierre et Saint-Sauveur, et le prévôt du chapitre de Saint-Pierre de Montpellier, sont prieurs de la paroisse, qu'ils font desservir par deux curés à portion congrue. — 14. La religion catholique, apostolique et romaine.

16. La paroisse apartient au Roy. La justice s'administre par ses officiers à Lunel, d'où la paroisse dépend.

18. La paroisse paye au Roy, sçavoir : — 19. Taille, 8728 livres 1 sou 7 deniers ; — 20. Capitation, 1372 livres 15 sous ; — 21. Fourage, néant ; — 22. Dixième, 156 livres 9 sous ; — 23. Ustancile, néant ; — 24. Une albergue de 24 livres. — 25. Les impositions actuelles sont plus fortes que les anciennes.

26. Revenus 230 livres ; charges 310 livres.

27. La livre est de 16 onces, poids de table. — Le muid de vin de 18 mesures, la mesure de 32 pots. — Le septier de bled est composé de 2 émines ; l'émine de 2 quartes ; la quarte de 3 boisseaux, le boisseau pezant 8 livres. — 28. La lieue ordinaire de la Province est de 3000 toises. — 29. La septérée de terre est composée de 100 dextres ; chaque dextre de 8 arpents en quaré ; l'arpent composé de 9 pans.

LUNEL-VIEL. — 1. Il y a 480 habitants dans cette paroisse. — En 1743, deux mariages et 10 morts, 5 baptêmes de garçons et 7 de filles. — 2. Ce nombre étoit plus considérable en 1684.

3. Environ 3000 septérées de terres. — 4. Les terres ne produisent que très peu de grains, à cause de leur mauvaise qualité, et ne suffisent pas pour la nourriture des habitants, qui sont obligés d'en acheter ailleurs. — 5. Il y a quinze cent septérées de vigne, qui produisent année commune 250 muids de vin. — 6. Il y a des petits bois de peu de valeur, qui apartiennent à des particuliers, qui les coupent quand ils veulent. — 7. Les autres productions sont quelque peu d'huile pour la provision des habitants. — 8. Il y a 250 septérées de terres incultes, qui ont été abandonnées par les propriétaires, à cause de leur mauvaise qualité.

9. Point d'artisants. Point de commerce. — 10. Les denrées qui se débitent se portent à Lunel-la-ville, ainsi que le vin qui s'y consomme pour l'eau-de-vie. — 11. Point de foires. — 12. Grand chemin de Paris.

13. Il y a un curé à portion congrue. — 14. Les habitants sont anciens catholiques.

15. Point de gentilhommes. Il y a un château apartenant au seigneur du lieu. — 16. La paroisse apartient à M. de Trémolet, président à la Cour des Aydes de Montpellier. Il a des juges qui administrent la justice et il a des prisons dans son château. — 17. Point de privilégiés.

18. La paroisse paye au Roy, sçavoir : — 19. Taille, 3107 livres 3 sous 2 deniers ; — 20. Capitation, 664 livres 12 sous ; — 21. Fourage, néant ; — 22. Dixième de l'industrie, 72 livres ; — 23. Ustancile, néant ; — 24. Autres droits, 516 livres. — Et pour les autres impositions, qui sont l'aide-crue, le taillon, les mortes payes, garnisons du païs, l'étape, frais d'assiette, droits des receveurs, cy 1076 livres 3 sous 9 deniers. — 25. Les impositions nouvelles sont plus fortes que les anciennes.

26. Les revenus de la communauté consistent dans un droit de courtage, estimé de 20 à 25 livres. Ses charges vont à 2500 livres pour l'année 1744.

27. La livre est de 16 onces, poids de table. Le muid de vin contient 575 pots. — 28. La lieue est de 3000 toises. — 29. La septérée de 100 dextres ; la dextre, 18 pans.

LATTES. — 1. Le lieu de Lattes est inhabité depuis plus d'un siècle, et il a été déclaré tel par arrest du Conseil du 19 décembre 1676, de sorte qu'il n'y a absolument aucuns habitants, que les valets qui cultivent les métairies répandues dans le terroir, lesquels sont de divers païs et ne demeurent dans les dites métairies que d'une année à l'autre ; les propriétaires de ces métairies résident tous à Montpellier, et depuis plus de 50 ans, il ne s'est peut-être fait deux baptêmes dans la paroisse de Lattes. — 2. Depuis que le lieu a été déclaré inhabité, le peu d'habitants qui y étoient a diminué, jusqu'à ce qu'il n'y en a plus eu du tout, et les habitations ne sont détruites.

3. Il y a dans le terroir 11.144 septérées de terres. — 4. Il y a des quartiers, en petite quantité, où les bleds produisent passablement et pouroient nourir les habitants, s'il y en avoit en médiocre quantité, mais généralement les terres labourables y sont maigres et la semence y double à peine. — 5. La maigreur des terres, qui ne produisent presque plus rien, ont obligé la plupart des propriétaires, depuis environ cinquante ans, d'y planter des vignes, qui produisent plus que n'auroient fait les terres épuisées, quoique le vin n'y soit pas bon, excepté dans quelques pièces particulières. — 6. Il n'y a d'autres bois, dans le terroir, que ceux des métairies de Lestelle, de Fizairal et de Gou, qui sont de petite contenance et n'ont aucune coupe, ayant été plutôt plantés pour plaisir que pour le proffit. Dans le reste du terroir, il n'y a que les saules, qui sont autour des préries, qui se coupent plus ou moins, suivant qu'ils sont jeunes ou vieux. — 7. On ne receuille que du foin, des grains et du vin. — 8. Il n'y a d'autres terres incultes que les patus, où les propriétaires font paître leurs bestiaux servant à la culture des terres.

10. Les denrées que les propriétaires receuillent se consomment en partie par les gens qui cultivent les terres, et le reste se débite à Montpellier, où on les transporte, lorsque les chemins, qui sont les plus mauvais de la Province, le permettent. — 12. Point de routes ; tous chemins impraticables.

13. Il n'y a dans le terroir d'autres éclésiastiques que le commandeur [de] Soulicch, de l'ordre de Malthe, dont la commanderie raporte, année commune, environ 1200 livres. — Le curé de Lattes ou le chapitre de Saint-Pierre de Montpellier, qui en est curé primitif, fait dire la messe les dimanches et fêtes, par un vicaire qui réside à Montpellier ; le revenu de cette cure, pour le chapitre, consiste en dismes, évaluées à 1200 livres. — 14. Les habitants de Lattes, quand il y en avoit, étoient catholiques romains.

15. Il n'y a point de gentilhommes résidents le lieu. — 16. Le Roy est seigneur de Lattes, et M. le marquis de Grave en possède la seigneurie, en vertu d'un titre qu'il prétend être incommutable et que la communauté soutient être un simple engagement. — 17. Il n'y a aucuns habitants, dont les privilèges personnels soient préjudiciables à la communauté.

18 et 19. L'allivrement général de tout le terroir des Lattes est de 13.409 livres 12 sous 1 denier, sur lequel se fait la répartition des impositions au sol la livre, lesquelles montent, pour la présente année, sçavoir : pour les deniers royaux, 15.887 livres 16 sous 4 deniers, à laquelle est ajouté les deniers municipaux et leveures du collecteur se montent 1200 livres 17 sous 9 deniers, faisant les dites deux sommes celle de 17.088 livres 14 sous 1 denier. — 20. La crainte de tirer au sort pour la milice a fait déserter des métayers, fermiers ou valets des métairies, et les propriétaires sont obligés de faire cultiver leurs terres par des passants étrangers, qui ne se louent qu'à mois et à grand pris, en sorte que, quoyqu'on ait imposé 550 livres de capitation en 1744, il n'y a pas lieu de présumer qu'on en fasse le recouvrement en entier. — 21. Fourage, 465 livres

2 sous 1 denier; — 22. Dixièmes, 84 livres; — 23. Ustancile, 360 livres 9 sous 5 deniers; — 24. Taillon, 300 livres 17 sous 1 denier; — Ayde crue, 958 livres 19 sous 5 deniers; — Mortes payes, 51 livres. — 25. La taille change toutes les années. Elle montait en 1717 à 12931 livres 8 sous 7 deniers, et en 1744, à 17.088 livres 14 sous 1 denier.

26. La communauté doit la somme de 20.955 livres 19 sous 6 deniers, dont les intérêts ou rentes s'imposent annuellement au sol la livre. Elle n'a point de revenus.

27. Comme il n'y a point de commerce, on se sert dans les occasions des poids et mesures de Montpellier.

28. Le terroir, qui est divisé par le Canal du Lez en deux parties à peu près égales, commance à environ trois quarts de lieues de Montpellier et s'étend à une lieue et demie d'un côté vers Pérols, et de l'autre vers Villeneuve.

29. Les terres sont mesurées, comme dans le terroir de Montpellier, par septérées de 75 dextres, chaque dextre de 17 pans et demy.

30. Il n'y a rien de plus particulier à observer sur cette communauté.

LA VÉRUNE. — 1. Il y a 400 habitants dans la paroisse. — En 1743, il y eut 2 mariages, 5 naissances et 4 morts. Il naît plus de filles que de garçons. — 2. On présume que le nombre, aujourd'huy, est à peu près le même.

3. Les terres sont de 450 septérées de toute espèce. — 4. Elles produisent 1000 septiers froment, 800 septiers méture, 300 septiers avoine, ce qui ne suffit pas pour la moitié des habitants. — 5. Les vignes produisent 100 muids de vin. — 7. On recueille encore 10 charges l'huile. — 8. Terres incultes : 15 septérées hors d'état de produire.

9. L'industrie consiste à faire des lissives pour les particuliers et dans la vente du lait. Il y a quelques artisans comme cordonnier, maréchal, etc. — 10. Les denrées, s'il y en a, se débitent à Montpellier.

12. Il y a un chemin de traverse qui va aboutir au grand chemin de Toulouse et par où passent les voyageurs.

13. Un curé à portion congrue, et un vicaire non résidant. — 14. Dans la paroisse il n'y a que deux protestants.

16. La paroisse apartient à M. l'Évêque de Montpellier. Il y a des prisons à son château et la justice s'administre dans son palais à Montpellier.

18. La paroisse paye au Roy, sçavoir: — 19. Taille, 6632 livres; — 20. Capitation, 588 livres; — 21. Fourage, néant; — 22. Dixième de l'industrie, 24 livres ; — 23. Ustancile, néant.— 25. Depuis 1710, les impositions ont augmenté d'un tiers.

26. Revenus de la paroisse : 15 livres; les charges excèdent de beaucoup. — 27. La livre est de 16 onces, poids de marc. — Le muid de vin, réduit à celuy de Paris, est de 576 pintes. — Le septier de bled pèse 100 livres. — 28. La lieue est de 3000 toises. — 29. La septérée contient 1344 toises 2 pieds 8 pouces.

LES MATTELLES. — 1. Dans cette communauté il y avoit, en 1743, trois cens habitants, grands ou petits, 3 mariages, huit naissances et onze morts. Il naît ordinairement plus de filles que de garçons. — 2. En 1684, 1700 et les dix années suivantes, il y avoit à peu près le même nombre.

3. La quantité des terres est de 300 septérées. — 4. On recueille 300 septiers froment, 150 septiers méture, ce qui ne suffit pas pour le tiers des habitants. — 5. Il y a 300 septérées de vigne, qui produisent cinquante muids de vin. — 6. Il y a 600 septérées de bois, qui ne se coupent que de 20 en 20 ans, et qui sont fort chargés de tailles, et le revenu ne suffit pas pour les payer.— 7. Il y a encore 35 septérées de devois ou garrigues, qui ne produisent rien depuis l'hyver de 1709, la plus grande partie des bois taillis ayant péri et n'étant jamais revenus. — On retire encore environ 3 charges d'huile et quelques légumes. — 8. Cinq septérées [de] terres incultes.

9. Deux cordonniers, et point d'autre commerce que le transport du bois à Montpellier. — 12. Point de grandes routes.

13. Le prieur du lieu est fruit-prenant en partie ; ce qui va année commune à 300 livres et les charges à

60 livres. Les autres fruits-prenant sont le prieur de Saint-Jean-de-Cocules et le prieur de Saint-Gély-du-Fesc. Il y a encore une chapelle sous l'invocation de Notre-Dame du Rozaire, de 150 livres de revenu, charges payées pour le chapelain. — 14. Catholiques romains.

15. Point de gentilhommes. — 16. La paroisse apartient à M. l'Évêque de Montpellier. La justice s'administre dans son palais. Point de prisons. — 17. Point de privilégiés.

18. Taille, année commune, de 4 à 5000 livres ; — 19. Capitation, 305 livres ; — 20. Fourage, néant ; — 21. Dixième, 34 livres ; — 22. Ustancile, néant ; — 23. Censives au seigneur, 150 livres. — 24. Les impositions n'alloient pas anciennement à plus de 3000 livres.

26. Ny revenus ny charges.

27. Le poids est de 16 onces à la livre. A l'égard du bled et du vin, on fait mesure de Montpellier, excepté le vin en détail, qu'on vend à mesure de comte Ramond, c'est à-dire que le muid est de 800 pots, au lieu de 576. — 28. La lieue est de 3000 toises. — 29. La septérée de 100 dextres, chacune de 18 pans.

30. Les consuls des Mattelles ont l'entrée aux États de 7 en 7 ans, et la communauté paye toutes les années, pour le rachat de la mairie, deux cent livres seize sols, qu'on impose annuellement en faveur de M. Daleyrac. — La communauté n'a aucuns communaux ny rien qui puisse la soulager, étant fort endettée, payant l'intérêt de 9000 livres ou environ.

LAURET. — 1. Il y a 48 hommes ou femmes dans cette paroisse, 51 garçons ou filles. — En 1743, il n'y a point eu de mariages ; il est né 5 garçons, et il y a eu un enterrement. — 2. En 1684 et 1700, le nombre des habitants étoit moins considérable.

3. Dans cette paroisse, les terres labourables vont à 266 septérées. — 4. Il y a des terres qui produisent d'un, quatre, et la plus grande partie d'un, trois, et souvent elle ne font que doubler, ce qui ne suffit pas pour la nouriture des habitants. — 5. Quarante-sept septérées de vigne, qui produisent vingt muids de vin. — 6. Quelques bois taillis, de peu de valeur, et des devois, pour faire paître les troupeaux. — 7. Quelques particuliers ont des mûriers et on recueille environ 10 charges d'huile. — 8. Point de terres incultes.

9. Les habitants n'ont d'autre industrie que le travail de la terre. — 10. Les denrées se consomment dans le lieu. Ceux qui ont des troupeaux vendent leurs laines aux facturiers du voisinage. — 11. Point de foires.

12. Un mauvais chemin pour aller à Montpellier, à Saint-Hipolite pour le bétail à bast. Le grand chemin de Montpellier pour aller à Alais passe à l'extrémité de la paroisse.

13. M. Unal, prieur curé ; bénéfice de 900 livres. — 14. Tous catholiques.

15. Un gentilhomme, point de châteaux. — 16. M. de Londres est seigneur du lieu. Il n'y a point de prisons et la justice n'y est point administrée. — 17. Point de privilégiés.

18. La paroisse paye au Roy, sçavoir : — 19. Taille, 1627 livres 17 sous 7 deniers ; — 20. Capitation, 133 livres 15 sous ; — 21. Fourage, néant ; — 22. Dixième, 18 livres ; — 23. Ustancile, néant ; — 24. Autres droits, néant. — 25. Les impositions ont beaucoup augmenté. — 26. Ny revenus, ny charges. — 29. La septérée est de cent dextres ; chaque dextre, de deux arpents, de neuf pans chacun. — 30. Cette paroisse est fort pauvre en général et a peu de ressources.

LA BOISSIÈRE. — 1. Le nombre des habitants de cette paroisse est de : chefs de famille, 54 ; femmes, 52 ; garçons, 96 ; filles, 72. — En 1743, trois mariages, dix morts, cinq naissances de garçons et deux de filles. — 2. Le nombre est à peu près égal dans les époques citées.

3. Trois mille pièces de terre contenant 3450 septérées. — 4. Production : froment, 1000 septiers ; en méture, 300 septiers ; en avoine, 40 septiers. — 5. Soixante vignes, qui produisent environ 40 muids de vin. — 6. Bois communaux, chesne vord et broussailles propres pour le chauffage, de 8 années de coupe. — 7. Autres productions : 20 septiers légumes et deux charges d'huile. — 8. Trois cents pièces de terres incultes, propres à produire du bled et du vin.

9. La pluspart des habitants sont charbonniers. Point d'artisans qu'un maréchal. Point de commerce, si ce n'est 40 quintaux de layne que les habitants retirent de leur bétail. — 10. Les denrées se débitent à Gignac. — 11. Un marché tous les samedis. — 12. Point de grande routes.

13. M. Sargellet, curé; son bénéfice est de 400 livres et les charges de 33 livres. — 14. Catholiques romains.

15. Deux gentilhommes verriers, sans droits et presque sans biens. — 16. M. l'abbé d'Aniane est seigneur de la paroisse. La justice dépend de la temporalité de la dite abbaye. Il n'y a point de prisons. — 17. Point de privilégiés.

18. La paroisse paye au Roy, sçavoir : — 19. Taille, 5565 livres 7 sous 8 deniers; — 20. Capitation, 468 livres; — 21. Fourage, néant; — 22. Dixième de l'industrie, 60 livres; — 23. Ustancile, néant; - 24. Une albergue au Roy de 150 livres, comprise dans le total de la taille cy-dessus. — 25. Les nouvelles impositions sont plus fortes que les anciennes.

27. Le poids est de 16 onces à la livre, poids de table. — 28. Lieues ordinaires de la Province. — 29. La septérée de terre contient 12 cannes quatre pans en quarré; la canne est de 8 pans et le pan de 9 pouces.

LE TRIADOU. — 1. Cette paroisse n'est composée que de trois feux. Il n'y a eu en 1743 ny mariages, ny naissances, ny morts. Il y a environ 20 communiants, y compris les domestiques et six filles et garçons. — 2. C'est à peu près le même nombre [qu'anciennement].

3-4. Environ 200 septérées [de] terres labourables, dont on sème la moitié chaque année, qui peuvent produire 200 septiers bled, 30 de méture et 60 avoine, et il y a des années où il en manque pour la nouriture et pour la semence. — 5. Huit vignes, qui produisent environ cinq muids de vin, année commune. — 6. Point d'autres productions. — 7. Vingt-cinq septérées de bois taillis de chesne verd, qui se coupe de 18 en 18 ans. — 8. Vingt septérées [de] terres incultes, qui ne peuvent rien produire.

13. Un prieur, dont le revenu est de 300 livres; charges 40 livres. — 14. Anciens catholiques.

15. Point de gentilhommes. — 16. La paroisse apartient à M. l'Évêque de Montpellier. La justice s'administre au palais épiscopal. Il n'y a point de prisons. — — 17. Point de privilégiés.

18. La paroisse paye au Roy, sçavoir : — 19. Taille, 1367 livres 3 sous 1 denier ; — 20. Capitation, 74 livres 10 sous; — 21. Fourage, néant; — 22. Dixième, néant; — 23. Ustancile, néant; — 24. Autres droits, néant. — 25. Les impositions ont presque doublé.

26. Point de revenus. Point de charges.

27. Poids et mesures comme à Montpellier. — 28. La lieue ordinaire de la Province. — 29. La septérée est composée de 100 dextres.

30. Dans cette paroisse, le climat y est froid et humide, la terre légère, sablonneuse et ingratte. Les garrigues, qui font la plus grande partie de la consistance de la paroisse, ne portent presque que de mauvaises broussailles et peu d'herbe. Cette paroisse est fort surchargée dans ses impositions, eu égard au petit nombre de ses habitants et à la mauvaise qualité du terrain.

LA ROQUE. — 1. On compte 200 habitants dans cette paroisse. En 1743, il y eut trois mariages, il mourut 8 personnes et il y eut quatre naissances. — 2. En 1684, il y avoit plus d'habitants qu'il n'y en a aujourd'huy, quelques familles ayant quitté le lieu pour aller s'établir ailleurs.

4. On receuille 150 septiers froment, 150 septiers méture, avoine et autres menus grains; il en manque encore pour deux tiers de l'année. — 5. Les vignes produisent 50 muids de vin. — 6. Un bois de chesne vert, de 20 années de coupe. — 7. On receuille encore des feuilles de mûrier et quelque peu d'huile. — 8. Il y a beaucoup de terres incultes, mais hors d'état de produire.

9. Point de commerce. Il y a seulement 3 fabricants en bas, le surplus des habitants travaillent la terre. — 12. Chemin qui conduit à Montpellier.

13. M. Unal, prieur. Son bénéfice vaut 450 livres. Il paye 150 livres de pension, 46 livres de décimes et fournit les ornements. — 14. Il n'y a que d'anciens catholiques.

16. La paroisse apartient à M. le marquis de Roquefeuil. La justice s'y administre. Il y a des prisons.

18. La paroisse paye au Roy, sçavoir : — 19. Taille, 2000 livres; — 20. Capitation, 326 livres; — 21. Fourage, néant; — 22. Dixième, 36 livres; — 23. Ustancile, néant; — 24. Équivalent, 36 livres. — 25. Les impositions actuelles sont plus fortes que les anciennes.

27. Il faut 118 livres du païs pour faire 100 livres, poids de marc. — Le pot de vin pèze net, poids du païs, 3 livres 1/4. — La quarte de bled pèze 25 livres ; il en faut 4 quartes pour faire le septier. — 28. La lieue est de 3500 toises. — 29. La septérée de terre est de 100 dextres.

30. Cette paroisse, étant à proximité de la rivière d'Hérault, est fort sujette aux inondations, qui emportent souvent les terres et les récoltes.

MAUGUIO. — 1. La communauté de Mauguio a six paroisses, sçavoir deux dans l'enceinte du lieu, dont le service est fait dans la même église, et quatre qui sont champêtres. — On compte 105 chefs de famille, sçavoir 64, et 41 veuve, lesquels chefs ont 149 enfants, dont 84 garçons et 65 filles. — En 1743, il est né 21 garçons et 6 filles ; il est mort 33 personnes et il y a eu 9 mariages.

Il dépend encore de Mauguio le hameau de Saint-Aunès, composé de 14 personnes, — le lieu de Coulombiers, composé de 16 personnes, — outre 31 maisons de campagne, dont les propriétaires résident à Montpellier et dans lesquelles il y a au moins 140 domestiques.

2. Avant la révocation de l'édit de Nantes, il y avoit au moins 300 chefs de famille ; depuis 1700 jusqu'à 1710, il n'y en restoit pas 80. Les causes de ces diminutions, qui sont notoires, ont été la désertion d'un grand nombre des plus commodes, qui sortirent du royaume, lorsque leur temple fut abatu, et le mauvais air causa la mortalité sur la pluspart des misérables qui avoient resté.

3. Les terres en culture vont à 20.000 septérées et 1500 septérées de biens nobles, dont la plus grande partie apartiennent à l'ordre de Malthe, au seigneur du lieu, aux Mrs de Saint-Ruf et à quelques particuliers. — 4. Les bleds de toute espèce qu'on recueille suffit à peine pour la nouriture des habitants ; les autres menus grains sont consommés par les pigeons qu'on élève dans la communauté. — 5. Les vignes produisent, année commune, 1500 muids de vin, dont la moitié excède la boisson des habitants ; le surplus est vendu aux étrangers, pour leur consommation ou pour les eaux-de-vie. — 6. Il y a une garrigue d'environ 2500 septérées, dans laquelle l'on voit des rejettons d'un ancien bois, détruit depuis plusieurs siècles, et que la communauté voudroit bien rétablir, si ses facultés luy permettoient de l'entreprendre. — Il y a quelque partie de ce terroir, où il se recueille quelque peu d'huile. — Les habitants ont, pour leurs bestiaux, la faculté du paturage dans un palus qui confronte l'étang salé. — 7. On ne recueille que de l'huile et quelque peu de fruit. — 8. Les terres incultes vont à 6.000 septérées, dont le tiers pouroit produire des grains et du vin.

9. Presque tous les habitants travaillent à la terre. Les artisans y sont en petit nombre et en état seulement d'entretenir les charrues et autres outils servant à la culture des fonds. — 10. Les vins se portent à Montpellier, et quelque peu est converty en eau-de-vie. — 12. Chemins de traverse, à l'exception de celuy qui conduit du lieu à Montpellier.

13. Il y a deux curés résidents, qui sont à portion congrue, et en faveur desquels on impose annuellement 200 livres pour abonnement de casuel, à cause qu'un tiers des habitants sont religionnaires. Il y a encore deux curés à portion congrue, résidents dans des paroisses champêtres. — 14. On compte un tiers de religionnaires.

15. Mrs du Cayla et M. de Montmourac, gentilhomme d'Alais, ont des maisons de campagne et les fonds en dépendants, dans le lieu. — 16. M. l'Évêque de Montpellier est seigneur justicier. La justice s'administre à Montpellier.

18. La paroisse paye au Roy, sçavoir : — 19. Taille, 29590 livres, y compris 3000 livres dont les États font remise annuellement à cette communauté à cause de son triste état ; — 20. Capitation, 1210 livres ; — 21. Fourage, [néant] ; — 22. Dixième, 366 livres ; — celuy de l'industrie, 90 livres ; — 23. Ustancile, néant. — 25. Les impositions actuelles sont beaucoup plus considérables que les anciennes.

26. La communauté jouit d'un revenu de 250 livres, provenant d'un paturage qu'elle afferme conjointement avec le seigneur. Ses charges sont peu de chose.

27. Les poids et mesures sont comme à Montpellier, à l'exception de la mesure du vin qui est, sur le lieu, celle du comte Ramond, c'est-à-dire que le muids est composé de 860 pots au lieu de 576. — 28. La lieue est de 3000 toises. — 29. La septérée de terre est composée de 100 dextres, qui font 200 toises en quarré.

30. Depuis la désertion des religionnaires et la mortalité des habitants, cette communauté auroit été plusieurs fois sur le point de déguerpir, si les États ne l'avoient secourue et si les habitants forains n'avoient eu des facultés indépendantes de leurs biens fonds.

MIREVAUX. — 1. En l'année 1743, il y avait 185 habitants dans cette communauté, de tout âge et de tout sexe ; il y eut la même année 4 mariages, 11 morts, 3 naissances de garçons et 6 de filles. — 2. En 1684 et 1700, il y avoit autour de 300 habitants, et par conséquent beaucoup plus de mariages, de naissances et de morts. — On attribue la diminution du nombre des habitants au mauvais air qu'ils respirent et aux mauvais aliments, dont ils sont obligés de se nourir, de sorte que presque tous ont des accès de fièvre, depuis le mois d'aoust jusqu'au mois d'octobre ; il arrive même souvent que plusieurs en sont attaqués les 6 mois de suite et d'autres pendant toute l'année. — Depuis l'année 1718 jusqu'à l'année 1726, il y a eu dans la paroisse 123 naissances, et de ce nombre il n'y a eu que 4 garçons et 7 filles qui ayent vécu jusqu'à l'âge de 18 ans Il n'y a pas aparence que cette paroisse puisse devenir telle qu'elle étoit autrefois.

3. La quantité des terres est de 344 arpents, dont on ne sème que la moitié chaque année, à cause de la stérilité du terroir. — 4. On receuille 52 muids froment, un muid 6 septiers orge et 2 muids avoine, mesure et poids de Paris ; il en manque les trois quarts pour la consommation des habitants, la misère les obligeant de les vendre pour payer leurs impositions. — 5. Les vignes sont de 57 arpents, qui produisent 7 muids de vin muscat et 80 muids de vin rouge, mesure de Paris. — 6. Il y a une haute montagne pierreuse, de la contenance de 650 arpents, qui est couverte de broussailles ou bois bâtard, qui ne croît jamais au-delà de 3 ou 4 pieds ; on s'en sert pour la fabrique de l'huile, pour le four et pour le chauffage. Cette montagne est noble ; les habitants payent annuellement au Roy ou aux engagistes de la paroisse une albergue de 10 livres. — 7. On receuille encore 150 quintaux d'huile ; il en reste aux habitants plus de 115 quintaux à vendre. — 8. Les terres incultes sont de 450 arpents, provenant des fossés des anciennes salines, devenues inutiles depuis 150 ans que le sel se fait à Pécais ; ces fossés sont remplis d'eau presque toute l'année. Il y a encore des marais formés par le regonflement des eaux de l'étang de Palavas, qui y croupissent une partie de l'année. Enfin il y a des anciens défrichements, qui avoient été faits aux endroits les moins escarpés de la montagne dont on a parlé, qui ont été abandonnés par les propriétaires.

9. L'industrie et le commerce sont peu de chose. Il y a deux cabaretiers, deux savetiers, et quelque peu de laine provenant de 600 brebis. — 10. Le bled se débite à Montpellier, le muscat à Cette, où il est embarqué, et le vin rouge à Pignan et à Cournonterral, pour estre bruslé. — 11. Il n'y a point de foires.

12. Les chemins de communication est 1° celuy qui conduit de Mirevaux à Montpellier ; il est impraticable six mois de l'année ; les troupes qui vont à Cette y passent, mais ce n'est qu'en causant du dommage aux terres qui y aboutissent, sur lesquelles ils sont obligés de passer. — On passe encore, pour aller à Montpellier, dans un bois apartenant à Mrs de Malthe, qui est un pas dangereux pour les voyageurs. Il y a dans ce bois deux grottes spacieuses, l'une sur l'autre, que la nature y a formées ; dans le fond de celle qui a son entrée rez de terre, il y a un grand bassin d'eau, et on y trouve des congélations qui forment un beau cristal de roche ; les naturalistes ont été souvent curieux de les voir.

13. Le chapitre cathédral de Montpellier est fruit-prenant ; il a la dixième partie de tous fruits ; il afferme le bénéfice 1600 livres ; il fait desservir la paroisse par un curé et un vicaire à la congrue. Le chapitre donne à la communauté tous les ans 30 livres pour un repas apellé de la gerbe, et 60 livres au prédicateur du caresme. — Le curé jouit des terres affectées à une chapelle, apellée de Saint-Michel ; les consuls en sont les patrons ; en 1712, le chapelain en retiroit 80 livres de rente ; à présent le curé les fait valoir par économie. — 14. Il n'y a que quatre religionnaires dans la paroisse.

15. M. Dalméras, conseiller à la Cour des Aydes de Montpellier, a, dans la paroisse, des censives, un château et quelques terres nobles, droit de chasse ; il jouit encore en roture de plus de la sixième partie de l'entier terroir de la communauté. — 16. La paroisse apartient au Roy ; la communauté la jouit à titre d'engagement, mais, dans l'acte qui en fut passé en 1697, l'administration de la justice en fut exceptée, parce que la charge de capitaine juge châtelain apartient à M. Dalméras. La justice est administrée, par permission

expresse du Roy, à Montpellier, par M° Crassoux, avocat, que le s^r Dalméras a fait pourvoir de la dite charge. C'est une jurisdiction royale qui ressort au Sénéchal de Montpellier.

18. La paroisse paye au Roy, sçavoir : — 19. Taille, 7350 livres 19 sous 7 deniers ; — 20. Capitation, 414 livres ; — 21. Fourage, néant ; — 22. Dixième, néant ; — 23. Ustancile, néant. — 25. Depuis l'année 1688, les impositions ont presque augmenté de la moitié.

26. Les revenus de la communauté provièvent du repas de la gerbe, de la rente des fours, moulin à huile, puids commun, courretage et du rez-de-chaussée de la maison commune, le tout montant à 261 livres. — Les deniers municipaux montèrent en 1743 à 854 livres 18 sous 8 deniers.

27. Les poids et mesures sont les mêmes qu'à Montpellier. — 28. La lieue est de 3000 toises. — 29. La septérée de terre est de 321 toises 3 pieds 6 pouces ; on en a fait cy-devant la réduction en arpents.

30. On observe que ce lieu étoit autrefois un petit bourg, composé de plus de 300 maisons ; il n'y en a aujourd'huy que 70 habitées, les autres sont tombées en ruine.

Cette villate est fort ancienne ; elle étoit un des forts sarrazins ; elle est encore ceinte de murailles d'une épaisseur très considérable. — Il y avoit un port, avant que celuy de M. le marquis de Graves fut fait sur son canal de la rivière du Lez. — Il y avoit aussi quantité de salines, qui avoient rendu ce bourg un des plus opulents de la Province ; leur anéantissement est la principale cause de leur misère, car le Roy n'eut pas plutôt accordé aux propriétaires des salins de Pécais le privilège exclusif de faire le sel, que les propriétaires des salins de cette paroisse vendirent les biens qu'ils y possédoient, et abandonnèrent les salines.

Cette paroisse a au levant, à la distance de 1037 pas ordinaires, l'étang de Palavas ; au couchant et au nord, à la distance de 1030 pas, la haute montagne dont on a parlé ; de là vient que les récoltes y sont beaucoup plus sujettes aux accidents qu'ailleurs, 1° parce que les eaux pluviales, ne pouvant pénétrer dans la montagne, s'écoulent dans tout le reste du terroir, et ne pouvant encore se dégorger dans l'étang, dont les eaux sont toujours regonflées en automne et en hyver, les eaux pluviales séjournent sur les terres en culture, jusqu'à ce que le vent d'ouest les ait desséchées, de sorte que par leur séjour elles pourrissent tantôt les grains semés, avant qu'ils ayent levé, tantôt elles pourrissent en tout ou en partie les racines de ceux qui n'ont pas été pouris par les pluyes de l'autonne ; 2° parce que les eaux de l'étang de Palavas, comme on vient de l'observer, demeurant regonflées pendant toute l'autonne et pendant tout l'hyver, sortent de leur lit ordinaire, dès que le vent d'est et du nord souflent avec violence et forment un second étang sur les terres les moins mauvaises du terroir ; — enfin parce que les brouillards qui se lèvent le soir sur la mer et qui se répandent dans la nuit sur cet étang, qui augmente leurs parties salées et amères, sont arrêtés par cette haute montagne, et séjournent sur le terroir jusqu'à onze heures ou midy, que le vent du sud commençant à souffler, les dissipe. — Ces brouillards n'épargnent pas les vignes ; ils brûlent les raisins en fleur, même les grains ; ils donnent aussi un mauvais goût au vin. — La récolte d'huile est celle dont les brouillards privent le plus souvent les habitants de la paroisse, parce que tantôt ils réduisent en poussière noire les boutons des fleurs, et les fleurs même des olliviers, tantôt ils brûlent les ollives, qu'ils trouvent jeunes et sans noyau, ce qui arrive presque toujours depuis le 15 aoust jusqu'à la fin de septembre ; ils desseichent si fort la queue des ollives qu'elles tombent.

Il y a un puids dans la paroisse, dont l'eau est très bonne ; on présume qu'il prend sa source dans les Sévènes, à cause des feuilles de châteigners qu'elle entraîne. Il a deux toises de profondeur, et ce qui paroit prodigieux, c'est qu'il arrive fréquemment que, lorsque le vent d'est ou du nord souffle, l'eau regonfle au-dessus de la margèle du puids, à la hauteur de plus d'une toise ; l'année dernière ce regonflement dura pendant 9 jours ; il forme ordinairement une petite rivière qui se jette dans les étangs.

MONTBAZEN. — 1. Il y a dans cette communauté 238 hommes ou femmes, 154 garçons et 117 filles. — Il est né en 1743 treize garçons et 9 filles, il y a eu 6 mariages et 32 enterrements. — 2. En 1684-1700, ce nombre étoit à peu près égal.

3. Il y a 3500 septérées de terres en champs, vignes ou ollivettes. — 4. Les bleds produisent, année commune, en froment 900 septiers, en méture 400 septiers, en seigle 350 septiers et 50 septiers en avoine. Il en

manque tous les ans 2300 septiers pour la nouriture des habitants. — 5. On receuille en vin, sçavoir : vin rouge 490 muids, en muscat 90 muids et 31 muids de vin blanc, de laquelle quantité il en faut distraire 150 muids pour la provision du lieu. — 6. Point de bois. — 7. On receuille encore 60 charges d'huile. — 8. Il y a 60 septérées de terres incultes, qui pouroient produire vingt muids de vin.

9. Un particulier qui fait environ 12 pots de vert de gris, 2 chirurgiens, un menuizier, trois maçons ou plâtriers, un maréchal, un tailleur, 3 cabaretiers et un jardinier. Il y a encore quatre charretiers qui voiturent les denrées des habitants. — On compte sur la paroisse environ 1500 toisons. — 10. Partie des vins rouges sont distillés sur le lieu, par des marchands de Montpellier qui font fabriquer des eaux-de-vie ; le surplus se débite à Cette, où sont transportés nos muscats et vins blancs, que les étrangers viennent achetter.

12. Chemins de traverse presqu'impraticables.

13. Un bénéfice simple, qui se partage par moitié, dont une partie jouie par M⁰ de Lafare, abbesse de Gigean, et l'autre par M. Nérot. — Une cure perpétuelle, occupée par Mre Meyriois, et un secondaire, que le curé est obligé de tenir. — Le revenu du bénéfice simple peut monter à deux mille livres par an. — Le curé a 550 livres de rente ; il paye 50 livres au Roy et 100 livres au secondaire, qu'il nourrit encore.— Il y a aussi deux chapelles, l'une apellée Saint-Jean et l'autre Notre-Dame, possédées par le s^r Rousset, prêtre, du revenu de 300 livres par an. — 14. Les habitants sont catholiques romains.

15. Il n'y a d'autre gentilhomme que le seigneur, — 16. La paroisse apartient, depuis plus de trois siècles, à la maison de la Vergne. Il y a des prisons et la justice est administrée sur les lieux.

18. La paroisse paye au Roy, sçavoir : — 19. Taille, 6276 livres 19 sous 6 deniers ; — 20. Capitation, 1025 livres ; — 21. Fourage, néant ; — 22. Dixième de l'industrie, 174 livres ; — 23. Ustancile, néant. — 25. Les nouvelles impositions sont plus fortes que les anciennes.

26. La communauté jouit d'environ 250 livres de revenu et ses charges sont : — au régent, 150 livres ; — pour intérêts qu'elle paye, 177 livres 10 sous ; — à la régente, 112 livres ; — pour les gages des consuls, 109 livres ; — pour le sonneur de cloches, 12 livres.

27. Le muid de vin contient 288 pintes, mesure de Paris. — Le septier de bled pèze 90 livres. — La charge d'huile est composée de huit mesures, chaque mesure pezant 42 livres. — 28. La lieue est de 3000 toises. — 29. La septérée de 100 dextres.

30. Outre les intérêts que cette communauté paye aujourd'huy, elle est à la veille d'en payer d'autres encore, par raport aux charges municipales que quelques particuliers viennent de lever. — Les habitants du lieu ne suffisent pas pour cultiver les terres, et s'il n'étoit quelques paysans qui descendent tous les ans de la montagne, partie des terres resteroient incultes.

MUDAZONS. — 1. On compte dans cette paroisse 173 habitants, non compris 107 enfants. Il naquit en 1743 sept garçons et huit filles, il y eut 15 morts et deux mariages. — 2. En 1684 et 1700, c'étoit à peu près la même chose.

3. Il y a 1654 septérées de terre. — 4. Il peut se receuillir 1000 septiers froment, trois cent septiers seigle et autant d'avoine. — 5. Mille septérées de vigne, qui produisent année commune 300 muids de vin. — 6. Un bois de chesne vert de cent septérées, dont la coupe se fait tous les 20 ans. — 7. On receuille quelque peu d'huile. — 8. Soixante septérées de terres incultes, qui ne peuvent rien produire à cause des inondations.

9. Deux charrons, un maréchal, un tailleur et un cordonnier. Point d'autre commerce. Il peut y avoir 1000 bêtes à laine. — 10. Les laines se vendent sur les lieux aux marchands de Montpellier ou de Sommières, et les vins se vendent aussi sur les lieux pour brusler. — 11. Point de foires. — 12. Il y a un chemin qui communique au chemin royal ; les autres sont de traverse.

13. M. ..., curé de la paroisse ; son bénéfice raporte en fruits environ cinq cent livres ; il a pour 63 livres de charges. — 14. Les habitants sont tous catholiques romains.

15. Point de gentilhommes résidants sur le lieu. — Il y a un château apartenant à M. Tondut, avocat à Montpellier. — 16. M. l'Évêque de Montpellier est seigneur de la paroisse, comme comte de Mauguio. Il n'y a point de prisons et la justice s'administre par le baillif général de M^r l'Évêque. — 17. Point de privilégiés.

18. La paroisse paye au Roy, sçavoir : — 19. Taille, 10136 livres ; — 20. Capitation, 518 livres 14 sous ; — 21. Fourage, néant ; — 22. Dixième biens nobles ; 133 livres ; — 23. Ustancile, néant. — 25. Depuis l'année 1720, les impositions ont augmenté de près de la moitié.

26. La communauté n'a aucuns revenus et elle paye 162 livres au maître d'école et 112 livres 10 sous à une régente.

27. Les poids et mesures sont les mêmes qu'à Montpellier. — 28. Lieue ordinaire du païs. — 29. La septérée est de 100 dextres ; chaque dextre de 18 pans en quarré.

MONTARNAUD. — 1. On compte dans Montarnaud environ 240 personnes de tout âge et de tout sexe. En 1743, il naquit 6 garçons et 8 filles, il y eut 2 mariages et 7 morts. — 2. Depuis l'année 1700 les charges n'ont pas varié.

3. Les terres labourables sont de 610 septérées, dont on sème la moitié chaque année. — 4. On receuille 1412 septiers bled, 805 méture, 425 avoine, ce qui excède la consommation du lieu. — 5. Les vignes de 120 septérées produisent 90 muids de vin. — 6. Un bois taillis de chesne vert, de 18 années de coupe, de la contenance de 1841 septérées. — 7. On receuille encore 55 septiers légumes et 14 charges d'huile. — 8. Il y a 230 septérées de terres incultes, dont partie pouroit produire du vin.

9. Un cordonnier, un bastier et un maréchal. Le surplus travaille à la terre. — 10. Les denrées se débitent à Montpellier ou au marché de Gignac, qui se tient tous les samedis. — 12. Chemins de traverse.

13. M. Nougarède, curé, est payé pour desservir la paroisse par M. l'abbé de Villevert, qui en est prieur et qui retire 1600 livres de quittes. — 14. La religion catholique, apostolique et romaine.

16. La paroisse apartient à M. de Brignac. La justice y est administrée. Il y a des prisons à son château.

18. La paroisse paye au Roy, sçavoir : — 19. Taille, 2771 livres 14 sous 4 deniers ; — 20. Capitation, 572 livres 15 sous ; — 21. Fourage, [néant] ; — 22. Dixième, [néant] ; — 23. Ustancile, [néant]. — 25. Les impositions ont augmenté de près de 1000 livres depuis 1709.

26. Les revenus de la communauté sont de près de 2000 livres provenant de la coupe (tous les vingt ans) des bois, dont on a parlé à l'article 6. — Charges, 40 livres.

30. Le seigneur jouit de la moitié des terres labourables et des bois, le tout noblement, à la réserve de 300 livres de taille, ce qui fait que les habitants se trouvent surchargés.

MURVIEL. — 1. Le nombre des habitants est de 320 personnes, y compris les enfants. — Un mariage en 1743, onze baptêmes et 7 enterrements. — Il naît autant de filles que de garçons. — 2. Ce nombre est à peu près égal à celuy de l'année 1700.

3. Le terroir est assés grand, quoiqu'on n'en puisse fixer la quantité, mais il est peu fertile (5000 septérées de terre de toute espèce). — 4. On receuille, année commune, 1000 septiers de tous grains, ce qui ne suffit pas pour la nouriture des habitants. — 5. La quantité du vin peut se monter à 300 muids par an et quelquefois davantage. — 6. Il y a quelques particuliers qui ont des bois, dont les coupes ne sont pas réglées. — 7. Les autres productions consistent dans 20 charges d'huile. — 8. On compte un tiers de terres incultes.

9. Un maréchal, un cordonnier, un tonnellier et quelques autres habitants qui achettent du bois et du charbon pour le revendre.

12. Il n'y a que le chemin qui va du lieu à Montpellier et chemins de traverse.

13. Il y a un curé à portion congrue, et un secondaire non résidant. — 14. Les habitants sont catholiques romains.

15. M. le marquis de Villevieille et M. Deydé ont un domaine assés considérable : — celuy de M. de Villevieille consiste en une métairie, terres labourables, un bois de 18 ans de coupe ; — celuy de M. Deydé consiste en une maison, scituée dans le fauxbourg de ce lieu, terres labourables, quelques petits bois qu'il fait couper tous les ans pour son usage, outre un fief considérable qu'il a dans le lieu.

16. M. l'Évêque de Montpellier est seigneur de la paroisse. La justice est administrée à Montpellier par les officiers ordinaires de la temporalité. Il n'y a point de prisons. — 17. Point de privilégiés.

18. La paroisse paye au Roy, sçavoir : — 19. Taille, 2473 livres 18 sous 5 deniers ; — 20. Capitation, 380 livres 10 sous ; — 21. Fourage, néant ; — 22. Dixième, 37 livres ; — 23. Ustancile, néant. — 25. Les impositions actuelles ont augmenté d'un tiers sur les anciennes.

26. La communauté a soixante écus de revenu et 348 livres 1 sou ordinaire de charges.

29. La septérée est de 75 dextres, la dextre de 18 pans.

MONTLAUR ET MONTAUD. — 1. On compte 25 habitants dans ce lieu. Il n'y eut point de mariages en 1743 ; il y eut 8 morts et 2 naissances. Il naît autant de filles que de garçons. — 2. Ce nombre a presque toujours été égal.

3. Il y a 600 septérées de terres, — 4. Qui produisent 400 septiers froment, 200 septiers seigle, 150 septiers méture, ce qui ne suffit pas pour la nourriture des habitants.— 6. Quelques mauvaises garrigues qui ne sont bonnes à rien. — 7. Point d'autre production. — 8. On ne sait pas précisément le nombre des terres incultes, mais elles ne produiroient presque rien.

13. Il y a deux éclésiastiques: un prieur et un secondaire. La fondation est très ancienne. Les revenus consistent dans la dixme, évaluée 1000 livres et les charges 350 livres. — 14. Les habitants sont tous catholiques romains, à l'exception d'une famille.

15. Point de gentilhommes. — 16. La paroisse apartient à M. le marquis de Montlaur. — 17. Point de privilégiés.

18. La paroisse paye au Roy, sçavoir : — 19. Taille, 2393 livres 11 sous ; — 20. Capitation, 236 livres ; — 21. Fourage, néant ; — 22. Dixième, néant ; — 23. Ustancile, néant. — 25. Les nouvelles impositions ont beaucoup augmenté sur les anciennes.

27. Poids et mesures, néant. — 28. Lieue ordinaire de la Province. — 29. La septérée est de 100 dextres, de 18 pans en quarré chacune.

MONTFERRIER. — 1. Cette communauté est composée de 84 habitants. En 1743 il y eut 2 mariages, il naquit un garçon et 2 filles et il y eut 4 morts. — 2. Ces nombres sont à peu de chose près les mêmes.

3. La quantité des terres est de 1914 septérées. — 4. Elles produisent 160 septiers bled froment, 50 septiers méture, 20 septiers seigle, 30 septiers avoine ; il s'en faut des deux tiers qu'il y en ait suffisament pour la provision du lieu. — 5. Les vignes de 600 septérées produisent 100 muids de vin. — 6. Il y a un bois noble de 80 septérées, apartenant au seigneur, et 60 septérées de pins et autres arbres, apartenants à différents particuliers. — 7. On recueille encore quelque peu d'huile. — 8. Les terres incultes sont de 350 septérées, qui produiroient des bleds, vins et huile.

9. À l'exception de deux meuniers, tous les habitants travaillent à la terre ; quelquefois ils portent des broussailles à Montpellier pour chauffer les fours.

12. Le chemin de Montpellier à Anduse.

13. M. Rochet, prieur. Le bénéfice est fort ancien ; il raporte 750 livres et deux muids de vin ; charges, 110 livres. — 14. La religion catholique, apostolique et romaine.

15. Il y a le château du seigneur. — 16. La paroisse apartient à M. Duvidal de Montferrier. La justice y est bien administrée par ses officiers. Il y a de bonnes prisons.

18. La paroisse paye au Roy, sçavoir : — 19. Taille, 2823 livres ; — 20. Capitation, 200 livres ; — 21. Fourage, [néant] ; — 22 Dixième, 20 livres ; — 23. Ustancile, [néant]. — 25. Depuis 1684 les impositions ont presque doublé.

26. Les charges de la communauté vont à 128 livres. Elle n'a aucuns revenus.

27. La livre est composée de 16 onces, poids de table. — Le septier de bled, qui se divise en 4 quartes, pèze 90 livres ; — Le muids de vin contient 376 pots ; chaque pot pèze environ 3 livres 1/2 — 28. La lieue est de 3000 toises. — 29. La septérée de terre est composée de 100 dextres ; chaque dextre est de 18 pans ; chaque pan de 9 pouces 5 lignes.

30. Les habitants de cette communauté sont fort laborieux, mais il en manque beaucoup pour cultiver les

terres, qui sont en mauvais état. La disette d'hommes provient du manque d'habitations, qui ont été ruinées par les guerres civiles et la rebellion des protestants. Une trentaine de maisons de plus rétabliroit ce village dans moins de 10 ans.

MURLES. — 1. On ne compte que 60 habitants. En 1743, il y a eu 3 morts et a été baptisé 3 filles ; point de mariages. — 2. Le nombre des habitants est à peu près le même qu'avant la révocation de l'édit de Nantes. 3. Les terres labourables sont de 200 septérées, dont on sème la moitié chaque année. — 4. Elles produisent 200 septiers froment et 100 septiers d'autres menus grains, qui ne suffisent pas pour la nouriture des habitants. — 5. Les vignes de 20 septérées donnent environ 10 muids de vin. — 6. Les bois de chesne verd sont de 40 septérées et de 18 ans de coupe. — 7. Il y a quelque peu d'huile. — 8. Terres incultes : 6 septérées, hors d'état de produire. — 12. Chemin de traverse.

13. Un prieur, dont le bénéfice est de 860 livres ; charges, 90 livres. — 14. Les habitants sont anciens catholiques.

15. M. de Restinclières a un château et un petit domaine, censives, lods, etc. — 16. La paroisse apartient à M. de Restinclières. La justice s'y administre et il y a des prisons.

18. La paroisse paye au Roy, sçavoir : — 19. Taille, 1303 livres 18 sous 4 deniers ; — 20. Capitation, 100 livres ; — 21. Fourage, néant ; — 22. Dixième, 14 livres ; — 23. Ustancile, néant. — 25. Les impositions ont augmenté de près de 2000 livres.

26. La communauté a un bois, dont elle retire 900 livres tous les 20 ans.

27. Poids et mesures comme à Montpellier. — 28. Lieue de 3000 toises. — 29. La septérée est de 100 dextres.

MONTELS. — 1. Il n'y a que trois métairies dans cette communauté, par conséquent peu d'habitants, qui sont mêmes forains. — 2. Ce nombre n'a guère varié.

3. Il y a environ 500 septérées de terres. — 4. Les bleds produisent ordinairement d'un quatre, mais il y a des années où à peine elles rendent la semence. Il y en a cependant toujours au delà de ce qu'il en faut pour le lieu. — 5. Les vignes produisent environ 40 muids de vin, qu'on vend pour brusler. — 6. Il y a un bois qui n'est pas fort considérable et dont la coupe n'est pas réglée, apartenant à M. de Mansse. — 7. On receuille encore quelque peu de vin muscat et de l'huile. — 8. On compte 200 septérées de terres incultes, qui pouroient produire 300 septiers de grains.

10. Les denrées se débitent, quand on en vend, à Lunel. — 12. Chemin de traverse. — 13. Point de routes. — 14. Un curé à portion congrue.

15. Il n'y a que M. Demansse, propriétaire de la Tour de Fargues, qu'on dit être gentilhomme. — 16. Le Roy est seigneur de la paroisse. — Il n'y a point de prisons, et la justice s'administre par les officiers royaux de Lunel, d'où la paroisse dépend. — 17. Point de privilégiés, etc.

18. La paroisse paye au Roy, sçavoir : — 19. Taille, 1110 livres 2 sous 5 deniers ; — 20. Capitation, 43 livres 15 sous ; — 21. Fourage, néant ; — 22. Dixième, 10 livres ; — 23. Ustancile, néant ; — 24. Autres droits, 100 livres. — 25. Les impositions ont beaucoup augmenté.

27. La livre est de 16 onces ; — le muid de vin de 186 barals, de 32 pots le barral ; — la salmée de bled de quatre septiers, chaque septier pezant un quintal. — 28. Lieue ordinaire du païs. — 29. Une septérée est composée de 100 dextres.

30. Cette paroisse est fort misérable en général.

MUJOLAN. — 1. Il n'y a qu'une seule habitation à Mujolan. — 2. En 1700, étoit de même.

3. Le terroir contient 384 septérées. — 4. On compte 90 septiers à la dixme du prieur. — 5. En vin, 3 muids à la dixme du prieur. — 6. Un bois taillis de chesne vert de 4 à 5 ans. — 7. Point d'autre production. — 8. Il y a environ 50 septérées de terres incultes.

10. Les denrées se consomment dans le lieu. — 12. Le chemin royal.

13. Il y a trois ans qu'il y avoit un prieur, mais il n'y est plus à présent et il ne s'y fait aucun service divin. — 14. La personne qui demeure dans la seule habitation qu'il y a, est catholique.

15. Point de gentilhomme résidant. Le château apartient à M. de la Mosson. — 16. La paroisse apartient aussi à M. de la Mosson. Il n'y a point de justice, ny prisons.

18. La paroisse paye au Roy, sçavoir : — 19. Taille, 774 livres 9 sous; — 20. Capitation, néant; — 21. Fourage, néant; — 22. Dixième des biens nobles, 134 livres 19 sous 4 deniers; — 23. Ustancile, néant. — 25. Les nouvelles impositions sont à peu près égales aux anciennes.

27. [Poids et mesures] comme à Montpellier. — 28. Lieue de 3000 toises. — 29. La septérée de 175 dextres, qui font 87 arpents 1/2.

NOTRE-DAME-DE-LONDRES. — 1. Dans cette paroisse on ne compte que 55 habitants, y compris les hameaux. Il y eut en 1743 quatre naissances et autant de morts. — 2. En 1700, c'étoit à peu près la même chose.

3. Dans le terroir, il peut y avoir environ 550 septérées de terres labourables. — 4. Le produit des grains consistent dans 500 septiers méture, et il n'y a que les météries qui ayent du bled au delà de leur provision; il en manque plus des trois quarts au reste des habitants. — 5. Il peut y avoir 30 muids de vin, qui ne suffisent pas aux trois quarts près pour la consommation du lieu. — 6. Il y a quelques bois taillis dans le lieu, et d'autres dans les météries, qui peuvent valoir 1000 livres par an. — 7. Il n'y a aucune autre production que les herbages pour nourrir les troupeaux. — 8. Point de terres incultes que les devois.

9. Il y a 2 ou 3 facturiers, qui consomment la laine de 7 à 800 toisons, ne faisant que de petis cadis. Le reste des habitants sont charbonniers ou journaliers. — 10. Les denrées se débitent à Ganges et à Saint-Hipolite.

12. Il n'y a d'autre chemin, pour l'utilité de la paroisse, que celuy qui va joindre le chemin de Montpellier à Ganges.

13. Il y a un curé à portion congrue et un chapelain, que le château nomme. Le curé paye 22 livres de charges. Le secondaire en paye 14 livres. — 14. Tous les habitants sont anciens catholiques.

15. M. le marquis de Londres y possède un château. Son revenu consiste en quelques météries, qui composent la plus grande partie de la paroisse, et quelques censives. — 16. Il est seigneur du lieu. La justice y est administrée et il y a des prisons au château.

18. La paroisse paye au Roy, sçavoir : — 19. Taille, 4000 livres ; — 20. Capitation, 500 livres ; — 21. Fourage, néant ; — 22. Dixième, 550 livres ; — 23. Ustancile, néant. — 24. Les impositions actuelles sont plus fortes que les anciennes.

27, 28. [Poids et mesures] comme à Montpellier. — 29. La septérée est de 100 dextres et la dextre de 18 pans.

POUSSAN. — 1. Poussan, anciennement nommé *Pontian*, tire vraisemblablement son origine du nom de *Pontius*. Que ce soit de Pons de Montlaur, que ce [soit] de Pons de Montaplane, ces deux opinions ne sont pas sans fondement. Le premier pouroit luy avoir communiqué le sien, d'autant que, suivant la tradition que nos pères nous ont transmise, le château en étoit autrefois apellé le fort de Montlaur. Il auroit de même pu retenir celuy du second, puisqu'il y a un quartier dans ce terroir qui s'apelle *Maltaplane*. Celuy-cy, qui étoit cousin germain de Guilhem ou Guillaume VII, comte de Montpellier, vivoit vers le milieu du onzième siècle. — Que si c'est de Pons de Montlaur que vienne l'éthymologie de *Pontian*, on ne sçauroit se déterminer auquel des deux Pons de Montlaur on doit l'attribuer. L'un d'eux étoit seigneur de Poussan, dans le douzième siècle, suivant la transaction passée entre luy et Raymond de Castries, seigneur de Loupian, le 17 des calendes de décembre de l'année 1270. L'autre vivoit dans le 10e siècle, ainsi qu'il se voit par la donnation du comté de Substantion et de l'évêché de Maguelonne, faite par Pierre, comte de Melgueil, à Godefroy, évêque, en l'année 1085, en laquelle donnation le dit Pons de Montlaur étoit l'un des témoins. — Le même évêque donna, la même année 1085, l'église de Poussan ou, comme dit l'acte, de *Portian*, à l'abbé et religieux Bénédictins de la Chaize-Dieu, avec ses apartenances. C'est l'époque la plus ancienne qu'on puisse donner de Poussan. — En 1292, il s'apeloit *Porsan*, ainsi qu'il se voit par l'échange fait entre le roy Philipe-le-Bel et l'évêque de Maguelonne, — ce que ses armoiries parlantes prouvent encore aujourd'huy. — Depuis ce tems là, on le nomma *Possan*, ainsi qu'on le trouve dans les anciens terriers et autres actes ; et enfin il n'es connu aujourd'huy que sous le nom de *Poussan*.

Poussan n'a d'autres privilèges, par-dessus les lieux circonvoisins, si ce n'est qu'il a l'entrée aux États généraux de cette Province, tous les 7 ans, et qu'il tient le quatrième rang parmy les sept bourgs de ce diocèse qui ont droit à cette même entrée.

Il ne paroit pas que Poussan ait été assiégé, si ce n'est qu'il n'éprouvât le même sort de Villemagne, Frontignan et autres lieux voisins, lors de la naissance de l'hérésie ; mais on tient qu'il y eut un combat, lors du passage d'Alaric, roi des Gots, dans cette contrée, et cette opinion se fonde sur ce qu'il y a un quartier, dans ce terroir, qui s'appelle *Puech Alaric*, un autre *la Bataille*, un autre *Puech Sarrazin*.

Isarn de Barrière, évêque de Maguelonne, recommandable par sa piété et par le miracle qui arriva lors de son élection, étoit frère d'Albert de Barrière, seigneur de Poussan ; il mourut en 1498 en odeur de sainteté. — Guy ou Guidon de la Roche étoit seigneur de Poussan en 1332. — Louis de Crussol et Jeanne de Lévy l'étoient en 1466. — La maison de Barrière eut partie de la seigneurie environ ce même tems, et l'a conservée jusques à cejourd'huy. — La famille d'Ortols, si souvent citée dans les histoires du Languedoc et de Montpellier, étoit originaire de Poussan ; il y a une métairie ruinée, et un des quartiers de ce terroir, qui en porte encore le nom.

L'épitaphe, qu'on voit dans la basse cour du château de Poussan, sur une pierre grise proprement taillée et ornée d'architecture, est le seul monument digne d'observation que l'antiquité nous ait laissé. On y lit les mots suivants :

D. M. I. I VIII. CHRYSIONIS OMBANIA SOZSUSA. MARIT. OPTIUM. ET. SIBI VIVA. P.[1]

et il ne nous reste que la seule mémoire des œufs d'un gros serpent, qu'on tua dans ce terroir, il y a environ 50 ans, sur lesquels étoient gravées les six sillabes suivantes : OU. PA. RE. MA. NE. PA. Feu s^r Vingnau, m^e chirurgien du dit Poussan, décédé en 1719, en fit présent à M. le cardinal de Bonzy, duquel il étoit chirurgien ordinaire.

L'archiconfrérie du Très-Saint-Sacrement, érigée dans l'église paroissiale du dit Poussant, conserve encore ses statuts, sur du parchemin, en langue vulgaire, qui tient fort du catalan.

Il n'y a à présent qu'une seule paroisse à Poussan, sous le titre de saint Pierre, apôtre. — SAINT-VINCENT-DE-JONCQUIÈRES ou JUMIÈRES, fameux par un concile qui s'y tint et par la nombreuse communauté de religieux Bénédictins, qui l'avoient choisi pour leur solitude, étoit autrefois la paroisse de Poussan ; il ne se voit plus aujourd'huy, de tout ce grand édifice, que quelques restes ruinés. On y va tous les ans en procession générale, le jour de saint Vincent 22 janvier. — Ces deux églises furent baillées, avec leurs apartenances, à l'abbé et religieux Bénédictins de la Chaize-Dieu en Auvergne, par Godefroy, évêque de Maguelonne, en 1085, et Galtier, son successeur, leur en confirma la concession en 1116. — Isarn Barrière, évêque de Maguelonne, consacra l'église de Poussan, qu'il orna de très belles reliques, entr'autres du bois de la crèche de Jésus naissant, de quelque partie de l'éponge que les Juifs lui présentèrent en croix, et de quelques os de saint Cléophas. — Outre ces deux églises, il y en avoit deux autres champêtres, sçavoir : SAINT-SULPICE-DE-TAUROU, dont les ruines laissent encore voir une forme de chapelle, et SAINT-CLÉOPHAS-DE-MOILLÈRE, dont il n'a resté que les fondements. — La confrérie des Pénitents Blancs a aussi une chapelle particulière ; ils sont environ six-vingt.

---

[1] *Dis Manibus L. Iulii Chrysionis, Ombania Sozusa marito optimo et sibi viva posuit.* — Sur cette inscription (aujourd'hui conservée au Musée archéologique de Montpellier), voir *Hist. gén. de Languedoc*, édit. Privat, tome XV, p. 1078, art. 1893.

Les trois places publiques, qui sont dans l'enclos de Poussan, ne valent pas la peine d'en faire la moindre mention.

Il y a hors des murs deux fontaines publiques, l'une à robinet et l'autre dans un grand réservoir vouté, séparé par deux cloisons qui forment trois fontaines, dont les eaux se communiquent. Il y a toujours environ dix pieds d'eau. On impose annuellement 30 livres pour leur currement et nétoyement, ce qui fait assés juger de leur profondeur et de leur grandeur. — Il y a plusieurs autres fontaines dans ce terroir, mais la plus considérable et la plus curieuse est celle de Lissance[1], proche le moulin de Rouquairols; la source en est si abondante qu'elle fournit assés d'eau pour faire moudre tant le moulin du dit Roquairols, que ceux de Frescaty et de Balaruc. C'est de cette source fameuse que les Romains conduisoient l'eau jusqu'au promontoire de Cette, par un aqueduc soutérain qu'on voit encore aujourd'huy [près] du vieux chemin du dit Roquairols à Balaruc, d'où il se continuoit sous l'étang de Thau jusques au dit promontoire.

Suivant le nouveau règlement des communautés, fait en l'année 17.. par les Commissaires du Roy et des États nommés à cet effet, les biens patrimoniaux ou octroys de cette communauté sont fixés à la somme de 472 livres; il est vrai qu'ils varient, mais c'est le milieu qu'on leur a donné entre le plus ou le moins. — Suivant ce même règlement, les dépenses ordinaires de la communauté ont été taxées à la somme de 655 livres. — Le lieu de Poussan ne vaut pas à beaucoup près ce qu'il valoit anciennement.

2. La cour de Poussan est ordinaire et bannerette. Les officiers en sont créés par les deux seigneurs, chacun dans son année d'exercice; l'un des dits seigneurs a trois années consécutives, sçavoir deux à cause de la portion qu'il jouit, ayant apartenu à M^{rs} les évêques de Montpellier, à laquelle étoit attachée la moitié de la justice haute, moyenne et basse, et la troisième pour le quart de cette même justice et seigneurie, indivise entre luy et l'autre seigneur, lequel ne jouit par conséquent qu'une seule année pour l'autre dit quart, quoique d'ailleurs leurs autres droits soient en commun et par indivis entre eux, à la réserve des usages et lods, dépendants de la directe qui fut des dits seigneurs évêques, qui apartient au premier en seul. — La justice s'administroit autrefois à la Marquerose, qui est est aujourd'huy le château du Terral, apartenant aux dits seigneurs évêques de Montpellier, qui porte le titre de Marquisat, duquel Poussan dépend. — On garde encore icy un cahier d'information, faite au dit château, contre les consuls de Porsan, le 14 juin 1353, Jean roy de France, régnant, et le siège de l'église de Maguelonne vaquant.

3. N'y ayant, comme il a été dit, qu'une seule paroisse, il n'y a non plus qu'un seul curé ou vicaire perpétuel, qui est fruit-prenant pour un quart; les autres trois quarts apartiennent aux dits Bénédictins de la Chaize-Dieu, prieurs primitifs. Leur revenu consiste en la dixme des grains, vins, huiles, agneaux, toisons et fourages, provenants des biens que les habitants forains ont dans ce terroir, et outre ce, ils ont un fief ou directe, dont les usages se montent annuellement environ 126 livres outre les lods, qu'on ne sçauroit évaluer au juste. Ils jouissent aussi de quatre ou cinq terres et possessions.

4. Les gentilhommes établis actuellement dans Poussan sont : — dame Françoise de Barrière, veuve d'Auguste de Vignoles, sieur de Vallaugue, dame de Poussan; — Henry de Vignoles, son fils; — Estienne Nicolau, ancien capitoul de Toulouse.

5. Il y a actuellement dans Poussan environ 1050 âmes, de tout âge, de tout sexe et de toute condition, dont 300 chefs de famille, desquels on peut en compter cinquante sans espoir de successeurs. — Il y a eu, en 1743, huit mariages; il est né 33 enfants : 16 garçons et 17 filles; il y a eu 49 morts. — Il y avoit, en l'année 1684, 330 chefs de famille, et en 1700 jusques en 1710, environ 315, tantôt plus, tantôt moins. Mais, autant que l'on peut juger du passé par le présent, le nombre en a toujours diminué. Cette diminution peut provenir de quantité de personnes qui, depuis environ 25 ans, se sont établies ailleurs, à cause du mauvais air qui, en différentes années, a occasionné beaucoup de maladies et mortalités. — 6. Il naît à peu près autant de garçons que de filles, ainsi qu'on l'a remarqué en l'année 1740.

7. Il y a deux fauxbourgs à Poussan, qui dépendent de la ville et font corps avec elle. — Il y a, outre ce, deux maisons de campagne, dont l'une apartient à M. Dejuges, résident à Lunel, connue sous le nom de FRESCATY, autrefois MESCLAMAL, moulin sçitué sur la rivière de la Vène, qui sépare le terroir de Poussan

[1] Issanka.

d'avec celuy de Balaruc; le seul moulin est affermé actuellement 900 livres, et les près, champs, vignes et olivettes en dépendants, situées dans le terroir de Poussan, sont affermés cinq mile livres, suivant l'estimation ordinaire de Poussan en totalité de compoix. — L'autre, qui s'apelle le Mas d'Arennes et qui apartient à M° Lemoine de Montblanc, dame de Mergon, consiste, pour la plus grande partie en près, jardin et meuriers, ce qui raporte annuellement environ 1000 livres; — l'une et l'autre dépendent de Poussan.

8. Il y a dans cette communauté 46 artisans, sçavoir : 10 cordonniers, 5 tailleurs, 3 serruriers, 3 maréchaux, 7 tonneliers, un bastier, 2 bourreliers, 2 charons, 3 boulangers, cinq maçons, deux menuiziers et 2 chirurgiens; ces derniers sont les seuls qui soient tenus de passer maîtres à Montpellier; les autres le sont à leur gré, et comme ils sont beaucoup plus qu'il n'en faut pour trouver à gagner leur vie dans Poussan, ils vont travailler aux lieux voisins, qui en manquent, ainsi leur gain est fort médiocre. — L'industrie du reste des habitants ne consiste, pour la pluspart, que dans l'agriculture.

9. Il y a une foire, le 25 novembre, jour de sainte Catherine, à laquelle tous les environs se rendent, pour y achetter, entre autres choses, des toiles, des lattes ou gaules pour les olives, et de toutes sortes d'outils pour l'agriculture et ménagerie; il s'y vend aussi plusieurs autres marchandises et du bétail à laine, mais en petite quantité. — Il y en avoit anciennement une autre, le jour de Quasimodo, mais elle ne subsiste plus depuis longtemps, non plus que le marché, qui se tenoit chaque lundy, duquel une place, qui est hors les murs, porte encore le nom. Il seroit très avantageux pour cette communauté de le rétablir, d'autant que Poussan se trouvant au centre de plusieurs villages et météries, il y viendroit de toutes parts des vendeurs et des achetteurs, surtout si les chemins étoient plus praticables qu'ils ne le sont. Il y a vingt villages ou bourgs qui ne sont éloignés tout au plus que de deux lieues de Poussan, et outre ce, plusieurs météries abondantes en grains et en bestiaux.

10. Il ne se fait aucun commerce; il y a seulement deux ou trois magazins, auxquels des marchands de Montpellier ou de Cette font fabriquer des eaux-de-vie.

11. Quoique ce terroir confronte l'étang, et qu'il y eût anciennement un port, on ne s'en sert pourtant pas pour le transport des denrées; il seroit d'autant plus avantageux, tant pour la communauté que pour le Roy, que ce port fût en état, qu'on pouroit aisément et sans beaucoup de dépense y construire un salin, le sel venant naturellement tous les étés par toute la plage du dit étang. Les employés aux fermes s'y rendent souvent pour empêcher qu'on ne le ramasse. Ce port serviroit en même tems, et pour le transport du sel qu'on y feroit, et pour celuy des denrées de cette communauté et des environs par le dit étang, soit pour Cette, Montpellier et Agde, soit pour la mer, avec laquelle le dit étang se communique par le canal de Cette.

12. Les denrées, comme les vins rouges, blanc et muscat, se portent, par charettes ou avec des mules à bast, à Cette ou à Bouzigues, et on va achetter, au dit Bouzigues ou à Pézenas, les grains qui manquent dans cette communauté. A l'égard de l'huile, les marchands viennent l'achetter sur le lieu et l'exportent avec des mules à bast, partie à la montagne, partie aux lieux où l'on fabrique du savon.

13. Tous les chemins sont très mauvais, même ceux qui vont aboutir au grand chemin; les charettes n'y passent qu'avec peine. — Il seroit très avantageux, tant pour cette communauté et lieux voisins, que pour la facilité du commerce, que le chemin qui conduit de Poussan vers Balaruc et de Poussan à Gignac, fût praticable, tant pour les charettes que pour les autres voitures, d'autant que Poussan se trouvant sur le chemin de Gignac à Cette, tout le pais des montagnes transporteroit plus commodément les marchandises au dit Cette, et en exporteroit d'autres en droiture aux dites montagnes, sans être obligés d'aller faire aucun détour. D'ailleurs on iroit plus aisément à Montpellier et à Pézenas, au lieu qu'on est obligé, surtout pendant l'hyver et en tems de pluye, de passer par des chemins très mauvais et même dangereux, en allant et en revenant des dites villes, ce qu'on fait presque toujours de nuit, du moins toute la distance qu'il y a de Poussan au grand chemin. — Ceux par lesquels on va aux terres et lieux voisins sont aussi très mauvais.

14. Il paroit qu'il devoit y avoir un nombre considérable des habitants de Poussan qui faisoient profession de la Religion Prétendue Réformée dans sa naissance, puisqu'un des seigneurs du dit Poussan obtint du Gouverneur de Montpellier une sentence, le 6 décembre 1570, portant permission d'exercer la Religion P. R. et d'avoir un ministre, et qu'ils avoient un temple dans l'enclos et deux cimetières affectés. Ce nombre est réduit à présent à cinq familles. Tout le reste de la communauté est catholique, apostolique et romaine.

15. Les sommes contenues en la mende en 1744 se montent à 1582 livres 18 sous 3 deniers; — Capitation, 2363 livres; — Point de fourage; — Dixième des biens nobles, 53 livres 5 sous 4 deniers; — Dixième de l'industrie, 360 livres; — Point d'ustancile; — Point d'autres droits au Roy.

23. Il n'y a point de subvention établie dans cette communauté. La ferme de l'équivalent se portait anciennement à 600 livres ou environ par an; à présent il se monte à 900 livres. — Le Domaine n'a plus rien en propriété, depuis la vente d'une maison dans l'enclos. — Le controlle raporte ordinairement 1200 livres par an. — Il n'y a que les religieux Bénédictins de la Chaize-Dieu, prieurs de Poussan, sujets aux francs-fiefs, à cause de l'acquisition par eux faite de la portion de la seigneurie ayant apartenu à M. de Montanier, seigneur de Poussan.

24. On ne connoit d'autres privilégiés dans Poussan que ceux qui ont des biens prétendus nobles, et qui, par conséquent, ne payent point de taille; ils sont au nombre de quatre; leurs parcèles sont au cahier des biens prétendus nobles, au livre du compoix de la communauté, qui a actuellement deux procès, contre deux d'entr'eux, pendant à la Cour des Aydes de Montpellier, pour fait de roture.

25. Il n'y a point de maréchaussée résidente dans Poussan; celle du diocèse d'Agde s'y rend, tous les ans, le jour de la foire, et plusieurs fois dans l'année, faisant leur tournée pour la sûreté publique.

26. La livre est de 16 onces et 100 livres au quintal. Il y a douze paillères de 48 pots chacune au muid de vin, qui pèze 18 quintaux. Le septier du bled pèze un quintal; il y a deux hémines au septier; deux quartals à l'hémine et deux poignerées à la quartal. — 27. L'on compte 4 lieues de Poussan à Montpellier et autant pour aller à Pézenas. On peut aller aisément à l'un et à l'autre dans 4 heures, soit à pied ou à cheval. — 28. Les terres se mesurent par dextres de 17 palmes et demy. Il y a 100 dextres à la septérée, qui est composée de deux héminades ou 4 cartalades; chaque cartalade est par conséquent de 25 dextres.

L'entier terroir de Poussan contient soixante mille septérées, dont quinze mille seulement sont en culture, et le restant en garrigue. Le dit terroir confronte, suivant l'usage de la communauté, du terral, les terroirs de Villemagne, des causses d'Aumelas, de Saint-Pargoire et d'Antonègres; du marin, la rivière de la Vène, et pour un peu l'étang dit de l'Angle; du grec, les terroirs de Montb[az]cin, et de Gigean, et du narbonnès, le dit étang, les terroirs de Bouzigues et de Loupian.

PIGNAN. — 1. Il y a onze cents trois personnes dans Pignan. — En 1743 il s'est fait 13 mariages; il est né trente-deux garçons et vingt-quatre filles, et il est mort 29 personnes. — 2. L'état actuel de la paroisse est plus considérable qu'il ne l'étoit anciennement, et il le seroit encore plus, si quantité de garçons ne prenoient party dans le service; on a compté dans les dernières guerres d'Italie, dans divers régiments, jusqu'à 40 garçons de Pignan.

3. Le terroir contient environ cinq mille septérées en champs, vignes et ollivettes. — 4. Les champs font environ un dixième du terroir, et on en sème la moitié alternativement, et peuvent produire mille septiers de froment et autant de méture. Cette quantité n'est pas suffisante pour la nourriture des habitants, et on peut compter qu'il en manque 4000 septiers. — 5. Les vignes, qui font les six dixièmes du terroir, peuvent produire 12 à 1300 muids de vin rouge. — 6. Il y a six cent septérées de garrigues, qui produisent des broussailles pour le chauffage des fours de la communauté. — 7. Les ollivettes, qui font les trois dixièmes du terroir, peuvent produire environ 150 charges d'huile. Il se recueille aussi quelques fruits. — 8. Il y a 200 septérées de terres incultes, qui pouroient produire de la vigne.

9. Il n'y a qu'un petit nombre d'artisans, nécessaires pour le service des habitants. — Il ne se fait aucune espèce de commerce, si ce n'est qu'il y a deux habitants fabriquants en eau-de-vie et deux autres de Montpellier, qui ont des magazins en propriété, où ils font aussi des eaux-de-vie, — et quelques particuliers qui font ensemble environ quinze cents pots de vert de gris; ce qui fait la plus grande consommation des vins. — 10. Les denrées se portent à Montpellier. — 11. Point de foire, ny marché dans le lieu.

12. Il n'y a d'autre route passant par Pignan qu'un chemin de traverse, allant de Montpellier à Pézenas; ce chemin n'est propre que pour les cavaliers et les bêtes à bast, à cause des garrigues de Valmagne, par où l'on joint le grand chemin. La route la plus pratiquée, pour le transport des vins et eaux-de-vie, est celle

de Cette, mais on est obligé de passer par La Vérune pour joindre le grand chemin, au lieu qu'en réparant un chemin d'environ demie lieue, il iroit en droiture aboutir au grand chemin, ce qui abrègeroit d'une lieue et demie et diminuroit beaucoup le pris des voitures.

13. La paroisse étoit anciennement dénommée Saint-Estienne, située à la campagne, à cause de nombre de petites météries qu'il y avoit dans le terroir. Il y avoit encore une chapelle sous l'invocation de Notre-Dame, dans une petite enceinte de fortes murailles, qui subsistent aujourd'huy et qui renfermoient l'ancien château et un petit nombre de maisons. Mais les habitans de la campagne étant exposés par différentes guerres, bâtirent des maisons autour de cette ancienne enceinte, et abandonnèrent leurs météries; de sorte que, par ce moyen, on ferma le lieu tel qu'il est à présent, et en l'année 1303, les habitants firent des murailles de clôture pour renfermer leurs nouvelles maisons, qui font ensemble le nombre de deux cent-soixante; ces murailles furent faites d'une épaisseur et hauteur considérable, avec tours, bastions, contre-escarpe et fossés, trois grandes portes et une petite; et pour lors la paroisse Saint-Estienne fut transférée à la chapelle Notre-Dame du fort. qu'on fit beaucoup agrandir. Les murailles et tout ce qu'il y avoit de fort furent détruites lors du dernier siège de Montpellier, et les matériaux en plus grande partie employés à la construction de la citadelle de Montpellier, et à la suite de cette démolition, les habitants, pour se garentir des bêtes sauvages, obtinrent une permission du Roy de fermer le lieu de murailles très simples, qui subsistent à présent.

Le chapitre de Saint-Pierre de Montpellier est prieur primitif de la paroisse. Ce prieuré raporte environ trois mille cinq cent livres et la cure est à portion congrue.

14. Avant la révocation de l'édit de Nantes, les catholiques faisoient le tiers des habitants et ceux de la Religion Prétendue Réformée faisoient les deux autres tiers. Présentement, les catholiques romains composent les deux tiers; on doit cet heureux changement aux soins de M. Montagne, curé de la paroisse depuis plus de 35 ans.

15. Il n'y a d'autre gentilhomme que M. Bachy, marquis du Cayla et de Pignan, baron de la Ribe, qui est une terre en Rouergue: il est d'une grande maison et avoit épousé Anne-Renée de L'Estrade, petite-fille du maréchal de ce nom. — 16. La terre de Pignan, érigée en marquisat, apartient en toute justice à M. du Cayla. La justice s'administre sur les lieux, et il y a de fortes prisons. — 17. Il n'y a point de privilégiés.

18. La paroisse paye au Roy, sçavoir : — 19. Taille, 8000 livres; — 20. Capitation, 1750 livres; — 21. Fourage, néant; — Étapes, 230 livres; — 22. Dixième de l'industrie, 240 livres; — 23. Ustancile, néant; — 24. Point d'autres droits. — 25. Les impositions depuis l'année 1716 ont beaucoup augmenté.

26. La communauté n'a aucuns revenus, et ses charges vont à 680 livres.

27. Le muid de vin pèze 16 quintaux, et le septier de bled pèze 90 livres et le meilleur va jusqu'à 96 livres. — La livre est de 16 onces, poids de table. — 28. Lieue ordinaire de la Province. — 29. La septérée est de 75 dextres, chacune de 18 pans.

PUÉCHABON. — 1. Il y a huit cent habitants dans cette communauté. — En 1743, il y eut deux mariages, neuf baptêmes de garçons et dix de filles; il y eut 10 morts. — 2. Le nombre étoit à peu près le même en 1700.

3. Il y a deux mille cinq cents septérées de terres. — 4. Les terres produisent 800 septiers de tous grains, ce qui ne suffit pas, à beaucoup près, pour la nouriture des habitants. — 5. Les vignes produisent 60 muids de vin. — 6. Il y a quantité de bois de chesne verd de vingt années de coupe, mais la communauté en est privée à cause des deffenses. — 7. Il y a encore cent charges d'huile, année commune. — 8. Mille septérées de terres incultes qui ne pouroient rien produire. — 12. Chemin de traverse.

13. Il y a un curé et un secondaire, avec peu de revenu. — 14. Tous les habitants sont anciens catholiques. 16. M. l'abbé d'Aniane, en qualité de prieur et de seigneur, nomme ses officiers de justice. Il n'y a point de prisons. — 17. Point de privilégiés, etc.

18. La paroisse paye au Roy, sçavoir: — 19. Taille, 4669 livres; — 20. Capitation, 636 livres; — 21. Fourage, néant ; — 22. Dixième, néant; — 23. Ustancile, néant. — 25. Les impositions nouvelles sont à peu près les mêmes que les anciennes.

26. La communauté paye 1000 livres d'intérêts ou autres charges et elle a 100 livres de revenu.

27. Mêmes poids et mesures qu'à Montpellier. — 28. La lieue est de 3000 toises. — 29. La septérée de terre de 100 dextres, chaque dextre de 18 pans.

PÉROLS. — 1. Les habitants de Pérols sont au nombre de 50. — Il n'y a pas eu de mariages en 1743 ; il y a eu 14 naissances de garçons et 6 de filles et vingt morts. — 2. Il y a moins d'habitants aujourd'huy qu'en 1700.

3. Il y a environ 400 terres. — 4. Il se recueille en bled froment 500 septiers et en autres grains à peu près la même quantité, ce qui ne suffit pas pour la nourriture des habitants. — 5. Quatre cent vignes, qui produisent 200 muids de vin. — 6. Un bois, apellé *le Bois de la Tour*, apartenant au Chapitre de Montpellier. — 8. Vingt pièces de terres incultes, qui pouroient produire 40 septiers de tous grains.

13. Le bénéfice du revenu de 4200 livres apartient au Chapitre de Montpellier. Il y a un curé à portion congrue de 300 livres ; il a 22 livres de charges. — 14. Tous les habitants sont anciens catholiques.

16. Le Chapitre de Montpellier est seigneur direct. — Il fait administrer la justice, et il y a des prisons en mauvais état. — 17. Il y a deux gardes de S. A. S. Mgr le prince de Dombes.

18. La paroisse paye au Roy, sçavoir : — 19. Taille, 4000 livres ; — 20. Capitation, 500 livres ; — 21. Fourage, néant ; — 22. Dixième, [néant] ; — 23. Ustancile, néant. — 25. Les impositions depuis environ dix ans ont augmenté de la moitié.

26. La communauté jouit du droit de courtage, affermé 12 livres, et de la ferme du four, de 17 livres.

27, 28, 29. [Poids et mesures], comme à Montpellier.

PRADES. — 1-2. Le curé a refusé [les renseignements], voulant salaire.

3. La quantité des terres est de 250 septérées, dont on ne sème que la moitié chaque année. — 4. On recueille 700 septiers de tout grain. — 5. Les vignes produisent 50 muids de vin. — 8. Terres incultes : 130 septérées, hors d'état de produire.

12. Le grand chemin de Montpellier à Saint-Hipolite.

13. Le chapitre de Saint-Pierre de Montpellier nomme un curé à portion congrue. — 14. La religion catholique, apostolique et romaine.

15. M. de Cambacédès demeure à Montpellier ; il a un château et biens nobles. — 16. La paroisse luy apartient. La justice s'administre à Montpellier, où sont les prisons.

18. La paroisse paye au Roy, sçavoir : — 19. Taille, 2172 livres 14 sous 11 deniers ; — 20. Capitation, 150 livres ; — 21. Fourage, néant ; — 22. Dixième, néant ; — 23. Ustancile, néant. — 25. En 1677, les impositions n'étoient que de 1394 livres 4 sous 3 deniers.

26. Point de revenus. Charges : 400 livres, qu'on paye pour le seigneur, pour un tènement de terres nobles qu'il jouit et dont la communauté paye la taille.

27. Mêmes poids et mesures qu'à Montpellier. — 28. La lieue est de 3000 toises. — 29. La septérée de terre est composée de 100 dextres chaque dextre est de 18 pans.

RESTINCLIÈRES. — Le nombre des habitants est d'environ cent-quarante personnes. — Il n'y a point eu de mariages en 1743 ; il est né cinq filles, point de garçons ; point de morts. — 2. Ce nombre est à peu près égal à celuy de 1684 et 1700.

3. Il y a 700 septérées de terres. — 4. Les terres produisent 200 septiers méture, 200 septiers froment, 30 septiers avoine et autres menus grains, ce qui ne suffit pas pour la moitié de l'année. — 5. Six cent cinquante septérées de vigne, qui produisent 100 muids de vin. — 6. Point de bois. — 7. Soixante cannes d'huile pezant 22 livres, la canne de 16 onces à la livre. — 8. Il y a mille septérées de bruyères ou garrigues pour la nouriture du bétail à laine.

10. Les denrées se vendent à Montpellier ou à Lunel.

12. Le chemin royal de Montpellier à Sommières passe au milieu de Restinclières, mais il est impraticable la moitié de l'année.

13. Un prieur curé levant les fruits, qui produisent 700 livres; charges 100 livres. — 14. Anciens catholiques.
16. La paroisse apartient à M. l'Évêque de Montpellier. La justice s'y administre. Il n'y a point de prisons.
18. La paroisse paye au Roy, sçavoir : — 19. Taille, 2300 livres : — 20 Capitation, 100 livres — 21. Fourage, néant; — 22. Dixième, néant; — 23. Ustancile, néant. — 25. Les impositions sont à peu près égales aux anciennes.
27. Le quintal, poids de table, pèze 100 livres; la livre 16 onces, poids de table. — 28. Lieue de 3000 toises. — 29. Septérée de 100 dextres, de 18 pans en quarré à la dextre.
30. Cette paroisse n'a pas de grandes ressources. Le terrain est ingrat et argilleux; il ne produit presque rien. La meilleure récolte n'a jamais passé d'un quatre de production. Les trois quarts des habitants sont obligés d'arracher les garrigues, qu'ils vont vendre à Lunel ou autres lieux voisins, pour gagner leur vie.

ROUET. — 1. Le nombre des habitants est d'environ 300. — Il y a eu en 1743 un mariage, 4 baptêmes de garçons et autant de filles, et 6 morts. — 2. L'état actuel de la paroisse est à peu près le même qu'il étoit en 1684 et 1700, sans aucune augmentation.
3. Il y a environ 400 septérées de terres. — 4. La production des grains est de 500 septiers froment, 200 septiers méture et 100 septiers avoine. — 5. Trois muids de vin. — 6. Cent septérées de bois taillis, apartenant au seigneur, qui se coupe tous les 15 ans. — 7. Quelques légumes, et il y a environ 4000 septérées de bruyères. — 8. Le terroir, qui se trouve entre deux rivières, a perdu 17 septérées de terre par les inondations.
9. Quelques particuliers ont des laines, qu'ils vendent dans les Sévenes. — Point d'autre industrie que la culture des terres.
13. Un curé à portion congrue. — 14. Les habitants sont anciens catholiques.
15. M. de Londres possède trois métairies et un moulin sur un petit ruisseau, qui prend là son commancement. C'est la maison ancienne de Roquefeuil. — 16. La paroisse apartient à M. de Londres. La justice y est administrée et il y a de bonnes prisons. — 17. Point de privilégiés.
18. La paroisse paye au Roy, sçavoir : — 19. Taille, 2370 livres; — 20. Capitation, 130 livres ; — 21. Fourage, néant ; — 22. Dixième, 256 livres ; — 23. Ustancile, néant. — 25. Les nouvelles impositions sont plus fortes que les anciennes.
27. Mesure de Montpellier. — 28. Lieue ordinaire du païs. — 29. La septérée est de 100 dextres.

ROU. — 1. Depuis que le grand chemin de Montpellier à Nismes, qui passoit dans la paroisse de Rou, a été changé à Coulombiers, cette paroisse est inhabitée et il n'y a qu'une métairie. — 2. Cette paroisse étoit au même état en 1684 et 1700.
3. Il y a 1000 septérées de terres. — 4. On receuille 500 septiers froment, 200 septiers avoine, 300 septiers seigle et autres menus grains. — 5. Les vignes produisent 30 muids de vin. — 6. Un petit bois de chesne verd, qui se coupe tous les 16 ans. — 7. Trois cents quintaux de foin. — 8. Il n'y a d'autres terres incultes que celles nécessaires pour la nouriture des bestiaux.
10. Les denrées se débitent à Montpellier ou à Lunel. — 11. Point de routes.
12 Point d'éclésiastiques. Le bénéfice apartient au Chapitre de Montpellier.
16. La paroisse dépend du marquisat de Castries, où la justice s'administre, et il y a des prisons au château de Castries. — 17. Point de privilégiés, etc.
18. La paroisse paye au Roy, sçavoir : — 19. Taille, 500 livres; — 20. Capitation, est comprise dans le rolle de Castries; — 21. Fourage, néant; — 22. Dixième, compris dans le rolle de Castries ; — 23. Ustancile, néant. — 25. Il n'y a point d'anciens rolles.
27. [Poids et mesures], les mêmes qu'à Montpellier. — 28. La lieue est de 3000 toises. — 29. La septérée est composée de 100 dextres et la dextre de 18 pans.

SAINT-BAUZILE-DE-PUTOIS. — 1. Le nombre des habitants est de 1000. — En 1743, il y eut 7 mariages, 36 morts ; il est né 18 garçons et 22 filles. — 2. Depuis 1684, le nombre des habitants est augmenté de 100.

3. Il y a 800 arpents de terres. — 4. Les terres produisent 50 muids de froment et 25 muids d'autres menus grains, ce qui ne suffit que pour 4 mois de l'année. — 5. Il y a 200 arpents de vignes, qui produisent 100 muids de vin. — 6. Il y a 600 arpents de devois et 100 arpents de Paris en taillis, de 18 années de coupe. — 7. On recueille encore 8 muids légumes, en feuilles de meuriers 400 quintaux, en huile 200 quartes. — 8. Point de terres incultes.

9. Il y a quelques voituriers et travailleurs de terre, quelques facturiers qui font pour environ 800 livres de cadis. — 10. C'est à Ganges que l'on débite les marchandises. — 12. Chemin de traverse des Sévènes à Montpellier.

13. Un curé à portion congrue et un capucin, qui sert de secondaire au moyen de 150 livres. — 14. A l'exception de quatre familles, tous les habitants sont anciens catholiques.

15. Il y a cinq gentilhommes verriers, qui n'ont d'autre revenu que celuy de leurs verreries. — 16. La paroisse apartient à M. l'Évêque de Montpellier. La justice s'administre dans son palais épiscopal, où sont les prisons.

18. La paroisse paye au Roy, sçavoir : — 19. Taille, 3038 livres 16 sous 1 denier ; — 20. Capitation, 1085 livres ; — 21. Fourage, néant ; — 22. Dixième, 290 livres ; — 23. Ustancile, néant. — 25. Depuis 20 ans, les impositions ont augmenté d'environ 400 livres.

27. La livre est de 14 onces, poids de marc. — Le muid de vin et du bled, comme celuy de Paris. — 28. La lieue est de 3000 toises. — 29. La mesure est l'arpent de Paris.

SAINT-BAUZILE-DE-MONTMEL. — 1. Cette communauté est composée de 48 habitants. — En 1743, il y eut 4 mariages, il naquit 5 garçons et 3 filles et il y eut 9 morts. — 2. Ces nombres sont à peu près les mêmes qu'en 1684 et 1700.

3. Les terres sont de 500 septérées de toute espèce. — 4. Elles produisent 600 septiers froment et 300 septiers méture ; il manque un quart de grains pour la nouriture des habitants. — 5. Les vignes de 100 septérées peuvent produire 30 muids de vin. — 7. On recueille de l'huile ; il y en a 20 charges d'excédant. — 8. Terres incultes hors d'état de produire.

9. On compte 4 facturiers de laine, fort pauvres. Le surplus travaille à la terre. — 10. Les denrées se portent à Montpellier. — 12. Chemin de traverse.

13. Un curé à portion congrue. — 14. Les 2/3 des habitants sont catholiques romains et l'autre tiers protestants.

16. La paroisse apartient à M. le marquis de Montlaurd. La justice y est administrée, mais il n'y a pas de prisons.

18. La paroisse paye au Roy, sçavoir : — 19. Taille, 2620 livres ; — 20. Capitation, 320 livres ; — 21. Fourage, néant ; — 22. Dixième, 26 livres 10 sous ; — 23. Ustancile, néant. — 25. Les impositions ont beaucoup augmenté.

27. Mêmes poids et mesures qu'à Montpellier. — 28. La lieue est de 3000 toises.

SAINT-MARTIN-DE-LONDRES ET FROUZET. — 1. Il y a cent cinquante-cinq domiciliés ou forains. — Il y a eu en 1743 cinq mariages, 13 morts, 10 baptêmes de garçons et 12 de filles. — 2. L'état actuel de cette paroisse est à peu près comme il étoit en 1684, jusqu'à présent.

3. Il y a 400 septérées de terres labourables et 4000 septérées de devois. — 4. Elles produisent en froment 600 septiers, en méture 150 septiers et autant en avoine. — 5. Les vignes produisent environ 100 muids de vin. — 6. Il y a 400 septérées de bois taillis de chesne verd, qui se coupe tous les 18 ans. — 8. Il y a 20 septérées de terres incultes, hors d'état de pouvoir produire.

9. Il n'y a d'autre industrie que de faire du charbon. — 10. Il y a quelques laines, qui s'achettent sur le lieu. — 12. Chemin de traverse.

13. Il y a un curé et un vicaire. Le prieuré dépend de Saint-Guilhem-le Désert, qui porte environ 1000 livres pour tout revenu, charges payées, y compris même la paroisse du château et partie de celle de Frouzet, qui sont des annexes du dit bénéfice.— 14. Catholiques romains.

16. La seigneurie apartient au prieur. La justice s'administre sur les lieux. Les prisons sont en fort mauvais état.

18. La paroisse paye au Roy, sçavoir : — 19. Taille, 6797 livres 19 sous 1 denier ; — 20. Capitation, 883 livres ; — 21. Fourage, néant ; — 22. Dixième, néant ; — 23. Ustancile, néant. — 25. Les impositions ont beaucoup augmenté.

27. Mêmes poids et mesures qu'à Montpellier. — 28. Lieue ordinaire de la Province. — 29. L'arpent est de 100 perches quarrées de 18 pans.

SAINT-GEORGE. — 1. Dans cette communauté, on compte environ 368 habitants. — En 1743, il y eut 4 mariages, il est né 7 filles et 7 garçons et il est mort 10 personnes. — 2. En 1700, ce nombre pouvoit être le même.

3. Il y a en terres 3000 septérées. — 4. Elles produisent 300 septiers froment, en méture 200 septiers, et en avoine 100 septiers, ce qui ne suffit que pour trois mois. — 5. Les vignes produisent 240 muids de vin. — 6. Point de bois. — 7. Quelques fruits et de l'huile. — 8. Cent septérées et plus de biens abandonnés.

9. Environ 700 bêtes à laine. Point d'autre industrie. — 10. Le vin et l'huile se vendent sur le lieu. — 12. Chemins de traverse.

13. Un curé et un secondaire. Le Chapitre de Saint-Pierre de Montpellier est prieur et retire 2200 livres et en paye 510 livres pour le service divin et les ornements. — 14. Point de nouveaux convertis.

16. M⁰ de Juvignac jouit la terre, comme engagiste du Roy. La justice s'y administre, mais il n'y a aucune prison. — 17. Point de privilégiés.

18. La paroisse paye au Roy, sçavoir : — 19. Taille, 5185 livres ; — 20. Capitation, 416 livres 10 sous ; — 21. Fourage, néant ; — 22. Dixième, 24 livres ; — 23. Ustancile, [néant]. — 25. [Impositions actuelles], à peu près égales aux anciennes.

26. La communauté paye 20 écus d'intérêts et 40 écus à la communauté de Murviel.

27. Mêmes poids et mesures qu'à Montpellier. — 28. Lieue de 3000 toises. — 29. La septérée est composée de 75 dextres. La dextre est de 18 pans.

30. Le terroir de cette communauté est fort arride et pierreux. Il produit de bon vin et de bonne huile. Les fruits n'y viennent qu'en petite quantité.

SAINT-PAUL-DE-VALMALLE. — 1. On compte dans cette paroisse cent soixante-neuf habitants grands ou petits. — On fit en 1743, 2 baptêmes de garçons et 5 de filles ; il y eut 3 enterrements et 2 mariages. — 2. Ce nombre est plus considérable qu'il ne l'étoit en 1700.

3. Le terroir a demye lieue de long et autant de large. Il contient 364 pièces de terres de toute espèce. — 4. On recceuille, année commune, 1600 septiers de froment, autant de méture, 60 septiers orge et cent cinquante septiers avoine ; il s'en faut d'un tiers qu'il y en ait assés pour la nouriture des habitants. — 5. Les vignes peuvent produire 40 ou 50 muids de vin. — 6. Les bois sont de chesne vert ; on les coupe tous les 18 ans. Il y a un bois de chesnes blancs et de chesnes verds de haute futaye, apartenant à M. dú Cayla, seigneur de Pignan. — 7. Les autres productions consistent en 50 septiers fèves, poids et autres légumes, 150 quintaux de foin, 100 quintaux de fourage et très peu d'huile. — 8. Il y a environ 20 arpents de terres incultes, qui pouroient produire de la vigne.

9. Il n'y a qu'un maréchal et un cordonnier. Le reste des habitants cultive les terres et font du charbon. Il y a depuis peu trois cabaretiers et on compte environ 1500 bêtes à laine, qui se nourissent dans la prérie et qui portent trois livres de laine chacune. — 10. La plus grande partie des denrées se porte au marché de Gignac et les particuliers vont vendre l'écorse du bois vert aux tanneurs de Montpellier, Gignac et Aniane, et la laine dans la paroisse aux marchands de Lodève. — 11. Il n'y a point de foire.

12. Un grand chemin qui est assés bon, passant dans la paroisse, qui vient de Montpellier à Clermont.
13. On croit que l'ancienneté de l'église est de cinq à six cents ans. — Il y a un prieur curé, dont le bénéfice raporte environ 800 livres ; les charges peuvent aller à 200 livres. — 14. Les habitants sont tous anciens catholiques.
15. Saint-Paul est une dépendance de la baronnie ou vicomté d'Aumelas. — Point de gentilhomme résidant sur le lieu. — 16. La paroisse apartient à M. Guérin, trésorier de France. La justice s'administre au château d'Aumelas, où il y a des prisons. — 17. Il n'y a point de privilégiés.
18. La paroisse paye au Roy, sçavoir : — 19. Taille, 3225 livres 4 sous 8 deniers ; — 20. Capitation, 298 livres 15 sous ; — 21. Fourage, néant ; — 22. Dixième de l'industrie, 24 livres ; — 23. Ustancile, néant ; — 24. Autres droits, 336 livres 8 sous 2 deniers. — 25. Les nouvelles impositions sont un peu plus fortes que les anciennes.
26. La communauté a des bois taillis, qui furent vendus en 1733 à 1850 livres. On en fit quatre coupes qui finirent en 1736.
27. [Poids et mesures] comme à Montpellier. — 28. Les lieues sont de 3000 toises — 29. La septérée est de 100 dextres ; la dextre, 18 pans.

SAINT-CHRISTOL. — 1. Il y a cinquante cinq habitants — En 1743, il y eut 4 mariages, 5 naissances de garçons et 5 de filles et 14 enterrements. — 2. Ce nombre, comparé à celuy de 1700, est à peu près le même.
3. Quantité des terres : 1060 septérées. — 4. La production des grains de toute espèce est si peu considérable qu'elle ne suffit pas pour la nouriture de la moitié de l'année. — 5. Deux mille septérées de vigne, qui produisent deux cents muids de vin. — 6. Il y a un bois, apartenant à l'ordre de Malthe. — 7. Environ deux cannes d'huile. — 8. Il y a beaucoup de garrigues et communaux, qui ne produisent rien, apartenant à l'ordre de Malthe.
9. [Industrie] : le travail de la terre. — 12. Chemins de traverse.
13. Le bénéfice apartient à l'ordre de Malthe, qui nomme un curé. — 14. Les habitants sont catholiques romains.
15. Il y a un château ; point de noblesse qui y réside. — 16. La paroisse apartient à l'ordre de Malthe. La justice y est administrée par ses officiers et il y a des prisons dans le château. — 17. Point de privilégiés.
18. La paroisse paye au Roy, sçavoir : — 19. Taille, 2.200 livres ; — 20. Capitation, 283 livres 15 sous ; — 21. Fourage, néant — 22. Dixième, néant ; — 23. Ustancile, néant. — 25. Les impositions sont à peu près les mêmes.
27. Le quintal, poids de marc, pèze 120 livres, et poids de table, 100 livres. La livre est dans ce lieu de 16 onces. Le muid de vin contient 562 pots. Le septier de bled pèze, mesure du lieu, 90 livres, poids de table, ce qui fait 6 boisseaux. — 28. Lieue ordinaire de la Province de 3000 toises. — 29. La septérée est de 100 dextres.

SAINT GÉLY-DU FESC. — 1. Il y a dans cette paroisse 200 habitants. — En 1743, il y eut 2 mariages, peu de naissances et de morts. — 2. L'état actuel de la paroisse est le même qu'en 1700.
3. Les terres sont de 750 septérées de labour. — 4. On recueille 700 septiers froment et 300 septiers d'autres menus grains. — 5. Les vignes produisent environ 60 muids de vin. — 6. Environ 200 septérées de bois de chesne verd de 18 ans de coupe. — 7. On recueille aussi 2 charges d'huile. — 8. Les terres incultes sont de 6 septérées, qui ne peuvent rien produire.
9 Les habitants travaillent à la terre. — Il y a 1200 toisons. — 10. Les laines se vendent sur les lieux. — 12. Chemin de traverse.
13. Un curé à portion congrue. — 14. Les habitants sont catholiques romains.
16 La paroisse apartient à M. l'Évêque de Montpellier, où il fait administrer la justice et où sont les prisons.
18. La paroisse paye au Roy, sçavoir : — 19. Taille, 3765 livres 3 sous ; — 20. Capitation, 252 livres : —

21. Fourage, néant ; — 22. Dixième, 30 livres ; — 23. Ustancile, néant. — 25. Les impositions ont augmenté d'environ près de 500 livres.

27, 28 et 29. Mêmes poids, mesures et lieues qu'à Montpellier.

SAINT-GENIÈS. — 1. Il y a dans cette communauté environ quatre cents habitants. — Il y a eu en 1743 un mariage, 8 naissances et 14 morts. — 2. L'état est à peu près le même qu'en 1700 et années suivantes.

3. Il y a 1800 septerées de terres en champs, vignes et olivettes. — 4. La production des bleds consiste en 460 septiers froment, 200 septiers méture, 240 septiers avoine, 150 septiers seigle ; il s'en faut de la moitié qu'il y en ait suffisament pour la nouriture des habitants. — 5. Les vignes produisent 160 muids de vin. — 6. Point de bois. — 7. On receuille 400 cannes d'huile. — 8. S'il y a des terres incultes, elles ne peuvent être propres à rien, mais on ne pense pas qu'il y en ait.

9. Les artisants consistent dans un cordonnier, un tisserant, un maréchal, un masson et un chirurgien, outre un fabricant de laines : on compte qu'il peut sortir année commune de la paroisse 1800 aulnes de sa fabrique à 2 livres l'aune. — 10. Les denrées, quand il y en a, se vendent aux foires de Sommières et de Lunel. — 12. Chemins de traverse.

13. Un curé fixe, et un vicaire pour les fêtes et dimanches. Le bénéfice est à portion congrue. Il y a un prieuré apellé Sainte-Colombe, qui est annexe de celuy de Saint-Geniès, apartenant à M° l'abbesse de Gigean. Ces deux prieurés raportent 1700 livres de revenu. — 14. Point de religionaires.

15. Point de gentilhommes. — 16. La paroisse apartenoit à M° l'abbesse de Gigean et auparavant à M° l'abbesse de Saint-Geniès, dont les revenus ont été annexés à celle de Gigean. La paroisse apartient à présent à M. le marquis de Castries, à qui l'abbesse de Gigean a vendu la seigneurie et le couvent, contre le consentement de la communauté, qui s'y est toujours oposée et dont les opositions subsistent encore et subsisteront jusqu'à ce qu'on ait remis les choses dans leur premier état, et qui n'ont été derrangées que sur des faux exposés faits au Roy, — qui sont que Saint-Geniès étoit un désert, ce qui n'est pas ; que les religieuses n'avoient pas de quoy vivre, tandis qu'elles avoient environ quatre mille livres ; enfin qu'elles n'étoient que deux et même qu'une. — Il y a un juge, qui réside à Montpellier. Il y a un viguier, un procureur et un greffier. Point de prisons. — 17. Point de privilégiés.

18. La paroisse paye au Roy, sçavoir : — 19. Taille, 1572 livres 8 sous 10 deniers ; — 20. Capitation, 250 livres ; — 21. Fourage, néant ; — 22. Dixième de l'industrie, 75 livres ; — 23. Ustancile, néant ; — 24 Autres droits, 124 livres. — 25. [Impositions actuelles], à peu près égales [aux anciennes].

26. Les charges sont aussi fortes que les revenus.

27. La livre est de 16 onces. — Les mesures du bled et du vin sont égales à celles de Paris. — 28. Lieue de 3000 toises. — 29. La mesure des terres est à 100 arpents la septerée, l'arpent de deux cannes deux pans en quarré.

SAINTE-COLOMBE. — 1. Sainte-Colombe est unie à la communauté de Saint-Geniés, dont on a fait le détai à la page cy-devant. — Il n'y a qu'une seule métairie habitée par neuf personnes.

3. Son terroir est de 517 septerées de toute espèce. — 4. On receuille 360 septiers froment, 45 septiers seigle, 120 septiers avoine. — 5. Les vignes de 170 septerées produisent 28 muids de vin. — 7. On receuille 100 quintaux de foin et 32 cannes d'huile. — 8. Terres incultes : 50 septerées, qui pouroient produire du vin ou des avoines.

14. La religion catholique, apostolique et romaine.

18. Elle paye au Roy, sçavoir : — 19. Taille, 646 livres ; — 20. Capitation, 17 livres. — 25. Les impositions sont à peu près la même chose [qu'anciennement].

Voyés Saint-Geniés.

SAINT-JEAN-DE-VÉDAS. — 1. On compte dans cette paroisse trois cent cinquante personnes. — Il y a eu, en 1743, 12 naissances, trois mariages et 5 morts ; il naît ordinairement plus de filles que de garçons. — 2. Ces nombres n'ont guère varié.

3. Environ 2200 septérées de terres tant en champs, vignes, preds et olivettes. — 4. Froment, 500 septiers. Seigle, 50. Avoine, 200. Ces quantités ne sont pas suffisantes pour la nourriture des habitants. — 5. Deux cents muids de vin. — 6. Un petit bois taillis, qui se coupe tous les quinze ans. — 7. Environ 40 charges d'huile, 800 quintaux de foin. — 8. Terres incultes: cent septérées, qui ne peuvent rien produire.

9. Un seul artisant, maréchal. — 10. Les denrées se débitent à Montpellier. — 12. Grande route de Toulouse.

13. M. l'Évêque de Montpellier, prieur et décimateur du dit lieu. — 14. Catholiques romains.

16. La paroisse apartient à M. Gérard. La justice s'administre sur les lieux et il y a des prisons.

18. La paroisse paye au Roy, sçavoir : — 19. Taille, 2460 livres ; — 20. Capitation, 542 livres ; — 21. Fourage, néant ; — 22. Dixième, 167 livres ; — 23. Ustancile, néant. — 25. Les impositions ont beaucoup augmenté.

26. Néant pour le revenu. Charges : 10 livres 17 sous.

27. Mêmes poids et mesures qu'à Montpellier. — 28. Lieue de 3000 toises. — 29. La septérée est de 75 dextres, et la dextre de dix sept pans et demy.

SAINT-NAZAIRE. — 1. Il n'y a que 20 habitants dans cette paroisse. — En 1743, point de mariages; il naquit deux garçons et trois filles et il y eut 3 morts. — 2. Depuis 1700, ces nombres n'ont presque pas varié.

3. Les terres sont de 750 septérées. — 4. Elles produisent 500 septiers bled, 200 septiers avoine, 100 septiers seigle et autres menus grains. — 5. Deux cent septérées de vigne, qui produisent environ 60 muids de vin. — 8. Il n'y a d'autres terres incultes que les communaux.

10. [Les denrées se débitent] à Montpellier ou à Lunel.

12. Chemins de traverse mauvais.

13. Ce prieuré, qui raporte 1850 livres et 50 septiers de bled, apartient au Chapitre de la Trinité de Montpellier. Il y a un curé à portion congrue. — 14. La religion catholique, apostolique et romaine.

16. La paroisse est de la baronnie de Lunel, où la justice s'administre.

18. La paroisse paye au Roy, sçavoir : — 19. Taille, 3334 livres ; — 20. Capitation, 90 livres ; — 21. Fourage, néant ; — 22. Dixième, 6 livres 10 sous ; — 23. Ustancile, néant ; — 24. 5 livres d'albergue au Roy comme seigneur. — 25. Les impositions ont augmenté de 400 livres.

27. Le quintal pèze 100 livres, poids de table de 14 onces à la livre. — La mesure de vin contient 32 pots une pinte de Paris, et le muid est de 18 barrals de 32 pots chacun. — La salmée de bled contient 4 septiers, pezant chacun 90 livres. — 28. Lieue de 3000 toises. — 29. La septérée est de 100 dextres ; le dextre de 9 pans en carré.

SAINT-BRÈS. — 1. Le nombre des habitants est de 55. — En 1743, il y eut deux mariages, six naissances, quatre de filles et deux de garçons, et neuf morts. — 2. L'état actuel de la paroisse est à peu près le même qu'en 1700.

3. Terres pour semer : 400 septérées. — 4. En froment produisent 320 septiers, en seigle et méture 200 septiers, en avoine 180 septiers, ce qui ne suffit pas pour la moitié de l'année. — 5. Quatre cent cinquante septérées de vigne, qui produisent cent cinquante muids de vin, desquels il en sort 65 muids pour brusler. — 6. Il n'y a point de bois d'aucune qualité. — 8. Cent dix septérées de terres incultes, qui ne peuvent rien produire.

12. Chemin royal de Nismes.

13. Un curé à portion congrue. — 14. Les habitants sont anciens catholiques.

16. La paroisse apartient à M. le marquis de Castries La justice n'est point administrée et il n'y a point de prisons.

18. La paroisse paye au Roy, sçavoir : — 19. Taille, 3000 livres ; — 20. Capitation, 200 livres ; — 21. Fourage, néant ; — 22. Dixième, néant ; — 23. Ustancile, néant ; — 24. Équivalent, 100 livres. — 25. Les impositions sont à peu près la même chose [qu'anciennement].

27. [Poids et mesures] comme à Montpellier. — 28. La lieue est de 3000 toises. — 29. La septérée est de 100 dextres; le dextre de 18 pans.

SAINT-JEAN-DE-COCULES. — 1. Le nombre des habitants est de 160. — En 1743, il y eut un mariage, point d'enterrements et 3 baptêmes. — Il naît ordinairement plus de filles que de garçons. — 2. C'est à peu près la même chose [qu'en 1700]. 3. La quantité des terres est de 250 septérées. — 4. Elles produisent 250 septiers bled froment, 100 septiers méture ou autres menus grains, ce qui ne suffit pas pour un tiers de l'année. — 5. Il y a 120 septérées de vignes, qui produisent 34 muids de vin. — 6. Il y a aussi 500 septérées de bois de 20 années de coupe, qui suffit à peine pour le paiement de la taille. — 8. Terres incultes: 50 septérées hors d'état de produire. 9. Il n'y a qu'un boulanger et un cordonnier. — 12. Chemins de traverse. 13. Un curé à portion congrue de 300 livres. — 14. La religion catholique, apostolique et romaine. 16. La paroisse apartient à M. l'Évêque de Montpellier. La justice s'administre dans son palais. 18. La paroisse paye au Roy, sçavoir: — 19. Taille, 1800 livres; — 20. Capitation, 200 livres; — 21. Fourage, [néant]; — 22. Dixième, 10 livres 10 sous; — 23. Ustancile, [néant]; — 24. Au seigneur du lieu, 200 livres de censives. — 25. Point de revenus; 25 livres de charges. — 26. Depuis 1700, les impositions sont plus fortes d'un tiers.

27, 28. [Poids et mesures] comme à Montpellier. — 29. L'arpent du païs est de 500 perches quarrées.

SAINT-SÉRIÉS. — 1. Il y a dans cette paroisse environ 60 personnes. — Il n'y a point eu de mariages en 1743; il est né deux enfants et il en est mort un. — 2. Depuis les guerres des Huguenots qui ravagèrent tout ce lieu, le nombre des habitants est beaucoup diminué.
3. Il y a 800 septérées de terres. — 4. On recueille 400 salmées de tous grains, qui suffisent pour la nouriture des habitants et pour ensemencer. — 5. On recueille environ 30 muids de vin rouge. — 6. Point de bois. — 7. Quelque peu d'huile pour la provision du lieu. — 8. Il n'y a à présent presque point de terres incultes. 9. Depuis les ravages des Huguenots en 1703, la paroisse est fort misérable et les habitants n'ont d'autre industrie que le travail de la terre. — 10. Le peu de denrées se débitent à Sommières. — 12. Mauvais chemins de traverse.
13. Il y a un prieuré dans la paroisse. La fondation est depuis un tems immémorial. La valeur du bénéfice est sur le pied de 800 livres. — 14. Les habitants sont catholiques romains.
15. Une maison apartenant à Mᵉ la marquise de Montlaur. — 16. La paroisse dépend de la baronnie de Lunel, dont le Roy est seigneur, et où la justice s'administre. — 17. Point de privilégiés.
18. La paroisse paye au Roy, sçavoir: — 19. Taille, 900 livres; — 20. Capitation, 77 livres 15 sous; — 21. Fourage, néant; — 22. Dixième, néant; — 23. Ustancile, néant; — 24. Autres droits, 5 livres. — 25. Les impositions sont à peu près les mêmes [qu'anciennement].
26. Point de revenu. Charges: 50 livres.
27. Le quintal est de 100 livres, poids de table. — Le tonneau du vin contient 290 pots. — La salmée de bled contient 8 émines, pezant environ quatre quintaux. — 28. Lieue ordinaire de 3000 toises. — 29. La septérée de terre contient 100 dextres.
30. Depuis l'année 1703, cette paroisse est devenue fort pauvre; les Huguenots ruinèrent l'église et plusieurs habitations, et la rivière du Vidourle y cause des grands dommages par ses fréquents débordements.

SAINT-VINCENT. — 1. Cette communauté est composée d'environ 80 habitants. Depuis 2 ans il n'est mort personne; il y a eu 4 baptêmes, plus de filles que de garçons; point de mariages. — 2. Depuis 1684 et 1700 les choses n'ont pas varié.
3. Les terres sont de 350 arpents de Paris. — 4. Les grains qu'elles produisent ne suffisent pas pour la nouriture des habitants. — 5. Les vignes produisent 8 muids de vin. — 7. On recueille de l'huile pour la provision du lieu. — 8. Le peu de terres incultes servent pour la nouriture des bestiaux.

10. Ce qu'on a à vendre se porte à Montpellier.

12. Il y a un chemin de communication de Montpellier à Mende.

13. Le prieur-curé jouit de 500 livres de revenu quittes. — 14. La religion catholique, apostolique et romaine.

16. La paroisse apartient à M. d'Assas. La justice s'administre à Assas.

18. La paroisse paye au Roy, sçavoir : — 19. Taille, 366 livres ; — 20. Capitation, 45 livres ; — 21. Fourage, néant ; — 22. Dixième, néant ; — 23. Ustancile, néant. — 25. Depuis longtems, les impositions sont à peu près les mêmes.

27. [Poids et mesures] comme à Montpellier. — 28. La lieue est de 3000 toises. — 29. La septérée de terre est de 100 dextres, chacune de 18 pans.

SAINT-JUST. — 1. Il y a dans cette paroisse environ 230 personnes. — Il n'y a point eu de mariages en 1743 ; il est né 4 garçons et 3 filles et il y a eu 17 morts. — 2. Le nombre des habitants a toujours été à peu près égal depuis 1700.

3. Il y a 6695 septérées de terre. — 4. Elles produisent 3300 septiers de bled, 1000 septiers méture, 1000 septiers d'avoine et 50 septiers orge ; il peut y avoir 1640 septiers d'excédant. — 5. Il y a 570 septérées de vignes, qui produisent environ 90 muids de vin. — 6. Point de bois. — 7. Il y a quelques paturages, des mûriers et des oliviers, mais en petite quantité.

10. Les denrées se portent à Montpellier, à Lunel ou Sommières. — 12. Chemin de traverse.

13. Un prieur-curé, dont le bénéfice consiste dans la dixme au onzième : il est affermé à 2500 livres. Le prieur est chargé de payer tous les ans : une pension de 32 septiers de bled, qu'il doit faire porter à l'Évêché de Montpellier ; 240 livres de décimes ; 150 livres au vicaire ; 60 livres au prédicateur du caresme. Il est encore chargé de l'entretien du sanctuaire, de la sacristie et des ornements. — 14. Les habitants sont tous catholiques romains.

15. Point de gentilhommes. — 16. La paroisse apartient à M. le président Trémolet. La justice s'exerce à Lunel-Vieil, qui apartient aussi au même président et où il y a des prisons.

18. La paroisse paye au Roy, sçavoir : — 19. Taille, 4826 livres 9 sous 1 denier ; — 20. Capitation, 231 livres 10 sous ; — 21. Fourage, néant ; — 22. Dixième, néant ; — 23. Ustancile, néant. — 25. Ces impositions sont à peu près égales aux anciennes.

26. Point de revenus. Elle doit par constitution de rente 3065 livres. Elle paye encore, pour un régent et régente, 250 livres ; au prédicateur du caresme, 40 livres ; au greffier, 30 livres ; aux consuls, 25 livres ; pour le logement du prieur, 60 livres.

27. Le septier contient 6 boisseaux, pezant 15 livres. — Le muid du vin contient 18 barals de 32 pots chacun. — La livre est de 16 onces. — 28. La lieue de 3000 toises. — 29. La septérée de terre contient 100 dextres, la dextre de 18 pans en quarré, chaque pan de 9 pouces.

30. La paroisse est située dans une belle plaine, à trois lieues et demie de Montpellier et à une lieue et demie de la mer, dans un fond assés gras.

SAINT-HILAIRE. — 1. Il n'y a que 7 habitants dans Saint-Hilaire. — En 1743, il y eut un mort, un mariage et un baptême. — 2. En 1700 il y avoit 22 habitants.

3. Les terres sont de 1000 septérées. — 4. Elles produisent peu de grains, y en ayant beaucoup d'incultes. — 5. Les vignes produisent 7 muids de vin. — 6. Il y a peu de bois. — 8. Il y a beaucoup de terres incultes. — 12. Chemin de traverse.

13. Un curé, revenu de 300 livres et les charges de 45 livres. — 14. La religion catholique, apostolique et romaine.

18. La paroisse paye au Roy, sçavoir : — 19. Taille, 1074 livres ; — 20. Capitation, 16 livres 15 sous ; — 21. Fourage, néant ; — 22. Dixième, néant ; — 23. Ustancile, néant. — 25. Les impositions actuelles sont beaucoup plus fortes.

. 27. Mêmes poids et mesures qu'à Montpellier. — 28. La lieue est de 3000 toises. — 29. La septérée est de 400 dextres.

SAINT-FÉLIX. — 1. Il n'y a dans cette paroisse que trois chefs de famille, qui avec leurs enfants et domestiques, peuvent composer 16 personnes. — 2. Ce nombre a toujours été à peu près le même.
3. Il y a six cent quatre-vingt septérées en champs, vignes et ollivettes. — 4. Elles produisent 200 salmées de tous grains, qui suffisent pour la nouriture des habitants. — 5. On receuille 60 muids de vin rouge, mais il y en a près de la moitié qui apartient aux habitants forains de Saint-Sériés. — 7. On receuille seulement la provision d'huile pour les habitants. — 8. Il y a 160 septérées de terres incultes, qui ne peuvent rien produire, à cause des fréquents débordements de la rivière du Vidourle.
9. [Industrie]: le travail de la terre. — 10. Le peu de denrées se débitent à Sommières. — 12. Mauvais chemins de traverse.
13. Cette paroisse est annexée au pricuré de Boisseron, ainsi que le bénéfice. — 14. Tout y est catholique romain, à l'exception d'une famille.
15. Il y a la maison de M⁸ de Gallères. — 16. La paroisse apartient à la dite dame de Gallères. La justice y est administrée par ses officiers. Il n'y a point de prisons. — 17. Point [de privilégiés].
18. La paroisse paye au Roy, sçavoir : — 19. Taille, 650 livres ; — 20. Capitation, 33 livres ; — 21. Fourage, néant ; — 22. Dixième, néant ; — 23. Ustancile, néant. — 25. Les nouvelles impositions ont beaucoup augmenté.
27. Le quintal est de 100 livres poids de table. — Le tonneau de vin réduit en pots, mesure du païs, contient 290 pots. — La salmée de bled contient 8 émines, pezant environ 4 quintaux. — 28. La lieue de 3000 toises. — 29. La dextre contient 18 pans ; la dextre de terre doit contenir 324 pans.

SAINT-DRÉSÉRY. — 1. On compte 37 habitants dans cette paroisse. — En 1743, il y eut 3 naissances et deux morts, point de mariages. — 2. Le nombre actuel est à peu près le même.
3. Quantité des terres : 3713 septérées. — 4. Elles produisent 400 septiers froment, 300 septiers méture, 300 septiers avoine ; il manque pour la nouriture des habitants 700 septiers de grains. — 5. Vignes : 700 septérées, qui produisent 100 muids de vin. — 7. On receuille environ 30 septiers légumes et 850 cannes d'huile, chaque canne pezant 24 livres et de la consistance de 4 pots. — 8. Terres incultes : 1033 septérées.
9. Un seul facturier, pouvant faire 25 pièces finettes, du prix de 40 sous l'aune. — 10. Les denrées se portent à Montpellier, Lunel et Sommières. — 12. Chemin de traverse.
13. M. l'abbé de La Croix, prévôt de Saint-Pierre de Montpellier, est seigneur et prieur de la paroisse. Son bénéfice est affermé mile livres et celui du curé 415 livres, sur lequel il paye cinquante livres de décimes. — 14. Les habitants sont catholiques romains.
16. La paroisse apartient à M. le prévôt de Saint-Pierre. La justice est administrée et il y a des prisons au château. — 17. Point [de privilégiés].
18. La paroisse paye au Roy, sçavoir : — 19. Taille, 2501 livres 10 sous 11 deniers ; — 20. Capitation, 187 livres ; — 21. Fourage, néant ; — 22. Dixième, 24 livres ; — 23. Ustancile, néant. — 25. Les impositions sont beaucoup plus fortes que les anciennes.
27. La livre est de 16 onces. — Le muid de vin contient 576 pots. — Le septier de bled contient 12 boisseaux. — 28. Lieue ordinaire de la Province. — 29. La septérée est de 100 dextres.

SAINT-JEAN-DE-CORGNIES. — 1. Il n'y a que 12 habitants dans cette paroisse, qui sont mariés. — Il naît plus de filles que de garçons. Il n'y a point eu de morts en 1743. — 2. Le nombre des habitants a toujours été égal et il y en a le même nombre.
3. Il y a 350 septérées de terres labourables. — 4. Qui produisent 40 salmées de froment, autant de méture et environ 30 salmées d'autres grains. — 5. Quarante vignes, qui produisent 25 muids de vin. — 6. Point de

bois. — 7. On receuille 30 quintaux de foin et 30 cannes d'huile. — 8. Quatre cent septérées de terres incultes, qui ne peuvent rien produire.

10. Les denrées se débitent à Sommières.

12. Le chemin de Sommières à Montpellier.

13. Il y a un prieur, dont le bénéfice est de 400 livres et l'ancienneté est de 900 ans. — 14. Les habitants sont catholiques romains.

16. La paroisse apartient à M. Bonnier de la Mosson, ainsi que la justice. Il n'y a point de prisons. — 17. Point de privilégiés.

18. La paroisse paye au Roy, sçavoir : — 19. Taille, 760 livres ; — 20. Capitation, 44 livres ; — 21. Fourage, néant ; — 22. Dixième, 6 livres 14 sous ; — 23. Ustancile, néant. — 25. Les impositions ont augmenté d'un sixième.

26. Point de revenus. Charges, 70 livres.

27. Quintal poids de table. — Le muid de vin, mesure de Paris de 288 à 2 livres 1/4, poids de table, peut se raporter à ce que quatre muids, mesure de païs, en feroient environ onze, mesure de Paris. — La salmée de bled, mesure de Sommières, pèze 400 livres. — 28. Lieue de 3000 toises. — 29. La salmée de semence, établie sur quatre cent dextres de 18 pans, peut se raporter à deux arpents un quart, mesure de Paris, qui doivent faire 2025 toises.

30. Cette communauté est située sur une petite hauteur à côté de plusieurs garrigues. Le terroir n'est pas propre pour les grains. Il n'y a aucune rivière, mais un petit ruisseau, qui fait la séparation du terroir de la paroisse d'avec celuy de Montlaur.

SAINTE-CROIX ET FONTANÈS. — 1. Il y a 30 maisons dans la paroisse. — Il y eut en 1743 un mariage, un baptême et 9 morts. — 2. C'est à peu près la même chose.

3. Il y a 800 septérées de terres labourables, dont on ne sème que la moitié chaque année. — 4. On receuille, année commune, 500 septiers méture et 500 septiers froment. — 5. Quatre-vingt septérées de vigne, qui produisent 20 muids de vin rouge. — 6. Le peu de bois qu'il y a dans la paroisse est coupé par les habitants, qui le portent à Montpellier.

10. Le peu de denrées des habitants se débitent à Montpellier. — 12. Chemin de traverse.

13. Il y a un curé à Sainte-Croix et un autre à Fontanès. L'un est payé à 300 livres et l'autre à 180 livres. Les Bénédictins sont prieurs. Le bénéfice va à 600 livres. — 14. Les habitants sont anciens catholiques.

16. La paroisse apartient à M. l'Évêque de Montpellier.

18. La paroisse paye au Roy, sçavoir : — 19. Taille, 1586 livres 16 sous ; — 20. Capitation, 176 livres ; — 21. Fourage, néant ; — 22. Dixième, 41 livres ; — 23. Ustancile, néant. — 25. Les impositions ont augmenté d'un tiers.

26. La communauté n'a aucuns revenus. Ses charges consistent en les intérêts qu'elle paye de la somme de 900 livres et dans les réparations des églises et presbitaires.

27. Mêmes poids et mesures qu'à Montpellier. — 28. La lieue ordinaire de la Province. — 29. Septérée de 400 dextres.

SAINT-CLÉMENT. — 1. On compte sept habitants. — En 1743, il y a eu un mariage, deux baptêmes et un mort. — 2. Ce nombre a presque toujours été égal.

3. Il y a dans cette paroisse 2000 septérées de terres. — 4. Production des bleds : en froment 400 septiers, 150 septiers méteil, 150 septiers seigle ; avoine et autres menus grains, 200 septiers. — 5. On receuille 15 muids de vin. — 6. Point [de bois]. — 7. Quelque peu de foin. — 8. Deux cent septérées de terres, qui ne peuvent rien produire.

12. Aucune route. Chemin de traverse.

13. Les Bénédictins d'Aniane sont prieurs du lieu. — 14. Les habitants sont catholiques romains.

16. La paroisse apartient à M. l'Évêque de Montpellier, où la justice s'administre.

18. La paroisse paye au Roy, sçavoir : — 19. Taille, 1237 livres 13 sous ; — 20. Capitation, 86 livres ; — 21. Fourage, néant ; — 22. Dixième, 140 livres ; — 23. Ustancile, néant. — 25. [Les impositions actuelles sont] à peu près de même [qu'anciennement].
27. Mêmes poids et mesures qu'à Montpellier. — 28. La septérée de 100 dextres. — 29. Lieue ordinaire.

SAUSSAN. — 1. Le nombre des habitants est de 150. — En 1743, il se fit 4 mariages, il naquit 6 garçons et une fille et il y eut 5 morts. — 2. En 1700, la paroisse étoit plus riche et mieux peuplée.
3. La quantité des terres est de 1500 septérées. — 4. Elles produisent 550 septiers froment, 250 septiers méture, 150 septiers seigle, 150 septiers avoine et 100 d'autres menus grains ; il en manque pour la consommation du lieu 300 septiers. — 5. Les vignes sont de ... septérées, qui produisent ... muids de vin. — 7. On recueille 8 charges d'huile et environ 3000 quintaux de foin. — 8. Les terres incultes sont de 40 septérées hors d'état de produire.
9. Point d'industrie, ni commerce. Il y a 800 bêtes à laine. — 10. Les denrées se portent à Montpellier. — 12. Chemin de traverse.
13. Le Chapitre de Montpellier est curé primitif. Il prend six portions de la dixme. Le revenu du curé est de 800 livres. Il y a une chapelle fondée par les auteurs de M. le marquis du Cayla ; son revenu est de 120 livres. — 14. La religion catholique, apostolique et romaine.
16. La paroisse apartient à M. du Cayla. La justice s'administre à Pignan, qui est le chef-lieu du marquisat.
18. La paroisse paye au Roy, sçavoir : — 19. Taille, 2000 livres ; — 20. Capitation, 200 livres ; — 21. Fourage, néant ; — 22. Dixième d'industrie, 15 livres ; — 23. Ustancile, néant. — 25. Les nouvelles impositions ont presque doublé.
27. Le septier est composé de 4 quartes, chacune pezant 24 livres, poids de table. — Le muid de vin est composé de 12 paillères, chaqu'une de 48 pots ; le pot pezant 3 livres, poids de table. — 28. La lieue est de 3000 toises. — 29. La septérée de terre est composée de 100 dextres, chacune de 18 pans.

SOUBEYRAS. — 1. Cette paroisse est composée de 70 chefs de famille. — Il peut se faire communément 10 mariages par an ; il y a 10 naissances : autant de filles que de garçons. — 2. L'état actuel de ces nombres est égal à l'année 1700.
3. Le terrain est très stérile et dans un païs affreux. — 4. Cependant il produit des grains, au delà de ce qu'il en faut pour la nouriture des habitants. — 5. Les vignes, idem. — 6. Quelques mauvais bois à brûler. — 7. La provision d'huile pour le lieu. — 8. La plus grande partie des terres ne peuvent produire, étant scituées dans un païs montagneux.
9. Il n'y a d'autre industrie que le travail de la terre. — 12. Il n'y a d'autre chemin que des sentiers, qui conduisent d'un hameau à l'autre.
13. Un curé à portion congrue. — 14. La pluspart des habitants sont nouveaux convertis.
16. La paroisse apartient à M. le marquis de Ganges. Il fait administrer la justice.
18. La paroisse paye au Roy, sçavoir : — 19. Taille, 1800 livres ; — 20. Capitation, 200 livres ; — 21. Fourage, néant ; — 22. Dixième, 24 livres ; — 23. Ustancile, néant. — 25. Les impositions sont à peu près les mêmes [qu'anciennement].
27. Mêmes poids et mesures qu'à Montpellier. — 28. Lieue de 3000 toises. — 29. La septérée de terre est de 100 arpents.
30. Cette paroisse est des plus pauvres du diocèse et fort misérable en général.

SUSSARGUES. — 1. Il y a dans cette paroisse 16 chefs de famille, non compris les veuves. — En 1743, il n'y a point eu de mariages, de naissances, ni de morts. — 2. En 1684, il y avoit beaucoup plus de monde.
3. Cinq cents septérées de terres. — 4. Il y a 250 septiers froment et 450 septiers seigle, orge et avoine. — 5. Environ 80 muids de vin. — 6. Quelques bois taillis pour le chauffage, qui se coupent tous les 18 ans. —

7. On receuille environ 8 charges d'huile et quelques légumes. — 8. Terres incultes : 180 septérées qui ne peuvent rien produire.

9. Un seul menuizier. — 10. Les denrées se portent à Montpellier. — 12. Chemin de traverse.

13. Un curé perpétuel à 280 livres de revenus, charges payées. — 14. Les habitants sont anciens catholiques. 16. La paroisse apartient à M. le marquis de Castries. Il n'y a point de prisons.

18. La paroisse paye au Roy, sçavoir : — 19. Taille, 1611 livres 17 sous 11 deniers ; — 20. Capitation, 93 livres 5 sous ; — 21. Fourage, néant ; — 22. Dixième, 12 livres ; — 23. Ustancile, néant. — 25. Les anciennes impositions n'étoient pas si fortes.

27. Le quintal poids de table. — Le muid de vin est de 576 pots, qui font 719 pintes de Paris. — La salmée de bled est composée de quatre septiers, le septier de quatre cartals ; le cartal pèze 24 livres, poids de table. — 28. Lieue de 3000 toises. — 29. La septérée est de 100 dextres ; la dextre est de 18 pans en quarré.

SATURARGUES. — 1. Le nombre des habitants dans cette paroisse est de 170 personnes. — En 1743, il y eut deux personnes mariées, il est né trois garçons et quatre filles, et il y a eu 9 morts. — 2. En 1684 et 1700, ces nombres étoient à peu près les mêmes.

3. Il y a environ 1200 septérées de terres. — 4. Année commune, il se receuille 100 salmées de froment, 60 salmées de méture, 50 salmées de seigle, 40 salmées orge et 80 salmées d'avoine. — 5. Il y a environ 500 septérées de vigne, qui produisent 120 muids de vin. — 6. Point de bois. — 7. On receuille aussi 200 cannes d'huile. — 8. Une garrigue, qui ne peut rien produire.

9. 10. 11. Point [d'industrie ni de commerce]. — 12. Chemins de traverse.

13. Il y a un curé, qui perçoit la dixme. Cette cure est aussi ancienne que la religion dans le diocèse. Le prix de la ferme est de 1050 livres et les charges sont de 285 livres. — 14. Tous les habitants sont anciens catholiques.

16. La paroisse est membre de la baronnie de Lunel, apartenant au Roy, où la justice s'administre. — 17. Point de privilégiés.

18. La paroisse paye au Roy, sçavoir : — 19. Taille, 2010 livres ; — 20. Capitation, 88 livres ; — 21. Fourage, néant ; — 22. Dixième, néant ; — 23. Ustancile, néant ; — 24. Une albergue au Roy, 10 livres. — 25. Les impositions ont presque doublé.

27. Mêmes poids et mesures qu'à Montpellier. — 28. Lieue de 3000 toises. — 29. La septérée est de 100 dextres ; la dextre de 324 pans menus.

30. Cette paroisse fut entièrement saccagée et bruslée par les Huguenots, en 1703, dont elle n'a pu encore se relever.

SAUSSINES. — 1. Dans cette communauté, le nombre des habitants est de 175, y compris grands et petits. — En 1743, il y a eu un mariage, il est né un garçon et une fille et il y a eu 4 morts. — 2. Le nombre a toujours été à peu près égal et il y a un tiers plus de filles que de garçons.

3. Quantité des terres : 700 septérées, qu'on laisse reposer un an, à cause de leur mauvaise qualité. — 4. La production des grains est peu de chose ; il en manque 250 septiers pour suffire à la provision du lieu. — 5. Environ 500 septérées de vigne, qui donnent 100 muids de vin, qui ne peut servir qu'à brusler. — 6. Point de bois. — 8. Terres incultes : 200 septérées.

9. 10. 11. [Industrie et commerce], néant. — 12. Chemin de traverse.

13. M. d'Olivier, chanoine au Chapitre d'Alais, est prieur, et le sieur Dumas, curé. L'église est des plus anciennes. C'étoit autrefois un couvent de Bénédictins. Le revenu consiste dans la dixme, évaluée mille livres. — 14. De 34 familles, il y en a 12 de protestantes.

16. La paroisse apartient à M. Solas.

18. La paroisse paye au Roy, sçavoir : — 19. Taille, 1580 livres 3 deniers ; — 20. Capitation, 195 livres 15 sous ; — 21. Fourage, néant ; — 22. Dixième, 18 livres ; — 23. Ustancile, [néant]. — 25. [Les impositions sont] à peu près égales [aux anciennes].

26. Point de revenus. Elle paye, pour les intérêts de ce qu'elle doit ou pour le régent et régente et dépenses imprévues, 550 livres.
27. [Poids et mesures] comme à Montpellier. — 28. Lieue de 3000 toises. — 29. L'arpent est de 100 dextres, de 18 pans chacune.
30. La communauté est scituée sur une petite monticule, à la proximité de Sommières. Son terroir est fort stérile.

SAINT-JEAN-DE-BUÈGES. — 1. On compte 500 habitants. — En 1743, il y eut 11 naissances de filles et 9 de garçons et il y a eu 29 morts. — 2. Le nombre actuel des habitants est plus considérable qu'en 1700. — 3. Suivant le compoix, il y a 260 septérées de terre. — 4. La production des grains est fort peu de chose; il en manque les trois quarts pour la nouriture des habitants. — 5. Les vignes produisent de vin plus qu'il n'en faut pour la nouriture des habitants, mais ils ne peuvent faire sortir l'excédant à cause des mauvais chemins. — 6. Il y a quelque peu de taillis de 20 années de coupe. — 7. On recueille quelque peu d'huile, du foin et des feuilles de mûrier. — 8. Quelques terres incultes, hors d'état de produire.
9. Il y a fort peu de bêtes à laine. Les artisants consistent en 4 fabriquants, qui font pendant l'hyver 60 pièces de cadis de 45 sous la canne; 4 tisserants et quelques autres professions qui gagnent fort peu de chose.
12. Tous les chemins sont de traverse et presque impraticables.
13. Un curé à portion congrue, avec un cordelier, qui sert de secondaire à 150 livres par an. Le Chapitre de Saint-Pierre de Montpellier est prieur de ce bénéfice. — 14. La paroisse n'est composée que d'anciens catholiques.
15. Il y a trois gentilhommes, avec fort peu de bien. — 16. La seigneurie apartient à Me Dasarret. La justice s'y exerce. Il y a des prisons.
18. La paroisse paye au Roy, sçavoir : — 19. Taille, 2347 livres 17 sous ; — 20. Capitation, 300 livres ; — 21. Fourage, [néant]; — 22. Dixième, 230 livres ; — 23. Ustancile, néant. — 25. Depuis 1723, les impositions ont augmenté de deux cinquièmes.
26. La communauté a 325 livres de charges et n'a aucuns revenus.
27. La livre est de 16 onces. — Le muid de vin contient 16 septiers; le septier pèze 96 livres. — Le septier de bled pèze 120 livres. — 28. Lieue de 3000 toises. — 29. La septérée du païs fait 120 arpents.

TRÉVIÈS. — 1. Dans cette communauté, il y a 250 personnes de tout âge. — En 1743, il y a eu 6 mariages, 6 baptêmes de garçons et 4 de filles et il est mort environ 10 personnes. — 2. La comparaison est à peu près égale à celle des années 1684 et 1700.
3. Il y a 400 septérées de terres labourables. — 4. Elles produisent 600 septiers froment ou environ, 130 septiers avoine et 40 septiers légumes, ce qui ne suffit pas pour la nouriture des habitants. — 5. Cent cinquante septérées de vigne, qui produisent 30 muids de vin. — 6. Bois taillis de chesne verd de vingt ans de coupe. — 7. Quelques devois ou garrigues, pour la nouriture des troupeaux. — 8. Terres incultes: 250 septérées, qui ne peuvent rien produire.
9. Douze artisans, comme cordonniers, maçons, maréchal, tisserant et cardeurs, qui à peine gagnent leur vie. — 10. On vend les denrées à Montpellier ou à Saint-Hypolite.
12. Quelques chemins de communication et celuy de Montpellier à Saint-Hypolite.
13. Ce bénéfice, qui vaut 1600 livres, apartient à M. l'Évêque. Le curé et le secondaire sont à portion congrue. — 14. La paroisse est ancienne catholique.
15. Mrs de Montlaur et de Saint-Hilaire ont chacun une métairie dans la paroisse, dont la plus grande partie est noble. — 16. M. l'Évêque de Montpellier est prieur et seigneur dominant.
18. La paroisse paye au Roy, sçavoir : — 19. Taille, 3800 livres ; — 20. Capitation, 293 livres ; — 21. Fourage, néant ; — 22. Dixième, 28 livres ; — 23. Ustancile, néant. — 25. Les impositions ont doublé.
27. [Poids et mesures] comme à Montpellier. — 28. La lieue est de 3000 toises. — 29. La septérée de terre est de 100 perches quarrées.

TEYRAN. — 1. On compte 70 habitants dans cette communauté, y compris les domestiques. Il y a deux mariages une année dans l'autre ; autant de naissances et de morts ; il naît autant de garçons que de filles. — 2. Depuis l'année 1700, le nombre a presque été égal.

3. Il y a mille septérées de terres labourables. — 4. Elles produisent 600 septiers froment, 400 septiers méture, 400 septiers avoine, 100 septiers seigle ou orge et 100 de toutes sortes de légumes. — 5. Deux cent septérées de vigne, qui produisent 60 muids de vin rouge. — 6. Bois : néant. — 7. On recceuille quinze charges d'huile.

Il y auroit deux moyens certains pour parvenir à l'augmentation des cabaux. Le premier seroit de réparer le dommage causé par les inondations, en faisant faire des chaussées pour faire monter l'eau du Salezon, qui arroseroit, comme autrefois, un terrain d'environ cent septérées, ce qui donneroit beaucoup du foin et des paturages pour les brebis de port en hyver, et l'on nouriroit quantité d'agneaux. — Le second moyen seroit de faire une distribution des garrigues, qui sont communes entre tous les habitants, chacun selon son compoix, [pour en] faire des devois, comme il a été unaniment délibéré dans un Conseil général de la communauté, et on ne feroit d'autres frais pour cela, que ceux du partage, qui seroit utile à tous les particuliers et au public. Cette opération donneroit des paturages excellents, et il se formeroit bientôt des bois de coupe, au lieu que ces garrigues, qui occupent environ douze cent septérées de terrain, étant en commun, ne sont bonnes à rien, parce que tous les habitants, à l'envie l'un de l'autre, détruisent des rejettons de chesne verd, qui formeroient dans la suite de gros arbres. Ces garrigues étant fort garnies de mauvaises broussailles, qui arrachent toute la laine des troupeaux et les empêchent de paître, chaque habitant s'apliqueroit à nétoyer la portion qui lui seroit donnée en partage, et conserveroit par là les bons rejettons.

8. Il y a quatre cent septérées de terres incultes, qui pouroient produire du bled, du vin et de l'huile.

9. Aucune industrie, si ce n'est 700 toisons ; on en comptoit 1500 autrefois. — 10. Le peu de denrées se débitent à Montpellier. — 12. Chemins de traverse.

13. Un prieur curé. Revenu : 1200 livres ; charges : 148 livres 14 sous. — 14. Les habitants sont catholiques romains.

16. La paroisse apartient à M. de Boucaud. La justice s'y administre. Il y a des prisons.

18. La paroisse paye au Roy, sçavoir : — 19. Taille, 3143 livres 12 sous 6 deniers ; — 20. Capitation, 100 livres 10 sous ; — 21. Fourage, néant ; — 22. Dixième, néant ; — 23. Ustancile, néant. — 25. Les impositions actuelles sont beaucoup plus fortes que les anciennes.

26. La communauté n'a aucuns revenus, et ses charges vont à 154 livres 12 sous. — 27. 28. [Poids et mesures] comme à Montpellier. — 29. La septérée de 100 dextres, chacune de 18 pans.

VILLENEUVE. — 1. Cette communauté est composée de 603 habitants. — En 1743, il y eut 9 mariages, 20 naissances de garçons et 22 de filles et il y eut 29 morts. — 2. En 1684 et 1710, il y avoit un tiers d'habitants de plus. Cette diminution provient en partie du grand nombre de matelots, qu'on a tiré pour le service du Roy, et du mauvais air qui règne par les eaux croupissantes, depuis la construction du Canal.

3. La contenance des terres, de toute espèce, est de 3000 septérées. — 4. On receuille 4500 septiers froment, 350 septiers seigle et 900 septiers avoine, ce qui est suffisant pour la nouriture et les semences. — 5. Les vignes de 700 septérées produisent 300 muids de vin. — 6. [Bois :] néant. — 7. On recceuille encore 40 charges d'huile. — 8. Terres incultes : 400 septérées, qui pouroient produire du vin,

9. On retire 90 quintaux de laine. Il n'y a point de commerce. Les artisants sont au nombre de 20. — 10. Les denrées se portent à Montpellier. — 12. Chemins de Montpellier et de Cette.

13. M. Ségur, curé de la paroisse depuis 62 ans, à portion congrue de 300 livres ; charges : 21 livres 18 sous 4 deniers. Un secondaire qui jouit de 150 livres ; charges : 2 livres 3 sous 8 deniers. — 14. La religion catholique, apostolique, romaine.

16. La paroisse apartient à M. l'Évêque de Montpellier. La justice y est administrée. Il y a des prisons.

18. La paroisse paye au Roy, sçavoir : — 19. Taille, 8500 livres 17 sous 6 deniers ; — 20. Capitation, 785 livres 10 sous ; — 21. Fourage, néant ; — 22. Dixième, 258 livres 8 sous 9 deniers ; — 23. Ustancile, [néant]. — 25. Depuis 1721, les impositions ont presque doublé.

26. Revenus : 142 livres; charges ou intérêts : 860 livres 8 sous. — 27.28.29. [Poids et mesures] comme à Montpellier.

VIOLS-LE-FORT. — 1. Cette communauté renferme celle de Viols-en-Laval. Il y a plusieurs métairies taillables étrangers, dans l'étendue de la dite communauté. On y compte environ 1300 personnes. — En 1743, il ne s'est fait que 4 mariages ; il est né 36 filles ou garçons, beaucoup plus de ces derniers que de filles, et il y a eu 18 enterrements. — 2. Depuis l'année 1700, le nombre des habitants est diminué de plus de 50. 3. La quantité des terres est de 2353 septérées de toute espèce, non compris les bois. — 4. Ces terres produisent 1500 septiers grains de toute qualité, en sorte qu'il en manque plus de 6300 septiers pour la provision du lieu. — 5. Les vignes sont de 210 septérées ; elles donnent 60 muids de vin ; il en manque encore au moins autant. — 6. Il y a 3128 septérées de bois taillis de 18 années de coupes, que l'on vend 9 livres la septérée. (Vid. l'art. 26). — 7. On recueille encore 30 charges d'huile. — 8. Point de terres incultes. 9. Deux notaires, 2 chirurgiens, 3 cordonniers, un tailleur, un menuizier. Le surplus travaille à la terre. 12. Le chemin qui conduit à Montpellier. 13. Les religieux Bénédictins d'Agnane sont prieurs et décimateurs. Ils tiennent un curé et 2 vicaires à portion congrue. — 14. La religion catholique, apostolique et romaine. 16. La paroisse apartient à M. le marquis de Villevieille. Il y a un juge et une prison mal en état. 18. La paroisse paye au Roy, sçavoir : — 19. Taille, 2854 livres 1 sou 3 deniers ; — 20. Capitation, 850 livres ; — 21. Fourage, [néant] ; — 22. Dixième, [néant] ; — 23. Ustancile, [néant]. — 25. Depuis l'année 1722, les impositions ont presque doublé. 26. La communauté a un revenu de 12.000 livres tous les 18 ans, provenant de la coupe des bois, dont on a parlé à l'article 6. Charges : 40 livres. 27. Les poids et mesures sont les mêmes qu'à Montpellier. — 28. La lieue est de 3000 toises. — 29. La septérée de terre est composée de 100 dextres, chacune de 18 pans.

VIC ET MAUREILLAN. — 1. Cette communauté est composée de 70 à 80 personnes. — En 1743, il se fit un mariage, il naquit une fille et un garçon et il y eut 12 morts. — 2. Depuis les époques fixées, le nombre d'habitants a beaucoup diminué, par les maladies qui règnent dans ces cantons. 3. Il y a 1800 septérées de terre. — 4. On recueille 1500 septiers bled, 70 septiers seigle, 25 septiers orge et 200 septiers avoine. — 5. Les vignes, de 600 septérées, produisent 200 muids de vin rouge et 40 muids de muscat. — 6. Il y a une garigue pour le chauffage des habitants. — 7. On recueille encore 15 charges d'huile. — 8. Les terres incultes vont au tiers de la totalité. — 12. Chemin de traverse. 13. Le curé et vicaire à la congrue. — 14. La religion catholique, apostolique et romaine. 16. La paroisse apartient à Mᵉ de Murviel. La justice s'y administre. Il n'y a point de prisons. 18. La paroisse paye au Roy, sçavoir : — 19. Taille, 8198 livres 12 sous ; — 20. Capitation, 205 livres 15 sous ; — 21. Fourage, néant ; — 22. Dixième, 7 livres ; — 23. Ustancile, néant. — 25. Les nouvelles impositions sont plus fortes que les anciennes. 27. 28. [Poids et mesures] comme à Montpellier. — 29. La septérée de terre est composée de 80 dextres.

VENDARGUES. — 1. Le nombre des habitants est de 350, y compris les enfants. — Il y eut un mariage en 1743, 7 morts, 9 naissances de garçons et 6 de filles. — 2. La paroisse est la même pour le nombre d'habitants qu'elle étoit en 1700. 3. Le terroir consiste en 1500 septérées de terres. — 4. On recueille 800 septiers froment, 100 septiers seigle, 66 septiers méture, 30 septiers légumes et 300 septiers avoine ; il en manque pour la subsistance des habitants 2100 septiers. — 5. Trois cent septiers de vigne, qui produisent cent muids de vin. — 6. [Bois] : néant. — 7. Vingt-cinq charges d'huile. — 8. Quatre cent septérées de terres incultes, qui pourroient produire des vignes.

9. Point [d'industrie ni de commerce]. Le travail de la terre. — 10. Les denrées se portent à Montpellier, et le vin se vend à l'eau-de-vie. — 12. Chemin de traverse.

13. Un curé à 300 livres de revenu et 23 livres de charges. Le secondaire a 50 écus de revenu et deux livres de charges. — 14. Les habitants sont catholiques romains.

16. M. le marquis de Castries est seigneur de la paroisse. Il n'y a ny administration de justice ny prisons. — 17. Point de privilégiés.

18. La paroisse paye au Roy, sçavoir : — 19. Taille, 2683 livres 5 sous 4 deniers ; — 20. Capitation, 508 livres. — 21. Fourage, néant ; — 22. Dixième de l'industrie, 50 livres ; — 23. Ustancile, néant. — 25. Les nouvelles impositions sont plus fortes que les anciennes.

26. Point de revenus. — Charges : au maître d'école, 160 livres ; — intérêts aux Dames de la Misericorde, 32 livres ; — dépenses imprévues, 18 livres ; — gages des consuls et greffiers, 25 livres ; — [total] : 235 livres.

27. [Poids et mesures] comme à Montpellier. — 28. La lieue est de 3000 toises. — 29. La septérée de terre de 100 dextres.

VALLERGUES. — 1. Cette communauté est composée en tout de 130 habitants. — En 1743, il y eut 2 mariages, 3 baptêmes, dont un garçon et 2 filles, et 3 enterrements. Il naît ordinairement plus de filles que de garçons. — 2. Suivant l'examen qui a été fait depuis les époques citées, il paroit que ces nombres sont à peu près les mêmes.

3. La quantité des terres est de 600 septérées. — 4. Elles produisent en grains 400 septiers froment et 200 septiers seigle, ce qui suffit à peine pour ensemencer et pour nourrir les habitants pendant l'année. — 5. La quantité des vignes est de 400 septérées, qui produisent communément 250 muids de vin, dont il y en a 150 d'excédent. — 6. Bois, néant. — Il y a quelques broussailles servant pour le chauffage. — 7. Les autres productions de la terre consistent en huile ; il peut y en avoir 900 charges annuellement, qui se consomment sur le lieu. — 8. Les terres incultes ne sont que de 8 septérées, qui pouroient produire du vin.

9. Industrie, commerce : néant. — 10. Le vin se débite aux fabriquants des environs pour les eaux-de-vie. — 12. Mauvais chemins de traverse.

13. Le chantre du Chapitre d'Allais est prieur de la paroisse, dont le revenu est de 800 livres provenant des deux tiers, l'autre tiers apartient au curé qui dessert la paroisse. — 14. Tous les habitants sont catholiques romains.

16. La paroisse apartient au Roy. La justice s'exerce à Lunel par ses officiers, où sont les prisons.

18. La paroisse paye au Roy, sçavoir : — 19. Taille, 2341 livres 10 sous 4 deniers ; — 20. Capitation, 202 livres ; — 21. Fourage, néant ; — 22. Dixième, 12 livres ; — 23. Ustancile, néant ; — 24. Pour une albergue au Roy, 5 livres. — 25. Les impositions actuelles sont beaucoup plus fortes que les anciennes.

26. La communauté n'a aucuns revenus. Elle a pour 170 livres de charges.

27. Mêmes poids et mesures qu'à Montpellier. — 28. La lieue est de 3000 toises. — 29. La mesure des terres est de 100 arpents en quarré, de 18 pans chacun.

VALHAUQUEZ. — 1. Il y a 100 communiants dans la paroisse. — En 1743, il naquit une fille et un garçon ; il y eut un enterrement et point de mariages. — 2. Ce nombre a été toujours à peu près le même.

3. Les terres sont de 3916 septérées de toute espèce. — 4. On recueille 500 septiers bled et quelques autres menus grains, ce qui ne suffit pas pour un quart de l'année. — 5. Les vignes produisent 30 muids de vin, année commune. — 6. On compte 500 septérées de bois taillis de chesne verd, de 20 années de coupe, que les propriétaires vendent aux particuliers de la paroisse pour porter à Montpellier. — 7. On receuille encore quelque peu d'huile. — 8. Les terres incultes sont de 200 septérées, hors d'état de produire.

9. L'industrie consiste dans le transport du bois à Montpellier. Il y a environ 900 bêtes à laine qu'on vend dans la saison. — 12. Chemins de traverse.

13. M. Sabatier, prieur curé. Son bénéfice est du revenu de 1140 livres, et les charges de 375 livres. — 14. Tous les habitants sont anciens catholiques.

16. La paroisse apartient à M. de Murles. La justice y est administrée. Il y a des prisons.
18. La paroisse paye au Roy, sçavoir : — 19. Taille, 2026 livres; — 20. Capitation, 166 livres; — 21. Fourage, néant; — 22. Dixième, 12 livres; — 23. Ustancile, néant. — 25. Les impositions actuelles sont plus fortes que les anciennes de 500 livres.
26. La communauté retire 1200 livres tous les vingt ans, provenant d'une coupe de bois qui se fait à son profit, et ses charges sont de 220 livres par an.
27. Mêmes poids et mesures qu'à Montpellier. — 28. Lieue de 3000 toises.

VÉRARGUES. — 1. On compte 70 habitants dans la paroisse. — Il y eut en 1743 trois naissances, deux morts et un mariage. Il naît ordinairement plus de filles que de garçons. — 2. En 1684, il y avoit plus de maisons habitées, mais il y avoit moins d'habitants qu'aujourd'huy.
3. Cent cinquante septérées de terres. — 4. Les bleds produisent ordinairement d'un trois ; les seigles ou avoines d'un quatre et quelquefois ont peine à doubler. Ces quantités ne suffisent pas pour la nouriture des habitants. — 5. Deux cent septérées de vigne, qui ne produisent qu'environ 30 muids de vin, qu'on vient achetter sur les lieux. — 6. Point d'autres bois que quelques garrigues. — 7. Il y a de l'huile pour la consommation des habitants. — 8. Cent septérées de terres incultes, qui ne peuvent rien produire.
13. Un curé à portion congrue. Le bénéfice dépend de l'aumônerie de Montpellier. — 14. Les habitants sont catholiques romains.
15. Il y a deux châteaux nobles : l'un apartient à Mrs du Puget, et l'autre à M. Dalayrac, conseiller à la Cour des Aydes de Montpellier.
16. La paroisse dépend de la baronnie de Lunel, où la justice s'administre.
18. La paroisse paye au Roy, sçavoir : — 19. Taille, 750 livres; — 20. Capitation, 69 livres; — 21. Fourage, néant; — 22. Dixième noble et industrie, 294 livres ; — 23. Ustancile, néant; — 24. Une albergue au Roy, 5 livres. — 25. La taille a presque doublé.
26. La communauté n'a aucuns revenus, et elle doit environ 700 livres.
27. Poids et mesures de Montpellier. — 28. Lieue ordinaire de la Province. — 29. La septérée de terre est de 100 dextres.

VILLETELLE. — 1. Cette paroisse est composée de 70 habitants. — Il est né en 1744 un garçon et une fille; il en est mort autant ; il y a eu 2 mariages. — 2. Le nombre des habitants a un peu diminué depuis 1684.
3. Il y a 600 septérées de terres. — 4. On recceuille 600 septiers de tous grains, ce qui ne suffit pas pour la demie année des habitants. — 5. Il y a 60 muids de vin. — 8. Le quart du terroir est inculte et hors d'état de rien produire.
10. On vend le vin à Lunel pour l'eau-de-vie. — 11. On y vend aussi quelque peu d'huile. — 12. Il n'y a qu'un très mauvais chemin de Villetelle à Lunel.
13. Un curé à portion congrue de 300 livres, sur lesquels il paye 36 livres de décimes. — 14. Un tiers de la paroisse est religionnaire.
16. La paroisse apartient au Roy. La justice s'administre à Lunel, où il y a des prisons.
18. La paroisse paye au Roy, sçavoir : — 19. Taille, 1340 livres; — 20. Capitation, 41 livres 10 sous; — 21. Fourage, néant ; — 22. Dixième, néant; — 23. Ustancile, néant. — 25. Ces impositions sont égales aux anciennes.
27. Le quintal pèze 100 livres, poids de table. — Le muid de vin est de 18 mesures; la mesure, de trente-deux pots; le pot fait une pinte et quart de pinte de Paris. — Le septier de bled contient 12 boisseaux, pezant chacun 7 livres et demy, poids de table. — 28. La lieue est de 3000 toises. — 29. La septérée de 100 dextres; chaque dextre a dix huit pans en quarré; le pan est de 9 pouces.
30. Cette communauté est située sur le bord de la rivière du Vidourle, qui sort facilement de son lit et déborde dans le meilleur fonds de la communauté, et emporte souvent la récolte qui s'y trouve semée. Le reste du terroir est situé sur le roc et ne produit pas grand chose.

VALFLAUNÈS. — 1. On compte 70 habitants. — En 1743, il y a eu un mariage et 7 baptêmes de filles ou de garçons et 7 morts. — 2. Le tout comparé est à peu près égal aux époques citées.

3. Trois cent septérées de terres ensemencées. — 4. Qui produisent 400 septiers froment et 200 septiers de méture. — 5. Les vignes, de 50 septérées, produisent 20 muids de vin. — 6. Bois taillis : 200 septérées de chaisne verd de 20 années de coupe. — 8. Terres incultes : 100 septérées hors d'état de produire.

10. Le peu de denrées se porte à Saint-Hypolite. — 12. Chemin de traverse.

13. Un curé, revenu de 300 livres et 1200 livres pour les Bénédictins d'Aniane, qui en sont prieurs. — 14. L'état de la religion : les habitants sont tous catholiques romains, à l'exception d'une seule famille.

16. La paroisse apartient à M. l'Évêque de Montpellier. Il n'y a point de prisons. — 17. Point de privilégiés.

18. La paroisse paye au Roy, sçavoir : — 19. Taille, 4000 livres ; — 20. Capitation, 180 livres ; — 21. Fourage, néant ; — 22. Dixième, 20 livres ; — 23. Ustancile, néant. — 25. Les nouvelles impositions sont plus fortes que les anciennes.

26. Les revenus de la communauté consistent dans 2000 bestes à laine. — Ses charges sont de 250 livres.

27. 28. [Poids et mesures] comme à Montpellier. — 29. La septérée est de 100 dextres ; chaque dextre a 18 pans.

30. Les vins de cette communauté sont passablement bons.

Le Mémorial des Nobles
Charte concernant Montpellier et Candillargues (985).

(Fragment du fol. 29 v°. — Cf. l'Inventaire, p. 18, art. 69.)

Le Mémorial des Nobles

Charte concernant Saint-Hilaire-de-Beauvoir (980).

(Fragment du fol. 133 v°. — Cf. l'inventaire, pp. 53 et 453 à 455).

Le Mémorial des Nobles

Conventions entre l'Évêque de Maguelone et Guilhem V, seigneur de Montpellier (1090).

(Moitié supérieure du fol. 19 r°. — Cf. l'inventaire, p. 9, art. 40).

Le *Mémorial des Nobles*

Inféodation par l'Évêque de Maguelone au Roi d'Aragon (1218).

(Moitié supérieure du fol. 199 r°. — Cf. l'inventaire, p. 73, art. 573 et les documents, p. 346).

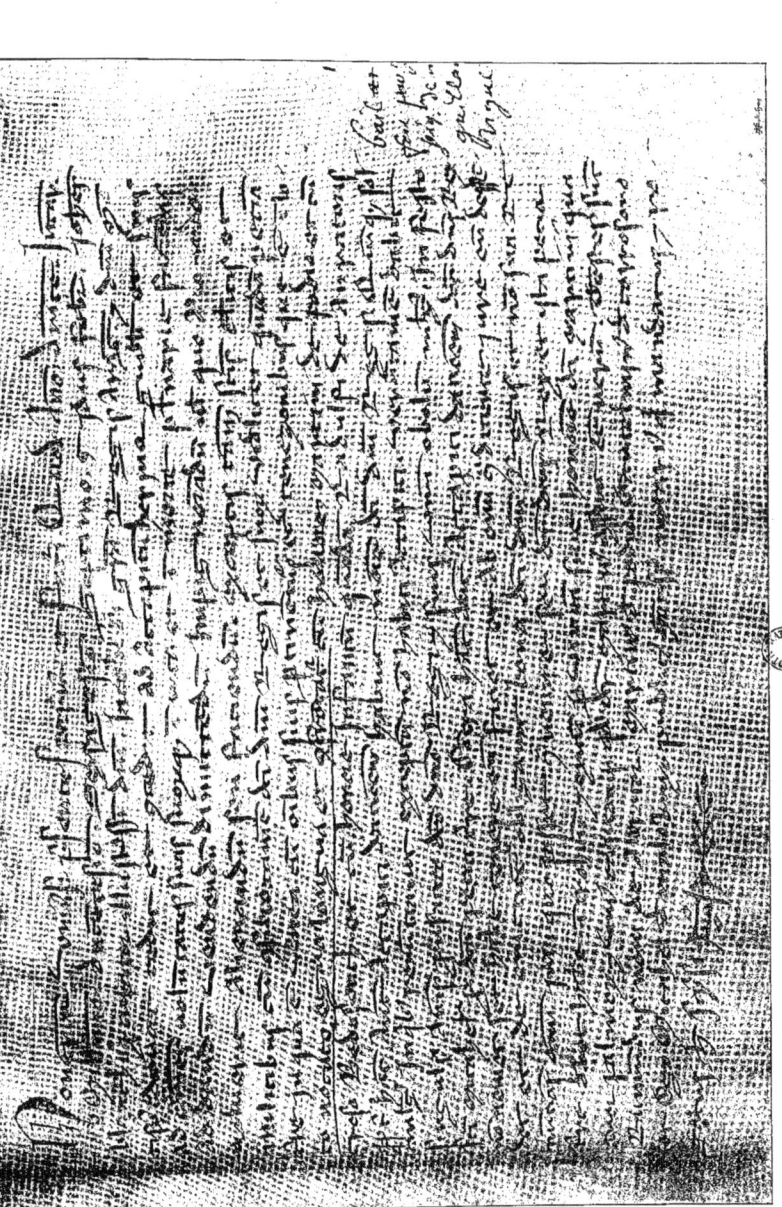

Le *Mémorial des Nobles*

Bail en acapt d'une vigne, sise à l'Aiguelongue, près Montpellier (1268, n. st.).

(Fol. 200 r°. — Cf. l'Inventaire, p. 73, art. 579, et les documents, p. 360).

Le Mémorial des Nobles
Reconnaissance féodale au Roi d'Aragon pour Pignan (1267).

(Fol. 202 r°. — Cf. l'inventaire, p. 73, art. 583, et les documents, p. 417).

Sommaire du Mémorial des Nobles
Rédigé par François Joffre en 1676. — Charte de 1197.

Le Grand Talamus

Mariage de Pierre, roi d'Aragon, avec Marie de Montpellier (1204).

(Partie supérieure du fol. 1 r°. — Cf. l'inventaire, p. 79, art. 610).

Le Grand Talamus

Les Coutumes et Libertés de la Ville de Montpellier (1204).

(Partie supérieure du fol. 63 v°. — Cf. l'inventaire, p. 141, art. 785).

Le *Grand Talamus*

Fragments de la Chronique consulaire de Montpellier (1243-1248).

(Partie supérieure du fol. 86 r°. — Cf. l'inventaire, p. 127, art. 808).

Le Grand Talamus

Privilège pour attirer les étrangers à Montpellier (1484, n. st.).

(Partie supérieure du fol. 495 v°. — Cf. l'inventaire, p. 159, art. 933).

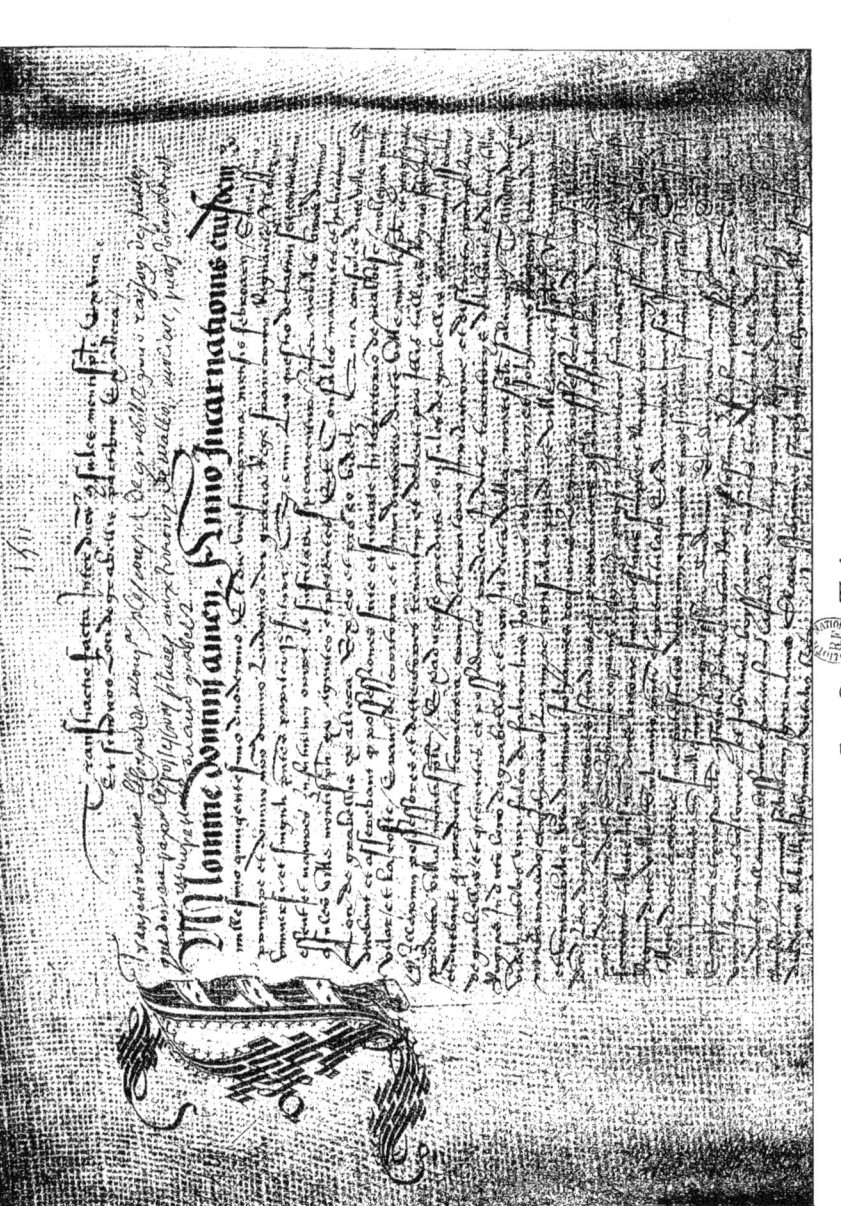

Le Grand Talamus

Transaction entre les Municipalités de Montpellier et de Grabels (1511).

(Partie supérieure du fol. 233 v°. — Cf. l'inventaire, p. 164, art. 969).

Le Livre noir

Traité de paix entre Montpellier et Antibes (1225).

(Fragment du fol. 84 v°. — Cf. l'inventaire, p. 206, art. 1163).

[...]quas. Et salvas las costumas
et los uses et las franquesas de Montpelier et de latas.

Aquest sagrament fay lo lioc tenent en la gleysa del castel sobre la electio del baille.

E en tal. Nomineray aysi en baille de l'an endevenidor a regir la cort
de montpr. ad honor et utilitat del
rey nře senhor. et de la villa. bona
et vial. d'cal persona segont q ieu
fermament crese et entague. et
negun non nomiaray del qual ieu
ia sigue. o espere prenre ne per autre
ad aver don ne servisi pre aquesta
causa. ny d'autra persona per el ny
d'aysi en avant recebrey. Ny d'aur
que aysi ieu nomie non certifiquey
ny esperansa ad el non donrey per
paraula. o per sygne. o per clerch. pre
me o per autre de la baylia aver. Sa-
piun non nomieray que me aia
preguat ny fach preguar de la luy
[...]

Le Petit Talamus

Serment prêté par le Lieutenant du Roi lors de l'élection du Bayle.

(Fol. 356 r°. — Cf. l'inventaire, p. 228, art. 1360).

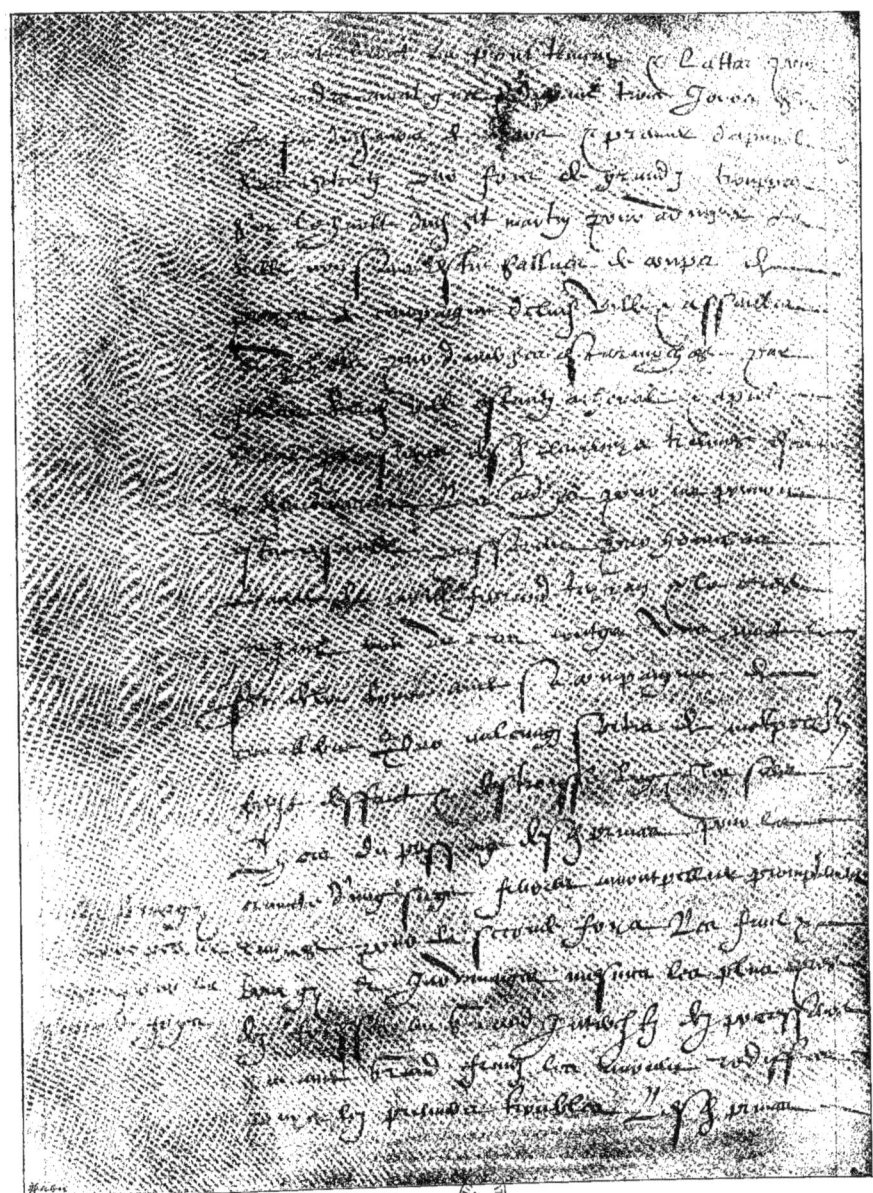

Le Petit Talamus
Fragment de la Chronique française : — Guerres de Religion (1570).
(Fol. 549 v°. — Cf l'inventaire, p. 242, art. 1526.)

Le Talamus historique
Bénédiction de la première pierre de l'église de la Merci (1662).

(Fol. 102 r°. — Cf. l'Inventaire, p. 261, art. 1661).

ARCHIVES
DE
LA VILLE DE MONTPELLIER

INVENTAIRES ET DOCUMENTS

PUBLIÉS PAR LES SOINS DE L'ADMINISTRATION MUNICIPALE

TOME TROISIÈME

INVENTAIRE
DES
CARTULAIRES DE MONTPELLIER (980-1789)
Cartulaire seigneurial et Cartulaires municipaux

Liber instrumentorum memorialis ou *Mémorial des Nobles*, — *Grand Talamus*, — *Livre noir*, *Petit Talamus*, — *Talamus historique*, — *Continuation du Grand Talamus*.
Inventaire du Cartulaire de Lattes. — Inventaires complémentaires

DOCUMENTS
Le Cartulaire montpelliérain des Rois d'Aragon
et des Rois de Majorque, seigneurs de Montpellier, etc.
Éclaircissements topographiques. — *Documents complémentaires*

MONTPELLIER
IMPRIMERIE ROUMÉGOUS ET DÉHAN, 5, RUE DE LA VIEILLE-INTENDANCE
1920

ARCHIVES

DE LA

VILLE DE MONTPELLIER

INVENTAIRES ET DOCUMENTS

ARCHIVES

DE

LA VILLE DE MONTPELLIER

INVENTAIRES ET DOCUMENTS

PUBLIÉS PAR LES SOINS DE L'ADMINISTRATION MUNICIPALE

TOME TROISIÈME

INVENTAIRE

DES

CARTULAIRES DE MONTPELLIER (980-1789)

Cartulaire seigneurial et Cartulaires municipaux

Liber instrumentorum memorialis ou *Mémorial des Nobles*, — *Grand Talamus*, — *Livre noir*, — *Petit Talamus*, — *Talamus historique*, — *Continuation du Grand Talamus*.

Inventaire du Cartulaire de Lattes. — Inventaires complémentaires.

DOCUMENTS

Le Cartulaire montpelliérain des Rois d'Aragon

et des Rois de Majorque, seigneurs de Montpellier, etc.

Éclaircissements topographiques. — *Documents complémentaires*.

MONTPELLIER

Imprimerie SERRE et ROUMÉGOUS, 5, rue de la Vieille-Intendance

1901-1907

INTRODUCTION

UNE NOUVELLE HYPOTHÈSE

SUR

L'ORIGINE DU NOM DE MONTPELLIER

UNE NOUVELLE HYPOTHÈSE

SUR

L'ORIGINE DU NOM DE MONTPELLIER

Parmi les diverses étymologies proposées, deux seulement retenues par Germain. — L'étymologie «Mont fermé au verrou» (*Mons-pessulanus quasi mons pessulo clausus*), préférée par Germain et par L. Guiraud. — L'adjectif *pessulanus* n'est pas le participe *pessulatus*. — La vraie forme primitive du nom de Montpellier, *Mons pestelarius*, aliàs *pistillarius*, nous est fournie par le *Liber instrumentorum memorialis*; elle a été mise en lumière par C. Chabaneau. — *Mons pistillarius* et *Mons pessulanus* représentent un seul et même radical, avec des suffixes différents. — Sens divers du substantif *pistillum, pestellum*, etc. — Sens unique de l'adjectif *pistillarius, pestelarius*, etc. — Les moulins *pestelliers* ou *pastelliers*. — Noms de lieux composés de deux éléments, dont le premier est le mot *montem* ou le mot *podium*; — le second élément de ces noms de lieux, tiré soit de la nature physique des lieux, soit de la production du sol, soit d'un nom de personne, gentilice ou surnom. — Le nom *Mons pistillarius* évoque le souvenir de la culture du guède et de la fabrication du pastel. — Vraisemblance historique locale de cette interprétation. — La teinturerie des draps à Montpellier, d'après les plus anciens documents de nos archives.

Objections possibles à cette hypothèse, dictée par le seul sens connu de l'adjectif *pestelerius*. — Vocables appartenant aux langues anté-romaines, encore existants dans beaucoup de noms de lieux.

Plusieurs opinions, singulièrement différentes les unes des autres, ont été émises jusqu'ici sur l'étymologie du nom de Montpellier.

De ces opinions, il en est qui ne méritent même pas d'être prises au sérieux, — celle-ci, par exemple, qui « fait dériver *Monspessulanus* de *Monspisciculanus*, à cause de l'abondance et de la qualité du poisson que la proximité de la mer permet d'y manger », — ou cette autre, qui en raison du caractère intellectuel de notre ville, fait « venir Montpélier de ce beau mont de Thessalie « que les Muses et les sçavans ont toujours tant aymé et estimé : *Monspelium*, quasi *Mons-Pelion* ».

Certains auteurs sont allés plus loin encore dans le domaine de l'imaginaire... et de l'absurde.

Notre éminent historien local, le toujours regretté Alexandre Germain, n'a retenu, dans l'introduction de son *Histoire de la commune de Montpellier*, que les deux hypothèses les moins aventureuses, — hypothèses qui ont encore aujourd'hui l'une et l'autre leurs partisans, — celle-ci plus en faveur chez les érudits, — celle-là plus à la mode chez les littérateurs et les félibres.

« Faut-il s'arrêter (écrivait Germain en 1851) au *Mons Pessulus* de certains étymologistes, ou recourir au *Mons puellarum* de quelques autres ?

» D'après les premiers, le monticule sur lequel est bâti Montpellier aurait été anciennement un terrain planté de bois, une sorte de parc ou garigue, remplie d'herbes sauvages, où les habitants de Substantion avaient seuls le droit de faire paître leurs troupeaux. Afin d'en interdire l'accès au bétail étranger, ils avaient entouré ce lieu d'une palissade, et en avaient fermé la porte avec un verrou. Montpellier signifierait alors *Mont fermé au verrou* (Mons-pessulanus *quasi mons pessulo clausus)....*

» En vertu de l'autre étymologie, Montpellier viendrait de *Mons puellarum*, contracté en *Monspuelium*, et tirerait cette qualification des deux sœurs de S. Fulcran, qu'Arnaud de Verdale dit avoir été maîtresses et donatrices de notre territoire, — ou bien encore, d'après une interprétation plus galante, de la beauté de ses jeunes filles, que le bon vieux chroniqueur Froissart appelle courtoisement « les friches dames de Montpellier ».

Germain considère cette dernière étymologie comme « plus gracieuse que vraie » ; — il fait observer que « Montpellier, selon toute apparence, n'attendit, pour prendre un nom, ni les deux sœurs de S. Fulcran, ni la réputation de ses belles habitantes ».

Germain paraît avoir préféré — sans aller cependant jusqu'à une acceptation catégorique — la théorie du *mont fermé au verrou, mons pessulo* (1) *clausus* :

« Cette étymologie (dit-il) ne serait pas unique dans son genre. Substantion lui-même est quelquefois appelé dans les vieux monuments *Serratio*, parce que sa forteresse, selon Gariel, était comme une serrure pour la sûreté du passage *(Serratio a sera).* — La ville de Pau, elle aussi, doit son nom, dit-on, à une enceinte de pieux ou de poteaux qu'on y éleva à une certaine époque, contre les brigandages des Vascons *(Palum a palis)* ». Germain ajoute : « Montpellier, par analogie, ne pourrait-il pas avoir été autrefois entouré d'une enceinte fermée au verrou ou à la herse, contre les courses sans cesse renaissantes des Sarrazins ». — « On trouve aussi dans les chartes *Monspestellarius,* vulg. *Montpesteylat,* et par abréviation *Montpeylat,* qui dans l'idiome local signifie monticule fermé à clef, monticule bien clos, bien retranché, bien fortifié » (2).

Nous ne nous arrêterons pas à relever ce que peuvent avoir de fantaisiste les interprétations, rapportées par Germain, des noms de Pau et de Substantion *(Sextantio,* et non pas *Serratio).* Nous devons cependant faire remarquer que *Montpesteylat* et *Montpeylat* ne nous sont fournis, en aucune façon, par nos anciens documents. Nous trouvons *Mons pestelarius*, nous trouvons *Mons pessulanus,* — mais nous ne trouvons pas *Mons pessula*TUS. — Si *Mons pessulatus* existait, la question de l'étymologie de Montpellier pourrait être considérée comme tranchée, au moins en partie. Mais *Mons pessulatus* n'existe pas.

D'après un autre professeur de l'Université de Montpellier, M. Léon-G. Pélissier, dont les savantes et nombreuses publications historiques sont bien connues, — « la seule vraisemblable

---

(1) « PESSULUS proprie est vectis ferreus, vel ligneus, quo fores clausae obfirmantur intus » (Forcellini, *Lexicon*, t. IV, p. 643).

(2) Germain, *Histoire de la Commune de Montpellier,* tome I, pp. III à v.

de toutes ces étymologies est *Mons petrosus, mont peirié*, montagne de pierres. Le nom populaire de Montpellier *(Lou Clapas)* provient d'une observation analogue » (1).

L'opinion de M. Léon-G. Pélissier soulève de graves difficultés. *Montpellier* et *Montpeyroux* font deux. Il n'y a pas de document où Montpellier soit appelé *Mons petrosus*. Et il reste à démontrer que *pestelerius* et *pessulanus* soient équivalents comme sens à *petrosus*.

Le nom de *Clapas*, appliqué à la ville compacte, enserrée dans le rempart de sa *Commune Clôture*, est moderne. — Le nom de *Peyrou*, transposé, mais toujours vivant, et dont il existe plusieurs similaires dans le département de l'Hérault, n'est qu'un vocable *partiel*, une désignation de tènement, et non la dénomination générale de la ville. Sa forme ancienne, *Petronum*, est aussi distincte de *pestelarius* que de *pessulanus*.

L'étymologie du *mont fermé au verrou* a obtenu, en 1891, l'adhésion très nette de notre distinguée compatriote Mademoiselle Louise Guiraud. — A un certain endroit de son étude sur *le Monastère Saint-Benoit* (à propos de la bannière de nos anciens Ouvriers de la Commune Clôture), l'érudite historiographe des *Fondations du pape Urbain V à Montpellier* a rappelé le souvenir du « mont primitif dont la fortification sommaire a valu le baptême à notre ville. — *Mons* » *pessulus*, mont fermé, clos ». — « Cette étymologie (ajoute-t-elle) ayant été souvent donnée, *avec* » *raison, croyons-nous, mais sans preuves*, nous consignons ici un texte local du xve siècle, qui » fournit du moins le radical en question ». Ce texte se termine ainsi : «.... traditionem et *dispe-* » *sullationem* sarratura ipsius clavis » (2).

Cinq ou six ans avant la publication de ces quelques mots de Mlle Guiraud, l'éminent romaniste montpelliérain M. Camille Chabaneau, — dans ses *Remarques sur le texte du « Mémorial [des Nobles]*, » placées en tête de l'édition que Germain a donnée de ce cartulaire, — avait attiré l'attention sur les formes archaïques du nom de Montpellier : *Montem pistellarium, Montpestler, Montpestleir, Montpesler, Montpesleir, Monpeslier*.

Il avait en même temps fait observer que « la forme *Mons pessulanus*,... [qui est] beaucoup plus fréquente dans les chartes latines [que *Mons pistellarius*] et... [qui] apparaît déjà dans les plus anciennes, ... n'est ... qu'une traduction de *Mons pistellarius* ».

M. Chabaneau ajoutait : « Il reste incertain s'il faut entendre le *Mont du verrou* ou le *Mont du pilon*. Il semble pourtant que la substitution de *pessulanus* à *pistellarius* milite en faveur de la première signification. *Pestel*, encore aujourd'hui, signifie *verrou*. Voy. le dictionnaire d'Azaïs » (3).

Ainsi que l'a justement observé M. Chabaneau, le nom français moderne *Montpellier* dérive des formes françaises archaïques *Montpestler, Montpesler*, lesquelles dérivent du latin *Montem pistellarium*.

La plus ancienne charte concernant Montpellier, qui se soit conservée, — cette charte date de 985, — nous offre la forme *Monte pestelario* : — *in terminium [de vil]la Monte pestelario* (4).

---

(1) Léon-G. Pélissier, *Montpellier*, dans *la Grande Encyclopédie*, tome XXIV, p. 266.

(2) L. Guiraud, *les Fondations du pape Urbain V à Montpellier*, III, *le Monastère Saint-Benoit*, pp. 39-40.

(3) *Liber instrumentorum memorialium*, Cartulaire des Guillems de Montpellier, p. XLVI ; — cf. p. XLIII.

(4) *Lib. instr.*, édit. Germain, p. 125.

En même temps que *Mons pistillarius, pestillarius, pestellarius*, etc. (1), on rencontre la forme *Mons pessulanus*, qui est restée la plus usitée durant toute la seconde partie du moyen âge et que M. Chabaneau considère comme une *traduction* de la précédente. — Nous serions personnellement porté à croire que *Mons pessulanus* est *plus qu'une traduction* de *Mons pistillarius* et que ces deux adjectifs représentent simplement deux états parallèles du même terme, — de même que *Larus* (ou *Larius*) et *Lanus* représentent parallèlement, aux époques carolingienne et romane, les deux formes du nom latin de notre rivière du *Lez*.

Les formes *pestelarius* et *pessulanus* ne sont pas, en réalité, aussi éloignées l'une de l'autre qu'il semblerait au premier abord. La différence qui les caractérise ne réside guère que dans leurs suffixes : — ici le suffixe *arius*, là le suffixe *anus*. — Si l'on y réfléchit un instant, on constate que dans les deux formes le radical est identique essentiellement. *Pestel*, dont la réduction à *pest'l*

---

(1) Nous croyons devoir grouper ici méthodiquement les diverses formes du nom de Montpellier, autres que *Mons pessulanus*, — que nous avons relevées dans les chartes latines ou romanes du *Mémorial des Nobles*. — Nous laissons au second plan le mot initial *montem* et le suffixe *arius, erius*, pour considérer plus spécialement l'évolution du vocable essentiel.

Ces formes constituent deux séries très nettement distinctes : — en premier lieu, la forme dissyllabique PESTEL et ses variantes PISTELL, PISTILL, PESTILL et PESTELL ; — en second lieu, la forme monosyllabique PESTL et ses dérivés PESL et PEL.

PESTEL et ses variantes

1° la forme PESTEL : — novembre 985, *Monte pestelario* (Germain, *Lib. instrum. memor.*, p. 125).

2° la forme PISTELL : — fin du x° siècle (?), xi° siècle (?) et vers 1103, *Monte pistellario, Montem pistellario* (op. cit., pp. 111, 581 et 627-628).

3° la forme PISTILL : — commencement du xi° siècle, *Monte pistillario* (op. cit., p. 282). — Cf. vers 1070, « villa que dicitur *Mons pistillaretus* » (Alaus, Cassan et Meynial, *Cartulaire de Gellone*, p. 108).

4° la forme PESTILL : — commencement du xi° siècle, *Monte pestillario* (Germain, op. cit., p. 282).

5° la forme PESTELL : — vers 1076, en 1114, etc., *Monte pestellario, Montem pestellarium* (op. cit., pp. 147, 148, 269 et 705). — Cf. *Monte pestelleret* (ibid., pp. 229-230 et 231).

PESTL et ses dérivés

6° la forme PESTL : — xii° siècle, *Montpestler* (p. 156); — xii° siècle, *Monpestler* (pp. 249, 250, 251, 258, 259, 266, 275, 501, 512, 515, 516, 517, 518, 519, 520, 539, 584, 585, 586, 589, 591, 600, 608, 609, 610, 611, 620, 621, 625, 626, 639, 640, 641, 643, 681, 684, 704, 746, 747, 775; — xii° siècle, *Monpestleir* (pp. 275, 292, 426); — 1187, *Monpestlier* (pp. 745 et 747).

Cf. 1113, *Montepestlaireto* (p. 261); — 1119, *Montepestlairet* (pp. 215, 216, 217); — 1151, *Montpestlaireto* (p. 80); — 1113, *Montepestlcireto* (p. 228); — 1124, *Monpestleireto* (p. 280).

7° la forme PESL : — 1090, 1130, *Montpesler* (pp. 69 à 72, 123-124); — 1090, *Muntpesler* (pp. 69 à 72) — xii° siècle, *Monpesler* (pp. 153, 275, 292, 598, 644, 721, 775); — 1114, *Montepeslario* (p. 697); — 1114, *Montepeslero* (p. 702); — 1090, *Montepestier* (p. 69); — 1090, *Montpestier, Muntpesltier* (pp. 69 à 72); — 1161, 1187, vers 1190 et 1201, *Monpestier* (pp. 315, 365, 717, 746).

Cf. *Montepeslaireto, Montempestlairetum, Montepeslairet, Monpeslaireto, Montpeslairet, Monpeslairet* (pp. 69 à 72, 73, 77, 82, 90, 91).

8° la forme PEL : — janvier 1172 (n. st.), *Monspeliensis* (p. 392).

La charte du 20 décembre 1090 (pp. 69 à 72) nous offre : — trois fois, *Montpester*, et cinq fois, *Muntpesler*; — une fois, *Montpesler*; une fois, *Montepestier* (en latin), et cinq fois, *Muntpesler*; — deux fois, *Montepeslairet*; trois fois, *Monpeslairet*; trois fois, *Montepeslaireto*; trois fois, *Monpeslaireto*, et une fois, *Montempestlairetum*; — soit, sur 27 cas, 27 fois la forme PESL.

Un serment de fidélité, fait à Guilhem VI, entre 1030 et 1049 (p. 275), donne trois fois *Monpestler*; une fois, *Monpestleir*, et une fois, *Monpesler*; — soit, sur cinq cas, quatre fois la forme PESTL et une fois PESL.

Dans un autre serment de fidélité, fait à Guilhem VII, le 31 juillet 1159(?), nous trouvons cinq fois *Monpestler*, et une fois, *Monpester* (p. 775).

Enfin un autre serment de fidélité, fait à Guilhem VIII, le 1er juin 1187 (pp. 745 à 747), nous fournit : — trois fois, *Monpestler*; — trois fois, *Monpestltier*, — et trois fois, *Monpesltier*.

Au total, la forme romane dominante au xii° siècle a été certainement *Monpestler*. — Dès le xii° siècle (peut-être même dès la fin du xi° siècle, si le copiste du cartulaire a reproduit sans la moderniser la graphie de la charte du 20 décembre 1090), on trouve la forme *Monpestier, Monpestier*, qui constitue la transition entre *Monpestler* et *Montpellier*.

s'imposait, en raison des lois de l'accentuation, n'est autre chose, sauf le *t*, que *pess'l*, transcrit *pessul* avec une voyelle intercalaire. — Le cartulaire de l'ancienne abbaye de Gellone (aliàs Saint-Guilhem-le-Désert) nous fournit, pour le nom d'un mas des environs de Meyrueis (Lozère), deux formes correspondant exactement au double état latin du nom archaïque de Montpellier : — d'une part, entre 1077 et 1099, *Freg pestel*; — d'autre part, entre 1098 et 1119, *Frigidum pessulum* (1). Le mas en question porte aujourd'hui le nom de *Frépestel* (2).

Il n'est pas discutable que l'adjectif *pistillarius, pestellarius*, dérive du substantif *pistillum, pestellum*. Il n'est pas moins certain que *pistillum, pestellum* offre à la fois, au moyen âge, le sens de *verrou* et le sens de *pilon*. Les textes réunis par Du Cange et par La Curne de Sainte-Palaye ne laissent pas le moindre doute à ce sujet. — Mais il est permis de se demander si *pistilum, pestellum*, n'aurait pas eu également au moyen âge un autre sens, tout aussi susceptible d'être évoqué dans la circonstance (3).

Ce troisième sens existe. Du Cange le mentionne en ces termes : «*Pestellum*, = Glastum, » herbæ genus, qua infectores lanarum utuntur. Gall. *Pastel* ». Et comme exemple, Du Cange cite un passage ainsi conçu d'un règlement industriel de Carcassonne : « *nullus potest.... tingere seu tingi facere aliquem pannum brunetæ,... nisi cum pestello* » (4).

L'adjectif médiéval en *arius* ou *erius*, dérivé de *pistillum*, se rattache exclusivement au sens de *pastel*. On ne le rencontre que dans les documents d'ordre agricole, industriel ou commercial, concernant la plante tinctoriale indifféremment désignée depuis longtemps sous les noms de *guède* ou de *pastel*, — l'*isatis tinctoria sativa* de Linné.

Le *Glossaire* de Du Cange ne contient pas l'adjectif archaïque *pistillarius* (5), mais on y trouve, à la suite de l'article *pestellum* (6), la forme, moins ancienne et phonétiquement équivalente, *pestelerius*, employée pour qualifier une espèce de moulin, *molendinum pestelerium*. L'interprétation fournie est celle-ci : *ad pestellum pertinens*, et l'auteur renvoie au mot *molendinum*, où figure la définition suivante : *Molendinum pastellerium, pestelerium, quo pastellum seu glastum premitur* (c'est-à-dire un moulin à broyer le *pastel* ou *guède*). Quatre documents sont cités pour exemples : deux en latin, deux en français; l'un du XIVe siècle, les trois autres du XVe. Une charte de 1361 donne successivement *molendino pastellerio* et *molendino pastelli*; un autre texte, celui-là du temps de Charles VII, nous présente la forme *molendino pestelerio*. En français, une lettre de rémission de 1470 se borne à parler d'*ung moulin pastellier* ; une autre lettre de rémission, de 1449, est plus explicite : *un molin à pasteiller, autrement dit molin à guedes* (7).

---

(1) Alaus, Cassan et Meynial, *Cartulaire de Gellone* (édit. Soc. archéol. Montpellier), pp. 333 et 335.

(2) «FRÉPESTEL, com. de Meyrueis, pop. 6 hab. » (J. Bouret, *Dictionnaire géographique de la Lozère*, p. 151). — Il existe un autre FRÉPESTEL dans la Lozère (commune de Saint-Germain-de-Calberte) (cf. Bouret, ibid.).

(3) «PISTILLUS proprie est instrumentum, quo quippiam in mortario teritur, pilum ; *pestello* » (Forcellini, *Lexicon*, t. IV, p. 685).

Il n'y a pas lieu de tenir compte ici du sens, — d'ordre exclusivement scientifique et de date relativement récente, — dans lequel les botanistes ont ressuscité le phonème original, pour désigner le *pistil* des fleurs.

(4) Du Cange, édit. Favre, tome VI, p. 294.

(5) Cf. Du Cange, édit. Favre, tome VI, p. 337.

(6) Tome VI, p. 294.

(7) Tome V, p. 444.

L'étymologie naturelle de *pastel* paraîtrait bien être le *pastillus* romain. Il serait très vraisemblable que le *glastum*, qui recevait, après sa préparation industrielle, la forme d'un *pastillus*, en ait également reçu le nom. On aurait eu successivement *pastillum, pastellum, pastel*. — Mais si le passage de *pastillus* à *pastel* est tout à fait régulier phonétiquement, le passage de pAstel à pEstel et de pAstilarius à pEstelarius est plutôt anormal, étant donnée la résistance traditionnelle de l'A entravé.

Quant à l'origine rationnelle de ce nom de pastel, s'il est permis de la voir dans la préparation du guède *sous forme de boules de pâte (pastillus)*, rien ne prouve qu'elle ne doive pas, tout aussi bien, être cherchée dans la préparation du guède dans un mortier *au moyen d'un pilon (pistillus)*. Ce pilonnage de la plante doit avoir été le seul procédé en usage pendant toute la période où ont été employés les petits moulins à bras. Plus tard seulement, on aura appliqué à la fabrication du pastel les grandes meules mues par l'eau ou par le vent.

Quoi qu'il en soit d'ailleurs de l'étymologie du mot, il n'est pas permis de contester, au nom de la phonétique, le sens de *pastel* fourni par les documents, aux XIVe et XVe siècles, pour le substantif *pestellum* et pour l'adjectif *pestelerius*.

Reste à savoir si les textes des XIVe-XVe siècles produits par Du Cange sont susceptibles d'être appliqués, en toute sécurité historique, à l'interprétation du *pistillarius* montpelliérain, fourni par les textes des Xe et XIe siècles, mais remontant vraisemblablement à une date encore plus reculée.

La toponymie générale, d'une part, — notre histoire locale, d'autre part, — nous autorisent-elles à voir l'origine du nom de notre ville dans la culture du guède et dans la préparation du pastel, — ou même seulement dans l'existence d'un domaine, voire d'un simple mas, possédé par un individu exerçant ou ayant exercé le métier soit de cultivateur de guède, soit de meunier fabriquant le pastel ?

Parmi les noms de lieux composés de deux éléments, dont le premier est le substantif *montem* ou son analogue (de moindre ampleur) *podium*, — un certain nombre possèdent comme second élément un qualificatif, indiquant la nature physique, la forme, la couleur, de la montagne ou du monticule désigné. Exemples : *Montaigu, Montredon, Montblanc, Montnègre, Montbrun, Puechagut, Puechredon,* etc. — Visiblement, Montpellier n'appartient pas à cette première catégorie.

D'autres noms de lieux, de formation similaire, ont pour second élément un qualificatif tiré des produits, factices ou spontanés du sol. Exemples, dans le département de l'Hérault : — près d'Aniane, le Mont *Calmès, Mons Calmensis*, — et plus près de nous, entre le causse d'Aumelas et la vallée de la Mosson, dans la commune de Saint-Paul-et-Valmalle, les monts *Camels* ou *Calmels*, — dont l'étymologie semble bien identique à celle des *chaumes* ou *pâturages* de la région vosgienne.

Montpellier nous paraît pouvoir très bien rentrer dans cette seconde catégorie. Si l'on y a réellement, dès cette époque lointaine, comme plus tard sur tant d'autres points du Languedoc (1),

---

(1) Cf. notamment De Lasteyrie, *Du Pastel,* passim, et l'Inventaire sommaire des Archives départementales de l'Hérault, série C, tome I, pp. 403 et suiv.

cultivé le guède et fabriqué le pastel, il serait très normal qu'il ait porté le nom de *mont pestellier*, de même que certains terrains où l'on a cultivé l'orge ou bien que l'on a plantés en oliviers, se sont appelés Montorgier, *montem ordearium*, ou Montoulieu, *montem olivum*.

En ce qui concerne spécialement la culture du guède, il existerait un similaire.

Dans sa monographie *du Pastel, de l'Indigotier et des autres végétaux dont on peut extraire une couleur bleue* (publiée en 1811), C.-P. de Lasteyrie rapporte, à la suite de Matthiole, qu'en Italie, «aux environs de Nocera,... on trouve une bourgade nommée *Guado*, à cause de la grande culture du pastel qui avait lieu dans ce canton» (1). — Ce qui s'est produit en Italie a fort bien pu se produire en Languedoc.

Mais ce nom de Montpellier est susceptible d'être considéré comme pouvant tout aussi bien provenir d'une autre source.

Dans une troisième catégorie de noms de lieux dont le premier élément est le mot *montem* ou le mot *podium*, — un bon nombre offrent comme second élément *un nom d'homme*. Exemples : — Montarnaud, *Montem Arnaldi*, — Montbazin, *Montem Basini*, — Montgiscard, *Montem Giscardi*, — Puéchabon, *Podium Abonis*, — Puyguilhem, *Podium Guillelmi*, — etc.

Montpellier ne paraît pas, au premier abord, rentrer dans cette troisième catégorie. Notre archaïque cartulaire seigneurial le *Mémorial des Nobles* nous offre bien des noms d'hommes, comme *Pellier, Pelhier, Pelherius*, mais nous ne trouvons aucun *Pestellarius*.

Cependant il a parfaitement pu exister chez nous, à l'époque carolingienne et même antérieurement, bien que les textes ne nous en aient conservé aucune trace, une famille locale du nom de *Pistillarius*.

Ce gentilice *Pistillarius* aurait visiblement été à l'origine un simple *cognomen* professionnel, analogue à ceux que nous retrouvons encore aujourd'hui dans un certain nombre de noms de familles, tels que *Teinturier, Barbier, Teissier, Lelaboureur, Lefileur, Levaneur*, etc., etc.

Il est parfaitement possible également que ce surnom de *Pistillarius* ne constitue qu'un simple *cognomen* individuel, n'ayant pas été transmis héréditairement et étant resté quand même dans la toponymie locale.

Si le *Mons pistillarius* du *Mémorial des Nobles* représente un primitif *Mons Pistillarii*, de même que *Mons Arnaldus* a couramment représenté un primitif *Mons Arnaldi* et *Mons Basenus* un primitif *Mons Basini*, nous nous trouverions en présence de deux éventualités aussi normales l'une que l'autre. Ou bien nous aurions affaire à un nom de famille primitivement surnom, — à un *cognomen* passé à l'état de *gentilice*. Ou bien, s'il s'agit, non pas d'une famille, mais seulement d'un individu, nous serions en face d'une désignation tout à fait analogue aux noms qui ont été attribués, à une époque récente, — pour des motifs tout personnels, que nos contemporains connaissent encore très bien, — à divers domaines des environs de notre ville, tels que le *Mas du Ministre*, le *Mas de l'Enterrayre*, le *Mas du Chapelier*, etc.

Au total, trois hypothèses sont permises, susceptibles d'être ramenées à deux : — ou bien le

(1) *Du Pastel....*, p. 53.

qualificatif *pistillarius* représenterait une culture et une fabrication locales, — ou bien il représenterait le *cognomen* d'un particulier, *cognomen* resté isolé ou devenu *nom de famille*. Dans ces deux derniers cas, nous serions toujours ramenés à un individu ou à un groupe d'individus ayant pratiqué cette même culture et cette même fabrication, — soit l'une et l'autre simultanément, soit seulement la seconde, c'est-à-dire la *meunerie* du pastel, la préparation du guède à l'usage des teinturiers.

Que notre *pistillarius* dérive de la *fabrication* ou du *fabricant*, nous nous trouvons toujours plus ou moins immédiatement en présence de l'exploitation, de la mise en œuvre industrielle d'une plante tinctoriale bien déterminée.

Or, le fait précis d'une exploitation de ce genre, à Montpellier, — à l'époque historique la plus lointaine que les documents nous permettent d'atteindre, — se présente dans de réelles conditions de vraisemblance.

Il est impossible de déterminer à quelle date au juste une population a commencé à se grouper sur le monticule où les chartes constatent, à partir de 1113 (1), la présence de la paroisse Saint-Firmin de Montpellier. Les Romains, qui ont occupé et cultivé toute notre région, ont laissé des traces de leur séjour tout autour de notre ville et même sur des points faisant aujourd'hui partie de nos faubourgs, mais rien n'a encore été découvert qui permette d'affirmer que notre *Clapas* lui-même ait été habité par eux.

En ce qui concerne la première partie du moyen âge, bien que l'assertion d'Arnaud de Verdale, — assertion basée sur des documents et sur la tradition, *in scriptis et fama pertinaci* (2), — ne soit plus corroborée aujourd'hui par des textes carolingiens *encore existants*, il ne semble pas qu'il y ait lieu de mettre en doute (3) la donation faite à l'évêque de Maguelone, au x° siècle, par les deux sœurs de l'évêque de Lodève saint Fulcran, de ce qu'elles possédaient en alleu, l'une à Montpellier, l'autre à Montpelliéret, *possessionem et possessionis jus, quod in his villis et in pertinentiis ad eas videbantur habere*.

Or, dès le x° siècle et même bien antérieurement, la culture du guède et la préparation du pastel pour la teinture étaient parfaitement connues.

Elles étaient familières notamment aux Arabes qui ont exercé si longtemps une influence commerciale, artistique et scientifique à Montpellier. Nous en avons la preuve dans un texte, plusieurs fois mentionné déjà par les auteurs qui se sont occupés de l'histoire de la teinturerie. Au cours de son *Livre de l'Agriculture*, l'arabe Ibn-Al-Awam, reproduisant un écrivain antérieur Abou'l-Khaïr, traite des semailles et de la récolte du guède et décrit le broiement des feuilles, leur traitement

---

(1) « C'est au commencement du XII° siècle, et pour préciser, le 5 septembre 1113 qu'apparaît dans nos documents la dénomination de paroisse Saint-Firmin, paroisse Saint-Denis » (Louise Guiraud, *Recherches topographiques sur Montpellier au moyen âge*, dans les *Mémoires de la Soc. archéol. de Montpellier*, série in-8°, tome I, p. 92). — Cf. le *Liber instrumentorum*, édit. Germain, p. 260.

(2) Cf. Arnaud de Verdale, *Catalogus episcoporum Magalonensium*, édition Germain, dans les *Mémoires de la Société archéologique de Montpellier*, tome VII, p. 488.

(3) « Il faut rejeter les fables sans consistance qui attribuent sa fondation aux sœurs de saint Fulcrand » (Léon-G. Pélissier, *Montpellier*, dans *la Grande Encyclopédie*, tome XXIV, p. 266).

par l'humidité jusqu'à la putréfaction, et ensuite leur trituration de façon à en former une pâte, «dont on fait de petites boules qu'on fait sécher au soleil et qui sont employées en teinture» (1).

La teinture des draps est, avec la mégisserie (autrement dite *blanquerie*) (2), la plus ancienne industrie *marquante* que l'on connaisse à Montpellier (3). Dès le XII° siècle, elle apparaît dans des conditions qui témoignent de son importance.

Germain a cru y trouver une allusion, dans le testament, daté de 1121, du seigneur de Montpellier Guilhem V (4). Ce qui est certain, c'est que dès le mois de janvier 1182 (n. st.), un statut de Guilhem VIII interdit à tout étranger d'exercer à Montpellier le métier de teinturier en draps (5). La même interdiction protectionniste reparaît en 1204 dans la grande charte des coutumes (6) et on la voit renouvelée dans le cours du XIII° siècle (7).

Notre vieux recueil municipal désigné sous le nom de *Petit Talamus* contient, entre autres choses, les serments prêtés par les différents fonctionnaires et par les représentants des différents corps de métiers. Or, le corps de métier qui figure *aussitôt après les fonctionnaires*, est celui des teinturiers — et leur serment est précédé du texte des établissements constatant leur ancienneté et leur privilège, si durement prohibitif à l'endroit de leurs concurrents étrangers (8). Le rang occupé par les teinturiers dans la circonstance suffirait à indiquer leur importance.

Nous ajouterons, au risque de nous écarter un peu trop des chartes des X° et XI° siècles, nous fournissant le vocable caractéristique *Mons pistillarius*, — que la teinture au pastel est restée longtemps florissante à Montpellier. Les lettres patentes accordées par Charles VIII, en juillet 1493,

---

(1) J.-J. Clément-Mullet, *Le Livre de l'Agriculture d'Ibn-Al-Awam*, traduit de l'arabe (Paris, Franck, 1864-1867, 3 vol. in-8°), tome II, première partie, pp. 125-126. — Cf. C.-P. de Lasteyrie, *Du Pastel*,..., pp. 54-55, — et J.-B. Weckerlin, *Le Drap «escarlate» au moyen âge, essai sur l'étymologie et la signification du mot* ÉCARLATE *et notes techniques sur la fabrication de ce drap de laine au moyen âge* (Lyon, A. Rey, 1905, in-8°), p. 60, note.

(2) «BLANCHER, s. m. *(Tanneur)*. Ce nom est donné en Languedoc aux tanneurs qui apprêtent les menus cuirs; aux ouvriers qui s'occupent de la petite tannerie» (*Encyclopédie méthodique, Manufactures, Arts et Métiers*, par Roland de la Platière, 2° partie, tome III, [Paris, 1790, in-4°], *Vocabulaire des arts et métiers concernant les peaux et cuirs*, p. viij).

(3) Voir Germain, *Histoire du Commerce de Montpellier*, tome I, pp. 20 à 25.

(4) «La fabrication et la teinturerie des draps étaient une industrie fort ancienne à Montpellier. Guilhem V, dès 1121, en fait mention dans son testament, *Hist. gén. de Lang.*, II, Pr. 416» (Germain, *Hist. de la Commune de Montpellier*, t. I, p. 204, note). — Cf. Germain, *Hist. du Commerce de Montpellier*, t. I, p. 25; également cf. *Lib. instr. mem.*, édit. Germain, p. 176.

(5) Cf. le Petit Thalamus, ms., fol. 289; édit. Soc. archéol. Montp., p. 137.

(6) «Nullus extraneus homo aliquos pannos laneos in Montepessulano tingere potest, in grana aut in aliquo colore». — D'Aigrefeuille, *Hist. de Montpellier*, édit. in-fol., tome I, p. 700; édit. in-4°, tome II, p. 574. — Germain, *Hist. de la Commune de Montpellier*, tome I, pp. 118 et 203. — *Le Petit Thalamus de Montpellier*, édit. Soc. archéol. Montp., pp. 48 et 49. — Jos. Berthelé, *Archives de la ville de Montpellier*, tome III, p. 119, art. 104.

(7) Le 16 des calendes de janvier 1226, «*Establimen d'aquels que fan lo mestier del teng dels draps:* — cum certa causa sia que per la costuma, que es facha lonc temps ha, que neguns homs estranhs alcuns draps lanis en Montpeslier tenher non pot, en grana ni en alcuna autra color.....» (*Le Petit Thalamus*, édit. Soc. archéol. Montp., p. 138). — Lo 4 des ides de juin 1251, autre «*Establimen d'aquels que fan lo mestier del teng dels draps:* — qum la costuma facha sobrel teng, que neguns homs estranhs non puesca tenher en Montpeslier draps lanis, si per v ans en Montpeslier non havia estat.....» (ibid.).

(8) Le Petit Thalamus, ms., fol. 375 à 377; — cf. Berthelé, *Archives de la ville de Montpellier*, tome III, pp. 228-229, art. 1376 à 1378.

aux Consuls de Montpellier, au sujet du « mestier, art et exercice juré de drapperie », ordonnent que les deux « surposez » (nous dirions aujourd'hui *inspecteurs*) « visiteront les tainturiers de pastel » (1). Les « articles et ordonnances [s. d.] faictz sur l'art et mestier des tainturiers, par Messieurs les Consuls de Montpellier et surposez touchant le fait et art de la Drapperie », visent spécialement le « tinct de pastel » et le métier de « tincturier de pastel » (2).

Les statuts de « l'art et mestier des tinturiers... dans la ville de Montpellier » rédigés, en 1603, prescrivent comme épreuve pour l'obtention de la maîtrise, une manipulation de pastel (3).

CONCLUSION. — Nous croyons que l'adjectif *pestelarius*, qui constitue l'élément caractéristique de la plus ancienne forme connue du nom de Montpellier, peut très bien avoir eu, dès l'année 985, le même sens qu'aux XIVᵉ et XVᵉ siècles. — Ce que nous savons de plus lointain sur l'industrie montpelliéraine correspond parfaitement à cette donnée générale.

C'est pourquoi, laissant de côté les étymologies de *montagne des jeunes filles*, de *montagne du verrou*, de *montagne du pilon*, et autres, dont on ne saurait contester le caractère ou trop fantaisiste ou trop recherché, — nous estimons *logique* de proposer à leur place — à titre simplement *d'hypothèse vraisemblable*, bien entendu, et sous réserve *d'objections décisives* possibles, — l'étymologie plus terre à terre et plus normale de *montagne du pastel* ou *du pastellier*.

* *
*

L'objection la plus forte qui nous paraît pouvoir être faite à l'encontre de cette conclusion porterait — non pas sur l'évolution phonétique, qui nous conduit très normalement du *Monte pestelario* de 985 au Montpellier actuel, en passant par les formes *Montpestler*, *Montpestlier*, *Montpeslier*, ni sur le sens de l'adjectif *pestelerius* du Xᵉ au XVᵉ siècle, — mais sur l'origine réelle et sur le sens primordial du terme qui nous apparaît en 985 sous la forme *pestelario*.

On sait qu'à l'époque romane et à l'époque gothique, quantité de noms de lieux ont reçu, sous la plume des notaires plus ou moins instruits, une *forme latine nouvelle*, dérivant approximativement de la forme en usage dans la *langue vulgaire*, et, dans certains cas, s'écartant très sensiblement de la *forme latine primitive* et arrivant à donner au nom de lieu ainsi rebaptisé un sens nouveau absolument fantaisiste (4). Il est permis de se demander si les notaires de la fin du Xᵉ siècle, qui écrivaient

---

(1) Archives municipales de Montpellier, série H, registre coté : *Draperie et Teinture, 1493 à 1662*, fol. 7 verso.

(2) Id., fol. 12 et suiv.

(3) Id., fol. 223 recto.

(4) La forme latine *Mons pessulanus*, — qui a spécialement inspiré l'étymologie de *montagne du verrou* (*pessulus* = verrou), mais *qui n'est en aucune façon celle dont dérive la forme romane* MONTPESTLER, d'où MONTPELLIER, — pourrait être une de ces réfections notariales.

Il nous paraîtrait difficile de retrouver, dans cet adjectif en *anus*, un nom de lieu composé de la même façon que tous ces substantifs topiques, où le suffixe italique *anum* s'est ajouté au nom du propriétaire de l'époque romaine, de même que dans la période historique antérieure, le suffixe celtique *ac*, latinisé en *acum*, s'était ajouté au nom du propriétaire autochtone ou au nom d'un nouveau possesseur appartenant à la race conquérante.

On pourrait supposer, sans doute, que notre « Clapas » a été un *Pessulanum*, c'est-à-dire le domaine d'un personnage dénommé *Pessulus*. Mais il faudrait alors admettre que l'on a ensuite pris l'habitude de renforcer ce vocable par le mot *mont*, et que cette habitude a transformé le substantif *Pessulanum* en un adjectif identique *pessulanus*, — alors que l'adjectif dérivé de

Monte pestelario ou *Monte pistellario*, reproduisaient bien exactement le vocable primitif, ou bien s'ils ne transcrivaient pas *déjà* une forme latine *nouvelle*, calquée sur la forme en usage dans la langue vulgaire.

Il est permis également de se demander si le terme *pestel*, d'où l'adjectif *pestelarius*, — ou plus exactement le terme inconnu, auquel correspond *pestelarius*, — n'appartient pas à quelqu'une des langues qui ont été en usage dans notre région *antérieurement à l'époque romaine*, et ne doit pas être rangé, de ce chef, avec tant d'autres noms de lieux, dont l'origine et la signification restent mystérieuses, alors que la formation des autres noms de lieux en *ac*, en *an*, en *argues*, en *et*, etc., se présentent à nous dans des conditions d'interprétation plus facile.

L'hypothèse que nous avons exposée est peut-être appelée à avoir un jour le sort de l'étymologie du nom de Tréviès. On a pu croire aux trois chemins, *tres vias*, *tribus viis*, tant que l'on n'a pas connu la forme carolingienne *Terrevias*, dont le radical se retrouve dans le nom du torrent, *le Terrieu*, qui arrose cette localité (1). Aujourd'hui l'on sait que l'étymologie des trois chemins n'est plus justifiée ; — mais la question de l'origine et du sens de *Terrevias* reste toujours à résoudre.

En ce qui concerne l'étymologie de Montpellier, il conviendrait de rechercher si les langues primitivement parlées sur notre terroir ne pourraient pas nous fournir un vocable quelconque, susceptible d'être reproduit dans un adjectif tel que *pestelerius*. — Nous avouons sans détour qu'une investigation de ce genre dépasse totalement la mesure de nos connaissances personnelles, et nous laissons aux linguistes compétents le soin d'examiner si le problème n'est pas susceptible d'une solution toute autre que celle que nous avons été amené à proposer.

Montpellier, le 12 juin 1907.

Jos. BERTHELÉ.

Pessulanum aurait dû être normalement *pessulanensis*. — Il ne nous semble pas qu'une hypothèse de ce genre puisse être solidement motivée.

En tout cas, avec un nom de lieu tel que *Pessulanum* nous serions ramenés à un nom de personne, *Pessulus*. Mieux vaudrait alors, en donnant la préférence à la forme latine, d'où est sortie la forme vulgaire *Montpellier*, — supposer un *gentilice* ou un *cognonem*, tel que *Pistillus*. — Ce nom propre *Pistillus* a existé : la céramique gallo-romaine le fournit. — Nous aurions eu alors un *Pistillanum*, *Pestellanum*, qui aurait dû nous donner, avec l'adjónction du mot *montem*, un adjectif *pestellanensis*. Mais il serait téméraire d'affirmer l'existence de ce *pestellanensis* et il vaut mieux le laisser — avec le *Montpesteylat*, que Germain n'a pas dédaigné, — parmi les dénominations purement imaginaires.

Montpellier ne nous paraît pouvoir être ni *la montagne du domaine de Pessulus*, ni *la montagne du domaine de Pistillus*. — D'autre part nous n'avons pas *mons pessulatus*, qui pourrait se traduire *mont verrouillé (mons pessulo clausus)*. — Nous avons *Mons pessulanus*, auquel nous ne trouvons pas de sens présentable, et qui ne correspond à rien dans la tradition toponymique vulgaire. Nous avons surtout *Mons pestelarius*, qui nous a donné la forme encore vivante et qui est susceptible d'une interprétation acceptable. *Pestelarius* est un adjectif incontestable et incontesté : nous devons l'accepter comme un *adjectif*, — et chercher à le traduire comme tel, — soit que cet adjectif ait été maintenu, dans l'usage, à l'état de *qualificatif*, — soit qu'il ait passé, de vieille date, pour une raison de personne, à l'état de *cognomen* familial ou même seulement de *gentilice* isolé.

Malheureusement, et c'est ici que nous revenons à une objection possible, l'absence de textes antérieurs à 985 ne nous permet pas d'*affirmer* que notre *Monte pestelerio* représente la vraie forme *primitive* ! ! Avant 985, il y a le vide ! ! !

(1) Berthelé, *Archiv. de la ville de Montpellier*, tome III, pp. 498 à 500.

INVENTAIRES

INVENTAIRES

COMPLÉMENTAIRES

INVENTAIRES COMPLÉMENTAIRES

LES ARCHIVES DU DOMAINE DE MALBOSC

I

Inventaire rédigé par Jean de Ricard en 1636

Inventaire des Tiltres de la Seigneurie de Malbosc et la Généalogie des possesseurs d'icelle (1).

INVENTAIRE *des Tiltres et possesseurs de la Seigneurie de Malbosc et plaine de Le Liou* (2), faict par moy JEAN DE RICARD (3), seigneur du dict Malbosc et de la dicte plaine de Le Liou.

Nota que la dicte plaine de Le Liou est nostre mas de Malbosc, et tout est comprins soubs le nom de Malbosc, estant dans les limittes et confrons du terroir et seigneurie de Malbosc.

1202. — Raymond, fils de la reyne Constance, par la grâce de Dieu duc de Narbonne, comte de Toulouze et Melguel, marquis de Provence (4), a donné à Guido Gruneri (5), dict de Cap de Porc, jurisconsulte, son juge et chancellier, tout ce qu'il avoit en toute la paroisse et métérie Saint-Gervais de Juvinhac et ses apartenences et terroirs, et tout ce qu'il avoit en toute la paroisse et métérie Saint-Julian de Grabels, sçavoir les maisons, champs, vignes, arbres, rivières, usages, pâturages, devois et autres, cultes et incultes, les entiers lods, albergues, fiefs, services, conseils, quarts et huictains, seigneuries, dominations, justices, tant ès causes civilles que criminelles, et touts droits, tant ordinaires que extraordinaires, que luy compètent et peuvent compéter en toutes les choses susdictes, et toute seigneurie, propriété et possession, et autrement comme est contenu en la dicte donation, receue par Bernard Segueri, notaire public de Melguel, le tretsiesme jour entrant au mois de mars de l'an mil deus cens deus. — Faict à remarquer que la dicte seigneurie de Malbosc et plaine de Le Liou est dans les dictes paroisses de Juvinhac et de Grabels. — La dicte donation, cottée lettre A.

(1) Cet inventaire de Jean de Ricard, — qui nous a paru assez intéressant pour être publié in-extenso, — fait partie, de même que les autres pièces, dont l'analyse formera la seconde partie de cette notice, — des papiers de famille de M. FERNAND ANDUZE, de Montpellier, propriétaire actuel du domaine de Malbosc et du mas de Campagne.
M. FERNAND ANDUZE et M. CHARLES ANDUZE, son fils, nous permettront de leur renouveler ici l'expression de notre reconnaissance, pour l'obligeante amabilité, avec laquelle ils ont bien voulu nous ouvrir leurs archives particulières et nous autoriser à y puiser, dans l'intérêt de l'histoire montpelliéraine.

(2) « .... de Malobosco et de OLIVO » (le *Grand Talamus*, fol. 31 recto, col. 1 ; Germain, dans *Mém. Soc. archéol. Montpellier*, in-4°, tome VII, p. 732) = « Malbosc, OLIEU » (Joffre, inventaire du *Grand Talamus*, dans *Archives de la ville de Montpellier*, tome III, p. 93, col. 2).

(3) Cf. D'Aigrefeuille, *Hist. Montpellier*, édit. La Pijardière, t. II, pp. 419, 420 et 424.

(4) Raymond VI de Toulouse = Raymond V de Mauguio.

(5) Nous sommes porté à croire que la charte latine, analysée par Jean de Ricard, présentait plutôt *Granerii* que *Grunerii*. Il conviendrait donc de lire *Granier*, au lieu de *Gruneri*.

1203. — Le dict Guido Gruneri a faict donnation à Mabille, sa sœur, la mariant avec Arnaud de Combaliols, de tout ce qu'il avoit en toute la métérie et paroisse de Juvinhac et en toute la métérie et paroisse de Grabels, — c'est à sçavoir de toute la huictiesme partie des fruicts des mazes de Malbosc et du Villar et de Redonèle et de Cercles et du Pouget et de Lécas et de Graneri, et tout le mas de la Valsière et d'Aurelle, et toutes les albergues et droits qu'il avoit aus dicts lieus, sçavoir maisons, cazals, champs, vignes, arbres, rivières, pasturages, patus, devois, fiefs, services, lods, usages, justices, seigneuries, en toutes causes civiles et criminelles, avec toute jurisdiction ; soubs l'albergue de un à deus soldats tant seulement au seigneur Raymond, comte de Melgueil et Montferrand, quand l'albergue sera demandée, et non autrement ; — avec serment de fidélité ; — et autrement comme est contenu en la dicte donation, receue par Jaques Laurens, notaire, le vingt-septiesme may mil deus cens trois. — La dicte donation, cottée lettre B.

1235. — Après la dicte donnation de l'an mil deus cens deus, faicte par le dict comte Raymond au dict Guido Gruneri, est le testament du dict Gruneri, par lequel il faict héritière Béatris, sa femme, et la prie de rendre son héritage, après sa mort, à Dalfin, Guido et Boniface, ses enfens, — et faict légataires Guilhaume, un autre sien enfent et Guide et Doulce, ses filles, et aultrement comme est contenu au dict testament, receu par Bertrand Tercoleri, notaire, le seitziesme janvier mil deus cens trente-cinq, — escrit à suitte de la dicte donnation, — cy cotté lettre C.

1253. — Doulce, fille du dict Guido Gruneri de Cap de Porc, femme de Pierre de Terico, touts deus ensemble, de l'advis et conseil de Béatris, mère de la dicte Doulce, et de Guido et Boniface Gruneri de Cap de Porc, ses frères, et de leurs autres parents, proches et amis, ont vendu à Jean Sales touts les droits que leur compètent et aus leurs, et que leur peuvent et doibvent compéter, et tout ce qu'ils ont et leurs prédécesseurs et Mabille, leur tante, ont heu au mas de Malbosc ; — contract receu par Bertrand Arnaud, notaire de Montpellier, le vingtiesme juillet mil deus cens cinquante-trois ; — cy cotté lettre D.

1272. — Par transaction faicte et passée par le Roy de Majorque, seigneur de Montpellier, et Monsieur l'Évesque de Maguelonne, comte de Melgueil et Montferrand (1), le dict Roy est seigneur dominant quand à la justice, et le dict sieur évesque, quand à la directe, des mazes de Botonnet, Montmal, la Valette, la Valsière, le Crès (2), Malbosc, le Liou et autres, nommés en un article de la dite transaction, començant : *item fuit actum quod dictus dominus rex*, etc. — La dicte transaction, receue par Michel de Malebuxo, notaire de Montpellier (3), le neufviesme janvier mil deus cens septante-deus ; — cy cottée lettre E.

1293. — Bernard Sales, nepveu et héritier du dict Jean Sales, a vendu à Hugues et Pons Alamandin frères, la seigneurie directe, conseil, lods, prélation, comission et touts les usages ou censes, qu'il a et prend, ou peult et doibt prendre, en tout le fief du mas de Malbosc et plaine de Le Liou et toutes leurs apartenances, avec jurisdiction haulte, moyenne et basse ; — confrontant le dict fief avec les terres et apartenances du mas de la Palliade, avec les terres du mas de Villavite, avec les terres et apartenances du mas d'En Alco ou Valaribert, avec les terres de la Rieyre, avec les terres de Puech Villar ; — contract receu par Jean de Foyssaco, notaire de Montpellier, le quinziesme juillet mil deus cens nonante-trois.

Après laquelle acquisition, les dicts Alamandins auroient payé droit de lods de la dite seigneurie directe à Monsieur l'Évesque de Maguelonne, et recogneu tenir icelle en fief honoré, soubs l'albergue de deus soldats ou quatre sols melgoirés touts les ans, au choix des dicts Alamandins, ainsin qu'est esnoncé dans la recognoissance d'homage faict par Jean Bringuier, à Monsieur l'Évesque de Maguelonne, de la dite seigneurie

---

(1) Cette transaction, du mois de janvier 1273 (n. st.), — dont on trouve une copie dans le *Grand Talamus* (cf. l'inventaire de Joffre, dans *Archives de la ville de Montpellier*, art. 663, pp. 88 à 94), — a été publiée par Germain, dans les *Mém. Soc. archéol. Montpellier*, in-4°, tome VII, pp. 724 à 735.

(2) Cet ancien domaine du Crès, dit depuis de *la Colombière*, correspondait à l'emplacement du nouvel asile départemental des aliénés, au Bois de l'Hôpital, etc.

(3) Nous avons traduit, à plusieurs reprises, les noms des notaires *Michael*, ou plus exactement *Micahel*, et *Johannes de Malobuxo*, par Michel et Jean *de Malbosc* (cf. *Arch. Montpellier*, tome III, pp. 341, 342, 343, etc.). Toutes réflexions faites, il nous paraît préférable de traduire : *de Malbouis*.

directe, le quatorziesme janvier mil trois cens nonante-cinq, cy-après inventorié soubs cotte H. — Le dit contract de vente, cy cotté lettre F.

(J'ay extraict de ce contract, dans un cayer en papier ; je l'ay aussi grossoyé en parchemin ; l'un et l'autre, cotté F).

1312. — Le dict Pons Alamandin a faict homage au Roy de Majorque, seigneur de Montpellier, et presté serment de fidélité, les genous ployés et les mains jointes entre les mains du dict Roy, de la jurisdiction haulte, moyenne et basse de tout le fief honoré du mas et terroir de Malbosc et plaine de Le Liou, — confrontant avec le terroir du mas de la Palliade, avec le terroir du mas de Vilavite, avec le terroir du mas d'En Alco, avec le terroir du mas du Crès ou la Rieyre, avec le terroir de Puech Villa ; — contract receu par Simon Tornafort, notaire de Montpellier, le dernier de may mil trois cens doutze ; — cy cotté lettre G.

(J'ay extrait de cest hommage, dans le dit cayer en papier ; je l'ay aussy grossoyé en parchemin ; l'un et l'autre, cotté G).

1383, 1395. — Auquel Pons Alamandin succéda Pons Alamandin, son fils, et aus enfans d'icelluy, Clémence de Bonamy, leur mère, vefve du dict Pons Alamandin, — laquelle, par son testament du quatriesme décembre mil trois cens huictante-trois, receu par Saulveur de Grabels, notaire de Montpellier, auroit institué son héritier Jean Bringuier, son fils et d'Arnaud Bringuier, son second mary, — lequel a recogneu à Monsieur l'Évesque de Maguelonne, comte de Melguel et Montferrand, tenir de luy en fief honoré toutes les seigneuries directes, conseil, lods et usages d'orge, bled et argent, qu'il [a] au mas de Malbosc et plaine de Le Liou et toutes leurs apartenances, et que la dicte Clémence avoit et tenoit par la succession de ses enfans et du dict Pons Alamandin, son premier mary, fils du dict Pons Alamandin, et qu'ont esté d'icelluy et par luy acquis, tant pour luy que pour le dict Hugues Alamandin, son frère, de Bernard Sales, — ainsin qu'apert par instrument receu par Jean de Foyssaco, notaire de Montpellier, le quinziesme juillet mil deus cens nonante-trois ; — pour laquelle seigneurie directe, lods et usages, est tenu de faire albergue de deus soldats ou payer quatre sols melgoirés au dit sieur évesque tous les ans, au choix du dict Bringuier et des siens ; — et sy la dite albergue n'est demandée par le dict sieur évesque ou ses successeurs, le dict Bringuier ou ses successeurs ne seront tenus de la payer que de l'année seulement qu'elle sera demandée. — Apert du contract receu par Toussan Rougeri, notaire du dict Montpellier, le quatorziesme janvier mil trois cens nonante-cinq ; — cy cotté lettre H.

(J'ay extraict de ceste recognoissance d'homage, dans le dict cayer en papier ; je l'ay aussy grossoyé en parchemin ; l'ung et l'autre, cotté H).

1406, 1423, 1424, 1426, 1427. — Le dict Bringuier, par son testament, receu par Jean Vasselleri, notaire du dict Montpellier, le quatorziesme febvrier mil quatre cens-six, a faict son héritière Margueritte de Crueyas, sa femme. — Et par le préambul du vidimus du dit homage, faict par le dict Pons Alamandin au Roy de Majorque (cy-devant cotté G), apert que la dicte Margueritte de Crueyas se dict vefve et héritière du dict Jean Bringuier, seigneur de Malbosc.

Apert aussy, par diverses recognoissances, quittances de droit de lods et autres actes de seigneurie, estants dans deus cayers papier, — prinses et receues par Guillaume Seguini, notaire, ès années mil quatre cens vingt-trois, mil quatre cens vingt-quatre, 1426 et 1427, — expédiés et signées par Pierre Debuzens, notaire de Montpellier, subrogé aus nottes d'icelluy, — que la dicte Margueritte de Crueyas est femme de Guarin Barduchi et vefve et héritière de Jean Bringuier, seigneur de Malbosc, son premier mary. — Les dicts cayers des dictes recognoissances, cy cottées chacun lettre I.

1436, 1442, 1446. — La dite Margueritte de Crueyas, par son testament, receu par Jehan Adhémari, notaire du dict Montpellier, le septiesme juillet mil quatre cens trente-six, a faict son héritier Pierre de Crueyas, son nepveu ; — et par diverses recognoissances, quittances de droit de lods et autres actes seigneuriauls, faictes au dit Pierre de Crueyas, seigneur de Malbosc, ès années mil quatre cens quarante-deus et 1446, — prinses et receues par Guillaume Seguini et Barthélemy Vitalis, notaires du dict Montpellier, — expédiées par le dict Debuzens, notaire, — apert que le dict Pierre de Crueyas se qualifie nepveu et héritier de la dicte Margueritte de Crueyas, seigneur de Malbosc; — estants les dictes recognoissances dans le *Livre vert* et dans deux cayers de recognoissances faictes au dict Pierre de Crueyas; — chascun des dicts cayers, cy cottés lettre K.

1448, 1449, 1450. — Le dict Pierre de Crueyas s'estant marié avec Issalène de Chanut, du dict mariage auroit esté procréé Jean de Crueyas, quy auroit esté son héritier, ainsin qu'apert de diverses recognoissances, nouveaus achets, quittances de droit de lods et autres actes de seigneurie, faictes au dict Jean de Crueyas, seigneur de Malbosc, — prinses et receues par Jean Alegrandi et Armand Calvini, notaires du dict Montpellier, ès années mil quatre cens quarante-huict, 1449, 1450, 1451, 1452 et autres années, — expédiées par le dict Debuzens, notaire et subrogé aus nottes des dicts Alegrandi et Calvini, notaires, et par Bermond de Laval, aussy notaire et subrogé; — estants dans le livre du dit Jean de Crueyas et dans deus cayers des dictes quittances et recognoissances faictes au dit Jean de Crueyas; — chascun cotté lettre L.

1478, 1482, 1483. — Le dict Jean de Crueyas estant décédé, la dicte Issalène de Chanut, sa mère, auroit esté son héritière, ainsin qu'apert de divers actes, quittances de droit de lods et recognoissances, faictes à la dicte de Chanut, seigneuresse de Malbosc, ès années mil quatre cens septante-huict, 1482, 1483, 1484, 1485 et autres années, — receues par le dict Armand Calvini; — expédiées par Guilhaume Bosqueri, notaire, et par le dict Debuzens, notaire, subrogé aus nottes du dict Calvini, — estants les dicts actes et recognoissances dans le dict livre de Jean de Crueyas et dans un cayer de recognoissances faictes à la dicte de Chanut; — le dict cayer, cotté lettre M.

1482. — Barthélemy Vernerii désirant d'avoir la seigneurie directe de Malbosc, — prenant advantage de l'absence de la dite de Chanut, quy ne demeuroit pas à la ville de Montpellier, ains au lieu d'Orliac, en Auvergne, — auroit persuadé Monsieur l'Évesque de Maguelonne de prendre la dite seigneurie directe de Malbosc par droit de comis et la luy bailler, à faulte par la dicte de Chanut de luy venir rendre homage; ce qu'il auroit faict sans subject, la dicte Chanut non ouye ny appelée. — De quoy contract auroit esté faict, lequel par après auroit esté revoqué par le dict sieur évesque, comme faict sans subject, quy en auroit faict rémission à la dicte de Chanut et déclairé à Guiraud Bompar, procureur de la dicte de Chanut, qu'il consentoit que la dicte de Chanut jouist, comme elle avoit tousjours jouy, de la dicte seigneurie directe de Malbosc, par acte receue par Loys Marini, notaire, le premier de mars mil quatre cens huictante-deus, — expédiée par Jean de Planchis, notaire, subrogé, et signé par Fesquet, notaire; — cy cotté lettre N.

(J'ay extraict de ce contract, dans le livre cotté lettre E ou *Libre vert*, au feuillet LXVII du dict libre).

1482. — A cause du dict contract et prinse par comis, il y auroit lieu procès entre la dicte de Chanut et le dict Vernerii, et auroit esté tant poursuivi que, l'instance estant pendente en la Cour de Parlement de Toloze, le dict Vernière voyant que le dict contract et prinse par comis avoit esté faict sans subject, il auroit cédé et remis à la dicte de Chanut tout le droit de directe, seigneurie et usages, qu'il avoit au dit mas de Malbosc et plaine de Le Liou, et par luy acquis du dict sieur évesque; — et auroient le dict Vernerii et Guiraud Bompar, procureur de la dicte de Chanut, renoncé au dict procès et passé contract de la dicte cession, rémission et renunciation du dict procès, — receu par le dict Calvini, notaire, le second de mars mil quatre cens huictante-deus, — expédié par le dict Debuzens, notaire subrogé; — cy cotté lettre O (1).

(1) «Le contract de novel achet de la seigneurie directe de Malbosc, faict par Monsieur l'Évesque de Maguelone, à Barthélemy Verneri, est du 10 décembre 1481 (sic, pour *1481*), duquel le dict sieur évesque se seroit desparti en faveur de Issalène de Chanut, seigneuresse du dict Malbosc, et à icelle cédé et remis la dicte seigneurie directe du dict Malbosc, en la présence et du consentement du dict Verneri, par contract du premier de mars 1482, — y ayant, depuis le dict jour 10 décembre 1481 jusques au dict jour premier de mars 1482, un an quatre mois vingt-deus jours, car au dict temps et auparavant l'année commençoit le 25 mars, mais depuis l'an 1564 l'année comence le premier janvier, suivant l'édict du Roy;. — ayant le procès d'entre la dicte de Chanut, seigneuresse du dict Malbosc, et le dict sieur évesque et le dict Vernerii, duré depuis le dict jour 10 décembre 1481 jusques au dict jour premier mars 1482, qu'il leust terminé, tant par le dict contract d'entre la dicte de Chanut et le dict sieur évesque, du dict jour premier mars 1482, que par le contract d'entre la dicte de Chanut et le dict Vernerii, du 2 du dict mois de mars 1482». (Papiers de MM. Anduze, fonds de Malbosc: pièce détachée, de la main de Jean de Ricard).

1488. — A la dicte de Chanut auroit succédé Guillaume Chanut, son frère et héritier, auquel, en la dicte qualité de seigneur de Malbosc, auroient été faictes diverses recognoissances en l'année mil quatre cens huictante-huict ; — receues par le dict Calvini, notaire ; — expédiées par le dict Debuzens, notaire subrogé ; — estans les dictes recognoissances faictes au dict Guillaume Chanut, en un cayer, — cy cotté lettre P.

1491. — Pierre Galopin, procureur du Roy en la ville et baronie de Montpellier, a acheté de François Chanut, fils et héritier du dict Guillaume Chanut, frère et héritier de la dicte Issalène de Chanut, vefve du dict Pierre de Crueyas, toutes et chascunes les directes, seigneuries, usages, censes et tout le droit de directe, prélation, advantage, comission, lods et autres droits, qu'ont esté de Guillaume et Issalène de Chanut et de Pierre de Crueyas et qu'ils prènent et ont acoustumé de prendre en tout le terroir de Malbosc, avec jurisdiction haulte, moyenne et basse ; — et confronte le dict terroir de Malbosc avec le terroir de la Palliade, avec le terroir de Villavite, avec le terroir d'En Alco, avec le terroir de la Rieyre, avec le terroir de Puech Villa ; — contract receu par Armand Calvini, notaire du dict Montpellier, le second décembre mil quatre cens nonante-un ; expédié par Pierre Debuzens, notaire subrogé aus nottes du dict Calvini. — Et par le mesme contract, luy faict vente d'autres usages, qu'il a parmy le terroir de Montpellier. — Le dict contract, cy cotté lettre Q.

1491. — Le dict Pierre Galopin, ayant acquis la dicte seigneurie de Malbosc, — ne voulant relever de personne, — disant icelle estre en pur, libre et franc alleud, — se seroit présenté par devant Monsieur Olivier Garneri, lieutenant de Monsieur le Gouverneur, et Jean Clary, thrésorier du Domaine du Roy, auxquels il auroit expozé avoir acheté du dict François Chanut la dicte seigneurie et usages de Malbosc, — et d'aultant qu'il ne sçaict pour le présent de quy se tient la dicte seigneurie et usages de Malbosc, ny quel homage et service il en doibt faire, — il n'a pas voulcu en prendre possession sans la licence du Roy ou de ses officiers. C'est pourquoy il auroit requis les dicts officiers de le mettre en possession, offrant de faire l'homage et service qu'il sera tenu de faire.

Suivant lesquelles réquisitions, ledict sieur lieutenant auroit permis audict Galopin d'entrer en possession de la dicte seigneurie et usages de Malbosc, luy en baillant investiture, à la charge de s'obliger de faire l'homage et service, qu'il se trouvera ses prédécesseurs avoir faict et acoustumé de faire. Ce que le dict Galopin auroit promis de faire, — ainsin qu'apert du contract d'investiture, receu par Christolis ou Copolis, notaire, le doutziesme du dict mois de décembre de la dicte année mil quatre cens nonante-un, — cy cotté lettre R.

1491, 1492, 1493. — Au dict Pierre Galopin, seigneur de Malbosc, auroient esté faictes diverses recognoissances, prinses et receues par Jean Brisson et Armand Calvini, notaires de Montpellier, ès années mil quatre cens nonante-un, 1492, 1493 et autres années ; — comme apert dans le livre du dict Galopin et à un cayer de recognoissances ; — le dict cayer cotté lettre S.

1498. — Le dict Pierre Galopin, par son testament, receu par Jean de Planchis, notaire du dict Montpellier, a faict son héritier Pierre Galopin, son fils, le vingt-troisiesme octobre mil quatre cens nonante-huict ; — cy cotté lettre T.

1501, 1505. — Au dict Pierre Galopin, seigneur de Malbosc, auroient esté faictes diverses recognoissances, prinses et receues par Armand Calvini, Jean de Planchis et autres, notaires du dict Montpellier, ès années mil cinq cens-un, 1505 et autres années ; — comme apert dans le livre du dict Galopin et dans un cayer de recognoissances à luy faictes ; — le dict cayer, cy cotté lettre V.

1516. — Michelle Mariotte, vefve du dict Pierre Galopin, premier nommé, comme tutrice de Nicholas Galopin, seigneur de Malbosc, son nepveu, fils du dict Pierre Galopin, dernier nommé, a dénombré les usages de la seigneurie de Malbosc, par-devant les Commissaires à ce députés ; — le dict dénombrement faict le cinquiesme janvier mil cinq cens seize, — cy cotté lettre X.

1539. — Le dict Nicholas Galopin s'est présenté à la monstre du ban et arrière-ban, par-devant Monsieur le Gouverneur de Montpellier, soy offrant faire son debvoir pour la seigneurie de Malbosc, le quinziesme septembre mil cinq cens trente-neuf. — Apert de l'extraict de la dite présentation au rolle des nobles, — cy cotté lettre Y.

1551. — Le dict Nicholas Galopin, seigneur de Malbosc, a dénombré les usages de la seigneurie de Malbosc, par-devant les Commissaires à ce députés ; — le dict dénombrement faict le dixiesme juillet mil cinq cens cinquante-un, — cy-cotté lettre Z.

1558. — Le dict Nicholas Galopin, seigneur de Malbosc, s'est présenté à la monstre et reveue, faicte en la ville de Montpellier, le cinquiesme apvril mil cinq cens cinquante-huict, des nobles subjects au ban et arrière-ban du gouvernement de Montpellier, par-devant les Commissaires députés à faire la dicte monstre. — L'extraict de la dicte présentation, cy-cotté lettre &.

1564, 1565. — Au dict Nicholas Galopin, seigneur de Malbosc, ont esté faictes diverses recognoissances, prinses et receues par Jean Sarrussy, Anthoine Boet, Guillaume Tourrène et autres, notaires du dict Montpellier, ès années mil cinq cens trente-huict, 1541, 1564, 1565 et autres années ; — comme apert dans les livres du dict Galopin et dans deus cayers de recognoissances faictes à icelluy ; — chascun des dits cayers, cotté lettre AA.

1568. — Le dict Nicholas Galopin, par son testament, receu Pierre de Gange, notaire du dict Montpellier, le vingtiesme octobre mil cinq cens soixante-huit, a faict son héritier Dominique de Ricard, son cousin germain ; — et où et quand le dit Dominique de Ricard viendroit à décéder sans enfents, en ce cas luy substitue Robert et Jean de Ricard, ses frères, à la charge que, advenant le cas de substitution, il veult que son mas de Malbosc, avec la seigneurie directe et apartenences d'icelluy, ne soit aulcunement divisé ny desmembré. — Le dict testament, cy cotté lettre BB.

1574, 1587, 1598. — Au dict Dominique de Ricard, seigneur de Malbosc, auroient esté faictes diverses recognoissances, prinses et receues par Pierre Roussel, Pierre Rudanel, Noël Planque, Anthoine Comte, Pierre Gardel, Jean Roussel, Pierre Debuzens et autres, notaires du dict Montpellier, ès années mil cinq cens septante-quatre, 1578, 1587, 1598, 1600, 1603, 1606, 1608, 1610, et 1611, et autres années ; — comme apert dans le livre des recognoissances du dict Dominique de Ricard et dans des cayers de recognoissances, cottés lettre CC.

1611. — Le dict Dominique de Ricard, mon père, par son testament, receu par le dict Jean Roussel, notaire du dict Montpellier, le seizième septembre mil six cens unze, m'a légué, à moy Jean de Ricard, son fils, la dicte seigneurie de Malbosc et ses apartenences. — Le dict testament, cy cotté lettre DD.

1614. — Le dict Jean de Ricard, seigneur de Malbosc, a porté son suffrage et opinion en l'assemblée des Gentilhommes, pour faire députation aus Estats généraulx ; — comme résulte du verbal sur ce faict par Monsieur le Juge-Mage de Montpellier, les dixiesme, unziesme, douziesme et quinziesme du mois de septembre mil six cens quatorze, — cy cotté lettre EE.

1616, 1618, 1620. — Au dict Jean de Ricard, seigneur de Malbosc, ont esté faictes diverses recognoissances, prinses et receues par Guilhaume Montet, Jean Roussel, Pierre Debuzens, Claude Gardel, Abraham Leyrisse, Guilhaume Pélerin et autres, notaires du dict Montpellier, ès années mil six cens seitze, 1618, 1620, 1624, 1629, 1631, 1633, 1635 et autres années ; — comme apert dans le livre du dict Jean de Ricard et dans des cayers de recognoissances, cy-cottés lettre FF.

1635. — Pierre David, professeur ès droits, sieur du Villa, soy disant présuposant la directe du mas qu'a esté de François Bastier, et auparavant de Barthélemy Vernerii, et avant icelluy, de Pétronille, vefve de Jean Sollagon, — possédé à présent par les hoirs de M. Henry de Montaigne, conseiller au siège présidial, et de M. Louys Saporta, recepveur au diocèse de Narbonne, mary de damoiselle Jeanne de Singla, — luy apartenir et estre situé au terroir de Puech Villa, — les auroit fait assigner, en vertu de son committimus, par-devant Messieurs tenants les Requestes du Palais à Toulouze, aus fins de luy recognoistre le dict mas.

Et d'aultant que le dict mas est situé au terroir de Malbosc et relève de la directe et seigneurie de Jean de Ricard, seigneur de Malbosc, et non pas du dict David, — le dict de Ricard auroit esté appellé en guarantie, en l'assumption de laquelle il auroit produict diverses recognoissances du dict mas, faictes tant au dict feu Dominique de Ricard que à ses autres aucteurs, seigneurs du dict Malbosc.

Ce que voyant, le dict David, et qu'il n'avoit aulcune recognoissance du dict mas, se seroit qualifié seigneur de Malbosc, — qu'auroit esté cause que le dict Ricard auroit présenté requeste aux fins que deffences feussent faictes au dict David de se qualifier seigneur de Malbosc.

Et auroit esté tant poursuivi que, par jugement donné par Messieurs des Requestes, le dixiesme janvier mil six cens trente-cinq, le dict de Ricard auroit esté maintenu et gardé en la possession et jouissance de la seigneurie de Malbosc, avec inhibitions et deffences au dict David et autres qu'il apartiendra, de à ce luy donner aulcun trouble ny empeschement, à peyne de mil livres et autre arbitraire.

Et les dictes de Singla et de Guillard, vefves des dicts Saporta et Montaigne, sont relaxées de la demande, fins et conclusions, contre elles prinses par le dict David, pour raison du dict mas et terres assises au lieu de Malbosc; — que aussy le dict Ricard, de la guarantie contre luy requise par les dictes de Singla et de Guillard; — avec despens, èsquels le dict Ricard est condempné envers le dict Ricard, la taxe reservée; — et sans despens, pour le regard des dictes de Singla et de Guillard.

Et par le mesme jugement, auroit esté ordonné que vérification seroit faicte sy le dict mas, qu'a esté de François Bastier, est en tout ou en partie dans les bornes et limittes de Puech Villa.

Et bien que la seigneurie du Villa ou Puech Villa ne feust pas contestée au dict David, sy est ce que par le dict jugement le dict David auroit esté maintenu en la seigneurie de Puech Villa, — ainsi qu'apert du dict jugement, cy cotté lettre GG.

1636. — Duquel jugement le dict David se seroit rendu appellant en la Cour de Parlement, de ce que le dict Ricard auroit esté maintenu en la dicte seigneurie de Malbosc et que les dictes de Singla et de Guillard auroient esté relaxées de la demande qu'il leur faisoit pour raison de la directe du dict mas et terres situées au terroir de Malbosc; — comme aussy le dict Ricard se seroit rendu appellant, tant de ce que, le dict David ayant esté maintenu en la dicte seigneurie de Puech Villa, les directes que le dict Ricard a dans le dict Puech Villa, ne luy avoient esté réservées que de ce qu'il avoit esté ordonné que vérification seroit faite sy le dict mas, qu'a esté de François Bastier, estoit du tout ou en partie dans Puech Villa.

Et auroit esté tant poursuivi que, par arrest donné par la Cour de Parlement de Toulouze, le vingt-troiziesme febvrier mil six cens trente-six, auroit esté ordonné que, — sans avoir esgard à la demande feudalle faicte par le dict David aus dictes de Guillard et de Montaigne, pour raison du mas ayant apartenu à François Bastier et dont mention est faicte ès bail à fief, du vingt-cinquiesme janvier mil quatre cens quatre-vingts-cinq, et recognoissances, des premier septembre mil quatre cent quatre-vingts-deux, vingt-huictiesme juin mil quatre cens quatre-vingts-cinq, trentiesme octobre mil cinq cens cinq, dix-huictiesme octobre mil six cens cinq, septiesme may et huictiesme septembre mil six cens huict et dix-neufviesme febvrier mil six cens unze, produittes au procès, — et le dict Ricard, maintenu et gardé en la possession et jouissance de la terre et seigneurie de Malbosc, avec inhibitions et deffences au dict David de à ce luy donner aulcun trouble ny empeschement, à peyne de mil livres et autre abitraire; — et auroit relaxé les dictes de Guillard et de Montaigne de la demande, fins et conclusions, contre euls prinses pour ce regard par le dict David, — comme aussy auroit maintenu le dict David en la seigneurie de Puech Villa, sans préjudice des directes particulières, que le dict Ricard a dans la dite seigneurie de Puech Villa; — et le dict David est condempné aus despens envers le dict Ricard, la taxe réservée. — Le dict arrest, cy cotté lettre HH.

La cause pourquoy, dans le dict arrest, n'est rien prononcé pour le regard de la dicte de Singla, vefve du dict Saporta, est parce qu'elle n'estoit point en l'instance de l'apel en la dicte Cour du Parlement.

Le bail à fief du vingt-cinquiesme janvier mil quatre cens quatre-vingts-cinq est un bail de quatre pièces de terre, situées au terroir de Malbosc, faict par Guiraud Bompar, procureur de Issalène de Chanut, seigneuresse de Malbosc, à Barthélemy Vernerii ; — au livre A, feuillet 71.

La recognoissance du premier septembre mil quatre cens quatre-vingts-deus est une recognoissance du dict mas et terres, situés à Malbosc, faicte par Pétronille, vefve de Jean Sollagon, à la dicte de Chanut, au dict livre A, feuillet 65. — La dicte recognoissance est aussy au cayer des recognoissances de Chanut, feuillet XI, qu'est dans le sac des tiltres de la seigneurie de Malbosc.

La recognoissance du vingt-huictiesme juin mil quatre cens huictante-cinq est une recognoissance du dict mas et terres, faicte par le dict Barthélemy Vernerii à la dicte de Chanut, au dict livre A, feuillet 69, et au dict cayer des recognoissances de Chanut, feuillet 23.

La recognoissance du trentiesme octobre mil cinq cens cinq est une recognoissance du dict mas et terres, faicte par le dict François Bastier, au dict Pierre Galopin, seigneur de Malbosc, — au livre F, feuillet 110; — est aussy au *Livre vert*, feuillet 63.

La recognoissance des dix-huictiesme octobre mil six cens cinq, septiesme may et huictiesme septembre mil six cens huict et dix-neufviesme febvrier mil six cens unze, sont des recognoissances du dict mas et terres, faictes par les dicts de Montaigne et Saporta au dict Dominique de Ricard, seigneur de Malbosc, — au livre I, feuillets 76, 191, 251.

Cest inventaire a esté faict par moy Jean de Ricard, seigneur de Malbosc, après que je suis esté venu de Toulouze d'obtenir le dict arrest contre le dict David. — [Signé :] DE RICARD.

Despuis avoir faict le dict inventaire, j'ay recouvert un extraict d'acte, tiré d'un livre des Archifs de l'Évesché du dict Montpellier, par lequel apert que les droits de lods du Comté de Melguel et seigneuries quy en relèvent, se payent de cinq un, ce quy se pouroit faire aus seigneuries de Boutonnet, Montmau, le Crès, sive la Colombière, la Palliade, Malbosc et autres, que relèvent du dit Comté de Melguel. Néantmoins la coustume ès dicts lieus ou seigneuries est qu'il ne se paye que de six un. — Le dict extraict, cotté F, lorsque je l'ay produict contre un enphitéote, quy me faisoit plaider, estant cy-cotté lettre II.

Aussy, depuis avoir faict le dict inventaire, j'ay dénombré les usages et droits seigneuriauls de la seigneurie de Malbosc et bien noble que je possède, par-devant Monsieur le Séneschal de Montpellier, le quinziesme may mil six cens trente-neuf ; — cy cotté lettre KK.

Je suis esté taxé, pour le ban et arrière-ban, à la somme de vingt-quatre livres tretze sols, de laquelle m'a esté faict quittance, par Monsieur de Saint-Jean-de-Védas, député par les Gentilhommes, le vingt-uniesme jour du mois d'aoust mil six cents trente-neuf, enregistrée le vingt-deuziesme jour du mois d'octobre au dict an, — cy cottée lettre LL.

J'ay faict hommage au Roy de la jurisdiction haulte, moyenne et basse, du fief honoré du mas et terroir de Malbosc et plaine *de Olivo*, et leurs deppendances, — comme apert de l'arrest donné par la Cour des Comptes, Aydes et Finances du dict Montpellier, qui contient le dict homage, du vingt-quatriesme novembre mil six cens quarante-cinq, — cy cotté lettre MM. (1).

— Je déclare que les actes contenus au présent inventaire m'ont esté remis, en conséquence du contract de vente de la terre et segnurie de Malbosc, — à la réserve des cayers de reconnoissance, cottés double lettre AA ; — desquels actes j'ai fait receu et descharge par le dit contract. — [Signé :] BECHERAND.

— Le .... (2),

j'ay baillé mon dénombrement à M^{rs} les Commissaires du Domaine, contenant que j'ay un domaine noble

---

(1) Ici se termine la rédaction autographe de Jean de Ricard. — Ce qui suit est de la main du conseiller François de Bécherand.

La terre de Malbosc fut acquise de demoiselle Catherine de Ricard, par M. de Bécherand, le 6 mars 1666.

(2) La date manque dans le ms.

dans le terroir de Malbosc, — dans lequel domaine, j'ay fait construire une maison et ses mesnageries, — confrontant, du levant, le chemin Salinier, allant de Celleneufve à Grabels; du midy, les terres du fief d'Alco; du couchant et septemtrion, mon domaine rotturier; — contenant vingt-cinq cestérées; — pouvant donner de rente trente livres, touttes fraix faits ;

Comme aussi un domaine rotturier, joignant le dit noble, me pouvant donner de rente, touttes charges faites, cinquante livres ou environ.

J'ay encore déclaré avoir la justice haute, moyenne et basse, dans toutte l'estendue du dit terroir de Malbosc, — confrontant, du levant, le chemin de Montpellier à Grabels et autre chemin alant de la croix de de Cabane à celuy de Malbosc; du midy, le dit chemin de Malbosc alant à Celleneuve, et le fiefs d'Alco, à présent le mas de Campagne ; du couchant, le fiefs de Villanita (1), à présent la Mausson, et le fiefs de la Palliade ; du septemtrion, les fiefs de la Vaussière et Puec Villa, le dit chemin haut alant de Grabels au mitan.

— Le ....,
j'ay baillé aux officiers de la temporalité de Mompellier, mon dénombrement pour la segneurie directe, que j'ay dans tout le dit terroir de Malbosc (2).

II. — Documents divers des XVII⁰ et XVIII⁰ siècles.

1614, septembre. — *Malbosc et autres seigneuries des environs de Montpellier.* — «Verbal faict par M^r le Juge-Mage au gouvernement et siège présidial de Montpellier, touchant l'assemblée des gentilhommes des villes et lieus, et autres ayants fiefs nobles et justice haulte, moyenne et basse, au dict gouvernement, pour faire députation aus Estats genéraulx en la ville de Sens; en laquelle assemblée s'est treuvé noble Jean de Ricard, juge des baronies de Montpellier, comme seigneur de Malbosc, à suitte de l'assignation à luy donnée le xi septembre 1614» ; — «le dict verbal en datte du x, xii et xv des dicts mois et an», contenant le «roolle des gentilhommes et autres ayants fielz», de Montpellier et des environs, qui furent convoqués à la dite assemblée, savoir :

»Le sieur évesque de Montpellier ; — les Consulz de Montpellier, comme seigneurs de Caravettes ;
»Le seigneur de Murles ; — le seigneur de Lattes ; — le seigneur du lieu et château de Baulx, dict de Saint-Jean-de-Buges ; — le seigneur de la Greffe ; — le seigneur de Pérolz ; — le seigneur de Celleneufe ;
»Le seigneur de Boutonnet; — le seigneur de Montmaur; — le seigneur de la Vaussière; — le seigneur de Prades ; — le seigneur de Maurin ; — le seigneur de Malbosc ; — le seigneur de la Colombière ou de Barrière ; — le seigneur de la Lauze ; — le seigneur de la Vallette ; — le seigneur de la Mausson ; — le seigneur de la Palliade et d'Aussargues ; — le seigneur de Saint-Martin ou Mr de Griffy ; — le seigneur de Coucon ; — le baron de Montlaur ; — le seigneur de Saulsan ; — le seigneur de Vallautre ; — le seigneur de Montferrier ; — le seigneur du Poux et Londres ; — le seigneur du Pont de La Vérune ; — le seigneur de Fontfroide ; — le seigneur de Teyran, Montvilla, Jacon et Viviers ; — le seigneur d'Assas ; — le seigneur de Vic et Maurilhan ; — le seigneur de Teilhan ; — le sieur de Ranchin, général, seigneur d'Alque (3) ; — le seigneur de la Cérérède ; — le seigneur de Costebelle ; — le seigneur de Saint-Brès ; — le seigneur de Figuaret ; — le sieur de Calvet, pour ses fiefz nobles de Gigean ; — le sieur de Vignes, pour ses fiefz nobles de Gigean ; — le sieur Rouvayrolles, pour les jurisdictions haulte, moyenne et basse de Graves ; — le sieur de Sauzet».

---

(1) Le ms. porte plutôt *Villaxita* que *Villavita*. — Le compois de 1384 porte, très nettement écrit : « qamp et vinha en *Villavitz* » (Archives municipales de Montpellier, CC. 568, fol. 38 v°).

(2) Papiers de famille de MM. Anduze, fonds de Malbosc, »N° 14 de la liasse des Actes particuliers».

(3) Aliàs *d'Algue*.

1636, le 23 février. — *Malbosc, Puech Villa, etc.* — «Arrest du Parlement de Toulouse, qui maintient M° Jean de Ricard, sieur de Malbosc, en la pocession et jouissance de la terre et seigneurie de Malbosc, et relaxe la demoiselle de Gaillard, veuve de M° de Montaigne, de la demande à elle faitte par M° Pierre David».

« M° Pierre David, conseiller du Roy, doyen des proffesseurs en l'Université de Montpellier, cy-devant juge criminel au siège présidial de la dicte ville, sieur du Villar, la Vaussière, Bounières, Aurelle, Fesquet, Combeliolz et autres lieux»; — « Messire Pierre de Fenouillet, évesque de Montpellier, comte de Montferrand et de Melguel, marquis de la Marqueroze, maintenu en la seigneurie, terroir et directe de Malbosc»; — « M° Jean de Ricard, juge des Équivalents en la juridicateure royalle de Montpellier, sieur de Malbosc»; — «demoiselle Marie de Gaillard, vefve ususfructueresse des biens de M° Henry de Montaigne, conseiller au siège présidial de Montpellier, et M° Pierre de Montaigne, fils et héritier du dict Henry, conseiller», — «le dict David, possesseur de certain fiefz dans la terre et seigneurie de Combaliolz»;

Le dit de Ricard, maintenu «en la pocession et jouissance de la terre et seigneurie de Malbosc»; — le dit David, maintenu « en la possession et jouissance de la terre et seigneurie de Puy Villa, sans préjudice toutesfois des directes particulières prétendues par le dict Ricard luy apartenir dans le dict terroir et seigneurie de Puy Villa»;

« Directes particulières que le dict David présupose luy apartenir sur le terroir de la Rieyre»; — «seront plantés bornes pour faire la séparation et division des terroirs de la Colombière, Puy-Villa et Saint-George»; — «directes particulières prétendues par le dict David dans le terroir et jurisdiction de Combaliols»; — la Cour déclare «n'entendre empescher que le dict David ne jouisse des terres et seigneurie de Bonnières et Combes, mentionnées en l'hommage du 24° décembre 1564, ensemble de la seigneurie de Saint-Georges, ainsin et comme il a fait ci-devant».

1672, le 4 février. — *Terroir de Malbosc*. — «Inventaire des meubles et effaits, délaissez par feu David Rigal, ménager, décédé dans sa mettérie, au terroir de Malbosc»; — «la dicte métérie de Rigal, [située] dans le terroir [et juridiction] du dict Malbosc».

1711, le 10 avril. — *Malbosc*. — «Vérifflcation des battiments et terres de la seigneurie de Malbosc», par «Jean Destan, architecte, habitant de Montpellier, et Antoine Ollivier, ménager, habitant de Celleneuve, experts nommés dans le contract de vente, receu par M° Castaing, nottaire de cette ville, le 9° mars 1711, pour raison de la vente de la terre et seigneurie de Malbosc, vendue par le dit contract par Messire François-Louis de Becherand, chanoine de l'église cathédralle Saint-Pierre de cette ville, tant en son nom que comme procureur expressément fondé par acte receu et originellement expédiée par M° Tesses, notaire de cette ville, le 17° décembre 1709, de noble Pierre de Becherand, son frère, conseiller du Roy en la Cour des Comptes, Aydes et Finances de Montpellier, à Messire Joseph Bonnier, baron de La Mausson, conseiller secrétaire du Roy, Maison, Couronne de France et de ses finances, trésorier général de la Bourse des Estatz de la province de Languedoc», — le dit Destan, nommé comme expert par l'acquéreur Bonnier de La Mosson, et le dit Ollivier, nommé par le chanoine de Becherand :

1° Vérification du «logement», du «celier ou cave,.... voutée en berceau avec de la brique», de l'écurie, de la bergerie, etc. ;

2° Vérification des terres ; — « le champ du Sourbier», etc. ; — «piéces semées de bled» ; — «une vigne d'environ trois cestérées» ; — «une garrigue et devois» ; — «autre terre, appelée *la Condamine*, où estoit anciennement la vieille maitérie (1), de contenance d'environ trente cestérées,.... aussy semée de bled,.... y ayant un fossé du costé des terres de la Paillade» ; — «le champ appelé d'Autruc» (2) ; — «le champ des Coignaciéz» ; — « le champ d'Aufraisse» (3) — « une grande garrigue ou devois, confrontant d'un costé le

---

(1) La vieille métairie de Malbosc ?? — ou la vieille métairie *de Olivo* ???

(2) Ms.: *d'Autruc*. — Il nous paraîtrait préférable d'écrire *dau Truc* = le champ du *truc* (monticule).

(3) Ms.: *d'Aufraisse*. — Il nous paraîtrait préférable d'écrire *dau Fraisse* = le champ du frêne.

devois de la Paillade ; d'autre costé, celuy de la Mausson, et de l'autre costé, celuy de Campagne, contenant environ 120 cestérées» ; — autre garrigue, terres diverses, fontaine, fossés, etc.

1755, le 6 août. — Campagne. — «Noble Paul-Camille de Guilleminet, baron de la Mosson, Saint-Jean-de-Corgnes et la Valadière, seigneur... de Juvignac, la Palliade, Aussargues (1), Fontralorie (2) et autres places places, habitant à Montpellier», vend au «sieur Pierre Saint-Pierre, ménager au château de Campagne», le dit «château, domaine, seigneurie et directe de Campagne, sçitué dans le terroir et taillable de Montpellier, paroisse de Juvignac, consistant en un château, bergerie, écurie, grenier à foin, jardin, cuves vinaires, pigeonniers, champs, vignes, preds, devois et garrigues, le tout contigu, parties nobles et parties rurales; ensemble, la justice haute, moyenne et basse, mère, mixte impère, droit de chasse et autres droits et devoirs seigneuriaux», — «tout comme le ditseigneur vendeur en a jouy ou a eu droit de jouir, et que le dit sⁱ Saint-Pierre et ses autheurs en ont jouy, pendant qu'ils ont été fermiers du susdit domaine», — lequel «confronte, du levant, la terre et seigneurie de Malbosc, le chemin de Montpellier à Malbosc entre deux; du vent droit, la dite seigneurie de Malbosc; du couchant, le devoir et seigneurie de la Mosson, et du marin, le terroir de Celleneuve, chemin de la Mosson à Alco entre deux»;

Le dit seigneur de Guilleminet vend, en outre, au dit Saint-Pierre «une olivette, attenant au susdit domaine, appellée vulgairement l'*Olivette frecha*,..... et une partie de garrigue,.... qui ont été jusques aujourd'hui distinctes et séparées du susdit domaine de Campagne....» ; — plus, «la faculté du passage pour l'abreuvage du bétail à laine du dit sⁱ Saint-Pierre dans la rivière de la Mosson, lequel passage sera du dit château de Campagne à la Paillade, en suivant le chemin, sans que le dit troupeau puisse s'en écarter; ensemble, la faculté du dit bruvage dans la susdite rivière»;

Pension de 12 livres, «que sert annuellement le susdit château et domaine de Campagne aux Pères Cordelliers de l'Observance de Montpellier» ; — «droits et devoirs seigneuriaux en faveur du Roy» ;

«Se réservant le dit seigneur de Guilleminet, pour lui et les siens à l'avenir, sur la susdite olivette appellée *Frecha*, et [sur les susdites] 58 septérées et demi de garrigues, cy-dessus confrontées, seulement la foy et hommages, le lods dans le cas d'échange, conseil, prélations et retraite féodalle et serment de fidellité, que le dit sieur Saint-Pierre et les siens, possesseurs de la surdite olivette et garrigue, seront tenus de lui faire et aux siens à perpétuité, genoux à terre, tête découverte, mains jointes entre celles du dit seigneur de Guilleminet et les siens, ... toutes les fois qu'ils en seront requis» ;

«Et en outre ledit sieur Saint-Pierre payera à perpétuité [au dit seigneur de Guilleminet] et aux siens, à chaque mutation de seigneur ou de vassal, l'alberguc d'une paire de gants blans, portables au dit seigneur et aux siens dans son château de la Mosson....»

1758, le 3 octobre. — Malbosc. — Vente par «noble Paul-Camille de Guilleminet, baron de la Mosson, Saint-Jean-de-Corgnes et la Valadière, seigneur de Juvignac, la Paillade, Fontcaude et autres places, habitant à Montpellier», — à «Messire Antoine-Samuel Bonnier, seigneur d'Alco et autres places, chevalier, conseiller du Roy, président en la Cour des Comptes, Aydes et Finances de Montpellier, habitant de la dite ville», — «sçavoir est le château, terres, seigneurie et juridiction de Malbosc, justice haute, moyenne et basse, mère, mixte impère, droit de lods, censives, albergues, conseil, prélation, commis, rétention, avantages et autres droits et devoirs seigneuriaux, que le dit sieur de Guilleminet a sur toute la terre et juridiction de Malbosc»; — «ensemble, la partie de seigneurie inféodée par feu Messire Joseph Bonnier de la Mosson, à noble Charles-Gabriel Leblanc, le 9 mars 1733, par acte receu Bélonnet, notaire à Montpellier» ; «la dite terre et seigneurie de Malbosc confrontant, du levant, le chemin allant de Grabels à Montpellier, jusques à la croix de Cabanne; du marin, la terre et seigneurie du dit seigneur Président d'Alco et celle de Campagne, chemin allant du dit château de Malbosc à Montpellier entre deux ; du couchant et vent droit, la terre et seigneurie de la Paillade......»

[*1758.*] *— Malbosc.—* «Mémoire sur la demande, faite par Mgr l'Évêque de Mompelier, du lods de Malbosc»

---

(1) Aujourd'hui *Naussargues*.

(2. *Sic*, pour *Fontcaude*. — Le scribe paraît avoir confondu avec la *Font Valaurie*.

(s. d) : — l'Évêque «demande au sieur Bonnier le lods de l'acquisition qu'il a fait de la terre de Malbosc,.... comme si toute la terre relevoit de luy ; il demande ce lods sur le pied du cinquième» ; — «le sieur Bonnier, au contraire, soutient qu'il ne doit le lods, à Mgr l'Évêque de Montpellier, que de la directe et censives de Malbosc, et non de la justice haute, moyenne et basse, ny du fonds»; — actes produits «pour prouver la prétention du sieur Bonnier» ; — observations sur les dits actes :

1° «la donnation du 13 décembre 1202, faite par Reymond, comte de Mauguio, à Granier, son chancelier», justifie «que les comtes de Mauguio se sont dépouillés de tout ce qui regarde Malbosc» ;

2° «l'homage fait au Roy de Majorque, le dernier may 1312, pour Pons Allemand», — 3° «l'homage fait à l'Évêque de Maguelonne, le 14 janvier 1395, par Jean Bringuier», — 4° «la transaction passée le 9 janvier 1272, entre le Roy de Majorque et l'Évêque de Maguelonne, qui règle leur juridiction et qui fait mention .... de la mettérie de Malbosc et plaine d'Olieux», — justifient «que la justice et fonds de Malbos relèvent du Roy, ... qu'il n'y a que la directe qui relève de l'Évêque ....» .... ;

7° l'«investiture passée à Pierre Galopin, du 12 décembre 1491,» prouve «que la directe même a passé entre les mains du Roy» ;

9° «dénombrement au sujet du franc-fief et nouveaux acquêts, en l'année 1516, par la veuve Galopin, duquel il résulte que les usages de Malbosc ne montent que 8 livres 17 s. 8 d.», soit «fort peu de chose» ;

10° «la haute et basse justice relève du Roy» ;

12° «dénombrement fait par Jean de Ricard, ... du 15 may 1639 ; ..... il déclare qu'il est seigneur de Malbosc et plaine des Olieux, avec toute juridiction relevant du Roy, et que la directe relève de Mgr l'Évêque de Montpellier, sous l'alberge de 4 s. malgois., lorsqu'elle sera demandée» ;

13° «contract d'acquisition de la terre de Malbosc, du 6 mars 1666, par M. de Becherand, de demoiselle Catherine de Ricard........»

1759, le 8 janvier. — *Malbosc*. — «Quittance de 700 livres par M. l'Évêque de Montpellier, en faveur de M. le Président d'Alco, pour le lods de la terre de Malbosc, acquise le 3 octobre 1758», «laquelle terre est de la mouvance du dit seigneur évêque, comme comte de Mauguio» ; «le dit seigneur évêque a réduit et modéré à 700 livres le droit de lods de la dite acquisition, qui luy étoit due sur le pied du cinquième du prix, suivant la coutume du comté de Mauguio».

1792. — *Malbosc et Campagne*. — Le 24 février, par acte sous seing privé, et le 6 juin, par acte public (Me Pierre-Charles Caizergues, notaire), «dame Élisabeth Plantier, veuve et héritière de M. Antoine-Samuel Bonnier, suivant son testament du 29 octobre 1765 (reçu par Me Auteract, notaire)», vend à «Me Guillaume-Louis Boudon, homme de loi, habitant de Montpellier», — «deux domaines, cy-devant châteaux, situés dans le territoire du dit Montpellier, appelés l'un *Campagne*, et l'autre *Malbosc*, consistant en bâtiments, champs, vignes, olivètes, près, devais et garrigues, le tout joui actuellement à titre de ferme par la demoiselle Coupiac, et sous les contenances et confronts raportés au compoix de cette ville,» «sans se rien réserver ni retenir, si ce n'est la directe et censives sur plusieurs terres et possessions, appartenant à des particuliers, lesquelles directe et censives ne sont point affermées, [et les dépaissances, cédées à la fermière, sur] une petite garrigue, dans le terroir d'Alco, et [sur] un petit devois, attenant les terres du mas ci-devant Troussel; ce qui n'est pas compris dans la présente vente;» — la dite vente, signée : «PLANTIER d'ALCO» (1) et BOUDON.

(1) Elle signait aussi «PLANTIER, V. D'ALCO».

LES ARCHIVES DU CHATEAU DE LA MOSSON

Extraits de l'«Inventaire des papiers et effets de feu M. Bonnier de La Mosson, trésorier de la Bource de Languedoc (1), trouvés au ..... château de La Mosson ......» en 1744 (2).

Du dix-septième novembre au dit an, deux heures de relevée. — Nous, subdélégué et commissaire, avons procédé à la continuation du présent inventaire, en présence des susnommés, ainsy qu'il suit.

Une grande et belle pièce de menuiserie, formant *cinq armoires à trois compartimens* ... — *Dans le compartiment moyen de la première des dites armoires* en entrant, a esté trouvé :

Un registre, relié en veau, contenant les inventaires des **Titres de la terre et baronnie de La Mosson, terres et seigneuries de Juvignac, Fontcaude, Aussargues, La Pailhade, Malbosc, Campagne** d'Alco et mas de Biar, à la teste duquel est la rubrique des titres contenus dans le dit inventaire ; le dit registre contenant cent cinquante-quatre feuillets, que nous avons parafé ne varietur à la première page de l'inventaire et à la fin de l'écriture de la cent cinquante-quatrième page ;

Une liasse des testamens des seigneurs de La Mosson, cottée A ;
Une autre liasse de mariages et donnations des seigneurs de La Mosson, cottée B ;
Une autre liasse de transactions des seigneurs de La Mosson, cottée C ;
Une autre liasse des titres particuliers de La Mosson, cottée D ;
Une autre liasse des actes particuliers de La Mosson, cottée E ;
Une autre liasse des actes particuliers de La Mosson, après l'aquisition du sieur de Becherand ; cottée F ;
Une autre liasse des actes particuliers de La Mosson, cottée G ;
Une autre liasse des titres particuliers de La Mosson, cottée H ;
Une autre liasse des quittances des tailles des biens sçitués dans la taillable de Montpellier et de Juvignac, dépendant de la baronnie de La Mosson ;
Une autre liasse des homages de la baronnie de La Mosson, dans laquelle est l'adjudication de la haute justice ; cottée J ;
Une autre liasse des reconnoissances, compoix et quittances d'usages et autres actes, cottée L ;
Une autre liasse consernant les procès de la terre de La Mosson, cottée M ;
Une autre liasse des procès, cottée N ;
Et n'ayant point trouvé de liasse cottée O, nous avons passé à la liasse cottée P, formée de plusieurs actes consernant le fief de la Valadière.
Plus, a esté trouvé une autre liasse des actes particuliers et reconnoissances de la terre de **Saint-Jean-de-Corgnes**, cottée Q et R ;
Une autre liasse des reconnoissances et indices de Saint-Jean-de-Corgnes, cottée S ;
Une autre liasse d'actes, consernant La Mosson et la maison de Mont-Louis, cottée T ;
Une autre liasse consernant l'aquisition de la terre de La Mosson, la relation et le devis du château, cottée V ;
Une autre liasse des acquisitions de **Juvignac** et **Foncaude**, cottée AA.

(1) Sur ce personnage important, voir Grasset-Morel, *Les Bonnier ou une famille de financiers au* xviiie *siècle* (Paris, 1886, in-8°), pp. 59 et suiv.

(2) Archives départementales de l'Hérault, C. 1263 (cf. C. 1266).

Du dix-huitième du dit mois de novembre au dit an, huit heures du matin. — Nous, subdélégué et commissaire, avons procédé à la continuation du présent inventaire, en présence des dits Allets et Gros, du dit sieur Garnier, intendant, et du dit Durand, tapissier et concierge, ainsy qu'il suit.

Dans la susdite armoire et au mesme compartiment, a esté trouvé :

Une autre liasse des titres et autres actes de la seigneurie de Fontcaude, cottée BB ;

Plus une autre liasse de transactions, accords et autres actes, consernant la seigneurie de Fontcaude, cottée CC ;

Une autre liasse de mariages, testamens et autres actes, consernant la seigneurie de Fontcaude, cottée DD ;

Une autre liasse d'homages, dénombremens et autres actes, consernant la seigneurie de **la Pailhade**, cottée EE ;

Une autre liasse des titres et actes consernant la faculté d'une escluse au-dessus de la Pailhade, cottée FF ;

Une autre liasse d'homages, dénombremens et autres actes, consernant les seigneuries de La Pailhade et Aussargues, cottée GG ;

Une autre liasse contenant les actes d'achat et autres titres consernant la seigneurie de La Pailhade, cottée HH ;

Une autre liasse des santances, arrests et autres pièces, consernant la seigneurie de la Pailhade, cottée JJ ;

Une autre liasse des registres des reconnoissances féodales et autres titres de la terre de la Pailhade, cottée KK ;

Une autre liasse des procès, indices et quittances des tailles de la Pailhade, cottée LL ;

Une autre liasse des aquisitions faites par les sieurs Bonnier, dans la terre de **Celleneuve**, et autres actes, cottés MM ;

Une autre liasse de divers actes consernant la seigneurie de Malbosc, cottée AAA ;

Une autre liasse des homages et dénombremens rendus au Roy et à l'Évêque de Montpellier, consernant la seigneure de Malbosc, cottée BBB ;

Une autre liasse des aquisitions consernant la seigneurie de Malbosc, cottée CCC ;

Une autre liasse d'arrests et transactions consernant la terre de Malbosc, cottée DDD ;

Une autre liasse de donnations et testamens consernant la terre de Malbosc, [cottée EEE] ;

Plus, autre liasse des procès d'entre le seigneur de Malbosc et Pierre David, seignor de Puech Villa, et autres pièces, cottées FFF ;

Une autre liasse de mémoires et minutes consernant la terre de Malbosc, cottée GGG ;

Une autre liasse de plaintes, décrets et informations faites d'autorité du juge de Malbosc, cottée HHH ;

Une autre liasse de plusieurs extraits de compoix des biens sçitués à Malbosc, servant à la division du terroir avec cellui de Puech Villa, cottée JJJ ;

Une autre liasse contenant quatre lièves des usages de [Malbosc, depuis 1498 jusques en 1612, cottée KKK.

Du dix-huitième du dit mois de novembre au dit an, deux heures de relevée. — Nous, subdélégué et commissaire, avons procédé à la continuation du présent inventaire, en présence des susnommés, ainsy qu'il suit.

Un registre en papier, couvert de parchemin, contenant les reconnoissances de l'année 1423 et suivantes, faites en faveur de Marguerite de Crucix, femme de Guérin Barduchy ; receues par Guillaume Seguin, notaire ; collationnées par Comte ;

Un autre registre en papier, couvert de parchemin, contenant le levoir des usages de done Marguerite de Crucix, fille de Pierre, veuve de Jean Bringuier, de l'année 1441 ;

Un autre registre couvert de parchemin, contenant la lièue des usages de Me Pierre Galopin, seigneur du dit Malbosc, de 1450 et 1500 ;

Un autre registre, couvert de bazane jaune, contenant levoir et reconnoissances faites à Pierre Galopin, des années 1481 et 1500 ; receues par plusieurs notaires ;

Un autre registre, couvert de parchemin, des reconnoissances faites à Jean de Crucix, sieur de Malbosc, de l'année 1448 ; receues par Jean Alegrand et Armand Calvet, notaires ;

Un autre registre en parchemin, couvert de même, contenant les reconnoissances faites à M⁰ Pierre Galopin, sieur de Malbosc, en l'année 1491 : receues par M⁰ Jean Brisson, notaire ;

Un autre registre en papier, couvert de parchemin, contenant les reconnoissances de Malbosc, depuis 1423 jusques en 1628 ; receues par divers notaires ;

Un autre registre en papier, couvert de parchemin, des reconnoissances et nouveaux achats faits en faveur de Jean de Crucix, fils de Pierre, les années 1448 et 1451 ; receues par divers notaires ;

Un autre registre en papier, couvert de parchemin, de plusieurs actes ramassés contenant nouveaux achats et reconnoissances de Malbosc, des 13⁰, 14⁰, 15⁰, 16⁰ et 17⁰ siècles ;

Un autre registre en papier, couvert de parchemin, des reconnoissances faites à Pierre Galopin et autres seigneurs de Malbosc, des années 1501 jusques en 1600 ; receues par divers notaires ;

Un autre registre en papier, couvert de parchemin, des reconnoissances et lozimes faites en faveur de Nicolas Galopin, seigneur de Malbosc, des années 1540 jusques en 1560 ; receues par divers notaires ;

Un autre registre de reconnoissances faites au dit Nicolas Galopin, en papier, couvert de parchemin, de l'année 1538 ; receues par Sarrusy et Pagésy, notaires ;

Un autre registre en papier, couvert de parchemin, contenant les lozimes et reconnoissances faites à noble Dominique de Ricard, seigneur de Malbosc, les années 1574 jusques en 1616 ; receus par Roussel, Gardel et autres notaires ;

Un autre registre en papier, couvert de parchemin, des reconnoissances faites à noble Jean de Ricard, seigneur de Malbosc, depuis l'année 1616 jusques en 1671 ; receues par divers notaires.

Du dix-neufvième novembre au dit an, huit heures du matin. — Nous, subdélégué et commissaire, avons procédé à la continuation du présent inventaire, en présence des dits Allets et Gros, du dit sieur Garnier, intendant, et du dit Durand, tapissier et concierge, ainsy qu'il suit.

Dans la susdite armoire et au mesme compartiment, a esté trouvé :

Un registre en papier, couvert de parchemin, contenant la liève raisonnée du terrier de la seigneurie de Malbosc, avec l'anotation de la feuille du compoix à chaque feuille ;

Un autre registre en parchemin, couvert de même, des reconnoissances consenties en faveur de noble François de Becherand, seigneur de Malbosc, depuis l'année 1667 jusques en 1671 ; receues par Faucillon, notaire ;

Un autre registre en papier, couvert de parchemin, des reconnoissances faites en faveur de Messire Joseph Bonnier, seigneur de La Mosson, en l'année 1716 ; receues Brun, notaire ;

Plus, un levoir en papier des usages de Malbosc, tiré des dites reconnoissances de 1716, couvert de parchemin ;

Un autre registre en papier, relié en basane verde, des reconnoissances de Malbosc, faites en faveur de M. le baron de La Mosson, les années 1730 et 1731 ; receues Baumez, notaire ;

Plus, un levoir relié en basane rousse, fait ou tiré sur les dites reconnoissances de 1730 et 1731 ;

Plus, un cayer, couvert de parchemin, contenant l'indice des fiefs de Malbosc, qui a servy pour les dites reconnoissances de 1730 et 1731 ;

Une liasse, contenant la vante, faite par Jaques Chaugier à Dominique de Ricard, de la directe de quelques terres scituées au Puech Villa ; du 14 février 1612 ; receue par Comte, notaire ; — avec les dites reconnoissances, faites au dit sieur de Ricard, seigneur de Malbosc, — et autres actes, en nombre de treize ;

Un sommaire des anciennes reconnoissances de Malbosc, contenant cent-soixante-six articles ;

Une autre liasse, contenant plusieurs contracts d'aquisition des immeubles à Montpellier, testamens, quittances et autres actes relatifs aux dites acquisitions ;

Une liasse consernant le procès d'entre les sieurs Vialar, les héritiers de Pommier, la dame Desfours et autres, dans lequel procès le sieur de La Mosson avoit esté appelé ;

Un ancien inventaire général des titres de la Baronnie de La Mosson, parafé ne varietur par le sieur Rosset, cy-devant subdélégué, et encore par le dit sieur Fizes, Fesquet et Sartre ;

Un autre inventaire, fait le 23 may 1719, des titres et documens des terres et seigneurie de Mre Joseph Bonnier, baron de La Mosson, seigneur de Saint-Jean-de-Corgnes, la Valadière, Malbosc, Campagne, Juvignac, Naussargues et autres lieux ; parafé ne varietur par le dit sieur Rosset ;

Une liasse des arrantements de La Mosson, Malbosc, Fabrègues, Aussargues et boutiques de la maison de Montpellier ;

Une liasse des plans de plusieurs terres du dit feu sieur de La Mosson, pour servir à l'adaptation des reconnoissances des dits emphitéotes.

Du dix-neufvième novembre au dit an, deux heures de relevée. — Nous, subdélégué et commissaire, avons procédé à la continuation du présent inventaire, en présence des susnommés, ainsy qu'il suit.

Dans le bas compartiment de la susdite première armoire, a esté trouvé :

Quatre registres, couverts de parchemin, contenant les comptes des agéans des dits sieurs Bonnier, au sujet des dépances du bastiment du **Château de La Mosson** et régie des domaines (1).

Vingt-trois liasses de comptes, quittances et autres pièces, de différens ouvriers employés au dit château de La Mosson et autres terres ;

Un portefeuille de carton, avec des cordons de ruban bleu, intitulé : *Bastiment, 1729*, dans lequel sont plusieurs comptes et quittances, relatifs au titre du dit portefeuille ;

Un autre portefeuille de carton, dans la même forme, intitulé : *Victuailles, Blanchissage, Quittances pour vaisselle d'étain, menues dépances et linge grossier pour la consiergerie, 1729*, dans lequel sont plusieurs papiers relatifs au dit titre ;

Un autre portefeuille de carton, dans la même forme, intitulé : *Gages des domestiques, gratifications, aumônes et dépances journalières*, dans lequel il y a plusieurs estats relatifs au dit titre ;

Un autre portefeuille de carton, intitulé : *Réserves de La Mosson et Fontcaude, plantations, faisanderie, gages des valets, etc.*, avec des pièces relatives au dit titre ;

Un autre portefeuille de carton, dans la même forme, intitulé : *1729, Fabrègues*, contenant plusieurs comptes et quittances d'ouvriers et autres pièces ;

Un petit registre, relié en parchemin, intitulé : *Journal de Fontcaude et Naussargues, 1719*, que nous avons parafé ne varietur à la première et à la dernière page écrite ;

Un dossier de lettres des sieurs Baboy, Juillen, Rey et autres, au sujet des ardoises et bois ;

Une liasse, contenant des papiers concernant : — 1° la correspondance avec le sieur Baboy, pour les ardoises ; — 2° la procédure faite, à la requeste des massons Limosins, contre les sieurs Poitevin et Milhau ; — 3° la quittance de Dominique Magnary, marbrier ; — 4° un acte faite au sieur Paquier, au sujet des ardoises ; — 5° des papiers concernant les affaires faites avec le sieur Plagnol, du Saint-Esprit ; — 6° un mémoire et pièces contre l'abbesse de Saint-Geniès, et 7° des comptes consernant le bois envoyé de Bourgogne.

Dans la *seconde armoire* a esté trouvé :

L'inventaire des titres consernant les terres de Colombières, Saint-Martin-de-Larsson et Carous, que nous avons parafé ne varietur à la première et dernière page ;

Une liasse de titres anciens et nouveaux, contrats, reconnoissances et autres actes ;

Un petit registre, relié en parchemin, contenant des reconnoissances des emphitéotes de la Colombière, contenant cent-vingt-sept-pages ;

L'inventaire des actes consernant la propriété de l'Étang salin, que nous avons parafé ne varietur à la premiere et derniere page ; — une liasse des papiers mentionnés dans le dit inventaire ;

---

(1) Sur le château de La Mosson, — où il y avait « des beautés royales », ainsi que l'écrivait Lefranc de Pompignan, en 1740, — voir Grasset-Morel, op. cit., pp. 39 à 42, 64 à 79, etc.

L'inventaire des titres consernant les terres de Castelnau-lès-Vendres, Saint-Bausille-de-Cleyssans et Saint-Martial, que nous avons parafé ne varietur à la première et dernière page; — une liasse des papiers mentionnés dans le dit inventaire.

Du vingtième novembre au dit an, huit heures du matin. — Nous, subdélégué et commissaire, avons procédé à la continuation du présent inventaire, en présence des dits Allets et Gros, du dit sieur Garnier, intandant, et du dit Durand, tapissier et consierge, ainsy qu'il suit.

Dans la dite seconde armoire, a esté trouvé :

Une liasse de contracts d'achats de plusieurs terres, faits par feu le sieur Bonnier père ;

Une autre petite liasse de papiers de famille, dans laquelle est le contract d'aquisition de l'hôtel de Pomponne, la concession d'une chapelle dans le convent des Récolets de Montpellier, et autres pièces ;

Une liasse contenant quatre estats des revenus des terres de Normandie et Languedoc ;

Une liasse contenant les provisions de l'office de conseiller secrétaire du Roy de la grande chancelerie, en faveur du sieur Bonnier père, et les autres pièces relatives à la dite charge ;

Une coppie du compoix de **Juvignac** de l'année 1719, relié en veau ;

Deux cayers des reconnoissances des emphitéotes de Juvignac ;

Une liasse des plans des terres emphitéotiques de Juvignac ;

Trois sommaires de reconnoissances des emphitéotes de Juvignac ;

Six cayers d'indices ou mémoires des droits seigneuriaux de Juvignac ;

Deux lièves des droits seigneuriaux de Juvignac ;

Une liasse contenant des extraits des reconnoissances, indices et autres mémoires consernant les directes de Juvignac ;

Un coffre de carton contenant les titres de propriété de la mettérie de Biar, aquise de l'Évèque de Mompellier ;

Un dossier dans lequel sont plusieurs quittances à compte du prix de la terre de Fontcaude, et autres ;

Un petit dossier contenant un contract de constitution de rente, en faveur de Nicolas de Belandonne, sur la Province de Languedoc, de la somme de 1000 livres, pour le sort principal de 20.000 livres ; en datte du premier février 1724 ; — la déclaration privée du dit sieur de Belandonne, du même jour, contenant que le dit contract appartient au feu sieur Bonnier père, et la ratification de la dite déclaration, faite par Nicolas Leroy de Saint-Aignan, héritier du dit de Belandonne, du 10 aoust 1729, contenant consentement que le sieur Jean de Sarret retire la dite rente, comme lui ayant esté cédée par le dit sieur Bonnier père ;

Une expédition en parchemin d'un jugement des Requêtes de Toulouse, du 15 septembre 1728, contenant deffances aux habitans des terres du dit feu sieur de La Mosson, de tenir d'autres chiens que ceux qui sont nécessaires pour la garde des troupeaux ;

Une police privée, contenant vante d'une pièce au tènement du Grès, faite par la dame Despioch et son fils, en faveur du dit feu de La Mosson, du premier janvier 1726, que nous avons parafé ne varietur ;

Un extrait de contract de vante, fait par Henri et Simon Casseirol, au feu sieur de La Mosson père, d'un champ à la plaine de Juvignac ; receu Bellonnet, notaire, le 10 septembre 1726.

Du vingtième novembre au dit an, deux heures de relevée. — Nous, subdélégué et commissaire, avons procédé à la continuation du présent inventaire, en présence des susnommés, ainsy qu'il suit.

Dans la troisième armoire a esté trouvé :

Un coffre de carton, contenant un extrait en parchemin du testament de feu le sieur Bonnier père, du 19 juin 1719 ; receu Bellonnet, notaire ; — l'extrait de l'inventaire des effets délaissés par le dit sieur Bonnier père, fait par le sieur Rosset, subdélégué, et une liasse des quittances des legs contenus au dit testament ;

Un autre coffre de carton, contenant une coppie du compoix terrien de Saint-Jean-de-Corgnes ; — un cayer des reconnoissances des emphitéotes de la dite terre, de l'année 1701 jusques en 1706 ; — un cayer d'indices et une liève ;

Un autre coffre de carton, contenant la procuration faite par dame Marie de Lafare, pour consentir à la vente que M. de Lafare, son frère, devoit faire à M. de La Mosson, des terres du Vivarès du 18 juillet 1727; — plus, une déclaration faite par le dit sieur de Lafare, au dit sieur Bonnier de La Mosson, au sujet du payement des lods des dites acquisitions, et deux déclarations du sieur marquis de Vogué, contenant que les titres des terres à lui vendues par le dit sieur de La Mosson, lui ont esté remis, en datte du 3 avril 1739, que nous avons parafé ne varietur ;

Une liasse, contenant quinse quittances passées à la décharge de M. le marquis de Lafare, remises au sieur de La Mosson, au soutient de la subrogation consentie à son profflt par le sieur de Lamare, pour raison du payement fait par le dit sieur de La Mosson, à l'acquit du dit sieur de Lafare, de la somme de 254.000 livres, par quittance passée devant Teissier, le 20 aoust 1728 ; — dans laquelle liasse sont toutes les pièces délivrées par chacun des créanciers; montant les susdites quittances à la somme de 169.442 livres 4 sols 4 deniers, suivant l'état que nous avons parafé ne varietur ;

Un état des créances transportées au sieur Oury, et desquelles celluy-cy a esté payé par quittances, passées devant Teissier, le 20 aoust 1728, — avec les pièces justifficatives du dit état; montant les dites créances à 123.926 livres 10 sols 1 denier ; avec les pièces justificatives du dit état, lequel nous avons parafé ne varietur ;

Un autre état des sommes payées par le sieur Vaquier, pour les debtes du dit sieur marquis de Lafare, sur les mandemens du sieur Boulet, avec les pièces justifficatives du dit état, montant 22.666 livres 6 sols, lequel état nous avons parafé ne varietur ;

Un dossier contenant trois extraits d'obligations consanties par le dit sieur marquis de Lafare, au profit du sieur de Lamare : une de 30.000 livres, du 7 novembre 1727 ; une autre de pareille somme, du 27 du même mois, et une autre de 157.000 livres, du 15 avril 1728, et une quittance du dit sieur de Lamare, au profit du dit sieur de Lafare, de la somme de 27.800 livres, à compte des dites trois obligations, en date du 15 aoust 1728;

Un autre dossier contenant trois extraits d'obligation, consanties par le feu sieur de La Mosson : une, au profflt du sieur Delatour, de 56.000 livres ; une autre, au profflt du sieur Marchaüt, de pareille somme de 56.000 livres, et une autre, au profflt de la demoiselle Colon, de 29.000 livres, en datte du 15 avril 1728 ;

Un autre dossier contenant un extrait d'obligation, consentie par le dit sieur de Lafare, au profflt du sieur Henault de Montigny, de 64.800 livres, et un extrait de l'acte de transport, fait par le dit sieur de Montigny au sieur de Lamare, des 14 et 20 aoust 1728 ;

Un extrait de quittance du payement fait, par le dit sieur de La Mosson, au dit sieur de Lamare, de la somme de 234.000 livres, en déduction du prix des terres, acquises du dit sieur marquis de Lafare, du 22 aoust 1728 ;

Un dossier contenant une cession faitte par le procureur fondé de M. de Beringham, évêque du Puy, à Charles Richer, bourgeois de Paris, de la somme de 10.000 livres, pour le lods de la terre d'Arlempe, du 3 juin 1728, contenant quittance en faveur du dit sieur de La Mosson, et l'acte d'ensaisinement de la dite terre d'Arlempe, du 21 septembre 1728 ;

Un autre dossier contenant un compte des intérêts, deus par le sieur de La Mosson au dit sieur de Lafare, au pied duquel est une quittance à compte de la somme de 7108 livres 18 sols 8 deniers ; du 14 novembre 1728 ; — plus, une quittance de 1750 livres du dit sieur marquis de Lafare, pour fin de payement du lods de la terre d'Arlempe ; du 23 novembre 1728 ; — un mandement du dit sieur de La Mosson sur le sieur Crozat, au profflt de Madame la marquise de Lafare, de 1750 livres ; signé pour acquit par la dite dame marquise de Lafare ; — plus, une quittance publique de la dite dame de Lafare, au profflt du dit sieur de La Mosson, de la somme de 11.000 livres ; en datte du 30 may 1729 ; — plus, une quittance de la somme de 9.950 livres, faitte par le dit sieur de Lafare, au profflt du dit sieur de La Mosson, pour intérêts ; en datte du 9 janvier 1730 ; — et une autre quittance du dit sieur de Lafare, au profit du dit sieur de La Mosson, de la somme de 9.130 livres, pour intérêts ; du 5 février 1730 ;

Un autre dossier contenant une quittance de 6.000 livres, pour le lods de la terre de Mirandol, fournie par le sieur Delpuech de Comeiras, cessionnaire de M. de Moras ; du 29 aoust 1729 ; — et une autre quittance de

1000 livres d'un lods payé à M. l'Évêque de Viviers, sur un mandement du dit sieur de La Mosson; du 29 janvier 1729;

Une liasse des titres des terres de Capieu et Saint-Rome-de-Tarn;

Une liasse de papiers, sur l'affaire de Mazet et des créanciers des sieurs Sartre; — sur la vente de La Mosson, faite au sieur Bonnier père, — contenant plusieurs titres et autres pièces, servant à approuver le payement du prix;

Un dossier contenant le compte rendu au sieur de La Mosson, par le sieur Giraud, de la dépense par lui faitte en Vivarès, l'année 1730, avec les pièces.

Du vingt-unième novembre au dit an, huit heures du matin. — Nous, subdélégué et commissaire, avons procédé à la continuation du présent inventaire, en présence des dits Allets et Gros, du dit sieur Garnier, intandant, et du dit Durand, tapissier et consierge, ainsy qu'il suit.

Dans la quatrième armoire a esté trouvé:

L'inventaire sommaire des actes consernant les **terres de Fabrègues, Mujolan** et **Agnac**, en deux volumes reliés en parchemin, que nous avons parafés ne varietur au commancement et à la fin;

Un sac, cotté A, contenant trois liasses: la première, des mariages; la seconde et la troisième, des testaments; le tout mentionné dans le premier tome du dit inventaire;

Un autre sac, cotté B, contenant quatre liasses: deux, de contracts entre les seigneurs de Fabrègues, et deux, des contracts d'acquisition des biens nobles;

Un autre sac, cotté C, contenant trois liasses des contracts d'acquisition des biens roturiers mentionnés au dit inventaire;

Un autre sac, cotté D, contenant cinq liasses: deux, des actes concernant les seigneurs de Fabrègues et la communauté du dit lieu; une, des homages; une autre, de dénombremens, et une autre, concernant les moulins;

Un autre sac, cotté E, contenant cinq liasses d'actes féodaux et un registre des notes de Jean Pillot, notaire de Bizan, diocèse de Narbonne;

Un autre sac, cotté F, contenant sept registres ou cayers de terriers ou reconnoissances;

Un autre sac, cotté G, contenant neuf cayers de reconnoissances emphitéotiques;

Un autre sac, cotté H, contenant cinq registres de reconnoissances ou beaux emphitéotiques;

Un autre sac, cotté J, contenant six registres ou terriers des reconnoissances féodales;

Un autre sac, cotté L, contenant quatre registres des reconnoissances;

Un autre sac, cotté M, contenant trois registres de reconnoissances féodales;

Un autre sac, cotté N, contenant sept rouleaux en parchemin et une liasse de reconnoissances féodales;

Un autre sac, cotté O, contenant un registre ou sommaire des reconnoissances et trois liasses de sommaire des reconnoissances et autres actes;

Un autre sac, cotté P, contenant douze vieux levoirs d'usages;

Un autre sac, cotté Q, contenant deux coppies de vieux compoix et trois liasses d'extraits d'articles de compoix et livres d'imposition;

Un autre sac, cotté R, contenant quatre liasses d'arrentemens, mémoires et quittances, et un vieux livre de mémoires des dépenses de la famille de Fabrègues;

Un autre sac, cotté S, contenant plusieurs actes de transaction et autres contracts, homages et dénombremens, actes féodaux et autres pièces, concernant la terre de Mujolan;

Un autre sac, cotté T, contenant plusieurs actes et homages, concernant la seigneurie d'Agnac;

Et n'ayant pas trouvé de sac cotté V, nous avons fait faire l'ouverture d'un autre sac, cotté X, où il a esté trouvé plusieurs procès de la famille de Fabrègues;

Un autre sac, cotté Y, contenant quatorse liasses de procès de la dite famille.

Du vingt-unième novembre au dit an, deux heures de relevée. — Nous, subdélégué et commissaire, avons procédé à la continuation du présent inventaire, en présence des susnommés, ainsy qu'il suit.

Dans la dite quatrième armoire a esté trouvé :

Un sac, cotté AA, contenant sept registres d'indices et levoirs de la terre de Fabrègues ;

Un autre sac, cotté BB, contenant plusieurs compoix, sommaires des reconnoissances et plans ;

Un autre sac, cotté CC, contenant six liasses des procès des seigneurs de Mujolan contre le commandeur de Launac, au sujet de la mouvance de la dite terre et de la cottité des lods ;

Un autre sac, cotté DD, contenant des procès des seigneurs de Fabrègues et autres papiers ;

Un autre sac, cotté EE, contenant des homages et dénombremens rendus au Roy ; — deux liasses d'actes particuliers ; — plus, des homages et dénombremens rendus à l'Évêque de Montpellier, avec plusieurs quittances des lods et albergues ; — plus, les homages et dénombremens rendus au commandeur de Launac ; — deux liasses d'acquisitions, échanges et engagements ; — une liassé de transactions ; — une liasse d'arrêts, sentances et jugemens ; — plusieurs terriers, — et une liasse de donnations et testaments ; — de toutes lesquelles pièces mention est faite au dit inventaire, tome second ;

Un autre sac, cotté FF, contenant vingt liasses : — la première, de plusieurs pièces des procès d'entre le sieur de Boussugcs, le sieur de Sarret et le sieur de Montbasen ; — la seconde et la troisième, de plusieurs procès des seigneurs de Fabrègues contre leurs vassaux ; — la quatrième, de plusieurs tarifs et liquidations des uzages de Fabrègues ; — la cinquième et la sixième, de plusieurs conseils et avis, au sujet du procès d'entre le seigneur de Fabrègues, le chapitre Saint-Pierre de Mompellier et l'abbé de Valmagne ; — la septième, des quittances faites par le sieur et la dame de Sarret à la dame de Rochemaure ; — la huitième, de plusieurs papiers contre la dame d'Arboras ; — la neuvième, des quittances des tailles ; — la dixième, des quittances des réparations faites au château d'Aignac et Mujolan, du temps du sieur de Bossuges ; — la onsième, des procédures criminelles ; — la dousième, des départemens des sommes imposées depuis 1677 jusques en 1699, avec cinq livres de taille de Mujolan ; — la treisième, de divers papiers contre le chapitre Saint-Pierre de Mompellier ; — la quatorsième, de divers papiers pour le chapelain de la chapelle Sainte-Accassie, le sieur de Fabrègues et autres ; — la quinsième, d'entre la dame de Coussergues et le commandeur de Launac, au sujet d'un devès à Mujolan ; — la seisième, des papiers contre les Mrs de Saint-Lazare ; — la dix-septième, des quittances faites aux seigneurs de Fabrègues, de diverses années ; — la dix-huitième, plusieurs papiers concernant les communautés de Fabrègues et Mujolan ; — la dix-neuvième, des états de la consistance de la terre de Fabrègues, lors de la vente faite au feu sieur de La Mosson, — et la vingtième, de plusieurs papiers de la maison de Sarret, pouvant servir au seigneur de Fabrègues ; — et dans le même sac, un registre contenant plusieurs baux à ferme et arrantement des domaines de Fabrègues, Mujolan, Agnac et dépendances ; — desquelles liasses et registres mention est faite au dit inventaire, tome premier.

Du vingt-troisième novembre au dit an, huit heures du matin. — Nous, subdélégué et commissaire, avons procédé à la continuation du présent inventaire, en présence des dits Allets et Gros, du dit sieur Garnier, intandant, et du dit Durand, tapissier et consierge, ainsy qu'il suit.

Plus, dans la dite quatrième armoire, a esté trouvé :

Le contract de vente, faitte par Messire Jean-Henry de Sarret, à Messire Joseph Bonnier, baron de La Mosson, des terres et seigneuries de Fabrègues, Agnac et Mujolan, en datte du 21 janvier 1729 ; receu Bellonnet, notaire de Montpellier ;

Un inventaire des titres remis par le dit sieur de Sarret au dit sieur de La Mosson ;

La relation de l'estat des domaines et cabaux des dites terres, en datte du 26 octobre 1728 ;

Un compte fait entre le dit sieur de Fabrègues et le dit sieur de Sarret, à l'occasion de la dite vente, en datte du 21 janvier 1729 ;

Un autre compte fait entre les mêmes parties, en datte du 20 février 1729 ;

La quittance du lods de la terre de Mujolan, par le commandeur de Launac, en datte du 26 avril 1728 ;

Une autre quittance du lods du moulin de Roqueirol, faitte par le sindic du chapitre Saint-Pierre de Mompellier, en datte du 8 février 1729 ;

Une liasse des quittances, faites par le chapitre Saint-Pierre et par les chapelains de Sainte-Barbe et de Sainte-Accassie, des albergues et pentions dues sur la terre de Fabrègues, pour des directes alliénées ;

Une quittance de 800 livres, faite par le chapitre Saint-Sauveur de Montpellier, pour l'extinction de la rente de 50 livres, sur la terre de Fabrègues ; avec les pièces de l'employ de la dite somme ; en datte du 13 avril 1729 ;

Une autre quittance, de la somme de 1000 livres, des religieuses de la Visitation-Sainte-Marie de Montpellier, pour l'extinction de la rente à elles due sur la terre de Fabrègues ; en datte du 30 aoust 1729 ;

Une liasse des quittances de tailles de Fabrègues et Mujolan et du cinquantième des biens nobles ;

Une quittance, faitte par Estienne Merle, de la somme de 420 livres, pour le prix d'un cazal et terres vendues au dit sieur de La Mosson, en datte du 4 may 1729 ;

Le contract de vente d'un bois et devois à *las Cadenèdes*, faitte par le sieur Payen au dit sieur de La Mosson, en datte du 24 may 1729 ;

Un autre contract de vente, faitte par Antoine Rouvier au dit sieur de La Mosson, d'un bois et devois à *las Cadenètes*, en datte du vingt-cinq may 1729 ;

Un autre contract de vente, faitte au dit sieur de La Mosson, par Pierre Hermet, de plusieurs terres à Mujolan, en datte du premier février 1730 ;

Un registre, couvert de bazane, contenant les reconnoissances faittes par les emphitéotes de Fabrègues, les années 1734 et 1735 ;

Un grand registre, relié en bazane, contenant l'extrait des dites reconnoissances ;

Deux levoirs, couverts de parchemin, contenant les sommaires et les usages des dites reconnoissances ;

L'acte d'abonnement des usages du dit lieu de Fabrègues, à raison de 400 livres par an, en datte du 28 janvier 1737, et les ordonnances des Commissaires du Roy, qui authorisent le dit abonnement ;

Un extrait d'obligation, consentie par le sieur de Fabrègues, en faveur du sieur Pomier, de la somme de 36.000 livres, en datte du 19 juin 1720 ;

Un extrait de déclaration, faite par le dit Pomier, en faveur du sieur Cabanes, contenant que, dans la dite obligation, il n'a fait que lui prêter son nom ; en datte du 24 aoust 1724 ;

Une quittance privée, faitte par le sieur de Coussergues, de l'intérêt de la dite somme, que le sieur de La Mosson s'étoit chargé de payer au dit Cabanes ; en datte du 3 juillet 1730 ;

Un extrait de la quittance consantie par le sieur Cabanes au dit feu sieur de la Mosson, le 12 juin 1743, retenue par Roussel et Caron, notaires à Paris, de la somme de 24.000 livres, sur le prix de la terre de Fabrègues ;

Une quittance de la somme de 11.300 livres, faitte par feu M. de Colbert, évêque de Montpellier, en faveur du dit feu sieur de La Mosson, pour le lods de la terre de Fabrègues ;

Et dans le bas compartiment de la même armoire, a été trouvé deux grands sacs à tenir de bled, remplis de papiers sans ordre, brouilliés et ensachés comme inutiles, dont nous avons cependant fait faire quatre-vingt liasses, qui ont esté mises dans les dits sacs, et les sacs remis dans la dite armoire.

Du vingt-troisième novembre au dit an, deux heures de relevée. — Nous, subdélégué et commissaire, avons procédé à la continuation du présent inventaire, en présence des susnommés ainsy qu'il suit.

Dans la cinquième armoire a esté trouvé :

Un registre, relié en basane, contenant le sommaire des arrêts, compromis, sentances arbitrales, transactions, acquisitions, échanges, décrets, rémissions et autres actes translatifs de propriété, passés en faveur des seigneurs de Naves, à raison de la **Baronnie de Mirandol**, écrit en 140 feuillets, que nous avons parafé ne varietur à la première et dernière page ;

Une liasse des ventes et lozimes, contenant dix pièces en parchemin ; cottée n° 14 ;

Une autre liasse, contenant douse pièces, sçavoir onse en parchemin et une en papier ; cottée n° 15 :

Une autre liasse, contenant dix pièces : sept en parchemin et trois en papier ; cottée n° 16 ;

Une autre liasse, contenant treise pièces : sept en parchemin et six en papier ; cottée n° 17 ;

Une autre liasse, contenant dix pièces : sept en parchemin et trois en papier ; cottée n° 18 ;

Une autre liasse, contenant dix pièces: sept en parchemin et trois en papier; cottée n° 19;
Une autre liasse, contenant douse pièces: neuf en parchemin et trois en papier; cottée n° 20;
Une autre liasse, contenant dix pièces: huit en parchemin et deux en papier; cottée n° 21;
Une autre liasse, contenant dix-sept pièces: trois en parchemin et quatorze en papier; cottée n° 22;
Une autre liasse, contenant vingt pièces: six en parchemin et quatorze en papier; cottée n° 23;
Une autre liasse, contenant trente-une pièces en papier, cottée n° 24;
Une autre liasse, contenant dix pièces; y ayant quelques gros cayers; le tout en papier; cottée n° 25;
Une autre liasse, contenant deux dossiers, composés d'un grand nombre de pièces attachées ensemble; cottée n° 26.

Du vingt-quatrième novembre au dit an, huit heures du matin. — Nous, subdélégué et commissaire, avons procédé à la continuation du présent inventaire, en présence des dits Allets et Gros, du dit sieur Garnier, intandant, et du dit Durand, tapissier et consierge, ainsy qu'il suit.

Dans la même armoire a esté trouvé:

Un sommaire des actes, non relié, contenant différentes fondations des chapelles et obits, faites par les seigneurs de Balaruc, de Borne, de Leugère, de Naves et autres, dans lesquels le sieur baron de La Mosson a droit; et autres actes passés en faveur de l'Église; — y ayant quarante-cinq feuillets d'écrits, que nous avons parafés ne varietur à la première et dernière page;
Une liasse, contenant vingt-quatre pièces: quatre en parchemin et vingt en papier; cottée n° 1;
Une autre liasse, contenant trente pièces: deux en parchemin et vingt-huit en papier (y manquant le n° 3 qui est une transaction du 5 février 1469); cottée n° 2;
Une autre liasse, contenant onze pièces: sept en parchemin et quatre en papier; cottée n° 3.

Du vingt-quatrième novembre au dit an, deux heures de relevée. — Nous, subdélégué et commissaire, avons procédé à la continuation du présent inventaire, en présence des susnommés, ainsy qu'il suit.

Dans la même armoire a esté trouvé:

Deux sommaires des reconnoissances féodales, nouveaux achapts, ventes des fonds de particulier à particulier, lozimes et autres actes, concernant la baronnie de Mirandol et lieux en dépendans; cotté A; — le tome premier: trois cens quatre-vingt-seise feuillets, et le second, depuis le feuillet trois cens quatre-vingt-dix-sept jusques à sept cens-quinse, — que nous avons parafé ne varietur à la première et dernière page de chacun des dits tomes;
Une liasse, contenant dix pièces en parchemin, cottée n° 1;
Une autre liasse, contenant huit pièces en parchemin, cottée n° 2;
Une autre liasse, contenant dix pièces en parchemin, cottée n° 3;
Une autre liasse, contenant dix pièces en parchemin, cottée n° 4;
Une autre liasse, contenant dix pièces en parchemin, cottée n° 5;
Une autre liasse, contenant dix pièces en parchemin, cottée n° 6;
Une autre liasse, contenant dix pièces en parchemin, cottée n° 7;
Une autre liasse, contenant dix pièces en parchemin, cottée n° 8;
Une autre liasse, contenant dix pièces en parchemin, cottée n° 9;
Une autre liasse, contenant dix pièces: sept en parchemin et trois en papier, cottées n° 10;
Une autre liasse, contenant dix pièces en parchemin, cottée n° 11;
Une autre liasse, contenant huit pièces en parchemin, cottée n° 12;
Une autre liasse, contenant onse pièces: neuf en parchemin et deux en papier; cottée n° 13.

RÉPERTOIRE MÉTHODIQUE SOMMAIRE

DES PRINCIPALES MATIÈRES CONTENUES

DANS

L'INVENTAIRE DES CARTULAIRES

LES DOCUMENTS, LES ÉCLAIRCISSEMENTS TOPOGRAPHIQUES, ETC.

I

VILLE DE MONTPELLIER

TOPOGRAPHIE HISTORIQUE

1. — *Origines de la ville de Montpellier :* — traces de l'occupation romaine dans les faubourgs de Montpellier, p. XVI ; — la donation de Montpellier et de Montpelliéret à l'Évêque de Maguelone par les deux sœurs de saint Fulcrand, p. XVI.

Les formes les plus anciennes, fournies par les documents, du nom de Montpellier (charte de 985, etc.), art. 69 et pp. XI-XII.

Opinions diverses émises sur l'étymologie du nom de Montpellier ; — *Une nouvelle hypothèse sur l'origine du nom de Montpellier*, par Jos. Berthelé, pp. IX à XIX.

Limites de Montpellier et de Montpelliéret, art. 663 et art. 1686 (p. 278, § 12 f bis).

2. — *Quartiers divers, Rues, Places, etc.*, dont la réunion a formé la partie centrale de la ville de Montpellier (la Blanquerie, le Cannau, la Condamine, Villeneuve, la Vacarié, Saint-Guilhem, la Valfère, le Peyrou, etc., etc.) :

Division de la ville de Montpellier en *sixains*, art. 1530.

L'Aiguillerie vieille, 663 (1).

L'Anelarié, 734.

La Blanquerie *(Blancaria, la Blancarié)*, 132, 139, 223, 253, 265, 287, 808, 912, 1570.

Le Cannau *(Campus novus)*, 132, 139, 266.

La Catalogne, voir DD.

La Place de la Canourgue, 1601.

Le Champ Agret du Peyrou, 281, 293, 296 ; — de Brunon Silvestre, 282, 289 ; — de Guilhem Ébrard, 256, 292 ; — de Pons de Pomerols, 255, 291.

La Coiraterie vieille, 283, 290.

La Condamine, 154, 257 à 259, 284, 288.

Les Cordes, 254, 273, 287.

Costo-Frège, 808.

La rue de la Draperie (primitive), 168.

La Flocarié, 51 bis, 54, 99, 663.

---

(1) Les chiffres *entre parenthèses*, placés à la suite du texte dans un certain nombre d'articles de la table, rappellent *la date des événements*. — Tous les autres chiffres renvoient ou aux *articles* ou aux *pages* du volume.

Les chiffres *non entre parenthèses*, précédés ou non de l'indication *art.*, se réfèrent aux *articles* des divers *inventaires* constituant la *première partie* du volume.

Les chiffres précédés de l'indication *p.* ou *pp.* se réfèrent aux *pages* de la *seconde partie* du volume (*Documents, Éclaircissements topographiques, Documents complémentaires* et *Inventaires complémentaires*).

La rue Française (carreria Francigena, carreria Francesca). 285, 295.
La Fustarié, 172, 663, 808.
La Grenade, voir DD.
Le Plan de l'Herberie, pp. 122 et 140.
Le Plan de l'Orgerie, 791, 928.
Le Plan du Palais, 128, 749.
Le carrefour de la Peyre, 663.
La Place du Peyrou devant le Palais, 749.
Le Peyrou (1), 104, 128, 145, 281, 293, 296, 749.
Le Pioch Arquinel (auj. le Peyrou), [166, 167; voir DD, Promenades publiques.
La Paroisse Saint-Firmin, voir GG.
La Place Saint-Pierre, 1695.
La Vacarié: — Vaccaria magna, Vaccaria mejana, Vaccaria parva, pp. 354 et 514; cf. pp. 515 et 517.
La Vermeillarié, 114.

Le Peyrou, — voir ci-dessus Quartiers, Rues, Places, etc., v° Pioch Arquinel.
Préveyrargues, 214, 233, 663; p. 458.
Prunet, voir Saint-Martin-de-Prunet.
Saint-Côme, 97, 100, 104, 105, 111, 114, 145, 163, 167, 170, 171, 663 (p. 93), 728, 1306, 1520.
Le Saint-Esprit, voir GG.
Faubourg (du Pila)-Saint-Gély, 1520.
Faubourg Saint-Guilhem, 1520.
Saint-Jaume (Hôpital), voir GG.
Saint-Martin-de-Prunet, 129, 169, 220, 221, 225, 230, 234, 1056, 1059.
Faubourg de la Saunerie, 1520; p. 469; — cf. Villeneuve.
Villefranche, 854, 1328.
Villeneuve, 104, 136, 143, 264.

3. — Bourgs ou agglomérations, domaines ou menues propriétés particulières, établissements monastiques, etc., dont la réunion a formé les Faubourgs actuels de la ville de Montpellier (Montpelliéret, Préveyrargues, le Grand-Saint-Jean, Saint-Martin-de-Prunet, la Saunerie, Villeneuve, le Courreau, Figuerolles, les Dominicains, le Pioch Arquinel, Saint-Jaume, le Jardin du Roi et le Jardin de la Reine, Saint-Cosme, Boutonnet, Villefranche, le Saint-Esprit, les Augustins, etc.) :

Les Augustins, voir GG.
Boutonnet, 86, 252, 655, 663.
Le Courreau, p. 285 (§ 46).
Les Dominicains, voir GG.
Figuerolles, 250, 277.
Le Grand-Saint-Jean, domaine des Templiers, puis des Hospitaliers de Saint-Jean-de-Jérusalem, voir GG.
Le Jardin du Roi, 1697; — cf. 163, 165 à 167, 170, 171.
Faubourg de Lattes, 1520.
Lavanet, voir Saint-Côme.
Montpelliéret, — église, voir GG, Saint-Denis ; — fiefs divers tenus de l'Évêque de Maguelone, 40, etc. ; — limites, 663, 1686 (p. 278); — voir t. Ville de Montpellier, passim.

(1) «Il ne faut pas confondre [le Peyrou du XII° siècle] avec le monticule ainsi dénommé aujourd'hui, et qui portait alors le nom de Puy Arquinel. Le Peyrou correspondait au sommet du plateau qui s'abaisse brusquement au nord et au sud par les pentes de Coste-Frège et de la Valfère». (Louise Guiraud, dans Mém. Soc. archéol. Montpellier, in-8°, tome I, p. 104).

AA

Actes constitutifs et politiques de la commune

Le Cartulaire seigneurial

Le Cartulaire seigneurial de Montpellier, Liber instrumentorum memorialis ou Mémorial des Nobles (documents allant de l'année 980 à l'année 1302) : — le manuscrit, p. 1 (art. AA. 1); fac-similés paléographiques, pl. 1 à 7; — titre véritable du manuscrit, p. 332 (note 2); — l'inventaire de Fr. Joffre, p. 1 (art. AA. 2); pp. 5 à 78, art. 1 à 609);

Première partie : le Cartulaire des Guilhems, seigneurs de Montpellier, etc. (années 980 à 1202) : — inventaire par Joffre, pp. 5 à 71 (art. 1 à 180 et 182 à 567); pl. 7; — notes de Montels, p. 2 (art. AA. 3); — édition par Germain, p. 332 (note 2); — éclaircissements topographiques par Jos. Berthelé, pp. 453 à 501; — fac-similés paléographiques, pl. 1, 2 et 3;

Seconde partie : le Cartulaire montpelliérain des Rois d'Aragon et des Rois de Majorque, seigneurs de Montpellier, d'Aumelas, etc. (années 1186 à 1302) : — inventaire par Joffre, p. 30 (art. 181) et pp. 71 à 78 (art. 568 à 609); — édition par Jos. Berthelé : notice paléographique et diplomatique, pp. 331 à 344; documents publiés in-extenso avec des notes, pp. 346 à 441; table chronologique des documents, pp. 442 à 450; fac-similés paléographiques, pl. 4 à 6.

La plus ancienne charte du Liber instrumentorum memorialis (année 980), erreur topographique du compilateur du cartulaire, de Joffre et de Germain, p. 50 (art. 375); pp. 453 à 455; pl. 2.

La plus ancienne des chartes du *Liber instrumentorum memorialis* concernant Montpellier (année 985), p. 13 (art. 69); pl. 1.

Les *pouillés* des Guilhems, p. 334.
Le *pouillé* de la seigneurie de Castries, p. 334.

LES CARTULAIRES MUNICIPAUX

Les Cartulaires municipaux de Montpellier (documents allant de l'année 1181 à l'année 1789) :

Le Grand Talamus (années 1181 à 1675) : — le manuscrit, p. 2 (art. AA. 4); fac-similés paléographiques, pl. 8 à 12; — inventaire par Fr. Joffre, p. 2 (art. AA. 6); pp. 79 à 190 (art. 610 à 1121);

La continuation du *Grand Talamus* (années 1680 à 1789) : — le manuscrit, p. 2 (art. AA. 5); — inventaire par Jos. Berthelé, pp. 262 à 328 (art. 1662 à 1787);

Le *Livre noir* (années 1204 à 1247) : — le manuscrit, p. 2 (art. AA. 7); fac-similé paléographique, pl. 13; — inventaire par Fr. Joffre, p. 2 (art. AA. 8); pp. 191 à 210 (art. 1122 à 1199);

Le *Petit Talamus* (années 1204 à 1604) : — le manuscrit, p. 3 (art. AA. 9); fac-similés paléographiques, pl. 14 et 15; — inventaire par Fr. Joffre, p. 3 (art. AA. 10); pp. 211 à 244 (art. 1200 à 1531);

Le *Talamus historique* (années 1598 à 1662) : — le manuscrit, p. 3 (art. AA. 11); fac-similé paléographique, pl. 16; — inventaire par Jos. Berthelé, pp. 255 à 271 (art. 1570 à 1661).

LES CHRONIQUES MUNICIPALES

La Chronique du *Grand Talamus*, p. 127 (art. 808).

La Chronique romane du *Petit Talamus*, pp. 212 à 222 (art. 1207 à 1323).

La Chronique française du *Petit Talamus*, pp. 234 à 244 (art. 1472 à 1530).

Le *Talamus historique*, pp. 255 à 261 (art. 1570 à 1661).

LES COUTUMES ET LES STATUTS CONSULAIRES

Les Coutumes de l'époque des Guilhems, art. 238 à 243; cf. art. 99, 126, 611, 1133.

Les Coutumes de 1204, art. 785 (pp. 111 à 122); art. 1122, 1202, 1203; 611, 784, 1133; — cf. art. 631, 717, 722, 723, 724, 800, 972, 1327, 1549, etc.

Les Statuts ou Établissements consulaires du XIII° siècle, art. 1124 à 1131 (pp. 191 à 201) et art. 1204, 1327 : — le statut du 29 juillet 1212, art. 1124; — celui du 29 juin 1221, art. 1125; — celui de septembre 1221, art. 1126; — celui du 1er août 1223, art. 1127, pp. 193 à 198; — celui du 12 juin 1225, art. 1128, pp. 198 à 200; — celui du 1er juin 1235, art. 1130; — celui du 6 janvier 1235 (1236, n. st.), art. 1129; — celui du 18 mars 1244 (n. st.), art. 1131; — autres de 1268, etc., art. 1327.

Confirmation des Coutumes et des Statuts consulaires de Montpellier, par les Rois d'Aragon et de Majorque, les Rois de France, etc., voir ci-dessous AA., *Privilèges et franchises*.

PRIVILÈGES ET FRANCHISES

Les immunités et libertés personnelles des habitants de Montpellier, aux XII° et XIII° siècles : liberté individuelle, propriété mobilière et immobilière, richesse non dissimulée, liberté de léguer par testament, liberté d'hériter, liberté de vendre ses biens et de quitter le pays, liberté industrielle et commerciale, etc. (1190 et 1204), 238, 243, 785, etc.

Protection et sauvegarde accordées par divers papes aux seigneurs et aux habitants de Montpellier : — par Innocent II (1132), 7, 15; — par Adrien IV (1158), 6; — par Alexandre III (1162, 1165, 1169), 18, 19, 21 à 23; — par Célestin III (1191), 24; — par Innocent III (1199), 26.

Sauvegarde accordée aux habitants de Montpellier par divers souverains étrangers : — par Louis VIII (1226), 632, 1153; — par Charles Ier, comte d'Anjou et de Provence, [roi de Sicile] (1255), 709, 710; — par Philippe de Valois (1340), 842, 843.

Pas de péage dans toute la terre de Montpellier (1204), art. 785 (p. 118, § 84).

Exemption de leudes, péages, etc., dans les états du Roi d'Aragon, 611, 1133; 672, 1176.

Exemption de péages dans les états du Roi de France (1248), 808.

Tout habitant de Montpellier exempté de payer les leudes et coupes pour sa maison et son local (1204, 1258, 1350), art. 785 (p. 115, § 42), art. 718 (p. 102), art. 922.

Exemption de questes, 666, 1170; cf. p. 337; — de toltes, de prêts forcés ou d'autres exactions forcées, p. 116 (§ 55).

Exemption du droit de rêve (1204), art. 785 (p. 119, § 106).

Réduction faite par le seigneur, sur son droit de quint, à ceux qui achètent des maisons ou des terrains à Montpellier (1204), 785 (§ 9).

Les droits de lodz dus au Roi, réglés au dixième denier, p. 276 (§ 9).

Les habitants de Montpellier exempts des droits de lods pour les donations, les legs, les échanges, etc. (1204), p. 116 (§ 61), p. 276 (§ 9), p. 320 (§ 23), p. 324 (§ 20).

Suppression du droit de prélation à Montpellier (février 1273, n. st.), 807.

Droit d'*explèche* (chasse, pêche, lignerage et pâturage), 86, 669, 1173.

Droit de chasse, pp. 286, 321, 325.

Droit de pêche (1204), p. 115 (§ 46), — spécialement dans le Lez, pp. 279-280, 321 et 325.

Droit de pêche et de navigation dans la mer et les étangs; droit d'explèche sur la plage, entre Aiguesmortes et la montagne de Cette, 669, 1173.

Droit de tirer du sable dans les rivières et les patus et d'y laver et faire sécher (1204), 785 (p. 115, § 45).

Le Droit de naufrage, 84, 631.

Droit de lignerage dans le Bois de Valène (xiiᵉ siècle), 86; — cf. ci-dessous DD, *Eaux et Forêts*.

Droit de dépaissance dans tout le terroir de Montpellier, dans les terroirs de Malbosc, de Puech-Villa, etc., 969, 970, 971; cf. 1052, 1058, 1086 (pp. 276-277). — Dépaissance du bétail des bouchers de Montpellier, voir DD.

Droit de colombier, pp. 280, 286.

Personnalité civile de la communauté des habitants de Montpellier : — les Consuls et la Ville peuvent acquérir toutes sortes de possessions : terres, châteaux, domaines, maisons, rentes, etc., 667, 668, 915, 919, 1171, 1172.

Le privilège du Poids de la Farine, *privilegi del Pes dels Moliechz*, art. 842; p. 320 (§ 37).

Les épreuves judiciaires (duel, fer rouge et eau bouillante) surbordonnées au consentement des deux parties (1204), p. 116 (§ 57).

Privilèges de juridiction accordés aux habitants de la seigneurie de Montpellier, 678, 698, 747, 765, 799, 815, 844, 845, 927, 1182, etc.

Privilège de la prohibition du vin et des raisins étrangers (mars 1277, n. st.), 797, — cf. 1418, 1419.

Privilège de la Teinturerie, p. 119 (§ 104, 105).

Les Privilèges de la Draperie, accordés par Louis XI (janvier 1476, n. st.), 925, et par Charles VIII (juillet 1493), 941, 942.

Autres privilèges, franchises et facultés, se rapportant plus spécialement à l'administration municipale, aux revenus de la Ville, aux constructions d'utilité publique, à la défense militaire, à l'administration de la justice, à la police, au commerce, etc., voir ci-dessous les séries BB, CC, DD, etc., passim.

Liberté pour les étrangers de s'établir à Montpellier (1204), art. 785 (p. 113, § 26).

Privilèges accordés pendant un an et un jour aux étrangers qui se marient à Montpellier et y fixent leur domicile (1204), art. 785 (p. 118, § 88).

Privilèges en faveur des étrangers qui voudront se fixer à Montpellier (1484 et 1486), 938, 939.

Lettres d'habitanage (1495), p. 323 (§ 12); cf. p. 319 (§ 11).

Confirmation des privilèges, franchises et coutumes de la Ville de Montpellier, — par Guilhem VIII (6 avril 1201), 242; — par Pierre d'Aragon et Marie de Montpellier (juin 1204), 611, 1133; — par Jacques d'Aragon (septembre 1218), 676, 788, 1180; (août 1231), 666, 1170, 670, 1174, 672, 1176; (décembre 1258), 717, 808; — par Jacques Iᵉʳ de Majorque (février 1277), 794, 795, 1212; (juin 1287), 803; — par Jacques II de Majorque (mai 1331), 886; — par Philippe de Valois (mai 1349), 893; — par Jean le Bon (mai 1351), 876; — par Charles V (juillet 1369), 878, 919; — par Charles le Mauvais (mars 1372), 891, 1260; — par Charles VII (août 1428), 937; — par Louis XI (mai 1462), 920 (cf. 921); — par Charles VIII (décembre 1483), 937; — par François Iᵉʳ (mars 1515), 973; — par Henri II (octobre 1547), 1006; — par Henri III (1574), 1028; — par Henri IV (1595), 1035.

Confirmation par le Concile de Bâle (1438) des privilèges, indulgences, etc., accordés aux habitants de Montpellier, par les papes, les rois, etc., 907.

Armoiries de la Ville de Montpellier, 1620.

Franchises accordées aux habitants du Languedoc par Louis le Hutin (1ᵉʳ avril 1315), 917. — Confirmation des privilèges du Languedoc, par François Iᵉʳ (juillet 1544), 1005.

Les Guilhems de Montpellier

Origine de la puissance et de la fortune des Guilhems, à la fin du xᵉ siècle, à Montpellier et à Candillargues, 69.

Développement de la puissance et de la fortune des Guilhems, de la seconde moitié du xiᵉ siècle à la fin du xiiᵉ siècle, à Montpellier et en dehors de Montpellier, cf. notamment — (avant 1059 ?) Le Pouget et Saint-Pons-de-Mauchiens, 479, 480, 482, 528; — (1090) Montpelliéret, 40, 51; — (1112) Frontignan, 435 à 438; — (1112-1113) Popian, 506 à 509; — (1113) Montbazin, 431; — (1114) Pignan, 403; — (1128) la monnaie melgorienne, 64; — (1132) Le Pouget, 489; — (1157-1158) Castries, etc., 396, 399; — (1157) Tortose, 396; — (1160) Clermont-l'Hérault et Nébian, 533, 537; — (1168) Centrayrargues, 314; — (1171) Grabels, 93; — (1171) Mireval, 345; — (1187) Aumelas, etc., 555; — (1187) Prades, 91; — (1191) Loupian, 475; — (1194) les biens des Ébrards, 237; — (1194) Frontignan, 87; — (1194) Aumelas et ses dépendances, 88; — (1196) Mireval, 347; — (1196) Saint-Paul-de-Montcamel, 464; — (1197 et 1200) la viguerie de Montpellier, 118, 122; — (1200) Tressan, 562; — voir ci-dessous *Fiefs et Feudataires des Guilhems, Albergues, censives et autres redevances payées aux Guilhems.*

Le Cartulaire des Guilhems : — rapports avec les souverains pontifes, 1 à 39; — rapports avec les évêques de Maguelone, 40 à 55; — rapports avec les comtes de Mauguio, 56 à 92; — testaments, 94 à 99; — la Viguerie de Montpellier, 100 à 122; — « de honoribus qui suntalii a Vicaria et contractu matrimoniorum », 123 à 180; — quittances, etc., 182 à 209; — les biens des Ébrards, 210 à 237; — la Coutume de Montpellier, etc., 238 à 243; — la Leude de Montpellier, 244, 274; — l'École de Médecine de Montpellier, 245; — fiefs et feudataires des Guilhems; albergues, censives et autres redevances; quartiers divers de la ville Montpellier; mas des environs de Montpellier, 246 à 273, 275 à 303; — biens et droits à Lattes, à Castelnau-le-Lez, à Centrayrargues, à la Valsière, à Montferrier, à Mireval, à Castries, à Saint-Hilaire-de-Beauvoir, à Villeneuve-lès-Maguelone, à Garrigues, à Pignan, à Cournonsec, à Montbazin, à Frontignan, à Montarnaud, à Saint-Paul-et-Valmalle, à Balaruc, à Agde, à Loupian, au Pouget, à Plaissan, à Popian, à Saint-Amans-de-Teulet, à Gignac, à Saint-Pons-de-Mauchiens, à Clermont-l'Hérault, à Nébian, à Paulhan, à Aumelas, à Tressan, etc., 305 à 567.

GUILHEM I. — Donation ou inféodation à lui faite, par Bernard II, comte de Mauguio, d'un mas à Candillargues et d'un mas à Montpellier (novembre 985), art. 69.

GUILHEM IV, fils de Béliarde et époux d'Ermengarde (1058-1068). — Serments de fidélité à lui faits pour la seigneurie du Pouget, 479, 480, 482; — pour la seigneurie de Saint-Pons-de-Mauchiens, 528.

GUILHEM V, fils d'Ermengarde (1068-1121). — Son mariage avec Ermessens, fille du comte de Mauguio, 57.

Son château *(turre et forteza)* à Montpellier, 134.
Sa participation à la croisade, 101.
Ses rapports avec le comte de Toulouse Raimond IV, dit de Saint-Gilles, 77.
Ses rapports avec les comtes de Mauguio : — avec Pierre, 57; — avec Raimond II, 62, 63, 82; — avec Bernard IV, 58.
Ses rapports avec les évêques de Maguelone : — avec Godefroid, 40, 41; — avec Galtier, 42.
Ses usurpations à Montpelliéret; restitution (1090), 40.
Inféodation de la viguerie de Montpellier à Raimond et à Bernard Guilhem frères (janvier 1104, n. st.), 100; cf. 101; — conflits avec le dit Bernard Guilhem (1113), 119, 120, 126 (cf. 105bis).

Acquisitions diverses : — à Montpellier, 129; — à Montpelliéret, 40, 41, 51; — à Aumelas, 545, 546; — à Frontignan, 435, 437, 438; — à Mireval, 338; — à Montbazin, 431; — à Pignan, 403; — à Popian, 506 à 509, 515, 519, 522; — à Saint-Amans-de-Teulet, 525.

Aliénations diverses (donations, ventes, inféodations) : — à Frontignan, 437, 438; — à Montbazin, 433; — à Pignan, 401; — à Popian, 505, 514, 518, 521, 522; — à Saint-Bauzille-de-la-Silve, 505.

Serments de fidélité par lui faits : — à Godefroid, évêque de Maguelone, 41; — à Galtier, évêque de Maguelone, 42.

Serments de fidélité à lui faits : — pour Montpellier, 134; — pour Aumelas, 541 à 544; — pour Cournonsec, 421 à 423; — pour Frontignan, 436; — pour Montarnaud, 449 à 452; — pour Montbazin, 432; — pour Montferrier, 317 à 319, 327; — pour Pignan, 404; — pour Popian, 510 à 513, 516; — pour Le Pouget, 483, 499, 500.

Son testament (1121), 92, 96.
Mariage de sa fille Guillemette avec (Bernard IV, fils de) Raimond II, comte de Mauguio, 58, cf. 96.

Actes divers concernant sa veuve Ermessens (1123, etc.) : — Mireval, 339; — Frontignan, 439, 440, 441; — Le Pouget, 484, 485, 498; — moulin sur le Lez, près du pont de Castelnau, 147; — lépreux de Montpellier (Saint-Lazare), 149.

GUILHEM VI, fils d'Ermessens (1121-1149). — Son mariage avec Sibille (de Mataplane) (1129), 127, 135.
Établissement du monastère bénédictin de Clunezet, sur les bords du Lez, en aval de Sauret (1138), 31, 155bis.
Donation à l'hôpital Saint-Guilhem de Montpellier (1139), 143.
Donation aux lépreux de Montpellier (domaine de Saint-Lazare, auj. cimetière Saint-Lazare), 149.

Renouvellement de l'inféodation de la viguerie de Montpellier (1139), 104.

Sédition des habitants de Montpellier contre le dit Guilhem VI, à l'instigation des Aimoins, etc. 1141-1143)), lettres de divers papes à Guilhem VI à ce propos, 4, 5, 8 à 11, 13, 14, 16, 17 ; cf. 121.

Ses prisonniers de guerre (?), 184.

Château seigneurial de Guilhem VI à Montpellier (construction commencée en 1143), 2, 97, 155 ; — la chapelle du dit château, 2.

Ses rapports avec le comte de Toulouse Alphonse Jourdain, 79, 81.

Ses rapports avec le comte de Mauguio Bernard IV, 60, 64 à 68, 83.

Ses rapports avec Bérenger Raimond, fils de Douce de Provence, époux de Béatrix de Mauguio, comte de Gévaudan, marquis de Provence et (à la suite de son mariage en 1135) comte de Mauguio (Bérenger II de Mauguio), 70, 71, 72.

Ses rapports avec Béatrix, comtesse de Mauguio et son second mari Bernard Pelet (Bernard V de Mauguio), 74 à 76.

Ses droits dans la fabrication de la monnaie melgorienne, 60, 64 à 68, 70, 71, 74.

Ses rapports avec le comte de Barcelone Raymond Bérenger (1136), 151.

Ses rapports avec les papes : — Innocent II (1132), 7, 12, 15 ; (1138), 31 ; (1141-1142), 17, 8, 9, 14, 16, 11, 13, 10 ; — Célestin II (1143), 5, 4 et 2 ; — Eugène III (1145), 30.

Ses rapports avec l'évêque de Maguelone Raimond Ier, 54 et 43.

Acquisitions diverses : — à Montpellier et à Montpelliéret, 125, 136, 146, 147, 153, 234 ; — à Castelnau, 309 à 311 ; — à Centrayrargues, 315 ; — à Gignac, 526 ; — à Lattes, 152 ; — à Pignan, 402, 420 ; — au Pouget, 489 ; — à Tortose (Catalogne), 151.

Aliénations diverses (inféodations, donations, engagements, etc) : — à Montpellier, 104, 143, 149, 155 bis (cf. 31), 233 ; — à Castelnau, 310 ; — à Garrigues, 231 ; — à Gignac, 526 ; — à Paulhan, 539 ; — à Pignan, 402, 420 ; — au Pouget, 489.

Serment de fidélité fait par lui à ses suzerains Bérenger Raimond, comte de Provence et de Mauguio, et Béatrix de Mauguio (1135), 72 ; — autre serment à Béatrix de Mauguio et à Bernard Pelet (1145) au sujet de la monnaie melgorienne, 76.

Serments de fidélité, reconnaissances féodales et hommages, à lui faits : — pour Montpellier, 141, 150 ; — pour Balaruc, 466 ; — pour Cournonsec, 424 ; — pour Frontignan, 440 ; — pour Gignac, 527 ; — pour Montarnaud, 527 ; — pour Montferrier, 320 à 323, 325, 326 ; — pour Pignan, 405, 406 ; — pour Le Pouget, 488, 490 ; — pour La Roquette (Bibioures), 124.

Accord avec Ermengaud de Fabrezan et ses frères (1124), 182 ; — avec Bernard Gandalmar, 59, 61.

Son testament (décembre 1146), 97.

Passif de sa succession, 185 à 187.

GUILHEM VII, fils de Sibille (1149-1172). — Son mariage avec Mathilde, sœur du duc de Bourgogne Eudes II (1157, n. st.), 128.

Paiement de diverses dettes laissées par son père Guilhem VI, 185 à 187.

Ses prisonniers de guerre (?), 183, 184.

Les marchands de Montpellier, protégés par le pape Alexandre III, 19, 21, 22 ; — pirateries des Génois, 21, 22.

Guilhem VII tuteur et procureur de l'hôpital Saint-Guilhem à Montpellier (1164), 159.

Donation du Plan de l'Orgerie à la communauté des habitants de Montpellier (1168) 758, 791.

Ses rapports avec Raimond V, duc de Narbonne, comte de Toulouse et marquis de Provence (1164), 78, 822.

Ses rapports avec Béatrix, comtesse de Mauguio, et Bernard Pelet, son second mari : — droit de naufrage (1149), 84.

Ses rapports avec Bertrand Pelet, comte de Mauguio, fils de Béatrix et de Bernard Pelet : — Grabels (1171), 93 ; Castelnau et Substantion (1171), 85.

Ses droits dans la fabrication de la monnaie melgorienne, 157.

Ses rapports avec le comte de Lunel Raimond Gaucelin II, 142.

Ses rapports avec le pape Adrien IV (1158), 6 ; — avec l'antipape Victor IV (1160), 1 ; — avec le pape Alexandre III (1162 et 1169), 18, 19, 21, 22.

Ses rapports avec les évêques de Maguelone : — avec Raimond Ier, 44, 46 ; — avec Jean de Montlaur, 45, 47.

Ses rapports avec le prieur de Saint-Firmin de Montpellier : — église Sainte-Croix de Montpellier, 155.

Acquisitions diverses : — à Montpellier, 154, 159, 160 ; — à Aumelas, 553 ; — à Castries, 396, 399 (cf. 397 et 398), 563, 564 ; — à Centrayrargues, 314 ; — à Clermont-l'Hérault, 533, 534, 536 ; — à Grabels, 93 ; — à Juvignac, 93 ; — à Lansargues, 142 ; — à Mireval, 345, 346 ; — à Murviel, 158 ; — à Nébian, 537 ; — à Pignan, 140 ; — à Tortose, 396.

Inféodations diverses : — à Castries, 563, 564 ; — à Centrayrargues, 314; — à Clermont-l'Hérault, 533, 534, 536; — à Nébian, 537.

Serments de fidélité par lui faits aux évêques de Maguelone Raimond Ier et Jean de Montlaur, 46, 47.

Serments de fidélité à lui faits : — pour Montpellier, 156; — pour Castries, 395, 565 ; — pour Centrayrargues, 313, 314; — pour Clermont-l'Hérault, 535, 536 ; — pour Montferrier, 328 à 335 ; — pour Nébian, 538 ; — pour Pignan, 409, 411, 415.

Sauvegarde de Murviel (1160), 158.

Guerre avec les seigneurs de Pignan, destruction du château de Pignan, conclusion de la paix (1162), 411, 415.

Testament du dit Guilhem VII (septembre 1172), 98.

Guilhem VIII, fils de Mathilde de Bourgogne (1172-1202); — époux en premières noces d'Eudoxie Comnène. — Sa fille Marie de Montpellier, voir ci-dessous. — Sa seconde femme Agnès de Castille, 193.

Son habitation à Montpellier, 97, 155 ; — sa chapelle, 20, 33, 34 ; — son jardin, 163, 165 à 167, 170, 171.

Concession aux coiratiers de Montpellier d'un plan pour y établir leur marché (1176), 162 (cf. 161).

Traité de paix et de commerce avec les Pisans (1178), 201. — Promesse de protection aux Pisans et aux Génois (s. d.), 202.

Traité de commerce avec l'évêque et le vicomte d'Agde (1185), 468.

Liberté de l'enseignement de la médecine à Montpellier (janvier 1181, n. st.), 245.

Remparts de Montpellier (1196), 754, 757.

Concession à la Maladrerie de Montpellier du droit d'une demi-poitrine de bœuf ou de vache, chaque samedi, sur la Boucherie de Montpellier (septembre 1199), 1696.

La coutume de Montpellier et les serments des officiers de la Baylie (1190), 238 à 243.

Rachat de la viguerie de Montpellier (1197), 122 ; (1200, n. st.), 118.

Ses rapports avec les comtes de Mauguio Raimond IV et Raimond V (Raimond V et Raimond VI de Toulouse), 80, 86 à 90, 564, 655, 823.

Ses relations avec le roi d'Aragon Alphonse II, 91.

Ses rapports avec le vicomte d'Agde Bernard Aton VI, 468 à 476.

Ses rapports avec les papes : — Célestin III, 24, 29 ; — Innocent III, 20, 25 à 28, 32 à 39 (voir GG).

Ses rapports avec les évêques de Maguelone : — Jean de Montlaur, 48, 55 ; — Guilhem Raimond, 49 ; — Guilhem Fleix, 561.

Ses rapports avec le Prévôt de l'église de Maguelone : — la montagne de Saint-Baudille, près Fabrègues (1173), 55. Ses rapports avec l'évêque d'Agde, 468, 470.

Ses revenus, à Montpellier et en dehors de Montpellier : — leude de Montpellier, 244, 274 ; — albergues et censives, voir ci-dessous *Fiefs et feudataires des Guilhems;* — droits de conseil, usages, etc., 165, 168, 169, 171, 172, etc.

Règlement de comptes (engagements, etc.) avec divers bourgeois de Montpellier (1180, n. st.), 164.

Acquisitions diverses : — à Montpellier, 123, 161, 162, 166, 178, 237 ; cf. art. 181 et p. 358 ; — à Agde, 469 à 472 ; — à Aumelas et dans les environs d'Aumelas, 88, 198, 555, 557, 558bis ; — à Frontignan, 87, 566, 567 ; — à Lattes, 307, cf. Salvignac ; — à Loupian, 473 à 478 ; — à Marseillan, 469, 471, 473 ; — à Mireval, 347 ; — à Paulhan, 493, 540 ; — au Pouget, 493, 562 ; — à Prades, 91 ; — à Saint-Paul-de-Montcamel, 464, 465 ; — à Salvignac, 173, 179 ; — à Tressan, 562.

Transaction avec la veuve de son frère Bergondion, au sujet de la succession de ce dernier (février 1184, n. st.) : Paulhan, Le Pouget et Poussan, 493.

Aliénations diverses (inféodations, etc.) : — à Montpellier, 113, 114, etc. ; — à Aumelas, 555 ; — à Paulhan, 555 ; — au Pouget, 555 ; — à Poussan, 493 ; — à Saint-Pons-de-Mauchiens, 532 ; — à Vendémian, 555.

Reconnaissance féodale, hommage et serment de fidélité, faits par Guilhem VIII à Raimond IV, comte de Mauguio (Raimond V de Toulouse), 86, cf. 89.

Serments de fidélité faits par lui aux évêques de Maguelone Jean de Montlaur (1184) et Guilhem Raimond (1193), 48, 49.

Reconnaissances féodales, hommages et serments de fidélité à lui faits pour — Montpellier, 175, 176, 177, 180 ; — Aumelas, 556 ; — Castelnau, 176 ; — Cournonsec, 427 à 430 ; — Frontignan, 444, 445 ; — Lattes, 176 ; — Mireval, 348 ; — Montarnaud, 448, 459 à 463 ; — Montferrier, 176, 336, 337 ; — Paulhan, 556 ; — Pignan, 416 à 419 ; — Le Pouget, 494, 495, 524 ; — Valmalle, 447 ; — La Valsière, 316.

Concession de privilèges aux habitants de Castelnau-le-Lez (février 1178, n. st.), pp. 545-546.

La moitié de la dîme du Moulin Bas de Lattes, attribuée à l'église du dit lieu (avril 1186), art. 609, p. 406.

Concession de patus, pâturages, palus, etc., par Guilhem VIII, aux habitants de Lattes (1203), art. 1533, 1535, 1545, et p. 550.

Son testament (novembre 1202), 99.

Marie de Montpellier, fille de Guilhem VIII et d'Eudoxie Comnène. — Son premier mariage, avec le vicomte Barral de Marseille, 29.

Son second mariage, avec le comte de Comminges Bernard IV (1197), 194, 203, 205 à 209 ; — sa renonciation à ses droits sur la seigneurie de Montpellier (1197), 204. — Sa répudiation par Bernard de Comminges (1201), 37 à 39.

Son troisième mariage, avec Pierre II, roi d'Aragon (15 juin 1204), 610, 1132 ; — châteaux, domaines, etc., constituant sa dot, 610, 612, 787, 1132, 1134.

Son testament (1213), 624, 1145.

FIEFS ET FEUDATAIRES DES GUILHEMS. — ALBERGUES, CENSIVES ET AUTRES REDEVANCES, PAYÉES AUX GUILHEMS.

Fiefs et feudataires du seigneur de Montpellier, *carta de feudis et feualibus, carta quorumdam feualium* (s. d., XII° s.), 246, 247, cf. 248 et suiv.

Mutations de fiefs (XII° s.), 247.

Le fief de la Comtesse : mas divers en faisant partie (XII° s.), 249, 250 ; cf. 260.

Reconnaissances féodales, hommages, serments de fidélité (XII° et XIII° siècles), pp. 336-337.

Ost et chevauchée (XIII° s.), p. 337.

Mas faisant des albergues (annuelles, en nature), au seigneur de Montpellier (XII° s.), 248, 249, 250, 260, 263, 276, 277, 279, 300 à 302.

Hommes faisant des albergues (annuelles, en nature), au seigneur de Montpellier (XII° s.), 248, 263, 275, 276, 277, 279, 280, 300 à 302 ; cf. l'art. 570, pp. 392 à 396, et l'art. 597, pp. 435 à 437.

Hommes faisant des albergues en argent au seigneur de Montpellier (XII° s.), 268, 275.

Mas ou hommes faisant au seigneur de Montpellier, en plus des albergues (annuelles, en nature), des redevances en porcs, moutons, agneaux, volailles, pains, oublies, etc. (XII° s.), 300 à 302 ; — cf. pp. 361, 424, 429-430.

Mas ou hommes faisant des albergues ou des usages en orge (XII° s.) : — Juvignac, Substantion, etc., 251 ; — Lattes, 305.

Mas faisant des redevances en vendange au seigneur de Montpellier (XII° s.), 252. — Hommes faisant des redevances en argent pour des vignes, 262.

Redevances en journées d'hommes et de bêtes, pour les divers travaux agricoles (semailles, moisson, taille de la vigne, vendange, etc.) : — Saint-Pargoire et Saint-Pons-de-Mauchiens (XII° s.), 302 ; — le mas de Cambelliès, près Loupian (XII° s.), 303.

Redevances appelées *questes*, p. 337.

Cens en argent payés aux Guilhems par les hommes des divers quartiers de Montpellier (XII° s.) : — cens de la Blanquerie, 253, 265, 287 ; — «censuus qui redditur de Cordis», 254, 287 ; — cens du champ de Pons de Pomerols, 255, 291 ; — cens du champ de Guilhem Ebrard, 256, 292 ; — cens de la Condamine des Guilhems de Montpellier, 257 à 259, 284, 288 ; — cens de Villeneuve, 264 ; — cens du Cannau, 266 ; — cens du Camp Agret et du Peyrou, 281, 293, 296 ; — cens du champ de Brunon Silvestre, 282, 289 ; — cens de la Coiraterie vieille, 283, 290 ; — cens de la rue Française («carta vetula de curreria Francigena»), 285, 295 ; — cens de divers quartiers, 267 à 273, 275, 285, 286, 294, 297, 298.

La directe, les censives et les autres droits seigneuriaux des Guilhems, passés successivement aux Rois d'Aragon, aux Rois de Majorque et aux Rois de France, 1709, 1716.

LES ROIS D'ARAGON

Le Roi d'Aragon, seigneur de Montpellier, vassal de l'Évêque de Maguelone, comte de Mauguio, art. 578, pp. 333 et 346 à 350.

Le Cartulaire montpelliérain des Rois d'Aragon et des Rois de Majorque, seigneurs de Montpellier, d'Aumelas, etc. : — chartes diverses concernant Montpellier, l'Aumeladès, la seigneurie de Castries, Jacou, Juvignac, Lattes, Montarnaud, Montbazin, Montferrier, Pignan, Popian, Le Pouget, Saint-Jean-de-Védas, etc., art. 181 et 568 à 609 ; pp. 331 à 450.

PIERRE II, — seigneur de Montpellier, Lattes, Castelnau, Montferrier, Castries, Aumelas, Le Pouget, Montbazin, Cournonsec, etc., etc., par son mariage avec Marie de Montpellier (15 juin 1204), 610, 612, 1132, 1134.

Confirmation des anciennes coutumes de Montpellier, concession de privilèges, etc. (juin 1204), 611, 1133.

Confirmation des privilèges et libertés des habitants de Lattes (4 août 1204), 1534.

Concession de la grande charte des nouvelles *Coutumes de Montpellier* (15 août 1204), 785 (p. 120, § 117, 118), 1122, 1202, 1203.

Remparts de Montpellier (novembre 1204), 755.

Promesse aux Consuls de Montpellier au sujet des divers châteaux et domaines constituant la dot de Marie de Montpellier (1er mars 1205, n. st.), 612, 787, 1134.

Concession aux Consuls de Montpellier du pouvoir de statuer, réformer, etc., dans l'intérêt de la Ville ; — remparts de la dite ville (1er mars 1205, n. st.), 612, 787, 1134.

Engagement aux Consuls de Montpellier, du château et de la seigneurie de Lattes (1er mars 1205, n. st.), 613 à 615, 1135; cf. 1136, 1137, 1141.

Engagement aux Consuls de Montpellier, de la seigneurie de la ville de Montpellier, etc. (4 juillet 1206), 616, 1136, 1141.

Accord avec les habitants de Montpellier (Villeneuve, le 27 octobre 1206), 617 à 619, 789, 1137 à 1139.

La démolition du donjon et du château seigneurial de Montpellier, promise par Marie de Montpellier aux habitants de la dite ville (1207), 622, 1142.

Bail en acapt d'un jardin à Montpellier (1205, n. st.), art. 181, p. 358.

JACQUES ou JAYME 1er, — fils de Pierre d'Aragon et de Marie de Montpellier (1213-1276). — Sa naissance, cf. p. 471.

Son premier séjour à Montpellier (août 1231), cf. art. 666 à 672 et 1170 à 1176.

Confirmation des coutumes et libertés accordées à la ville de Montpellier par Pierre d'Aragon et Marie de Montpellier (septembre 1218), 676, 788, 1180.

Aide de 100.000 sous fait par la Ville de Montpellier au Roi d'Aragon pour sa guerre contre les Sarrazins; confirmation de l'exemption des questes (août 1231), 666, 1170.

Permission aux consuls et à la ville de Montpellier d'acquérir toutes sortes de possessions : terres, châteaux, domaines, maisons, rentes, etc. (août 1231), 667, 668, 915, 919, 1171, 1172.

Ratification des statuts consulaires de Montpellier concernant les notaires et les appels en justice; — autorisation aux marchands montpelliérains de trafiquer avec les Sarrazins, malgré les hostilités (août 1231), 668, 1172.

Concession en emphitéose à la Ville de Montpellier du droit de pêche et de navigation dans la mer et les étangs; item, du droit d'explèche sur la plage, entre Aiguesmortes et la montagne de Cette (août 1231), 669, 1173.

Nouvelle confirmation des coutumes et libertés accordées à la ville de Montpellier par Pierre d'Aragon et Marie de Montpellier (août 1231), 670, 1174.

Confirmation de la donation, faite par le dit Jacques d'Aragon à la Ville de Montpellier, de cent maisons à Majorque, etc. (août 1231), 671, 1175.

Confirmation de privilèges précédemment accordés à la Ville de Montpellier par Pierre d'Aragon (exemption de leudes, péages, etc.) (août 1231), 672, 1176.

Les habitants de la seigneurie de Montpellier, possédant des fonds, justiciables seulement de la Cour de Montpellier (février 1238, n. st.), 678, 1182, cf. 765.

Élection des consuls de Montpellier; Baylie; notaires, etc. (octobre 1239), 677, 1181.

Convention avec les consuls de Montpellier, substituant le Roi, seigneur du lieu, à l'Évêque de Maguelone, dans les élections consulaires (1er mars 1246, n. st.), 690, 851, 1194.

Règlement relatif à l'élection des consuls de Montpellier (18 mars 1246, n. st.), 691, 851, 1195.

Bail en acapt de la Triperie de Montpellier (décembre 1250), art. 600, pp. 350 à 355.

Confirmation des privilèges des Juifs de Montpellier (octobre 1252), 701, 702.

Le traité de Corbeil, entre Jacques d'Aragon et Louis IX (11 mai 1258), 696.

Nouvelle confirmation des coutumes, libertés et privilèges de la Ville de Montpellier (décembre 1258), 717, 808.

Charte d'amnistie contenant une nouvelle organisation de la Baylie de Montpellier (10 décembre 1258), 718, 922.

Déclaration de Jacques d'Aragon au sujet du serment de fidélité — *serment de fidélité*, et non pas *hommage*, — à lui fait par les Consuls de Montpellier (décembre 1258), 719.

Transaction avec l'évêque de Maguelone Guillaume IV Christophe (septembre 1260), 1328.

Adduction à Montpellier des eaux de la Lironde (juin 1267), p. 505; — (juin 1272), art. 766 et p. 506.

Actes concernant l'administration de la justice (juin et septembre 1272), 765, 796 et 798.

Commerce du blé, etc. (juin 1272), 661, 767.

Lettres de rémission en faveur des habitants de Montpellier (septembre 1272), 660.

Limites des juridictions respectives du Roi d'Aragon et de Majorque, seigneur de Montpellier, et de l'Évêque de Maguelone, comte de Mauguio et de Montferrand (janvier 1273, n. st.), pp. 88 à 94 (art. 663), p. 616.

Monnaie de Mauguio (février 1273, n. st.), 645, 646, cf. 578, pp. 345 à 350. — Monnaie frappée à Castelnau (avril 1273), 647.

Service militaire dû à Jacques d'Aragon par ses hommes de Jacou, art. 570, pp. 337 et 392 à 396.

Le droit de prélation du seigneur de Montpellier (janvier et février 1273, n. st.), 780, 781, 807.

Le droit de queste — à Jacou, pp. 337, 396; — à Lattes, pp. 248, 548, 550; — à Montpellier, 666, 1170; — à Saint-Jean-de-Védas, pp. 337, 433.

Le droit d'agrier au huitième des fruits, sur les terres mises en culture, pp. 425 et 429.

Droits et revenus divers de Jacques d'Aragon — à Montpellier, pp. 350, 355, 360; — à Aumelas, p. 361; — à Jacou, pp. 337 et 396; — à Juvignac, pp. 398, 399 et 401 ; — à Popian, pp. 424 à 431 ; — à Saint-Jean-de-Védas, pp. 337 et 433 à 437.

Inféodation faite au Roi d'Aragon par l'Évêque de Maguelone (22 juin 1218) : droits divers sur la monnaie melgorienne, sur Castelnau, Castries, Centrayrargues, Frontignan, Pignan, Saussan, etc., art. 578, pp. 333, 335 et 345 à 350.

Autres acquisitions faites par le dit roi : — à Montpellier : immeuble devant la Poissonnerie, 780 ; — à Juvignac, art. 577, pp. 402 à 406.

Aliénations diverses de Jacques d'Aragon, à Montpellier : — la Triperie, art. 600, pp. 350 à 355 ; — immeuble devant la Poissonnerie, art. 780, 781 ; — vigne à l'Aiguelongue, art. 579, p. 360 ; — cf. pp. 333 et 338.

Aliénations diverses de Jacques d'Aragon (inféodations ou bail en acapt), en dehors de Montpellier : — Aumelas, le mas de Valoussière, art. 568, pp. 361 à 363 ; — Juvignac, art. 577, pp. 402 à 406 ; — Le Pouget, art. 569, pp. 337 et 431 à 433.

Lauzimes divers — par Jacques d'Aragon, pour Juvignac, art. 594, pp. 398 à 401 ; — par l'infant Jacques, pour Jacou, art. 570, pp. 392 et 395.

Reconnaissances féodales, hommages et serments de fidélité, faits à Jacques d'Aragon : — Montpellier, art. 719 (p. 103) ; art. 608, pp. 438-439 ; — Aumelas, art. 608, pp. 438-439 ; — Jacou, art. 570, 572, 573, pp. 392 à 397 ; — Juvignac, art. 577, pp. 402 à 406 ; — Lattes, art. 608, pp. 438-439 ; — Montferrier, art. 599, pp. 410-411 ; — Pignan, art. 580 à 583, pp. 413 à 417 ; le Bois de la Blaquière, art. 596, pp. 418 à 420 ; Saint-Martin-du-Vignogoul, art. 576, pp. 420-421 ; — Popian, Saint-Bauzille-de-la-Silve et Plaissan, art. 571 et 598, pp. 422-423 ; — Saint-Jean-de-Védas, art. 574, 575 et 597, pp. 433 à 437.

Règlement de comptes avec les consuls de Montpellier (s. d.), 706 ; — cf. 750.

Don à Barral Ier, seigneur des Baux, de 2000 sous melgoriens sur la Leude mage de Montpellier (déc. 1253), 707.

Obligation de 3000 sous melgoriens à Pierre de Téry, bourgeois de Montpellier (janvier 1263, n. st.), 750.

Affaire de l'Évêque de Maguelone et affaire de Bernard de Saint-Brès (s. d.), 673, 1177.

Sceau du dit Jacques Ier, roi d'Aragon, de Majorque et de Valence, comte de Barcelone et d'Urgel, seigneur de Montpellier, p. 441.

Confirmation, par Jacques d'Aragon, aux habitants de Lattes, des droits à eux accordés par Pierre d'Aragon et Marie de Montpellier (mai 1221), 1537.

Privilèges et droits divers concédés par Jacques d'Aragon aux habitants de Lattes (1230, 1243, 1263, 1269 et 1271), p. 550.

Autorisation de construire à Lattes, accordée à Étienne Catalan (août 1229), 730.

Bail en acapt de la Condamine de Lattes, auj. mas d'Encivade (1243), pp. 546-547.

Délimitation d'Aumelas et du fief de Cabrials ; la justice, la chasse, la dépaissance, etc., dans le dit fief de Cabrials (1249, 1250, 1252), art. 604 et 605, pp. 363 à 367.

L'infant Jacques, fils de Jacques d'Aragon (1263 et 1270), pp. 392, 395 et 435.

LES ROIS DE MAJORQUE

JACQUES ou JAYME II = JACQUES Ier de Majorque (1276-1311). — Serment à lui prêté par le peuple de Montpellier, à l'occasion de son avènement (1276), 1212.

Confirmation des coutumes et lois municipales de Montpellier (février 1277, n. st.), 794, 795, 1212 ; — nouvelle confirmation (juin 1287), 803.

Privilège, accordé aux habitants de Montpellier, de la prohibition du vin et des raisins étrangers (mars 1277, n. st.), 797.

Actes divers concernant l'administration de la justice à Montpellier : — cassation des deux actes de Jacques d'Aragon, de juin et de septembre 1272 (mars 1277, n. st.), 796 ; (mai 1277), 798 ; — que les habitants de Montpellier ne pourront être cités en dehors de Montpellier (mars 1277, n. st.), 799 ; — paiement des choses dues par contrat public (avril 1279), 800 ; — excès commis par les officiers de la Cour de Montpellier (octobre 1280), 801.

Jacques Ier de Majorque reconnait le roi de France Philippe le Hardi comme suzerain de Montpellier (1282), 1214.

Concessions diverses en faveur des habitants de Montpellier ; le Bayle de Montpellier ; les Bayles de Lattes et de Castelnau, etc. (18 juin 1287), 802.

Contribution de 20.000 livres fournie par la Ville de Montpellier à Philippe le Bel pour les troupes de guerre assemblées à Nîmes ; quittance par Jacques de Majorque (juin 1287), 804.

Bail à nouvel acapt aux Juifs de Montpellier d'une maison près leur synagogue (juillet 1277), art. 584, pp. 338 et 355 à 358.

Bail à nouvel acapt de la Triperie de Montpellier (septembre 1297), pp. 513 à 517.

Usage en argent, payé en guise d'albergue, au Roi de Majorque, pour la seigneurie de Castries, art. 601, pp. 375 et 390.

Lauzimes divers par Jacques Ier de Majorque : — Carabottes, art. 607, pp. 368 à 372 ; — Castries, art. 601, pp. 374-375, 381 à 384 et 390 ; — Popian, art. 603, pp. 429-430 ; — cf. p. 338.

Reconnaissances féodales, hommages et serments de fidélité, faits à Jacques Ier de Majorque : — Aumelas, art. 590, pp. 367-368 ; — Montarnaud, art. 585, pp. 407-408 ; — Montbazin, art. 589 et 606, pp. 408 à 410 ; — Montferrier, art. 586 et 592, pp. 411 à 413 ; — Popian, art. 591, pp. 423-424 ; — fiefs divers, art. 587 et 588, pp. 440-441.

Sanche (1311-1323). — Reconnaissance féodale à lui faite pour le domaine de La Paillade et ses dépendances (mai 1312), pp. 543-544 ; — item, pour le domaine de Malbosc (mai 1312), p. 617.

Jacques ou Jayme III = Jacques II de Majorque, successeur de Sanche (1324-1349). — Sa minorité (1324), 833.

Confirmation des coutumes et privilèges de Montpellier (mai 1331), 886.

Ses officiers de justice tenus de contribuer aux tailles de Montpellier (mai 1336), 828.

Privilèges divers accordés à la ville de Montpellier (décembre 1345), 855.

Vente de la seigneurie de Montpellier au roi de France Philippe de Valois (avril 1349), 869, 909, 1087 (p. 283, § 7).

Les Rois de France

Louis VIII. — Sauvegarde en faveur de la ville de Montpellier (juin 1226), 632, 1153.

Louis IX. — Ses passages à Aiguesmortes, 808, 811. — Privilèges accordés aux marchands de Montpellier (1248), 808 ; (1254), 708. — Lettres de la reine Blanche au sujet du péage de la Radelle, etc., 760 à 764.

Philippe le Hardi. — Reconnu suzerain de Montpellier par le Roi de Majorque (1282), 1214.
Son passage à Montpellier (1283), 1215.

Philippe le Bel. — L'évêque de Maguelone Bérenger de Frédol lui cède Montpelliéret, Lattes et la suzeraineté de Montpellier (mars 1293, n. st.), pp. 280, 282 ; cf. art. 663, 856, 1214, etc.

Les Bourgeois de la Part Antique, 856.

Contribution fournie par la Ville de Montpellier à Philippe le Bel pour les troupes de guerre assemblées à Nîmes, 804.

Louis le Hutin. — Franchises accordées aux habitants du Languedoc (1er avril 1315), 917, 918.

Philippe le Long. — Imposition et expropriations en vue de l'adduction d'eaux à Montpellier (1318), p. 508.

Charles le Bel. — Les marchands italiens à Montpellier (juillet 1322), 775. — Barrage en vue de l'adduction d'eaux à Montpellier (1325), p. 509.

Philippe de Valois. — Le commerce de Nîmes avec Aiguesmortes (novembre 1329), 774.

Barrage destiné à faire face à la réparation des ponts, etc. (mai 1333), pp. 509-510.
Les marchands italiens (juillet 1333), 776.
Les pirates (novembre 1333), 777, 778.
Le droit de marque (novembre 1333), 779.
Passage du dit Philippe VI à Montpellier (1335), 1219.
Le Privilège du Poids de la farine, confirmé à la Ville de Montpellier (juillet 1340), 842 ; cf. p. 320 (§ 37).
Protection et sauvegarde accordées aux Consuls de Ville, aux Consuls de Mer, aux Ouvriers de la Commune Clôture, etc., de Montpellier (juillet 1340), 842, 843.
Acquisition de la seigneurie de Montpellier (avril 1349), 869, 909 ; cf. 856. — La directe du Roi de France à Montpellier (du milieu du XIVe siècle à la fin du XVIIe), 1709, 1716.
Confirmation des coutumes et privilèges de Montpellier (mai 1349), 893.
Confirmation des deux lettres de Jacques Ier, roi d'Aragon (des 1er et 18 mars.1246, n. st.), au sujet du Consulat de Montpellier (juillet 1350), 851.
Confirmation des lettres de Jacques Ier, roi d'Aragon (de décembre 1258), au sujet de l'élection du Bayle et des autres officiers de la Cour ordinaire de Montpellier, etc. (juillet 1350), 922.

Jean le Bon. — Son passage à Montpellier (janvier 1351, n. st.), 1222.
Confirmation des coutumes et privilèges de Montpellier (mai 1351), 876.
Garantie et sauvegarde aux consuls de Montpellier et aux habitants de la Part Nouvelle (septembre 1355), 856, 857.

Charles V. — Sauvegarde pour les habitants de la Part Nouvelle de Montpellier (août 1364), 872.
Confirmation des coutumes et privilèges de Montpellier (juillet 1369), 878.
Confirmation des lettres de Jacques d'Aragon (d'août

1231), portant que les consuls et la ville de Montpellier pouvent acquérir terres, châteaux, domaines, maisons, rentes, etc. (juillet 1369), 919.

Première réparation des feux de Montpellier (août 1373), 809, cf. 810.

Les Ouvriers de la Commune Clôture et la Palissade (mars 1374), 894.

Sédition d'octobre 1379, art. 1276 ; — rémission, art. 1276 et 1280.

LE ROI DE NAVARRE

CHARLES II, dit le Mauvais (1349-1387). — Ses intrigues pour s'emparer de la couronne de France (1358), 1226.

Cession de la ville et de la baronnie de Montpellier, par le Roi de France, au Roi de Navarre (1365), 889.

Prise de possession de Montpellier par le Captal de Buch, au nom du Roi de Navarre (1366), 889, 1237, 1238.

Le Roi de Navarre remis en possession de Montpellier, la suzeraineté étant maintenue au Roi de France (1371), 1256, 1257.

Séjour de Charles le Mauvais à Montpellier (1372), 1259, 1260. — Séjour de la Reine de Navarre à Montpellier (1373), 1264.

Confirmation des coutumes et lois municipales de Montpellier (mars 1372), 891, 1260.

Les Ouvriers de la Commune Clôture et la Palissade (juillet 1372), 892.

Réunion momentanée (novembre 1372) à la juridiction du Bayle (Montpellier) de la juridiction du Recteur de la Part Antique (Montpelliéret), 871.

Montpellier repris au Roi de Navarre par le Roi de France (1377), 1275.

Montpellier rendu au Roi de Navarre (1381), 1279.

Montpellier repris définitivement au Roi de Navarre par le Roi de France (1383), 1281.

LES ROIS DE FRANCE (suite)

CHARLES VI. — Ses divers passages à Montpellier (octobre-novembre 1380, janvier 1390, septembre 1406), 1288, 1290, 1310.

Les Consuls de Montpellier exemptés de la finance pour les francs-fiefs et les nouveaux acquêts (mars 1390, n. st.), 918.

CHARLES VII. — Son passage à Montpellier (mars-avril 1420), 1318.

Confirmation des privilèges des habitants de Montpellier (août 1428), 937.

Barrage destiné à faire face à des frais d'adduction d'eau à Montpellier (1456), pp. 510 à 512.

LOUIS XI. — Confirmation des privilèges, coutumes, libertés et statuts de la ville de Montpellier (mai 1462), 920.

Bois de Valène, francs-fiefs ; confirmation des lettres de Jacques d'Aragon (d'août 1231) portant que la Ville de Montpellier peut acquérir terres, châteaux, domaines, maisons, etc. (mars 1465, n. st.), 915.

Le Parlement de Toulouse transféré à Montpellier (septembre 1467), 982.

Le Privilège de la Draperie de Montpellier (23 janvier 1476, n. st.), 925.

Le Bayle et autres officiers de justice (mai 1476), 923.

CHARLES VIII. — Confirmation des privilèges des habitants de Montpellier (décembre 1483), 937.

Privilèges en faveur des étrangers qui voudront se fixer à Montpellier (février 1484, n. st. et mars 1486, n. st.), 938, 939, pl. 11.

Lettres de privilège sur l'Art de la Draperie à Montpellier (juillet 1493), 941, 942.

FRANÇOIS Ier. — Ses passages à Montpellier (1533 et 1542), 1494, 1508.

Confirmation des privilèges de Montpellier (mars 1515), 973.

Confirmation des privilèges du Languedoc (juillet 1544), 1005.

Permission aux officiers royaux d'exercer des charges consulaires à Montpellier (février 1545), 1004.

HENRI II. — Confirmation des privilèges de la ville de Montpellier (octobre 1547), 1006.

Suppression des deux juridictions de la Baylie et de la Rectorie de la Part Antique ; création de la Viguerie (15 septembre 1551) ; acquisition de ladite Viguerie par la Ville de Montpellier, 1015, 1515.

CHARLES IX. — Son passage à Montpellier (décembre 1564), 1522.

HENRI III. — Confirmation, moyennant finance, des privilèges de Montpellier (1574), 1028.

HENRI IV. — Confirmation à la Ville de Montpellier de l'octroi du Denier de la Chair (décembre 1594), 1053.

Confirmation des privilèges de Montpellier (1595), 1035.
Permission aux officiers royaux d'être reçus aux charges consulaires de Montpellier (juin 1596), 1054.
Confirmation des statuts et privilèges de l'art de la Draperie et de la Flessaderie de Montpellier (mai 1605), 1044.
Le Collège aux Bonnes Lettres, autrement dit le Collège royal des Lettres humaines de Montpellier (novembre 1607 et mars 1610), 1051, 1106.

ARMOIRIES ET SCEAUX

Armoiries de la Ville, 1620.
Sceau du Consulat, 1229, 1491.

PASSAGES DE PRINCES ET DE GRANDS PERSONNAGES

Les Rois de France : — Philippe le Hardi (1283), 1215; — Philippe de Valois (1335), 1219; — Jean le Bon (1351), 1222.
Le Roi de Navarre Charles le Mauvais (1372) et la Reine de Navarre (1373), 1259, 1260, 1264.
Les Rois de France (suite) : — Charles VI (1389, 1390 et 1406), 1288, 1290, 1310; — Charles VII, encore dauphin (1420), 1318; — François Ier (1533 et 1542), 1494, 1508; — Charles IX (1564), 1522; — Louis XIII (1642), 1627 ; — Louis XIV (1660), 1651.
L'empereur Sigismond (1415), 1314, 1315.
L'Archiduc de Flandres (1502), 1473.
Le pape Urbain V (1367), 1243 à 1251.
Saint Vincent Ferrier (1408), 1313.
Le cardinal de Bonzy (1685), art. 1685.

ÉTATS GÉNÉRAUX OU PROVINCIAUX

Rang que tiennent aux États de Languedoc les consuls des diverses villes de cette province, 1200.
Sessions des États généraux de Languedoc, tenues à Montpellier, — en 1419, art. 1317; — en 1426, art. 1321.
Sessions diverses des États de Languedoc au XVIe siècle : — en 1545 et en 1548, à Montpellier, art. 1510 et 1513; — en 1560, à Beaucaire, art. 1518; — en 1561, 1563, 1571, 1572 et 1574, à Montpellier, art. 1519, 1521, 1527, 1528 et 1530.
États de Languedoc : — connaissance du fait des Étapes (1659-1661), art. 1101 à 1103.
États généraux d'Orléans (1560), 1518.
Première et seconde assemblées des Notables, États généraux de 1789, art. 1777, 1779, 1781, 1782, 1784.

BB
Administration communale

LES CONSULS DE VILLE

Le Consulat de Ville et les Consuls majeurs, art. 611, 612, 623, 625, 676, 677, 690, 691, 756; p. 119, § 115; p. 121, § 128; art. 808, 811, 812, 841, 842, 851, 905, 906, 919, 920, 965, 976, 986, 1004, 1015, 1054, 1062 à 1065, 1072, 1108, 1109, 1119, 1127, 1128, 1134, 1135, 1136, 1146, 1181, 1194, 1195, 1207, 1211 à 1215, 1217 à 1228, 1232, 1243, 1289, 1291, 1292, 1299, 1322, 1326, 1327, 1337, 1340, 1341, 1343, 1346, 1347, 1356 à 1436, 1437, 1439 à 1441, 1442, 1454, 1483, 1489, 1504, 1515, 1570, 1571, 1582, 1589, 1590, 1594, 1602, 1606, 1620, 1623, 1626, 1629, 1631, 1634, 1635, 1637, 1639, 1641, 1642, 1652, 1654, 1656, 1657, 1658, 1659, 1666, 1673, 1674, 1675, 1686 à 1687, 1689, 1693, 1706 à 1708, 1755, 1758, 1760, 1767, 1767 B.
Pouvoir législatif des Consuls de Montpellier au moyen âge : — Établissements ou Statuts consulaires, 611, 612, 806, 1124 à 1131, 1204, 1327, 1344, 1351, 1352, 1442, 1767 (21).
Privilège appartenant aux Consuls d'imposer pour les affaires de la Ville : — lo Privilegi de las Talhas, 841.
Juridiction des Consuls, voir FF.
Pouvoir militaire des Consuls, en l'absence du Gouverneur (1616), 1065.
Les Consuls de Montpellier momentanément seigneurs de Montpellier, de Lattes, etc., au temps du roi Pierre d'Aragon et de Marie de Montpellier, art. 613 à 618, 621, 1135 à 1138, 1141.
Les Consuls de Montpellier, seigneurs de Caravettes, cf. ci-dessous DD et FF.
Les Consuls de Montpellier, seigneurs de Combes, cf. ci-dessous DD et FF.
Les Syndics ou Procureurs de la Communauté, 692, 812, 1196, 1327, 1372, 1373, 1767 A (4), 1767 B (6).
Les Députés de la Communauté, 1324, 1337.
L'Assesseur des Consuls de Ville, 1327, 1369, 1570.
Le Clavaire ou Trésorier du Consulat, 959, 1322, 1327, 1337, 1342, 1345, 1346, 1349, 1351, 1430, 1469, 1470, 1483, 1570, 1767 (5).
Le Sous-Clavaire du Consulat, 1337.
Les Auditeurs et Impugnateurs des comptes du Clavaire, 1469, 1470.
Le Notaire ou Greffier du Consulat, 808, 904, 1337, 1346, 1347, 1370, 1432, 1504, 1570, 1578, 1757, 1767 (§ 4).
Le Sceau du Consulat, 1229, 1491.
Les Escudiers, Sergents et Hallebardiers du Consulat, 873 à 875, 879, 880, 882, 1236, 1240, 1337, 1346, 1347, 1392,

1429, 1454, 1571, 1585, 1686 (p. 275, § 7), 1767 (p. 319, § 4, et p. 325, § 36).

Les Ménétriers du Consulat, 1346.

Les Maires, etc. (XVIIᵉ et XVIIIᵉ siècles)

L'office de Maire perpétuel, 1706 à 1708, 1712.
Les Assesseurs du premier rang, 1710.
Les Assesseurs du second rang, 1713.
Le Lieutenant de Maire, 1737.
Certificat de catholicité exigé des Maires, Échevins et Conseillers de Ville, 1762.
Georges de Belleval, président en la Cour des Comptes, Aides et Finances, maire de Montpellier, 1706, 1712.
Gaspard de Belleval, maire, 1712.
De Cambacérès, maire, 1764.

Les Conseils de Ville

Les vingt-quatre Conseillers, 949, 1066, 1346, 1371, 1465, 1483, 1767 (p. 319, § 5, et p. 323, § 7).
Conseillers politiques et de renforcement (1766 et 1768), art. 1761, cf. 1760.

Les Consuls de Mer. — Les Ouvriers de la Commune Cloture. — Les Consuls de Métiers.

Les Consuls de Mer, 644, 720, 1067 à 1071, 1327, 1366, 1442, 1504, 1767 (p. 319, § 7, et p. 323, § 9).
L'Escudier des Consuls de Mer, 1346.
La levée des *mailles* du chemin de Montpellier à Lattes ; l'entretien du dit chemin, de la *Roubine des Marchands* et des graux, cf. 718, 1375, 1891, 1493.
Les Ouvriers de la Commune Clôture, 728, 790, 892, 894, 989, 1327, 1334, 1339, 1346, 1348, 1364, 1365, 1442, 1450 à 1452, 1483, 1504, 1623, 1640, 1673, 1674, 1686 (p. 279, § 16 b).
Le Clavaire des Ouvriers de la Commune Clôture, 1339, 1345, 1483.
Les Consuls des Métiers, 1096, 1097, 1374, 1483.

Les Officiers de Ville

Les Officiers des Consuls de Montpellier à la fin du XVIIᵉ siècle, art. 1767 (§ 4).
L'office du Commissaire-priseur, *officium Dompni*, 983 ; — l'Enquanteur et l'écrivain des encans, 1412, 1413 ; — l'inspecteur appelé *Dom*, 1767 (p. 320, § 22, et p. 324, § 19).
Les six Capitaines des Sixains, 1530.
Le Capitaine du guet, 1570, 1767 (§ 4).

Les guetteurs municipaux du clocher de Notre-Dame-des-Tables, 1346.
Les gardes des portes de la Ville, 1436.
Le Capitaine de santé, 1767 (§ 9).
Les gardes des Marchés : — gardes de la Boucherie, 1406 ; — gardes de la Poissonnerie, 1407 ; — gardes de l'Orgerie, 1387, 1435. — Les Vérificateurs des mesures de l'Orgerie, 1409.
Les gardes du terroir, 1767 (§ 4). — Les gardes-vignes, 837.
Les peseurs de blé et de la farine, 1398.
Les forestiers de Valène, 1422.

CC

Impôts et comptabilité

Taxes seigneuriales et royales

Péages du comté de Mauguio, 23.
Péage du pont de Lunel, 1205.
Péage de La Radelle, 760, 1206.
Péage du grau de Carnon, appartenant à l'Évêque de Maguelone, 735, 736, 1544.
Leudes et Coûpes de Montpellier, au moyen âge et sous l'ancien régime, art. 244, 274, 688, 707, 855, 922, 961, 1018, 1192, 1327, 1331, 1333, 1477 ; art. 1688 (pp. 277-278, § 12 a et c ; p. 281) ; art. 1687 (p. 283, § 7, 12, 14 et 15 ; p. 284, § 25 à 27 ; p. 285, § 42 à 44, 52 et 53 ; p. 286, § 68, etc.) ; art. 1767 (p. 320, § 35, et p. 325, § 36).
Tarifs des droits de leude payés aux Guilhems, seigneurs de Montpellier (XIIᵉ siècle), 244, 274 ; — cf. 688, 1331, 1333.
Leude de la pêche des étangs, etc., perçue par le Roi d'Aragon, 669.
La leude de Castelnau, 56.
La leude de Narbonne, 656.
Subsides divers accordés par la Ville de Montpellier aux Rois d'Aragon et aux Rois de Majorque, 616, 666, 727, etc.
Censive annuelle d'un morabotin payée par la Ville de Montpellier au Roi d'Aragon, pour le droit de pêche et de navigation, dans la mer et les étangs, et pour le droit d'explèche sur la plage (1231), 669, 1173.
Contribution de 20.000 livres fournie à Philippe le Bel pour les troupes de guerre assemblées à Nîmes, 804.
Contribution extraordinaire fournie à la Ville par les Juifs, pour les fortifications et pour la rançon du roi Jean, 1457.

Tailles royales, 955, 959, etc.

Finances pour les francs-fiefs et nouveaux acquêts, 918, 1443, etc.

Paiement par la Ville d'une somme de 220.000 livres pour l'amortissement des droits de directe du Roi à Montpellier (1693-1695), 1709, 1716.

TAXES ECCLÉSIASTIQUES

Cens annuel payé au Saint-Siège par le seigneur de Montpellier (XIIe s.), 2, 18.

Cens annuel de deux marcs d'or payé au Saint-Siège par la Ville de Montpellier (XIIIe siècle), 657, 658, 685, 737, 817, 818, 1189 ; cf. 2, 18.

Droits de prémices, etc., appartenant à l'Église de Maguelone, 18, 43, 609 (cf. p. 406).

Dîmes perçues par le Prieur de Saint-Firmin de Montpellier, 944 ; cf. 1056, 1059 ; — par le Chapitre cathédral de Montpellier, 1056, 1059.

Dîmes de Castelnau-le-Lez, 85 ; — de Lattes, 43, 609 (cf. p. 406) ; — de Saint-Martin-de-Prunet, 1056, 1059.

Exemption de dîmes, 740.

IMPÔTS ET REVENUS COMMUNAUX

Tailles communales, 841, 959, etc.

Impôt des *mailles* du chemin de Lattes, perçu au moyen âge par la Ville de Montpellier, 718, 1391.

Recette annuelle de la Ville sur les tables de la Poissonrie (XIIIe s.), 676.

Impositions diverses (autorisées par Jacques d'Aragon, Philippe le Long, Charles le Bel et Charles VII) destinées à faire face aux dépenses d'adduction d'eaux à Montpellier, pp. 505 à 512.

Vente ou afferme des coupes annuelles du Bois de Valène et des produits du mas de Caravettes, 832, 1347, 1455, 1767 (p. 321) ; cf. DD.

La moitié des Coupes et toutes les Leudes menues de Montpellier, possédées par la Ville, par suite de l'acquisition faite en 1553, art. 1686 (pp. 277-278, § 12 a ; p. 279, § 14 et p. 282) ; art. 1687 (p. 284, § 25 ; p. 285, § 52 et 53 ; p. 286, § e).

Droit de Courtage, autrement dit de Couretage et d'Octroi, levé par la Ville sur les marchandises et denrées, qui se pèsent et se vendent dans la dite ville de Montpellier, art. 1676, 1686 (p. 277), 1767 (pp. 320 et 325).

Le Denier de la chair : — faculté pour la Ville de percevoir un denier sur chaque livre de viande, fraîche ou salée, vendue à la Boucherie de Montpellier (années 1475 à 1594), art. 989 à 994, 1053.

Les deux Deniers de la chair : — faculté pour la Ville de percevoir deux deniers par livre de viande de boucherie (la dite faculté confirmée à perpétuité en 1667), art. 1767 (p. 322, § 45 et p. 325, § 32) ; cf. art. 1754.

Perception par la Ville, de douze deniers sur chaque bœuf, vache ou veau, tué à la Boucherie de la Part Antique, p. 320 (§ 25) et p. 325 (§ 36), pp. 286-287.

Pension annuelle payée à la Ville pour des tabliers à l'Herberie, p. 183 (art. 1080), p. 320 (§ 33), p. 324 (§ 23).

Revenus du Poids [du Blé et de] la Farine, art. 842 ; p. 284 (§ 28), p. 320 (§ 37), p. 324 (§ 24).

ASSIETTE DE L'IMPÔT

Première réparation des feux de Montpellier (1367, 1373, 1377), art. 809, 810.

Seconde réparation des feux de Montpellier (septembre 1379), art. 829.

La *Recherche générale du diocèse de Maguelone* (1525-1527), 980, 1485 à 1487.

Compois : — les arpenteurs, 1411.

Les Estimeurs jurés, 1767 (§ 4).

Les Quatorze de la Chapelle, 959, 1368.

Les six Répartiteurs, 1767 (p. 319, § 6, et p. 323, § 8).

Distinction de la taille royale d'avec la taille communale (janvier 1496, n. st.), 959.

Exemptions de tailles, 955, 959, 966, etc.

DÉPENSES COMMUNALES ORDINAIRES

Albergue payée à l'Évêque de Maguelone par la Ville de Montpellier, pour le Bois de Valène, pour le Mas de Caravettes, etc., 626, 831 ; p. 322, etc.

Albergue payée au Roi, par la Ville de Montpellier, pour la seigneurie de Combes, p. 530.

Paiement annuel par la Ville, d'une somme de dix livres à l'Ordre de Saint-Lazare, en remplacement du droit d'une demi-poitrine de bœuf ou de vache, chaque samedi, qu'avait la Maladrerie de Montpellier sur la Boucherie de la dite Ville, art. 1696.

État des dettes de la Ville (1684), art. 1676.

DD

Propriétés communales, ponts et chaussées, etc.

Biens patrimoniaux, Droits et Facultés

Catalogue sommaire des principaux titres justifiant les droits de la Ville de Montpellier, au moyen âge et sous l'ancien régime, pp. 282 à 286.

Amortissement de divers biens appartenant à la Ville et à l'Hôpital Notre-Dame (1369), art. 883 et 903.

Biens patrimoniaux, droits et facultés de la Ville : — défense des droits de la Ville contre les prétentions du fermier du Domaine royal, art. 1686 (pp. 274 à 282) ; — jugement des Commissaires du Roi, maintenant la Ville dans une partie de ses droits (septembre 1685), art. 1687 (pp. 282 à 287).

Aveu et dénombrement, fourni par les Consuls aux Commissaires du Roi, des biens patrimoniaux, droits et facultés de la Ville (septembre 1687), art. 1767 a (pp. 318 à 323) ; — jugement des Commissaires du Roi (mars 1688), art. 1767 b (pp. 323 à 326).

L'Hôtel de Ville

Le premier Hôtel de Ville (1205), art. 623, 1143, 1144.

Le second Hôtel de Ville (1361), art. 881, 883, 1228 (1), 1620, 1681, 1687 (p. 284, § 22), 1691, 1767 (p. 320, § 29, et p. 325, § 36).

La grosse cloche municipale de Notre-Dame-des-Tables, 1210, 1327. — La cloche de la Maison consulaire, 836, 841, 867, 1280, 1460, 1767 (p. 320, § 29).

Les Prisons de l'Hôtel de Ville, pp. 275 et 320. — Le Carcan de l'Hôtel de Ville, p. 320.

La Chapelle du Consulat, 836, 863, 864, 867, 1220, 1229, 1231, 1271, 1272, 1274, 1679 ; pp. 319 et 323.

La place devant la Maison consulaire, p. 320, art. 855, 950.

La croix érigée en 1628 devant l'Hôtel de Ville, 1623.

Les Loges des Marchands

La Petite Loge, 1686 (p. 278, § 12 d).

La Grande Loge ou Loge des Marchands, 1071, 1686 (p. 278, § 12 d), 1686 bis (p. 281), 1767 a (p. 320, § 32), 1767 b (p. 325, § 36).

---

(1) Page 213, seconde colonne, ligne 4, au lieu de *premier*, lire *second*.

Les Marchés publics. — Établissements divers se rapportant à l'alimentation, etc.

Le Marché du Peyrou. — *Forum seu mercatum Montispessulani del Peiron*, donné par Guilhem VII à sa femme Mathilde de Bourgogne (février 1157, n. st.), 128. — Tables appartenant au Roi d'Aragon (1254), 749.

Les Marchés a la viande. — *Mazel* ou *Boucherie*. — La Boucherie de Montpelliéret ou de la Part Antique, appartenant au Roi de France depuis 1293, ayant appartenu précédemment à l'Évêque de Maguelone, art. 1328, 1686 (p. 278), 1687 (p. 282, § d 2 ; p. 286, § e 2°), 1767 a (p. 320, § 25), 1767 b (p. 325, § 36).

Droit de Boucherie possédé par la Ville de Montpellier, pp. 278, 281, 320 (§ 38) et 325.

Boucherie et Bouchers à Montpellier : — dépaissance du bétail des bouchers, art. 835, 977, 978, 1460 ; pp. 276-277 (§ 11) ; p. 284 (§ 23) ; p. 322 (§ 46); pp. 519, 520 et suiv., 553.

L'Abattoir, pp. 268-269 (art. 1680), p. 323 (§ 50), p. 325 (§ 35), p. 354.

Préparation de la viande de mouton, art. 1501.

Vente de la viande de diverses catégories, art. 785 (p. 118, § 98), art. 1338 et 1460.

Revendeuses de viande de porc, 1734.

Le droit de percevoir chaque samedi une demi-poitrine de bœuf ou de vache, sur la Boucherie de Montpellier, concédé par Guilhem VIII à la Léproserie de Saint-Lazare (1199), 1696.

Les Gardes de la Boucherie, 1406.

Réglementation des baux des Boucheries appartenant aux villes et communautés du Languedoc (1730-1731), art. 1731.

Triperie. — La Triperie du Roi d'Aragon (1250), art. 600, p. 284 (§ 31), pp. 350 à 355. — La Triperie du Roi de Majorque (1297), pp. 513 à 517. — La Triperie au 14e siècle (1367), pp. 517-518. — La *Catalogne*, art. 600, pp. 353, 513, 514, 517. — La *Grenade*, pp. 513, 514, 517.

Tripiers et Bouchers (1560), p. 283 (§ 11).

Droit revendiqué par les Consuls sur la Triperie de Montpellier, p. 278, p. 320 (§ 38).

Les Marchés au Poisson. — *Poissonnerie*. — Droits des Rois d'Aragon et des Rois de Majorque sur la Poissonnerie de Montpellier, art. 676 et 1180 ; p. 278, p. 285 (§ 42 et 43). — Droits des Consuls de Montpellier, art. 676 et 1180 ; art. 782 et p. 284 (§ 30) ; p. 278, p. 281, p. 284 (§ 33), p. 286 (§ e), p. 320 (§ 38).

La Poissonnerie primitive, art. 785 (p. 113, § 23), art. 676 et 1180; p. 278.

La Poissonnerie Neuve (xiiie siècle), art. 785 (p. 113, §23), art. 782 et p. 284 (§ 30) ; p. 278 et p. 284 (§ 33); cf. les art. 676 et 1180 et les art. 780 et 781.

La Poissonnerie, au xive siècle, art. 783 et 1338; p. 278 et p.284 (§ 31); — au xve siècle, p. 284 (§ 26) ; — au xvie siècle, art. 1023; — du xive au xvie siècle, p. 285 (§ 42 et 43); — cf. art. 1460 et p. 284 (§ 32).

Les gardes de la Poissonnerie, 1407.

Vente du poisson à Montpellier, en d'autres lieux qu'à la Poissonnerie, p. 284 (§ 32).

LES MARCHÉS AUX GRAINS. — *Orgerie*. — Blé vendu aux boulangers, art. 1722; — grains divers, p. 320 (§ 30).

Le droit d'Orgerie possédé par les Consuls de Montpellier, — en vertu de la concession de Guilhem VIII (1168), art. 758 et 791, — et en vertu des lettres de Charles VII et de Louis XI (1466), art. 928, art. 1686 (p. 277), art. 1686 bis (p. 281, § 6 , art. 1687 (p. 284, § 24, et p. 286, § e), art. 1767 (p. 320, § 30).

L'Orgerie du Palais, — le Plan de l'Orgerie, — concession de Guilhem VIII à la communauté de Montpellier (1168), art. 758 et 791 ; cf. 749; — l'Orgerie construite sous Charles VII, 928.

La Halle, nouvelle et dernière orgerie, construite près de Notre-Dame-des-Tables à la fin xve siècle, 950.

Les gardes de l'Orgerie, 1387.

Les mesures de l'Orgerie, 928, 1409, 1676. — Les vérificateurs des mesures de l'Orgerie, 1409.

LES MARCHÉS AUX HERBES. — *Herberie*. — Droit de propriété des Consuls sur le Plan de l'Herberie (1337), art. 840. — Tabliers à l'Herberie, possédés et affermés par les Consuls, p. 183 (art. 1080), p. 286, p. 320 (§ 33), p. 324 (§ 23) et p. 325 (§ 36).

LE MARCHÉ AUX CUIRS. — Plan acheté par Guilhem VIII et concédé par lui aux cuiratiers de Montpellier (décembre 1176), 162, cf. 161.

LES FOURS. — Fours divers, seigneuriaux, municipaux et particuliers, art. 50, 100 à 105 bis, 121, 126, 662, 785 (p. 118, § 92), 808, 883 (cf. 903), 1123, 1328, 1408; pp. 280 et 281 ; p. 282 (art. 1687, § b. et § d. 2); p. 283 (§ 13), p. 285 (§ 45 et 46), p. 286 (§ 65) ; — cf. art. 1537 et 1540.

LE GRENIER A SEL, 962, 995 à 998, 1478.

LES FONTAINES PUBLIQUES

L'adduction des eaux de la Lironde à Montpellier au xiiie siècle, art. 766 ; p. 320 (§ 26) ; p. 324 (§ 21); pp. 505 à 507.

La question des eaux à Montpellier au xive et au xve siècles, p. 324 (§ 21) et pp. 507 à 512.

Les sept fontaines publiques de la Ville de Montpellier à la fin du xviiie siècle, p. 322 (§ 44).

Quantité d'eau que donne la source de Saint-Clément (xviiie siècle), art. 1752.

La Fontaine du Pila-Saint-Gély, 1493.

La Fontaine [de Préveyrargues, dite] de Lattes, 663 (p. 93), 987, 988.

La Fontaine dite des Donzelles, 1089.

PESAGE ET MESURAGE PUBLICS

LE POIDS DU ROI, art. 1496; p. 278 (§ 12 c et § 12 e), p. 281, p. 283 (§ 15), p. 285 (§ 44), p. 286 (e 2°).

LE POIDS DE LA FARINE, alias *Poids du Blé et de la Farine*, alias *Pes dels Moliechz*, appartenant à la Ville de Montpellier, art. 842 et 1398 ; pp. 278, 281, 284 (§ 28), 286 (e), 320 (§ 37), 324 (§ 24) et 325 (§ 36); — les deux bureaux des portes de Lattes et du Pila-Saint-Gély, pp. 289-290 et 320 (§ 37).

Les mesures de l'Orgerie, 928, 1409, 1676.

Les poids et mesures à l'usage des Merciers, 1410.

Les mesures de l'huile, 1410.

ÉDIFICES DIVERS

Les châteaux des Guilhems, voir EE.

Le Palais du Roi, 749, 1286.

L'Hôtel de l'Intendance, 1729.

Le Palais épiscopal, voir GG.

Églises, — Couvents, — établissements d'Instruction, — Hôpitaux, — voir GG.

Les Bains ou Étuves, 128.

PROPRIÉTÉS COMMUNALES DIVERSES

Maisons et terrains divers, sis à Montpellier, acquis par la Ville au 13e siècle, art. 648 à 651, 667, 1165 à 1168, 1171.

Maisons et terrains divers, sis à Montpellier ou ailleurs, appartenant à la Ville de Montpellier au 14e siècle, art. 883.

Donation, par Jacques d'Aragon, à la ville de Montpellier, de cent maisons sises à Majorque, 671, 1175.

Le Jardin du Milanés, 985, 1492, 1692.

Bordel acheté par la Ville (1520), 979.

Le Bois de Valène, le Mas de Caravettes, etc., propriétés de la Ville de Montpellier, voir ci-dessous DD.

Le fief de la Comtesse, art. 70, 73, 124 ; — cf. *le Devès Comtal*.

LES PROMENADES PUBLIQUES

Promenade du Peyrou, 1697, 1699.
Porte du Peyrou, 1700, 1703, 1717.
Pont de la Porte du Peyrou, 1702.
Promenade de l'Esplanade, art. 1772, cf. p. 278.

CIMETIÈRES COMMUNAUX

Le Cimetière hors la porte des Carmes, - son établissement en 1685 dans le terrain du Milanès, appartenant à la Ville, art. 1692; cf. art. 1685 (§ 6).

Le Cimetière hors la porte de la Saunerie, — son établissement en 1690 dans un terrain acheté par la Ville, art. 1698 ; cf. art. 1685 (§ 6) et 1692.

VOIRIE URBAINE

Constructions à Montpellier aux xie et xiie s., art. 104.
Construction de Villeneuve, art. 104, 143.
Constructions à Montpelliéret aux xie et xiie s., art. 40, 41.
Les Ouvriers des rues ou Prud'hommes-voyers, p. 121 (§ 129); art. 1327, 1346.
Les Remparts et les Portes de la Ville, du xiie au xviiie siècle, voir ci-dessous EE.
Porches au-dessus des rues, 725, 726, 1327.
Agrandissement de la rue de l'Anclarié (1269), 734.
Plan de la Ville, alignements, 1759.
Éclairage public, art. 1771.

VOIRIE RURALE

Les Ouvriers des chemins, 1327.
Les Ouvriers du chemin de Lattes, 1375.
Les Receveurs des mailles du chemin de Lattes, 1391.
Le chemin de la Monnaie, 940.
Le chemin de Saint-Jacques, 136, 663.
Le chemin Salinier, 969.
Le chemin de Montpellier à Lattes, 987, 1375, 1391, p. 458.
Le chemin de Montpellier à Centrayrargues, 51 bis, etc.

PONTS ET CHAUSSÉES

Le pont de la Porte du Peyrou à Montpellier, voir ci-dessus DD, *Promenades publiques*.

Le pont de Castelnau, sur le Lez, art. 79, 147, 149, 1243; p. 566.

Le pont Lairou, à proximité de l'ancien Saint-André-de-Novigens, pp. 463, 465.

Le pont Juvénal, sur le Lez, 175, 663, 741 à 743, 1467, 1500; pp. 463, 464.

Le pont de Centrayrargues, ou Pont Trincat, sur le Lez, pp. 458, 461.

Le Pont Fiscal, sur le Vidourle, 70, 79 ; cf. 1205.

La chaussée de Maguelone à Villeneuve, à travers l'étang, p. 471.

EAUX ET FORÊTS

1. LA MER, LA PLAGE ET LES ÉTANGS. — Le droit d'épaves ou de naufrage — aux comtes de Mauguio, 84 ; — à l'évêque de Maguelone et aux Consuls de Montpellier, 631.

Les étangs et la plage depuis Lattes jusqu'à la montagne de Cette et jusqu'au port d'Aiguesmortes, 669, 1173.

L'étang de Mauguio ou de Lort, 1544.

L'étang du Méjan ou de Lattes et de Pérols, 1532, 1545, 1547, 1555, 1557.

Bois transportés par les étangs et par le grau de Maguelone, 735.

Creusement d'un grau, 644.

2. COURS D'EAU DIVERS. — ruisseaux montpelliérains, — rivières et torrents plus ou moins voisins de Montpellier, — canaux ayant servi au commerce de Montpellier durant le moyen âge.

Le Verdanson (anc. Merdanson) à Montpellier, 97, 663, 854, 985.

Les Aygarelles de Montpellier, 648, 663, 987, 988; p. 359.

Le Lez, 86; — blanchissage et séchage, 97, 663, 785 (§ 45); 1354; — extraction du sable, 785 (§ 45), 1354.

Moulins du Lez : — Navitau, voir *Castelnau* ; — Ferran, 224 ; — la Roque ou le Roc, 601 ; — Sauret, 153, 663, p. 466; — Semalens, 53, 1690; — Sept-Cans, 180 ; — Centrayrargues ou Pont-Trincat, 314, pp. 459 à 461 ; — Lattes, 92, 152, 609 ; pp. 406-407 ; — moulins divers, 97, 362, 371 a, 834, 974, 1037 à 1043.

Ponts divers sur le Lez : Substantion, Castelnau, Saint-André-de-Novigens, Juvénal, Centrayrargues ou Pont-Trincat, voir ci-dessus *Ponts et Chaussées*.

Pêche dans le Lez, pp. 279 et 321; cf. pp. 115 et 325.

Arrosage des prairies de Lattes par le Lez, 1541.

Le Lez Trincat, 1533.

La Roubine des Marchands, 1493.

La vallée du Lez, p. 334.

Le Terrieu (c^{ne} de Saint-Mathieu-de-Tréviers), p. 500.

La Lironde (de Saint-Clément-la-Rivière), 766, 978; pp. 320, 324, 505 à 512 et 520.

La Lironde (de Lattes), 173.
Le ruisseau de Véguecats, 663.
Le Salaison, art. 349, 663; p. 391.
La vallée du Salaison, p. 334.
La vallée de la Cadoule, p. 334.
La vallée du Bérange, p. 334.
Le Vidourle, p. 601; art. 70, 79, 1205.
La Radelle, canal faisant communiquer l'étang de Mauguio avec Aiguesmortes, 652, 697, 760, 1206.
Le Rieucoulon, 663, pp. 334 et 436.
La Mosson, — moulins divers, 174, 834.
La vallée de la Mosson, p. 334.
La Fosse Bonnière ou le valat de la Fosse, p. 404.
Le Lassédérou, pp. 334 et 420.
La vallée du Coulazou, p. 334.
La vallée de l'Avène, p. 334.
L'Hérault, — moulins divers : — Carabottes, 607, p. 334 et pp. 368 à 372; -- Paulhan, 94, 99, 530; — Roquemengarde, 558 bis. — La vallée de l'Hérault, p. 334.
La vallée de l'Alzon, p. 489.
La vallée de la Buèges, p. 489.
Laurelle (de Saint-Bauzille-de-la-Silve, etc.), p. 425.
La vallée de la Rouvièges, p. 334.
La vallée du Dardailhon, p. 334.

3. Bois divers des environs de Montpellier. — Forêt entre la mer et l'étang de Mauguio au XIIIᵉ siècle, 644.
Le Bois de Valène (commune de Murles, etc.), acquis en juillet 1215, par la Ville de Montpellier, de l'évêque de Maguelone Guillaume d'Autignac, 86, 626, 627, 655, 811, 819, 820, 830 à 832, 853, 865, 915, 916, 946 à 948, 980, 1034, 1147, 1148, 1239, 1343, 1347, 1422, 1455; p. 280, [pp. 321-322, p. 324. — Le Bois de Taurier, 811, 853, 948, pp. 321 et 324.—Le Mas de Caravettes, 665, 814, 831, 853, 865, 1034, 1232; p. 321-322 et p. 324. — Le Mas de Matelongue, 665, 814; p. 322. — Le Mas de Vessières (auj. bergerie de Bessières), 665, 814, 853, 865; pp. 322 et 324.
Maîtrise des Eaux et Forêts, 1741.

EE

Affaires militaires. — Marine.

Les Chateaux des Guilhems. — L'enceinte fortifiée au XIIᵉ siècle. — La Commune Clôture. — La Palissade. — Les Portes de la Ville, etc.

Le château avec donjon, turre et forteza, du seigneur de Montpellier Guilhem V, art. 134. — Inféodations du dit château, en même temps que de la viguerie de Montpellier, en 1104 par Guilhem V et en 1139 par Guilhem VI, art. 100 et 104; cf. 102 et 103. — Emplacement du dit château (1150), art. 105.
Le château, avec donjon, de Guilhem VI, de Guilhem VII et de Guilhem VIII, art. 2, 33, 34, 97, 155; — sa construction commencée en 1143, art. 2; — sa démolition accordée en 1207 par Marie de Montpellier, art. 622 et 1142.
Les remparts et les fossés primitifs de Montpellier (XIᵉ et XIIᵉ siècles), art. 40, 41, 54, 114, 125, 145, 155, 217, 233, 648 à 651, 663, 754, 755, 757 et 785 (p. 118, § 99).
Portes de ville diverses au XIIᵉ siècle : — le portail d'Obillon ou porte du chemin de Lattes, 51 bis; — le portail de Villeneuve [ou porte du chemin de Béziers ?], 104; — le portail de Saint-Guilhem, 159; — le portail du Peyrou, près le château des Guilhems, 145; — le portail du chemin de Saint-Cosme, 145; — le portail de Roux (Rofi), 125; — la porte de Saint-Nicolas, 100, 104.
L'enceinte fortifiée, dite la Commune Clôture (XIIIᵉ siècle), 648 à 651, 663, 728, 742, 754, 755, 757, 785 (pp. 118 et 119, § 89 et 99), 787, 985, 1134, 1165 à 1168, 1286, 1328, 1461, 1686 (p. 279, § 16 b).
Les Portes de ville, ouvertes dans la Commune Clôture (XIIIᵉ siècle et siècles suivants) : — la porte d'Obillon ou de Lattes, 648 à 651, 663, 988, 1165 à 1168, 1325, 1330, 1464, 1576; — la porte de la Saunerie, 648, 650, 1089, 1165, 1167, 1276, 1325, 1464; — la porte de Saint-Guilhem, 1089, 1325; — la porte du Peyrou, 728, 808, 1325, 1330; (sur l'arc de triomphe du Peyrou, voir DD); — le portail-neuf du Peyrou, [1325]; — la porte du Légassieu ou porte des Carmes, 985, 1325, 1773; — la porte de la Blanquerie, 808, 854, 985, 1325, 1773; — la porte du Pila-Saint-Gély, 663, 1243, 1276, 1325, 1464; — la porte de Saint-Denis, 1325, 1328; — la porte de Montpelliéret, 1325, 1328, 1618. — Garde des dites portes de ville, 1325, 1436.
Les Douze Pans, art. 728, 892, 1231; p. 279.
La Tour de la Babotte ou de l'Observatoire, art. 1269 et p. 477; — autre tour, art. 1269.
Merlets du rempart et des tours, 1461.
Les fossés, art. 1330, p. 279, p. 284 (§ 35).
La Dougue, art. 648, 728.
L'enceinte faubourienne du XIVᵉ siècle, dite la Palissade, 892, 894, 1223, 1269, 1305, 1461.
La Portalière des Masques, 1697.
La Bastion de la porte de Lattes (1598), art. 1576.
La Citadelle, p. 276 (§ 10), p. 278 (§ 12 f bis).

SERVICE MILITAIRE. — ARTILLERIE. — PASSAGES DE TROUPES. — LOGEMENTS MILITAIRES. — CASERNES.

Le service d'ost et de chevauchée — à Montpellier (1204), art. 785 (p. 117, § 83, et p. 118, § 88.; — à Jacou (1263), art. 570, pp. 337 et 392 à 395.

Milices bourgeoises : - - les Compagnies des sixains de la ville de Montpellier (xviie siècle), 1057.

Munitions pour l'artillerie, 952.

Le régiment de Normandie à Montpellier (1627 et 1628), 1608, 1610, 1625.

Le régiment de Picardie à Montpellier (1627 et 1628), 1610, 1625.

Étapes (xviie siècle), 1101 à 1103.

Passages de troupes (xviie siècle), 1715.

Construction des Casernes à Montpellier pour le logement des troupes du Roi (1695), 1715.

Corps de garde divers, dans la ville et dans les faubourgs (1767), art. 1756.

FAITS DE GUERRE

Guerre privée entre Guilhem VI et Bernard Gandalmar (de Mauguio), 59, 61.

Invasion anglaise (1355), 1224.

Seguin de Badefol (1361), 1228.

Arnoul d'Andrehem (1364), 1232.

Les Guerres de religion, à Montpellier et dans les environs, — sous Charles IX, 1518 et suiv.; — sous Louis XIII, 1596 et suiv.

ÉTAT-MAJOR DE LA VILLE ET DE LA CITADELLE DE MONTPELLIER

Le Gouverneur de Montpellier : — commandement de la Ville, par les Consuls, en son absence (1616), art. 1065.

Les Gouverneurs de la Ville et de la Citadelle de Montpellier, aux xviie et xviiie siècles : — de Fossés (année 1626), art. 1074; — de Schomberg (année 1644), art. 1076; — d'Aubijoux (années 1644, 1645 et 1657), art. 1077, 1078, 1079, 1087; — du Roure (année 1657 à 1660), art. 1087, 1088; cf. 1632, 1635, 1636, 1642, 1652, 1653; — René-Gaspard de La Croix, marquis de Castries (années 1660, 1664 et 1674), art. 1092, 1111 et 1120; cf. 1658; — François-Joseph de La Croix, marquis de Castries (années 1674, 1684, 1717, 1719 et 1728), art. 1120, 1675, 1720 et 1721; — Armand-François de La Croix, marquis de Castries (année 1728), art. 1721; — de Timbrune-Valence (année 1788), art. 1780.

Le Lieutenant du Roi au gouvernement de Montpellier (années 1651 et 1654), art. 1083 à 1086.

Le Lieutenant du Roi de la Ville (année 1729), art. 1726.

Le Lieutenant du Roi de la Citadelle (année 1729) art. 1726.

Le Lieutenant du Roi de la Ville et de la Citadelle (années 1730, 1732, 1747, 1759 et 1779), art. 1730, 1733, 1739, 1748, 1774. — L'Adjoint d'un Lieutenant du Roi de la Ville et de la Citadelle (1779), art. 1774.

Le Major de la Ville et de la Citadelle (années 1729, 1750, 1752, 1757 et 1771), art. 1725, 1740, 1742, 1747, 1765.

L'Aide-Major de la Ville et de la Citadelle (années 1730, 1754 et 1780), art. 1727, 1744, 1768.

Le Sous-Aide-Major de la Ville et de la Citadelle (années 1780, 1786 et 1788), art. 1769, 1776, 1783.

Le Capitaine des Portes de la Ville et de la Citadelle (1754), art. 1743, 1744.

MARINE

Pirates, 21, 22, 777, 778.

Droit de marque ou de représailles, 779.

Vaisseau de 80 canons offert au Roi par les États de Languedoc, 1749.

FF

Justice. — Procédures. — Police.

JURIDICTIONS DIVERSES, DU Xe AU XIIe SIÈCLE

Les vigueries du *Pagus Magalonensis* et le *suburbium castri Substantionensis*, au xe siècle, pp. 482 à 581 : — 1. la viguerie de Maguelone (?), p. 484 ; — 2. la viguerie d'Agonès, pp. 485 à 490; — 3. la viguerie de Saint-Bauzille-de-Montmel *(Mormellicum, Mormolacus)*, pp. 455 à 457 et 483; — 4. la viguerie de Tréviès *(Terrevias)*, pp. 497 à 501.

La viguerie de Montpellier, au xiie siècle : — inféodation, par Guilhem V (janvier 1104, n. st.), art. 100; cf. art. 101, 102, 103; — nouvelle inféodation, par Guilhem VI (avril 1139), art. 104 ; cf. art. 105, etc. ; — rachat, par Guilhem VIII (octobre 1197 et janvier 1200, n. st.), art. 122 et 118.

La viguerie de Montpelliéret, aux xie et xiie siècles, 50, 102, 103.

La Cour judiciaire du seigneur de Montpellier, à la fin du xiie siècle, art. 238 à 241, 243 ; — le grand Bayle *(major Bajulus)*, art. 239; — le Sous-Bayle *(secundus Bajulus)*, art. 240; — le Juge de la Cour *(Judex curie)*, art. 241.

JURIDICTIONS DIVERSES, DU XIII° AU XVIII° SIÈCLE

Les Cours judiciaires des Rois d'Aragon et des Rois de Majorque, à Montpellier, du commencement du xiii° siècle au milieu du xiv°, voir *la Baylie, la Cour du Palais*.

Les Cours judiciaires des Rois de France, depuis la fin du xiii° siècle, à Montpelliéret, et depuis le milieu du xiv°, à Montpellier, jusqu'à la fin du xviii°, voir *la Rectorie, la Baylie, la Baronnie, la Viguerie, la Cour ordinaire, la Cour du Gouvernement, le Présidial, la Sénéchaussée, le Parlement*.

Part de l'Évêque de Maguelone dans l'administration de a justice, voir *la Rectorie, la Cour de l'Évêque, la Justice du Bois de Valène, la Justice de Boutonnet*, etc.

Part des Consuls de Montpellier dans l'administration de la justice du xiii° au xviii° siècle, voir *la Baylie, la Viguerie, la Cour ordinaire, la Justice du Bois de Valène, la Justice du terroir de Combes, la Justice du terroir de Puech-Villa, la Justice sommaire, la Juridiction de Police*.

Limites des juridictions respectives du Roi d'Aragon et de Majorque, seigneur de Montpellier, et de l'Évêque de Maguelone, comte de Mauguio et de Montferrand (janvier 1273, n. st.), pp. 88 à 94 (art. 663).

Ordonnance de saint Louis sur le fait de la justice (septembre 1254), art. 846. — Les clercs exclus des fonctions de juridiction temporelle, 847.

Les officiers de la Cour royale de Montpellier accusés d'injustice : erreur judiciaire présumée (1272), art. 768. — Excès commis par les officiers de la Cour de Montpellier (1280), art. 801.

JURIDICTIONS ORDINAIRES

La Baylie de Montpellier, le Bayle et ses officiers, du commencement du xiii° siècle au milieu du xvi°, 653, 654, 718, 751, 785, 802, 805, 808, 811, 852, 877, 911, 914, 922, 923, 924, 929, 967, 968, 1006, 1008 à 1011, 1127, 1128, 1169, 1211, 1213, 1221, 1277, 1327, 1350, 1353, 1360 à 1363, 1515, etc.

Alentours de Montpellier compris dans le ressort de la Baylie (1273, n. st.), 663.

Les Bayles de Lattes et de Castelnau-le-Lez, soumis au Bayle de Montpellier, art. 785 (p. 111), cf. même article (p. 115, § 44); art. 802.

La Rectorie de l'Évêque de Maguelone à Montpelliéret, 663 (pp. 88 à 94), 1687 (p. 282, § d. 4).

Localités diverses des environs de Montpellier, comprises dans le ressort de la Rectorie de Montpelliéret, (1273, n. st.), 663, 1015.

La Rectorie du Roi de France dans l'ancienne seigneurie épiscopale de Montpelliéret, 1010 et 1687 (p. 282, § d. 4); — cf. p. 519.

Réunion momentanée, par Charles le Mauvais, roi de Navarre (novembre 1372), de la juridiction du Recteur de la Part Antique (Montpelliéret) à la juridiction du Bayle (Montpellier), 871.

Suppression par Henri II des deux juridictions de la Baylie et de la Rectorie de la Part Antique (15 septembre 1551), 1015, 1515.

La Viguerie, créée par Henri II en remplacement de la Baylie et de la Rectorie (15 septembre 1551), 1015, 1515.

Acquisition, par les Consuls de Montpellier, des droits de juridiction de la Baylie, Rectorie, Viguerie et Cour ordinaire, appartenant au Roi, art. 1009 à 1011, 1015, 1499, 1515, 1686 (p. 274, § 5), 1687 (p. 283, § 16, cf. § 18 et 19 et p. 286), 1707, 1724, 1767 (p. 319, § 18, et p. 325, § 36).

La Cour royale ordinaire de Montpellier, 1010, 1072, etc.; — local acheté par la Ville en 1558 pour y tenir la dite Cour, 1024; pp. 275, 280, 284 (§ 22) et 285 (§ 40); — greffe, 1025, 1081, 1082; pp. 275 et 280; — prisons, p. 275.

Réunion de la Cour royale ordinaire de Montpellier au corps de la Sénéchaussée de la dite ville (juillet 1689), art. 1714 (p. 301).

Justices seigneuriales diverses enclavées dans le taillable et consulat de Montpellier, pp. 274-275.

La Baronnie de Montpellier : — localités diverses des sénéchaussées de Beaucaire et de Carcassonne, ayant le droit d'appeler de la justice de leurs seigneurs ou châtelains respectifs, à la Cour du Gouverneur de Montpellier, 967, 1686 (§ 3).

Justice du terroir de Combes, alias d'Encombes (commune de Montpellier), pp. 322, 324-325, 519 et suiv.

Justice du terroir de Puech-Villa (commune de Montpellier), pp. 322, 325, 525 à 527 et 530 à 534.

Justice de Boutonnet, etc., art. 663 (p. 93) et art. 1687 (p. 282, § d. 3).

Justice de la Paillade, 855.

Justice de la Valsière, p. 477.

Justice du Bois de Valène, du Mas de Caravettes et autres mas, possédés par la Ville de Montpellier : — la haute justice, à l'Évêque de Maguelone; la moyenne et la basse justice, aux Consuls de Montpellier; causes connues en commun par l'Évêque et par les Consuls; — art. 811, 814, 819, 820, 830, 831, 853, 865, 1232, 1239; pp. 321-322.

JURIDICTIONS SUPÉRIEURES

La Cour du Palais, tenue à Montpellier par le Lieutenant des Rois d'Aragon et de Majorque (XIIIe siècle et première moitié du XIVe), art. 631, 664, 678, 752, ; — le Juge ou Juge Mage *(Judex)*, 664, 752 ; — le Sous-Juge *(Subjudex)*, 664, 752.

La Cour de l'Évêque de Maguelone, seigneur de Montpelliéret, comte de Mauguio et de Montferrand, 631.

La Cour du Gouvernement, tenue à Montpellier par le Gouverneur ou Lieutenant, représentant le Roi de France, du milieu du XIVe siècle au milieu du XVIe, et supprimée à l'érection des Présidiaux (1552), 923, 929, 967 ; — le Juge Mage, 1007.

Le *Présidial* de Montpellier, 1050, 1064, 1072, 1515, 1714.

La Sénéchaussée, autrement dite *le Sénéchal* de Montpellier, 1105, 1714.

Juridiction du Sénéchal de Beaucaire, art. 911, 929, 930, 1048 ; p. 275, p. 284 (§ 39).

Le Parlement de Toulouse, 1049, 1319, 1591, 1766.

Le Parlement de Toulouse — transféré par Charles VII à Béziers (1425), art. 1319 ; — transféré par Louis XI à Montpellier (septembre 1467), art. 982.

Le Parlement de Paris, 911, 914, 1591.

Le Parlement de Grenoble, 1685.

RÉPRESSION DES CRIMES ET DÉLITS

Condamnation à peines corporelles ou pécuniaires, 1327.

Fourches patibulaires de la seigneurie de la Valsière, p. 477.

Fourches patibulaires de l'Évêque de Maguelone au Bois de Valène, 830, 853.

Prisons de l'Hôtel de Ville de Montpellier, pp. 275 et 320.

Pilori de l'Hôtel de Ville de Montpellier, p. 320.

Pilori des Consuls de Montpellier au Mas de Caravettes, art. 1232 et p. 321.

Pilori de l'Évêque de Maguelone au Bois de Valène (tertoir de Taurier), 853.

Peine de mort, 768, 819, 830, 831, etc. ; — pendaison, 768, 830, etc. ; — submersion, 1555 ; — bûcher, 1316.

Mutilation de membres, art. 785 (p. 122, § 134), art. 819, art. 1127 (p. 197, § 18).

Expulsion des délinquants et confiscation de leurs biens, 811, 1127 (p. 197, § 18).

Fouet, p. 112 (§ 16), p. 165 (art. 970), p. 213 (art. 1232), p. 324 (§ 28).

Amende, art. 785 (p. 119, § 110), 819, 970, 971, etc.

LES JURIDICTIONS D'APPEL

Réglementation des appels (1204), art. 785 (p. 114, § 38) ; — (1231), art. 668.

Appels, de la cour du Seigneur de Montpellier, à la cour de l'Évêque de Maguelone (1216), 631.

Appels, des juridictions de la Baylie, de la Rectorie, de la Viguerie et de la Cour ordinaire de Montpellier, à la Cour du Gouverneur, 929, 1016, 1499.

Les appels de la Cour du Bayle de Montpellier appartiennent à la Cour du Gouverneur de la dite ville et non pas au Sénéchal de Beaucaire (1404), art. 929 ; cf. p. 114 (§ 38).

Appel, de la juridiction des Consuls de Montpellier, à la Cour du Gouverneur, 1012 ; — au Présidial, 1072.

Appel, de la Cour du Gouverneur de Montpellier, au Parlement de Toulouse, 1016, 1049.

COURS ET JURIDICTIONS SPÉCIALES

La Cour du Petit-Scel, installée à Montpelliéret par Philippe le Bel : son local de Montpelliéret attribué aux Jésuites (1680), art. 1663, 1664, 1682 ; — son transfert de Montpelliéret à l'ancien Collège Sainte-Anne de Montpellier (1682), art. 1664, 1665, 1682 ; pp. 276 (§ 10), 322 (§ 49) et 325 (§ 34) ; — sa suppression (1749), art. 1741.

La Cour des Comptes, Aides et Finances de Montpellier, 1095, 1101 à 1103, 1678.

Juridiction des Consuls de Mer de Montpellier, art. 1067 à 1071.

La Chambre de l'Édit, à Castres, 1060 à 1063.

Démarches faites auprès du Roi pour obtenir l'établissement d'une Chambre mi-partie à Montpellier (1571), art. 1048.

JUSTICE INFÉRIEURE

Justice sommaire et Juridiction de Police, appartenant aux Consuls de Montpellier, art. 1012, 1072, 1094, 1099, 1327, 1354 ; p. 275 (§ 6), p. 283 (§ 19 et 20), p. 284 (§ 39), p. 286 (§ 6), pp. 319 et 320 (§ 19 et 21), p. 324 (§ 17), p. 325 (§ 36) ; cf. art. 1723, 1750, 1751.

Droit de ban, appartenant aux Consuls de Montpellier, dans le Bois de Valène, art. 819, 853 ; p. 321. — Sur le droit de ban, cf. art. 835 et pp. 276-277 (§ 11) et 281 (§ 5).

POLICE MUNICIPALE

Les Consuls de Montpellier chargés de la police de la ville, 785 et 1327 (passim), 976, 1012, 1094, 1099, 1354, 1723, 1750 [bis], 1751, etc.

Agents de police, Gardes champêtres et Gardes-vignes, voir ci-dessus BB, *Offices municipaux divers.*
Armes (Port d'), 1093, 1094, 1117, 1394, 1577.
Attroupements, 1117.
Boucherie, p. 118 (§ 98¹, etc.
Cabarets, 1327.
Charivaris, 1094.
Chefs de Jeunesse, 1094.
Pain (Fixation du poids et du prix du), 725, 1327, 1722.
Pourceaux : — défense d'en nourrir dans l'intérieur de la ville de Montpellier, 1327.
Prostitution : — bordel acheté par la Ville (1520), art. 979 ; — répression de la prostitution : établissement des galères à l'Hôpital général (1691-1692), art. 1701 et 1704.
Rues (Propreté des), p. 121 (§ 129).
Vêtements (Luxe des) : - établissements somptuaires (1365 et 1411), art. 1336 et 1344 ; cf. 1327.

FÊTES PUBLIQUES ET JEUX

Fêtes nationales diverses : — naissance du duc de Bourgogne, premier fils du Dauphin (1682), 1670 ; — naissance du Dauphin (1781), 1770 ; — naissance de Louis XVII (1785), 1775.
Institution et inauguration, par les Consuls de Montpellier (1696), de la fête locale de la seigneurie de Combes, pp. 534 à 536.
Le noble Jeu de l'Arc, p. 284 (§ 35).
Le Jeu de l'Arquebuse, 1584.

GG

Cultes. — Instruction. — Assistance.

LES SOUVERAINS PONTIFES

Relations des Seigneurs et de la Ville de Montpellier avec les Papes, du XII⁰ au XIV⁰ siècle :

HONORIUS II (1124-1130) : — la monnaie melgorienne art. 3.

INNOCENT II (1130-1143) : — protection accordée à Guilhem VI (1132), 7, 12, 15 ; — monastère de Clunezet (1138), 31 ; — sédition de Montpellier contre Guilhem VI (1141-1142), 17, 8, 9, 14, 16, 11, 13, 10 (¹).

¹ Cf. Germain, *Liber instrumentorum memor.*, pp. 785-786.

CÉLESTIN II (1143-1144) : — fin de la sédition de Montpellier (1143), 5 et 4 ; — chapelle du château de Guilhem VI, 2.

EUGÈNE III (1145-1153) : — les diverses églises de Montpellier (1145), 30.

ADRIEN IV (1154-1159) : — protection accordée à Guilhem VII et à Guilhem de Tortose, 6.

VICTOR IV, antipape, 1.

ALEXANDRE III (1159-1181) : — protection accordée à Guilhem VII et aux marchands de Montpellier (1162), 18 et 19 ; — péages du comté de Mauguio (1165), 23 ; — pirateries des Génois (1169), 21 et 22.

CÉLESTIN III (1191-1198) : — Guilhem VIII (1191), 24 ; — Marie de Montpellier et son premier époux Barral de Marseille (1194), 29.

INNOCENT III (1198-1216) : — protection accordée à Guilhem VIII (1199 et 1201), 26, 32 ; — légats du Saint-Siège (1199 et 1200), 25, 27 ; — hérésie albigeoise (1200, 1201 et 1209), 28, 35, 36, 620 ; — chapelle du château de Guilhem VIII (1200 et 1201), 20, 33, 34 ; — Marie de Montpellier et son second époux Bernard de Comminges (1201), 37, 38, 39 ; — Pierre d'Aragon et les habitants de Montpellier (1207), 619 ; — sauvegarde accordée aux habitants de Montpellier, 620, 737 ; — église Notre-Dame-des-Tables, 633 ; — testament de Marie de Montpellier, 624 ; — inféodation du comté de Mauguio et de Montferrand à l'évêque de Maguelone, 626.

HONORIUS III (1216-1227) : — église Notre-Dame-des-Tables, 633 ; — cens annuel payé au Saint-Siège par la Ville de Montpellier, 685, 1189.

GRÉGOIRE IX (1227-1241) : — consulat de Montpellier (février 1229), 756 ; — église Notre-Dame-des-Tables (juillet 1230), 679, 1183 ; 680, 1184 ; 686, 1190 ; — église Notre-Dame-des-Tables (juin 1236), 687, 1191.

INNOCENT IV (1243-1254) : — privilège de juridiction accordé aux habitants de Montpellier (Lyon, août 1250), 698.

CLÉMENT IV (1265-1268) : — cens annuel payé par Montpellier au Saint-Siège (novembre 1265), 817 ; — privilège de juridiction accordé aux habitants de Montpellier (janvier 1266), 747, 815, 844 ; — sauvegarde pour les habitants de Montpellier (mai 1267), 737 ; — lits des morts pour les pauvres (avril 1267), 738 ; — ordres religieux, novices trop jeunes (avril 1267), 739 ; — les glaneurs exempts de la dîme (1267), 740 ; — construction du pont Juvénal, près Montpellier (1267), 741; — Minorettes de Montpellier (1267), 746; — autre bulle (1267), 743.

GRÉGOIRE X (1271-1276) : — cens annuel payé au Saint-Siège par la Ville de Montpellier (1273), 657, 658.

NICOLAS IV (1288-1292) : — Université de Montpellier, *studium generale* (26 octobre 1289), 786; — église Notre-Dame-des-Tables, 704.

CLÉMENT VI (1342-1352) : — privilège de juridiction accordé aux habitants de Montpellier (janvier 1343), 844, 845.

URBAIN V (1362-1370) : — «quod Ecclesia non defenset debitores confugientes ad eam» (janvier 1363), 895 ; — envois de reliques, etc., à Montpellier (1366), 1241, 1242 ; — séjour de ce pape à Montpellier (du 9 janvier au 8 mars 1367, n. st), 1243 à 1251.; — ses constructions à Montpellier, 897, 1233, 1267 ; — égl. Notre-Dame-des-Tables (février 1367), 705, 1246; — translation du corps de saint Thomas d'Aquin, 902.

GRÉGOIRE XI (1370-1378) : — mauvais payeurs se réfugiant dans les églises (janvier 1376), 896 ; — église Notre-Dame-des-Tables (janvier 1376), 898.

BENOIT XIII (1394-1424), — sa mort, art. 1320.

Cardinaux divers, 1446, 1448, 1459.

LES ÉVÊQUES DE MAGUELONE

Relations des seigneurs et de la Ville de Montpellier avec les évêques de Maguelone :

PIERRE I DE MAUGUIO : — leudes de Narbonne (commencement du XIe siècle ?), 148.

GODEFROID : — conventions avec Guilhem V (décembre 1090), 40 ; — serment de fidélité à lui fait par le dit Guilhem V, 41 ; — inféodation de la viguerie de Montpelliéret, 50.

GALTIER : — serment de fidélité à lui fait par Guilhem V (1110 ?), 42; cf. 43.

Différend entre l'évêque de Maguelone et le seigneur de Montpellier, au sujet de droits féodaux (s. d., 1140 ?), 54.

RAIMOND Ier : — transaction avec Guilhem VI (septembre 1140) et avec Guilhem VII (février 1152, n. st.), 43, 44 ; — serment de fidélité à lui fait par Guilhem VII (février 1153, n. st.), 46 ; — léproserie de Saint-Lazare, 689.

JEAN II DE MONTLAUR : — ratification de la susdite transaction de septembre 1140 (juin 1161), 45 ; — serment de fidélité à lui fait par Guilhem VII (juin 1161), 47 ; — la montagne de Saint-Bauzille (près Fabrègues), reconnue par Guilhem VIII appartenir à l'église de Maguelone (mai 1173), 55 ; — serment de fidélité fait au dit évêque par Guilhem VIII (avril 1184), 48.

GUILLAUME I RAIMOND : — serment de fidélité à lui fait par Guilhem VIII (novembre 1193), 49.

GUILLAUME III D'AUTIGNAC : — inféodation à lui faite, par le pape Innocent III, du comté de Mauguio et de Montferrand (14 avril 1215), p. 501 ; cf. p. 335; — bail en emphitéose du Bois de Valène à la Ville de Montpellier (juillet 1215), 626, cf. 627 ; — érection de l'église Notre-Dame-des-Tables en paroisse (fin mai 1216), 629, cf. 633.

BERNARD I DE MÈZE : — transaction avec les Consuls de Montpellier, au sujet des châteaux de Mauguio et de Montferrand, du droit de naufrage, etc. (novembre 1216), 631 ; — église Notre-Dame-des-Tables (janvier 1217, n. st.), 630, cf. 633 ; — 742.

JEAN III DE MONTLAUR, aliàs JEAN DE MONTLAUR II : — droit de pêche des habitants de Lattes dans l'étang de Mauguio (1247), 1544.

PIERRE DE CONQUES : — concession de terrain à la Ville de Montpellier, pour le creusement d'un grau (mai 1253), 644 ; — sa mort, 808.

GUILLAUME IV CHRISTOPHE : — transaction avec le roi d'Aragon (septembre 1260), 1328.

BÉRENGER DE FRÉDOL : — bois de Valène (août 1264), 819 ; — mas de Caravettes (août 1269), 831 ; — délimitation des juridictions respectives du Roi d'Aragon et de Majorque, seigneur de Montpellier, et de l'Évêque de Maguelone, comte de Mauguio et de Montferrand (janvier 1273, n. st.), pp. 88 à 94 (art. 663) ; — monnaie de Mauguio (février 1273, n. st.), 645.

GAUCELIN DE LA GARDE : — justice du bois de Valène (24 mars 1298, n. st.), 830.

ANDRÉ DE FRÉDOL : — adduction d'eaux à Montpellier (1318 ?), pp. 507-508.

PICTAVIN DE MONTESQUIOU : — chapelle du Consulat de Montpellier (1336), 836.

GAUCELIN DE DEAUX : — sa nomination à l'évêché de Maguelone, par Urbain V, 1259.

ANTOINE DE LOVIER : — l'administration des sacrements aux malades (1402), 1308.

La *Salle-l'Évêque*, palais des évêques de Maguelone à Montpelliéret, 663, 1524.

L'évêché de Maguelone transféré à Montpellier par le pape Paul III (1536), art. 1506.

LES ÉVÊQUES DE MONTPELLIER

GUILLAUME PELLICIER le Jeune, 1521.
FRANÇOIS BOSQUET, 1633, 1635, 1641, 1644, 1685.
CHARLES DE PRADEL, 1685.

ORGANISATION ECCLÉSIASTIQUE

Restitution, par Guilhem V, à l'évêque de Maguelone Godefroid, des églises Notre-Dame de Montpellier et Saint-Denis de Montpelliéret (1090), 40.

Revendication, par le pape Eugène III, auprès de Guilhem VI, de la libre administration des églises de Montpellier par le clergé (1145), 30.

Censures ecclésiastiques : excommunication et interdit, 6, 8, 9, 10, 13, 14, 16, 32, 33, 885, 1329.

Le Droit d'asile dans les églises, refusé aux habitants de Montpellier qui s'enfuyaient pour ne pas satisfaire leurs créanciers, 895, 896; — cf. 1125 (§ 4).

Biens des églises, 848.

Perception des dimes, voir CC.

Organisation paroissiale de Montpellier au XIIIᵉ siècle, 628, 629, 1149, 1150 ; — au XVIIᵉ siècle, 1685.

Dévastation des diverses églises de Montpellier par les Huguenots, 1519, 1520, 1521, 1524, 1685.

ÉGLISE CATHÉDRALE DE MONTPELLIER

Église monastique Saint-Benoît et Saint-Germain, construite par le pape Urbain V, 1233, 1242, 1243, 1248, 1267, 1282 ; — érigée en cathédrale, lors du transfert de l'évêché de Maguelone à Montpellier (1536), 1506.

Église cathédrale Saint-Pierre, 1504, 1519, 1685.

Chapitre de l'église cathédrale Saint-Pierre, 1056, 1059, 1104, 1107, 1685 et 1685 bis.

ÉGLISES COLLÉGIALES DE MONTPELLIER

Église collégiale *Notre-Dame-du-Palais*, dite du Château, 2, 18, 20, 33, 34, 99, etc.; — propriétés des Collégiats de Notre-Dame-du-Palais, à Lattes, p. 551.

Église collégiale *Saint-Ruf*, 1695, 1735; p. 570.

VILLE DE MONTPELLIER. — TOME III.

Église collégiale *Saint-Sauveur*, 1520 ; — propriétés du Chapitre de Saint-Sauveur, à Lattes, pp. 549 et 552 à 554.

Église collégiale *Sainte-Anne*, 1524; cf. 1685.

ÉGLISES PAROISSIALES DE MONTPELLIER

Église paroissiale SAINT-FIRMIN, 6, 54, 126, 155, 169, 628, 663, 808, 836, 863, 944, 1056, 1059, 1149, 1524; p. 469.

Église succursale *Saint-Mathieu*, annexe de Saint-Firmin dans la ville, 1524.

Église succursale *Saint-Paul*, annexe de Saint-Firmin dans la ville, 1524.

Église succursale *Saint-Thomas*, annexe de Saint-Firmin dans les faubourgs, 1520.

Église NOTRE-DAME-DES-TABLES, 6, 40, 41, 54, 106, 163, 165, 629, 630, 633, 679 à 683, 686, 687, 704, 705, 808, 881, 898 à 900, 933 à 936, 945, 1115, 1116, 1150, 1154, 1183 à 1187, 1190, 1191, 1210, 1246, 1269, 1283, 1288, 1296, 1305, 1363, 1441, 1461, 1463, 1472, 1484, 1519, 1524, 1685, 1689.

Église paroissiale *Sainte-Anne*, 1685.

Construction de l'église paroissiale *Saint-Denis* aux faubourgs, 1116, 1685.

ÉGLISES PAROISSIALES DE MONTPELLIÉRET

L'église paroissiale SAINT-DENIS de Montpelliéret, 40, 41, 1520, etc.

Église succursale *Sainte-Foy*, annexe de Saint-Denis dans la ville, 663, 1524.

ÉGLISES DIVERSES

Église *Saint-Barthélemy*, 1520, p. 469.
Église *Saint-Claude*, 1520.
Église *Saint-Côme*, 1306, 1520.
Église *Sainte-Croix*, 30, 97, 155, 975, 1524.
Église *Saint-Georges*, 1520.
Église *Saint-Martial*, 1520.
Église *Saint-Nicolas*, 30, 41, 102, 105, 114, 958, 1524.

Églises diverses situées dans le taillable de Montpellier, en dehors de la ville et des faubourgs, voir la seconde partie de la présente table, *Terroir de Montpellier*, aux mots *Celleneuve, Montaubérou, Montels, Notre-Dame-la-Belle, Saint-Hilaire (alias Centrayrargues)* et *Sauret*.

CULTE, MOBILIER ECCLÉSIASTIQUE, ETC.

Service du culte, 1685.

Administration des sacrements, 628, 629, 633, 1149, 1150, 1154, 1308, 1685.

Processions, 687, 1191, 1233, 1244, 1274, 1296 à 1298, 1311, 1335, 1338, 1340, 1346, 1475, etc.

Prédicateur du carême, 1685.

Funérailles et sépultures, 738, 748, 1115.

Cimetières, voir série DD.

Reliques, 902, 1233, 1241, 1242, 1244, 1274, 1296, 1297, 1298, 1308, 1311, 1463.

Orfèvrerie religieuse (reliquaires, vases sacrés, etc.), 1241, 1242, 1244, 1296, 1298, 1463, 1519.

L'image d'argent de Notre-Dame-des-Tables (1390), art. 1296. — L'image antique de Notre-Dame-des-Tables (1390), art. 1298.

Ex-voto à Notre-Dame-des-Tables, 1269, 1283, 1305, 1461.

Ornements d'église, 1242, 1519, 1685.

Cloches et clochettes, 33, 836, 867, 1210, 1243, 1280, 1309, 1327, 1520, 1524.

Chaises et bancs, 1685.

Clergé, Marguilliers, Presbytères

Logement des prêtres, 97, 155, 1685, 1729.

Canourgue de Saint-Firmin, 97, 155.

Presbytère de Notre-Dame-des-Tables, 1729.

Ouvriers (marguilliers) de l'église Notre-Dame-des-Tables, 1685, 1689 ; p. 319.

Chapelles. — Confréries

La Chapelle du Consulat, voir DD.

Chapelle de Notre-Dame-de-Bonnes-Nouvelles (près la porte de Montpelliéret), 1520.

Chapelle de la Madeleine, — 1° au-delà de la Saunerie, p. 469 ; — 2° au faubourg Saint-Guilhem, art. 960, 1520.

Chapellenies diverses, ayant pour patrons et collateurs les Consuls de Montpellier, 1673, 1674.

Chapelle de Toiras, en l'église Notre-Dame-des-Tables, 1090, 1091.

Chapelle des Dames de la Miséricorde, en l'église Notre-Dame-des-Tables, 1090, 1091.

Chapellenie de Sainte-Catherine, en l'église Sainte-Croix, 975.

Chapelle Saint-Hilaire et chapelle de Tous les Saints, en l'église des Carmes, 1684.

Confrérie de la Vraie Croix, p. 497.

Chapelle des Pénitents Blancs, 1610.

Ordres religieux

Ordres religieux divers : — novices, 739.

Dévastation des divers couvents de Montpellier par les Huguenots, 1519, 1520, 1521, 1524.

Antonins, 1520.

Augustins, 958, 1294, 1303, 1520.

Bénédictins de Cluny, 99.

Monastère bénédictin de Saint-Pierre ou Saint-Blaise de Clunezet, sur les bords du Lez, en aval du moulin de Sauret, art. 31 et 155 bis ; p. 466.

Monastère Saint-Benoit, fondé à Montpellier par Urbain V, 1506 ; voir ci-dessus GG, *Église cathédrale*; — cf. p. 240 (art. 1520, v° *Saint-Germain*).

Bernardins de Valmagne, 1520.

Capucins, 1600.

Carmes, 1228, 1252, 1301, 1520, 1523, 1684.

Carmes déchaussés, p. 469.

Chartreux, 99.

Cisterciens, 97, 98 ; cf. 1520.

Cordeliers, 1519, 1520.

Dominicains ou Frères Prêcheurs ou Jacobins, 902, 932, 958, 985, 1228, 1243, 1274, 1307, 1474, 1520.

Franciscains, 1476 ; — voir *Capucins, Cordeliers, Frères Mineurs, Pères de la Petite Observance*.

Frères Mineurs (faubourg de Lattes), 931, 932, 958, 1209, 1241, 1295 ; cf. 1519, 1520.

Frères Prêcheurs, voir *Dominicains*.

Grandmontains, 1032, 1208.

Jésuites, voir GG, *Instruction publique*.

Pères de la Merci, 1474, 1520, 1661 (cf. pl. 16), 1697.

Pères de la Petite Observance (faubourg de la Saunerie, puis faubourg de Lattes), 987, 988, 999, 1519, 1520 ; voir *Frères Mineurs*.

Oratoriens, 1735.

Trinitaires, 1520 ; cf. 1261.

Ordre de l'Hôpital de Saint-Jean-de-Jérusalem, autrement dit Ordre de Malte, 94, 153, 247, 1327 ; — le Grand et le Petit Saint-Jean de Montpellier, art. 1520 et 1524 ; pp. 460 et 472-473.

Ordre du Temple, 94, 98, 611, 663, 1 97, 1217.

Ordre Teutonique, p. 553.

Ordre des Hospitaliers du Saint-Esprit de Montpellier, 883, 903, 1520.

Religieuses de Sainte-Catherine (près le portail du Pila-Saint-Gély), 1235, 1285, 1287, 1524.

Religieuses de Sainte-Claire ou Minorettes, dites aussi Notre-Dame de Paradis, 746, 1039, 1188, 1520.

Religieuses de Saint-Dominique ou Prouillanes, dites aussi de Saint-Guilhem, 1327, 1520.

Dames de la Providence, p. 469.
Repenties, 960, 1235, 1285, 1287, 1524.

HÉRÉSIES

Constitution d'Innocent III contre les hérétiques (juillet 1200), 28. — Lettre du même pape à Guilhem VIII, au sujet des hérésiarques capturés par l'évêque d'Agde (juillet 1201), 35.

La Croisade contre les Albigeois : — la ville de Montpellier protégée par le pape, 620, 1140.

L'Inquisition à Montpellier (1408 et 1417), art. 1312, 1316; — exécution d'une femme hérétique (1417), art. 13 6.

RELIGION RÉFORMÉE

Documents divers concernant les Protestants (1553, 1661, 1664), art. 1013, 1095, 1098, 1113, 1114; — assemblées, 1098; — costume des ministres, 1113, 1114.

Introduction du Protestantisme à Montpellier en 1560, art. 1518.

Première guerre de religion, art. 1518 à 1521. — Dévastations commises par les Protestants à Montpellier en 1561, 1562 et 1563, art. 1519, 1520 et 1521.

Deuxième guerre de religion, art. 1523 et 1524. — Dévastations commises par les Protestants à Montpellier en 1567 et 1568, art. 1523 et 1524.

Montpellier pendant la troisième guerre de religion, art. 1525, 1526; — cf. 1527.

La Saint-Barthélemy, art. 1528.

Montpellier pendant et après la quatrième guerre de religion (1572 à 1574), art. 1528 à 153'.

Prise de Montpellier par Labénardière et Jean Duranc (1580), art. 1445.

L'édit de Nantes, art. 1586, 1593.

Synode général, à Montpellier, de toutes les églises réformées de France (1598), art. 1572.

Révolte des Protestants du Midi, sous Louis XIII, 1596 à 1599, 1603, etc.

Conversion générale des habitants de Montpellier faisant profession de la R. P. R. (septembre 1685), art. 1688.

Le prêche à Montpellier — dans les églises catholiques, spécialement à Notre-Dame-des-Tables, 1519; — dans le fossé de la Porte de Lattes, 1519; — dans les maisons particulières, 1519, 1521; — à Saint-Jean-de-Védas, 1526.

Le Grand Temple de Montpellier : — sa démolition (décembre 1682), art. 1671 à 1673; — son emplacement, 1683, 1684, 1694, 1767 (pp. 322 et 325).

Le Petit Temple de Montpellier : - sa démolition, son emplacement, art. 1669 et 1767 (pp. 322 et 325).

CULTE ISRAÉLITE

Documents divers concernant les Juifs (de Montpellier et d'ailleurs), 243, 656, 701, 702, 724, 785 (p. 111, § 1), 1294, 1300, 1327, 1338, 1457, 1564.

Bail en acapt aux Juifs de Montpellier d'une maison près leur synagogue (juillet 1277), art. 584 et pp. 355 à 358.

INSTRUCTION PUBLIQUE

Université : — *Studium generale*, « la letra del privilegi del Estudi », bulle du pape Nicolas IV (26 octobre 1289), 786.

Privilèges des Docteurs-régents (professeurs) de l'Université de Montpellier, 966, 1003.

Réparations faites au local des « Estudes » appartenant à la Ville (1556), 1502.

Droit : — le premier docteur de l'Université de Droit (1293), 1216 ; — professeurs et étudiants, 966, 1216, 1249; — local (en 1556), 1502; (en 1562), 1520; (en 1580), 1031; — la Chapelle-Neuve, 1664, 1682; — collège Sainte-Anne, 1664, 1665, 1682, 1767 A (p. 322, § 49), 1767 B (p. 325, § 34).

Médecine : — Guilhem VIII et la liberté de l'enseignement de la médecine (janvier 1181, n. st.), 245; — professeurs, 966 ; — un étudiant Poméranien, 1437.

Chirurgie : — Maîtrise en Chirurgie, art 1767 A (p. 3 9, § 13) et 1767 B (p. 324, § 14) ; — Professeurs de Chirurgie et Chirurgiens de première classe (1755), art. 1746.

Le Collège des douze Médecins, p. 463.

Le Collège Saint-Benoît, p. 463 ; — cf. p. 240 (art. 1520, v° *Saint-Germain*).

L'École Mage : — « adquisitio facta de domo in qua sunt scole Artium ville Montispessulani » (1462, n. st.), 912, 913, cf. 1578.

Le maître des Écoles de grammaire (1510), 1481.

Le Collège aux Bonnes Lettres ou Collège royal des Lettres humaines (1596, 1607, 1610), art. 1033, 1051, 1106.

Assemblées publiques et examens de Maîtrise ès-Arts au Collège royal des Lettres humaines, art. 1767 A (p. 319, § 12) et 1767 B (p. 323, § 13).

Chaire royale de Mathématiques et d'Hydrographie, 1677, 1736, 1736 bis, 1750; — Nicolas et Antoine Fizes, père et fils, professeurs, 1677, 1736 bis.

Jésuites : — reconstruction de leur collège, 1663, 1666 à 1668, 1676, 1682; — enseignement classique, 1738 ; — chaire royale de mathématiques, 1736, 1736 bis; — le Mas d'Encivade, p. 546.

L'Instruction primaire gratuite au 18e siècle: — la prébende préceptoriale (1744), art. 1738.

Société royale des Sciences, 1750.

Bibliothèque Haguenot, 1763.

ASSISTANCE PUBLIQUE

Établissements hospitaliers de la ville, des faubourgs et du terroir de Montpellier :

Hôpitaux divers, 901, 1520 ;

Hôpital Notre-Dame ou Saint-Éloy, 247, 883, 903, 958, 984, 988, 999, 1017, 1019 à 1022, 1026, 1029, 1030, 1104, 1107, 1110, 1449, 1520, 1578, 1587, 1690, 1718 ;

Hôpital de la Charité, art. 1112, 1680 ; pp. 323, 325, 514.

Hôpital Général, 1680, 1683, 1701, 1704, p. 514.

Hôpital de la Peste ou des Pestiférés, 985, 1492, 1520.

Hôpital ou commanderie de Saint-Antoine, 1520.

Hôpital Saint-Barthélemy, art. 1520 et pp. 469-470 ;

Hôpital Saint-Guilhem, 143, 159 ;

Hôpital Saint-Jacques ou Saint-Jaume, 728, 1456, 1520 ;

Hôpital Sainte-Marthe, 1520.

L'Ordre hospitalier du Saint-Esprit de Montpellier, voir ci-dessus GG, *Ordres religieux*.

Léproserie de Saint-Lazare, près l'ancien pont de Castelnau, 97, 149, 689, 1193, 1696.

Les Dames de la Miséricorde, 1701, 1704.

Aumônes à divers jours de fête, notamment la Charité annuelle du jour de l'Ascension, 99, 694, 793, 1198, 1327.

Pauvres allant glaner, 740.

Lits funéraires des pauvres, 738, 748.

HH

Agriculture. — Industrie. — Commerce.

AGRICULTURE. — VITICULTURE.

La culture de l'orge, au xiie siècle, dans les environs de Montpellier : — à Juvignac, à Substantion, etc., 251 ; — à Lattes, 305.

La fumure des vignes, 1255.

Le pressurage de la vendange, 1471.

Protectionnisme viticole : — le droit, possédé par la Ville de Montpellier, d'interdire l'entrée du vin et des raisins étrangers, 797, 1418, 1419.

Les Gardes du Vin, 1419.

La criée du vin et de la vendange, 1420.

INDUSTRIE ET COMMERCE. — PRODUCTIONS INDUSTRIELLES DIVERSES. - CORPORATIONS D'ARTS ET MÉTIERS. — FABRICANTS ET MARCHANDS. — PROFESSIONS DIVERSES MANUELLES OU LIBÉRALES. — FOIRES ET MARCHÉS. — COMMERCE PAR TERRE ET PAR MER.

Les divers Corps de métiers de Montpellier, 813, 1335, 1715, etc. ; — leurs serments par devant les Consuls majeurs, pp. 228 à 231 ; — leurs places respectives dans le cortège, lors des processions, 1335.

Les Consuls de Métiers, voir BB.

Arbalétiers, 1427.

Argenterie et Orfèvrerie, Argentiers et Orfèvres, 858, 859, 1379, 1380, 1425, 1426, 1449 ; — cf. 1431.

Arpenteurs, 1411.

Aubergistes, 1397.

Auripeliers, 1431.

Avocats, 964, 965, 1062.

Balestiers, voir *Arbalétiers*.

Barbiers-chirurgiens, 1466.

Batteurs d'or, 1431.

Blanquerie et Blanquiers, p. XVII ; art. 253, 265, 274, 287, 1400.

Bouchers, art. 1327, 1338, 1450, 1451, 1501 ; pp. 282-283 (§ 6) ; voir DD.

Boulangers, 725, 1327, 1722.

Cabassiers et Cabassières, pp. 513 à 518.

Canabasserie, 1383.

Chandeliers de cire, 1388.

Chandeliers de suif, 1433, 1434.

Chapeliers, 1403.

Charpentiers, 1046, 1047, 1073 ; — voir *Fustiers*.

Chirurgiens, voir ci-dessus GG, *Instruction publique, Médecine*. — Chirurgiens et Barbiers, 1466.

Coiraterie et Coiratiers — : le marché des Coiratiers (1176), 162, cf. 161 ; leude perçue sur les Coiratiers (xiie siècle), 274, 688 ; -- la Coiraterie vieille (xiie siècle), 283, 290 ; — voir *Corroyeurs*. — Gardes de la Coiraterie, 1404.

Conresserie ou Conrasserie, Conressiers ou Conrassiers, 1453.

Cordiers, 1405 ; cf. 254, 287.

Corraterie (*Coyrataria*), 1404.

Corratiers (courtiers) et Corratières, 1332, 1414, 1415.

Corratier des bêtes, 1416.

Corrègerie, 1382.

Carroyeurs, 1401, 1453 ; — voir *Coiraterie et Coiratiers*.
Conresserie ou Conrasserie, *Corraterie*.
Courtiers, voir *Corratiers*.
Couteliers, 1495.
Couvertures (Fabricants de), 1044, 1045, 1402.
Crème de tartre (Fabricants de) = Rauziers, 1417.
Cuiraterie et Cuiratiers, voir *Coiraterie*.
Draperie de laine et de soie, 168, 688, 925, 941, 942, 951, 1044, 1045, 1055, 1327, 1367, 1588.
Épiciers, 1386.
Flessaderie, 1044, 1045, 1402.
Forestiers de Valène, 1422.
Fourniers, 1408.
Fustiers de la porte de Lattes, 1330. — Fustiers de la porte du Peyrou, 1330. — Juges de la Fuste, 1389.
Manescals (maréchaux), 1428.
Marchands navigateurs, 1423.
Mazeliers de bœuf, Mazeliers de mouton et Mazeliers de porc, voir *Bouchers*.
Médecins, 1308.
Mégisserie, voir *Blanquerie*.
Ménétriers, 1346.
Menuisiers, 1046, 1047, 1073 ; — voir *Fustiers*.
Merciers, 1410.
Meuniers, 1399 ; cf. 974, 1037 à 1043.
Notaires, 725, 926, 965, 1001, 1181, 1385, 1450, 1451.
Orfèvrerie et Orfèvres, voir ci-dessus *Argenterie*.
Pélisserie, 1424.
Pelleterie, 688, voir *Pélisserie*.
Peseurs du blé et de la farine, 1398.
Porteurs d'eau, 1421.
Potiers d'étain, 1438 à 1440.
Pozandiers, 1421.
Praticiens, 964, 965.
Presseurs de vendange, 1471.
Rauziers, 1417.
Revendeurs, 976. — Revendeuses de fruits, légumes, etc., 1683 ; — de viande de porc, 1734.
Tartre (Fabricants de crème de) = Rauziers, 1417.
Teinturerie et Teinturiers, pp. xvii-xviii, art. 785 (p. 119, § 104 et 105), 1327, 1376 à 1378, 1384.
Tripiers, voir *Cabassiers*.

Foires et Marchés, 954.
Sociétés commerciales, 725.
Les marchands de Montpellier aux foires de Champagne, 715.
Commerce maritime : — le serment des « Mercadiers que van per mar », 1390 ; — le Régent des marchands navigateurs, 1423.
Les Consuls de Mer, voir BB.
Commerce de Montpellier avec le Bas-Languedoc : — avec Frontignan, 643, 1164 ; — avec Narbonne, 656 ; — avec Nîmes, 772.
Commerce de Montpellier avec Aiguesmortes, par la Radelle, voir iv. *Aiguesmortes*.
Le Clavaire du port d'Aiguesmortes, 1351.
Commerce de Montpellier avec la Catalogne, l'Aragon, les Baléares, etc., 668, 672, etc.
Catalans domiciliés à Montpellier, 955, 956.
Les cent maisons sises à Majorque, données à la Ville de Montpellier par Jacques d'Aragon, 671, 1175.
Commerce de Montpellier avec la Provence, 709, 710 ; — avec Marseille, 639, 640, 711, 721, 1160, 1161 ; — avec Toulon, 641, 1162 ; — avec Hyères, 639, 640, 1160, 1161 ; — avec Antibes, 642, 1163 ; — avec Nice, 638, 1159.
Commerce de Montpellier avec l'Italie : — avec Gênes, 634, 635, 695, 732, 733, 1155, 1156, 1199 ; — avec Pise, 636, 637, 1157, 1158.
Marchands Italiens à Montpellier, 712, 716, 773, etc. ; — à Nîmes, 770 à 772, 775, 776 ; — *Conventiones Nemausi, Carta dels Lombartz*, 770, 771.
Lombards usuriers, 839, etc.
Propriétés de la ville de Gênes à Montpellier, 731.
Pirateries des Génois, 21, 22.
Commerce de Montpellier avec la Sicile, 709, 710, 744.
Commerce de Montpellier avec Venise et avec la Dalmatie, 745.
Importations de blé, etc., à Montpellier, 767.
Étrangers vendant au détail à Montpellier : réglementation faite à leur sujet, 1355.

II

Documents divers. — Inventaires, etc.

ARCHIVES MUNICIPALES

Les Archives municipales conservées dans la maison des Hospitaliers de Saint-Jean-de-Jérusalem, 1327.
Les Notes des Notaires du Consulat conservées dans les Archives municipales (1370), 884.
L'Inventaire du Cartulaire seigneurial, par le feudiste

François Joffre, p. 1 (art. AA. 2), pp. 5 à 78 (art. 1 à 609); fac-simile, pl. 7.

L'Inventaire des Cartulaires municipaux, par le même, pp. 2 et 3 (art. AA. 6, 8 et 10), pp. 79 à 244 (art. 610 à 1531).

Événements historiques d'ordre général. — Faits divers, Curiosités, etc.

Soumission de Raymond VII, comte de Toulouse (1228-1229), 824 à 827.

Le Concile de Toulouse (1229), 827.

Ordonnance de saint Louis sur le fait de la justice (septembre 1254), 846.

Traité de Corbeil (1258), 696.

Événements divers du XIIIᵉ siècle, se rapportant plus à l'histoire locale qu'à l'histoire générale, 808, 811.

Captivité de Jean le Bon, 1225. — Intrigues de Charles le Mauvais, 1226. — Traité de Brétigny, 1227.

Naissance de Charles VI (1368), 1254.

Naissance de Louis Iᵉʳ d'Orléans-Valois, second fils de Charles V (1372, n. st.), 1258.

Avènement de Charles VI (1380), 1278.

Abolition par Charles VI des divers impôts établis par Philippe de Valois (novembre 1380), 1278.

Les Juifs expulsés du royaume (1394), art. 1300.

Louis XII, 1475, 1479, 1480, 1482.

Fiançailles de Claude de France, fille de Louis XII (1506), 957.

Le Concile de Tours (1501), 1479, 1480.

Traité de Cambrai (1529), 1490.

François Iᵉʳ et Charles-Quint à Aiguesmortes (juillet 1538), 1507.

Siège de Perpignan (1542), 1508.

Siège de Nice (1543), 1509.

Paix d'Ardres (1546), 1511.

Mort de François Iᵉʳ (1547), 1512.

Le roi Henri II : — guerres et traités, 1514, 1516, 1517; — sa mort, 1517.

Prise de Calais (1558), 1505.

Mort de François II (1560), 1518.

Première guerre de religion : — année 1560, art. 1518; — année 1561, art. 1519; — année 1562, art. 1520; — année 1563, art. 1521.

L'édit de Paris (1564), 1522.

Deuxième guerre de religion : — année 1567, art. 1523; — année 1568, art. 1524.

Troisième guerre de religion : — année 1569, art. 1525; — année 1570, art. 1526.

Mariage d'Henri IV, art. 1528.

La Saint-Barthélemy, art. 1528.

Quatrième guerre de religion : — année 1572, art. 1528; — année 1573, art. 1529.

Mort de Philippe II, roi d'Espagne (1598), 1581.

Événements historiques divers des années 1598 à 1661, pp. 255 à 261.

L'édit de Nantes, 1586, 1593.

Emprisonnement et exécution du maréchal duc de Biron (1602), 1592.

Miracles à Montpellier, 1209.

Apparition diabolique, 1261.

Tremblements de terre, 1208, 1262, 1263, 1265, 1266, 1268, 1273, 1304, 1323.

Orage extraordinaire, 1302.

Éclipse de lune, 1208.

Épidémies, 1269, 1283, 1305, 1311, 1492; p. 323 (§ 10). — Peste de 1542, 1508. — Peste de 1640, 1075.

Disettes, 1270, 1498.

Pluie de sauterelles, 1234.

Accouchement quadruple, 1444.

Tortue monstre à Aiguesmortes, 1284.

Chien à six pattes, 1293.

Chronologie technique et Littérature

Le calendrier par calendes, ides et nones, placé en tête du *Petit Talamus*, 1201.

Le commencement de l'année fixé au premier janvier par l'édit de Paris (1564), 1522.

La légende des trente deniers de Judas, 1447.

II

TERROIR DE MONTPELLIER

Limites et Bornes du terroir de Montpellier, 1686 (p. 274).

Délimitation des terroirs de Montpellier et de Grabels (avril 1605), art. 1052; cf. art. 969 et 1027, et p. 535.

Terroir de l'*Aiguelongue*, 85, 86, 579, 655, 663 ; p. 360.

Mas d'*Alco*, anciennement mas de Valaribert, p. 616 ; voir *Valaribert*.

Tènement de l'*Antissargues*, 105, 214, 222.

Ancien Mas de *Bonières*, 260, 263, 276, 277, 663.

Mas de *Campagne*, pp. 625, 626, 627, etc.

CELLENEUVE, 250, 277, 1027 ; pp. 398 et 399.

CENTRAYRARGUES, ancienne église, ancienne paroisse et anciens domaines, auj. Monrené, le Mas de la Rause, etc., près l'écluse de Pont-Trincat, art. 51 bis, 86, 90, 94, 95, 175, 234, 313 à 315, 578, 655, 1542 ; pp. 458 à 462.

Château-Bon, voir Notre-Dame-la-Belle.

CHAULET, 210.

Clunezet, ancien monastère bénédictin (aujourd'hui complètement disparu), sur les bords du Lez, en aval de Sauret, art. 31 et 155 bis ; p. 466.

Tènement de la Colombière, 1027 ; p. 616, etc.

Seigneurie de Combes, ayant appartenu à la Ville de Montpellier, auj. terroir d'Encombes, art. 977, 978, 1027, 1503, 1686 (p. 279, § 16 a), 1719, 1767 (p. 322, § 42 et pp. 324-325, § 29 à 31) ; pp. 529 à 537.

Tènement de Costebelle, pp. 463 et suiv.

Tènement de la Croix d'Argent, voir Larjan.

Le Devès Comtal, 977 ; pp. 522 à 524.

Terroir d'Encombes, voir Combes.

Grammont, aliàs Grandmont, voir GG.

Mas de Jausserand, anciennement Saint-André-de-Novigens, pp. 464 à 466.

Tènement de Larjan, auj. de la Croix d'Argent, 105, 118.

Lavalette, 236, 249, 263, 276, 277, 279, 663, 978, 1027, 1049, 1261 ; pp. 541 à 543.

Malbosc, 125, 663, 969, 1027, 1052 ; p. 615 à 629.

Ancien Mas de Malesta, 85, 86, 655, 663.

Monrené, voir Centrayrargues.

MONTAUBÉROU, ancienne paroisse, 399, 655 ; — sur la maison de l'ordre de Grandmont, voir GG.

MONTELS, ancienne paroisse, 105 (?).

Montferrier-le-Vieux, 978 ; pp. 520-521.

Montmaur, 663, 999, 1027, 1030.

Domaine et château de la Mosson, 977, 1018, 1024, 1049, 1735 ; p. 399 ; pp. 522 à 524 ; pp. 627 à 636.

NOTRE-DAME-LA-BELLE, ancienne église (auj. disparue) près de Château-Bon, 51 bis, 300, 663.

NOVIGENS, voir Saint-André-de-Novigens.

Ancien mas et plaine de l'Olieu, réunis à Malbosc, p. 615.

La Paillade, 125, 249, 277, 663, 855, 978, 1027 ; pp. 543 à 545 ; pp. 616, 619, 623, 627, etc.

La Piscine, 250, 277.

POMESSARGUES, 250, 276, 277, 663.

La Font Pompignane, 663.

Pont-Trincat, pp. 459 et suiv.

Le Mas Privat, auj. Monrené, voir Centrayrargues.

Tènement de Puech Avillier, 138, 215, 218.

Tènement de Puech Cabrier, 1058.

Tènement de Puech Conil, 978, 1027, 1767 (p. 312, § 42, et p. 325, § 30) ; pp. 520-521, 526 et 528 à 534.

Puech Villa, 969, 1027, 1052, 1767 (p. 322, § 43, et p. 3 5 (§ 31) ; pp. 525 à 527, 530 à 534, 616, 617, 619, 621, etc.

Tènement de Raffegan, 219.

Mas et tènement de la Rause, pp. 459 et suiv. ; cf. Centrayrargues.

Moulin du Roc, p. 386.

Mas de Roques, p. 535.

SAINT-ANDRÉ-DE-NOVIGENS, ancienne église, ancienne paroisse et anciens mas, 53, 236, 250, 276, 277, 279 et pp. 462 à 466.

SAINT-HILAIRE, ancienne église paroissiale, près l'écluse de Pont-Trincat, voir Centrayrargues.

Saint-Lazare, ancienne léproserie, auj. cimetière communal, voir GG.

Ancien Mas de Salamon, p. 463.

SAURET, ancienne église et moulin sur le Lez, 94, 97, 127, 135, 149, 153, 663 ; p. 466. — Cf. Clunezet.

SENTREYRARGUES, voir Centrayrargues.

Ancien moulin de Sept-Cans, p. 459.

La Terre del Rey, pp. 522 à 5 4.

Mas de Valaribert, auj. Mas d'Alco, 171, 178, 249, 263, 276, 277 ; p. 616.

III

ENVIRONS DE MONTPELLIER
ET DÉPARTEMENT DE L'HÉRAULT

1. Arrondissement de Montpellier

Documents divers du Cartulaire des Guilhems, concernant des villages, châteaux, mas, etc., des environs de Montpellier, pp. 36 à 71, etc., cf. p. 335.

Documents divers du Cartulaire montpelliérain des Rois d'Aragon et des Rois de Majorque, concernant des villages, châteaux, mas, etc., des environs de Montpellier, p. 334; cf. pp. 71 à 78 et pp. 361 à 450.

Éclaircissements topographiques, identification de divers lieux anciennement habités des environs de Montpellier, pp. 453 à 501.

Documents complémentaires concernant les environs de Montpellier, pp. 505 et suiv.

Les villes et villages du diocèse de Maguelone au XVIe siècle : — assiette de l'impôt : — *Recherche générale du diocèse de Maguelone* (1525-1527), art. 980, 1485 à 1487.

Les villes et les paroisses de campagne du diocèse de Montpellier en 1744 : — mouvement de la population, superficie et productions du terroir, industrie, commerce, foires et marchés, chemins, cultes, clergé, noblesse, administration de la justice, impositions, revenus et dépenses des communautés, poids et mesures, etc., pp. 555 à 612.

Deuxième Canton de Montpellier

CASTELNAU-LE-LEZ. — Château et seigneurie, terres et droits divers, 85, 86, 90, 94, 97, 99, 105, 127, 135, 176, 204, 309, 310, 365, 578, 610, 612, 616, 655, 663, 787, 1134, 1141; p. 514. — Églises, 85. — Justice, 785 (§ 44), 802; p. 545. — Leude, 56. — Monnaie frappée à Castelnau, 647. — Moulins, 147, 224, 236, 311, 601. — Pont, 79, 147, 149, 1243; p. 566. - Privilèges divers, accordés par Guilhem VIII, pp. 545-546.

Castelnau et ses dépendances (Le Crès et Salaison) au milieu du XVIIIe siècle, pp. 566-567.

SUBSTANTION, localité romaine disparue. — Comté, 67, 70, 76, 84, 86, 89, 90, 362, 655 ; — Raymond, comte de Substantion (Raymond II de Mauguio), 62 ; — *Suburbium* du château de Substantion, 69, 375, 400 et pp. 482 à 501 ; — décadence féodale de Substantion, voir MAUGUIO et CASTELNAU-LE-LEZ.

L'évêché de Substantion (XIIe siècle), 97.

Substantion réduit à l'état de simple *villa* (domaine), 85, 94, 97, 127, 135, 144, 251, 312, 354, 359 ; — taverne, 56.

La prétendue église Saint-Hilaire de Substantion, p. 50 (art. 375) et pp. 453 à 455.

Le moulin de *Naritau*, art. 236, 311.

CLAPIERS, art. 349, 362, 368, 374, 399, 601, 1261 ; pp. 569-570.

LE CRÈS, art. 85, 94, 97, 127, 135, 312, 349, 663 ; pp. 566-567.

SALAISON, art. 85 ; pp. 566-567.

LATTES. — Château et seigneurie, — appartenant aux Guilhems, seigneurs de Montpellier (XIIe siècle et début du XIIIe), 43, 98, 99, 176, 204, 305 ; — placés en 1132 par Innocent II sous la sauvegarde du Saint-Siège, 7 ; — compris dans la dot de Marie de Montpellier et apportés par elle en 1204 à Pierre d'Aragon, 610, 612, 787, 1134, cf. 204 ; — engagés en 1205 (n. st.) par Pierre d'Aragon à la commune de Montpellier, 613 à 615, 789, 1135 à 1139, 1141 ; — engagés par Jacques Ier d'Aragon à Guilhem, Pierre et Gaucelm d'Azille frères, 578 et p. 348 ; — engagés en 1217 (n. st.) par le même Jacques Ier d'Aragon aux consuls et à la commune de Lattes, 1536 ; — vendu en 1349 par le Roi de Majorque au Roi de France, en même temps que la seigneurie de Montpellier, 869, 909.

Les Guilhems et les Rois d'Aragon et de Majorque, vassaux de l'Évêque de Maguelone pour le château et la seigneurie de Lattes, 43, 1328. — Vassaux des Guilhems et des Rois d'Aragon à Lattes, 176, 608, 1538, 1541 ; p. 438.

Hommage et serment de fidélité dus au Roi d'Aragon par la communauté des habitants de Lattes, 1534, 1540.

Lattes et son château, autrement dit *castrum de Palude*, identifiés à tort avec *Exindrium*, pp. 467 et suiv.

Le cartulaire communal de Lattes (auj. perdu) : — inventaire fait au XVIIe siècle par Fr. Joffre, p. 3 (art. 12) et pp. 245 à 254 (art. 1532 à 1569).

La Coutume de Montpellier suivie à Lattes, 1549 ; — testaments, tutelles, etc., 1552, 1556.

Privilèges des habitants de Lattes : — concessions de Guilhem VIII, de Pierre d'Aragon et de Marie de Montpellier, de Jacques Ier d'Aragon et de Jacques Ier de Majorque, 1533 à 1535, 1537, 1539, 1540, 1543, 1545, etc. : — droit d'explèche, etc., dans les palus, 1533, 1535, 1539, 1545, 1547 ; — droit d'explèche, dans les îles, près des moulins, 1556 ; — droit de pâturage dans les prairies du Roi, après les secondes herbes coupées, 1546 ; — jouissance des fossés du château, 1556, 1561 ; — fours et moulins, 1534, 1537, 1540 ; — marché, 1548 ; — prohibition du vin étranger, 1543, 1551, 1559. — Privilège accordé aux étrangers venant habiter Lattes, 1543.

Privilèges des habitants de Lattes (suite) : - concession de l'Évêque de Maguelone : — droit de pêche dans l'étang de Mauguio, 1544.

Consuls de Lattes, 981, 986, 1359, 1536, 1767 (p. 319, § 10, et p. 323, § 11).

Censives en orge perçues à Lattes par les Guilhems de Montpellier, 305.

Droits divers perçus à Lattes par les Rois d'Aragon et de Majorque, 1538, 1541, 1543, 1553.

Droits payés par les habitants de Lattes à l'Évêque de Maguelone, etc., pour la faculté qu'ils ont de pêcher dans l'étang de Mauguio, 1544.

Impositions communales, 1542, 1553, 1554.

Propriétés communales : — palus concédée par Guilhem VIII, 1533, 1545 ; — étang du Méjean et palus, acquis de Jean de Lattes, 1545, 1547, 1557.

Les biens patrimoniaux, droits, facultés et privilèges de la communauté des habitants de Lattes, à la fin du 17ᵉ siècle, pp. 547 à 554.

Réparation des remparts, 1542.

Justice, 663, 785 (§ 44), 802, 1542, 1555, 1558, 1560, 1564.

Église paroissiale de Lattes, art. 18, 43, 609 ; pp. 406-407.

Autres églises situées dans le terroir de Lattes, voir Cocon, Maurin, Saint-Michel, Saint-Vincent, Salvignac, Soriech.

Hôpital de Lattes, 1550.

Agriculture, terres labourables, rompudes, culture de l'orge, 98, 305, 308, etc. ; — prairies, pâturages, palus, 92, 96, 98, 1533, 1535, 1539, 1541, 1545, 1546, etc. ; — vignes, 1551, 1559, etc. ; — salins, 179.

Moulins, 43, 54, 92, 96, 98, 128, 152, 609, 1534, 1537, 1556 ; pp. 406-407.

Fours, 1534, 1537, 1540.

Marché hebdomadaire, vente des denrées, commerce du poisson, 1548.

Commerce maritime de Montpellier : — chemin de Montpellier à Lattes, 1327, 1375 ; — port de Lattes, 43, 656, 659, 663, 729, 730 ; — la Roubine, 1493 ; — le grau, 644, 811.

Lattes au milieu du 18ᵉ s., pp. 577-578 ; cf. p. 546.

Cocon, ancienne paroisse et ancien domaine (auj. mas Desplan, mas de Manse, etc.), art. 94, 98, 234, 236, 250, 308, 663, 1533, 1545 ; pp. 467, 549, 551, 623.

La fontaine de Cocon, art. 1533 ; p. 548.

Le port de Cocon, art. 1545, 1557 ; pp. 549, 551.

Coconet (près Cocon ??), art. 98.

Mas Desplan, voir Cocon.

Mas d'Encivade, art. 999, 1561, 1562, 1566 à 1569 ; pp. 546-547, 549.

L'Estelle, art. 1557 ; pp. 549, 551, 577.

Mas de Fitz-Gérald, p. 577.

Mas de Gau, p. 577.

Mas de Manse, voir Cocon.

Domaine de Maurin, art. 234, 663 ; pp. 467.

Ancienne église Saint-Michel, 663.

Domaine de Saint-Sauveur, pp. 549, 552 à 554.

Ancienne église Saint-Vincent, voir Salvignac.

Salvignac, auj. disparu, situé entre Lattes et Pérols, à proximité de l'Estelle et du mas de Fangouse, art. 173, 179, 212, 213, 663, 1533.

Mas de Saporta, p. 459.

La Sérairède, pp. 459, 623.

Soriech, art. 663, 1542 ; p. 577.

Tènement anciennement dit de l'Arnier, près l'embouchure de la Lironde, art. 173.

Tènement de la Moutouze, art. 308.

La Roubine des Marchands, 1493.

MONTFERRIER, art. 64, 73, 79, 99, 127, 128, 135, 176, 204, 317 à 337, 586, 592, 599, 610, 616, 663, 978, 1027 ; pp. 410 à 413, 520, 525, 531, 538, 586-587.

Montferrier-le-Vieux, pioch anciennement fortifié, sur la rive droite de la Lironde, à proximité du domaine de Lavalette (terroir de Montpellier), art. 978 ; pp. 520-521.

BAILLARGUET, pp. 529 et 564-565.

PÉROLS, art. 105, 663 ; pp. 471, 594.

CARNON, art. 86, 655, 736, 1544.

TROISIÈME CANTON DE MONTPELLIER

COURNONSEC, art. 88, 96, 99, 204, 421 à 430, 550, 551, 555, 557 à 558 bis, 610, 663 ; pp. 567-568.

Grémian, art. 663.

COURNONTERRAL, art. 663, 1026 ; p. 565.

Sainte-Cécile-de-Trois-Loups, église disparue, art. 596 et p. 418.

FABRÈGUES, art. 663 ; pp. 519, 572, 633 à 635.

MUJOLAN, art. 99 ; pp. 587-588, 633 à 635.

Agnac, pp. 633 et 634.

Launac-le-Vieux, p. 634.

Notre-Dame-de-la-Rive, couvent aujourd'hui totalement disparu, art. 1235.

Saint-Bauzille, montagne et ancien ermitage, art. 55 ; p. 485.

GRABELS, art. 93, 251, 663, 969, 978, 1027, 1052 ; pp. 573-574.

Le *Mas Dammartin*, alias le *Mas de Martin*, p. 477 ; cf. ci-dessous *la Valsière*.

Valmaillargues, art. 249, 260, 261, 263, 276, 277, 279.

La Valsière, art. 276, 277, 316, 663, 978, 1027 ; pp. 475 à 478, 514, 520-521, 538 à 540.

La Tour de Piquet, p. 477.

JUVIGNAC, art. 66, 74, 93, 276, 279, 577, 593 à 595, 597, 663 ; pp. 397 à 406, 476, 575, 627 et 631.

Mas de *Carescauses*, art. 251, 302, 550.

Fontcaude, pp. 627 et 628.

Mas de *Naussargues*, pp. 405, 543, 627 et 630.

Ancien mas de *Péret*, sur la rive droite de la Mosson, entre les domaines de Caunelles et de Fontcaude, art. 236, 250 et 260 (??; cf. *Assas*).

LAVÉRUNE, art. 105, 112, 116, 663 ; p. 578.

Mas de *Biard*, pp. 627, etc.

Tourtourel, art. 663.

MURVIEL-LÈS-MONTPELLIER, art. 88, 99, 158, 204, 301, 550, 551, 555, 557 à 558 bis, 663 ; pp. 585-586.

Le *Mas des Quatre-Pilas*, p. 401.

PIGNAN, art. 86, 88, 90, 96, 97, 99, 102, 103, 105, 112, 116, 128, 140, 204, 401 à 420, 551, 554 à 558 bis, 576, 578, 580 à 583, 610, 655, 663, 1503 ; pp. 413 à 417, 519, 592-593.

Domaine de *Saint-Martin-du-Vignogoul*, aliàs simplement *Saint-Martin*, art. 576 ; pp. 420-421.

Ancien monastère du *Vignogoul*, p. 515.

Ancien mas de *la Blaquière*, art. 301, 448, 552. — Bois de *la Blaquière*, art. 596 ; pp. 418 à 420.

SAINT-GEORGES-D'ORQUES, art. 99, 204, 550, 551, 555, 557 à 558 bis, 610, 663 ; p. 597.

SAINT-JEAN-DE-VÉDAS, art. 263, 277, 574, 575, 597, 663, 1526 ; pp. 433 à 437 et 599-600.

BÉJARGUES, église et hôpital disparus, auj. *Larboussel*, art. 250, 277, 597, 663 ; p. 436.

La Lauze, art. 663.

Le Terral, art. 597, 663, 1022 ; pp. 274 et 436.

Ancien mas et garrigue de *Noals*, art. 663 ; p. 436.

Tènement des *Peyrières*, 883.

SAUSSAN, art. 578, 663 ; pp. 347, 605.

Valautres, art. 94 ; p. 414.

CANTON D'ANIANE

ANIANE. — L'abbaye, art. 96, 441, 525, 566, 624 ; pp. 398, 497, 558. — La ville, pp. 557-558.

ARGELLIERS, p. 560.

SAUGRAS, art. 1034.

LA BOISSIÈRE, pp. 579-580.

La Taillade, art. 300, 301, 302.

MONTARNAUD, art. 88, 92, 96, 99, 204, 446, 449 à 463, 527, 551, 554 à 558 bis, 585, 610 ; pp. 407-408 et 585.

SESTAYRARGUES, domaine et église disparus, art. 300, 301, 446, 448, 552 ; pp. 347 et 458.

Le *Mas-Dieu*, art. 448, 552.

PUÉCHABON, pp. 593-594.

SAINT-GUILHEM-LE-DÉSERT. — L'abbaye, art. 607 ; pp. 368 à 372, 483 et suiv., 497. — Le pont de Saint-Guilhem, en aval de Clamouse, art. 556.

SAINT-PAUL-ET-VALMALLE, pp. 428 et 597-598. — SAINT-PAUL-DE-MONTCAMEL, art. 464, 465, 555. — VALMALLE, art. 447, 554, 555, 558 bis ; p. 428.

Le mas de *Védas*, pp. 414 et 419.

CANTON DE CASTRIES

CASTRIES, art. 86, 90, 99, 173, 204, 349 à 374, 379 à 399, 562, 563 à 565, 570, 578, 601, 610, 616, 655, 663, 940, 1092, 1120, 1121, etc. ; pp. 373 à 392 et 565-566.

Rou, art. 601 ; pp. 384 et 593.

Domaine de *Bannières*, art. 601 ; p. 385.

Ancien mas de *Ferrières*, art. 601 ; p. 385.

ASSAS, pp. 559-560.

Mas de *Péret*, art. 276.

BAILLARGUES, art. 105 (?), 398, 601 ; pp. 384, 562.

COLOMBIERS, p. 581.

BEAULIEU, pp. 562-563.

BUZIGNARGUES, pp. 563-564.

GALARGUES (Le Petit-), pp. 454, 574.

GUZARGUES, art. 663 ; p. 575.

Ancien mas de *Ferrières*, art. 601 ; p. 385.

Mas de *Figaret*, 1019, 1020, 1027.

JACOU, art. 236, 276, 277, 570, 572, 573, 663 ; pp. 392 à 397 et 575-576.

Mas de *Viviers*, art. 362.

MONTAUD, pp. 483, 486 à 488 et 586.

MONTLAUR, art. 563, pp. 373 et suiv., pp. 487 et 586.

RESTINCLIÈRES, art. 398 ; pp. 594-595.

SAINT-BRÈS, art. 663 ; pp. 600-601.

SAINT-DRÉZÉRY, p. 603.

SAINT-GENIÈS-DES-MOURGUES, art. 398, 601, 663 ; pp. 384-385, 454, 599 ; p. 630.

SAINTE-COLOMBE-DE-NISSARGUES, p. 599.

Saint-Léonard, près Fontmagne, art. 398.

SAINT-HILAIRE-DE-BEAUVOIR, art. 375 et pp. 453 à 455, 483 et 602-603.

SAINT-JEAN-DE-CORNIES, pp. 603-604, 627, 630, 631.

SUSSARGUES, art. 601 ; pp. 384 et 605-606.

TEYRAN, art. 663 ; p. 608.

AUBETERRE, aliàs SAINT-ANDRÉ-D'AUBETERRE, paroisse disparue, art. 570 ; p. 394.

VALERGUES, p. 610.
VENDARGUES, art. 350, 398, 601 ; pp. 384, 609-610.
MEYRARGUES, art. 97, 131, 367, 398, 601 ; p. 384.

CANTON DE CETTE

La montagne de Cette, 669, 1173.
La fontaine de Cette, 566.
La ville et le port de Cette, 1720.

CANTON DE CLARET

CAMPAGNE, p. 568.
FERRIÈRES-DE-CLARET, p. 489.
FONTANÈS, p. 604.
GARRIGUES, art. 214, 231, 234, 400 ; pp. 455, 483 et 574.
LAURET, p. 579.
ALEYRAC, 559.
SAUTEYRARGUES, pp. 458 et 476.
VALFLAUNÈS, art. 399 ; p. 612.
Mas de *Fonbétou*, art. 277.

CANTON DE FRONTIGNAN

FRONTIGNAN. — Château et seigneurie, ville, etc., 87, 96, 99, 204, 435 à 445, 551, 554 à 558 bis, 567, 578, 610, 663, pp. 323 (§ 12) et 571-572. — Étangs, 441, 566, 567, 624. — Commerce avec Montpellier, 643, 1164.

BALARUC-LE-VIEUX, art. 66, 74, 466, 467 ; pp. 560-561.
BALARUC-LES-BAINS, pp. 560-561.
MIREVAL, art. 54, 96, 99, 204, 338 à 348, 551, 554 à 558 bis ; 610, 624, 663, 1444 ; pp. 471, 481, 582-583.
VIC-LÈS-ÉTANGS, p. 609.
Maureilhan, art. 558 bis ; p. 609.
VILLENEUVE-LÈS-MAGUELONE, art. 96, 376 à 378, 551, 555, 558 bis, 663, 789, 980 ; pp. 467 à 475 et 608-609.
Mas d'*Andos*, pp. 472-473.
Mas de *la Madeleine*, anciennement domaine et paroisse d'*Exindrium*, art. 96 ; pp. 467 à 475.
Mas de *Magret*, pp. 472 et 475.
Tènement de *Costebelle*, pp. 473-474.
Marais de l'*Estagnol*, p. 470.
Port du *Pilou*, p. 471.
Salins de Villeneuve, p. 470.
Chaussée et chemin de Maguelone, p. 471.

MAGUELONE. — Maguelone, chef-lieu d'une viguerie

(???), pendant la période où le siège épiscopal resta transféré à Substantion, pp. 483, 484, 501. — Persistance, jusques dans le courant du XIIe siècle, du qualificatif *évêché de Substantion*, art. 97.

L'évêché à Maguelone du XIe au XVIe siècle : — le *Cartulaire de l'Évêché de Maguelone*, p. 497 ; — le Cartulaire du Chapitre cathédral de Maguelone pour le causse de Rouet, etc., p. 497.

L'évêché transféré de Maguelone à Montpellier au XVIe siècle, art. 1506.

Évêques divers, depuis la fin du Xe siècle jusqu'au commencement du XVe :
PIERRE I de Mauguio, art. 148 ;
GODEFROID, 40, 41, 50 ;
GALTIER, 42, cf. 43 ;
RAYMOND Ier, 6, 43, 44, 46, 689 ;
JEAN II DE MONTLAUR, aliàs JEAN DE MONTLAUR Ier, 23, 45, 47, 48, 55 ;
GUILLAUME I RAYMOND, 49 ;
GUILLAUME III D'AUTIGNAC, 626, 627, 629, 630, 633 ; pp. 335 et 501 ;
BERNARD Ier DE MÈZE, 630, 631, 633, 742 ;
JEAN III DE MONTLAUR, aliàs JEAN DE MONTLAUR II, 1544 ;
PIERRE II DE CONQUES, 644, 808 ;
GUILLAUME IV CHRISTOPHE, 1328 ;
BÉRENGER DE FRÉDOL, 645, 663, 819, 831 ;
GAUCELIN DE LA GARDE, 830 ;
ANDRÉ DE FRÉDOL, pp. 507-508 ;
PICTAVIN DE MONTESQUIOU, 836 ;
GAUCELIN DE DÉAUX, 1250 ;
ANTOINE DE LOVIER, 1308.

Administration des paroisses, 30, 40, etc.
Revenus ecclésiastiques des Évêques et du Chapitre de Maguelone : — dîmes, prémices, etc., 18, 98, 99, 609, etc.
Temporel de l'Église de Maguelone : — domaines divers, biens baillés en fief ou en emphitéose, comté de Mauguio et de Montferrand, droits divers, art. 40, 41, 43, 95, 96, 98, 173, 578, 626, 631, 663, 685, 735, 962, 1328, 1544, etc. ; — voir *Montpellier*, *Montpelliéret*, *Mauguio*, *Maurin* (Lattes), *Saint-Bauzille* (Fabrègues), *Valène* (Murles), etc.
Cour laïque de l'Évêque de Maguelone, 631.
Limites des juridictions respectives de l'Évêque de Maguelone et du Roi d'Aragon, seigneur de Montpellier (1273, n. st.), 663.
Pont construit au XIe siècle à travers l'étang, pour relier l'île de Maguelone à Villeneuve, p. 471.

Le **Pagus Magalonensis**, à la fin du Xe siècle : — vigueries et localités diverses en faisant partie, art. 69, 375, 400; pp. 482 à 501.

Le **Diocèse de Maguelone** au XVI° siècle : — recherche générale des biens contribuables aux tailles (années 1525 et suiv.), art. 980, 981, 1485 à 1487 ; — cf. l'enquête de 1744 sur les villes et les paroisses du même diocèse, devenu diocèse de Montpellier, pp. 555 à 612.

Canton de Ganges

GANGES, art. 86, 655 ; pp. 572-573.
AGONÈS, pp. 483, 485 à 490, 501, 558-559.
BRISSAC, art. 980 ; pp. 561-562.
CAZILHAC, p. 568.
GORNIÈS. — SOUBEYRAS, p. 605.
MONTOULIEU, art. 112.
LA ROQUE-AYNIER, pp. 580-581.
SAINT-BAUZILLE-DE-PUTOIS, pp. 483, 485-486, 596.
Volpillac, p. 489.

Canton de Lunel

LUNEL. — Seigneurs, 142, 652, 761 ; cf. 105. — Juifs, 193. — Protestants, 1519.
Le Pont dit de Lunel, 1205.
Les Villettes de la baronnie, 981.
BOISSERON, art. 808 ; p. 563.
LUNEL-VIEL, art. 601 ; pp. 386 et 576-577.
MONTELS, ancienne paroisse, p. 587.
SAINT-CHRISTOL, p. 598.
SAINT-JUST, p. 602.
SAINT-NAZAIRE-DE-PÉZAN, p. 600.
SAINT-SÉRIÈS, p. 601.
SAINT-FÉLIX-DE-SINISDARGUES, p. 603.
SATURARGUES, p. 606.
SAUSSINES, pp. 606-607.
VÉRARGUES, p. 611.
VILLETELLE, p. 611.

Canton des Matelles

LES MATELLES, art. 811, 948 ; pp. 578-579.
Ancien mas de *Cayrol*, art. 249, 252, 260, 263, 277, 279.
Ancien mas de *Cayrolet*, aujourd'hui hameau de GALABERT, art. 249, 252, 260, 263, 276.

CAZEVIEILLE, p. 570.
Le Pic Saint-Loup, p. 570.
COMBAILLAUX, art. 249, 252, 260, 263, 1027 ; pp. 570-571.
MURLES, 663, 946, 1034 ; p. 587.
Le mas de *Caravettes*, — le Bois de *Valène*, — l'ancien mas de *Matelongue*, — l'ancien mas de *Vessières* (auj. bergerie de *Bessières*), — voir ci-dessus DD, *Eaux et Forêts*.
PRADES-LE-LEZ, art. 663 ; p. 594.
SAINT-BAUZILLE-DE-MONTMEL, ancien *Mormellicum*, alias *Mormolacus*, art. 375 et 400 ; pp. 455 à 457, 483, 485, 501 et 596.
Saint-Léon, ancien monastère, p. 457.
SAINT-CLÉMENT-LA-RIVIÈRE, art. 249, 252, 276, 663, 1752; pp. 476 et 604-605.
SAINT-SAUVEUR-DU-PIN, art. 663.
Fontfroide, art. 251, 276, 277, 978 ; pp. 519, 528-529.
SAINTE-CROIX-DE-QUINTILLARGUES, p. 604.
SAINT-GÉLY-DU-FESC, pp. 598-599.
Les *Vautes*, art. 249, 260, 263, 276.
SAINT-JEAN-DE-CUCULLES, p. 601.
SAINT-MATHIEU-DE-TRÉVIÈS. — TRÉVIÉS, art. 349; pp. XIX, 497 à 501 et 607.
MONTFERRAND, château aujourd'hui en ruines, art. 70, 72, 81, 86, 97, 578, 631, 655, 811, 1152 ; pp. 500-501.
La Val de Montferrand, art. 981 ; p. 519.
SAINT-VINCENT-DE-BARBEYRARGUES, art. 663 ; pp. 601-602.
LE TRIADOU, p. 580.
VAILHAUQUÈS, art. 663 ; pp. 428, 610, 611.

Canton de Mauguio

MAUGUIO. — Château et ville, art. 57, 82, 97, 446, 631, 663, 981, 1152, 1526 ; pp. 461, 484, 493, 500.

Comté de Mauguio, — fiefs divers en relevant, droits divers, etc., 23, 62, 66, 70, 73, 74, 84, 85, 92, 93, 96, 97, 105, 385, 578, 631.

Comtes de Mauguio : — BERNARD II, époux de Senegonde : inféodation par lui faite en 985 au premier des Guilhems de Montpellier, 69;
PIERRE, époux d'Almodis, 56, 57;
RAYMOND II, 63, 82;
BERNARD IV, 3, 58, 60, 64 à 68, 70, 83 ; — son mariage avec Guillemette, fille de Guilhem V de Montpellier, 58;
BÉRENGER II (Bérenger Raymond), premier mari de

BÉATRIX de Mauguio (fille de Bernard IV, qui précède), 70 à 73;
BERNARD V (Bernard Pelet), second mari de Béatrix de Mauguio, 23, 74 à 76, 84,
BERTRAND PELET, fils de Béatrix de Mauguio et de Bernard Pelet, 85, 93.
RAYMOND IV de Mauguio (Raymond V de Toulouse), 86 à 90, 655;
RAYMOND V de Mauguio (Raymond VI de Toulouse) 564; pp. 615 et suiv.
Inféodation du comté de Mauguio par le pape Innocent III à l'Évêque de Maguelone, 626; cf. 578 et pp. 335, 348, 501.
Monnaie melgorienne, 3, 60, 63 à 68, 70, 71, 74 à 76, 79, 86, 90, 97, 144, 157, 168, 578, 626, 645, 646, 655, 821, 1147 et pp. 346 à 348.
Différends entre Bernard Gandalmar de Mauguio et Guilhem VI de Montpellier, 59, 61.
Mauguio au milieu du XVIII° siècle, pp. 581-582.
Saint-Antoine-de-la Cadoule, 1288.
Saint-Marcel-le-Vieux, 356, 1021, 1544.
VAUGUIÈRES, art. 1021; — identifié à tort avec *Valseria*, pp. 475 et suiv.
CANDILLARGUES, art. 69, pl. 1; pp. 483, 525 et 569.
LANSARGUES, art. 142, 276; p. 576.
MUDAISONS, art. 398; pp. 584-585.
SAINT-AUNÈS, pp. 581.

CANTON DE MÈZE

MÈZE. — *Les Euzes*, art. 1718.
GIGEAN, art. 663; pp. 456 et 573.
Saint-Félix-de-Montceau, ancien monastère, art. 99, 624; p. 456.
LOUPIAN. — Château, seigneurie, etc., 94, 99, 204, 473 à 478, 610. — Église Sainte-Cécile, art. 478.
Le *Mas de Cambelliès* ou *Mas de Rosis*, ancien *Mansus Campi Millerii*, art. 250, 303, 477.
MONTBAZIN, art. 88, 96, 99, 204, 431 à 434, 551, 555 à 558 bis, 589, 606, 610, 663; pp. 408 à 410 et 583-584.
Sainte-Colombe, église disparue, art. 431.
POUSSAN, art. 95, 493; pp. 374, 377, 378 et 588 à 592.
Anciennes églises de *Saint-Vincent-de-Jonquières*, de *Saint-Sulpice-de-Taurou* et de *Saint-Cléophas-des-Moulières*, p. 589.

VILLEVEYRAC. — Ancienne abbaye de *Valmagne*, art. 94, 99, 604, 605, 1474, 1520, 1533; pp. 363 à 367.

CANTON DE SAINT-MARTIN-DE-LONDRES

SAINT-MARTIN-DE-LONDRES, art. 948; pp. 596-597.
FROUZET, pp. 596-597.
LE MAS-DE-LONDRES, pp. 568-569.
Le château de *la Roquette*, aliàs *Vivioure*, aujourd'hui en ruines, art. 124.
NOTRE-DAME-DE-LONDRES, p. 588.
ROUET, p. 595.
Le Cartulaire du Chapitre cathédral de Maguelone pour le causse de Rouet, etc., p. 497.
SAINT-JEAN-DE-BUÈGES, art. 1036; p. 607.
VIOLS-EN-LAVAL. — Le mas de *Calage*, art. 831.
VIOLS-LE-FORT, art. 1034; p. 609.

2. Arrondissement de Béziers

BÉZIERS. — Comté, 96. — Évêché, 99; — l'évêque Pons de Saint-Just, art. 601; pp. 374 et suiv. — Inventaire des archives du Chapitre cathédral de Saint-Nazaire, p. 362. — Parlement, 1319.

DEUXIÈME CANTON DE BÉZIERS

VENDRES. — *Castelnau*, etc., p. 631.

CANTON D'AGDE

AGDE. — Évêques, 35, 468, 470. — Vicomtes, 468 à 478. — Ville, etc., 469 à 472.
MARSEILLAN, 469, 471.

CANTON DE CAPESTANG

MONTADY, 550, 551, 558 bis.

CANTON DE FLORENSAC

FLORENSAC, 1017, 1029.

CANTON DE MONTAGNAC

MONTAGNAC. — Foires, 954.
SAINT-PONS-DE-MAUCHIENS, 88, 94, 96, 99, 302, 528 à 532, 551, 554, 555, 557 à 558 bis.
La *Roquemengarde*, rocher, 558 bis.

CANTON DE PÉZENAS

PÉZENAS. — Foires, 954.

3. Arrondissement de Lodève

LODÈVE. — Chapitre, 99. — Évêques, 197, 607; pp. 368 à 372.

CANTON DU CAYLAR

MADIÈRES (commune de Saint-Maurice), 808.

CANTON DE CLERMONT-L'HÉRAULT

CLERMONT-L'HÉRAULT, art. 533 à 536.
NÉBIAN, art. 537 et 538.
PAULHAN. — Château et seigneurie, 94, 97, 99, 204, 493, 539, 540, 555, 556, 558, 558 bis, 610. — Moulins sur l'Hérault, 94, 99, 539.

CANTON DE GIGNAC

GIGNAC, art. 491, 526, 527, 1519.
SAINT-MARTIN-DE-CARCARÈS, 548, 554, 555.
Moulins de *Carabottes*, sur l'Hérault, art. 607; p. 334 (¹) et pp. 368 à 372.
Domaine de *Journac*, art. 607 et pp. 368-369.
Mas de *Ratte*, p. 426.
Le Mont-Nègre, p. 426.
AUMELAS, château, terroir et mas divers, 88, 92, 96, 99, 198, 204, 224, 461 à 463, 491, 492, 541 à 561 bis, 568, 590, 604, 608, 610, 1352, 1465; pp. 367-368 et 438.
Aumelas et ses environs, pp. 361 à 368.
Le Causse d'Aumelas, p. 367.
CABRIALS, art. 526, 558 bis, 604, 605; pp. 363 à 367.
CARDONNET, ancienne église paroissiale Saint-Martin, 558 bis, 568.
PRUNET (Saint-Étienne-de-), ancien domaine, avec église, près du château moderne (dit *Château Bas*) d'Aumelas, 555, 558 bis.
Le *Mas de Lamouroux*, 1026.
Le *Mas de Saintou*, 300, 301.
Le *Mas de Valoussière*, art. 568 et pp. 361 à 363.
Les garrigues de Laurier, p. 425.

(1) Cf. Jos. Berthelé, *Un prétendu Moulin à papier sur l'Hérault en 1189*, dans *le Bibliographe moderne*, tome X, année 1906, pp. 201 à 213, et dans les *Mémoires de la Société archéologique de Montpellier*, série in-8°, t. III, ¡ p. 319 à 33¨.

La font Patacou, p. 426.
Les droits de lignerage des hommes de l'Aumeladès, p. 429.

CAMPAGNAN, 530; p. 478.

MONTPEYROUX, 526; pp. 485, 493.

PLAISSAN, 503, 504, 554, 555, 571 et p. 422.
Saint-Mamet, art. 604 et p. 364.

POPIAN, 88, 92, 96, 99, 204, 299, 505 à 524, 551, 554, 555, 557 à 558 bis, 571, 591, 598, 602, 603, 610; pp. 422 à 431, 480, 481.

LE POUGET, art. 83, 88, 90, 94, 95 à 97, 99, 204, 216, 479 à 503, 524, 551, 554 à 558 bis, 562, 569, 610, 655; pp. 431 à 433.
SAINT-AMANS-DE-TEULET, ancien prieuré, 525, 554, 555, 557, 558.
SAINT-JEAN-DE-SAINTE-EULALIE, ancien domaine et ancienne église, aujourd'hui approximativement *les Trois-Fontaines*, art. 496, 569; pp. 431, 478, 481-482.
SAINT-SATURNIN-DE-CAMPRIGNAN, ancienne paroisse, chef-lieu primitif de l'archiprêtré du Pouget, aujourd'hui *Lomède*, art. 494, 497, 569; pp. 431 et 478 à 480.
NOTRE-DAME-DE-ROUVIÈGES, ancienne paroisse, voir ci-dessous vº *Puilacher*.
Laumède ou *Lomède*, pp. 432 et 479-480.
Lestang, pp. 432 et 479.
Les Trois-Fontaines, pp. 431 et 482.

POUZOLS, 555.

PUILACHER, 491, 503.
NOTRE-DAME-DE-ROUVIÈGES, église disparue, près Lestang, art. 503, 569; pp. 432, 478-479.
SAINT-BAUZILLE-DE-LA-SILVE, art. 505 à 508, 519, 548, 549, 554, 555, 558 bis, 571, 598; pp. 422 et suiv.
La rivière de Laurelle, p. 425.
Les garrigues de Laurier, p. 425.

SAINT-PARGOIRE, 88, 99, 204, 300, 302, 554, 555, 557 à 558 bis, 610.

SAINT-MARCEL-D'ADILHAN, 554, 555.

SAINT-SATURNIN-DE-LUCIAN, pp. 478 et 493.

TRESSAN, art. 99, 513, 562, 610; p. 431.

VENDÉMIAN, 99, 204, 486, 487, 491, 496, 554, 555, 557 à 558 bis, 610.
SAINT-ANDRÉ-DE-BOUILLARGUES, ancienne église paroissiale disparue, 299, 496, 554, 555.

4. Arrondissement de Saint-Pons

SAINT-PONS-DE-THOMIÈRES. — Archives de l'ancien évêché, p. 457.

Canton d'Olargues

COLOMBIÈRES-SUR-ORB, p. 630.
SAINT-MARTIN-DE-LARSON, p. 630.

IV

LANGUEDOC, PROVENCE ET AUTRES PROVINCES FRANÇAISES

Haut et Bas Languedoc

Comté de Mauguio

Les Comtes de Mauguio, antérieurement à 1085; — les comtes de Mauguio, vassaux du Saint-Siège; — le comté de Mauguio inféodé en 1215 par Innocent III à l'Évêque de Maguelone; — voir ci-dessus III. *Environs de Montpellier*, v° *Mauguio*.

Comté de Toulouse

ALPHONSE JOURDAIN, 11, 79, 81.
RAYMOND V (Raymond IV de Mauguio), 78, 80, 86 à 90, 655, 822, 823.
RAYMOND VI (Raymond V de Mauguio), art. 564; pp, 615 et suiv.
RAYMOND VII, 824 à 826.

Comté de Comminges

BERNARD IV, époux, en troisièmes noces, de Marie de Montpellier, 37 à 39, 194, 203 à 209.

Département de la Haute-Garonne

TOULOUSE. — Passage de François I", 1494. — Parlement, 982, 1591, 1766, etc. — Justice des Capitouls, 1014. — Concile de 1229, 827. — Frères Prêcheurs, 902.
MURET, château, 203, 205, 206, 209.

Département de l'Aude

NARBONNE, 96, 550, 551, 656, 952, 1309, etc.
PEYRIAC-MINERVOIS, 1232.

Département du Gard

NIMES, 50, 63, 101, 713, 714, 770 à 772, 774 à 776, 804, 1445, 1519; p. 484.
AIGUESMORTES, 669, 708, 711, 774, 808, 870, 1230, 1284, 1351, 1352, 1507.
AIMARGUES, 94.
ALAIS, 23.
CALVISSON, 369; cf. 210.
LE CAYLAR, 1622.
COLIAS, 115, 117.
CORCONNE, 1615.
FRANQUEVAUX (Abbaye de), 98.
POSQUIÈRES, voir *Vauvert*.
SAINT-GILLES, 2, 77, 115, 116, 352.
SOMMIÈRES, 1528, 1529, 1596.
VAUVERT, 601, 663; p. 373.

Provence et Comté de Nice

MARSEILLE, 639, 640, 711, 721, 808, 1160, 1161, 1251.
TOULON, 641, 1162.
HYÈRES, 639, 640, 1160, 1161.
ANTIBES, 642, 1163.
NICE, 638, 1159, 1509.

Rouergue, Velay et Comtat Venaissin

MILHAU, 1614.
LE PUY, 99, 601; pp. 375 et suiv.
ROCHE-EN-RÉGNIER (Haute-Loire), 601; pp. 373 et suiv.
AVIGNON, 1250, 1288, 1320.

Provinces méridionales diverses

Roussillon, 610, 688, 1508, etc.
Duché de Guyenne, 1218.
Abbaye de Grandselve, 98, 99.
Baronnie de Mérindol, pp. 635-636.

Provinces diverses non méridionales

Foires de Champagne et de Brie, 715, 954.
Foires de Lyon, 954.
Traité de Brétigny, 1227.
Concile de Tours, 1479, 1480.

Paix d'Ardres, 1511.
Prise de Calais, 1505.
Traité de Cateau-Cambrésis, 1517.
Paix de Vervins, 1575.

V

PAYS ÉTRANGERS

Catalogne, Aragon, Baléares, etc.

Les Rois d'Aragon et les Rois de Majorque, seigneurs de Montpellier, etc.; — voir ci-dessus AA.

Commerce de Montpellier avec la Catalogne; etc.; — Catalans domiciliés à Montpellier; — voir ci-dessus HH.

GIRONE, 99.

MAJORQUE, 671, 1175.

TORTOSE, 97, 99, 151, 396.

Italie, Sicile, Dalmatie

Commerce de Montpellier avec l'Italie, la Sicile et la Dalmatie; — Marchands italiens domiciliés à Montpellier; — Lombards usuriers; — voir ci-dessus HH, *Commerce*.

GÊNES, 21, 22, 202, 634, 635, 695, 731 à 733, 808, 862, 909, 1155, 1156, 1199, 1595.

PISE, 201, 202, 636, 637, 1157, 1158.

VENISE, 745.

Suisse, Allemagne

Le Concile de Bâle, 907.
Un étudiant Poméranien à Montpellier au 15ᵉ siècle, 1437.

Index spécial des planches

Le Mémorial des Nobles

Charte concernant Montpellier et Candillargues (985), 1.
Charte concernant Saint-Hilaire-de-Beauvoir (980), 2.
Conventions entre l'Évêque de Maguelone et Guilhem V, seigneur de Montpellier (1090), 3.
Inféodation par l'Évêque de Maguelone au Roi d'Aragon (1218), 4.
Bail en acapt d'une vigne, sise à l'Aiguelongue, près Montpellier (1268, n. st.), 5.
Reconnaissance féodale au Roi d'Aragon pour Pignan (1267), 6.
Sommaire du Mémorial des Nobles, rédigé par François Joffre en 1676; — charte de 1197, 7.

Le Grand Talamus

Mariage de Pierre, roi d'Aragon, avec Marie de Montpellier (1204), 8.
Les Coutumes et Libertés de la ville de Montpellier (1204), 9.
Fragments de la Chronique consulaire de Montpellier (1243-1248), 10.
Privilège pour attirer les étrangers à Montpellier (1484, n. st.), 11.
Transaction entre les municipalités de Montpellier et de Grabels (1511), 12.

Le Livre noir

Traité de paix entre Montpellier et Antibes (1225), 13.

Le Petit Talamus

Serment prêté par le Lieutenant du Roi lors de l'élection du Bayle, 14.
Fragment de la Chronique française: — Guerres de Religion (1570), 15.

Le Talamus historique

Bénédiction de la première pierre de l'église de la Merci (1662), 16.

TABLE GÉNÉRALE DU TOME TROISIÈME

Introduction

UNE NOUVELLE HYPOTHÈSE SUR L'ORIGINE DU NOM DE MONTPELLIER. . . . . IX à XIX

Inventaires

Série AA. — Actes constitutifs et politiques de la commune. — Catalogue des articles AA. 1 à AA. 12. — Le Cartulaire seigneurial de Montpellier (980-1302), les Cartulaires municipaux de Montpellier (1181-1789) et le Cartulaire municipal de Lattes (1197-1305)... 1 à 3

I. Le MÉMORIAL DES NOBLES ou LIBER INSTRUMENTORUM MEMORIALIS (980-1302), — inventaire rédigé par François Joffre en 1676. . . . 5 à 78
II. Le GRAND TALAMUS (1181-1675), — inventaire rédigé par Fr. Joffre... 79 à 190
III. Le LIVRE NOIR (1204-1247), — inventaire rédigé par Fr. Joffre........ 191 à 210
IV. Le PETIT TALAMUS (1204-1604), — inventaire rédigé par Fr. Joffre..... 211 à 244
V. Le CARTULAIRE DE LATTES (1197-1305), — inventaire rédigé par Fr. Joffre... 245 à 254
VI. Le TALAMUS HISTORIQUE (1598-1662)............................. 255 à 261
VII. La CONTINUATION DU GRAND TALAMUS (1680-1789).............. 262 à 328

Documents

Le CARTULAIRE MONTPELLIÉRAIN DES ROIS D'ARAGON ET DES ROIS DE MAJORQUE, seigneurs de Montpellier, d'Aumelas, etc. (1186-1302)..... 331 à 450

Notice préliminaire, 331 à 344. — Texte des documents, 346 à 441. — Table chronologique des documents, 442 à 450.

Éclaircissements topographiques

1. Saint-Hilaire-de-Foulhous.. 453 à 455
2. La Viguerie de « Mormellicum »... 455 à 457
3. Saint-Hilaire-de-Centrayrargues... 458 à 462

4. Saint-André-de-Novigens.............................	462 à 466
5. Le domaine et l'église d'«Exindrium».....................	467 à 475
6. La «forcia» féodale de «Valseria».......................	475 à 478
7. Saint-Saturnin-de-Camprignan..........................	478 à 480
8. Saint-Jean-de-Sainte-Eulalie............................	481 à 482
9. Les Vigueries du «Pagus Magalonensis» et le «Suburbium castri Substantionensis» au Xe siècle...................................	482 à 501

Documents complémentaires

MONTPELLIER, SAINT-CLÉMENT-LA-RIVIÈRE, MONTFERRIER, GRABELS, CASTELNAU-LE-LEZ, LATTES..	505 à 554
LES VILLES ET LES PAROISSES DE CAMPAGNE DU DIOCÈSE DE MONTPELLIER EN 1744...	555 à 612

Inventaires complémentaires

Les Archives du domaine de Malbosc.......................	615 à 626
Les Archives du château de La Mosson.....................	627 à 636
RÉPERTOIRE MÉTHODIQUE SOMMAIRE des principales matières contenues dans l'Inventaire des Cartulaires, dans les Documents, les Éclaircissements topographiques, etc.	637 à 676

Achevé d'imprimer a Montpellier par la maison Serre et Roumégous le 30 juillet 1907.

L'INTRODUCTION ET LA TABLE
du Tome III des **ARCHIVES DE LA VILLE DE MONTPELLIER**
seront distribuées ultérieurement.

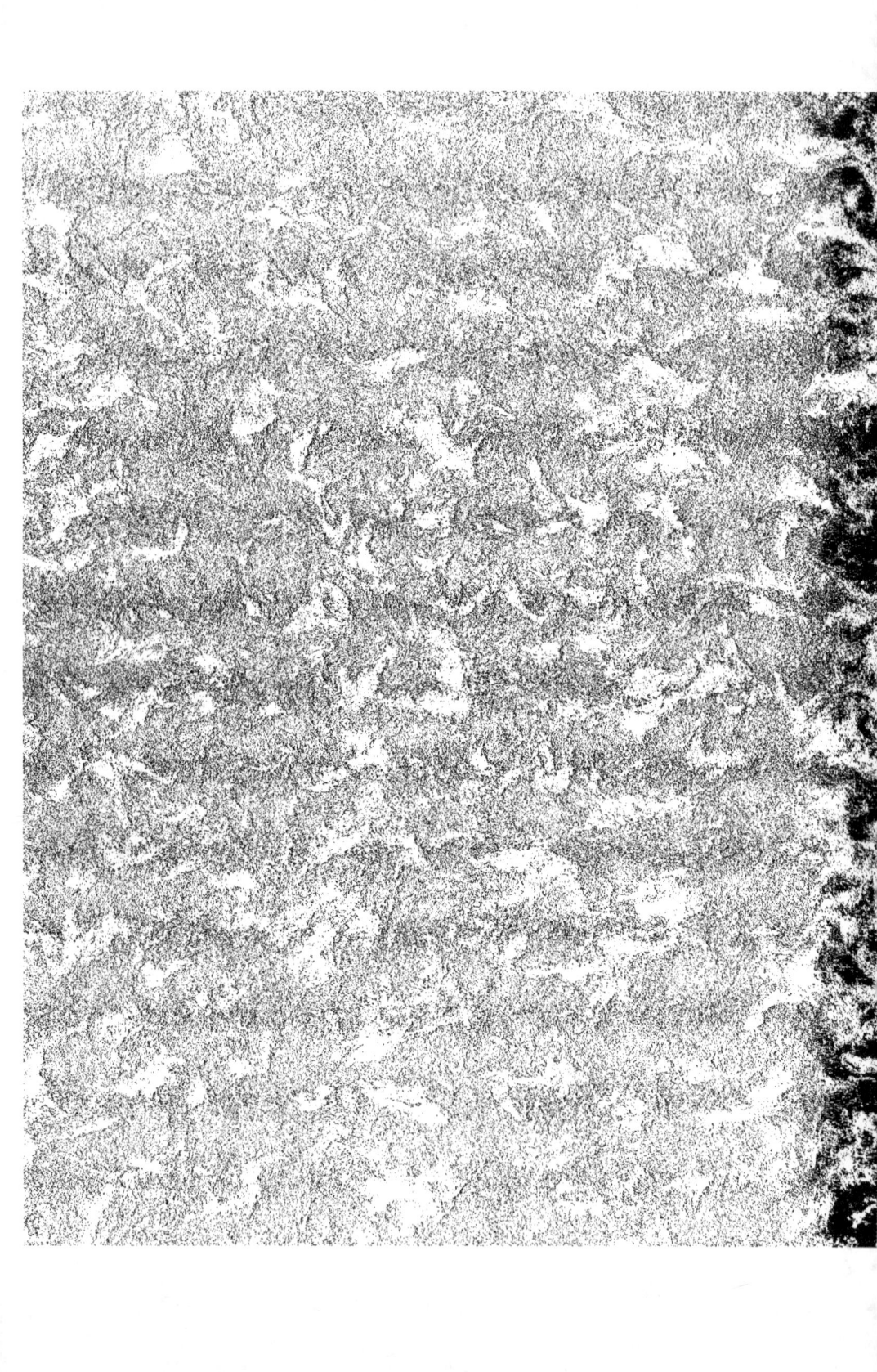

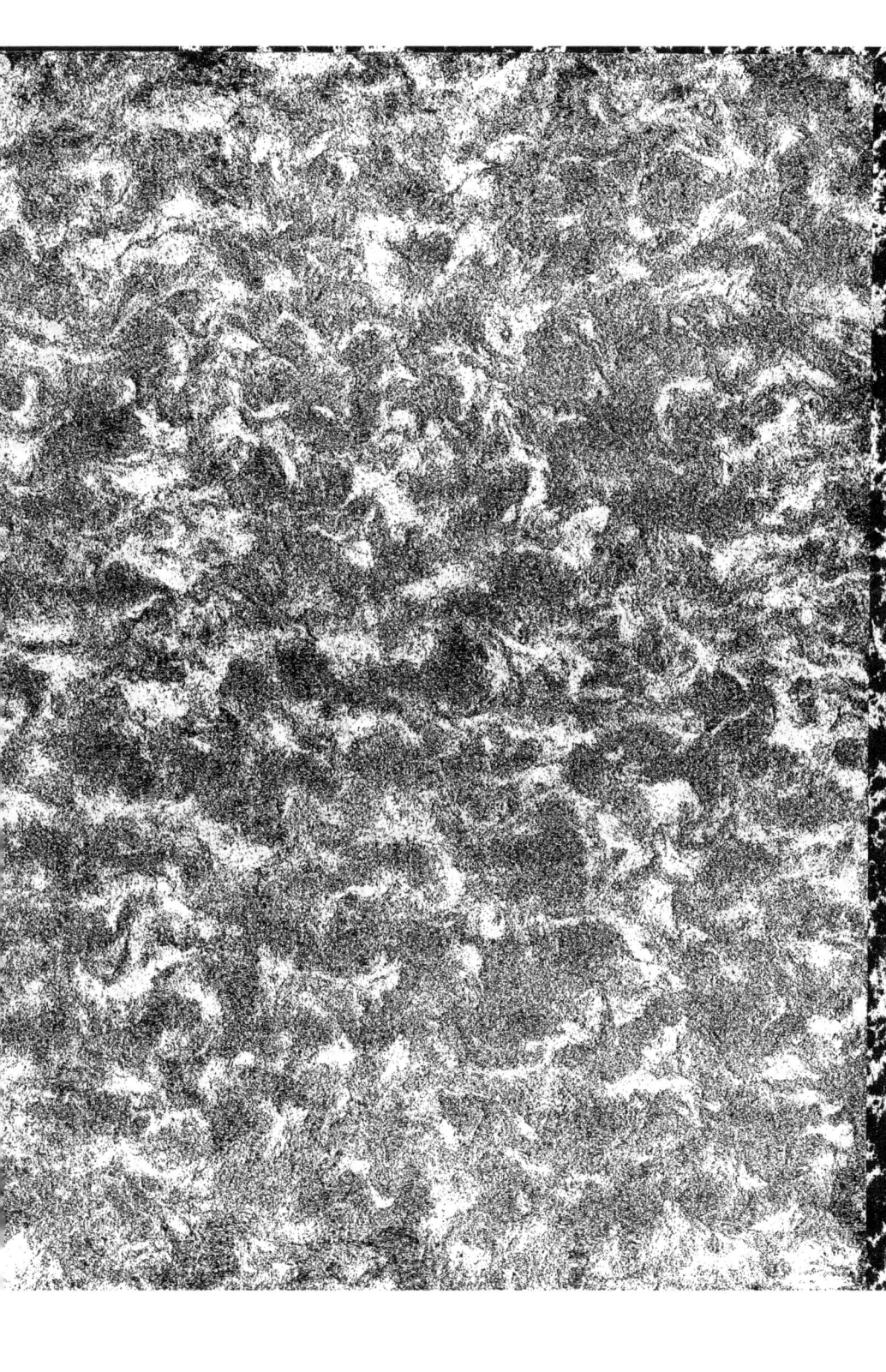

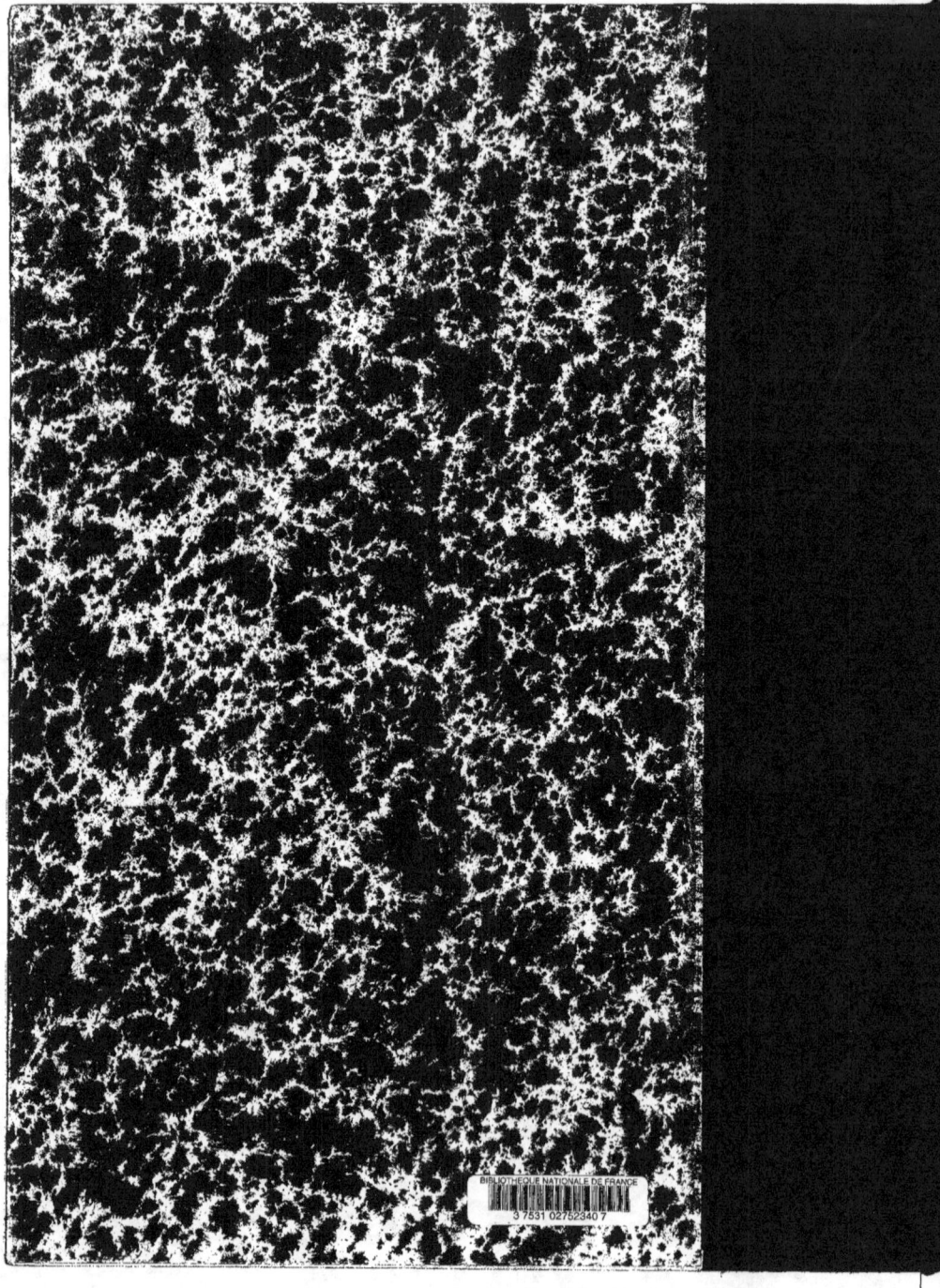

www.ingramcontent.com/pod-product-compliance
Lightning Source LLC
Chambersburg PA
CBHW060542230426
43670CB00011B/1654